普通高等教育"十一五"国家级规划教材

高等学校医疗保险专业第二轮系列教材

总主编　周绿林

医疗保险学

第4版

主　编　周绿林　李绍华

科学出版社

北　京

内 容 简 介

本教材是第 4 版，是普通高等教育“十一五”国家级规划教材之一，同时也是“高等学校医疗保险专业第二轮系列教材”之一，在第 3 版基础上吸收国内外医疗保险最新理论研究进展和改革实践成果，作进一步的修订完善。内容包括医疗保险制度的形成、发展和主要模式，医疗保险系统，医疗保险需求与供给，医疗保险范围和管理，医疗保险基金的筹集、管理和测算，医疗保险费用偿付与控制，医疗保险风险管理，医疗保险法律制度与监督管理，医疗保险管理信息系统，国内外医疗保险制度发展与改革，医疗保险政策分析与评价等。

本书适合作为高等院校医疗保险、劳动与社会保障、卫生事业管理等专业的本科生和研究生教材以及其他相关专业选修、参考教材，也可作为医疗保险行业工作人员的学习参考书或培训用书。

图书在版编目（CIP）数据

医疗保险学 /周绿林，李绍华主编. —4 版. —北京：科学出版社，2023.6

高等学校医疗保险专业第二轮系列教材 /周绿林总主编

ISBN 978-7-03-075651-0

Ⅰ. ①医…　Ⅱ. ①周…　②李…　Ⅲ. ①医疗保险－高等学校－教材　Ⅳ. ①F840.684

中国国家版本馆 CIP 数据核字（2023）第 097635 号

责任编辑：李　杰　郭海燕 / 责任校对：刘　芳

责任印制：赵　博 / 封面设计：北京十样花文化有限公司

科学出版社 出版

北京东黄城根北街 16 号

邮政编码：100717

http://www.sciencep.com

三河市宏图印务有限公司 印刷

科学出版社发行　各地新华书店经销

*

2006 年 8 月第　一　版　开本：787×1092　1/16

2023 年 6 月第　四　版　印张：21 1/4

2023 年 6 月第二十七次印刷　字数：490 000

定价：75.00 元

（如有印装质量问题，我社负责调换）

高等学校医疗保险专业第二轮系列教材
编写委员会

主 任 委 员 林闽钢

副主任委员 申曙光　杨翠迎

总　主　编 周绿林

副 总 主 编 李绍华　毛　瑛　姚东明　黑启明　王　冬　周尚成

总　编　委（以姓氏笔画为序）

于贞杰（潍坊医学院）　于彩霞（内蒙古医科大学）
马蔚姝（天津中医药大学）　王　冬（南方医科大学）
王　玫（滨州医学院）　王　昕（中国医科大学）
王前强（广西医科大学）　毛　瑛（西安交通大学）
白　丽（齐齐哈尔医学院）　吕国营（中南财经政法大学）
刘维蓉（贵州中医药大学）　苏宝利（山东第一医科大学）
李绍华（安徽医科大学）　李跃平（福建医科大学）
杨　风（桂林医学院）　吴　涛（锦州医科大学）
何　梅（昆明医科大学）　余军华（湖北经济学院）
张　晓（东南大学）　陈曼莉（湖北中医药大学）
欧阳静（陕西中医药大学）　金　浪（福建中医药大学）
周良荣（湖南中医药大学）　周尚成（广州中医药大学）
周晓媛（四川大学）　周绿林（江苏大学）
赵　军（湖北医药学院）　赵成文（西南医科大学）
姚　俊（南京医科大学）　姚东明（江西中医药大学）
倪　飞（安徽中医药大学）　高广颖（首都医科大学）
陶四海（华北理工大学）　彭美华（成都中医药大学）
覃朝晖（徐州医科大学）　黑启明（海南医学院）
焦明丽（哈尔滨医科大学）　熊季霞（南京中医药大学）

秘　　书 张心洁（江苏大学）

《医疗保险学》第 4 版
编委会

主　编　周绿林　李绍华

副主编　周晓媛　余军华　王　昕　胡　月　张新花

编　者（以姓氏笔画为序）

丁　玥（贵州中医药大学）
王　昕（中国医科大学）
邢　洁（潍坊医学院）
李绍华（安徽医科大学）
张　丽（南京中医药大学）
张　勇（湖北经济学院）
张新花（广西医科大学）
欧阳静（陕西中医药大学）
周　一（广西医科大学）
周绿林（江苏大学）
胡　月（南京医科大学）
常　路（南方医科大学）
覃朝晖（徐州医科大学）
詹长春（江苏大学）
马蔚姝（天津中医药大学）
方桂霞（安徽医科大学）
孙　静（内蒙古医科大学）
余军华（湖北经济学院）
张　洁（华北理工大学）
张心洁（江苏大学）
陈曼莉（湖北中医药大学）
罗小娟（上海政法学院）
周晓媛（四川大学）
郑先平（江西中医药大学）
胡期丽（贵州中医药大学）
彭美华（成都中医药大学）
温琳琳（锦州医科大学）

总　序

自 1995 年“两江”（镇江市和九江市）医改试点启动以来，我国医疗保障制度建设取得长足发展，实现了历史性跨越。截至 2021 年年底，基本医疗保险覆盖 13.6 亿人，95%以上的国民有了基本医疗保障，全民医保体系初步形成。国际劳工组织盛赞中国社会保障取得的巨大成就，在《世界社会保障报告（2017—2019）》指出，中国是实现养老保险和医疗保险快速扩面最成功的国家。2020 年《中共中央 国务院关于深化医疗保障制度改革的意见》提出“到 2030 年，全面建成以基本医疗保险为主体，医疗救助为托底，补充医疗保险、商业健康保险、慈善捐赠、医疗互助共同发展的医疗保障制度体系”。

为适应医疗保险事业的发展，我国医疗保险人才培养也走过了 20 多年历程。目前全国已有 40 多所高校在公共事业管理、劳动与社会保障等相关专业中培养医疗保险人才。令人欣喜的是，2020 年 2 月教育部印发的《关于公布 2019 年度普通高等学校本科专业备案和审批结果的通知》，决定增设备案医疗保险本科专业，充分体现了政府和社会对医疗保险专业建设的重视和认同。

教材是学校教育教学、推进立德树人的关键要素，教材建设也是专业建设中最基本的教学条件建设内容之一，教材质量直接体现高等教育和科学研究的发展水平，也直接影响本科教学的质量。在新文科建设背景下，紧密结合一流专业和一流课程建设，需要符合新时代发展要求的高水平教材。

为适应新时代医疗保险专业人才培养和高等医疗保险教育的需要，体现最新的教学改革成果，2014 年 5 月“中国医疗保险教育论坛”理事会发起编写高等学校医疗保险专业第一轮系列教材（简称第一轮系列教材）。第一轮系列教材出版后，受到了教材使用高校和社会读者的广泛好评。随着时间的推移，近年来公共管理理论和方法有了新的进展，国内外医疗保障改革发生了巨大变化。为此理事会决定启动编写第二轮系列教材并成立了“高等学校医疗保险专业第二轮系列教材编写委员会”，特邀林闽钢（教育部高等学校公共管理类专业教学指导委员会委员、中国社会保障学会副会长、南京大学教授）担任主任委员，申曙光（中国社会保障学会副会长兼医疗保障专业委员会主任委员、中山大学教授）、杨翠迎（教育部高等学校公共管理类专业教学指导委员会委员、上海财经大学教授）担任副主任委员。

此后在全国范围内进行了主编、副主编、编者的申报遴选工作。2020 年 11 月，在江西中医药大学隆重召开“高等学校医疗保险专业第二轮系列教材主编、副主编聘任暨全体编委会议”。编委会要求教材编写时应遵循“三基”（基本理论、基本知识、基本技能）要求，以必需和够用为度，体现现代教育思想，反映学科建设和医改发展最新成果，把第二轮系列教材编成有特色、有创新、有深度、有影响力的精品教材。教材编写过程中，适逢党的二十大胜利召开，为此，编委会要求推进党的二十大精神进教材、进课堂，落实立德树人根本任务，努力践行社会主义核心价值观。

第二轮系列教材体系沿袭第一轮系列教材确定的 12 门专业基础课和专业课教材，其编写是在第一轮系列教材基础上吸收了国内外医疗保险最新理论研究与改革实践成果，是全国 40 余所高校从事医疗保险专业教育工作者的集体智慧。第二轮系列教材的编写出版，希冀为提升新时代我国医疗保险专业人才培养质量与专业学科建设水平发挥积极作用。

“中国医疗保险教育论坛”理事会

高等学校医疗保险专业第二轮系列教材编写委员会

2023 年 1 月 10 日

前　言

本教材是在第 3 版基础上的修订版，是普通高等教育“十一五”国家级规划教材之一、江苏省本科优秀培育教材，也是高等学校医疗保险专业第二轮系列教材之一，编写中充分吸收国内外医疗保险最新理论研究进展和改革实践成果。

本书有以下几个特点。一是体系完善，结构合理。本书充分反映了国内外医疗保险理论与体制变革新进展，形成了更为成熟和完善的医疗保险理论体系，体现了教材内容的前沿性和时代性特点，教材内容也更为丰富，包括医疗保险制度的形成、发展和主要模式，医疗保险系统，医疗保险需求与供给，医疗保险范围和管理，医疗保险基金的筹集、管理和测算，医疗保险费用偿付与控制，医疗保险风险管理，医疗保险法律制度与监督，医疗保险管理信息系统，国内外医疗保险制度发展与改革，医疗保险政策分析与评价等。这次修订，篇章顺序也进行了调整，结构更为合理。二是方法新颖，注重启发。本书在基本原理、基本知识和基本技能方面阐述透彻，具有较强的科学性和系统性，又有很好的启发性和创新性。本书利用大量图表论述问题，以通俗易懂、深入浅出的方式阐释了医疗保险学理论。三是实践性强，适用面宽。本书基于我国医疗保险改革实践，从实证研究角度分析和总结我国医疗保险领域存在的普遍性问题，实践指导性强，特别是充分吸收了《中共中央 国务院关于深化医疗保障制度改革的意见》（中发〔2020〕5 号）、《“十四五”全民医疗保障规划》（国办发〔2021〕36 号）文件精神。本书不仅适用于本科生，也可用于研究生教学，以及医疗保险实际工作部门学习参考书。四是编写阵容强大，权威性强。编写人员来自全国 20 余所高校，均为各校医疗保险专业负责人。

参加本书编写的人员有周绿林、张心洁（第一章），欧阳静（第二章），胡月，丁玥（第三章），张新花、周一（第四章），马蔚姝（第五章），彭美华（第六章），陈曼莉（第七章），孙静（第八章），李绍华、方桂霞（第九章），张丽（第十章），张洁（第十一章），温琳琳（第十二章），王昕，詹长春（第十三章），罗小娟（第十四章），周晓媛，胡期丽（第十五章），邢洁（第十六章），郑先平，常路（第十七章），余军华，张勇（第十八章），覃朝晖（第十九章）。本书由主编提出编写提纲，最后由主编终审定稿。

本书编写过程中参阅了国内外大量研究成果，科学出版社、江苏大学医疗保险系老师和研究生等给予了极大支持。在此，对被引用的有关参考书籍和资料的作者以及帮助过本书出版的老师和朋友们致以诚挚的谢意。

医疗保险学本身是一门新兴的学科，限于编者水平，书中不当和错谬之处在所难免，恳请读者、学者和同仁批评指正。

周绿林　李绍华

2023 年 3 月

目　录

第一章　绪　论

内容提要

医疗保险制度作为社会保障制度的重要组成部分，它是涉及面最广、内容最为复杂、实施难度最大的一项社会保险制度。本章从风险和疾病风险的定义出发，引出保险、社会保险的相关概念，阐述医疗保险的内涵、分类、基本属性、基本特征、基本原则和社会作用，以及医疗保险学的主要研究内容和方法。

第一节　风险与疾病风险

一、风　险

（一）风险的定义

俗话说："天有不测风云，人有旦夕祸福。"人们在进行物质资料生产和向自然界索取生活资料的过程中，可能会遭遇各种自然灾害和意外事故。同时，作为自然人，人们还要受到生、老、病、死等自然规律的支配，影响和危害身体健康乃至生命的事件总有发生。可见，在人们的生活中，总是存在着发生某种不幸事故或疾病的可能性，即存在着种种风险。

风险（risk），即指意外事故发生的可能性，是一种客观存在的、损失发生不确定性的状态。这个定义强调风险具有客观性、损失性和不确定性三个基本特性。首先，从整体上讲，风险的发生是不可避免的，是不以人的意志为转移的客观存在，具有客观性；其次，风险发生常会给人们带来经济上、身体健康等方面的损失，具有损失性。一般来说，损失的不确定性和严重性与风险程度呈正相关关系，即损失发生的不确定性和严重性越大，风险就越大，反之，风险就越小。然而，风险并非时时发生，也并非人人必定遭遇，加之风险发生的时间、地点、作用对象及危害程度等难以预测，因此还具有偶然性和不确定性。

在与各种风险进行斗争的长期社会实践中，人们通过对风险发生的必然性和偶然性的认识，依据概率论和大数法则，可以测算出一定时期内一定风险发生的概率。可见，风险的发生还具有一定的规律性，这也是保险费率测算的基础。人们也逐渐发现，依靠单个人的力量是难以，甚至无力克服突如其来的风险造成的沉重不幸，无力承担风险带来的巨大经济损失，无力迅速恢复生产和生活的，于是保险应运而生。

（二）风险的分类

风险以多种形态存在，根据不同的分类标准，可以分为许多种类。例如，按照风险的损害对象，可将风险分为人身风险、财产风险和责任风险；按照风险的起源与影响，可将风险分为基本风险和特定风险；按照风险所导致的后果，可将风险分为纯粹风险和投机风险等。

1. 人身风险、财产风险和责任风险

人身风险是指因人的死亡、疾病、残疾、失业或年老无依无靠遭受损失的不确定状态。这种与人生命现象有关的风险称为人身风险。财产风险是指因财产发生损毁、贬值或灭失而使财产的所有者遭受损失的不确定状态。责任风险是指人们因过失或侵权行为造成他人财产损毁或人身伤亡后，在法律上必须负有经济赔偿责任的不确定状态。例如，驾驶车辆不慎撞伤行人、产品质量不符合标准引起消费者的财产损毁或人身伤害等，都带来了需承担经济赔偿责任的风险。

2. 基本风险与特定风险

基本风险是指由非个人的或不可抗力的因素引起的、通常带来较大范围损失的不确定状态。基本风险往往影响到较大范围的一群人，甚至整个社会。由于导致这类风险发生的因素往往是复杂的、综合作用的，而且是难以控制的，这种风险从本质上来说是不易防止的。例如，失业、战争、地震、洪水等均属于基本风险。特定风险是指由特定因素引起的、通常是由某些个人或某些家庭承担损失的不确定状态。这类风险的发生仅局限于较小范围，且导致风险发生的主要原因比较明确，因而从本质上来说相对较易控制。例如，由于失窃所引起的财产损失、产品质量不佳所引起的责任风险等均属于特定风险。

3. 纯粹风险与投机风险

纯粹风险是指只有损失机会而无获利机会的不确定状态。纯粹风险导致的后果只有两种，即损失或者无损失，没有获利的可能性，如患病通常会给人带来经济方面的损失及躯体上的损害，人们不可能因患病而获利，是无利可得的风险。投机风险是指既存在损失可能性也存在获利可能性的不确定状态。可见，由投机风险导致的后果有三种，即损失、获利和无变化（既无损失也未获利），例如购买股票。一般来说只有纯粹风险才可能是可保风险，是本书研究和关注的范畴。

二、健康与疾病风险

（一）健康

健康是人类共同关注的主题，是每一个人最基本的人权。对个人来说，健康是幸福人生的基石；对国家来说，健康是社会经济发展、民族兴旺发达的基本保证。1948 年，世界卫生组织（WHO）就明确指出，“健康不仅仅是没有疾病和虚弱，而是身体上、精神上和社会适应上的完好状态”。

（二）疾病风险

疾病是非健康状态的一种类型，与健康是一对矛盾的概念。由于客观存在的各种不利于健康的影响因素和人类生命过程中的客观规律，人们在社会经济生产活动中常常遭遇一定的疾病风险。

1. 疾病风险的定义

疾病风险（disease risk）是自然灾害、意外事故以及自身生、老、病、死自然规律带来或导致的各种各样的风险中的一种。疾病风险可从两方面加以理解。狭义上，疾病风险是指由于人身所患疾病而带来的经济、生理、心理等方面损失的风险；广义上则包括人身的疾病、生育以及伤害等方面存在或引起的风险。在保险业务中，一般仅对疾病风险造成的经济损失进行保障。

2. 疾病风险的特点

同其他风险一样，疾病风险也具有客观性、损失性和不确定性等基本特征，但是，与其他风险相比，疾病风险还有其自身的特点，这主要表现在以下几个方面。

（1）严重性。疾病风险危害的对象是人，是对人体健康的损害，造成暂时性或永久性劳动能力的丧失，甚至死亡。它是一种人身风险，其危害常常是很严重的。这种危害带来的不仅仅是经济上的损失，更主要的是健康和生命的损失或是心理的损伤，这不是靠金钱所能补偿的。

（2）高发性。疾病风险对于每个人、每个家庭来说，发生频率之高，是其他任何风险无法比拟的。它甚至危及到每个人的生存及生存质量，因此疾病保障是每个人的基本需求。目前，大多数国家都把疾病风险纳入社会保险的保障范畴。

（3）复杂性。与其他各种风险相比，影响疾病风险的因素不仅类型繁多，而且各因素之间存在着交互作用。疾病风险的发生不仅与个体的生理、心理、生活方式等有关，而且受自然、社会、政治和经济等多种因素的影响。

（4）社会性。疾病风险不仅直接给个人带来经济上的损失和健康损害，还可能威胁到他人和整个社会，如传染性疾病的散发、爆发或流行，会给他人或整个社会造成威胁。

第二节 保险和社会保险

一、保 险

（一）保险的定义

保险（insurance），是指投保人根据合同约定，向保险人支付保险费，保险人对于合同约定的可能发生的事故因其发生所造成的财产损失承担经济补偿责任，或当被保险人死亡、伤残、患病等时，承担给付保险金责任的商业保险行为。

现代保险学者一般从两个方面来解释保险的定义。从经济角度上说，保险是分摊意外事故损失的一种财务安排。因为保险组织集中了大量同质的风险，所以能借助大数法则（law of large number）来正确预见损失发生的金额，并据此制定保险费率，通过向所有成员收取保险费来补偿少数成员遭受的意外事故损失。因此，少数不幸的成员的损失由包括受损者在内的所有成员分担。从法律意义上讲，保险是一方同意补偿另一方损失的合同安排，同意赔偿损失的一方是保险人，被赔偿损失的另一方是被保险人。保险合同就是保险单，被保险人通过购买保险单把损失风险转移给保险人。

从上述对保险定义的阐释可以看到，保险具有三个基本特点：一是保险具有互助性质，这是对分摊损失而言的；二是保险是一种合同行为，这是指保险双方订立合同；三是保险是对灾害事故损失进行经济补偿，这是保险的目的，也是保险合同的主要内容。

（二）保险的种类

按照不同的分类标准，可将保险分为许多种类（表 1-1）。

表 1-1 保险的种类

分类标准	保险标的	实施方式	风险转嫁形式	投保人数	经营性质
保险种类	财产保险	强制性保险	原保险	团体保险	商业保险
	人身保险	自愿保险	再保险	个人保险	社会保险
	责任保险		共同保险		
	信用保证保险				

（三）保险的职能

现代保险一般具有四项职能，即分散风险、补偿损失、融通资金和风险防范。其中，分散风险、补偿损失是保险的基本职能，是保险本身固有的职能，体现保险的机制，用收取保险费的方法来分摊灾害事故造成的损失，以实现经济补偿的目的，它是保险得以产生和发展的内在动力。融通资金和风险防范是保险的派生职能，是由基本职能派生出来的。

1. 分散风险

保险是分摊损失的方法，是建立在灾害事故偶然性与必然性的对立统一基础上的，保险机制能够运转的原因是被保险人愿意以交付确定的小额保险费来换取对不确定的大额损失的补偿。保险机构向大量的投保人收取保险费来分摊其中少数成员不幸遭受的大额损失。

2. 补偿损失

保险用分摊损失的方法来实现其经济补偿的目的，按照保险合同对遭受灾害事故而受损的单位、个人进行经济补偿，保险的产生和发展都是为了满足补偿灾害损失的需要。“一人为众、众为一人”的保险补偿职能在现代社会中体现得更为明显和重要，因为对于参加保险的人来讲，这种补偿更为充分和有效。

3. 融通资金

一方面，它是对保险人而言，因为保险费的收取与保险金的给付或赔偿之间存在着一定的时间差，保险人此时可以对保险金进行投资经营，使得保险金能够保值增值；另一方面，它是对投保人而言，投保人可以选择某些保险产品以获取预期的保险金的给付，从而将保险作为一种投资。

4. 风险防范

一般来说，保险人可以通过提供损失管理服务来实现防灾防损功能，即帮助被保险人对潜在的损失风险进行预测、分析与评估，提出合理的事前预防方案和损失管理措施。

（四）保险的原则

保险在长期发展过程中逐渐形成了一些基本原则，这些原则贯穿于整个保险实践中，并通过保险法予以规定。

1. 最大诚信原则

最大诚信原则作为保险的一项基本原则，指的是保险双方当事人在实施保险行为过程中要诚实守信，不得隐瞒有关保险活动的任何重要事实。双方都不得以欺骗手段诱使对方与自己签订保险合同，否则，所签合同无效。最大诚信原则是根据保险的保障性和保险双方当事人所处的法律地位的不同而确定的，目的是避免保险活动中发生欺诈行为，维护保险人的正当权益，保证保险活动正常进行。

2. 可保利益原则

可保利益也称保险利益，指的是被保险人对其投保的标的所具有的法律上认可的经济利益。保险标的及其可保利益共同构成保险合同总体。被保险人对投保标的具有可保利益，保险人才能接受承保；被保险人与投保标的没有利害关系，不接受承保。已经签订的保险合同，如果没有可保利益，合同无效。

3. 近因原则

风险的发生不因时空来判断，而是以最直接的因果关系来衡量。近因，并非指时间上最接近损失的原因，而是指直接造成结果的原因，效果上有支配力或有效的原因。在造成损失的原因有两个以上且各个原因之间的因果关系尚未中断的场合，最先发生并造成一连串事故的原因即近因，保险人在分析引起损失的原因时以近因为准。

4. 补偿原则

补偿也称赔偿，是指保险标的发生保险责任范围内的损失时，保险人给予被保险人的补偿，只能使被保险人在经济上恢复到受损前的状态，而不允许被保险人通过索赔损失获得额外利益。赔偿的基本要求是：赔偿数额既不能超过保险合同中的保险金额，也不能高于被保险人的实际损失。补偿原则的目的是正确确定损失补偿数额，防止保险中出现投机行为。

二、社 会 保 险

（一）社会保险的概念

社会保险自 19 世纪 80 年代由德国率先实施以来，至今已经历了 100 多年的发展历程。据统计，1940 年世界上仅有 57 个国家和地区实行社会保险，到 2000 年全世界已有 170 多个国家和地区实行了不同范围和不同水平的社会保险。其地域范围之广，参与人口之多，社会影响之大，令世人所瞩目，社会保险已成为当今世界多数国家的一项基本经济制度。

关于社会保险的概念，目前国际上尚无统一定论。1953 年在维也纳召开的社会保险会议上把社会保险定义为：社会保险（social insurance），是以法律保证的一种基本社会权利，其职能主要是以劳动为生的人，在暂时或永久丧失劳动能力时，能够利用这种权利来维持劳动者及其家属的生活。

我国学者的认识也不完全一致。一般认为，社会保险是根据国家法律规定，由劳动者本人、所在单位及政府多方共同筹资，建立社会保险基金，当劳动者面临特定风险（如工伤、疾病、生育、年老、失业）时，给予其本人或亲属一定的物质帮助，以保障其基本生活需要的一种社会保障制度。

从上述定义可以看出，社会保险包括以下一些要素：①以解决社会问题，确保社会安定为目的，是为实行政府的社会政策而建立的一种社会保障制度；②是通过国家立法形式，强制实施的保险制度，凡是法律规定范围内的劳动者，都有权利享受；③保险的对象是劳动者，享受的前提条件是缴纳了保险费，并且丧失或暂时丧失劳动能力；④保障的水平略低于原有的生活水平，维持丧失劳动能力的劳动者及其家属的基本生活需要；⑤实行专业化、社会化管理。

根据我国社会保险的改革目标、我国国情和人口控制政策的要求，参照发达国家社会保险的长期实施经验，我国社会保险体系由五大保险项目组成，分别是养老保险、医疗保险、工伤保险、失业保险和生育保险（图 1-1）。

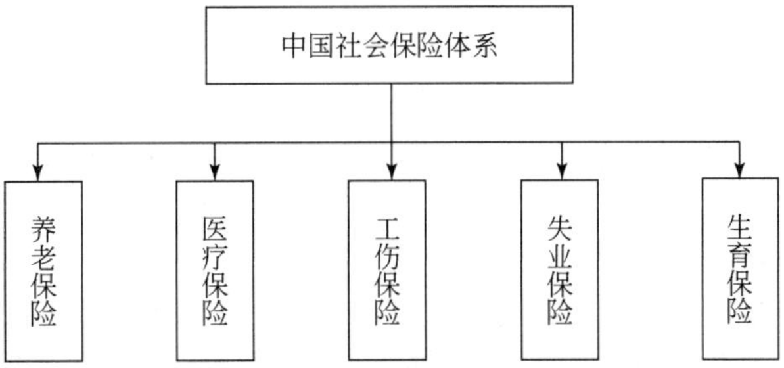

图 1-1 中国社会保险体系框架

（二）社会保险的特征

社会保险作为一种由国家举办，通过立法形式强制推行的社会制度，具有以下几个基本特征。

1. 强制性

强制性就是通过国家立法，强制符合条件的用人单位和劳动者参加社会保险，履行法律所规定的缴费等义务，同时通过国家立法，劳动者在满足一定条件后可依法享受社会保险待遇。

2. 互助共济性

社会保险实行互助共济，讲求大数法则。在统筹范围内统一筹集和调剂资金，依靠社会力量均衡负担和分散风险，具体表现为社会保险基金在年轻者与年老者、健康者与疾病者、高收入者与低收入者、在业者与失业者之间调剂使用。

3. 保障性

保障性是指对劳动者基本生活的保障，即当他们失去劳动能力或中断收入时，获得必要的物质帮助，从而稳定社会秩序、促进经济发展，这是实施社会保险的最基本目的。

4. 福利性

福利性是指社会保险事业一般由不以营利为目的的公共权利机构进行管理，被保险人缴纳的保险费比较低，享受时可以以最少的支付获得最大的社会保障；另外，社会还根据被保险人的实际需要提供各种社会服务，如医疗护理、职业康复、职业介绍等。

5. 社会性

社会性是指社会保险的实施范围很广，可以把劳动者普遍面对的风险都列入相关的保险项目。社会保险应在全社会范围内普遍实施，使所有社会成员都能得到保障。当然，由于资金等条件限制，可以选择最需要保护的群体率先实施。

（三）社会保险的功能

社会保险制度的建立与完善，对于保障劳动者的基本生活，促进经济发展和社会安定都有十分重要的作用。具体来说，有以下几个功能。

1. 保障劳动者的基本生活

在市场经济中，工资是劳动者的主要收入来源，一旦劳动者因失业、伤残、疾病等原因失去工资收入，其生活就有可能陷入困境。社会保险给这些风险提供了分担机制，当风险发生后，通过社会保险提供的补偿，保障了劳动者的基本生活。

2. 促进社会安定

社会保险是社会稳定机制的重要组成部分，它通过收入再分配，可以有效地缩小贫富差距，缓和社会矛盾，促进社会的安定。所以，社会保险在西方国家被称为社会运行的“安全网”和“稳压器”。

3. 保证劳动力的生产与再生产

社会生产包括物质资料的生产与再生产和劳动力的生产与再生产，两者缺一不可。劳动力的生产与再生产是在家庭中完成的，社会保险保证了劳动者及其家庭成员的基本生活，从而保证了社会劳动力的生产与再生产。

4. 促进经济发展和社会进步

从市场经济的竞争性来说，社会保险提供了最后的保障，有利于安定人心，鼓励生产要素所有者积极参与竞争，有利于效率的提高；对国民收入的再分配达到了促进社会公平的目的，通过这两方面的作用，促进经济的发展。对中国而言，社会保险的建立和完善有利于现代企业制度的建立和市场经济的发展，促进社会的文明进步。

第三节　医疗保险的内涵和属性

一、医疗保险的内涵和分类

（一）医疗保险的内涵

关于医疗保险的概念，国内外学术界尚无统一定论，站在不同的角度会有不同的认识。

从字面上看，医疗保险是保险的一种，即补偿因疾病带来的医疗费用的保险。医疗保险包括两大类，即社会医疗保险和商业医疗保险。由于疾病及医疗卫生服务的特殊性，医疗保险主要纳入社会保险的范围，属于社会保险的一个分支。仅有一小部分医疗保险作为补充医疗保险，由商业保险经营。因此，一般而言的医疗保险指的是社会医疗保险。

从医疗卫生事业和社会保障的角度来看，保证公民获得必要的医疗服务的费用保障制度，称作医疗保障制度。医疗保障制度的形式有多种，医疗保险仅为其中的一种。因而，不能把医疗保障制度同医疗保险制度混为一谈。

从医疗保险保障的范围大小看，可分为广义的医疗保险和狭义的医疗保险。国际上一般把“医疗保险”用“health insurance”进行表达，直译为“健康保险”，很显然，健康保险包含的内容要比医疗保险广。在国外发达国家，健康保险不仅包括补偿由于疾病给人们带来的直接经济损失（医疗费用），也包括补偿疾病带来的间接经济损失（如误工工资），同时对分娩、残疾、死亡甚至疾病预防和健康维护也给予经济补偿。因此，这是一种广义的医疗保险，将它称为健康保险是更为准确的。狭义的医疗保险按其字面的含义，是医疗费用保险，英文用“medical insurance”表达。需要说明的是广义的概念和狭义的概念之间并无严格界限，只是保险范围和程度的差异。这也正是有些人认为医疗保险就是健康保险的原因所在。

我国医疗保险制度从表面上看只支付医疗费用，但实际上通过其他制度也补偿了由疾病引起的误工费用等，其内容属于广义的医疗保险。从发展来看，它在保险范围上会不断完善和扩大，成为一种广义的医疗保险，即健康保险。由于习惯用词的原因，以及我国的医疗保险在很长一段时间将主要局限在狭义的医疗保险范围内，本书的医疗保险指的是狭义的医疗保险概念。

由此可见，医疗保险（medical insurance）是指以社会保险形式建立的，为居民提供因疾病所需医疗费用资助的一种保险制度。具体说来，医疗保险是通过国家立法，强制性由国家、单位、个人集资建立医疗保险基金，当个人因病接受必需的医疗服务时，由社会医疗保险机构提供医疗费用补偿的一种社会医疗保险。

（二）医疗保险的分类

1. 基于医疗保险性质分类

基于医疗保险性质分类，可将医疗保险分为社会医疗保险和商业医疗保险。

社会医疗保险属社会性保险范畴，商业医疗保险属商业性保险范畴，两者的基本属性是不同的，两者的主要区别见表 1-2。

表 1-2 社会医疗保险与商业医疗保险的区别

主要区别	社会医疗保险	商业医疗保险
保险性质	具有福利性的公益事业，是国家实施的一项社会制度	是一种经济活动，以营利为目的，经营运行主要靠市场机制，自愿投保
管理体制	一般由国家某一职能部门统一管理，经办机构一般属于财政预算管理的全民事业单位	由金融机构领导，由保险公司具体承办，保险公司作为相对独立的经济实体，实行自主经营、自负盈亏
参保对象	以劳动者为对象，凡是法定参保人必须一律参加，对参保条件没有什么特殊规定，健康人可以参保，病人也可以参保，一般只接受单位参保	参保人必须未患有指定范围内的疾病，否则不接受参保，商业医疗保险可以接受个人也可以接受单位参保
费用负担	保险费一般由国家、用人单位和个人共同负担，个人负担较轻	一般由个人全部负担，负担相对较重

续表

主要区别	社会医疗保险	商业医疗保险
保险范围	保险范围较广，不仅保“大病”，而且保“小病”，不仅对参保人的住院费用给予一定补偿，而且对其门诊费用给予一定补偿	保险范围较小，一般只对指定范围内的几种疾病或某一疾病的住院费用给予一定金额的补偿
保障功能	体现社会公共政策，分担经济风险，保障国民基本健康	分担经济风险
保障水平	着眼于“基本保障”，一般按医疗费用的一定比例给予补偿，保障水平有限	着眼于“偿还”，缴纳的保险费越高，补偿金额也就越高，一般保障水平较高
保险关系	保险人与被保险人的关系以法律为基础建立	保险人与被保险人的关系是根据保险合同确定双方权利与义务的一种契约关系

2. 基于医疗保险层次分类

基于医疗保险层次分类，可将医疗保险分为基本医疗保险和补充医疗保险。

社会基本医疗保险是由社会医疗保险机构提供个人因病获得符合保险范围的必需的医疗服务而进行医疗费用补偿的一种社会医疗保险制度；补充医疗保险则是社会基本医疗保险范围以外的医疗保险，两者在性质、范围、内容和管理等方面有很大的区别，详见第十七章“中国多层次医疗保障制度”。

3. 基于医疗保险对象分类

在我国，基于医疗保险对象可将医疗保险分成职工基本医疗保险、城乡居民基本医疗保险。

广大职工是社会物质财富和精神财富的直接创造者，我国在 1998 年首先建立职工基本医疗保险制度，对保护劳动力、促进国民经济发展具有深远的现实意义。而后，又先后在 2003 年和 2007 年分别建立新型农村合作医疗制度（NRCMS，简称新农合）和城镇居民基本医疗保险制度，并于 2016 年将二者整合为城乡居民基本医疗保险，对维护社会稳定、促进社会公平等具有重要作用。

4. 基于医疗保险范围分类

基于医疗保险范围，可将医疗保险分成综合医疗保险、住院医疗保险和病种医疗保险等。

综合医疗保险不仅提供门诊医疗费用补偿，而且提供住院医疗费用补偿，即大病、小病均提供医疗保障；住院医疗保险是指当被保险人因疾病或意外伤害需要住院治疗时给予医疗费用补偿的一种医疗保险；病种医疗保险通常是指被保险人患有单个费用较高或病种单纯的疾病，如恶性肿瘤、心脑血管疾病、慢性肾功能衰竭、糖尿病等，所发生的医疗费用由保险人以定额给付方式进行保障的一种医疗保险。

二、医疗保险的基本属性和基本特征

（一）医疗保险的基本属性

医疗保险的基本属性，从根本上来说，取决于社会生产力发展水平和社会经济制度、政治制度，但同时又与医学技术的发展、卫生服务状况等因素直接相关。因此，不同社会制度的国家，其医疗保险的性质也不同。在现阶段，我国医疗保险具有以下几个基本属性。

1. 公益性

医疗保险制度的实施直接关系到全社会利益，它不仅使患病的劳动者本人尽快恢复健康而受益，而且还有助于减少疾病流行，有利于社会生产发展，使整个社会全体成员共同受益。同时，医疗保险涉及的部门、领域众多，需要社会各方面的积极参与。

2. 福利性

医疗保险的福利性是指国家、社会和用人单位对劳动者因伤病所需的医疗费用提供的帮助和照顾。我国的政治经济制度和社会主义生产目的，决定了医疗保险必然具有福利性质。福利性要求医疗保险要充分体现社会和政府的责任，体现社会公平，不以营利为目的，始终把社会效益放在首位。

3. 经济性

医疗保险作为一种疾病和意外损失经济补偿方法，既是一种社会保障制度，又是一种分配制度，必然具有经济性质。具体表现在：一方面，医疗保险通过补偿劳动者医疗费用的方式，对劳动力进行再生产投资；另一方面，通过医疗保险不仅减少了劳动者个人的疾病经济负担，而且有利于社会生产的正常发展。

4. 强制性

医疗保险是国家通过法律强制实施的法定保险，它要求所有符合条件的单位和个人必须参加，同时要求所有符合条件的单位和个人参加医疗保险时医疗保险机构必须接受，双方均无自由选择的余地。

5.保障性

医疗保险保障劳动者的基本医疗需求，从根本上维护社会稳定。尽管医疗保险不是全免费医疗，但毕竟能对基本医疗部分提供免费服务，从而有效减轻劳动者的疾病经济负担，使劳动者的健康有了基本保障。

6. 互助共济性

医疗保险费通常由国家、用人单位和个人三方共同负担，体现了不同单位间以及单位和政府之间的互助共济。医疗保险基金在一定范围内统筹调剂使用，体现了不同劳动者之间的互助共济。

7. 储蓄性

我国医疗保险实行社会统筹与个人账户相结合的运行模式。其中，社会统筹基金主要用于保障被保险人的大病和住院医疗费用，要求基金当年收支平衡，无结余或少量结余；个人账户保障被保险人的门诊医疗费用，因被保险人年轻时医疗服务需求相对较低，个人账户基金多数有结余，历年结余的基金可形成一大笔医疗储蓄金，以弥补年老体弱时的费用缺口。因此，我国现行的医疗保险具有部分积累，即储蓄的性质。

（二）医疗保险的基本特征

医疗保险作为社会保险的一个险种，既具有社会保险的一些共同特征，同时又具有与其他社会保险险种所不同的特征。

1. 保障对象的普遍性

每个人都难以避免疾病风险，因此医疗保险的保障对象是全体居民。目前我国已进入全民医保时代，参保覆盖率接近 100%，但仍然有少部分人未参保。随着我国经济的不断发展以及医疗保险制度的不断完善，普遍保障的目标终会实现。

2. 系统构成的复杂性

从系统的观点来看，医疗保险是一个复杂的系统，其构成要素除了保险中常见的保险人和被保险人之外，还涉及医疗服务提供者、用人单位以及政府其他部门。各要素之间相互影响、相互作用，使医疗保险形成了较为复杂的权利和义务关系。

3. 医保偿付的短期性和经常性

医疗保险一般属于短期性保险，保险期限通常为一年。在较短的保险期限内，由于疾病风险发生的随机性和频繁性，医疗保险的偿付成为经常性事件。因此，医疗保险机构在偿付环节上要注重效率、降低成本、方便病人。

4. 补偿形式的特殊性

在医疗保险中，参保人享受的待遇与其缴纳的医疗保险费之间往往没有直接的关系。医疗保险基金的补偿与实际发生的疾病状况以及医疗服务的利用状况密切相关，通常按照实际发生的医疗费用进行适当补偿，这与社会保险其他险种实行的定额给付明显不同。

5. 保险费测算和控制的困难性

人的一生中难免会遭遇疾病风险，有的人甚至会多次遇到这种风险；另外，由于疾病风险的大小以及医疗机构提供服务的不同，每个人每次发生的医疗费用也不相同。也就是说，人们发生疾病的概率以及每次疾病带来的损失均难掌控，使医疗保险在保险费的预测以及保险费的控制上都很困难。

三、医疗保险的基本原则和社会作用

（一）医疗保险的基本原则

根据医疗保险的基本属性和基本特征，实施医疗保险必须遵循以下基本原则。

1. 社会化原则

医疗保险的社会化要求所有的社会劳动者成为医疗保险的保障对象。社会化既符合大数法则的技术要求，同时也体现出医疗保险的社会公平性。因此，积极扩大医疗保险的覆盖面，将所有的社会劳动者纳入医疗保险的保障范围之中，实现医疗保险的社会化，既是发展医疗保险的基本原则，也是医疗保险发展的最终目标。

2. 强制性原则

医疗保险通过国家立法，强制实施。所有符合参保条件的单位和劳动者个人都必须依照法律的规定参加，并按规定缴纳医疗保险费。

3. 全员参保原则

全员参保原则包括三层含义：一是不论单位性质和经济状况，凡是政策规定的用人单位都必须参保；二是不论居民身份和职工的用工形式，凡是规定的所有居民和职工都必须参保；三是不论身体状况和年龄，凡是规定的居民和职工都必须参保。无论是病人还是健康人，老年人还是年轻人，都必须参加医疗保险，从而有效减少风险逆向选择。

4. 保障基本医疗原则

医疗保险以保障人们平等的健康权利为目的，其社会目标是保障基本医疗，因此，我们所说的社会医疗保险，其实是基本医疗保险，也就是只能提供基本医疗保障。如果想要得到基本医疗以外的其他医疗服务，就只有通过补充医疗保险来解决。

5. 费用分担原则

费用分担包含两方面内容：一是在医疗保险基金来源上，通常由国家、用人单位和个人三方共同分担；二是在医疗费用的支出上，通常也要求参保个人分担一部分费用，有利于增强个人的费用节约意识。

6. 公平与效率相结合原则

医疗保险首先要求社会公平，在保证社会公平的前提下，兼顾效率。公平（equality）可以理解为参保人无论年龄、职业、职位、用工形式以及身体状况如何均按相同的比例缴纳医疗保险费，均可获得基本医疗的保障。效率（efficiency）主要体现在医疗保险基金的筹集、使用及卫生服务提供等方面，医疗保险基金能够及时、足额筹集到位，医疗服务提供者能够做到因病施治、合理治疗等均是医疗保险运行效率的体现。

7. 属地管理原则

我国医疗保险实行属地管理，即符合参保条件的所有用人单位及职工，无论其行业或行政隶属关系如何，均统一参加当地的医疗保险，执行统一政策，实行基金的统一筹集、使用和管理。医疗保险实行属地化管理，可以避免行业统筹的弊端，均衡并减轻用人单位的负担，同时也有利于加强统筹区域内参保职工的就医管理，方便职工就近就医。

（二）医疗保险的社会作用

医疗保险制度的实施，对于保障劳动者身体健康、安定人们生活、稳定社会秩序等方面发挥着重要作用。

1. 减轻疾病经济负担

医疗保险的直接作用就是，通过对参保人提供医疗保险基金的补偿，分担了参保人的医疗费用，从而在一定程度上减轻了患者的疾病经济负担。

2. 保障居民健康

医疗保险除了能够直接减轻人们的疾病经济负担外，还可通过对参保人提供健康体检、预防接种、健康教育等多种健康保障活动，从根本上提高人们的身体素质、保障人们的身体健康。

3. 提高劳动生产率

医疗保险是社会进步、生产力提高的必然结果。反过来，医疗保险制度的建立和完善又会进一步促进社会的进步和生产力的发展。一方面，医疗保险减轻了劳动者的后顾之忧，使其安心工作，从而可以提高劳动生产率；另一方面，也保证了劳动者的身心健康，保证了劳动力的正常再生产，而劳动力再生产是社会再生产的基础。因此，在发达国家，医疗保险已成为其经济发展不可或缺的配套措施。

4. 维护社会稳定

医疗保险对患病或意外伤害的劳动者给予经济上的帮助，维持这些人的正常生活，有助于消除因疾病或意外伤害带来的社会不安定因素。一些发达国家虽然也经常面临经济危机，存在着较高的失业率，但社会仍处于较稳定状态，其中医疗保险发挥了重要作用。目前我国经济体制改革中，竞争加剧，一些企业经济效益滑坡，甚至因此而关闭、停产、合并、转产或破产。医疗保险制度的实施在一定程度上减轻了劳动者的后顾之忧，有助于社会的稳定。

5. 规范医疗服务供需双方行为

医疗保险以协议的形式要求定点医疗机构做到因病施治、合理检查、合理用药和合理治疗。同时，通过费用部分分担的办法促使医疗服务需方形成费用节约意识，从而达到控制医疗费用过快增长的目的。

6. 促进社会文明与进步

医疗保险具有社会互助共济的基本性质，这种性质体现在不同收入以及不同疾病风险概率的劳动者之间的风险分担和转移，是建立在互助合作的思想基础上的。在现实生活中，人与人之间应该建立起一种相互关心、相互帮助的关系。医疗保险正是体现了“一方有难、八方支援”的新型人际关系，展示了一种社会互助、同舟共济的良好社会风尚，是社会文明与进步的表现。

第四节 医疗保险学研究内容和方法

一、医疗保险学概念和研究内容

（一）医疗保险学概念

医疗保险学（medical insurance science）是研究医疗保险活动及其发展规律的学科。在跨入21世纪的时候，世界各国医疗服务和保险制度的发展与变革成了人们关注的热点问题。中国的医疗保险改革也进入了一个崭新的阶段，医疗保险改革中面临的一些问题更需要我们从理论的高度来审视。这是医疗保险学产生的前提，也为医疗保险学的研究和发展提供了更为广阔的空间。

医疗保险自产生至今，虽然已有一百多年的历史，但是作为一门相对独立的学科还是20世纪70年代以后的事情，特别是近四十年来，医疗保险越来越受到世界各国特别是发达国家的政府部门、研究和教育机构的重视，他们投入了大量的人力、物力对医疗保险进行研究。许多发达国家都设有专门的医疗保险研究机构。在美国和一些国家，许多大学建立了卫生经济学和保险经济学系，并有专业人员从事教学和研究，同时出现了许多有较大影响的教科书和专业性杂志。

我国对医疗保险制度的学术研究始于20世纪80年代，开始主要是作为卫生管理学、卫生经济学中的一部分。近四十年来，随着我国医疗卫生改革的深入，特别是医疗保险制度的建立和发展，医疗保险学的研究受到各级政府和理论工作者的高度重视。2007年成立了中国医疗保险研究会，一些政府机构和高校设立了专门的医疗保险研究机构。自1995年起，一些高校（最早如湖北医药学院、东南大学、江苏大学等）开设医疗保险学专业以来，迄今全国已有40余所高校在公共事业管理或劳动与社会保障专业中设置医疗保险专业方向，为我国医疗保障事业培养专门人才。可喜的是，2020年教育部将医疗保险专业独立设置。一些高校开始在社会医学与卫生事业管理等相关学科点中招收医疗保险方向研究生。近年来，有关医疗保险的研究成果成倍增长，并出版了一些颇具影响和学术价值较高的教材和著作。2003年专业性期刊《中国医疗保险》创刊。2014年5月在江苏大学成立了“全国高等学校医疗保险专业第一轮规划教材”编写委员会，研讨医疗保险专业课程体系，确定了12门专业核心课程并进行相关教材的编写。2000年在第一版的基础上又开始了第二轮系列教材的编写。2016年成立中国医疗保险教育论坛理事会，每年举办教育论坛。所有这些必将对我国医疗保险专业建设和人才培养产生深远的影响。

以上这些均为我国医疗保险学的发展奠定了坚实的基础。医疗保险学科的建立和完善，将会对探究和掌握医疗保险发展规律，建立与我国社会主义市场经济体制相适应的具有中国特色的医疗保障制度发挥越来越重要的作用。

（二）医疗保险学研究内容

医疗保险学作为一门交叉学科，其涉及面广，研究内容十分丰富，根据学科特点，可将医疗保险学研究内容分为医疗保险理论研究和医疗保险应用研究。

1. 医疗保险理论研究

（1）医疗保险的内涵。包括医疗保险的概念、属性、分类、基本特征和社会作用，如何建立中国长期护理保险制度、生育保险与医疗保险合并实施等。研究这些内容的目的主要是界定医疗保险研究范畴、确定医疗保险的地位和作用，这是其他研究的前提。

（2）医疗保险的发展史和模式。通过历史研究，全面梳理中国共产党百年医保思想史和我国医改历程，认识医疗保险发展规律，探索新时代符合我国国情的医疗保障模式。

（3）医疗保险的基本原理。指由医疗保险性质和特征所决定的、对医疗保险活动有普遍指导意义的理论（如疾病风险理论、医疗保险需求与供给理论）以及基本指导思想和原则（如公平与效益原则、保障基本医疗原则等）。

（4）医疗保险的基本方法。指对医疗保险运行有着普遍指导意义的方法，包括医疗保险的规划和决策方法、医疗保险基金的基本测算方法、医疗保险费用的控制方法、医疗服务日常行为监督方法，以及医疗保险的评价方法等。

2. 医疗保险应用研究

（1）医疗保险系统。内容主要包括医疗保险系统的要素构成，各构成要素相互之间的权利和义务关系，各构成要素在医疗保险系统中的地位、性质、作用及职能，政府在医疗保险系统中的职能和作用等。

（2）医疗保险范围。医疗保险不同于一般保险，有特定的承保人群和保障责任范围，它所承担的风险不仅是对疾病经济损失的补偿，而且还要向被保险人提供医疗服务的保障。内容主要包括医疗保险的覆盖人群范围，即覆盖面，以及医疗保险保障的医疗服务范围，即基本医疗范围。随着社会经济发展和人民生活水平的不断提高，医疗保险范围也应做适当调整。

（3）医疗保险基金的筹集。这是医疗保险制度运行的第一步，主要包括两方面内容：一是运用统计学、保险经济学以及保险精算的知识和技术手段，确定医疗保险费率；二是研究医疗保险基金的筹集渠道、筹集方式及筹集程序，如何建立合理的筹资与待遇调整机制等。

（4）医疗保险费用的支付。医疗保险费用的支付不同于一般商业保险的理赔，它有着“第三方付费”“复杂性”和“多发性”等特殊性，因而是医疗保险基金运行过程中最复杂的一个环节。如何完善医保支付方式，动态调整支付标准，做到既保护被保险人获得必需的医疗卫生服务，又引导医疗服务的合理消费，这是医疗保险费用支付研究中的核心问题。

（5）医疗保险基金的管理。管好医疗保险基金是医疗保险运行的基础。研究内容主要包括医疗保险基金的测算、分配、使用以及风险管理等，控制医疗保险费用的不合理增长。由于医疗保险的复杂性和现代信息科学的发展，以计算机技术为基础的医疗保险管理信息系统已经成为现代医疗保险运行中不可分割的重要部分。

（6）医疗保险法律制度和监督管理。内容主要包括医疗保险法律法规的制定、执行、监督和完善，参保单位和参保人的参保行为监管，定点医疗机构的施医行为监管，被保险人的就医行为监管等。

（7）医疗保险评价。这是总结提高医疗保险管理水平的最常用的手段之一。评价本身既是医疗保险管理过程的一个环节，也可看成是医疗保险的一项主要研究活动，研究内容主要包括评价的目标、内容、方法、程序、指标体系等。

（8）医疗保险政策。我国医疗保险行业发展很快，已步入全民医保时代。实际工作中出现许多新的问题，如重特大疾病保障机制、生育政策调整对医保的影响、商业健康保险在多层次医保中的地位、“互联网+”在医疗保险中的作用，以及如何转变医保经办管理方式等，均需要从政策层面进行研究。

二、医疗保险学研究方法和学习意义

（一）医疗保险学研究方法

在我国，医疗保险是一项全新的事业，许多新问题需要探索解决，因此，应用适宜的研究方法开展医疗保险研究很有必要。医疗保险学常见的研究方法主要有以下几种。

1. 比较研究

比较研究是医疗保险学最常用、最基本的研究方法之一，操作直接、方便，效果明显，实用性强。在医疗保险研究中，经常涉及以下一些比较内容。①与相关学科的比较。这主要是同商业保险、社会保险及卫生管理学的比较，找出医疗保险和它们之间在理论研究方法上的异同，综合借鉴这些学科的理论和方法，为医疗保险所用。②与不同类型的医疗保险制度进行比较。对于不同的历史、文化、经济水平、政治制度，以及由此而产生的不同的社会保障和医疗卫生政策，比较研究它们形成的背景及各自的优缺点，能够指导医疗保险的建立或调整。③医疗保险自身的比较，即医疗保险的纵向比较。比较研究医疗保险不同发展阶段的特点、历史的经验，这对现在医疗保险的发展是很有价值的。

2. 调查研究

调查研究是一种传统的，也是应用最广泛的学习研究方法。由于医疗保险直接面向社会人群，涉及内容广泛，因此，调查研究方法必然成为医疗保险研究的一种重要手段。例如，人口学状况调查、人口卫生服务利用调查、医疗费用调查、人口意愿调查等都是医疗保险中经常涉及的研究内容。医疗保险中调查研究方法是多种学科调查方法的应用，包括流行病学调查方法、人口调查方法、卫生服务调查方法、社会学调查方法、市场调查方法等。

3. 实验研究

医疗保险具有复杂性，涉及千家万户的利益。因此，医疗保险每一步的发展都离不开实验研究。从一项新的医疗保险制度建立到具体每一项政策的改革，一般都需要经过实践的检验。这里的实验主要是指社会科学中的社会实验研究，即通常所说的试点，也包括一些自然科学中的实验室研究。例如，我国 1995 年进行的“两江”（九江市、镇江市）医疗保险改革试点，以及 2019 年陆续开展的按疾病诊断相关分组（DRGs）付费或者按病种分值（DIP）付费试点，就是典型的实验研究。

4. 定性研究

定性研究是运用特殊的技术（观察法、深入访谈、专题小组讨论等）获得人们在思想、感受等方面的信息，以了解目标人群有关态度、信念、动机和行为等。定性研究通过对少量样本深入、细致的分析，可对研究问题进行更深层次的探索，在完整地把握社会现实、深入了解社会现象和行为等方面，有着定量研究无法替代的作用。定性研究的局限性在于，定性分析是依据典型的或少量个案的资料得出的结论，这种结论不一定具有普遍性。

5. 定量研究

定量研究指运用定量方法收集资料进行深入的定量分析，如计算统计量、统计检验等。定量研究的标准化和精确化程度较高，逻辑推理比较严谨，可检验性强；定量研究还能推进理论的抽象化和概括化，对现象之间普遍的因果关系进行精确分析。但是，定量研究也有一定的局限性：①它很难获得深入、广泛的信息，容易忽略事物深层次的问题；②有些现象或因素无法进行定量分析；③由于社会医疗保险问题的复杂性，有时难以用统计量确定事物之间的因果关系；④有些社会医疗保险问题具有独特性，不易得出普遍的经验概括。

由于定性研究方法和定量研究方法各具特点，具有一定的互补性，在研究工作中常常根据研究的目的和内容，将两种类型的研究方法结合运行，以提高研究方法的信度和效度。

（二）学习和研究医疗保险学的意义

第一，学习和研究医疗保险学，可以充分认识医疗保险在国民经济和社会发展中的地位和作用。在国民经济和社会发展中，医疗保险具有“安全网”和“稳压器”的功能。我国已步入新时代，建立并完善医疗保障制度，对于不断实现人民对美好生活的向往，达到共同富裕具有重要作用。

第二，学习和研究医疗保险学，可以正确理解和自觉贯彻医疗保险政策。医疗保险学是建立在医学、社会学、经济学等多学科理论基础之上的，是一个兼具学科交叉性又相对独立的研究领域，也是政府制定医疗保险政策的理论基础。只有学好医疗保险学，掌握医疗保险理论，才能使我们正确地理解医疗保险政策，提高贯彻执行医疗保险政策的自觉性，减少盲目性。

第三，学习和研究医疗保险学，可以使我们不断提高医疗保险科学管理水平。医疗保险实践中存在三个不同的利益主体：医疗保险机构，医疗服务提供者和被保险人。这三者通过医疗服务的提供、享受与监督，医疗费用的缴纳、使用与管理形成了复杂的经济关系和行为关系。学习和研究医疗保险学，从而掌握各方关系规律，提高医疗保险管理水平，推动全民医保制度建设健康发展。

第四，学习和研究医疗保险学，有利于实现医疗保险理论建设和社会经济与体制改革同步发展。一个学科的成熟，总要以它的理论体系为标志，随着医保改革实践的深入，理论建设对实践的指导显得越发紧迫，这就需要我们加强学习和研究医疗保险理论，准确把握医疗保险运行规律和发展趋势，积极探索医疗保障改革和发展的新思路、新办法，使我国医疗保障制度日臻完善。

思考题

1. 简要回答医疗保险的内涵、基本属性和基本特征。
2. 试述社会医疗保险与商业医疗保险的区别。
3. 医疗保险学的研究内容有哪些？学习和研究医疗保险学有何重要意义？

（周绿林　张心洁）

第二章　医疗保险制度的形成、发展和主要模式

内容提要

本章介绍医疗保险制度的概念、特点，以及医疗保险制度的形成和发展历程，阐述医疗保险制度改革及发展形成原因，同时介绍目前国际医疗保险制度的主要模式、特征以及各自的优缺点。

第一节　医疗保险制度及其形成和发展

一、医疗保险制度概念和特点

（一）概念

医疗保险制度是一种国家维护人民健康、促进社会经济发展的重要的社会保障制度，是指某种组织（如政府、社团或保险组织）筹集医疗资金、支付医疗费用、规定就医办法，为居民提供医疗服务的一整套章程、规则、办法的总和。它是居民医疗保健事业的有效筹资机制，是构成社会保险制度的一种重要制度，也是目前世界上应用相当普遍的一种卫生费用管理模式，其包括医疗资金的筹集方式、医疗费用的支付方式、医疗服务的供给体制等内容，在世界各国的社会保障制度中，医疗保险占有重要地位。近年来，在发展中国家，医疗保险被认为是解决人民医疗保障问题的有效措施。

（二）特点

医疗保险制度作为制度的一种，有其自身的特点。

1. 福利性

医疗保险制度是国家通过建立国民收入再分配的制度，对劳动者或社会弱势群体在患病时提供医疗服务帮助或照顾，既是国家对公民的责任，也是公民应当享有的健康权益，具有法律的规定性、互助共济性和资金来源的保障性等明显的社会福利性质。这种福利性还体现在，医疗保险制度是一项社会公共事业，是以保障人们身心健康、促进经济发展和维护社会稳定为最高宗旨，本质上与以营利为目的的商业医疗保险相区别。

2. 公平性

医疗保险作为一种再分配关系，强调的是社会公平。再分配性就意味着，社会成员在医疗保险中的权益和义务是对应关系，但每个成员对制度的贡献大小与其从制度中获取收益不呈对等关系，个体收入越多，贡献应越大，个体医疗风险越大获取的保障收益越大。医疗保险的公平性体现在全体社会成员获得医疗保险的机会和权益相同，与其收入、职业、社会地位等无关。对医疗救助而言，每一个符合救助条件的人员都应该享有公平的医疗救助待遇，对社会医疗保险而言，每一个被保险人获得的待遇权益是相同的，与其贡献的保险费多少无关。

3. 强制性

为确保全体公民的基本权益，防止风险逆向选择，医疗保险制度通过立法实施，并依法强制执行。通过立法规定医疗保险制度各个利益相关方的权利和义务；规定医疗保险制度具体的项目、内

容、形式、享受标准及运作程序等。政府以一般税收或社会保障税（费）形式强制征集社会保障基金，以防止部分群体规避社会责任，并颁布相关法规、法令等，对医疗保障基金进行强制性统筹使用，实现医疗保障公平性的社会目标。即使在个人账户的情况下，社会保险费的缴纳也是强制的，如新加坡的公积金制度、中国的城镇职工医疗保险中的个人账户制度等，都是强制实施的。

4. 社会性

医疗保险制度是现代政治和社会经济生活的重要组成部分，其社会性体现在以下几个方面。①保险对象的社会性。从理论上讲，应当覆盖全体社会成员，当然，这也是各国政府努力追求的目标。②医疗保险资金来源的社会化。每个社会成员既享有医疗保险的权利，又有相应的义务。医疗保险资金的来源是多元化的，包括政府、企业、个人、社会捐赠等。③医疗保险涉及面广泛而复杂。既涉及医疗服务市场的主体、医疗保险市场的主体，还涉及政府及各相关部门，这些主体之间都存在复杂的利益关系。

5. 补偿性与基础性

补偿性与基础性包含两个方面的内容。第一，医疗保险制度是对保障对象因疾病风险导致的损失提供补偿，有利于减轻病人及其家庭由于患病或损伤而在经济上产生的负担，保障病人及其家庭的正常生活。补偿的比例与保障对象缴纳的保险费数额无关，而是由医疗保险制度事前规定决定的。第二，政府提供的医疗保险制度提供基础性的保障水平，限于满足保障对象的基本医疗服务需求。当然，不同国家对基本医疗服务需求的理解是不一样的，没有统一的标准，而是依赖于各自的社会政策目标、社会价值判断和经济发展水平。而且，基本医疗服务需求是一个相对的概念，其内容要随经济增长和发展水平的变动而变动。

二、医疗保险制度的形成和发展

医疗保险制度的形成是社会、政治、经济与文化发展到一定阶段的产物。纵观世界医疗保险的发展历程，医疗保险制度的原始形态和最初思想源于古老社会的济贫思想，但作为一种正式的社会经济制度，医疗保险有着一百多年的历史发展过程，同时仍在不断的发展。以下将从最初的萌芽、建立、发展以及改革等几个阶段介绍医疗保险制度的发展历史。

（一）医疗保险制度的萌芽时期

医疗保险制度最初萌芽始于社会救济制度，中国与西方社会都具有悠久的社会救济传统。中国具有悠久的社会救济思想和实践传统，如早在春秋战国时期，诸子百家就提出有关社会救助的思想。孔子在《礼记·礼运》中提出：“大道之行也，天下为公。选贤与能，讲信修睦，故人不独亲其亲，不独子其子，使老有所终，壮有所用，幼有所长，矜寡孤独废疾者，皆有所养。男有分，女有归。货恶其弃于地也，不必藏于己；力恶其不出于其身也，不必为己。是故谋闭而不兴，盗窃乱贼而不作，故外户而不闭，是谓大同。”中国古代政府也曾采取一些救济措施，如西汉政府建立常平仓，隋朝政府建立官仓，宋朝建有惠民仓、广惠仓、丰储仓等，并且还设立一些养恤措施，如施粥制度，以及在瘟疫流行时的救治和救济制度。

尽管中国社会救济思想与实践有着很长的历史，但普遍认为，医疗保险制度的原始形态是萌发于西方的救济传统。这一阶段约为 19 世纪 80 年代以前，一般认为，具有医疗保险形式的原始形态最早存在于欧洲古代农业社会，当时是以最低生活救助为主，基于疾病的救助只是其中一小部分，且带有明显的宗教色彩。在欧洲，早在古希腊、古罗马时代，就有专为贫民和军人治病的国家公职人员。到了中世纪（公元 470～1500 年），出现了由教会开办的慈善医院，附属在教堂或修道院的旁边，由僧侣来给病人治疗。治疗方法是诵经和祈祷，加上一定的经验和技巧，医疗技术水平低下，医疗费用极小，没有任何住院设施，只是偶尔做一点简单收容。医院的经济来源是教会募集的资金，病人不需要付钱，是一种慈善性的施舍，面对的人群主要是普通民众，这种方式存在了较长时间。当然，这个时代也存在民间医生，虽然技术水平很有限，但已逐步形成具有专业技术的医疗行业和从事医疗活动的医生，而医生的经济来源，主要是患者交付的医疗费用。这种谁看病、谁付钱的自费医疗形式，至今仍在不少国家和地区广泛存在。

随着社会的进步与发展，工业社会慢慢取代农业社会，人们的疾病风险逐渐加大，人们开始寻求不同的付费方式来缓解疾病给自己及家庭带来的危机，社会开始出现了其他的医疗付费方式。在欧洲，医疗保险制度最原始的形式可追溯到中世纪的基尔特制度。这种制度最初存在于德国，后逐渐普及至欧洲各国，它主要是指职业相同者基于互助精神组成团体、相互救济的制度。该制度创始之初，有商人基尔特与工人（手工）基尔特两种，其目的除了保护会员共同利益外，还对团体中的会员遭遇死亡、疾病或火灾、窃盗等灾害时资予以救济，后来，基尔特的相互救济功能渐次分化。英国在基尔特制度基础上发展成立“友爱社”，专以保护救助为目的，对相互救济事项的范围和社员缴纳社费都有明确规定，可以说是医疗保险制度的雏形。1601 年英国政府颁布了《伊丽莎白济贫法》，对居民的疾病保障作了相关规定。

到了十九世纪，由于资本主义经济的发展，特别是西欧一些国家亚麻纺织工业和机器制造工业的迅速发展，形成了产业工人的相对集中，同时恶劣的劳动条件和肮脏的生活环境又对工人的身体健康造成很大的危害，再加上工伤事故和传染病的流行，工人们极其需要得到一定的医疗支持。但是，由于当时工人的收入很低，且很多工厂实行计件或计时工资，一旦患病不能上班，就意味着收入的中断，特别是危重病，更难以支付医疗费用。因此，工人们自发地筹集一些资金，为患病工友提供医疗费用资助。这是一种大家集资、互相帮助的自发性医疗互助形式，但这种自发性的医疗互助多是临时性的，没有形成制度，缺乏专门管理，所以很不稳定，随时都有可能解散或者重新组合。

为了确保资本主义再生产所必需的劳动力，以获取更大的利润，资本家逐渐意识到健康投资的重要性，加之工人们为了维护自身的利益，不断通过罢工等方式提出了由企业主提供部分医疗费用的要求，于是产生了企业主介入医疗互助行列，即雇主为雇员负担一部分医疗费用，尤其是大企业，它们愿意为雇员提供部分医疗费用。这是医疗费用筹集方式的一大进步。

这种医疗费用筹集方式得到了医生的赞同和支持，因为医生也希望病人能支付得起医疗费用，确保医生的经济收入，医生也愿意参与医疗互助，这就形成了雇主、雇员和医生共同参与的医疗保健，出现了各种形式的基金会和劳动者救济组织，并且逐步得到政府的支持，有的已逐渐形成由政府参与的官方或半官方组织。这是现代医疗保险制度的雏形。

（二）医疗保险制度的建立时期

这一阶段约在 19 世纪 80 年代至 20 世纪 40 年代。德国是世界上最早实施医疗保险制度的国家。一般认为，以 1883 年德国颁布《疾病社会保险法》为起点到第二次世界大战结束，为医疗保险制度的建立时期。德国是现代社会医疗保险的发源地，社会医疗保险是社会保障体系中出现最早的保险内容。德国的医疗保险制度的建立本质上是新历史学派主张国家干预社会经济生活、调节劳资矛盾政策主张的产物。

《疾病社会保险法》是世界上第一部医疗保险法律，其颁布标志着用社会保险机制实现医疗保障的现代医疗保险制度的诞生，法案主要针对就业者，对工资劳动者实行强制疾病保险，费用由雇主承担 30%，雇员承担 70%，国家给予一定的补贴。雇员在疾病期间可以从保险基金中领取相当于工资的 50%作为疾病津贴，但是领取疾病津贴的最高时限不能超过 13 周。该法案还规定，疾病保险基金由该项基金的公共法人管理，开始时可以利用共济会或互助会等组织来管理，然后建立起地方疾病保险协会和公共疾病保险协会进行管理。

自德国建立疾病保险基金后，医疗保险的思想广泛传播，许多国家先后颁布法律，建立了医疗保险制度。这一阶段，有 50 多个国家先后建立了医疗保险制度，并建立了健康、疾病以及诸如年老、残疾、生育、工伤、失业等相关法律，形成了一整套社会保险制度。1928 年，法国在全国范围内推出了统一的《社会保险法》，包括疾病、生育、死亡、残疾和老龄等；1898 年和 1910 年，意大利分别设立了老龄残废保险和生育保险；1910 年，瑞典设立了疾病保险，并在各地推行，直到 1947 年改变为国民健康保险制度；1911 年，英国颁布了《国民保险法》，明确实施健康保险制度。

医疗保险制度从欧洲逐步扩展到了其他地区。在欧洲的影响下，其他各大洲先后有部分国家出台医疗保险相关政策法案，如亚洲的日本，美洲的巴西、智利，大洋洲的新西兰等。其中，日本是亚洲最早实行医疗保险制度的国家，1922 年日本颁布了《健康保险法》，1927 年正式实施。1915 年，在美国的 21 个州内实施了对工伤和职业病工人的经济补偿，这种补偿促进了医疗保险和医疗服务的制度化。这一时期医疗保险的保障对象多数仅限于产业工人及其家属，还没有形成医疗保险体系。

1917 年俄国十月革命胜利以后，苏维埃政府颁布法令，建立了统一的国家卫生服务体制，向全民免费提供医疗服务，以体现社会主义制度的优越性。这种将筹资与服务融合在一起的健康医疗保障制度，是一种崭新的卫生体制模式，这种模式不仅影响了以后的大多数社会主义国家，也影响了英国、瑞典等资本主义国家。

（三）医疗保险制度的发展时期

在医疗保险制度发展过程中，第二次世界大战是个分水岭。从第二次世界大战结束（20 世纪 40 年代）到 20 世纪 70 年代，是医疗保险制度繁荣发展时期。世界各国纷纷建立医疗保险制度。有些国家已经将医疗保险的覆盖范围扩大到全体居民。

这一时期的重要标志是英国 1948 年宣布建成世界上第一个福利国家。英国的工党是欧洲最大的民主党，1945 年工党当选为执政党，将其主张的福利国家的理论变为执政的纲领和现实的政策，根据《贝弗里奇报告》所确定的原则，颁布了一系列重要的社会立法，包括《国民保险法》《国民卫生保健法》《家庭津贴法》《国民救济法》等。其中，《国民卫生保健法》的核心内容是将全国医院实行国有化，并由国家对全民提供免费医疗。《国民卫生保健法》的实施标志着英国国家卫生服务制度的建立。这样，第二次世界大战后，英国不仅建立了更加完善的国民保险制度，而且建立了国民救济制度和国家卫生服务制度，加上原有的各种社会保障项目，英国就建成了一个为其国民提供“从摇篮到坟墓”全面保障的制度。

1946 年，瑞典通过了新的《健康保险法》，1951 年，建立起强制性健康保险制度，强制性《健康保险法》正式生效。1970 年，德国颁布法令，将强制性疾病保险制度的适用范围扩大到所有脑力劳动者和体力劳动者，1972 年又将自耕农及其家属纳入强制性疾病保险制度。

第二次世界大战以后，日本政府采取措施加快健康保险制度恢复与建设步伐。例如，改革健康保险的支付制度；调整健康保险制度与国民健康保险制度，推动二者合理发展；调整健康保险的缴费方式，确保基金稳定等。在此基础上，1958 年，日本颁布新的国民健康保险法案，要求到 1961 年，在全国范围内基本建立全民皆保险的健康保险制度。这一时期非洲国家民族解放运动纷纷高涨，为了缓和各种社会矛盾，殖民地宗主国不得不在非洲实行一些社会保障措施。埃及早在 1964 年就开始实施医保制度，2005 年埃及卫生部制定完成了新的《统一医疗保险法》。

中国的医疗保障也是在这一时期建立的。1952 年中央人民政府政务院发布《关于全国各级人民政府、党派、团体及所属事业单位的国家工作人员实行公费医疗预防的指示》和《国家工作人员公费医疗预防实施办法》，决定实施公费医疗制度。之后，公费医疗的适用范围逐步扩大。1953 年，中央人民政府政务院颁布《中华人民共和国劳动保险条例》，同年，劳动部颁布《劳动保险条例实施细则》，逐步建立企业职工劳保医疗制度。

与医疗保险制度建立时期相比，这一时期的发展主要体现在四个方面：一是世界上建立医疗保险制度的国家迅速增加；二是医疗保险的覆盖面和受益范围进一步扩大，有的甚至扩大到全民，保障内容涵盖从“摇篮”到“坟墓”各个阶段；三是医疗保险从最初的单一制度走向多元化的发展道路，各国的政治、经济和文化的巨大差异形成了不同的医疗保险制度模式；四是医疗保障的水平逐步提高，医疗保险开支占国内生产总值的比重显著提高。英国与北欧五国就是典型的例子。

（四）医疗保险制度的改革时期

20 世纪 70 年代末以来，医疗保险制度进入改革时期。20 世纪 70 年代，石油价格两次大幅度上升，国际金融体系瓦解，出现 70 年代西方的“滞胀”现象，通货膨胀和失业都上升到大危机之后的最高水平，发达国家经济增长的速度慢下来，曾经使福利国家为之骄傲的社会保障制度，相对于它的经济增长来说，已经显得太过昂贵。与此同时，医疗科技的发展和人口老龄化等因素推动了医疗服务需求不断攀升，医疗费用快速增长。包括医疗保险在内的社会保障已经成为这些国家的负担，甚至是相当沉重的负担。一些福利国家的社会保障支出已经占到国家财政支出的一半以上，甚至有些国家到了需要举债来支撑社会福利制度的地步。在这种经济背景下，新经济自由主义批评和攻击社会保障制度，主张改革社会保障制度。

在对医疗保险改革的实践方面主要是开源节流，开源为开征社会保障所得税，提高总投保费率，增加社会保险费收入，对某些福利项目开始收费节流以降低给付水平或减少给付的可得性。

首先实施福利政策的英国，对福利制度的改革也处在先锋的地位。早在 20 世纪 70 年代末，以撒切尔夫人为首的保守党执政时就开始了改革。其指导思想是：首先，社会保障不应由政府包办，而应公私协作；其次，不能养成单纯依赖国家的懒汉思想，要鼓励个人用劳动争取福利。1991 年实施《国民健康服务法》后加快改革步伐，其中对国民健康服务的运营、组织、方法、权限等方面都做了彻底的改革。

德国自 20 世纪 70 年代末以来对医疗保险制度进行了一系列的改革。1977 年颁布了《医疗保险费用控制法案》，1989 年颁布了《医疗改革法》，以建立保险与医疗机构的竞争机制，树立成本意识。之后在 1993 年、1997 年又分别出台了几部关于医疗保险制度改革的法律文件，对医疗费用结算办法、补偿标准等进行改革，以控制医疗费用的日益增长。过于慷慨的医疗保障给法国财政也造成了沉重的负担，1997 年初，法国政府出台了一项改革法案，核心内容就是将全年医疗保险预算分配到各地区医院，对医生行医、开药实行“配额制”。之后还进行了一系列的改革措施。

与欧洲发达国家不同的是，有一些国家因为不同的原因进行了医疗保险的改革。前东欧各国由于经济体制发生了巨大变化，医疗保险制度也进行了相应的改革，纷纷从原来实施的国家医疗保险制度转变为社会保险制度。另外，亚洲的一些国家与地区由于进入了经济的快速发展时期，对医疗保险进行了改革，特别是韩国、日本与中国最令人瞩目，其中韩国与日本已经从组合式的医疗保险制度逐步发展成全民覆盖的制度。

各国医疗保险制度的改革在当前并在将来还将继续进行下去，各国的改革原因或许不同，但都面临一个共性问题：医疗技术不断革新、人口老龄化和高龄化带来的日益增长的医疗服务需求。因此改革的实践基本上都是遵循开源节流的思想提高缴费水平，增强个人在卫生服务中的责任与义务。与此同时，实现建立多元化的医疗保险体系，不再依赖单一的制度来解决国民的卫生服务问题。

审视医疗保险制度的发展历程，无论是最初建立社会医疗保险制度的德国，还是后来的其他国家，其制度建立的背景大体是相同的，都是在本国的政治经济面临困境时希望通过社会保障制度的建立来稳定社会，促进经济的增长。事实证明，包括医疗保险制度在内的社会保障制度确实起到了“稳压器”和“安全网”的作用。同时，各国医疗保险制度的创立与发展也都有其深刻的社会、经济、政治和文化根源。

三、医疗保险制度形成和发展的原因

19 世纪 30 年代以来，尤其是第二次世界大战后，医疗保险制度在世界各国得到广泛而迅速的发展。人们对医疗保险制度在社会经济发展中的作用与影响，以及不同医疗保险制度模式的优点与不足有了清晰的认识，世界许多国家持续进行广泛而深刻的医疗保险制度改革。

世界银行研究组根据肯尼亚、加纳、菲律宾、哥伦比亚、泰国等国实施医疗保险的经历总结出影响医疗保险发展的因素，包括正规部门就业比例、工资水平、贫困人口比重、家庭规模、医疗服务提供网络、人力、行政资源和政府能力等，归纳为四个方面：①社会经济发展背景；②国家意愿和能力；③政策对象；④制度设计与运行。这四个方面基本上囊括了医疗保险发展所涉及的背景、利益相关者，以及制度本身等因素，而且它们之间存在互动关系。

（一）社会经济发展背景

从宏观上看，医疗保险是工业革命以来社会经济变迁带来的结果。工业革命促使人口大规模地向城市迁移、向工业转移。城市化、工业化不仅改变了经济结构，也转变了人们的生活方式。经济发展、人口分布和结构以及社会团结程度作为宏观变量对医疗保险的发展起到了重要影响作用。

1. 经济发展

经济发展推动了工业化、城市化以及就业正规化，也增加了人们的生活风险，由此使得医疗保险变得可能而且必需。首先，经济发展使得工业在国民经济中的比重日益增大，直至成为主导产业。与农业相比，工业附加值大，是政府财政收入的主要来源。税收基础的扩大增加了政府收入，从而使得政府有资源推动社会医疗保险发展。其次，经济发展使得人口从农业转向工业。与农业人口相比，工业从业人口便于登记和统计相对集中。这为征收社会保险费用提供了极大的方便：工人的收入更容易调查统计，保险费用也可以依托税务机关征收。这一过程称为就业正规化。社会医疗保险在正规部门扩面的难度较小，而在非正规部门困难重重。最后，经济发展增加了个人收入，也提高了个人生活风险。一方面，收入的增加使得普通人支付社会保险费的能力提高；另一方面，工业化过程中人们的收入日益依赖市场，失业、疾病等风险事件对个人、家庭生活的影响也日益突出。这些因素使得人们开始需要社会保险机制来降低风险。

2. 人口分布和结构

医疗保险在人口密集的城市更容易扩张，人口年龄结构、家庭规模，以及抚养比例都对医疗保险的发展有影响。老年人的比重越高，医疗保险运行的难度就越大，老年人一般没有收入，但他们是医疗服务的主要使用者。此外，家庭规模和抚养比例越大，就业者所要承担的保险费用就会越高，影响他们的参保意愿。

3. 社会团结程度

医疗保险的机制是通过大规模的被保险人来分散疾病风险对正常生活的冲击。风险的分担在各个阶层、种族、地区、年龄段之间进行，因此各社会群体之间的互信非常重要。如果各个社会群体之间互相敌对、冲突不断，连和谐共处都很困难，建立互济性的社会保险将不可能实现。德国社会保险的建立就有赖于社会中长期存在的团结文化，而美国和非洲的经验研究均发现复杂的族群关系对福利和经济发展均有负面作用。可见，种族关系、民族关系、阶层关系、政治历史传统造成的社会关系状况会影响社会医疗保险的发展。

（二）国家意愿和能力

医疗保险发展需要法律上的认可，也需要一整套管理保险的基础设施（机构、人力等），而这些不可或缺的条件都依赖于国家的支持和投入，甚至在一定程度上，医疗保险的推行是国家行为。

国家意愿、国家能力和政策经验都影响着医疗保险的发展。

1. 国家意愿

国家的资源是有限的，特别是财政资金，既可以用于工业，也可以用于农业，不同项目都在竞争财政资源。医疗保险获得的财政支持取决于国家政治意愿，医疗保险的发展与政治体制密切相关。在民主体制下，选民的需求对医疗保险的发展有较大的发言权。在2000～2001年的选举中，泰国泰爱泰党候选人他信以“30泰铢计划”吸引选票并成功当选，泰国的医疗保障在其政府的努力下实现了全民覆盖。在非民主体制下，俾斯麦在建立世界上第一个社会保险体系时并不是出于人道目的，而是以此来消除工人们的社会主义运动。德国社会民主党和工会认识到俾斯麦的这一意图后，曾经激烈地反对过社会保险的实施。同样，在韩国，医疗保障也是政府实现政治合法性的一个手段。

2. 国家能力

国家能力也是影响医疗保险发展的重要因素，其中包括财政能力、行政能力和强制能力。

首先是财政能力，政府财政在多个方面影响政策的执行和长远发展。政府需要建立机构、雇佣工作人员以筹集保险金、管理基金、处理医疗费用补偿等事务。此外，政府还需要出资补贴低收入者参加保险，也需要补贴社会保险基金，以确保其正常运作。

其次是行政能力，医疗保险也是一个技术密集型的政策，其日常事务需要设立社会保险管理机构、招募专业人员进行系统化的管理。工作人员必须训练有素，掌握记账、会计、精算、信息处理、政策评估等技能。政府能否建立起一套完善的社会保险，管理机构极为关键。西方社会保险制度的建立就得益于近代金融保险、统计调查事业的发展，而发展中国家在发展社会保险过程中就曾因人力资源问题屡屡掣肘。

最后是强制能力。政策的实施往往意味着利益的调整，利益受损者往往会抵制政策的实施。国家会遇到许多的违规、抵制甚至搭便车行为。因此，国家必须掌握一定的强制能力、手段，以确保政策能够执行。在医疗保险运行中，违规行为极为常见：拒不参保、隐瞒职工人数或者只给部分职工参保、隐瞒工资收入以减少保险费的缴纳、拖欠保险费等。因此，国家的强制能力是克服政策障碍的保证，医疗保险的强制性也因此得到体现。

3. 政策经验

德国的社会医疗保险并非凭空出现，在之前德国就已经有很长的自愿性保险发展经历。这些自愿性的保险积累了现代医疗保险所需要的会计技术和管理经验，而且极大地影响了之后发展的医疗保险模式。疾病基金为德国医疗保险发展奠定基础，其保险金一般由雇主和雇员共同缴纳，甚至有的地区实行强制性保险，德国的社会保险由此发端并积累了丰富的政策经验。

（三）政策对象

政策是在国家与政策对象的互动中发展起来的。医疗保险政策的主要对象包括雇主、劳动者、非正规就业。对雇主与劳动者来说，双方的力量对比、组织状态对政策结果产生影响。非正规就业参保则受到其收入水平、就业稳定性和制度设计的影响。

为了降低人力成本，雇主一般倾向于不参保，但劳动者一般倾向于参加保险，这一矛盾将影响参保率。因此，劳动力市场状况影响医疗保险的实施，当劳动力供大于求，工人则倾向于获得工作优先，而牺牲医疗保险待遇。同样，劳动者的利益保护机制也是很重要的变量，强大的工会组织有助于工人获得社会医疗保险待遇。

（四）制度设计与运行

制度设计与运行包括保险费缴纳和管理（缴纳比例、风险基金比例等）、医疗费用赔付比例（起付线、封顶线等）、医疗费用支付方式、机构设置（统筹层次）等。

1. 财务可持续性

医疗保险一般以年为单位结算，这能降低医疗保险基金遭受通货膨胀的压力，但医疗保险基金的财务可持续性仍然不可忽视。基金平衡取决于收入和支出的平衡，收入取决于缴纳比例、缴纳效率。支出则取决于医疗费用赔付的比例和对医疗费用的支付方式。赔付比例和支付方式会对参保者和服务提供者产生不同的激励。此外，医疗保险的统筹层次也影响财务的稳定性。较高的医疗保险统筹层次意味着更多的参保人和更大的风险分担范围，基金的稳定性会随之改善。

2. 基金治理、透明程度

医疗保险会集中起大量的资金，如果缺少透明的管理机构和有效的监督机构，基金会遭到来自管理者的贪污、挪用、拆解和来自参保人的骗保、欺诈等不法行为的侵蚀。根据 Fraker 和 Hsiao 2007 年在世界银行的报告中指出肯尼亚的医疗保险基金仅有 22%是真正用在了医疗费用补偿上，25%耗费在行政成本上，53%花在了各类奢侈浪费的投资、建设工程上。全球每年有 20%～30%的保险赔款涉嫌保险欺诈。医疗保险违规行为不仅降低基金的使用效率，而且使政策对象对医保制度产生信任危机。各国的医疗保险制度中大都设有监督机构，并且会有账目公开、严惩违规行为的相关规定，但是核心在于监督机构是否独立。

3. 运作绩效、受益程度

医疗保险制度的设计、运行最终体现为绩效。绩效至少可以从两方面考虑：其一，制度的管理费用占基金的比重，这反映了管理效率；其二，参保人的受益程度，具体体现为医疗费用的赔付比例、服务质量等。运转良好的医疗保险制度体现在将管理费用控制在较低的水平，采取灵活的费用支付机制来控制医疗费用的上涨，激励医疗机构提高服务质量，让参保人获益。运转良好的医疗保险制度会提高参保人的忠诚度，并且对未参保的人群形成吸引力。

（五）互联网发展程度

当今是一个信息化的时代，互联网对各行业的冲击空前的巨大，在保险行业内也是一样。互联网对保险行业的影响可以概括为两点：首先是互联网的发展促了保险行业宣传规模的扩大；其次是互联网的发展有效地减少了保险行业的运行成本，同时因为宣传方式的改变，改变了传统渠道受空间限制的负面因素，使得运营的成本得到有效控制。

（六）消费及收入水平

从我国经济发展的历史背景来看，消费者在理财方面更依赖银行渠道，随着我国改革开放和“一带一路”发展，消费者的平均收入增长指数很大，消费收入水平的提高在一定程度上促进了保险行业的发展，原因是与银行渠道的理财相比，保险不仅具备财富效应，也具有分散个人以外风险的效果。在这些方面，医疗保险因为其低廉的成本成为大众接受程度较高的保险项目。

（七）文化接受

文化接受是保险行业的一大阻力。不同文化习惯的差异和所处年龄段下的社会背景，使人们对医疗保险的认知不同。在 20 世纪 60 年代，我国第一次合作医疗制度实施，在全国各地形成了集预防、医疗、保健于一体的三级医疗系统。随着人们文化意识的提高，越来越多的人选择医疗保险，促进了保险行业的发展。

（八）地区差异

地区性的差异是保险行业发展的重要特点。我国新农合保障水平主要依赖于筹资水平，筹资水平和筹资金额与地方政府的财政收入和财政投资紧密联系，显而易见，在经济发达的地区，地方财政的投资力度相对较大。东部地区的农村经济发展优于中部地区，中部地区的农村经济发展优于西部地区，因此在地区上，医疗保险的发展呈现出由东南向西北递减的大体规律。

第二节　医疗保险制度的主要模式

国际医疗保险制度经过百余年的发展与演变。医疗保险制度模式不仅仅是医疗保险制度实践中形成的标准范式，其制度发展带有战略的连续性，科学的推动机制和制度建设路径。世界各国的医疗保险制度都有其自身特点，各国学者对医疗保险制度进行分类的方法较多，至今尚未形成一种公认的统一分类法。当今世界上，医疗保险模式是基于医疗保险融资的模式与机制，围绕医疗保险基金筹集、支付、管理和所有制等四个方面来进行划分，一般分为四种模式：国家保障型医疗保险模式、社会保险型医疗保险模式、商业保险型医疗保险模式、储蓄型医疗保险模式。就一个国家或地区而言，其模式的选择往往与国家的文化、历史、经济与社会发展，以及医疗服务提供方式等有极大关系，是体现国家责任的方式。现实中一个国家或地区可能同时存在几种模式的医疗保险制度。

一、国家保障型医疗保险模式

（一）定义

国家保障型医疗保险模式，也称政府医疗保险，是指由政府直接举办医疗保险事业，通过税收形式筹集医疗保险基金，并采用国家财政预算拨款的形式将医疗保险资金分配给医疗机构，向国民提供免费或低收费服务，医疗服务提供者的所有权及控制权为政府所有的一种模式。

（二）特点

在实行国家保障型医疗保险制度的国家，医院大部分是公立医院或非营利性医院，为患者提供免费的基本医疗服务，在公立医院工作的医务人员的工资由国家分配。

（1）福利性的医疗保险制度：向全体国民免费提供医疗服务，一般在高福利国家实行，其医疗服务的覆盖面一般是本国的全体公民，医疗服务基本为免费或低收费服务，充分体现社会分配的公平性和福利性。

（2）基金大多数来源是国家税收：筹集资金渠道依赖国家财政拨款，绝大多数来源于税收（包括一般税和特殊税）。英国医疗保险建立初期，国民健康服务基金 88%来源于国库，8%来源于国民保险的保险费，3.5%由受益人负担，其他占 0.5%。瑞典近 90%的卫生保健服务由公立医院与其他公立卫生设施提供，卫生服务费用的 2/3 来自地方税收，1/3 来自中央政府。

（3）医疗服务具有国家垄断性：政府卫生部门直接参与医疗服务机构的建设，医院建设与日常运行经费往往通过预算下拨给政府主办的医疗机构（或政府通过合作方式购买民办医疗机构或私人医生的医疗服务），对医疗服务具有较强的垄断性。

（4）资源管理计划配置占主导：政府卫生部门直接调配和配置医疗卫生资源，直接参与医疗机构的建设和管理，医疗卫生资源配置、医疗服务价格等市场机制不会对其产生影响，居民的医疗需求往往受一定程度的限制。由于医院属国家开办，经费由政府定额提供，医护人员领取国家固定工资，因而在英国面临医疗机构微观运行缺少活力，医院服务效率低等问题。

（三）该模式的优缺点

该模式最大的优点是能够体现公平性和福利性，最大限度地满足社会成员的医疗需求。

存在的突出问题是供需双方缺乏费用意识，导致医疗费用增长快，政府财政不堪重负，难以满足国民不断增长的医疗需求，同时由于各国政府将越来越多的公共资金用于医疗费用开支，对其经济和其他社会事业发展产生了不利影响；医疗资源浪费，各国都存在着比较严重的医疗设备闲置，病床使用率不高等问题；医疗机构微观运行缺乏活力，医疗服务效率较低等。例如，在英国，由于医院属国家开办，经费由政府定额提供，医护人员领取国家固定工资，医疗机构运行缺乏动力，医院服务效率低，病人“排队现象”突出，患者可能会面临漫长的等待时间。

二、社会保险型医疗保险模式

（一）定义

社会保险型医疗保险模式是指国家通过立法形式强制实施的一种医疗保险制度，医疗保险金主要由雇主和雇员按照一定比例缴纳，用于雇员个人及其家属看病就医的医疗保险模式。当参保人及其家属因疾病需要获得必需医疗服务时，由社会医疗保险机构提供医疗服务和物质帮助。社会医疗保险是按照大数法则分摊风险的机制和社会互助原则，将少数社会成员随机产生的各种疾病风险分散到全体社会参保成员的一种医疗保险制度。目前，世界上有 100 多个国家采取这种模式，是使用率最高的医疗保险制度。

（二）特点

社会保险型医疗保险一般由中介组织实施，政府对其实施宏观管理与监督。

（1）医疗保险基金的筹集方式由政府、企业和个人三方负担。资金统筹，互助共济，现收现付，实质上是个人收入的再分配或者说个人所得的横向转移，高收入者的一部分收入向低收入者转移，健康者的一部分收入向多病者转移，实现社会共济与稳定的目标。

（2）强制加入为主，自愿加入为辅，如德国的医疗保险，一般都是强制加入，只有对劳动时间少的就业者（一周少于 15 个小时）、兼职者、工读学生等，才规定自愿加入。其他国家如荷兰、日本等，虽然没有设多种医疗保险制度，但一般也都是强制加入，只有对特定对象如自营业者、被抚养的家属及被抚养的未成年的孩子才实行自愿加入。

（3）社会医疗保险提供的医疗服务内容各不相同。服务项目一般包括全科医生的基本医疗服务、某些病种的住院诊疗和必要的药品。多数国家还包括专科医疗服务、外科手术、孕产保健、某些牙科保健服务以及医院某些设施。筹资与偿付水平较高的国家，还包括病人的交通与家庭护理服务等。根据有关受益者部分负担的原理，各国医疗保险制度都几乎有患者本人少量负担医疗费用的规定，即在缴纳保险费的前提下，每次就诊患者还要少量负担医疗费用。

（4）与经济发展密切相关。例如，日本的医疗保险制度就与整个社会的稳定和经济繁荣息息相关。具体表现为医疗保险范围不断扩大，由最初的矿业工人，扩大到海员、城市居民，再扩大到农民和自由职业者，目前已扩大到在日本国土工作的每一个外国人。在医疗保险范围不断扩大的同时，医疗保险险种也不断完善。

（5）法定医疗保险与自愿医疗保险相结合。在德国，法定医疗保险是强制性的。自愿医疗保险主要投保对象是不参加法定医疗保险的独立经营者、自由职业者、国家官员和高收入者等。参加了法定医疗保险的人，如果要想享有标准更高的治疗和卫生福利，也可以参加自愿医疗保险。

（6）社会医疗保险基金管理的基本原则是“以支定筹，以收定付”，力求当年收支平衡，一般没有积累。对受保人的医疗保障一般分为两种方式：一是直接提供医疗服务（社会医疗保险组织自办医院或自聘医生等）；二是病人垫付医院医疗费后由保险机构补偿（即报销）。

（三）该模式的优缺点

该模式的优点是重视医疗保险中权利与义务的密切联系，有利于强化自我保障意识，体现效率原则；可以在一定程度上实现个人收入的横向转移，体现社会公平原则。

存在的主要问题是，以现收现付方式筹集基金，基金没有积累，无法解决医疗费用负担的“代际转移”问题；由于主要实行第三方付费，医患双方缺乏费用意识，往往导致不合理费用的增加，医疗费用上涨过快。

三、商业保险型医疗保险模式

（一）定义

商业保险型医疗保险模式，也称“私营医疗保障”，是按照市场法则由私营机构自由经营和管理的医疗保险模式。它通过市场来筹集医疗保险费用和提供医疗服务，资金来源于参保人个人及其雇主（企业）所缴纳的保险费。

（二）特点

（1）社会人群通过自愿参保，共同分担意外事故造成的经济损失，由保险人和被保险人签订合同，缔结契约关系，双方同时履行权利与义务。

（2）私营医疗保险的资金主要来源于投保人及其雇主所缴纳的保险费，政府财政不负责补贴，缴费水平通常取决于参保时年龄、性别以及个人的健康状况，是在假定未来保险费收入现值与医疗费用支出现值相等的基础上计算出来的，缴费一般较高。

（3）医疗保险作为一种特殊商品，根据社会不同的需求产生的不同险种开展业务，其供需关系由市场调节。在市场上自由买卖，买方可以是企业、团体、政府或个人，卖方则是营利性（不享受税收优惠）或非营利性（享受税收优惠）的私人医疗保险公司或民间医疗保险机构。

（4）商业性的医疗保险比较自由、灵活和多样，可以适应社会多层次的需求。医疗保险机构之间存在竞争，主动吸引参保顾客，设立多种多样的保险商品，采取不同种类的筹资方式和保险提供方式，以满足消费者的多样需求。

（5）医疗服务供给与需求双方之间一般处于不对等地位，供方可以利用技术优势诱导需求，刺激消费，因而医疗服务供需关系不完全受市场机制调节，往往出现“市场失灵”，导致医疗消费的膨胀，社会医疗总费用过高是商业医疗保险模式的突出弊端。

（三）该模式的优缺点

该模式最大的优点是按市场机制运作，自愿参保，灵活多样，比社会医疗保险有更多的选择性，能较好地满足中高收入者的医疗需求。

存在的主要问题是，这种按市场法则经营的以营利为目的的制度，往往拒绝接受健康条件差、低收入居民的投保，因此社会公平性较差。

四、储蓄型医疗保险模式

（一）定义

储蓄型医疗保险制是国家通过立法强制雇员和雇主双方缴费，以雇员的名义建立保健储蓄账户（即个人账户），用于支付个人及家庭成员的医疗费用的医疗保险制度，这是一项全国性的、强制性的储蓄计划。要求每一个有工作的人，包括个体业主，都按法律规定参加保健储蓄。这种模式以新加坡为代表，属于公积金制度的一部分。

（二）特点

（1）储蓄型医疗保险制度筹集医疗保险基金，既不是强制性地纳税，也不是强制性地缴纳保险费或自愿购买医疗保险，而是根据法律规定，强制性地储蓄医疗保险基金。

（2）新加坡的储蓄型医疗保险模式具有资金纵向积累的特点，对合理高效地使用医疗保险资金和合理配置卫生资源有很强的推动作用。

前三种医疗保险模式都是“横向”筹资，通过被保险人的统筹共济来分担疾病风险，而储蓄型医疗保险是以家庭为单位“纵向”筹资，储存一定数额基金，延续使用，缓解疾病风险。“横向”筹资模式一般为现收现付制，没有积累，而“纵向”筹资可以逐步积累，具有独特的优点。

（3）以储蓄为基础的医疗保险模式有利于提高个人的责任感，激励人们谨慎地利用医疗服务，尽可能地减少浪费。

（4）以储蓄为基础的医疗保险模式能更好地解决老龄人口医疗保健需要的筹资问题。随着人口老龄化，以赋税为基础的体制日趋困窘，青年人口比例下降，将使医疗保健负担加重；社会医疗保险和商业医疗保险都难以解决青年人与老年人之间费用负担上的“代沟”。强制性的储蓄医疗保险体制要求每个有收入的居民为其终生医疗保健需要而储蓄，每一代人都要解决自身的医疗保障需要，避免老一代人的医疗保健费用负担转移到下一代人的身上。

（5）政府补贴、保健储蓄、健保双全和保健基金四位一体、相辅相成，保证每个国民都能够获得基本医疗服务。医疗保障制度全国统一，没有因身份和行业区别待遇，所有公积金会员享受同样的医疗服务。

（6）新加坡的医疗保险采用的是介于市场调节和政府包揽之间的医疗保健管理模式。它不允许医疗保健服务完全由市场来自由支配，而是采用公积金医疗保健账户。这是一项全国性的住院保险计划。住院医疗费既不是全部由国家包下来，也不是全部由投保人承担，而是根据不同疾病等级由政府实行差额补贴。

（三）该模式的优缺点

该模式最大的优点是以个人责任为基础，强调个人通过纵向积累支付医疗费用，对合理高效地使用医疗保险资金及卫生资源有较强的推动作用，有利于增强个人的费用意识，减少浪费。

存在的主要问题是过分强调效率，忽视了公平，对低收入者或没有收入的人来说，往往得不到医疗保障或保障水平很低。另外，基金不能实现社会成员之间横向互助共济，以共同分担疾病风险。

思考题

1. 试述医疗保险制度的形成、发展及其原因。
2. 比较分析四种医疗保险模式的内涵和特点。

（欧阳静）

第三章　医疗保险系统

内容提要

医疗保险系统是由医疗保险机构、被保险人、医疗服务提供者及有关政府部门相互作用构成的一个有机互动的整体。在我国目前医疗保险制度改革、医疗卫生体制改革、药品流通体制改革的背景下，各方利益主体相互交织、相互作用。本章主要介绍医疗保险系统的构成及各要素的特点、地位、职能和作用等，阐述政府在医疗保险中的职责。

第一节　医疗保险系统概述

一、医疗保险系统的含义

“系统”这一词汇，由于人们理解和使用的范围不同，其含义往往不同。一般而言，系统是指由相互作用和相互依存的若干要素所组合而成的，具有特定功能并处于一定环境之中的有机集合体。在人类社会中存在着若干系统，医疗保险系统就是社会经济系统中一个极小的子系统。用系统的观点来分析影响医疗保险活动过程的各个方面以及相互的联系，是认识、建立和发展医疗保险的基础和前提。

医疗保险系统（medical insurance system）是指一个以维持医疗保险的正常运转和科学管理为目的的，主要由医疗保险机构、被保险人、医疗服务提供者和有关政府部门构成的，以规范医疗保险费用的筹集、医疗服务的提供、医疗费用的支付为功能的有机整体。

二、医疗保险系统的构成与各方关系

（一）医疗保险系统的构成

医疗保险系统的形成是一个由简单到复杂的过程。在医疗保险系统的形成过程中，医疗保险系统中的各方（医疗服务的需方与供方和医疗保险的需方与供方）相互影响、相互作用，使医疗保险系统中供需之间的关系由简单到复杂，医疗保险体系也逐渐趋于完善。

最初医疗保险系统的形成有两种动因，而在不同动因下所形成的医疗保险系统又具有自身的特点，成为目前各国不同医疗保险系统及各系统中相应医疗保险模式的基础。

1. 基于医疗服务提供者的医疗保险系统

20 世纪初美国的经济大萧条导致医疗服务需求量明显下降，医疗服务提供者的经济利益受到了严重影响。一些医生或医疗机构为了保证自己的收入采取了预付方法，即向特定人群预先收取一定的医疗费，被保险人患病后，可以获得免费或部分免费的医疗服务。这类保险的形成动因来自医疗服务提供者，经济利益促使他们为自身利益而采取这种具有医疗保险性质的行为。在这个系统中，医生或医疗机构既是医疗服务的提供方，也是医疗保险的提供方，而医疗服务和医疗保险的需方均为被保险人。保险人与被保险人之间是一种直接的双向经济关系，只不过保险人提供的不是货币赔偿，而是一种服务赔偿（图 3-1）。目前美国的健康维护组织（health maintenance

organization，HMO）就是以这种系统模式为基础的。

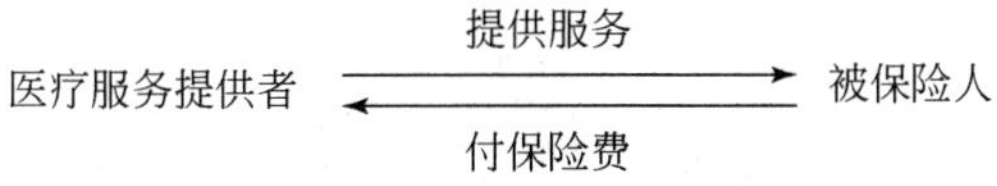

图 3-1 早期医疗保险系统构成形式（一）

2. 基于医疗服务消费者的医疗保险系统

这类系统是由消费者（往往是一个行业的劳动者）组成的一种具有合作性质的组织。由参加该组织的成员出资建立基金，为患病的成员在医疗费上提供帮助。在这个系统中，被保险人既是医疗服务的需方，也是医疗保险的需方，医疗保险机构与医疗服务提供者没有直接的经济关系，而是通过被保险人发生间接联系，即被保险人从医疗服务提供者获得所需的医疗服务，并向服务提供者支付相应的费用，然后从其缴纳医疗保险费的保险机构获得一定的补偿（图 3-2）。目前在我国的商业医疗保险系统中各方之间就是这样一种关系。

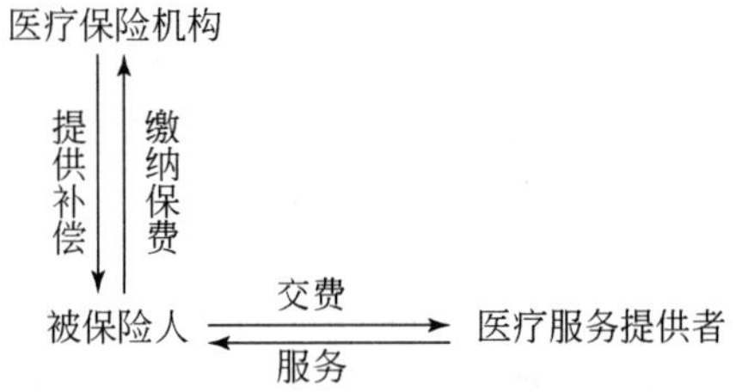

图 3-2 早期医疗保险系统构成形式（二）

随着医学的发展，医疗活动也日益复杂，医疗费用不断上涨，这和医疗服务提供者有密切的联系。由于医疗消费的特殊性和医疗信息的不对称性，供方能主导需方消费，医疗消费的质和量主要是由医疗服务提供者决定的，也就是供方的行为将直接影响医疗费用的高低。因此，单纯靠保险人和被保险人之间的联系来抵抗疾病风险是很困难的，甚至是不可能的。解决问题的最简单办法就是把医疗服务提供者的行为纳入到保险机构的控制范围，使它们的利益全都联系在一起。这样就出现了由保险方向供方通过一定形式支付被保险人的医疗费用，而不是由被保险人直接向供方付费，即第三方付费。由此形成了一种三角关系的医疗保险系统（图 3-3），可以说是当今各种主要医疗保险形式的基础结构。

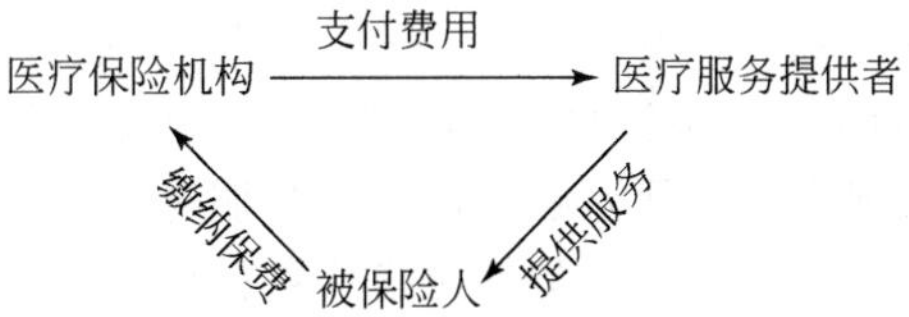

图 3-3 医疗保险系统的基础结构

现代医疗保险系统的一个显著特点是实行政府干预。相对于其他行业而言，医疗保险系统作为医疗卫生事业正常运转的经费保障系统必然要受到政府更加深入、更加直接的干预。政府是以经济、法律、行政等手段参与到医疗保险系统中的。在医疗保险的组织系统中，政府实际上处于医疗保险其他三方关系之上的领导地位，起着一个宏观调控的作用，这就形成了一种由医疗保险机构、被保险人、医疗服务提供者和政府组成的立体的三角四方关系（图 3-4）。

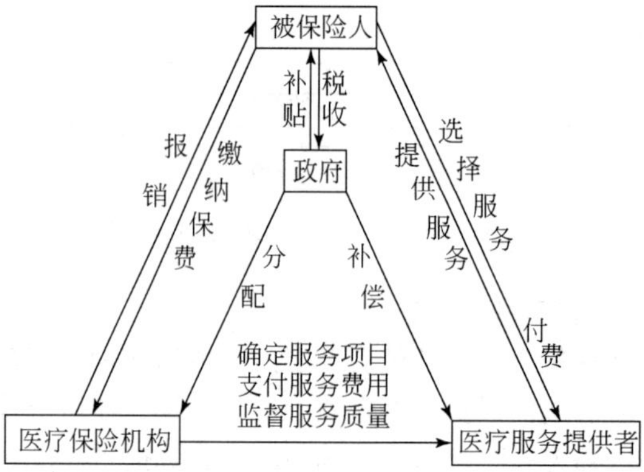

图 3-4 现代医疗保险系统构成的基本形式

（二）医疗保险系统中的各方关系

现代医疗保险系统中四个基本的构成要素各有各的功能和特点，是密切关联、相辅相成的，任何一方变化，都会对整体产生影响。联系医疗保险系统各组成部分的是医疗费用的补偿问题，因此，系统中各方关系实质上是一种经济关系，表现在以下几个方面。

1. 医疗保险机构与被保险人的关系

医疗保险机构与被保险人之间是一种医疗保险服务供给与消费的关系。两者的联系主要表现在保险费的收取、组织医疗服务、给付医疗费用等。影响这一关系的主要因素为被保险人的参保方式、保险费高低、医疗保险机构的费用补偿方式等。

2. 被保险人与医疗服务提供者

医疗服务提供者的任务是提供服务，被保险人的权利与义务是接受服务与支付服务费用。影响两者联系的主要是被保险人选择服务的自由度，需要支付的服务费用和医疗服务提供者的服务水平。

3. 医疗保险机构与医疗服务提供者

医疗保险机构为了达到控制费用的目的，往往采取一些措施来约束医疗服务提供者的行为，并作为付款人通过一定的支付形式向医疗服务提供者支付被保险人的医疗费用。支付环节将医疗保险提供者和医疗服务提供者直接联系起来，成为二者发生经济关系的纽带，它使医疗服务系统中原有的医患双方之间直接的经济关系消失或退居次要地位，而医疗保险机构和医疗服务提供者之间的经济关系上升到主导地位，因而医疗保险机构将医疗费用的支付作为调节医疗服务消费者和提供者之间经济关系的手段。适宜的支付方式，将会对医疗服务的合理提供及医疗资源的合理配置产生重大影响。

因此，两者的关系主要表现为医疗保险机构确定医疗服务范围、支付医疗费用及监控医疗服务质量。影响两者联系的主要因素是医疗服务提供者服务范围的大小、项目的多少和保险方的支付方式。

4. 政府与医疗保险系统其他三方的关系

政府与医疗保险系统其他三方的关系主要表现为政府对医疗保险机构、被保险人、医疗服务提供者的管理与控制。影响这一关系的主要因素是政府管理和控制医疗保险的政策方式及程度等。

实行社会医疗保险正是为了保障被保险人的基本医疗，同时通过第三方付费的方式，由医疗保险机构监控医疗服务提供者的行为，使其合理用药、合理施治，将医药费控制在合理的范围内。社会医疗保险“广覆盖、保基本”的原则注定了这是一项强制性的社会经济制度，要实行社会化管理，政府在其中的职责是不言而喻的。明确各方的关系、责任和义务，规范各方的行为，对社会医疗保险的运行将起到重要的作用。

三、医疗保险系统与社会其他系统的联系

用系统的观点考察，医疗保险系统是社会经济系统中的子系统，它必然与社会其他系统发生一定的联系，其中与两个子系统的关系最为密切，一个是医疗卫生系统，另一个是社会保障系统。

（一）与医疗卫生系统的联系

医疗卫生系统是为社会人群提供预防、保健、医疗、康复等卫生服务，保护人民健康的社会子系统。社会医疗保险的特点表现为第三方付费，也就是将医疗服务提供者和被保险人之间双向的经济关系变成了有医疗保险机构介入的三角关系，由医疗保险机构代替被保险人对医疗服务提供者进行费用补偿。因此，医疗保险可以看作是医疗卫生系统的经费保障子系统，是医疗卫生工作中的一部分。特别是当社会医疗保险处于国家集中统一计划管理的情况下，卫生服务的提供和服务费用的补偿就完全融合于一个系统中。因此，医疗保险系统与医疗卫生系统密切关联，医疗保险系统中不可缺少医疗服务的提供方，医疗卫生系统也不可没有医疗保险的财力支持、费用偿付。

医疗保险系统与医疗卫生系统虽互有重叠，但又有相对的独立性。一方面，两个系统在工作内容上有相互独立、不可替代的部分。在医疗保险系统中，除了和卫生服务打交道，还包括医疗保险资金的筹集、管理和运用等，这是医疗保险系统具有的金融保险行业的特点。在医疗卫生系统中，除了提供医疗服务外，还包括卫生防疫、妇幼保健等多方面内容，其经费来源除了医疗保险外，还包括国家财政投入、社会筹资和个人出资。另一方面，在实际运营过程中，为了形成一定的竞争态势，以提高医疗保险系统和医疗卫生系统的效率，起到相互监督、互相制衡的目的，维护医疗市场的效率和公平，也常常需要两个系统相对独立运行。这在实行社会医疗保险的大多数国家中是一种普遍的做法。因此，医疗保险系统与医疗卫生系统既有相互重叠的部分又有相对独立性，这同时也是医疗保险运行中较难处理的一个问题。

（二）与社会保障系统的联系

社会保障是为解决特定社会问题的产物，它有以下目标。在国家层面，它进行国民收入再分配，保障人民群众的基本生活、实现社会公平与企业生产和劳动力再生产，推进经济体制改革，促进社会安定，是社会经济发展过程中的稳定机制。对于个人而言，它是维护个人生存、发展和安全的保障机制。社会保障系统包括社会保险系统、社会救济系统、社会福利系统与优抚安置系统四个子系统，每个子系统发挥着各自的功能，其中核心的是社会保险系统。社会保险又是由医疗保险、养老保险、失业保险等构成，因此，从这个角度出发，医疗保险系统可以看作是社会保障系统中提供医疗服务、维护人民健康的社会子系统。

“十三五”期间，我国建成了世界上最大的全民医疗保障网，基本医疗保险参保人数超 13.6 亿人，参保率稳定在 95%以上。

第二节 医疗保险机构

一、医疗保险机构的概念及地位

（一）医疗保险机构的概念

医疗保险机构是指在医疗保险工作中，具体负责承办医疗保险费用的筹集、管理和支付等医疗

保险业务的机构，即医疗保险系统中的保险方（insurer）。

（二）医疗保险机构的地位

医疗保险机构在医疗保险系统中处于主导地位，主要体现在以下两方面。

1. 医疗保险机构是医疗保险资金流动的控制者

在医疗保险系统中，医疗保险机构负责资金的筹集、管理和支付，是资金流动的控制者。比较各国社会保障基金的管理机构，大体上可以分为两类：一类是通过各自国家的政府资金管理系统对社会保障基金进行财务管理，另一类是社会保障机构拥有自己的资金管理系统。前者的典型国家是美国，联邦政府通过社会保险税的形式筹集资金，进行集中统筹管理。该国联邦社会保障基金运营管理由美国财政部总体统筹，国内税务局将联邦社会保险税征缴上来后直接存入各信托基金账户，并作为专用账户专项管理。具体来说，美国的社会保险基金管理机构主要有社会保障基金信托委员会、社会保障署和社会保障咨询委员会。社会保障基金信托委员会是对联邦社保基金进行管理的主体机构，社会保障署是执行社会保障计划的行政机构，社会保障咨询委员会是完全独立的监督单位。上述机构在税务局和财政部的支持和统筹下共同运作，对联邦社保基金进行监管。后者的典型代表是德国，该国的各基金管理委员会负责管理所收取的税金以及需要支付的福利费。

2. 医疗保险机构是医疗保险活动的监督和管理者

医疗保险机构对医疗服务的供需双方进行监督和管理，既要保证基本医疗，满足被保险人的基本医疗服务的需求，又要对医疗保险资金的使用进行合理的规划和控制，尽可能减少违规行为的发生，保证医疗保险系统正常运转。

二、医疗保险机构的性质与分类

（一）医疗保险机构的性质

社会医疗保险机构在行政归属上是医保管理部门所辖的全民事业性机构，在业务上依据政府颁发的医疗保险法律、法规开展各项医疗保险活动。在我国，它们可以看作是一种事业机构。医疗保险本身是一种社会经济活动，所以又带有经济性质，但它的运营又不同于一般的商业保险公司。医疗保险机构经办的医疗保险定位在社会医疗保险，不同于商业保险的营利性，社会医疗保险不以营利为目的，但在它的运营过程中也会产生结余（surplus），这种结余被限制在很小的范围内（如 5%～15%），并且结余部分要投入医疗保险的其他活动中，增强基金的实力。

由于医疗保险作为一种强制实行的社会保险，医疗保险机构就成了国家法规的一种执行机构，代理落实国家有关医疗保险的法规。因此，医疗保险机构不可能像商业保险公司那样有真正意义上的独立自主经营权，表现在经营策略、经营方法、规章制度等方面的自主权都是有限的。从性质上看，医疗保险机构是具有一定的独立自主经营权的非营利性医疗保险经办机构。

（二）医疗保险机构的分类

1. 政府主导型

这类医疗保险机构的运行，主要是保证政府保险政策目标的落实，基本上按照政府的有关计划和规定行事，没有独立经营的余地。这类医疗保险机构可以看作是政府的派出机构。经营的好坏主要靠行政管理水平的高低。具有此类医疗保险机构的国家是少数，如加拿大。

2. 独立经营型

这类医疗保险机构总体上按照国家有关医疗保险的法规办事，接受国家的监督，但在经营上基本独立，有经营决策权，对经营对象有选择权，自负盈亏，可以发展，也可以倒闭。商业性的医疗保险机构可以划在这一类。具有此类医疗保险机构的国家也不普遍，如美国、荷兰。

3. 中间型

这类医疗保险机构在各国的医疗保险机构中占大多数。一方面，它要接受政府的统一规划，另一方面，也有相对的经营自主权，表现在保险范围、保险费率和经营方式方面有一定的自行决策权。居民可以自行选择医疗保险机构，医疗保险机构之间也存在着竞争。这类医疗保险机构既能保持社会公益性，又能体现公平和效率，是一种较合理的形式。

三、医疗保险机构的职能

（一）参与制定有关医疗保险的法规、政策和计划

具有这一职能是因为医疗保险机构是医疗保险的直接实行部门，最了解情况，掌握着第一手信息。因此，当国家要制定有关医疗保险的法规政策时，需要医疗保险机构的参与，甚至是首先由医疗保险机构拿出方案。当国家和地区的总体方案确定后，还需要根据所在地的实际情况进行调整和补充，制订具体的实施计划。这是一种更直接的参与，如 1994 年国务院确定“两江”试点后，镇江市和九江市医疗保险制度改革积累的经验及遇到的问题就成为下一阶段调整和完善医疗保险制度的借鉴。

（二）筹集医疗保险资金

医疗保险机构要组织符合条件的劳动者积极参加医疗保险，对相关指标要进行预算和测算，对医疗保险市场还要进行调查研究等。

（三）保证医疗服务的提供

医疗保险机构一般不直接提供医疗服务，但是有责任组织提供医疗服务。医疗保险机构要对医疗服务提供者进行选择，选择既能满足被保险人基本医疗服务需求、保证医疗服务质量，医疗服务的价格又相对合理的医疗服务提供者。另外，还要对基本医疗的服务范围进行选择和界定，也要组织一些直接卫生服务，如疾病的预防、健康体检、健康教育和健康促进等。

（四）支付被保险人的医疗费用

随着医疗技术的发展，对同一种疾病的治疗有越来越多的方案，费用的差别也越来越大，所以迫切需要通过技术经济分析方法测算出合理诊断、合理治疗、合理用药的费用，在众多的治疗方案中，选择适当的治疗方案，作为医疗保险机构费用偿付的依据。在医疗保险系统中采取的是第三方付费方式，所以医疗保险机构日常工作量最大的基本工作就是对被保险人发生的医疗费用进行审核，采取合适的费用支付方式对被保险人进行费用补偿。

（五）对医疗服务提供者和被保险人进行监督和控制

医疗保险活动中的信息不对称是普遍存在的，参与人的行动将直接影响损失概率。在医疗保险中，参与人包括保险人、被保险人和医疗服务提供者。在医疗保险运行过程中，各种违反法规、制度的行为，即“道德风险”（moral hazard）是不可避免的。在医疗服务中存在着严重的信息不对称，包括医疗保险机构和被保险人信息不对称，由此产生被保险人因为医疗保险而过度使用医疗服务的道德风险，以及高风险人群倾向于选择保险和多保险，而低风险人群可能不保险的逆向选择（adverse selection）问题；又包括医疗服务提供者和被保险人之间的信息不对称，医疗服务提供者对疾病和治疗过程比被保险人掌握更多的信息，很容易导致从医疗服务提供者自己的利益，而不是从被保险

人利益出发诱导需求。因此，医疗保险机构对医疗服务提供者的服务范围、种类、价格、水平等要进行监控，对被保险人违反医疗保险规定的行为进行监控。

在社会医疗保险机构执行政策过程中，应合理赋予医疗保险机构相应的权限。比如，在医疗服务的价格制定上，加强医疗保险机构的参与权，代表被保险人与医疗服务提供者谈判服务价格，可以避免医疗保险机构在控制医疗费用支付方面的被动状态。对于违规医疗服务提供者的处理，医疗保险机构应加大处罚力度。医疗保险机构代表政府执行政策，在政策执行过程中要能够达到应有的效果，需要合理赋予医疗保险机构相应的权限，配备具有专业知识的人员，使其更好地发挥作用，有效地保障被保险人的利益。

（六）对医疗保险基金的管理

医疗保险基金是广大被保险人的"保命钱"，有无有效健全的基金管理、监督机制是医疗保险制度改革能否顺利运行并取得成功的关键。如何管好、用好医疗保险基金，应该把好三关：医疗保险基金收入关、医疗保险基金支付关、医疗保险基金保值增值关。要使基金保值增值必须立法放宽投资方式。其中，通过对医疗卫生事业的投入来取得收益的方法是较为安全有效的方法，同时，还可以引导卫生资源合理配置，促进卫生事业的发展，起到双赢的效果。

四、医疗保险机构的设置

（一）医疗保险机构的宏观组织

1. 医疗保险机构的设置与分布

根据保险理论中的大数法则，医疗保险机构承保的人数越多，其抵御风险的能力就越强，若被保险人数不能达到一定的规模，医疗保险机构就会面临亏损甚至倒闭的风险，所以保险理论中要求集中的风险单位要足够大。因此，医疗保险机构的设置必须考虑被保险人数的问题。在设置医疗保险机构时，通常有这样几种情况。

（1）以地区为单位设置医疗保险机构，即以一个行政区域内所有人群（或大部分人群）作为保险对象设置医疗保险机构。一般在采取计划型医疗保险方案的情况下多采用这种方式，我国目前的城镇职工基本医疗保险制度就是按照这种方式设置的。

（2）以行业为单位设置医疗保险机构，即以一个行业的职工（也可包括职工家属）为对象设置医疗保险机构，在行业内进行统筹管理。这种形式多出现在自发产生医疗保险的地方，或国家还缺乏统一的医疗保险政策的情况下。

（3）根据市场需求设置医疗保险机构。这种形式多见于医疗保险起源于民间的国家，如德国、荷兰和美国等。在这种情况下，医疗保险机构的设置还是以地区为基础，但被保险人并不一定仅限于本地区人群，医疗保险机构的发展不受行政区划的限制，而是根据市场需求自行调整，地区内与地区间的医疗保险机构都存在竞争。

2. 医疗保险机构的组织系统

医疗保险机构并不是一个个单独的组织，必须形成组织系统才能承担被保险人的医疗保险任务。一个统筹区域的医疗保险机构，按照覆盖人群的多少，规模也可大可小。大的医疗保险机构可以由一个总部和若干个分支机构构成，每个分支机构负责一个特定区域和人群的医疗保险业务。

各个统筹区域医疗保险机构在一个更大的范围内，如一个市、一个省内形成一个联合机构，可以称为医疗保险中心，其作用是统筹协调各地的医疗保险业务，实现医疗保险基金的地区间调剂，提高基金抗风险能力。

在医疗保险的联合机构上，通常还有政府有关部门的管理和调控，这样就形成了医疗保险机构的组织网络，我国医疗保险机构的组织网络见图 3-5。

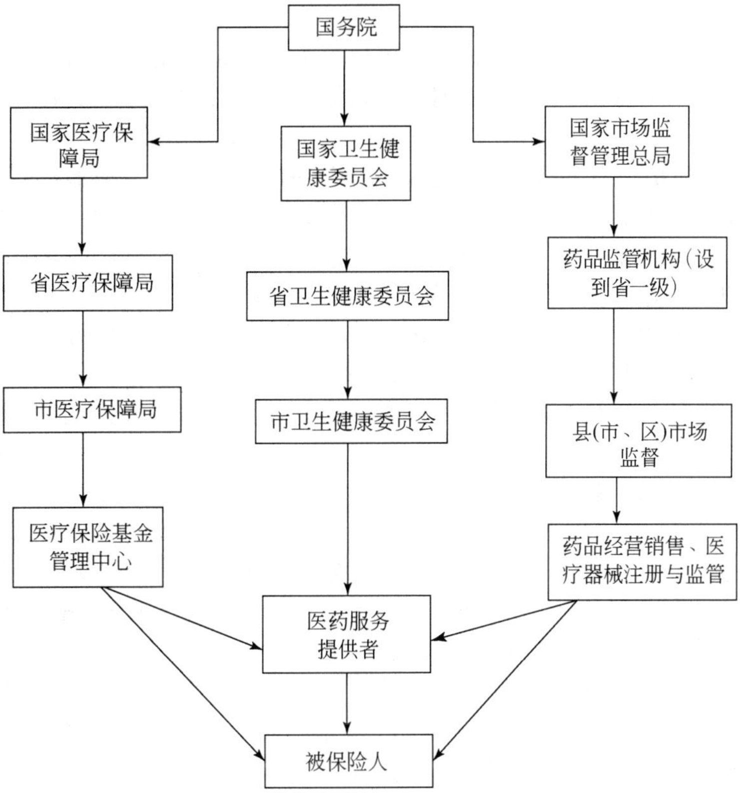

图 3-5　我国医疗保险机构的组织网络

2018 年 3 月，根据第十三届全国人民代表大会第一次会议批准的国务院机构改革方案，为完善统一的城乡居民基本医疗保险制度和大病保险制度，不断提高医疗保障水平，确保医疗保险资金合理使用、安全可控，统筹推进医疗、医保、医药“三医联动”改革，更好保障病有所医，国务院机构改革方案提出，将人力资源和社会保障部的城镇职工和城镇居民基本医疗保险、生育保险职责，国家卫生和计划生育委员会的新型农村合作医疗职责，国家发展和改革委员会的药品和医疗服务价格管理职责，民政部的医疗救助职责整合，组建国家医疗保障局（简称国家医保局），作为国务院直属机构。

（二）医疗保险机构的微观组织

1. 部门设置

医疗保险机构内部一般设置以下部门。

（1）办公室。负责日常综合性工作。

（2）医疗保险办理部门。主要负责与参保人及医疗服务提供者有关的事务。例如，对参保人要进行参保单位的审核、被保险人的资格审查、办理参保手续及宣传保险条例、进行保险市场的调研等；对医疗服务提供者要进行资格认定、界定服务范围、补偿服务费用、监控服务质量。

（3）医疗服务管理部门。主要负责与医疗服务提供者有关的事务，如对医疗服务提供者的资格认定、确定服务范围、监督服务质量以及审核服务费用等。

（4）财务审计部门。主要负责医疗保险基金的筹集、使用、管理等过程中的财务和审计工作。

（5）基金运营部门。主要负责医疗保险的信息收集、分析，对医疗保险信息系统进行设计和维护，促进医疗保险业务活动能更高效运转，包括基金的核算分析，基金投资过程中的计划、实施和监控等。

（6）信息管理部门。主要负责利用计算机处理医疗保险过程中的各项信息收集、分析等工作，如与医疗保险有关的各种数据和文字的处理，医疗保险信息系统的设计、建设、维护和管理等。

2. 人员配备

建立一支高水平的医疗保险专业队伍是我国医疗保险制度建立与完善的必要前提和保证。医疗保险学本身是一门综合性、专业性很强的学科，它不仅涉及医疗保险机构、被保险人、医疗服务提供者和政府等多方面的复杂关系，而且涉及医学、保险学、医疗保险学、社会学、卫生管理学、卫生经济学、计算机科学等多个学科，因此，从事医疗保险活动的人员应当具有相关专业知识和能力。

在人员配备上，必须考虑医疗保险的上述特点，并根据医疗保险机构的设置情况，加强对医疗保险专业人员的选拔和培训。具体方法有以下两种。

（1）加速培养，通过举办各类培训、研修班，将原有的医疗技术人员或医疗卫生工作管理人员逐步培养成为医疗保险专业人员。目前全国已有 40 多所高校开设了医疗保险专业或专业方向，这些毕业生是我国医疗保险事业发展的生力军。

（2）根据所设置机构的工作特点，引进相应人才，包括：①管理人员。包括机构的负责人、各部门及各职能科室的负责人等，这些人员除要熟悉医疗保险业务外，还必须熟悉社会学、经济学、法律和管理学方面的知识，具有综合管理能力。②经济师。主要从事保险机构的保险精算、经济核算、经济管理工作，这些人员是医疗保险机构的经济技术骨干，必须具备较高层次的经济技术水平。③医保业务人员。主要从事医疗保险筹资、支付、业务开发等具体业务工作，是医疗保险机构中的主要力量，应当熟悉相关的专业知识。④财会人员。主要从事医疗保险过程中的财务、会计和审计等工作，也是医疗保险机构中的主要力量，一般为保险会计或金融会计的专业人员。⑤医保医师。主要负责医疗保险过程中的医疗技术、医疗管理工作及对各项医疗服务进行评价和监督等。他们是医疗专业技术人员，除熟悉医学各学科的专业知识外，对卫生管理和医疗保险知识也应有一定的了解。⑥信息和计算机工程技术人员。主要为从事信息管理及计算机专业的人员，负责医疗保险过程中各种数据信息的收集和整理，并负责计算机系统的设置、使用、维护和管理等工作。

第三节　医疗保险被保险人

一、医疗保险被保险人的概念和地位

在医疗保险系统中，被保险人通常就是参保人，也可称为投保人，他们同时也是医疗保险制度的受益人。在强制性医疗保险的情况下，被保险人就是一个地方的全体或大部分居民。

在医疗保险系统中，被保险人处于主体地位。目前我国正在推进的医疗保险制度改革、医疗卫生体制改革和药品流通体制改革的目的是以人为本，施福于民。“三医”联动改革关系到全社会每一个参保人的利益，最具有发言权的也是被保险人。在费用一定的情况下，被保险人抵御疾病的情况、健康状况以及他们对保险方案、医疗服务质量和服务水平的满意度是衡量和评价一种医疗保险制度或方案的最根本的标准。在医疗保险市场中，被保险人是医疗保险资金的主要来源，也是资金的使用者，他们在医疗保险资金的筹集和支付过程中的行为对保险的效果和效益等会产生重大影响。

二、医疗保险被保险人的构成和分类

被保险人在医疗保险系统中虽然被作为一个整体来看待，但在实际的操作中，他们被划分为不同的人群，并且对应于不同的保险政策，即使在相对统一的保险计划下，这种差别也是存在的。

被保险人是一类社会人群，但其分类不是指社会学或人口学等方面的划分，而是为适应医疗保险的需要所进行的划分。综合世界上多个国家的医疗保险政策，被保险人可以从以下几种不同的角度进行划分。

（一）按经济收入分类

由于经济收入不同而享有不同的医疗保险政策。医疗保险政策往往是针对中等收入人群而制定的，他们主要是工薪劳动者，医疗保险费常常是由雇主和他们自己共同负担。对于低收入人群，往往采用由政府资助保险费的办法来参加保险。对于高收入阶层，按照收入的比例支出保险费，因此相应缴费也更多，他们还可以参加高费用高保障的医疗保险项目。例如，美国公共医疗保障体系对收入在联邦政府贫困线100%～400%的中低收入个人或家庭的保险费实行分段补贴。英国也为低收入群体建立了必要的补贴机制，制定了免除就诊处方费、进行差旅费补贴等政策，同时面对高收入人群的市场需求，通过商业健康保险提供丰富的产品体系。德国居民可以根据自身收入状况选择参加政府法定医疗保险、商业医疗保险或者两者同时参加。德国的法定医疗保险能够精准保障低收入群体，一定收入标准以下的人口按其收入对应不同费率缴费。

（二）按职业分类

不同职业的人群享有不同的保险政策。常见的职业人群主要有以下几种。

（1）各类企业、事业单位、社会团体的职工和雇员。他们是医疗保险的主要对象，一般医疗保险政策是针对他们而制定的。

（2）政府公务员。日本公务员的医疗保障由共济医保所覆盖。我国公务员在参加基本医疗保险的基础上可以享受医疗补助政策。

（3）部分特定人群。在德国，联邦国防军军人、民事服役者、警察、社会救济接受者等部分特定人群依法享受福利型的医疗保险待遇，发生的医疗服务费用直接由政府提供。在日本，国民健康保险主要覆盖个体经营者、没有加入健康保险的5人以下规模的私营企业雇员、无业者、农民和自由职业者。

（三）按年龄分类

许多国家将65岁以上的老年人作为特殊保护对象，由国家负担保险费，个人不负担或只负担很少的医疗费用，如联邦医疗照顾计划（Medicare）是美国联邦政府的健康保险计划，2010年覆盖4660万美国人，覆盖人群约占美国总人口的1/7。对于社会医疗保险基本项目以外的保险或商业保险，往往按不同年龄段收取不同的保险费。

（四）按健康状况分类

对患有一些特殊疾病的人群（如残疾人、癌症患者、艾滋病患者等）由国家出资负担保险费、医疗费；对社会医疗保险基本项目以外的医疗保险或商业健康保险，常常按照人群的健康状况分类，分别收取不同的保险费。对于一些高危人群，如吸烟、酗酒、严重肥胖症患者，须收取较高的保险费。医疗保险机构有时还需要根据实际情况要求被保险人进行体检，以便更好掌握被保险人的健康状况，并以此为依据判断是接受其投保，还是拒绝承保或增加保险费，即医疗保险机构对被保险人进行的“风险选择”。

三、医疗保险被保险人的消费特点

与参加医疗保险前或未参加医疗保险的人员相比，医疗保险的被保险人对医疗服务的消费有以下特点。

（一）服务地点受到限制

参加医疗保险前及未参加医疗保险的人员可以自由选择医疗服务提供者，而被保险人必须到与医疗保险机构有合同关系的医院就诊或药店配药，在非定点医疗机构就医、配药所发生的医疗费用，只能由患者自负，统筹基金和个人账户不予以支付。

（二）服务范围、服务标准有明确的规定

被保险人就医或配药时必须按照基本医疗保险的诊疗项目、用药范围和支付标准，对于超范围、超标准的医疗费用，统筹基金和个人账户不予以支付。

（三）第三方付费

在医疗保险系统中，被保险人接受医疗服务后，是由医疗保险机构对医疗服务提供者进行费用补偿，但是医疗保险机构作为系统中的第三方只对医疗保险合同范围内的服务项目、病种的医疗费用按规定支付给医疗服务提供者。

（四）需要医疗保险政策的引导

医疗保险费用补偿采用的方式和标准体现了医疗保险不同的政策取向，如果医疗保险政策不论风险大小、费用高低都予以补偿，被保险人很少负担医疗费用，那么参保人的医疗费用将成为难以控制的问题。因此，在保证医疗保险政策稳定性、连续性的基础上进一步完善医疗保险政策，在引导被保险人合理进行医疗消费的同时抑制不合理的消费，从而使医疗消费的增长保持在一个适当的水平上。

第四节 医疗服务提供者

一、医疗服务提供者的概念

医疗服务提供者（health care provider）有狭义和广义之分。狭义的医疗服务提供者是指与医疗保险机构合作提供各类与治疗疾病有关的医疗、护理、药剂等服务的机构；广义的医疗服务提供者是按照健康保险的概念来解释的。除了上述机构外，还包括提供各种卫生保健等服务的卫生部门人员和机构，如防疫、妇幼、健康教育等。这里主要涉及狭义的医疗服务提供者。

二、医疗服务提供者的性质

医疗服务业在各国都被认为是非常特殊的行业和产业，其特殊性表现在既具有公益性，又具有商品性。

医疗服务业具有公益性，按照公认的道德准则，人人有权获得最基本的医疗服务以确保生存权的实现，即使无力支付必要的费用。医疗服务提供者应该以社会效益为主，所以国家有必要设立国有医疗卫生机构，也可以制定法律和政策鼓励设立其他形式的公有制医疗卫生机构。这类医疗卫生机构的行为特征是不以营利为目的。

不以营利为目的不等于不存在盈利的可能性。在我国，由于政府对医疗卫生机构的收费标准实行严格的管制，医疗卫生机构的可盈利性被抑制了，因此需要以其他方式进行补偿，完全有可能以商业化方式达到满足社会需要的目的。因此，医疗服务提供者又具有经营性，如被保险人必须按市场要求去购买自己需要的医疗消费品，在获得服务后必须支付相应的医疗费用。医疗卫生机构完全有可能从市场获得自我发展的资源，即主要通过向医疗消费者或者第三方收费而获得主要收入，维持自身的生存和发展，其实质是一种经营行为。

三、医疗服务提供者的构成与分类

医疗服务提供者可以按照狭义和广义的概念区别，其构成和分类也可以从两个角度来看。广义而言，是指整个医疗卫生服务系统的构成和分类；狭义而言，主要指的是和医疗服务直接相关部门，即医疗机构，及其人员的构成和分类。这里主要讨论后一种情况。

（一）按经济性质分类

《关于城镇医药卫生体制改革的指导意见》（国办发〔2000〕16 号）中提出建立新的医疗机构分类管理制度，将医疗机构分为营利性与非营利性两类进行管理。政府根据医疗机构的经营目的、社会功能及其承担的任务，划分现有医疗机构性质，核定新办医疗机构性质，制定并实施不同的财政与价格政策。实施医疗机构分类管理的政策，是医疗卫生体制改革中的重要环节，对我国非营利性医疗机构的体制改革有着直接或间接的影响。

1. 营利性医疗机构

利润最大化是其生存与发展的主要目标，其提供的医疗服务只是达到这一目标的手段。现阶段主要包括中外合资、合作医疗机构，股份制医院，民营医院和私营医院。

2. 非营利性医疗机构

对其生存与发展而言，营利不应成为其最终目标，它们的目标必须和社会服务联系在一起，提供基本医疗服务，完成社会福利是其存在的主要使命。主要包括公立医疗机构与慈善团体、港澳同胞、海外侨胞捐资和社会筹资兴建的医疗机构。

2009 年，我国新一轮医药卫生体制改革方案中提出要坚持非营利性医疗机构为主体、营利性医疗机构为补充，公立医疗机构为主导、非公立医疗机构共同发展的办医原则，建设结构合理、覆盖城乡的医疗服务体系。

（二）按举办主体分类

按照医疗机构的举办主体，可将其分为两类。

1. 公立医疗机构

这类机构主要由代表社会公共利益的政府直接举办，一般把社会效益放在首位，而不是追求利润。公立医疗机构是我国医疗服务供给市场中的主体，公立医疗机构改革是我国医改成败的关键。现阶段，全国范围内的公立医疗机构均已开展综合改革，取消药品加成，强化公立医疗机构的公益属性；按照“腾空间、调结构、保衔接”的路径，将公立医疗机构补偿渠道由服务收费、药品收入和政府补助调整至服务收费和政府补偿。

2. 私立或民办医疗机构

这类医疗机构主要由个人、企业、社会团体举办，一般是营利性的。当然也有非营利性的，如果民营资本进入后不求回报，其投资所得仍将用于医疗事业再发展的，将核定为非营利性医疗机构（如慈善基金会、教会所办的医疗机构等），享受政府给予的免税政策、价格指导政策及其他国有医疗机构所享有的相应政策。

（三）按主要功能分类

按照医疗机构的主要功能，可将其分为三类。

（1）以诊疗疾病为中心的机构，如医院、门诊部、诊所、医务室等。

（2）以预防疾病为主体的机构，如妇幼保健院、结核病防治所、疾病预防控制部门、社区卫生服务中心等。

（3）以康复疗养为重点的机构，如疗养院、医养结合机构等。

医疗保险所指的医疗机构一般是医院、诊所、医务室等。

（四）按功能、任务的不同分类

医院按照功能、任务的不同可以划分为三级：一级医院是指直接为一定人口的社区提供预防、治疗、保健、康复、健康教育、计划生育技术指导服务的基层医院、卫生院、社区卫生服务站；二级医院是指向多个社区提供综合医疗服务和承担一定教学、科研任务的地区性医院；三级医院是指向几个地区提供高水平专科性医疗卫生服务与承担高等医学教育和科研任务的区域性以上的医院。

以社区卫生服务机构为主体的基层医疗机构与基本医疗保险具有相同的目标，将社区卫生服务纳入医保，既可使卫生资源更加被合理利用，又可增强医保资金利用率，使之良性循环。这不但解决了城镇职工与居民的基本医疗保障，而且对控制医疗费用过快增长有着重要的现实意义。

需要说明的是，我国基本医疗保险实行定点医疗制度，即为被保险人提供医疗服务的医疗机构分为定点医疗机构和定点零售药店。实行定点医疗和定点零售药店制度是医疗保险制度改革的一项重要举措。定点医疗机构的行为直接关系到医疗保险制度改革成功与否，同时也是控制医疗保险费用的关键。医疗保险制度也极大推动了定点医疗机构内部运行机制的创新和卫生资源的有效利用。

四、医疗服务提供者的特点

建立城镇职工基本医疗保险制度，目的是保障城镇职工的基本医疗需求，有效控制医疗费用不合理增长，减少卫生资源浪费。医疗服务提供者在医疗保险中担负着提供基本医疗和控制费用的双重任务。实行医疗保险制度后，医疗服务提供者将成为独立核算、定额补偿的经济运行主体，各级医院面临着许多新的挑战。医疗保险中的医疗服务提供者不同于其他医疗机构，具有以下特点。

（一）医疗保险机构与医疗服务提供者之间的费用结算方式对医疗服务提供者有较大影响

实行医疗保险制度改革后，医疗保险机构与医疗服务提供者之间所采用的费用结算方式与标准是建立医、患、保三方制约机制，保证保险基金平衡和参保人的基本医疗，这是医疗保险管理与费用控制的关键。

我国的社会医疗保险起步晚，但在借鉴国际经验的基础上，起点较高。我国多数地区逐步探索出适应当地实际情况的总额控制下的复合式支付方式，但由于目前各地的医疗保险部门普遍存在管理水平不高，特别是对总额的测算与分配不科学，对不同等级的医院造成了不同的影响。在刚性地做到了基金收支平衡的同时也一定程度地限制了医疗服务提供者工作积极性，影响了医疗服务提供者的发展。因此完善费用结算办法，对医疗服务提供者进行合理补偿可以使医疗服务提供者和医疗保险机构成为既做到控制医疗费用、又能保证医疗服务质量的联合体。

（二）医疗服务提供者受到卫生行政部门和医疗保险机构的双重监管

除受到卫生行政部门的主管外，医疗服务提供者还受到医疗保险机构的监督。医疗保险制度要求医疗服务提供者的医疗行为更加规范，对城镇职工基本医疗保险的保障病种、用药范围和诊疗项目都作了明确规定。更为重要的是医疗保险机构和定点医疗服务提供者没有任何隶属关系，所以在监管中可以做到严格、公正，对有不规范医疗行为的医疗服务提供者可以拒付医疗费或对其罚款，甚至取消定点医疗服务提供者的资格，对定点医疗服务提供者的不良行为具有震慑力。医疗服务提供者的医疗行为既不能超范围，也不能超标准；既要符合医疗保险的要求，又要满足病人的需要，这使得医院的经营难度加大。

（三）医疗服务提供者需要及时把握医疗服务的需求

医疗保险制度实施后，医疗服务提供者应该了解保险对医疗服务需求的影响，在调查研究基础上，确定人、财、物投资的重点，使医疗服务的提供和需求保持在均衡状态。基本医疗服务的范围也不是固定不变的，而是随着经济发展、人民生活水平提高和技术进步而调整。

（四）定点医疗机构的服务对象较宽

由于取得了定点资格，定点医疗机构可以为参保人及非参保人提供所有的医疗服务。与此相反，非定点医疗机构不能为参保人提供医疗保险合同范围内的医疗服务，它们只能为非参保人或参保人提供医疗保险合同范围外的医疗服务。

第五节　政府与医疗保险

一、政府管理医疗保险的方式

医疗保险是个特殊的市场，一般都有政府不同程度的干预。政府的干预程度与医疗服务中效率和公平问题的权衡有关，与医疗市场存在的垄断、外部性和公共产品这些市场失灵因素有关。政府介入医疗保险市场，目的是保证医疗资源的有效配置，实现社会的公平和经济的高效率。但政府并非万能。回顾社会医疗保险发展的历史轨迹可以看到，一方面政府的介入对于克服各种市场缺陷、协调公平与效率的关系确实发挥了重要的作用，但另一方面社会医疗保险公共支出急剧膨胀，社会医疗保险运行机制效率低下也成了一个通病。

考察各国的医疗保险制度不难发现，各国政府对医疗保险市场的介入程度是不同的，一些国家政府对医疗保险市场介入得比较深，承担了大部分医疗费用，另一些国家却介入得比较浅，市场和个人承担了大部分医疗费用。一般而言，政府介入医疗保险体系的程度，是受到各国经济、人文及社会保障制度等影响的，并直接决定其医疗保险体系的整体框架，最终影响其医疗保险制度的运行效果。

一般说来，政府对医疗保险的管理方式有以下三种。

（一）计划管理

在偏向于集中计划型医疗保险模式的情况下，政府参与医疗保险。从宏观到微观、从总体规划到具体制度，都有政府的干预，甚至政府会处于直接领导者的地位。国家的公共医疗支出占 GDP 的比重很高，且以超乎寻常的速度增长，如果政府未能有效控制社会医疗保险等社会福利项目支出的扩张趋势和抑制继续膨胀的费用支出，财政势必难以支撑，必然给经济与社会的协调发展产生不容忽视的影响。

（二）市场化管理

在偏向于市场型医疗保险模式的情况下，政府往往只进行宏观规划，尽可能不直接参与或干预医疗保险的运转，医疗保险基本上是由市场调节，政府的责任大大减少，如美国联邦政府。美国的医疗保障制度是一种典型的私人健康保险制度，即主要通过私人筹资、私立医疗机构提供服务的医疗保障体制，其资金筹集和医疗服务的提供都以市场为准则，政府则主要通过建立覆盖贫困人口、老年人和残疾人的医疗照顾与医疗救助制度作为对私人医疗保险的补充，并通过建立少量的公立医疗机构弥补市场的不足。与此同时，美国目前医疗卫生总费用占 GDP 17%以上，占比是世界上最高的，可以说这样的医疗保障制度不仅欠缺公平，也很难谈得上效率。和其他发达国家相比，美国有着低效和代价高昂的卫生保健系统，并且许多人被这种体系拒之门外。正是由于缺乏一种一体化的最佳的个人保障和全民保障方案，该体制的低效愈益显著。所以有美国学者倡导建立卫生信托机构为每一个公民提供核心的医疗服务，提高效率。这个计划的主要创新在于将已经存在的私人健康保险方案并入全民保障系统，在个人保健和全民保健卫生服务投入中求得重新平衡，并引导向有最大的长期回报的方向投入。

（三）计划和市场相结合的管理方式

针对上述两种方式的弊端，许多西方发达国家在总结多年的经验教训后，都在逐步向中间型的医疗保险模式靠拢，即实行“市场+计划”或“计划+市场”的管理方式。医疗服务和医疗保险市场的失灵及健康公平的必要性，为政府提供社会医疗保障确立了理论基础。政府与市场的关系并不是非此即彼、互相取代的关系，而是互相补充的关系。在医疗保障领域中公平是前提，效率却是保证。所以在政府发挥作用的前提下，将政府行为目标定位在公平、效率、稳定上，同时引入市场机制，发挥市场机制的效率优势。

我国长期以来在医疗卫生领域和医疗保障体制中实行的是计划管理模式。在计划经济体制向市场经济体制转型的过程中，这种模式和管理方式的不适应性和缺陷就更加明显。因此，中国的医疗保险模式及政府的管理方式需要引入市场机制，但医疗服务、医疗保险市场是特殊的市场，也是不成熟、不完善的市场，因此，我国政府在选择对医疗保险的管理方式时，应该借鉴国内外的经验，采用“计划+市场”型，甚至在一定时期内，要偏重计划的手段。

二、政府在医疗保险中的职责

（一）进行医疗保险立法

社会医疗保险制度起源于 1883 年的德国，当时德国制定的《疾病社会保险法》开创了现代社会保障立法的先河，自此这一制度成为解除社会成员的后顾之忧和维护国民健康权益的根本性制度安排。一百多年来，众多国家仿效德国建立了社会医疗保险制度，普遍奉行立法先行、以法定制的规则，揭示出成熟的医疗保险制度均运行在法治轨道上的普遍规律。

立法先行是医疗保险制度的一项基本原则，这不仅是市场经济的客观要求，也是医疗保险制度自身的需要。首先，医疗保险实质上属于社会再分配，具体的制度安排必然牵涉到政府、企业与个人之间的责任分担和不同社会群体或利益集团的利益调整；其次，根据权利与义务对等的关系，在国家保障每个劳动者享有基本医疗保险服务的权利的同时，用人单位和个人也必须为社会尽同等的义务，即按规定缴纳相应的医疗保险费用。2011 年 7 月 1 日起施行的《中华人民共和国社会保险法》，是为规范社会保险关系，维护公民参加社会保险和享受社会保险待遇的合法权益，使公民共享发展成果，促进社会和谐稳定而制定的，其中第三章是专门关于基本医疗保险的法律规定。2021 年 6 月，为加快形成与医疗保障改革相衔接的法律法规体系，国家医保局公布《医疗保障法（征求意见稿）》，向社会公开征求意见。征求意见稿的公布，意味着医疗保障正式步入法制化建设的实质进展阶段。作为最重要的社会保障制度之一，医疗保障关系全民的切身利益，也是政府的职责所在。《医疗保障法》将作为一部纲领性的、全面的医疗保障法律，为医疗保障事业高质量发展引领方向、保驾护航。

（二）对医疗保险制度承担经济责任

建立城镇职工基本医疗保险制度和城乡居民基本医疗保险制度，保证基本医疗保险制度运行的稳定性和可持续性，需要政府在资金供给方面提供保障。

首先，医疗保险制度改革之初需要财政投入启动资金。从长远看，医疗保险制度改革会改变原先公费、劳保医疗将医疗费用大包大揽的状况，实行国家、单位、个人共同负担，会逐渐减轻财政负担，但在改革之初会增加财政支出和减少财政收入。据对医疗保险试点城市的调查，医疗保险制度改革后比改革前一年财政负担平均增加了 10%～30%，因此，医疗保险制度改革初期需要财政加大投入。

其次，即使医疗保险制度改革完成，政府仍对职工基本医疗保险负有经济责任。即使医疗保险制度改革完成了，国家仍要通过以下渠道承担医疗费用：一是财政拨付公费医疗经费；二是企业缴纳的医疗费用在税前列支，国家以少征所得税的形式负担费用；三是当基本医疗保险基金入不敷出时，国家财政给予补贴。具体说来有以下几个方面：①为城乡居民负担部分基本医疗保险费；②对公务员给予医疗补助；③国家财政拨付社会保险经办机构的经费；④对特殊人群给予医疗补助；⑤对职工医疗保险基金免征税费；⑥企业缴纳职工基本医疗保险基金允许在所得税前列支；⑦特殊情况下对医疗保险基金的补助。

自统一的城乡居民基本医疗保险制度建立以来，居民医疗保险基金就一直处于“满负荷”运转状态，提高筹资水平、增强基金的可持续性迫在眉睫。2022 年国家医保局等部门发布《关于做好 2022 年城乡居民基本医疗保障工作的通知》提出，为适应医疗费用增长和基本医疗需求提升，确保参保人医保权益，各级财政继续加大对居民医保参保缴费补助力度，统筹发挥基本医保、大病保险和医疗救助三重制度综合保障效能。2022 年居民医保参保财政补助标准人均新增 30 元，达到每人每年不低于 610 元；相应同步提高个人缴费标准 30 元，达到每人每年 350 元。按照这个筹资标准，财政补助占比 64%，个人缴费占比 36%。财政补助资金已成为居民医保基金的最主要来源。

（三）加强对医疗保险的宏观管理

在医疗保险制度改革中，明确政府职责无疑是重要的。以相应的财政投入保障公民的基本医疗需求，是政府不可推卸的责任。政府的宏观管理体现在财政资金投入效率上，而不是体现在政府建立全部医疗机构上。无论是市场主导的“美国模式”，还是政府主导的“英国模式”，都没有忽略政府在医疗保险和服务体系中的重要作用。

具体来说，政府在宏观管理中的职责有以下几个方面。

1. 设计、规范医疗保险市场

在医疗保险市场，医疗服务的“公共产品”属性及其所具有的“外部性”，医疗服务的专业性、市场信息障碍，加之第三方付费等特征，使得完全竞争市场上的价格机制很难充分发挥有效调节资源分配的功能，以致市场失灵，出现了医疗服务利用的不平等性等问题。这些特殊性往往是政府设计、规范医疗保险市场的主要原因。

2. 促进和协调医疗保险市场的发展

政府干预医疗保险市场通常有经济、法律、行政三种手段，要促进和协调医疗保险市场的发展、解决医疗卫生领域中的突出问题，必须综合运用多种手段，如加强公共卫生规划，根据区域卫生规划的原则调整卫生资源配置，通过行政手段向医疗消费者提供信息，减少其消费的盲目性。法律手段和行政手段可以有效改善卫生服务公平性。政府还可以通过健康教育和卫生知识宣传，提高全民的保健意识。

3. 监控医疗保险市场的运转

保险业是逆向选择和道德风险的多发领域，而医疗保险则是典型代表。医疗保险市场涉及多方利益主体，其中，最基本的参与者是医疗服务提供者、被保险人和医疗保险机构，彼此之间因费用支付而形成了契约关系。契约双方所掌握的信息的不对称性可导致医疗保险市场的逆向选择和道德风险行为。这时需要政府监督控制，引导医疗保险市场健康发展。

4. 弥补医疗保险市场的不足

医疗保险市场是一个不充分的市场，存在着市场失灵。另外，居民中有些医疗问题，如某些疾病的预防，是不能以保险的方式解决的。对于某些人群（如贫困人群），需要政府加大对其卫生投入的力度，使其能够获得基本医疗服务。政府行为使医疗保险市场的不足得以部分弥补，促进了医疗保险市场的发展。

（四）做好医疗保险制度改革的相关配套改革

医疗保险制度改革不是孤立进行的，它与医疗卫生体制改革、药品生产流通体制改革紧密相关，牵涉到多方利益主体。在进行医疗保险制度改革的同时，必须解决医药卫生领域中的诸多问题，理顺各方关系，实现“三医联动”，否则医疗保险制度也难以顺利推进。

1. 实施医、药分离经营

将药品经营从医疗机构中分离出去，实行外部化经营管理，有两种选择模式：一是实行医院开处方，药店售药，患者直接购药的制度；二是在不断提高社会医疗保险机构管理水平的基础上，由社会医疗保险机构将药品经营内部化。同时加速药品生产流通体制的改革，实行药品招标采购、增加药品价格透明度、实行地区药品最高限价等政策措施。

2. 对医疗服务提供者进行合理补偿

对于新一轮医改，政府将建立科学合理的公立医院补偿机制作为改革的重要契机，逐步废除“以药补医”机制，改革公立医院的人事薪酬制度、运行机制等，建立健全现代医院管理制度，以此顺利推进公立医院综合改革。2017 年全国两会期间，国家宣布全面推行公立医院改革，全国范围内取消药品加成政策。自此，公立医院补偿途径正式转变为政府补助和医疗服务收费。这也是我国公立医院补偿机制改革过程中的一个里程碑。当前，我国公立医院改革的首要目标是突出公益性、规避趋利性，核心是加快建立科学合理的公立医院补偿机制，让医疗机构在给患者提供医疗健康服务的同时，能够及时获得合理补偿而健康、可持续地发展。

3. 改革医疗服务提供者现行的经济运行模式

健全补偿机制是公立医疗服务机构改革的突破口，此次改革本质上是对公立医疗服务机构补偿机制和费用结构的调整过程，转变经济运行导向，将药品、耗材从医疗服务机构收益转变为运行成本，鼓励医务人员开展技术性服务，回归正确的价值导向，调整和规范医疗服务，合理控制医疗费用，提高医院收益水平，促进公立医院运营模式的转变。

4. 推进医疗服务提供者的人事制度和分配制度改革

鼓励医疗服务提供者通过竞聘上岗、优化组合、后勤社会化等手段减员增效，切实降低医疗成本，控制医疗费用的不合理上涨。在建立公立医院科学合理的补偿机制过程中，要充分体现医务人员的价值，激励医疗服务提供者和医务人员通过技术和劳动获得补偿，在内部绩效考核中建立引导医务人员通过更多接诊急危重患者、提高诊疗效率等方法增加收入的激励机制。

5. 推动区域卫生规划

区域卫生规划以满足区域内全体居民的基本卫生服务需求、保护与增进健康为目的，对卫生资源进行统筹规划、合理配置，促进卫生资源布局调整，提高利用率。

（五）提高医疗保险的公平性

扩大社会医疗保险的覆盖面，提高全民抵御疾病风险的能力。减少人们利用卫生服务的经济障碍，缩小社会在享有经济财富、医疗保障上的差异，以提高人民健康水平，维持社会的公平性。

思考题

1. 现代医疗保险系统构成的基本形式是什么？
2. 试述医疗保险机构在医疗保险系统中的地位和职能。
3. 试述医疗保险被保险人的概念及其消费特点。
4. 阐述医疗服务提供者的性质与特点。
5. 试述政府在医疗保险中的职责。

（胡　月　丁　玥）

第四章　医疗保险需求与供给

内容提要

需求和供给是经济学范畴中相对应的两个概念，是使市场经济运行的力量。本章运用经济学的基本原理来分析和阐述医疗保险的需求与供给，以及医疗保险市场中供需均衡的实现和市场失灵的表现与应对。

第一节　医疗保险需求

一、医疗保险需求的内涵

经济学中的需求总是与需要相联系的。需要（need）是消费者想要得到某一商品或服务的欲望或愿望，美国心理学家亚伯拉罕·哈罗德·马斯洛（Abraham Harold Maslow）将人的需要列为五个层次，即基本的生理需要、安全需要（生活有保障）、社会需要（归属感、友情、爱情等）、尊重需要和自我价值实现需要。需求（demand）是指在一定时期的某一市场上，在某一价格水平下，消费者愿意并且能够购买的商品或服务的数量。按照这一定义，需求相对于需要的区别在于：一是消费者对该商品或服务有购买欲望（这是构成需要的要件）；二是消费者必须有支付能力。欲望和支付能力缺一不可，这是需求形成的两个条件，即使消费者对某种商品或服务有欲望，但如果没有能力来支付，就不能算作需求。因此，需求是一个市场范畴。

医疗保险需求（medical insurance demand）是指医疗保险需方在一定的时期内，在一定的医疗保险费（价格）条件下，愿意且能够购买的医疗保险数量。消费者之所以会对医疗保险有需求，是因为在购买保险后若发生疾病，在物质方面，消费者可以得到及时的经济补偿，以把疾病造成的经济损失降到最低限度；在精神方面，消费者把可能发生的疾病风险转移出去，可以获得心理上的安全感，从而使自己以稳定的心态投入工作和生活。

二、医疗保险需求的特点及影响因素

（一）医疗保险需求的特点

用自由市场的观点来看，医疗保险需方（即被保险人）的需求和消费行为，如为什么购买、购买什么、购买多少等，对医疗保险机构和医疗服务提供者的行为起着引导作用。但是，现实中的医疗保险市场往往并不是真正意义上的完全竞争市场，尤其在实行社会医疗保险模式的情况下，某些保险项目的购买是由政府强制的，医疗保险需方对保险的需求和消费特点表现不明显，只有当他们对社会医疗保险以外的项目进行选择的时候，或者在实行商业医疗保险和比较市场化的医疗保险模式下，需方可以自由选择保险项目时，这些保险需求特点才可以表现出来，但从理论上说，这些需求特点还是客观存在的。

1. 需求的不确定性

医疗保险和医疗服务是紧密联系的，医疗保险支付基于医疗服务事件，是在购买医疗服务时才发生的，而且仅仅支付医疗保险范围内的服务费用。个人对自己的疾病风险难以预测，而且健康损

害的价格又难以估算，因此不可能像购买其他商品一样在时间、地点、品种上做仔细的计划、安排，疾病风险发生的不确定性造成了消费者对医疗保险需求的随机性和被动性。

2. 需求的多元性

人群的健康需求有多种类型和层次，因此消费者对医疗保险商品的需求也是多元化的，单一的险种难以满足他们的需求。各个国家和地区在拓展保险市场的同时，也在大力开发人们所需要的医疗保险商品。在我国，除了国家强制性的保障全民基本健康需求的社会医疗保险外，商业保险公司还根据消费者需求推出了其他各种健康保险，涵盖了医疗保险、疾病保险、护理保险和失能收入损失保险等。

3. 需求的差异性

不管收入是多少，健康保障对每个人而言都是需要的，但随着收入的不同，消费者对医疗保险商品的选择也会有所不同。高收入人群的自我保障能力比较强，他们购买健康保险不仅是为了满足医疗保障的需要，更是希望得到专业的服务，所以高收入人群往往选择纯粹的、专业的商业健康保险；中等收入人群以购买社会医疗保险为主，只要能够保证基本医疗就可以了；低收入人群的收入仅能满足基本生活，他们往往会选择风险自留或接受医疗救助。

4. 需求的发展性

随着社会与经济的不断发展，人们对医疗服务的需求已经不仅仅满足于有病治病。健康是指身体、心理、社会适应方面的完好状态，卫生服务的产出除包括传统的疾病诊疗、预防保健、卫生防疫、医教科研、健康教育外，还扩展到康复、护理、急救等多个领域。随着卫生服务范围的拓展，医疗保险支付的范围也相应拓宽。国家医保局发布的《2022 年医疗保障事业发展统计快报》数据显示，2022 年我国职工基本医疗保险参保人数为 36242 万人，基金收入为 20637.18 亿元，基金支出为 15158.30 亿元，城乡居民基本医疗保险参保人数达 98328 万人，基金收入为 10060.55 亿元，基金支出为 9273.42 亿元。

在我国的基本医疗保险覆盖全民的同时，商业医疗保险也得到了飞速发展，我国的保险业从 20 世纪 80 年代得以恢复，并在 40 多年间经历了一个高速发展时期，保险费收入平均每年以 30%的速度快速增长，1999 年我国保险费收入为 1406.17 亿元，2022 年达到了 4.7 万亿元，保险公司总资产超过 27 万亿元，发展前景令人看好。

国际上在分析保险市场的发展潜力时，普遍采用两个指标——保险深度和保险密度。保险深度是指保险费收入占国内生产总值的比值，反映一个国家或地区保险业对国民经济相关领域的覆盖程度。从国际上看，根据瑞再研究院的数据，2020 年，全球发达市场平均保险深度为 7.4%，中国香港为 20.8%，中国台湾为 17.4%，而根据中国银行保险监督管理委员会发布的 2022 年全国各地原保险保费收入情况以及最新经济发展数据计算，中国内地 2022 年保险深度仅为 3.88%，与发达国家和地区相比，差距还十分明显。这表明我国保险业对国民经济相关领域的覆盖程度较低，保险业务的发展相对滞后。保险密度是指按当地人口计算的人均保险费额，反映了一个国家保险的普及程度和保险业的发展水平。2020 年全球发达市场平均保险密度为 809 美元，而中国内地同期的保险密度只有 455 美元。根据前瞻产业研究院的数据，2020 年中国健康保险深度为 0.80%，中国健康保险密度为 581.6 元人民币。这说明，作为一个拥有庞大人口基数的持续发展中的人国，我国保险市场潜力和发展空间是巨大的。

（二）医疗保险需求的影响因素

许多因素都会影响医疗保险的需求，这些因素相互联系、相互影响，综合作用于医疗保险需求。医疗保险需求的影响因素归纳起来有以下几类。

1. 疾病风险

疾病风险是医疗保险产生、存在和发展的前提，医疗保险是转移疾病风险的最好办法。疾病风险发生概率越高，给人们带来经济损失的期望值越大，则医疗保险需求越大。疾病风险对医疗保险需求的影响主要表现在以下两点。

一是疾病风险发生概率，见图 4-1。当疾病发生的概率 P 越接近于 0 或 1 时，具有相等效用水平的预期效用曲线和总效用曲线上的两点越来越接近（BDF 为总效用曲线，ACE 为预期效用曲线），消费者愿意支付的附加费越来越少。当疾病发生的概率越接近于 0.5 时，具有相等效用水平的预期效用曲线和总效用曲线上的两点越来越远，消费者越愿意支付更多的附加费，对医疗保险的需求也就会越多。这说明对确定的事件，消费者不愿意参加医疗保险，不愿意支付附加费给保险公司，消费者更愿意把钱支付在不确定的事件上。

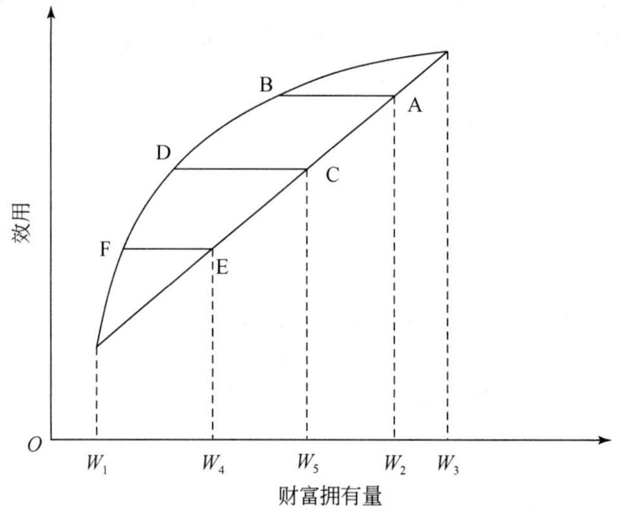

图 4-1　不同疾病概率下消费者愿意支付的附加费水平

二是疾病损失的程度。如图 4-2 所示，当预期损失大时，消费者在未投保而患病时的损失为 W_3-W_1；当预期损失小时，消费者在未投保而患病时的损失为 W_3-W_5，在疾病风险发生概率相同的情况下，总效用曲线和预期效用曲线之间的面积在较大预期损失情况下要比较小预期损失情况下大得多。所以疾病的预期损失程度越大，对医疗保险需求也越大。

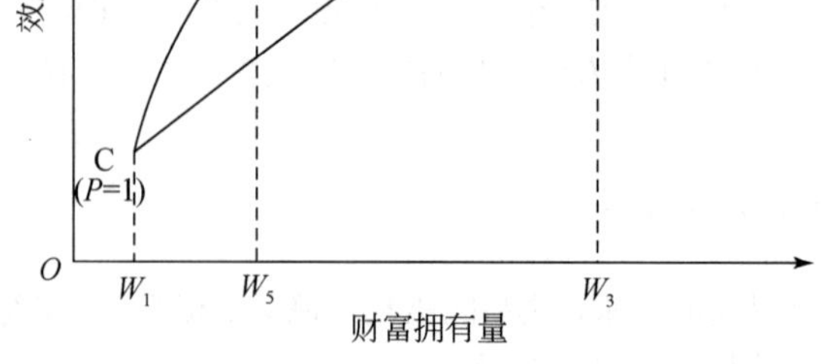

图 4-2　不同预期损失情况下消费者愿意支付附加费水平

2. 医疗保险费率（医疗保险价格）

价格在影响因素中被称为内生变量，说明它足够重要。我们在日常生活中常常会因价格大跳水而无法抑制自己的购物冲动，医疗保险商品也有相似的情况——医疗保险的费率即医疗保险的价格，在社会医疗保险中表现为筹资比例或筹资额，费率越高，消费者对医疗保险的需求就越小，反之亦然。医疗保险分为社会医疗保险和商业医疗保险，社会医疗保险因具有强制性，价格弹性较小，保险价格对需求的影响有限；商业医疗保险具有自愿性的特点，价格弹性较大，价格作为内生变量，对需求影响大，当价格高于人们愿意支付的价格时，消费者就不会去购买医疗保险。

3. 消费者的收入

消费者的收入直接关系到消费者购买力的大小，不同收入水平的消费者对医疗保险的需求是不同的。一般来说，其他条件相同的情况下，消费者的收入越高，对医疗保险的需求越强。因此在我国各地的城乡居民基本医疗保险实施过程中，为了提升需求，支持居民参保，各级政府对于低收入群体会有保险费补贴政策。

4. 医疗保险支付方式和医疗费用分担方式

医疗保险制度下规定的不同支付方式和医疗费用分担方式影响着消费者对医疗保险的需求。消费者需要自付的医疗费用越多，其参保的积极性就越低，反之亦然。医疗保险的支付方式有按病种付费、按人头付费、按服务项目付费、按服务人次付费、总额预付等，医疗保险采用不同的支付方式，将对医疗服务提供者的行为产生影响，从而影响需方，进而影响需求量；根据医疗保险需方对医疗费用的分担方式，可以将医疗保险分为扣除保险、共付保险、限额保险和混合保险，医疗保险采用不同的医疗费用分担方式，将对医疗保险需方的行为产生不同程度的影响，进而影响需求量。

5. 消费者对风险的心态

不同的消费者对风险的心态是不同的。一般认为消费者对风险的心态有三种：避险、对风险抱中立态度和喜欢冒险。消费者对风险的心态因事物的性质而异，就健康而言，大部分消费者是属于避险心态的。有避险行为的消费者在其财富的效用曲线上就会呈现边际效用递减的现象，避险心态越重的消费者，效用曲线递减速度越快，对医疗保险的需求也就越大。相反，有些消费者喜欢冒险，其财富效用曲线在其预期效用曲线之下，所以他们的财富效用曲线难以表现出递减的趋势。这类消费者就很少会去购买医疗保险。

6. 相关医疗保险商品价格

相关商品包括替代品和互补品。当一种商品本身的价格保持不变，而与它相关的其他商品的价格发生变化时，这种商品本身的需求量也会发生变化。比如，市场上一种医疗保险商品 A 价格不变，但与它有同样条款、功能、附加值的另一保险公司商品 B 价格下降，许多原想购买 A 商品的消费者会转而购买 B 商品，以求更大的收益，对 A 商品的需求因 B 商品价格的影响而下降。

7. 其他因素

除了上述影响因素以外，一些人口、社会、文化等因素也会对医疗保险需求有着不同程度的影响，如保险制度、医疗技术的发展水平、消费者的健康状况、保险意识以及消费者受教育程度、年龄、性别、婚姻状况、职业、家庭生命周期等。

三、医疗保险需求曲线及其变动

科学观察表明，在市场经济条件下人们购买一种商品的数量很大程度上取决于它的价格。在条件相同时，一种商品的价格越高，人们愿意购买的数量就越少；而市场价格越低，人们购买的数量就越多。这种价格与需求之间的关系可用需求表（demand schedule）或需求曲线（demand curve）表示。

需求曲线可以呈线性关系，也可以呈非线性关系，该曲线从左上方向右下方倾斜（图 4-3）。当一种商品或服务的价格上升时（同时其他条件不变），消费者趋向购买更少的数量；同理，当价格下降时，需求量增加。这一重要性质被称为“需求向下倾斜规律（law of downward-sloping demand）”。该规律建立在常识和经济理论的基础上，并经过经验的检验和证明，几乎适用于一切商品，大米、食盐、服装、医疗保险、大学教育等就是几个常见的例子。

（一）需求量变动

随着经济社会的发展与变革，医疗保险需求在不断地发生变化。从需求曲线可以知道，需求是价格的函数，价格（内生变量）是影响需求量的决定性因素。当消费者面临医疗保险商品价格下降时，在其他条件保持不变的情况下，消费者趋向于购买更多的医疗保险商品，但是，购买量的增加并不是来自需求的增加，而是来源于价格的下降。这一变动在坐标系中反映为同一条需求曲线上点的上下移动，经济学上称这种变动为需求量的变动（change in quantity demanded），如图 4-3 中从 a 点到 d 点的移动，向左上方移动意味着需求量的减少，向右下方移动意味着需求量的增加。

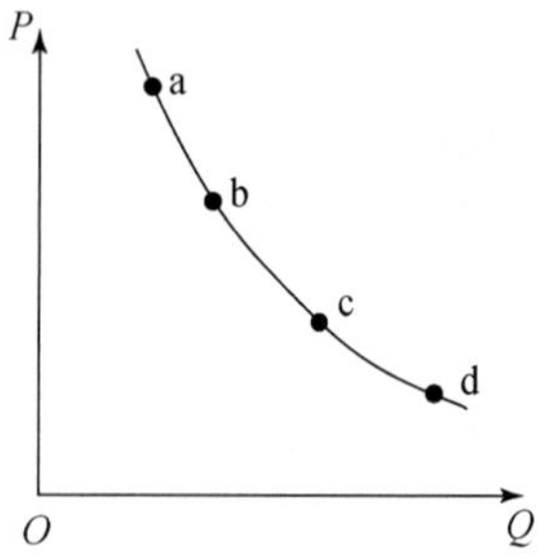

图 4-3 需求曲线

（二）需求变动

现实生活中影响医疗保险需求的因素很多，如疾病风险发生概率、消费者的收入水平、医疗费用的负担方式、消费者避险心态、相关医疗保险商品的价格，以及包括保险制度、医疗技术发展水平、消费者的健康状况、保险意识、受教育程度、年龄、性别、婚姻状况、职业、家庭生命周期等人口、社会、文化因素。随着经济生活的快速发展，需求也在不断发生着变化。这一变动在坐标系中反映为同一条需求曲线的左右移动，经济学上称这种变动为需求变动（change in demand）。

对医疗保险商品而言，随着消费者收入的增加，即使价格不变，消费者想要购买的医疗保险数量也会增加，也就是说，较高的收入增加了需求，使医疗保险需求曲线向右移动，在图 4-4 中表现为需求曲线 DD 向右移动至 D′D′。值得注意的是，需求曲线的右移意味着在同一价格水平下，消费者可以买到更多的医疗保险商品。如果在某种既定价格下，任何一种决定需求的因素变动引起需求减少时，需求曲线向左移动，图 4-4 中需求曲线 DD 移动到 D″D″，表现为需求减少。

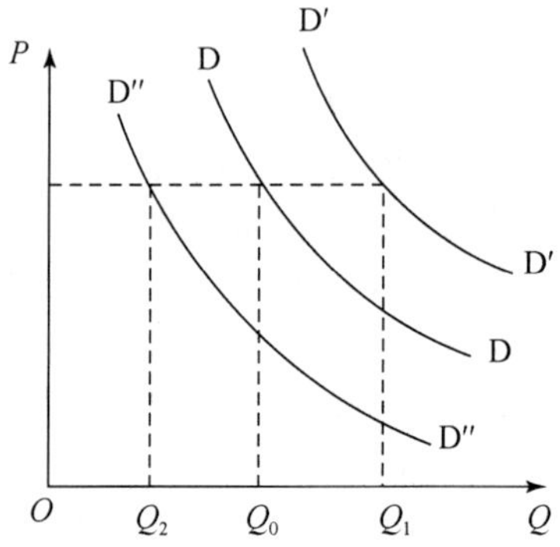

图 4-4 需求变动

四、医疗保险需求弹性

为了将需求曲线转化为真正有用的工具，需要知道需求在多大程度上对价格的变动作出反应。一些商品对价格的变动十分敏感，如每年的健康体检、价格偏高的医疗保险商品；而另一些商品，如食品、电力、普通门诊等必需品对价格变动几乎无动于衷。这些问题可以运用弹性这一关键概念加以分析。需求弹性分析是对供需相对于价格变动的反应程度进行定量分析的方法。

经济学认为只要两个经济变量之间存在着函数关系，就可以用弹性系数（elasticity，E）来表示因变量相对自变量反应的敏感程度，弹性系数的一般公式为

$$\text{弹性系数}（E）=\frac{\text{因变量的变动比例}}{\text{自变量的变动比例}}$$

需求弹性包括需求的价格弹性、需求的收入弹性和需求的交叉弹性。

（一）医疗保险需求的价格弹性

1. 概念

医疗保险需求的价格弹性（price elasticity of demand，E_d）是指保险需求变动的百分率与价格变动百分率的比例关系，它反映了需求量对价格变化的敏感程度。

医疗保险需求的价格弹性可以用公式表示：

$$E_d = \frac{\Delta Q}{Q} \Big/ \frac{\Delta P}{P} = \frac{\Delta Q}{\Delta P} \cdot \frac{P}{Q}$$

其中，P 为医疗保险的价格；Q 为需求量；ΔP 和 ΔQ 分别为它们的变动量；E_d 为大小并非方向，是一个正值。因为需求量和价格一般呈反方向变动，为了使 E_d 取正值而便于比较，通常用负号修正。

2. 分类

医疗保险需求价格弹性有五种类型。

$E_d>1$，需求富有弹性。如果某一医疗保险价格变动 1 个百分点引起需求量的变动超过 1 个百分点，则该险种就富有需求价格弹性（price-elastic-demand），意味着该险种的需求量对价格变动反应强烈，如某些富人购买的高额商业医疗保险［图 4-5（a）］。

$E_d=1$，需求单位弹性。如果某一医疗保险价格变化程度与其需求量变化程度是相等的，则该险种拥有单位需求价格弹性（unit-elastic-demand）［图 4-5（b）］。

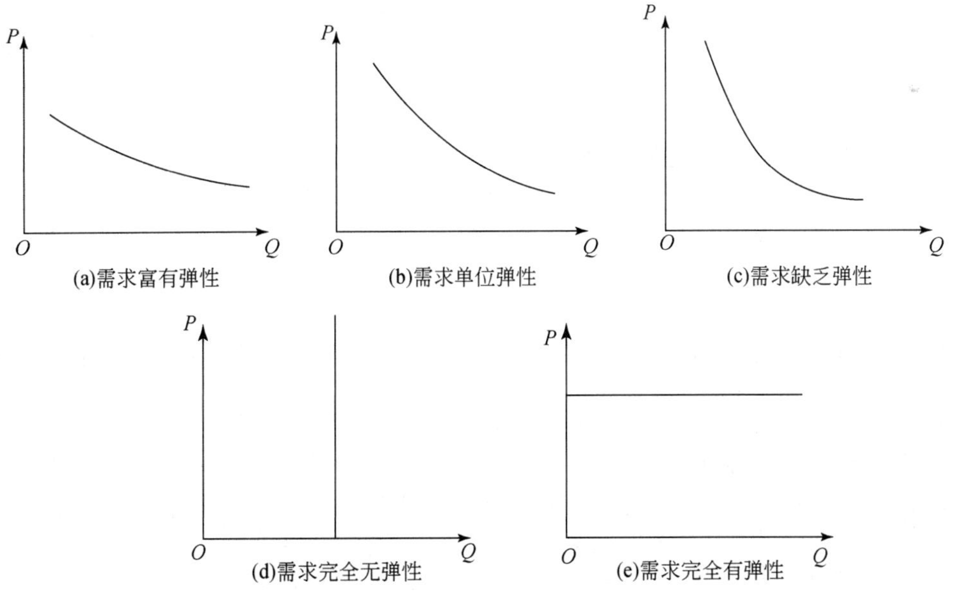

图 4-5　需求价格弹性

$E_d<1$，需求缺乏弹性。如果某一医疗保险价格变动 1 个百分点引起需求量的变动小于 1 个百分点，则该险种就缺乏需求价格弹性（price-inelastic-demand），意味着该险种的需求量对价格变动反应微弱，如一般性商业医疗保险的某些险种，以及政府鼓励实施的社会医疗保险［图 4-5（c）］。

$E_d=0$，需求完全无弹性。在这种情况下，无论医疗保险价格怎样变化，保险需求量都不发生变化［图 4-5（d）］。

$E_d=\infty$，需求完全有弹性。在这种情况下，医疗保险价格发生轻微的上升或下降，保险需求量便大幅度下降或上升［图 4-5（e）］。

对需求价格弹性的估算是十分必要的，如商业医疗保险机构要了解其医疗保险商品与其他商品相比，需求弹性如何，价格下降是否会带来需求量的更大幅度增加，需求价格弹性是很好的分析工具。根据国外的研究资料，保险需求价格弹性可以在较大范围内波动，表 4-1 是商业医疗保险需求价格弹性与其他商品需求价格弹性的估算。

表 4-1 需求价格弹性的估算

商品	需求价格弹性
番茄	4.60
青豆	2.80
出租车服务	1.20
家具	1.00
电影	0.87
鞋	0.70
法律服务	0.61
商业医疗保险	0.31
客车旅行	0.20
居民用电	0.13

资料来源：Kohler H. 1986. Intermediate Microeconomics：Theory and Applications. 2d ed. New York：Scott，Foresman and Company.

从表 4-1 中的估算值可以看出，就整个市场来说商业医疗保险属于需求缺乏弹性的商品。由于替代效应的影响，某些单个商业医疗保险商品的需求价格弹性比较大，其次是每个商业医疗保险机构的需求价格弹性，整个保险市场的需求价格弹性最小。某些单个商业医疗保险商品的需求价格弹性比较大，是因为医疗保险商品的相互替代性增强，消费者的选择余地大了；而每个商业医疗保险机构面临的需求价格弹性比单个商业医疗保险商品的价格弹性小，是因为商业医疗保险机构之间并不是完全可以相互替代的，每个商业医疗保险机构都有自己的定价方法，承保的服务范围也不会完全相同，对医疗保险需方的补偿方式也不同，有的是在就诊后补偿给医疗保险需方，有的是补偿给医疗服务供方（即医疗服务提供者），消费者的选择余地相对小一些。

3. 弹性与总收益的关系

对于商业医疗保险机构来说，最关心的就是收益。要了解具有不同需求价格弹性的商业医疗保险商品，价格的变动对保险机构的收益有何影响，可以借助需求价格弹性工具来衡量保险价格和保险收益之间的关系，这有助于保险机构进行价格决策。

在任何市场上，总收益（total revenue，TR）$=P\times Q$，即一种商品的价格与销售量的乘积。在医疗保险市场也是如此。

$E_d>1$ 的保险商品，如某些富人购买的高额商业医疗保险，降价会增加保险机构的保险收益，提价会减少其收益。因为该保险商品需求富有弹性，如果降价，则需求量上升所带来的收益将大大超过降价所缩减的收益；反之，提价会减少保险机构的收益。

$E_d=1$ 的保险商品，无论降价或提价，对保险机构的收益没有影响。因为该保险商品需求单位弹性，保险价格的上升或下降均会引起需求量同等幅度的下降或上升。在这种情况下，保险价格上升引起的保险费收入增加和需求量减少所带来的保险费收入减少是相等的。

$E_d<1$ 的保险商品，降价会减少保险机构的保险收益，提价会增加其收益。因为该保险商品需求缺乏弹性，如果降价，则需求量上升所带来的收益将远远小于降价所缩减的收益；反之，提价会增加保险机构的收益，但此类医疗保险一般是强制性的社会医疗保险，不以营利为目的，基金运营目标是收支平衡。

（二）医疗保险需求的收入弹性

医疗保险需求的收入弹性（income elasticity of demand，E_i）是指需求量变动的百分率与收入变动百分率的比例关系，它反映了需求量对收入变化的敏感程度。

医疗保险需求的收入弹性可以用公式表示：

$$E_i = \frac{\Delta Q}{Q} \bigg/ \frac{\Delta I}{I} = \frac{\Delta Q}{\Delta I} \cdot \frac{I}{Q}$$

其中，Q 为需求量；I 为收入；ΔQ 和ΔI 分别为它们的变动量；E_i 的计算结果大多数情况下都是正值，因为需求量和收入一般呈同方向变动。

根据商品需求收入弹性的数值，可以将所有商品分为两类：$E_i>0$ 的商品为正常品，正常品的需求量随收入水平的增加而增加；$E_i<0$ 的商品为劣等品，劣等品的需求量随收入水平的增加而减少。在正常品中，$E_i<1$ 的商品为必需品，$E_i>1$ 的商品为奢侈品。当消费者的收入水平上升时，尽管消费者对必需品和奢侈品的需求量都会有所增加，但对必需品的需求量的增加是有限的，即缺乏弹性，而对奢侈品的需求量的增加是较多的，即富有弹性。

对需求收入弹性的估算是十分必要的，如政府在制定有关全民医疗保险覆盖问题的对策时，必须考虑不同收入的人群医疗消费的影响；在决定进行必要的投入以增加医疗保险基金时，医保部门需要知道需求收入弹性，以估算医疗保险需方消费情况。表 4-2 是对几种商品需求收入弹性的估算。

表 4-2 需求收入弹性的估算

商品	需求收入弹性
汽车	2.50
房主占用的住房	1.50
家具	1.50
书籍	1.40
餐厅用餐	1.00
衣服	1.00
医生服务	0.75
烟草	0.64
鸡蛋	0.37
人造熟油	−0.20
猪肉制品	−0.20
面粉	−0.36

资料来源：Kohler H. 1986. Intermediate Microeconomics：Theory and Applications. 2d ed. New York：Scott，Foresman and Company.

相对于其他商品而言，保险的需求收入弹性较大，因为随着收入的增加，消费者购买一般商品的边际消费率递减，也就是说当收入增加时，消费也会增加，但消费的增加没有收入增加得快，同时，消费者的边际储蓄率是递增的，暂时不用的现金会用于储蓄或投资，商业医疗保险恰恰具有储蓄和投资的性质，如某些保险公司推出的健康分红险。另外，根据目前的状况，发达国家的居民普遍购买商业医疗保险，而在发展中国家，收入高的人才会去购买商业医疗保险。因此商业医疗保险对于收入高的人来说，收入弹性较大，对收入低的人来说，收入弹性较小。

（三）医疗保险需求的交叉弹性

医疗保险需求的交叉弹性（cross elasticity of demand，E_{xy}）是指保险需求量变动的百分率与其他相关商品价格变动百分率的比例关系，它反映了保险需求量对其他相关商品价格变化的敏感程度。

为了考察其他相关商品价格变化对保险产品需求量的影响，假定保险商品的价格不变，消费者的偏好、预期不变，用 A 表示保险商品，B 表示另一相关商品，保险需求交叉弹性可以用公式表示：

$$E_{xy} = \frac{\Delta Q_A}{Q_A} \bigg/ \frac{\Delta P_B}{P_B} = \frac{\Delta Q_A}{\Delta P_B} \cdot \frac{P_B}{Q_A}$$

E_{xy} 的取值有以下三种情况。

1. $E_{xy}>0$

$E_{xy}>0$ 表明相关商品的价格变动会引起保险产品需求量同方向的变动，这种情况多见于商业保险产品的替代品（substitutes）。例如，商业保险产品和储蓄之间存在着明显的替代关系。当消费者作出资金投放决策时，往往会将预得利益和预损利益进行比较，如果把资金存进银行的收益大于购买保险的收益，消费者就会选择放弃投保而去参加储蓄；如果购买保险的收益高于储蓄，消费者就会更多地投入到保险中。其实，消费者在资金投放时，要比较几种方式的机会成本。当利率下调时，储蓄所得利益减少，相对来说进行储蓄的代价大了，不足以吸引人们，导致储蓄需求下降，保险需求增加。因此当保险产品的替代品价格上升时，会引起该替代品的需求量减少，消费者会转向购买保险产品，从而使其需求量增加。

2. $E_{xy}<0$

$E_{xy}<0$ 表明相关商品的价格变动会引起保险产品需求量反方向的变动，这种情况多见于某一商业医疗保险商品的互补品（complements）。例如，当出国旅行产品的价格上涨，消费者会减少对出国旅行产品的购买，相应也会减少对海外型商业医疗保险的需求。此时出国旅行产品价格与商业医疗保险需求量成反比。

3. $E_{xy}=0$

$E_{xy}=0$ 表明商业医疗保险商品和另一种商品为独立品（independent goods），无相关关系。

第二节 医疗保险供给

一、医疗保险供给的内涵

经济学上的供给（supply）指的是生产者在一定时期的某一市场内，在一定的价格水平下，愿意并且能够提供的商品或服务的数量。与需求一样，供给也是一个市场范畴，是既有提供愿望又有提供能力的有效供给。

医疗保险供给（medical insurance supply）是指医疗保险机构在一定时期内，在一定的医疗保险费（价格）条件下，愿意并且能够提供的医疗保险商品的总量。从其内涵来看，形成医疗保险的供给需要两个基本条件：一是医疗保险机构有提供医疗保险商品的愿望；二是医疗保险机构有提供医疗保险商品的能力，其内容用医疗保险的“保障能力”或“承保能力”表示，即被保险人可保疾患风险的保险总金额。

二、医疗保险供给的特点及影响因素

（一）医疗保险供给的特点

医疗保险的供给的特点除了一般商品的供给特点外，还有自身的特性。

1. 医疗保险市场和医疗服务市场密不可分

医疗保险的功能是对医疗保险需方的医疗消费行为进行补偿，充当资助医疗服务的角色。在医疗服务市场中，有医疗服务供需双方，但费用支付方式逐步过渡到第三方付费，即由医疗保险机构对医疗服务供方或需方进行补偿，这就使医疗服务市场由原来简单的“供-需”双向关系变成“供-需-保”三角关系，使得医疗服务供需双方的成本意识下降。因此医疗保险机构的作用在于一方面保障医疗保险需方一定的医疗消费水平，对发生的医疗服务费用进行补偿；另一方面还要控制供需双方不合理的消费行为，如对医疗服务供方采取总额预算制、按人头付费、按病种付费、DRGs 付费等多种付费方式，对医疗保险需方采取起付线、共同付费、封顶线等多种费用分担方式控制费用，这样的方式可有效提高医疗服务供需双方的成本意识，控制医疗费用的过度上涨。

2. 商业医疗保险供方可以通过“风险选择”的方式获得更大利润

保险费由纯保险费和附加保险费两部分组成，在保险产品生产成本中，除用于生产的要素量和要素价格（附加保险费）以外，保险费收入的很大一部分是用于补偿需方的医疗保险费用。由于保险产品的特点，保险机构在追求利润最大化的过程中往往会表现出特有的经济行为——通过“风险选择”的方式，尽量选择收入高、健康状况好、支付能力强的人群参保，扩大保险费收入与医疗费用补偿间的差别。与商业医疗保险相反，社会医疗保险出于公益性和基金安全的角度，需要鼓励更多人参保，因此“风险选择”的意愿就比较弱，不会对被保险人从收入、健康状况等方面进行限制。

3. 医疗保险供给范围有限制

医疗技术的进步、疾病谱的改变、人口的老龄化趋势、经济水平的发展，都会引起医疗服务需求的快速上升，医疗保险和医疗服务虽然是不可分割的整体，但并不是所有能够实现的医疗服务和能够采用的医疗技术都可以包含在医疗保险的范围之内，社会医疗保险从运行的公平性和合理性出发，商业医疗保险从营利性出发，都必须对医疗保险承保的范围进行限制。

4. 社会医疗保险供给有较强的政策性

2021 年 3 月发布的《中华人民共和国国民经济和社会发展第十四个五年规划和 2035 年远景目标纲要》提出，要“围绕公共教育、就业创业、社会保险、医疗卫生、社会服务、住房保障、公共文化体育、优抚安置、残疾人服务等领域，建立健全基本公共服务标准体系，明确国家标准并建立动态调整机制，推动标准水平城乡区域间衔接平衡。”社会保障是现代国家必须向全体国民提供的重要的基本公共服务，基本医疗保险是社会保障制度的重要组成部分，保障基本医疗保险的健康、可持续发展，并惠及全民，是各级政府的共同任务；负责社会医疗保险具体经办管理工作的一般是各级政府医疗保障部门和税务部门；社会医疗保险基金实行专款专用，收支两条线，引入财政专户管理，由财政部门深度参与社会医疗保险基金的预算、执行、决算、监管工作，并由政府财政对基金安全负兜底责任；包括基本医疗保险在内的各种社会保险关系由以《中华人民共和国社会保险法》为主的各类法律法规进行规范。政府在医疗保险的供给中发挥重要作用，显示了医疗保险具有较强的政策性。

5. 医疗保险专业性较强

从事医疗保险的专业人员要经过多年的教育和训练，而且保险行业中集中了多种现代高科技手段，并且还在不断研制开发有利于人类社会健康和保险业发展的新技术，如医疗保险精算，医疗保险基金管理，医疗保险核保、核损与理赔，医疗保险信息系统建设等工作都需要从业人员有很高的专业素质、综合素质和创新能力。

（二）医疗保险供给的影响因素

医疗保险供给的产生是为了满足人们对医疗保险的需求，没有医疗保险的需求，也就不会存在医疗保险供给，因此医疗保险需求水平是影响医疗保险供给的根本因素。除此之外，医疗保险供给还有很多影响因素，归纳起来有以下几类。

1. 医疗保险价格

与需求在市场中一样，价格（内生变量）总是最敏感的因素。医疗保险的价格受到医疗保险供给和需求的影响，同时它也反过来影响医疗保险的供给。在商业医疗保险中，价格体现为保险费，保险费越高，供给越多，待遇也越好。在社会医疗保险中，保险的价格体现为筹资比例或人均筹资额，在同一个统筹地区内，根据社会医疗保险基金的收支平衡原则，价格越高，所能提供的保险待遇就越好，反之，则会影响参保人的支付水平。

2. 保障能力

保障能力又可称为承保能力，是指某一时期内，某一统筹地区的医疗保险机构能够提供医疗保险保障的能力，衡量的是该医疗保险基金能够在多大程度上承接由所有参保人转移而来的疾病风险，是决定保险供给的主要因素之一。保障能力要素包括以下几点。①经济发展水平。由于医疗保险属于社会生产的二次分配，影响社会财富总量的经济发展水平对医疗保险筹资起着基础性作用，医疗保险事业的飞速发展与国民经济的快速发展是不可分割的。②医疗保险筹资。主要来自企业缴费、个人缴费，有些制度下还包括国家补贴，医疗保险的筹资是医疗保险基金收入和所有者权益的主要来源，也是医疗保险支付环节顺利进行的最重要保障。③医疗保险经办管理人员的数量和质量。经办管理人员的数量和质量可以直接影响医疗保险机构的管理水平及医疗保险服务提供的数量和质量。④医疗保险的经办管理效率。高水平的经办管理，可以带来服务的高效率，从而提高保障能力。⑤参保人数。根据大数法则，医疗保险的参保人数越多，那么其基金的抵御疾病风险能力就会越强，保障能力也就越强。

3. 医疗保险成本

医疗保险成本是指在承保过程中，医疗保险机构的一切货币费用支出，包括医疗费用的偿付、医疗保险机构人员的工资福利、房屋租金、设备及管理费用等。在社会医疗保险基金管理中，基于专款专用原则和收支平衡的原则，医疗保险成本主要由医疗费用偿付额决定，与医疗保险供给有直接的关系。在商业医疗保险基金管理中，成本高，其保险费率就高，对需方来说，会影响其对医疗保险的需求，主要体现在影响参保热情或缴费积极性。影响医疗费用偿付额的主要因素则是由政策规定的一系列针对医疗保险机构的支付方式和针对参保人的分担方式。

4. 管理因素

医疗保险的经营和管理是一种政策性、技术性、专业性很强的业务活动，要求其从业人员在医疗保险政策分析、执行，医疗服务供需双方行为监督，医疗保险基金管理、信息管理、精算等方面具有一定的专业水平。合理的机构配置、良好的专业素质、丰富的经办经验、有条不紊的管理及较高的工作效率等，都会降低管理成本，提高保险运行效益，从而增加医疗保险供给。

5. 政府行为

政府行为因素包括政府的政策、法规和法制建设等，在很大程度上指引着医疗保险的发展方向。我国政府制定的公共服务均等化、发展社会保障事业与医疗卫生事业等宏观政策对社会医疗保险供给有重要影响例如国务院办公厅《关于加快发展商业健康保险的若干意见》（国办发〔2014〕50号），国务院办公厅《关于全面实施城乡居民大病保险的意见》（国办发〔2015〕57号）等政府文件指出的“健康保险提升专业服务能力，丰富商业健康保险产品”，“全面实施城乡居民大病保险制度”等政策又给商业医疗保险（健康保险）的发展指明了道路。

三、商业医疗保险供给曲线及其变动

社会医疗保险机构提供的商品数量主要取决于公共需求和筹资能力，以公共政策的形式提供给社会和居民，而商业医疗保险机构提供的商品数量主要取决于它的价格。在其他条件不变时，价格的上升会带来供给量的增加，价格的下降会引起供给量的减少，也就是供给量与价格呈正相关。这种价格与供给之间的关系可用供给表（supply schedule）或供给曲线（supply curve）表示。

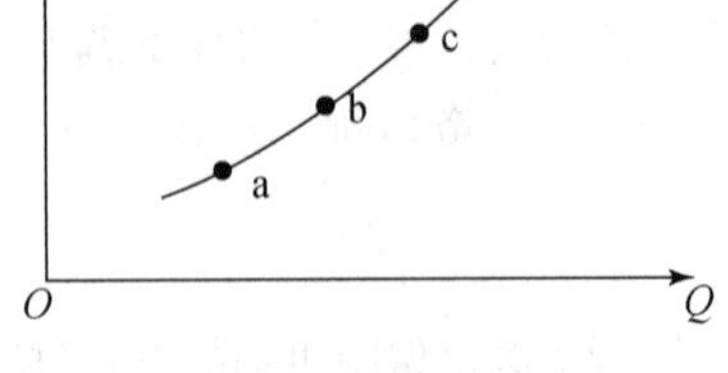

图 4-6　供给曲线

供给曲线可以呈线性关系，也可以呈非线性关系，该曲线表现为从左下方向右上方倾斜（图 4-6）。当一种商品或服务的价格上升时（同时其他条件不变），生产者趋向提供更多的数量；同理，当价格下降，供给量减少。这一性质对大多数商品都是适用的，因此经济学上称为供给规律（law of supply）。对于保险产品来说，当保险费价格上升时，保险机构会增加供给量；反之，会减少供给量。

在其他条件不变，商业医疗保险价格较低的情况下，保险机构的经营成本可能要高于卖出去的保险产品价格，可能不愿增加保险产品的供给量；而当保险价格水平上升时，经营保险业可以获取更多的利润，保险机构就愿意提供更多的保险产品，增加供给量。

（一）供给量变动

从供给规律可以知道，供给是价格的函数，价格（内生变量）是影响供给量的决定性因素。当商业医疗保险机构面临医疗保险商品价格上升时，在其他条件保持不变的情况下，保险机构趋向于提供更多的医疗保险商品。这一变动在坐标系中反映为同一条供给曲线上点的上下移动，经济学上称这种变动为供给量的变动（change in quantity supplied），如图 4-6 中 a 点到 d 点的移动，向右上方移动表示供给量的增加，向左下方移动表示供给量的减少。

（二）供给变动

当医疗保险商品除自身价格以外的其他任何因素发生变化时，供给曲线就会发生变动，如保险机构承保能力、医疗保险成本、参保人缴费能力、医疗保险的经营管理能力、政府行为因素等的变化，均会引起供给的增加或减少，表现为同一坐标系中供给曲线的左右平移，经济学上称这种变动为供给的变动（change in supply）。如图 4-7 所示。在某种既定价格下，供给曲线从 S_0 向右移动到 S_1，表现为供给增加；从 S_0 向左移动到 S_2，表现为供给减少。

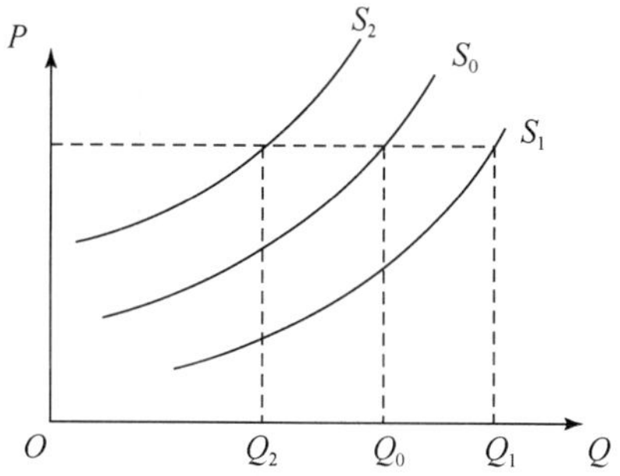

图 4-7　供给变动

从这里可以知道，如果医疗保险商品自身价格不变，而其他因素发生变化，供给的变化则会体现为坐标系中供给曲线的移动，这种因价格以外其他因素的变化所引起的供给曲线的位移一般称为供给变动。

四、医疗保险供给弹性

根据供给规律，供给量与价格呈同方向变动，但是不同的商品对价格变动的反应程度不同。有的对价格变动非常灵敏，有的则比较微弱。

供给弹性（elasticity of supply）就是商品的供给量相对商品决定因素变化的反应程度，分为供给的价格弹性、交叉弹性和利润弹性。由于社会医疗保险的供给量和价格由公共部门规定，供给弹性很小，所以本节主要分析商业医疗保险供给的价格弹性和利润弹性。

（一）医疗保险供给的价格弹性

1. 概念

医疗保险供给的价格弹性（price elasticity of supply，E_s）是指保险供给变动的百分率与价格变动百分率的比例关系，它反映了供给量对价格变化的敏感程度。

医疗保险供给的价格弹性可以用公式表示：

$$E_s = \frac{\Delta Q}{Q} \bigg/ \frac{\Delta P}{P} = \frac{\Delta Q}{\Delta P} \cdot \frac{P}{Q}$$

其中，P 为价格；Q 为供给量；ΔP 和ΔQ 分别为它们的变化量；因为供给量与价格通常呈同方向变动，计算出的 E_s 为正值，不需要再用负号修正。

2. 分类

医疗保险供给价格弹性有五种类型。

$E_s>1$，供给富有弹性。如果某一医疗保险价格变动 1 个百分点引起供给量的变动超过 1 个百分点，则该险种就富有供给价格弹性，意味着该险种的供给量对价格变动反应强烈［图 4-8（a）］。

$E_s=1$，供给单位弹性。如果某一医疗保险价格变化程度与其供给量变化程度是相等的，则该险种拥有单位供给价格弹性［图 4-8（b）］。

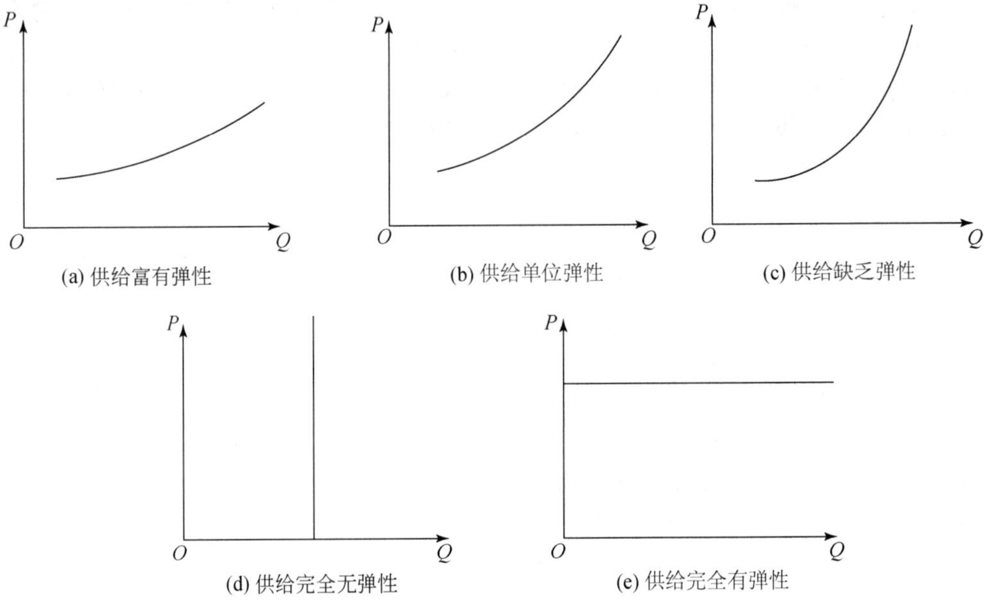

图 4-8　供给价格弹性

$E_s<1$，供给缺乏弹性。如果某一医疗保险价格变动 1 个百分点引起供给量的变动小于 1 个百分点，则该险种就缺乏供给价格弹性，意味着该险种的供给量对价格变动反应微弱［图 4-8（c）］。

$E_s=0$，供给完全无弹性。在这种情况下，无论医疗保险价格怎样变化，保险供给量都不发生变化［图 4-8（d）］。

$E_s=\infty$，供给完全有弹性。在这种情况下，医疗保险价格发生轻微的上升或下降，保险供给量便大幅度上升或下降［图 4-8（e）］。

3. 医疗保险供给价格弹性特征

社会医疗保险的供给弹性与商业医疗保险的供给弹性有所不同。商业医疗保险相对于社会医疗保险来说更富有供给弹性，这是由其供给的一些特点所决定的。

商业医疗保险可替代性强，相对于由公共部门强制推行覆盖全民的社会医疗保险来说，商业医疗保险不是必需品，在政策上更为灵活，各保险公司拥有定价权，以及与特定保险人签订合同的权利，因此商业医疗保险的供给量受价格的影响就更为显著。

社会医疗保险的供给与价格水平主要由政策决定，因此弹性较小甚至完全无弹性。

（二）医疗保险供给的利润弹性

供给的利润弹性（profit elasticity of supply，E_s）是指供给量变动的百分率与利润率变动百分率的比例关系，它反映了供给量对利润率变化的敏感程度。

供给的利润弹性可以用公式表示：

$$E_{\pi}=\frac{\Delta Q}{Q}\Big/\frac{\Delta\pi}{\pi}=\frac{\Delta Q}{\Delta\pi}\cdot\frac{\pi}{Q}$$

其中，Q 为供给量；π 为利润；ΔQ 和 $\Delta\pi$ 分别为它们的变化量。对于一般商品来说，供给的利润弹性为正值。当某种产品的利润率提高时，生产者都愿意增大其供给量，商业医疗保险商品同样如此。

第三节 医疗保险需求与供给的均衡

一、医疗保险供需均衡的实现

医疗保险的供需均衡（equilibrium of medical insurance supply and demand）是指在一定价格水平上，医疗保险供给量与医疗保险需求量相等或基本相等。此时，医疗保险需方对医疗保险的需求在这一价格水平上都能够得到满足，医疗保险机构在这一价格水平上所提供的医疗保险都已得到实现。但是，医疗保险供给与需求的均衡是动态的、暂时的，当提供的医疗保险商品过多时，按照供需规律会引起价格下跌，反之，又会带来价格上涨。供给总是伴随着需求变化，从长期趋势来看，医疗保险的供给和需求总会达到新的平衡。医疗保险系统的运行就是不断地寻找需求与供给保持均衡的状态。

（一）均衡价格的形成

当医疗保险的供给量和需求量相等，如图 4-9 表示的供给曲线和需求曲线在 H 点相交时，就是均衡（equilibrium）状态。H 点对应的纵坐标和横坐标分别是均衡价格和均衡数量。在医疗保险价格达到均衡时，医疗保险需方通过购买一定数量的保险产品可以实现效用最大化，医疗保险机构通过提供相应数量的保险产品能够获得利润最大化。

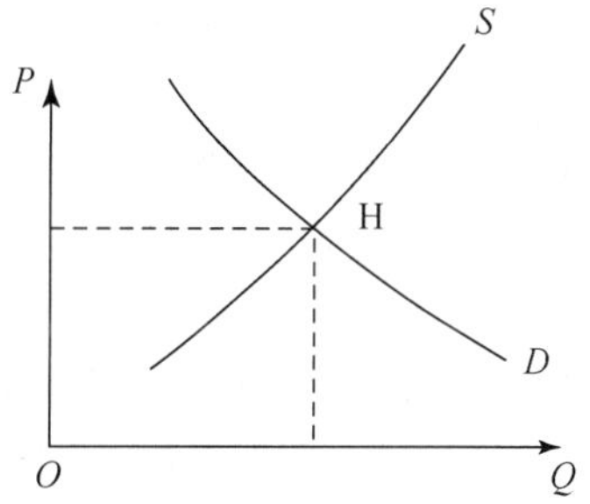

图 4-9 均衡价格的形成

（二）非均衡状态

当市场价格高于或低于均衡价格时，市场就处于非均衡状态。市场如何自发地把市场价格推向均衡价格呢？这是通过供需规律来实现的。以下通过两种情况进行分析。

第一种情况：市场价格高于均衡价格。如图 4-10（a）所示，原有的均衡点 H 对应的均衡价格为 P_0、均衡产量为 Q_0。此时，市场价格 P_1 高于均衡价格 P_0，在价格 P_1 下，需方只愿意购买 OA_1 数量的医疗保险商品，而医疗保险机构愿意提供 OB_1 数量的商品，它们之间的差额 A_1B_1 就是超额供给量，所以当市场价格高于均衡价格时会形成超额供给（过剩），但这只是暂时的，当商品的提供者发现商品积压出现滞销时，做出的反应就是降价，当价格降低到一定程度后，供给和需求会再次趋于均衡。

第二种情况：市场价格低于均衡价格。如图 4-10（b）所示，市场价格 P_1 低于均衡价格 P_0，在价格 P_1 下，需方愿意购买 OB_1 数量的医疗保险商品，而医疗保险机构只愿意提供 OA_1 数量的商品，它们的差额 A_1B_1 就是超额需求量，所以市场价格低于均衡价格时会形成超额需求（短缺）。这样的情况不会维持太久，当供给者发现某种商品非常俏销，需求量远远大于他们所提供的数量时，自然会提升价格，随着价格的上升，需求量逐渐减少，最终达到新的供需均衡。

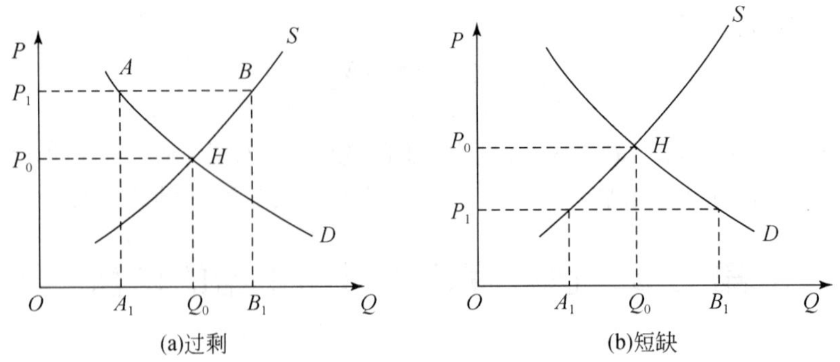

图 4-10　市场供需非均衡状态向均衡状态的变动

（三）均衡变动

上文分析了供需规律，市场如何调整价格使供需双方达到均衡状态，市场均衡又决定了商品的均衡价格和均衡产量，同时均衡价格和均衡产量还取决于供给曲线和需求曲线的位置。前面学过当除了价格以外影响需求或供给的任何因素发生变化时，会发生需求或供给的变动，即需求曲线或供给曲线发生移动，这时市场均衡就会被打破，即均衡变动，下面分析均衡变动的几种情况。

第一种情况：需求不变，供给变动。如图 4-11（a）所示，原均衡状态为需求曲线 D 与供给曲线 S 的交点 H_0，对应的均衡价格和均衡产量分别为 P_0 和 Q_0。此时，需求不变，供给减少，供给曲线 S 移动到 S_1，新的供给曲线 S_1 与 D 交于 H_1，对应的均衡价格和均衡数量为 P_1 和 Q_1，$P_1>P_0$，$Q_1<Q_0$；若需求不变，供给增加，供给曲线 S 移动到 S_2，新的供给曲线 S_2 与 D 交于 H_2，对应的均衡价格和均衡数量为 P_2 和 Q_2，$P_2<P_0$，$Q_2>Q_0$。由此可以看出，需求不变时供给的变动会引起均衡价格反方向变动，均衡数量同方向变动。

在保险商品的供给上也可能出现价格偏离均衡价格的情况。如图 4-11（b）所示，原均衡点 H_0，对应的均衡价格和均衡产量分别为 P_0 和 Q_0。如果供给增加，供给曲线从 S 移动到 S_2，对应的均衡价格和均衡数量应为 P_2、Q_2。假如在 Q_0 的需求量时，就几乎已经达到饱和，此时需求量增加很少，维持在 Q_0，这时需求曲线变为 MH_0Q_0（需求量不变动，完全无弹性的情况比较少，一般认为 H_0Q_0 曲线是向右下倾斜一点的，是一条缺乏弹性的曲线），与 S_2 交于 N 点，而对应的均衡价格和均衡数量分别为 P_3 和 Q_0，$P_3<P_2$。在现实生活中，生产者总是要追求利润最大化，当保险市场上利润率较高时，许多企业会纷纷转向经营保险业，资本会从利润率低的行业流向利润率高的行业，当经营保险业的企业过多或提供的保险产品明显超出了市场的承受能力，同时市场的需求不再增加时，就会导致供大于求，保险企业只有把价格降得更低来抢占市场份额，保证自己不被激烈的竞争淘汰。

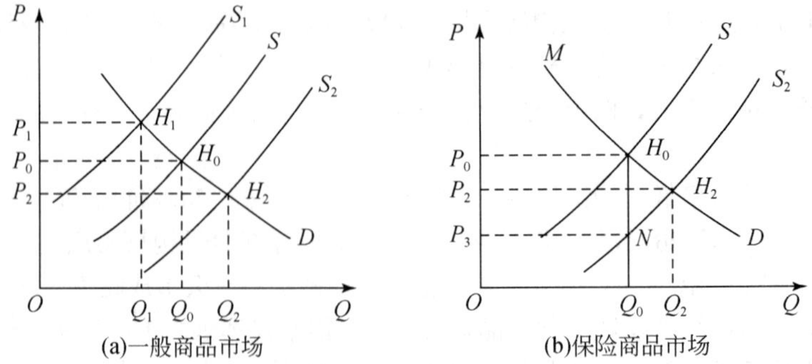

图 4-11　供给变动对均衡价格的影响

第二种情况：供给不变，需求变动。如图 4-12（a）所示，原均衡状态为供给曲线与需求曲线的交点 H_0，对应的均衡价格和均衡产量分别为 P_0 和 Q_0。若供给不变，需求减少，需求曲线 D 移动到 D_1，新的需求曲线 D_1 与 S 交于 H_1，对应的均衡价格和均衡数量为 P_1 和 Q_1，$P_1 < P_0$，$Q_1 < Q_0$；若供给不变，需求增加，需求曲线 D 移动到 D_2，新的需求曲线 D_2 与 S 交于 H_2，对应的均衡价格和均衡数量为 P_2 和 Q_2，$P_2 > P_0$，$Q_2 > Q_0$。由此可以看出，供给不变时需求的变动会引起均衡价格和均衡数量同方向变动。

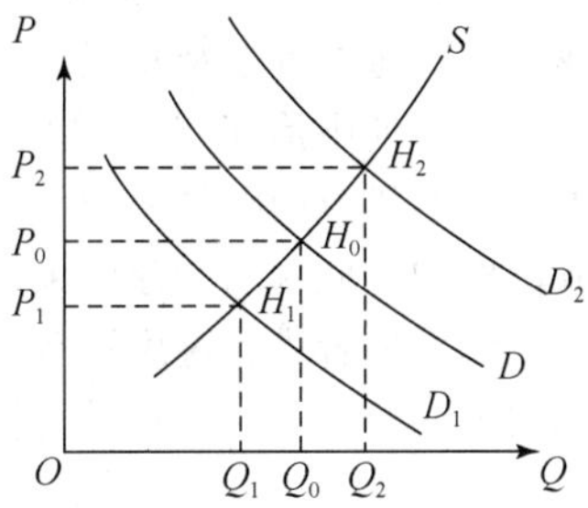

(a)一般商品市场

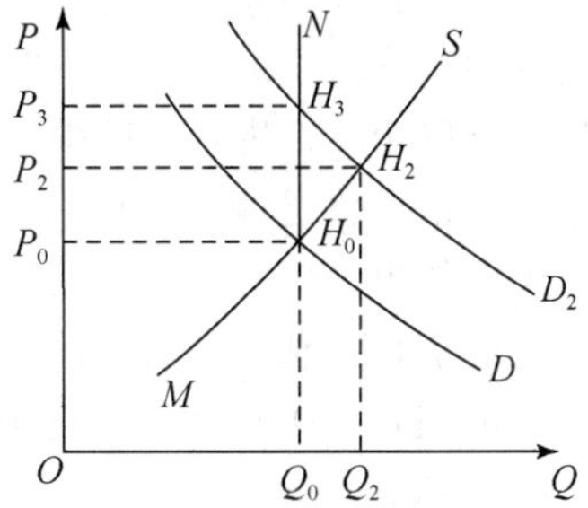

(b)保险商品市场

图 4-12　需求变动对均衡价格的影响

同样在保险商品的需求上也可能出现价格偏离均衡价格的情况。如图 4-12（b）所示，原均衡点 H_0，对应的均衡价格和均衡产量分别为 P_0 和 Q_0，如果需求增加，需求曲线从 D 移动到 D_2，D_2 与 S 的交点为 H_2，对应的均衡价格和均衡产量分别为 P_2 和 Q_2，但如果市场上存在垄断经营的现象，虽然消费者的需求在增加，但供给者不想增加他们的供给量，仍然维持在 Q_0 产量，就形成了 MH_0N 的供给曲线（实际上因为没有完全无弹性的情况，所以 H_0N 曲线是向右上方倾斜一点的），与 D_2 交于 H_3 点，对应的均衡价格和均衡数量分别为 P_3 和 Q_0，$P_3 > P_2$。供给者这时可以垄断价格 P_3 出售他们的保险产品，所以在市场为完全垄断或寡头垄断时，都有可能形成垄断利润，消费者不得不以高价获得他们需要的保险产品。

二、医疗保险市场失灵

（一）医疗保险市场

医疗保险市场（medical insurance market）是围绕医疗保险商品的交易场所和交易行为的总称。市场机制，是指供需机制、价格机制、竞争机制、风险机制、利益驱动机制等要素间相互作用、相互制约所构成的经济运行的内在关系。一般来说，市场机制通过价格、供需、竞争三个主要要素的循环运动和自我调节，能够自动满足每一个市场参与者的利益，并达到资源的有效配置，提升总体的福利，但在医疗保险市场中，由于其本身的一些特点，市场机制的各个要素在这里并不能完美地发挥作用，会出现“市场失灵”的情况。

在医疗保险市场中，被保险人缴纳医疗保险费是医疗保险市场正常运行的前提条件，只有在此条件下，医疗保险机构才能在医疗保险责任事故发生时提供医疗服务费用的补偿。与一般商品“钱货两清”的交易原则不同，被保险人参加或购买医疗保险后，医疗保险商品的交换过程并没有结束，而恰恰是医疗保险责任的开始。

（二）医疗保险市场的特点

医疗保险市场除了具有一般保险市场所具有的契约性和期限性等特点之外，还具有由于医疗保险商品的特殊性而带来的自身特点。

1. 信息不对称

在医疗保险市场中，存在着信息不对称（information asymmetry）现象。

（1）医疗保险供方（医疗保险机构、保险人）和医疗保险需方（被保险人）存在着信息不对称：在投保时，保险人无法清楚了解被保险人的健康状况，而且在签订保险合同以后，被保险人是否会维护自己的生命健康、是否有不良生活习性等信息，保险人都不能完全掌握。

（2）卫生服务市场也存在信息不对称的现象，主要表现为卫生服务供方（医生）与卫生服务需方（患者）之间信息的不均衡：①由于卫生服务的专业性，普通患者很难知晓自己所患病种和严重程度；②由于疾病的不确定性，患者不能根据自己的经验重复使用治疗方法；③由于医生在治疗方面的权威性，患者很难根据自己偏好选择治疗方案。患者在信息方面的劣势地位，决定了其在消费医疗产品的时候，难以作出理性的选择，只能单纯依靠价格的高低判断治疗效果的好坏。处于信息优势地位的医生，在追求自身利益最大化的内在驱动下，诱导患者进行过度消费，造成医疗费用的急剧上升，社会资源的浪费。医疗保险市场中存在的信息不对称，导致了医疗保险市场的不完全，自由市场经济难以使它达到有效率。

2. 三角关系

传统市场的交易具备两个特点，即交易在商品供需双方之间直接进行以及价值交换的同时性。与传统市场不同的是，医疗保险市场由医疗保险机构、参保单位或个人、医疗服务提供者共同构成。在医疗保险市场中，参保单位或个人向医疗保险提供方（医疗保险机构）缴纳保险费，由医疗服务提供者提供医疗卫生服务，医疗保险提供方再对参保单位或个人或医疗服务提供者提供经济补偿，医疗保险商品的消费过程才能真正完成。医疗服务提供者与医疗保险提供方和被保险人是委托-代理关系，医疗保险市场与医疗服务市场是紧密地结合在一起的。这种三角供需关系以及医疗保险商品的事后补偿性，导致参保单位或个人和医疗服务提供者容易各自行动或进行合谋，将收益内化，成本外化，出现逃避经济责任的机会主义倾向，引发道德风险。

（三）医疗保险市场失灵的表现和应对

1. 风险选择

医疗保险机构是风险管理单位，自身管理中也有风险，如果风险事故发生的概率高、损失程度大，医疗保险基金必然要处于亏损状态。在自由市场上，由于保险市场的信息不对称，医疗保险机构为了追求更大的利润，在提供医疗保险商品时，会倾向于对承保对象进行选择，把年轻、收入高、风险事故发生概率低的人吸纳投保，而把年龄偏大、疾病发生较为频繁、残疾人等排除在外，这就是风险选择。因此需要国家强制提供覆盖全民的社会医疗保险，从而对自由保险市场的这一现象进行弥补。

2. 逆向选择

逆向选择（adverse selection）本是源自信息经济学的一个概念，它是指交易前的信息不对称导致市场上出现“次品”驱逐“良品”的现象。在医疗保险市场上，由于被保险人对自身健康状况及将来健康状况的预期比医疗保险机构更清楚，拥有更多的信息，当医疗保险机构与参保人签订保险合同时，医疗保险机构无法准确判断被保险人属于哪一类风险的人群。在收取保险费时，医疗保险机构是按照一个地区疾病发生的平均概率和平均预期损失来进行测量的，这样确定的医疗保险费必然高于低风险人群愿意缴纳的保险费，低于高风险人群愿意缴纳的保险费，结果医疗保险总是被高风险人群购买，低风险人群就不愿意购买，这就是逆向选择。当逆向选择出现时，高风险人群会将低风险人群挤出医疗保险市场，医疗保险机构发生亏损的风险加大。为弥补逆向选择带来的购买医疗保险的偏性，医疗保险机构就要提高保险费，导致低风险人群更倾向于退出保险市场。逆向选择使市场上充斥高风险人群，同样也可以使高质量医疗保险机构被逐出市场。当一些信誉低的医疗保险机构急需资金周转，或者根本无视履行保险合同的责任时，会以极低的保险费来吸引参保人。由于信息不对称，参保人只看到低保险费而不知道保险公司的真实情况，而保险市场中信誉良好的保险公司收取的保险费一般偏高，这样一来，逆向选择导致的结果是，信誉良好的医疗保险机构在竞争中将处于劣势并被逐渐挤出保险市场。

信息经济学给出了解决逆向选择问题的办法，既然逆向选择源于信息不对称，解决问题的方法自然是消除交易前的信息不对称，使信息劣势方能够获得充分的信息，将“次品”和“良品”区分开来，信息经济学称之为信号传递。根据信号是由信息优势方发出还是由信息劣势方发出，解决方法可以分为信号传递模型和信号筛选模型两种。

信号传递模型中，信号由处于信息优势方的被保险人发出。就是低风险人群采取措施，向保险公司表明自己的情况，如选择良好的生活习惯、增加预防疾病的费用支出，使保险公司相信自己的风险程度低，从而把自己和高风险人群区分开。这样保险人就可以区别对待不同风险程度的被保险人，向高风险人群收取高保险费，向低风险人群收取低保险费，将保险市场进行区分，防止逆向选择问题的发生。

信号筛选模型中，信号由处于信息劣势方的保险人发出。在保险人不能确定被保险人的风险程度时，它可以利用一些相关指标或技术手段来判断，如保险人可以通过对被保险人的文化程度、保险状况等进行调查来判断，也可以对被保险人进行体检判断其健康情况，区分不同的被保险人，收取不同的保险费。

不论信号由谁发出，信号的生产和传递都会产生成本，信息了解得越充分，成本就越高。解决逆向选择最好的措施是开展覆盖全民的强制性的社会医疗保险，覆盖人群尽可能多，把基金池扩大，这样在参保人总体中，发生不确定损失的概率就可以减小，能有效减少逆向选择。

3. 道德风险

道德风险（moral hazard）是指从事经济活动的人在最大限度地增进自身效用的同时做出不利于他人的行动，或者当签约一方不完全承担风险后果时所采取的使自身效用最大化的自私行为。在医疗保险市场中，道德风险由医疗保险市场与卫生服务市场的紧密联系、第三方补偿机制、医疗服务提供者与医疗保险机构的委托-代理关系，以及信息不对称等因素共同引起，表现形式主要有医疗服务需方的过度消费和医疗服务供方的诱导需求两类。

（1）医疗服务需方的过度消费。如果疾病事件能被医疗保险机构掌握、控制，那么医疗保险的决策设计就会完美无缺，道德风险就无从产生，然而在实际生活中，医疗保险机构无法控制疾病事件，因此医疗保险是根据某一地区被保险人的平均医疗费用来计算保险费的。在医疗保险市场上，医疗保险实际上是起了资助医疗服务的作用。如果费用全部要被保险人自付，被保险人就会自行控制费用，只有认为是必需时，才会进行医疗消费。这时，被保险人的需求弹性很小，不管医疗服务的定价如何，人们总要进行一定量的医疗消费，但是有了医疗保险以后，人们不必支付全部的医疗费用，而是部分支付，从表面上看，医疗服务相当于“降价”了。有了医疗保险的存在，由于医疗保险的第三方补偿机制，被保险人就会进行更多的医疗保险范围内的医疗消费，有些甚至是完全没有必要的，这就是需方的道德风险，图 4-13 表明了这种情况。

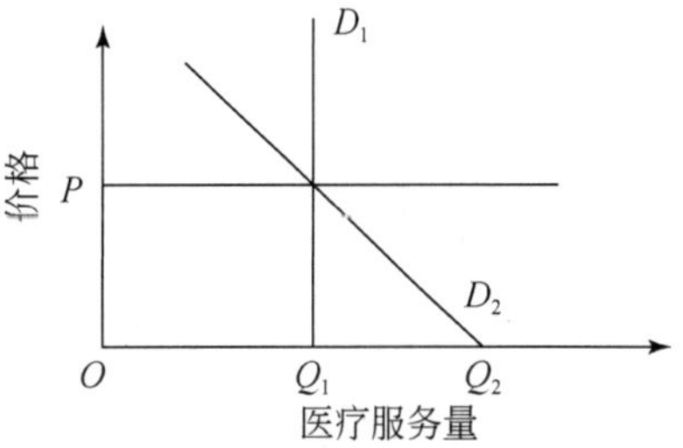

图 4-13　道德风险下的医疗服务需求

需要被保险人完全自费时，他们的需求曲线是 D_1，这时价格的变动对他们影响不大，所以是一条几乎垂直于横轴的直线；当有医疗保险时，就存在道德风险行为了，需求曲线为 D_2，交横轴于 Q_2，这时被保险人需要 Q_2 的医疗服务量，大于没有保险

时的 Q_1，道德风险的存在造成了医疗保险基金和卫生资源的浪费。

在医疗保险市场中，道德风险是难以避免的，但可以通过一些方法加以控制，如采用设置共付比例、起付线、封顶线等方式强化被保险人医疗费用分担机制，及时掌握被保险人的动态，加强医疗保险机构和医疗服务提供者的经济与法制管理。

（2）医疗服务供方的诱导需求。我国医疗费用近年来一直呈现连续上涨的趋势，根据有关部门调查分析，其中不合理的医疗费用支出约占全部医疗费用的 20%～30%，其中医院和医生的过度服务是一个重要因素，主要表现在过度检查、过度用药、过多不必要的手术等。

“医-患”与“医-保”的双重委托-代理关系，以及其中的信息不对称，是造成医疗服务供方诱导需求的主要原因，医生作为患者顾问和医疗服务的供方，如果自身的逐利性得不到约束，就容易利用自己的专业技术知识创造出对于医疗卫生服务的需求，造成医疗保险基金的浪费。

市场经济中崇尚自由化的市场机制对资源进行配置，但医疗保险市场失灵在很多情况下难以克服，医疗保险经营的成效不仅具有经济意义，而且具有很强的社会意义，因此要求政府加强宏观调控。一方面，提高统筹层次，加强劳动者权益保护和社会医疗保险费征缴；另一方面，通过医疗、医药、医保联动改革，破除公立医疗机构的逐利机制，建设健全现代高效的医药流通体制，同时进行支付方式的优化与改革是约束并规范医疗服务提供者行为，应对医疗服务供方的诱导需求的最重要手段，美国健康维护组织（HMO）的管理式医疗在费用控制方面的经验值得借鉴。目前，我国各地正在加强基金预算管理和完善谈判机制的基础上，进一步加强医保基金预算管理，全面推行以 DRGs 付费为主的，适应不同疾病、不同服务特点的多元复合式医保支付方式改革。

思考题

1. 居民对医疗保险的需求受哪些因素影响？
2. 医疗保险供给的特点是什么？
3. 医疗保险市场中存在怎样的供需规律，如何达到供需均衡？
4. 医疗保险市场失灵的表现有哪些，如何应对医疗保险市场失灵的问题？为什么医疗保险市场具有浓厚的政府干预性？

（张新花　周　一）

第五章　医疗保险范围和管理

内容提要

本章主要阐述医疗保险范围与基本医疗界定，着重介绍医疗保险的医疗服务目录管理、定点管理，以及异地就医和转移接续管理，并就医疗保险管理体制模式等进行探讨。

第一节　医疗保险范围与基本医疗界定

一、医疗保险范围

（一）医疗保险范围的定义

广义地说，医疗保险范围（package of medical insurance）包括医疗保险的承保对象、医疗费用的负担比例及承保的卫生服务项目。简单地说，医疗保险的范围主要指医疗保险的覆盖人群和该人群具体享受到的医疗保障程度。

狭义地说，医疗保险范围主要指医疗保险所承保的医疗服务项目，以及这些项目提供的数量、形式与限制等。通常是通过医疗保险责任范围和医疗保险除外责任两个方面来界定医疗保险范围。医疗保险责任范围是指保险人负责补偿的风险范围，是医疗补偿的依据；而医疗保险除外责任是指保险人不负责补偿的风险范围，是不负责赔偿责任的部分。由于社会经济条件的制约和卫生资源的有限性与稀缺性，医疗保险不可能保障所有人的全部医疗风险，医疗保险范围的界定应当综合考虑责任范围和除外责任这两部分的内容。

（二）医疗保险范围的影响因素

对于一个国家或地区来说，在一定时期内，医疗保险范围取决于以下几个因素。

1. 经济发展水平

经济发展水平反映了一个国家或地区所能提供的经济资源总量，它作为医疗保险支出的最终来源，从根本上制约着医疗保险的覆盖范围。经济发展水平提高，国家经济实力雄厚，税收来源增多，国家财政承受能力也就越强。事实上，工业化程度越高的国家或地区，医疗保险的覆盖面就越宽，数量也越多。同时，随着经济发展水平和人民生活水平提高，人们的保险意识也随之得到增强，必然会自动寻找社会力量来分担疾病风险，达到消除危险或减少风险的目的。

2. 国家财政的支持能力

医疗保险是公益性福利事业，政府对支付医疗保险费有不可推卸的责任。在社会医疗保险中劳动者个人缴纳的医疗保险基金一般只占医疗保险基金的一部分，还有一部分由劳动者所在用人单位和国家财政负担。此外，社会上还有一部分无力缴纳医疗保险费的特殊群体，且是最需要医疗保障的人群，国家必须解决他们的医疗保险问题。同时，国家财政还要弥补任何时候出现的医疗保险基金赤字。因此，医疗保险范围越宽，国家财政所承担的医疗保险费用越高。因受国家财政支持能力的限制，大多数国家医疗保险的保障范围都是有限的。

3. 医疗保险制度的健全程度

好的制度可以降低交易费用，优化资源配置，节约资源，在原有的资源条件下可以取得更多的产出。完善的医疗保险制度，可以节省更多的医保交易成本，为更多的人提供医疗保险服务，医疗保险服务对象规模可以得到扩大。所以，医疗保险制度的健全程度，也成为影响医疗保险范围的一个重要因素。

4. 健康观念的转变

传统的健康观念注重单纯消除病症。在这种健康观念的指导下，医疗保险制度首先把疾病津贴作为医疗保险首选内容，继而把治疗费用纳入保障范围。例如，在我国的医疗保险费中，首先纳入的是对人们生活水平影响较大的治疗费用，如高额的住院医疗服务费用，继而扩大到一般医疗服务费用。随着人类健康观念的转变，人类已不满足于“生病—治病—病愈”的单纯医疗模式，而更注重高质量的健康生活，对健康的维护也由传统的事后的消极诊疗延伸到事前的积极预防以及病后康养。一些国家逐步将老年护理、预防保健等内容纳入医疗保险范围。

（三）确定医疗保险范围的原则

1. 与医疗保险目的一致的原则

社会医疗保险通常要体现国家的政治意图，大多数实行社会医疗保险的国家将其目的确定为保证全体公民在发生疾病时得到应有的医疗保健服务。在确定社会医疗保险范围时，既包含了医疗，也包含了预防。例如，预防性服务可以明显改善参保人的健康状况，减少某些疾病发生的概率，从而可以间接减少医疗费用，所以，社会医疗保险越来越愿意开展预防服务。

2. 与经济发展水平相适宜的原则

经济发展水平制约医疗保险的保障范围和程度。医疗保险的范围越广泛，程度越高，则需要筹集的保险基金越多。当确定保险范围所需要的资金数超过了社会经济承受能力，会对保险运营甚至是政府财政造成重大损害。因此，确定医疗保险的范围应当与社会经济发展水平相适宜，要对承保项目作出慎重选择。

3. 满足参保人医疗保险需求的原则

对于社会医疗保险，不满足被保险人的需求在某种程度上意味着不能够达到为大多数人提供医疗保障的目的。医疗保险范围应当尽可能地满足人民群众对保险的多层需求，同时，又能使得各筹资方有能力支付。

4. 充分考虑医疗服务供给状况的原则

医疗保险的一个重要职能是补偿被保险人的医药费，而医药费的发生与卫生服务系统提供的卫生服务密不可分。在社会医疗保险系统中，医疗保险机构和医疗服务提供者之间也存在一定的供需关系，需方是医疗保险机构，供方是医疗服务提供者，医疗保险机构直接或间接购买医疗服务提供者所提供的服务，医疗保险机构确定医疗保险的范围，实质上就是事先确定要购买服务的清单。因此要充分了解医疗服务的供给状况，了解目前医疗服务提供者提供的服务项目、服务类型、服务形式、服务质量和服务价格等，以及今后医疗服务提供者所提供服务的发展趋势，从而确保医疗保险覆盖的服务项目包括在卫生服务提供范围之内，而且在相对较长的时间内具有一定的稳定性，确保医疗保险基金足够支付医疗保险覆盖的医疗服务项目。

5. 不断发展的原则

医疗保险范围不是一经确定就一成不变的，而是不断发展的。医疗保险范围的发展是因以下一些变化而产生的。

（1）医疗保险目标的改变。在不同的历史阶段，社会医疗保险都有不同的目标。随着社会经济水平的提高，人民生活水平的改善，我国今后的医疗保险可能不仅仅保障基本医疗，还会提供更高水平的保障。

（2）人们对医疗保险需要的改变。人们对医疗保险的需要受多种因素的影响，包括人们的健康状况或疾病风险发生概率，疾病风险所造成的经济损失等各种因素。随着疾病谱的改变，医疗卫生条件的改善，这些因素都会发生改变，那么人们对医疗保险的需要程度也会发生改变，为了满足参保人的需要，医疗保险范围也应随之改变。

（3）医疗保险支付能力的改变。医疗保险筹资主要包括三个来源：政府、单位（雇主）和个人。随着经济发展水平的提高，三方筹资额都有增加的潜力，参保人对医疗保险的支付能力也会增强。在这种情况下，可以适当扩大报销范围或者适当提高可报销服务的级别。当然，如果遇到某些不可预料或抗拒的外力，国家和公民对医疗保险的支付能力会下降，医疗保险范围也会相应缩小。

（4）医疗服务提供状况的改变。医疗服务的提供状况，包括服务项目、服务类型、服务形式、服务质量和服务价格都不会是一成不变的。随着现代科学技术在卫生服务领域中的不断应用，医疗保险范围应该发生适当的变化，从而与卫生业务相适应。此外，随着时代变迁，很多医疗服务的提供形式都发生了很大的变化。2015 年 11 月，国务院办公厅转发国家卫生和计划生育委员会等部门《关于推进医疗卫生与养老服务相结合指导意见的通知》，要求支持养老机构开展医疗服务，推动医疗卫生服务延伸至社区、家庭，将符合规定的医疗费用纳入医保支付范围。2019 年 10 月，国家卫生健康委员会、民政部、国家发展和改革委员会等 12 部门联合印发《关于深入推进医养结合发展的若干意见》（国卫老龄发〔2019〕60 号），将符合条件的养老机构举办和设置的医疗机构纳入医保定点范围。截至 2019 年 6 月，全国已有 2400 多家养老机构内设医疗机构纳入了医保定点范围，占总数的 63.2%。

（四）确定医疗保险范围的程序

确定医疗保险合理的保障范围，需要进行一系列的调查研究。这些调查研究通常需要一些部门和团体的参与，如医保部门、卫生部门、财政部门、工会、专业性研究机构或专家委员会及研究团体，由这些研究者对经济水平、健康水平、卫生服务供需状况以及人们的意向等进行分析处理，提供方案和建议，之后交医保部门、卫生部门、财政部门等审核评议，最后由政府部门作出最后的决定。

二、基本医疗界定

世界银行的《1993 年世界发展报告——投资于健康》中首先提出了“基本医疗卫生服务”（basic medical and health services）的概念，它是指包括基本公共卫生服务包及基本医疗服务包在内的一揽子基本卫生服务项目。2019 年 12 月 28 日，第十三届全国人民代表大会常务委员会第十五次会议通过了《中华人民共和国基本医疗卫生与健康促进法》，该法第二章第十五条明确指出我国基本医疗卫生服务包括基本公共卫生服务和基本医疗服务两大部分。基本医疗即采用基本药物、使用适宜技术，按照规范诊疗程序提供的急慢性疾病的诊断、治疗和康复等医疗服务。

基本医疗目前尚没有统一的定义，它是一个相对概念，具有变动性、地域性和阶段性。在不同时期、不同地区有不同的内涵与范围。基本医疗的内容受医学科技发展水平及居民疾病构成变动趋势的影响，基本医疗的水平和方式受社会生产力发展水平，以及国家、集体和个人承受能力的制约。

（一）基本医疗字面含义

“基本”就是指最起码的，最应该具备的。对于某个个体来说，基本医疗（basic medical care）是指个体为了挽救生命和延长寿命、提高生存质量从而使个人效用最大化所最需要利用的、最优先利用的医疗服务或医疗措施；对于某个社会来说，基本医疗是指有利于改善全体公民健康的、最应该为全体公民所享受的医疗服务或医疗措施。

（二）个体的基本医疗

1. 生理学含义

从个人的生理学角度来看，当外部的各种因素（物理、化学、生物和社会经济等因素）导致人体内环境失衡而不能迅速恢复时，每个个体为了维持机体生存、正常生育和发展而相应采取的所有医疗措施，都是基本医疗。比如，某人感冒后为了缓解症状到医院取药；某人患有尿毒症，为了缓解症状并延长寿命，每周都要到医院进行血液透析；某人到医院分娩，为了产妇的早日康复和新生儿的良好休息，享受温馨病房服务。

2. 经济学含义

对绝大多数人而言，其收入都是有限的，都存在预算约束，除了医疗服务，还需要利用很多其他的产品或服务，如购买食品、衣物、日常用品、住房等。在这种情况下，人们在自己经济能力允许的范围内，选择自己最希望、最迫切、最需要利用的医疗服务，就是经济学约束下的基本医疗。

在经济学中，为了判断人们对某一种物品的需要程度，可以观察人们对该物品的需求价格弹性。不同的卫生服务的需求价格弹性是不同的，不同的人对同一项卫生服务需求价格弹性也不同。比如，某一项医疗服务，对于收入比较高的人来说，需求价格弹性比较小，可以界定为经济学的基本医疗；对于贫困人口来说，需求价格弹性比较大，就无法界定为经济学的基本医疗。

（三）社会的基本医疗

1. 生理学含义

对于某个社会来说，基本医疗的生理学含义是社会有必要提供的医疗措施或医疗服务。社会的基本医疗可以根据健康问题影响范围的大小、严重性及其可防治性来判断。如果这些医疗措施所处理的问题是影响大多数人健康的或是影响健康的最主要的问题，而且这些医疗措施是临床处理这些问题所必需的措施，那这些措施就是社会最应该提供的措施，属于基本医疗。比如，良好的孕产期保健服务和住院分娩服务可以有效地降低孕产妇死亡率和婴儿死亡率，因此属于基本医疗；急性阑尾炎、急性胰腺炎和急性肠梗阻的手术治疗等，如果不实施手术，就会危及人的生命，如果实施手术，人们很快就可以恢复正常的生活，这类住院手术服务也属于基本医疗。如果有的人除了上述的医疗措施外，特意要求护士全程陪伴服务、专家诊疗服务等，这样的服务要求就不属于基本医疗。

2. 经济学含义

对于某个社会来说，最应该提供的是能够充分利用资源、使资源最大限度改善人类健康的措施，即经济学基本医疗。经济学评价的方法可以用来判断并选择一些对于某个社会最为经济有效的措施。根据《1993 年世界发展报告——投资于健康》，在任何国家的医疗服务中，以下五大组干预措施可能都占有重要地位：围产及分娩保健、计划生育服务、病儿管理、结核病治疗和性传播疾病病人的管理。这五种干预措施都具有较高的成本效益，减少一个伤残调整生命年损失所需要的平均成本在低收入国家不超过 50 美元，中等收入国家不超过 150 美元。同时，这些措施又都针对影响贫困人群的普遍存在的卫生问题，应该将之列入“一揽子基本临床服务”。

3. 社会医疗保险学含义

一个社会之所以提供社会医疗保险，是为了使人群患病后能够及时就医，改善人群就医的经济可及性，使之不会陷入“因病致贫，因贫致病”的恶性循环。因此，最能够满足上述目的的医疗措施便是社会医疗保险最应该覆盖的医疗措施，属于基本医疗。社会医疗保险不仅要尽量覆盖群众关注程度比较高的健康问题及医疗措施，还要考虑基本医疗的界定受到社会医疗保险基金额度大小（即各筹资方筹资能力）的制约。保证社会医疗保险基金的收支平衡意味着社会保险计划的可持续性。

第二节　医疗保险的医疗服务目录管理

由于我国现阶段处于社会主义初级阶段，经济能力和物质条件还很有限，这就决定了现阶段的保障水平只能是基本医疗。根据《国务院关于建立城镇职工基本医疗保险制度的决定》（国发〔1998〕44 号）和《关于印发城镇职工基本医疗保险诊疗项目管理、医疗服务设施范围和支付标准意见的通知》（劳社部发〔1999〕22 号），基本医疗的范围管理具体为“三个目录”，即《国家基本医疗保险诊疗项目范围》《基本医疗保险医疗服务设施范围和支付标准》《国家基本医疗保险药品目录》。医疗保险的基本医疗服务管理主要通过这“三个目录”进行管理。

一、基本医疗保险的诊疗项目管理

（一）基本医疗保险诊疗项目的定义

基本医疗保险诊疗项目（diagnosis and treatment items of basic medical insurance）是指符合以下条件的各种医疗技术服务项目和采用医疗仪器、设备与医用材料进行的诊断、治疗项目，包括以下三个方面。

一是临床诊疗必需、安全有效、费用适宜的诊疗项目。临床诊疗必需，就是临床治疗疾病必需的项目（相对于非疾病治疗的诊疗项目，如美容等）以及疾病治疗的主要诊疗手段（相对于辅助诊疗手段，如音乐疗法等）；安全有效，是指经临床长期使用并被广泛公认的、成熟的项目，相对于尚属于研究阶段、疗效不确定的一些诊疗措施，如心、肺、脑移植等；费用适宜，就是要与基本医疗保险基金的支付能力相适应，在同等诊疗效果的诊疗项目中，选择价格合理的诊疗项目。

二是由物价部门制定了收费标准的诊疗项目。这是根据诊疗项目管理主要是由物价部门确定收费价格的现状提出的。诊疗项目的种类繁多，由于经济发展与医疗技术水平不同，符合条件的诊疗项目并不是在所有的省（自治区、直辖市）都能开展，根据物价部门的收费标准，就可以将基本医疗保险的诊疗项目限定在一个明确的范围内。

三是由定点医疗机构为被保险人提供的定点医疗服务范围内的诊疗项目。基本医疗保险实行定点医疗机构管理，只有社会保险经办机构确定的定点医疗机构提供的各种诊疗项目才有可能纳入基本医疗保险基金支付范围。对于非定点医疗机构提供的诊疗项目，基本医疗保险基金将不予支付。这是统筹地区在基金支付时掌握的条件，也是从医疗保险的角度对卫生资源进行合理规划的手段。

（二）制定基本医疗保险诊疗项目范围的基本原则

一是考虑临床诊断、治疗的基本需要。这是制定基本医疗保险诊疗项目范围的出发点，制定范围和目录的目的不是为了限制被保险人对诊疗项目的合理使用，而是在基金可以承受的范围内，确定一些诊断、治疗疾病效果最好、费用合理的诊疗项目，充分发挥基金的利用效益，以满足绝大多数参保人的基本医疗需求。

二是兼顾不同地区经济状况和医疗技术水平的差异。不同地区经济发展水平不同、人口结构和疾病谱不同，基本医疗保险的筹资水平、医疗技术的水平和结构也不一样，国家在控制基本医疗保险诊疗项目宏观水平的同时，一定要给各地留有一定幅度的调整空间，使各地的诊疗项目目录符合当地具体的实际。

三是科学合理。制定诊疗项目范围和目录的办法要科学，范围和目录的内涵与结构要科学合理，不仅要符合医学的要求，也要符合医疗保险在经济学上的要求。

四是方便管理。基本医疗保险诊疗项目的管理办法，要方便医疗保险经办机构对项目使用的审核和费用支付等。

（三）基本医疗保险诊疗项目范围的确定

目前，国家确定基本医疗保险诊疗项目的范围，采用的是排除法。这是根据我国诊疗项目管理的现状而确定的。由于诊疗项目的管理缺乏全国统一的办法和临床准入标准，各地主要依据省（自治区、直辖市）物价部门的收费标准执行，项目数量、名称、内涵以及价格标准各地不一。因此，目前在国家这一层次，难以在对诊疗项目进行统一规范的基础上，按照准入法制定诊疗项目的范围，只能用排除法制定。同时，鼓励有条件的地区试用准入法制定本地区的诊疗项目范围。今后随着有关部门对诊疗项目管理的逐步规范，在适当的时候，国家的基本医疗保险诊疗项目的管理也将逐步向准入法过渡。

国家基本医疗保险诊疗项目范围分两部分：一是基本医疗保险基金支付部分费用的诊疗项目范围；二是基本医疗保险基金不予支付费用的诊疗项目范围。一般来说，对于一些临床诊疗必需、效果确定，但容易滥用或费用昂贵的诊疗项目，基本医疗保险基金支付部分费用；对于一些非临床必需、效果不确定的诊疗项目，以及属于特需医疗服务的诊疗项目，基本医疗保险基金不予支付。

1. 国家基本医疗保险支付部分费用的诊疗项目范围

这一类主要包括一些临床诊疗必需、效果确定但容易滥用或费用昂贵的诊疗项目。

1）诊疗设备及医用材料类

（1）应用X-线计算机体层摄影装置（CT）、立体定向放射装置（γ-刀、X-刀）、心脏及血管造影X线机（含数字减影设备）、核磁共振成像装置（MRI）、单光子发射电子计算机扫描装置（SPECT）、彩色多普勒仪、医疗直线加速器等大型医疗设备进行的检查、治疗项目。

（2）体外震波碎石与高压氧治疗。

（3）心脏起搏器、人工关节、人工晶体、血管支架等体内置换的人工器官、体内置放材料。

（4）各地方物价部门规定的可单独收费的一次性医用材料。

2）治疗项目类

（1）血液透析、腹膜透析。

（2）肾脏、心脏瓣膜、角膜、皮肤、血管、骨、骨髓移植。

（3）心脏激光打孔、抗肿瘤细胞免疫疗法和快中子治疗项目。

3）各地方医保管理部门规定的价格昂贵的医疗仪器与设备的检查、治疗项目和医用材料。

2. 国家基本医疗保险不予支付费用的诊疗项目范围

这一类主要是一些非临床诊疗必需、效果不确定的诊疗项目以及属于特需医疗服务的诊疗项目。

（1）服务项目类：①挂号费、院外会诊费、病历工本费等；②出诊费、检查治疗加急费、点名手术附加费、优质优价费、自请特别护士等特需医疗服务。

（2）非疾病治疗项目类：①各种美容、健美项目以及非功能性整容、矫形手术等；②各种减肥、增胖、增高项目；③各种健康体检；④各种预防、保健性的诊疗项目；⑤各种医疗咨询、医疗鉴定。

（3）诊疗设备及医用材料类：①应用正电子发射断层扫描装置（PET）、电子束 CT、眼科准分子激光治疗仪等大型医疗设备进行的检查、治疗项目；②眼镜、义齿、义眼、义肢、助听器等康复性器具；③各种自用的保健、按摩、检查和治疗器械；④各地方物价部门规定不可单独收费的一次性医用材料。

（4）治疗项目类：①各类器官或组织移植的器官源或组织源；②除肾脏、心脏瓣膜、角膜、皮肤、血管、骨、骨髓移植外的其他器官或组织移植；③近视眼矫形术；④气功疗法、音乐疗法、保健性的营养疗法、磁疗等辅助性治疗项目。

（5）其他：①各种不育（孕）症、性功能障碍的诊疗项目；②各种科研性、临床验证性的诊疗项目。

在确定基本医疗保险诊疗项目时，规定未列入区域规划的大型医疗设备不得纳入基本医疗保险基金支付范围。这主要是考虑到，大型医疗设备的配置和使用所产生的费用，需要消耗大量的社会卫生资源，在我国现阶段卫生资源极度缺乏的情况下，如果不通过规划的手段对大型设备的配置进行管理，势必造成卫生资源的浪费，这是对我国大型设备资源配置缺乏宏观控制的教训总结。目前我国对包括大型设备在内的新技术和新项目实行高标准收费，由于对大型设备的配置缺乏相应的规划，医疗机构盲目购置大型设备，如彩超、CT 等，资源配置极不合理。同时医疗机构为了收回投资成本和追求大型设备检查带来的高收益，放宽大型检查的临床使用指征，乱检查、重复检查的现象时有发生，加重了患者和医疗保险基金的负担。鉴于此情况，国家不断出台并更新政策，对大型医用设备的配置与使用进行与时俱进的管理。卫生部、国家发展和改革委员会、财政部于 2004 年发布了《大型医用设备配置与使用管理办法》（卫规财发〔2004〕474 号），2013 年卫生部印发了《新型大型医用设备配置管理规定》（卫规财发〔2013〕13 号），两文件现均已失效。2018 年，国家卫生健康委员会、国家药品监督管理局印发了《大型医用设备配置与使用管理办法（试行）》（国卫规划发〔2018〕12 号），对大型设备的购置、质量检测标准进行了政策规定。大型医用设备的区域规划，有利于节约卫生资源，其目的与基本医疗保险控制费用的目的一致。因此，对未列入区域规划的大型医用设备不得纳入基本医疗保险基金支付范围。

在确定基本医疗保险诊疗项目时，规定各种健康体检不列入基本医疗保险诊疗项目的范围，这是过去公费、劳保医疗政策的延续。健康体检分为一般健康查体和特殊目的的健康体检。一般健康查体是为了早期发现、早期治疗疾病，由各用人单位组织的预防性疾病普查措施，体检费用由各用人单位负担，不在公费、劳保医疗经费中支出。特殊目的的健康体检，是指职工根据一些特定的要求所进行的体检，如职工在求职、办理出国手续、购买商业医疗保险等活动中按要求进行的体检，这些体检的费用一般由个人负担。因此，医疗保险制度改革后，各种健康体检不列入基本医疗保险诊疗项目，单位组织的健康查体费用由各用人单位负担，原由个人自付的特殊目的的健康体检的费用仍由个人自付。

（四）基本医疗保险诊疗项目管理的权限划分

国家医保局制定国家基本医疗保险诊疗项目范围，并根据基本医疗保险基金的支付能力和医学技术的发展适时调整。在范围中，只规定基本医疗保险基金不予支付费用和支付部分费用的诊疗项目的主要类别，除列举部分项目名称以表明项目类别的含义外，对具体的项目不作规定。各省（自治区、直辖市）医疗保障行政部门根据国家基本医疗保险诊疗项目范围的规定，组织制定基本医疗保险诊疗项目目录，并根据国家基本医疗保险诊疗项目范围的调整作相应调整。各省（自治区、直辖市）可依据本省（自治区、直辖市）物价部门医疗服务收费标准所列的具体项目，按照国家基本医疗保险诊疗项目范围，制定具体的项目目录。

为更好地保障参保人特别是残疾人的基本康复需求，2010 年卫生部、人力资源和社会保障部、民政部、财政部和中国残疾人联合会联合印发了《关于将部分医疗康复项目纳入基本医疗保障范围的通知》，将部分医疗康复项目纳入基本医疗保障范围。为了促进中医药传承创新发展，2015 年国务院办公厅印发的《关于全面推开县级公立医院综合改革的实施意见》等文件明确要求“逐步扩大纳入医保支付的医疗机构中药制剂、针灸、治疗性推拿等中医非药物诊疗技术范围”。

各统筹地区医疗保障部门要根据当地实际，对本省（自治区、直辖市）的诊疗项目目录中所列的支付部分费用的诊疗项目规定具体的个人自付比例，并结合区域卫生规划、临床适应证、医疗技术人员资格等限定使用和制定相应的管理办法。比如，限定某种大型设备只能在某一医疗机构使用、某一特种手术限定由某一级别的医师执行、某一特殊治疗技术只限于治疗某种疾病等。

二、基本医疗保险医疗服务设施管理

（一）基本医疗保险医疗服务设施的定义

基本医疗保险医疗服务设施（medical service facilities of basic medical insurance）是指由定点医疗机构提供的，参保人在接受诊断、治疗和护理过程中必需的生活服务设施。

对这一概念的理解要把握三点：一是基本医疗保险医疗服务设施必须是由定点医疗机构提供的，非社会保险经办机构确定的定点医疗机构提供的不属于基本医疗保险医疗服务设施；二是必须是提供给参保人的才属于基本医疗保险医疗服务设施，提供给非参保人的，不属于基本医疗保险医疗服务设施；三是基本医疗保险医疗服务设施必须是诊断、治疗和护理过程中必需的生活服务设施，其他一些非必需的（如娱乐设施等）不属于基本医疗保险医疗服务设施。

（二）确定基本医疗保险医疗服务设施范围和费用支付标准的基本原则

一是保证参保人临床诊断、治疗的基本医疗需求。这是建立基本医疗保险制度的出发点，也是确定基本医疗保险医疗服务设施范围和支付标准的出发点。确定基本医疗保险医疗服务设施范围和支付标准，不是要想方设法限制参保人对医疗服务设施的合理使用，而是要把有限的基本医疗保险基金用在必需的生活服务设施上，以满足广大参保人的基本医疗需求。

二是实事求是，充分考虑各地地域和经济水平的差异。我国地域辽阔，各地差异很大，不同地区的患者对同一医疗服务设施的需求极不相同。同时，我国各地经济水平和医疗消费水平差异很大，不同地区的基本医疗保险基金承受能力也各不相同。因此，确定基本医疗保险医疗服务设施范围和支付标准时不能一刀切、全国千篇一律，必须给各地留有一定幅度的调整空间。

三是所确定的基本医疗保险医疗服务设施范围和支付标准要简单明了，管理办法也要简便易行，便于医疗保险经办机构对医疗服务设施费用的审核和费用支付。

（三）基本医疗保险医疗服务设施的范围和费用支付标准

1. 基本医疗保险医疗服务设施的范围

基本医疗保险医疗服务设施的范围，即基本医疗保险基金予以支付费用的医疗服务设施，主要包括住院床位及门（急）诊留观床位。

2. 基本医疗保险医疗服务设施的费用支付标准

根据各省（自治区、直辖市）物价部门的规定，住院床位费和门（急）诊留观床位费主要包括三类费用：一是属于病房基本配置的日常生活用品（如床、床垫、床头柜、椅、蚊帐、被套、床单、热水瓶、洗脸盆（桶）等）的费用；二是院内运输用品（如担架、推车等）的费用；三是水、电等费用。对于这些费用，基本医疗保险基金不另行支付，定点医疗机构也不得再向参保人单独收费。

基本医疗保险住院床位费支付标准，由各统筹地区医疗保障行政部门按照本省（自治区、直辖市）物价部门规定的普通住院病房床位费标准确定。之所以提出这一标准，主要是参考了公费、劳保医疗制度关于按普通病房床位费报销的规定，这一方面与我国社会主义初级阶段的国情相适应，另一方面也与基本医疗保险保障基本医疗的原则相一致。考虑到一些特殊病人（如烈性传染病、躁狂型精神病以及一些危重抢救病人等）的治疗需要，对于这些参保人的住院床位费标准，各统筹地区可以根据实际情况自行确定。

基本医疗保险门（急）诊留观床位费支付标准按本省（自治区、直辖市）物价部门规定的收费标准确定，但不得超过基本医疗保险住院床位费支付标准。规定门（急）诊留观床位费的支付标准按本省（自治区、直辖市）物价部门规定的收费标准确定，主要是参考公费、劳保医疗对门（急）

诊留观床位费的规定。设定以基本医疗保险住院床位费支付标准为上限主要有两方面的考虑：一是现实情况中大多数门（急）诊留观床位费都低于普通住院床位费；二是从医学角度看，对门（急）诊留观床位的要求应比普通住院床位的要求低，相应的成本也会低一些。

参保人的实际床位费标准低于基本医疗保险住院床位费支付标准的，以实际床位费标准按基本医疗保险的规定支付；高于基本医疗保险住院床位费支付标准的，支付标准以内的费用，按基本医疗保险的规定支付，超出部分由参保人自付。

基本医疗保险基金不予支付的生活服务项目和服务设施费用主要包括五大类：①就（转）诊交通费、急救车费等；②空调费、电视费、电话费、婴儿保温箱费、食品保温箱费、电炉费、电冰箱费及损坏公物赔偿费等；③陪护费、护工费、洗理费、门诊煎药费等；④膳食费；⑤文娱活动费以及其他特需生活服务费用。之所以规定上述生活服务项目和服务设施费用不予支付，主要是考虑这些项目有的不是诊断、治疗和护理过程中必需的，如电视、电话、电冰箱等，有的虽必需，但属于个人或单位责任，如就诊交通费、急救车费、膳食费等。

由于各地生活环境差异很大，有的医疗服务设施项目在某些地方可能不是必要的，但在另一些地方则是必要的，如取暖费在北方的寒冷地区就属必要。对于这类医疗服务设施项目是否纳入基本医疗保险基金支付范围，各省（自治区、直辖市）医疗保障行政部门可以结合本地经济发展水平和基本医疗保险基金承受能力自行规定。

三、基本医疗保险的用药范围管理

（一）基本医疗保险用药范围管理的内容

基本医疗保险用药范围管理的内容包括基本医疗保险药品目录的制定、基本医疗保险基金对药品费用的给付、基本医疗保险用药范围的调整等。

（二）制定基本医疗保险药品目录的目的和基本原则

1. 制定基本医疗保险药品目录的目的

为倡导安全和经济有效地使用药物，世界卫生组织从 1975 年开始向其成员国推荐制定基本药物名单，目的在于使其成员国，特别是发展中国家的大部分人口得到基本药物供应。为了响应世界卫生组织的倡导，同时配合我国医疗保险制度改革，1992 年我国政府决定制定并推行国家基本药物制度。1996 年，国家公布了第一批《国家基本药物目录》，之后几乎每两年更新一次。在此基础上，根据《城镇职工基本医疗保险用药范围管理暂行办法》（劳社部发［1999]15 号），我国于 2000 年制定了第一部《国家基本医疗保险药品目录》，之后根据临床医药科技进步与参保人用药需求变化，药品目录实行定期调整机制，适当扩大了用药范围和提高了用药水平。自 2018 年国家医保局成立以后，基本建立了较为成熟的目录调整工作机制和工作程序，初步形成了“一年一调”的动态调整机制。

基本医疗保险药品目录是为了控制基本医疗保险支付药品费用的范围，只适用于基本医疗保险的参保人，是医疗保险经办机构支付参保人药品费用的依据。

药品费用支出是基本医疗保险基金支出的重要组成部分，基本医疗保险是按照“基本保障、广泛覆盖”的原则建立起来的保障基本医疗需求的社会保险制度，其保险基金的总量有限，必须在维护基金收支平衡的前提下，最大可能地发挥基金的利用效率。因此，对在基金支出中占主要部分的药品费用要进行控制。

采用制定药品目录的办法控制药品费用支出，是由我国目前医药管理体制的现状决定的。我国上市的药品数量大、品种多，同时药品流通管理体制不健全，国家通过带量采购，对原研药、进口药进行价格谈判，以量换价，提高药品可及性和可负担性。

为了保证参保人的基本医疗需求，保证基本医疗保险基金的收支平衡，基本医疗保险必须根据药品的性质、疗效和价格，将参保人的用药限制在一定的范围内。

2. 制定基本医疗保险药品目录的基本原则

（1）坚持以人民为中心的发展思想，切实保障参保人合理的用药需求。

（2）坚持“保基本”的功能定位，既尽力而为，又量力而行，用药保障水平与基本医疗保险基金和参保人承受能力相适应。

（3）坚持分级管理，明确各层级职责和权限。

（4）坚持专家评审，适应临床技术进步，实现科学、规范、精细、动态的管理。

（5）坚持中西药并重，充分发挥中药和西药各自的优势。

（三）纳入基本医疗保险药品目录药品的条件

1. 可纳入基本医疗保险药品目录药品的条件

纳入国家《药品目录》的药品应当是经国家药品监管部门批准，取得药品注册证书的化学药、生物制品、中成药（民族药），以及按国家标准炮制的中药饮片，并符合临床必需、安全有效、价格合理等基本条件。支持符合条件的基本药物按规定纳入《药品目录》。

2. 不能纳入基本医疗保险药品目录药品的条件

（1）主要起滋补作用的药品。

（2）含国家珍贵、濒危野生动植物药材的药品。

（3）保健药品。

（4）预防性疫苗和避孕药品。

（5）主要起增强性功能、治疗脱发、减肥、美容、戒烟、戒酒等作用的药品。

（6）因被纳入诊疗项目等原因，无法单独收费的药品。

（7）酒制剂、茶制剂、各类果味制剂（特别情况下的儿童用药除外）、口腔含服剂和口服泡腾剂（特别规定情形的除外）等。

（8）其他不符合基本医疗保险用药规定的药品。

3. 有下列情况之一的，经专家评审后，直接调出基本医疗保险药品目录药品的情形

（1）被药品监管部门撤销、吊销或者注销药品批准证明文件的药品。

（2）被有关部门列入负面清单的药品。

（3）综合考虑临床价值、不良反应、药物经济性等因素，经评估认为风险大于收益的药品。

（4）通过弄虚作假等违规手段进入《药品目录》的药品。

（5）国家规定的应当直接调出的其他情形。

4. 符合以下情况之一的，经专家评审等规定程序后，可以调出《药品目录》

（1）在同治疗领域中，价格或费用明显偏高且没有合理理由的药品。

（2）临床价值不确切，可以被更好替代的药品。

（3）其他不符合安全性、有效性、经济性等条件的药品。

（四）基本医疗保险药品目录的基本结构

基本医疗保险药品目录由五部分组成，即凡例、西药部分、中成药部分、协议期内谈判药品部分和中药饮片部分。西药和中成药部分采用“准入法”制定，所列药品为基本医疗保险准予支付的药品。中药饮片部分采用“排除法”制定，所列药品为基本医疗保险基金不予支付费用的药品。药品目录中的药品按照药物学和临床科室用药相结合的办法进行分类。西药和中成药的药品名称采用通用名，并标明剂型；中药饮片采用药典名。国务院医疗保障行政部门组织制定、调整和发布国家《药品目录》并编制统一的医保代码，对全国基本医疗保险用药工作进行管理和监督。

国家《药品目录》中的西药和中成药分为“甲类药品”和“乙类药品”。“甲类药品”是临床治疗必需、使用广泛、疗效确切、同类药品中价格或治疗费用较低的药品。“乙类药品”是可供临床治疗选择使用，疗效确切、同类药品中比“甲类药品”价格或治疗费用略高的药品。协议期内谈判药品、各省级医疗保障部门按国家规定纳入《药品目录》的民族药、医疗机构制剂纳入“乙类药品”管理。中药饮片的“甲乙分类”由省级医疗保障行政部门确定。参保人使用“甲类药品”按基本医疗保险规定的支付标准及分担办法支付；使用“乙类药品”按基本医疗保险规定的支付标准，先由参保人自付一定比例后，再按基本医疗保险规定的分担办法支付。

（五）基本医疗保险药品目录的管理部门与管理流程

国家基本医疗保险药品目录由国家医保局牵头，会同工业和信息化部、财政部、国家卫生健康委员会、国家药品监督管理局、国家中医药管理局研究制订目录调整工作方案，经企业申报、专家评审、标准测算、现场谈判等环节，确定了调入和调出目录的药品名单，并调整制定了部分目录内药品的支付标准，最后由国家医保局联合人力资源和社会保障部发布。2019 年国家医保局、人力资源和社会保障部印发《国家基本医疗保险、工伤保险和生育保险药品目录》，规定各地应严格执行《药品目录》，不得自行制定目录或用变通的方法增加目录内药品，也不得自行调整目录内药品的限定支付范围。对于原省级药品目录内按规定调增的乙类药品，应在三年内逐步消化。各省（自治区、直辖市）以国家《药品目录》为基础，按照国家规定的调整权限和程序将符合条件的民族药、医疗机构制剂、中药饮片纳入省级医保支付范围，按规定向国务院医疗保障行政部门备案后实施。

第三节　医疗保险的医疗服务定点管理

医疗保险管理是指通过一定的机构和程序，采取一定的方式、方法，对医疗保险活动进行计划、组织、指挥、协调、控制及监督的过程。具体内容包括医疗保险的行政管理、服务管理、基金管理和财政管理等。本章着重介绍医疗保险的医疗服务定点管理和目录管理。

一、“两定”机构协议管理

（一）协议管理的定义

“两定”机构是指定点医疗机构和定点零售药店。自 1998 年城镇职工基本医疗保险制度建立之初，就明确规定“基本医疗保险实行定点医疗机构和定点药店管理”，管理的具体方式为协议管理（agreement management），即社会保险经办机构同定点医疗机构和定点药店签订合同，明确各自的责任、权利和义务。2010 年颁布的《中华人民共和国社会保险法》中进一步明确了协议管理的目的是“规范医疗服务行为”。

（二）“两定”机构协议管理的发展历程

1998 年，国务院印发《关于建立城镇职工基本医疗保险制度的决定》（国发〔1998〕44 号），确定了基本医疗保险实行定点医疗机构和定点药店管理，由行政部门制定定点资格审定办法，经办机构负责确定定点医疗机构和定点药店，并同定点医疗机构和定点药店签订合同。1999 年，劳动和社会保障部、卫生部、国家中医药管理局三部门联合印发了《城镇职工基本医疗保险定点医疗机构管理暂行办法》（劳社部发〔1999〕14 号），劳动和社会保障部、国家药品监督管理局联合印发了

《城镇职工基本医疗保险定点零售药店管理暂行办法》（劳社部发〔1999〕16 号），确定了定点医药机构管理的基本框架。2015 年，为落实“放管服”要求，人力资源和社会保障部印发了《关于完善基本医疗保险定点医药机构协议管理的指导意见》（人社部发〔2015〕98 号），全面取消“两定”资格审查，完善协议管理。

随着医药卫生体制不断深化，我国城乡基本医疗保险制度不断整合，医疗卫生服务体系发展迅速，医养结合、“互联网+医疗”等新的医疗服务需求快速涌现，医保定点管理工作面临着新形势、新环境。为进一步促进定点医疗机构和定点零售药店管理的规范化、法治化，2020 年 12 月国家医保局发布了《医疗机构医疗保障定点管理暂行办法》（医保局令 2 号）和《零售药店医疗保障定点管理暂行办法》（医保局令 3 号）（简称“两定办法”）。

（三）“两定”机构中止或解除医保协议

定点医保协议中止是指医保经办机构与定点医疗机构、定点零售药店暂停履行协议约定，中止期间发生的医保费用不予结算。中止期结束，未超过协议有效期的，协议可继续履行；超过协议有效期的，协议终止。协议中止主要包括四种情况：一是根据日常检查和绩效考核，发现医疗保障基金安全和参保人权益可能造成重大风险的；二是未按规定向医保经办机构及医疗保障行政部门提供有关数据或提供数据不真实的；三是根据协议约定应当中止协议的；四是法律法规和规章规定的应当中止的其他情形。

定点医保协议解除是指医保经办机构与定点医疗机构、定点零售药店之间的医保协议解除，协议关系不再存续，协议解除后产生的医药费用，医保基金不再结算。其中，《医疗机构医疗保障定点管理暂行办法》提出了 14 种解除协议的情形，《零售药店医疗保障定点管理暂行办法》提出了 17 种解除协议的情形，主要围绕医保协议履行、加强医保管理、保障医保资金安全、依法执业和规范医疗服务行为等方面提出了具体情形。

二、定点医疗机构管理

（一）定点医疗机构的定义

定点医疗机构（designated medical institutions）是指自愿与统筹地区经办机构签订医保协议，为参保人提供医疗服务的医疗机构。

对定点医疗机构进行管理是世界上大多数实行医疗保险制度的国家所采取的办法，也是加强医疗服务管理和控制医疗保险费用支出的有效管理手段。在我国医疗保险制度改革中，各地在实行定点医疗机构管理中也积累了许多有益的经验。实践证明，这种做法有利于提高医疗卫生资源的利用效率，促进医疗机构合理竞争，提高医疗服务质量和降低医疗服务成本，控制医疗费用过快增长，保证医疗保险基金的收支平衡。

（二）确定定点医疗机构的原则

统筹地区医疗保障行政部门根据公众健康需求、管理服务需要、医保基金收支、区域卫生规划、医疗机构设置规划等确定本统筹地区定点医疗服务的资源配置。

（三）定点医疗机构应具备的条件和资格

1. 定点医疗机构应具备的条件

（1）正式运营至少 3 个月。

（2）至少有 1 名取得医师执业证书、乡村医生执业证书或中医（专长）医师资格证书且第一注册地在该医疗机构的医师。

（3）主要负责人负责医保工作，配备专（兼）职医保管理人员；100 张床位以上的医疗机构应设内部医保管理部门，安排专职工作人员。

（4）具有符合医保协议管理要求的医保管理制度、财务制度、统计信息管理制度、医疗质量安全核心制度等。

（5）具有符合医保协议管理要求的医院信息系统技术和接口标准，实现与医保信息系统有效对接，按要求向医保信息系统传送全部就诊人员相关信息，为参保人提供直接联网结算。设立医保药品、诊疗项目、医疗服务设施、医用耗材、疾病病种等基础数据库，按规定使用国家统一的医保编码。

（6）符合法律法规和省级及以上医疗保障行政部门规定的其他条件。

2. 定点医疗机构应具备的资格

（1）取得医疗机构执业许可证或中医诊所备案证的医疗机构，以及经军队主管部门批准有为民服务资质的军队医疗机构。

（2）属于以下规定类别的医疗机构：①综合医院、中医医院、中西医结合医院、民族医院、专科医院、康复医院；②专科疾病防治院（所、站）、妇幼保健院；③社区卫生服务中心（站）、中心卫生院、乡镇卫生院、街道卫生院、门诊部、诊所、卫生所（站）、村卫生室（所）；④独立设置的急救中心；⑤安宁疗护中心、血液透析中心、护理院；⑥养老机构内设的医疗机构。

互联网医院可依托其实体医疗机构申请签订补充协议，其提供的医疗服务所产生的符合医保支付范围的相关费用，由统筹地区经办机构与其所依托的实体医疗机构按规定进行结算。

3. 定点医疗机构准入负面清单

医疗机构有下列情形之一的，不予受理定点申请。

（1）以医疗美容、辅助生殖、生活照护、种植牙等非基本医疗服务为主要执业范围的。

（2）基本医疗服务未执行医疗保障行政部门制定的医药价格政策的。

（3）未依法履行行政处罚责任的。

（4）以弄虚作假等不正当手段申请定点，自发现之日起未满 3 年的。

（5）因违法违规被解除医保协议未满 3 年或已满 3 年但未完全履行行政处罚法律责任的。

（6）因严重违反医保协议约定而被解除协议未满 1 年或已满 1 年但未完全履行违约责任的。

（7）法定代表人、主要负责人或实际控制人曾因严重违法违规导致原定点医疗机构被解除医保协议，未满 5 年的。

（8）法定代表人、主要负责人或实际控制人被列入失信人名单的。

（9）法律法规规定的其他不予受理的情形。

（四）对定点医疗机构的管理内容

1. 运行管理

定点医疗机构严格执行医保协议，执行实名就医和购药管理规定，执行有关支付、集中招标采购、价格等政策。及时报送医疗保障结算清单等信息，报送医疗保障基金使用监督管理及协议管理所需信息。开展医保费用审核、绩效考核、接受监督检查等。

2. 动态管理

《医疗机构医疗保障定点管理暂行办法》中明确要建立定点机构动态管理机制，提出医保协议变更、续约、中止和解除的具体情形，强调定点医疗机构“有进有出”。

3. 监督管理

对定点医疗机构进行监督，包括对协议申请、评估、谈判协商、履行和解除等过程的监督，对医疗保障基金使用情况的监督，开展社会监督，对发现的违约行为及时处理等。

三、定点零售药店的管理

（一）定点零售药店的定义

定点零售药店（designated retail pharmacies）是指自愿与统筹地区经办机构签订医保协议，为参保人提供药品服务的实体零售药店。

实行定点零售药店管理，一方面，是为了满足广大参保人就医、购药的需要，扩大参保人就医时的选择权利，既允许参保人在选择的定点医疗机构就医、购药，也可持处方到定点药店购药；另一方面，也是为了打破医药不分的垄断局面，在医疗机构和药店之间引入竞争机制，改变医疗机构过分依赖药品批零差价的“以药养医”状况，建立药品流通的竞争机制，以提高药品质量和改善医疗服务，引导合理诊治、合理用药，从而控制医疗费用的不合理增长。

（二）确定定点零售药店的原则

统筹地区医疗保障行政部门根据公众健康需求、管理服务需要、医疗保障基金收支、参保人用药需求等确定本统筹地区定点零售药店的资源配置。

（三）定点零售药店应具备的条件与资格

1. 申请定点条件

药品作为一种特殊的商品，必须保证广大参保人的用药安全有效。因此，在定点管理中必须对定点零售药店提出严格的资格条件。取得药品经营许可证并同时符合以下条件的零售药店可申请医疗保障定点。

（1）在注册地址正式经营至少 3 个月。

（2）至少有 1 名取得执业药师资格证书或具有药学、临床药学、中药学专业技术资格证书的药师，且注册地在该零售药店所在地，药师须签订 1 年以上劳动合同且在合同期内。

（3）至少有 2 名熟悉医疗保障法律法规和相关制度规定的专（兼）职医保管理人员负责管理医保费用，并签订 1 年以上劳动合同且在合同期内。

（4）按药品经营质量管理规范要求，开展药品分类分区管理，并对所售药品设立明确的医保用药标识。

（5）具有符合医保协议管理要求的医保药品管理制度、财务管理制度、医保人员管理制度、统计信息管理制度和医保费用结算制度。

（6）具备符合医保协议管理要求的信息系统技术和接口标准，实现与医保信息系统有效对接，为参保人提供直接联网结算，建立医保药品等基础数据库，按规定使用国家统一医保编码。

（7）符合法律法规和省级及以上医疗保障行政部门规定的其他条件。

2. 定点零售药店准入负面清单

零售药店有下列情形之一的，不予受理定点申请。

（1）未依法履行行政处罚责任的。

（2）以弄虚作假等不正当手段申请定点，自发现之日起未满 3 年的。

（3）因违法违规被解除医保协议未满 3 年或已满 3 年但未完全履行行政处罚法律责任的。

（4）因严重违反医保协议约定而被解除医保协议未满 1 年或已满 1 年但未完全履行违约责任的。

（5）法定代表人、企业负责人或实际控制人曾因严重违法违规导致原定点零售药店被解除医保协议，未满 5 年的。

（6）法定代表人、企业负责人或实际控制人被列入失信人名单的。

（7）法律法规规定的其他不予受理的情形。

对零售药店进行定点资格审查，确实使那些在管理和服务方面真正符合条件的零售药店纳入定点范围。经过统筹地区经办机构评估，不合格的药店整改 3 个月后可再次组织评估，评估仍不合格的，1 年内不得再次申请定点。评估合格后，经办机构与药店自愿签订医保协议，并向同级医疗保障行政部门备案。医保协议应明确双方的权利、义务和责任。签订医保协议的双方应当严格执行医保协议约定。医保协议期限一般为 1 年。

（四）对定点零售药店的管理内容

1. 运行管理

定点零售药店的运行管理，包括定点零售药店的权利和义务。严格执行实名就医和购药管理规定，执行医保支付、集中招标采购、价格等政策。做好处方审核和处方药管理，如实上传参保人购药信息，配合医保行政部门监督检查等工作。

2. 经办管理

经办机构完善医保信息系统管理，对定点零售药店开展绩效考核，建立动态管理机制等。

3. 动态管理

《零售药店医疗保障定点管理暂行办法》中提出医保协议变更、续约、中止和解除的具体情形。

4. 监督管理

定点零售药店的监督，包括对协议申请、评估、谈判协商、履行和解除等过程的监督，对医疗保障基金使用情况、药品服务等的监督。开展社会监督，对发现的违约、违法行为及时处理等。

第四节 异地就医和转移接续管理

一、异地就医管理

（一）异地就医的概念及类型

异地就医（nonlocal hospitalization）是指基本医疗保险的参保人在医疗保险统筹地区以外发生的就医行为，是一种跨统筹区域的就医行为。这是人口流动或人口迁移所造成的。

根据异地就医产生的原因，可将其分为下面四种类型。

1. 异地安置就医

异地安置就医是指因为特殊原因需要在非统筹地区长期生活或工作，但是其医疗保险关系仍然隶属于原工作单位或原生活住址的统筹地区的参保人在现居城市发生的医疗就诊行为。异地安置就医主要由两大类人群组成，一类是老年离退休工作者，他们在离退休后离开工作地而回到原籍进行养老生活，或者由于子女工作在外地，跟随子女到外地养老生活；另一类是由于单位的工作性质需要派遣在职职工长期到医保非统筹区域工作生活，由此在异地产生就医行为。

2. 异地工作就医

异地工作就医一般是指因工作需要，被单位派遣到非医保统筹区域从事任务安排的在职人员发生的医疗就诊行为，这种情况与异地安置就医的区别就是异地工作是暂时性的，并非一去不回，但其在异地工作过程中有着同样的就医需求。此类人员一般有大型国企单位派遣到所承包外地工程和项目组的工作人员，或者有政府机关单位在外地设置常驻办事处的工作人员，还有一些因为业务特殊性要长期固定往返于两个或多个城市之间人员。此类型较容易发生在经济比较发达的地区。

3. 异地转诊就医

异地转诊就医是指参保人的疾病经统筹地区医疗机构诊断，但由于统筹地区医疗技术条件的限制，需要转诊到统筹地区以外的医疗机构就医，在统筹地区办理异地就医登记手续后在转入地发生就医的行为。异地转诊就医，一般是由低水平地区向高水平地区转诊居多。

4. 其他类型异地就医

其他类型异地就医主要包括因公出差、学习、旅游、探亲等临时外出时，因病而发生的在统筹地区之外的就医行为。

（二）异地就医管理的概念、类型及方式

1. 异地就医管理的概念

异地就医管理是在社会医疗保险领域，在统一、协调的异地就医制度下，通过异地就医协作及联网结算等手段，对异地就医行为进行管理，达到异地就医高效运行的过程。

2. 异地就医管理的类型

从异地就医人员的生存状态看，可以分为异地安置就医管理、异地工作就医管理、异地转诊就医管理、其他类型就医管理。

从异地就医人员的运行管理看，可以分为城镇职工基本医疗保险制度下的异地就医管理、城乡居民基本医疗保险制度下的异地就医管理。

从异地就医人员的就医路径看，可以分为异地就医门诊管理、异地就医住院管理。

3. 异地就医管理的方式

（1）经办机构直接管理。其指统筹地区经办机构直接与参保对象发生关系，异地参保人的待遇支付采取凭票报销制。主要有以下几种形式：①经办机构直接将医疗费按一定标准总额包干到个人或用人单位使用，节余归己，超支不补；②按一定标准由参保人直接到所属统筹地区经办机构限额报销；③由参保人直接到所属统筹地区经办机构按规定比例报销。

（2）异地协作管理。其指医疗保险经办机构（或委托机构）相互配合，对异地就医行为进行审查，完成费用结算的过程。异地协作管理有以下几种形式：①委托监管，异地就医人员由就诊地医保经办机构集中管理并有权根据医保政策对异地就医入院患者身份的真实性、医疗机构诊疗措施以及医疗服务收费等方面进行监管；②委托协查，参保地医疗保险经办机构在报销过程中，发现疑点，通过电话、信函等形式向就诊地医保经办机构、定点医疗机构进行调查；③委托报销，异地就医人员在参保地医保经办机构办理异地就医关系转移手续，根据自愿原则，与代办服务机构签订委托代办协议，其异地就医的医疗费用，由该机构定期到参保地指定的医保经办机构报销；④委托结算，参保地医保经办机构通过协议委托异地医疗机构记账与结算，异地定点医疗机构通过网络将结算资料传送到参保地医保经办机构，在审核通过后，向定点医疗机构划拨先期垫付的资金。

（3）异地联网结算。其指双方医保经办机构依据统一的异地就医信息平台，通过异地就医信息联网、异地就医信息数据交换、异地费用网上稽核监控，实现异地医疗费实时结算。它分为区域联网结算和局部定点联网结算两种方式。区域联网结算，是在一个区域范围内（省、市），建立医保联网体制，制定统一的政策，通过统一的信息系统，实现异地就医费用直接结算。局部定点联网结算，是医疗保险经办机构与少数定点医院、定点药店进行的联网结算。

为了解决参保人异地就医费用结算问题，2009 年人力资源和社会保障部、财政部联合印发了《关于基本医疗保险异地就医结算服务工作的意见》。该文件确立了加强和改进异地就医结算服务的基本原则和指导思想，即以人为本、突出重点、循序渐进、多措并举，以异地安置退休人员为重点，提高参保地的异地就医结算服务水平和效率，加强就医地的医疗服务监控，大力推进区域统筹和建立异地协作机制，方便必需异地就医参保人的医疗费用结算，减少个人垫付医疗费，并逐步实现参

保人就地就医、持卡结算。2014 年人力资源和社会保障部、财政部、国家卫生和计划生育委员会联合印发了《关于进一步做好基本医疗保险异地就医医疗费用结算工作的指导意见》，明确了工作目标：2015 年基本实现省内异地住院费用直接结算，建立国家级异地就医结算平台，2016 年全面实现跨省异地安置退休人员住院医疗费用直接结算。

2018 年以来，长三角、京津冀、西南 5 省相继开展区域内普通门诊费用跨省直接结算试点。2020 年 9 月 28 日，国家医保局、财政部印发了《关于推进门诊费用跨省直接结算试点工作的通知》，要求加快落实异地就医结算制度，稳妥有序推进门诊费用跨省直接结算试点工作，在京津冀、长三角、西南 5 省的基础上，稳步扩大试点地区、定点医药机构覆盖范围和门诊结算范围。

截至 2022 年底，住院费用跨省联网定点医疗机构数量为 6.3 万家；普通门诊费用跨省联网定点医疗机构 8.9 万家，跨省联网定点零售药店 22.6 万家。2022 年，住院费用跨省直接结算 568.8 万人次，涉及医疗总费用 1278.27 亿元，医保基金支付 762.33 亿元；门诊费用跨省直接结算 3243.6 万人次，涉及医疗费用 76.80 亿元，基金支付 46.85 亿元。实现每个县至少有一家定点医疗机构能够提供包括门诊费用在内的医疗费用跨省直接结算服务，实现高血压、糖尿病、恶性肿瘤门诊放化疗、尿毒症透析、器官移植术后抗排异治疗 5 种门诊慢特病相关治疗费用跨省直接结算统筹地区全覆盖。

2022 年国家医保局会同财政部印发了《关于进一步做好基本医疗保险跨省异地就医直接结算工作的通知》，明确 2025 年底前，跨省异地就医直接结算制度体系和经办管理服务体系更加健全，全国统一的医保信息平台支撑作用持续强化，国家异地就医结算能力显著提升；住院费用跨省直接结算率提高到 70%以上，普通门诊跨省联网定点医药机构数量实现翻一番，群众需求大、各地普遍开展的门诊慢特病相关治疗费用逐步纳入跨省直接结算范围，异地就医备案规范便捷，基本实现医保报销线上线下都能跨省通办。

二、转移接续管理

（一）基本医疗保险关系转移接续的概念

基本医疗保险关系转移接续是指参保人跨统筹地区就业时、跨统筹地区迁徙户籍时或同一个统筹地区跨制度参保时，将参保人的基本医保关系从一个统筹地区转接到另一个统筹地区或者由一种制度转接到另一种制度的情形，包括已参加城镇职工基本医疗保险、城乡居民基本医疗保险的参保人，由于劳动关系终止或其他原因，在两个险种之间所进行的医疗保险关系转移接续，以及跨统筹地区的医疗保险关系转移接续。

（二）基本医疗保险关系转移接续的类型

将基本医疗保险制度分为职工基本医疗保险和居民基本医疗保险，将统筹地区分为同一统筹地区与不同统筹地区，基本医疗保险关系转移接续分为四种基本类型。

1.“职工医保与职工医保”转接

“职工医保与职工医保”转接是指因流动就业或户籍变动，由参加一个统筹地区（工作地）的职工基本医疗保险到参加另一个统筹地区（工作地）的职工基本医疗保险时所进行的医疗保险关系转移接续，简称为“城城”转接。

2.“职工医保与居民医保”转接

“职工医保与居民医保”转接是指因就业变动，由参加职工基本医疗保险到参加居民基本医疗保险时的医疗保险关系转移接续，简称为“城乡”转接。具体包括两种形式：一是劳动者在一个统筹地区内就业变动时（如由在本统筹地区城镇务工到回农村务农），由参加职工基本医疗保险到参加居民基本医疗保险的转接；二是劳动者跨统筹地区就业变动时（如由在统筹地区以外城镇务工到回农村务农），由参加职工基本医疗保险到参加居民基本医疗保险的转接。

3. “居民医保与职工医保”转接

“居民医保与职工医保”转接是指因流动就业或户籍变动，由参加居民基本医疗保险到参加职工基本医疗保险时的医疗保险关系转移接续，简称为“乡城”转接。具体包括两种形式：一是劳动者在一个统筹地区内流动就业时，由参加居民基本医疗保险到参加职工基本医疗保险的转接；二是劳动者跨统筹地区流动就业时，由参加居民基本医疗保险到参加职工基本医疗保险的转接。

4. “居民医保与居民医保”转接

“居民医保与居民医保”转接是指因户籍变动，由参加一个统筹地区（户籍地）的居民基本医疗保险到参加另一个统筹地区（户籍地）的居民基本医疗保险时所进行的医保关系转移接续，简称为“乡乡”转接。

（三）基本医疗保险关系转移接续的原则

1. 权益转接原则

基本医疗保险关系转移接续的权益转接原则是指参保人在转出地应得的以享受医保待遇为核心的医保权益应即时、充分地转接到转入地，以确保参保人的权益得到保护。

2. 时时保障原则

基本医疗保险关系转移接续的基本医疗保险关系随劳动关系或随户籍关系即时转接，实现转出地与转入地的基本医疗保险待遇无缝衔接。

3. 利益均衡原则

基本医疗保险关系转移接续的利益均衡原则是指在基本医疗保险关系转移接续中，要切实保护参保人利益，兼顾转出地、转入地的利益，使各当事主体的利益大致实现均衡。

（四）基本医疗保险关系转移接续的内容

基本医疗保险关系转移接续的内容是指基本医疗保险关系转移接续的客体，由记录转接、年限转接、个人账户转接和待遇转接等组成。

1. 记录转接

记录转接是指参保人的社会保险个人权益记录的转接。社会保险个人权益记录包括医疗保险权益记录等信息。在基本医疗保险关系转移接续中，转出地应及时准确转移参保人的社会保险权益记录，尤其是医疗保险缴费年限和缴费金额等记录。同时，转入地要及时准确接续参保人的社会保险权益记录，并按照规定累计缴费年限，以及对转入的个人账户基金进行相应记载。

2. 年限转接

年限转接是指职工缴费年限的转接。缴费年限是享受退休职工基本医疗保险待遇的资格条件，对医疗保险待遇的领取有重要影响。在由一个地区的职工基本医疗保险到另一个地区的职工基本医疗保险转接时，即“由职工医保到职工医保”转接过程中，按照国家现行政策，两地的缴费年限合并计算，符合规定的视同缴费年限累计计算。在由“职工基本医疗保险”到“城乡居民基本医疗保险”转接时，或者由“城乡居民基本医疗保险”到“职工基本医疗保险”转接时，由于两者制度不同，其间不进行缴费年限折算。

3. 个人账户转接

个人账户转接是指职工医保个人账户的转接。根据现行政策，职工基本医疗保险基金由统筹基金与个人账户基金组成。由于个人账户基金为个人权益，在劳动者流动就业时应当转接个人账户基金。在转入地设有个人账户的情况下，将转出地的个人账户基金转接到转入地的账户；在转入地没设个人账户的情况下，将个人账户基金清退给本人。

4. 待遇转接

待遇转接是指在办理基本医疗保险关系转接手续期间，参保人的医疗保险待遇应即时转移，无缝衔接。参保人已连续 2 年（含 2 年）以上参加基本医疗保险的，因就业等个人状态变化在职工医保和居民医保间切换参保关系的，且中断缴费时间不超过 3 个月的，缴费后即可正常享受待遇，确保参保人待遇无缝衔接。中断缴费时间超过 3 个月的，各统筹地区可根据自身情况设置不超过 6 个月的待遇享受等待期，待遇享受等待期满后暂停原参保关系。

第五节　医疗保险管理体制模式

医疗保险管理体制主要是指国家对医疗保险机构采取的管理制度、法规和方法的总称，包括管理机构的设置、规章制度的制定、管理权限的划分、调控方式的选择等。医疗保险管理体制分三个层次：一是行政管理部门，负责制定医疗保险政策、规划，加强监督和指导；二是执行机构，即医疗保险经办机构，负责医疗保险基金的收支、营运和管理，经办医疗保险的具体业务；三是监督机构，负责对医疗保险政策、法规执行情况和基金使用、管理工作的监督。

一个国家实行什么样的医疗保险管理体制，主要是由这个国家的社会经济制度来决定的，同时，也与国家经济发展水平、国家财政实力以及医疗保险机构的状况有密切联系。目前国际上的医疗保险管理体制主要有三种模式。

一、社会保障部门和卫生部门分工合作模式

这种模式一般出现在社会医疗保险实施之前医疗市场就已经相当发达的老工业化国家，主要是欧洲国家，尤以德国、法国最典型。

政府在一般情况下，并不直接参与医疗保险管理，而只是通过制定相关法律，经由主管部门进行宏观调控。各医疗保险机构由许多独立的公共机构或私立机构组成，负责筹集和管理资金，支付费用，它们都享有各自的独立权。卫生部门负责提供医疗服务，公立、私立的医院都自主经营。这种模式充分发挥市场的作用，以市场调节为主，医保双方各自独立、互相协商，通过签订合同、执行合同规定的服务内容及支付办法发生经济关系，保障参保人的健康。

这种模式的主要优点是：国家医疗保险制度同市场经济有机结合，既保证社会稳定，又促进经济发展；比较灵活，可以根据医疗保险需求调整资金筹措，并通过支付制度的改革调整医疗保险资源的供给；医疗保险机构与医疗服务提供者独立核算、职责分明，双方相互制约，有利于卫生资源合理有效的利用；病人择医的自由度较高，对服务质量的满意度较高。

实行这种模式，需要相当发达的医疗服务市场，需要有比较完善的支付制度，同时，还需要政府较强的监督和调控。虽然医疗市场发达，但支付制度不合理，再加上政府干预不力，实行这种模式也会导致医疗费用难以控制。

二、社会保障部门主管模式

这种模式多出现在拉丁美洲及其他发展中国家。

其特点是社会保障部门（包括劳工部、社会福利部、社会保险部、社会事务部等）统一制定有关方针、政策；所属社会保险组织不仅负责筹集和管理医疗保险基金，而且组织提供医疗服务，以自己拥有的医务人员和医疗设施直接提供医疗服务，也从社会上购买一部分医疗服务。

该模式是从开发资源、提供医疗补助发展而来的。一些国家开始实行医疗保险时，基本的医疗资源比较缺乏且分布不合理，采用这种模式能够较快促进医疗卫生系统的发展，从而有效提供初级卫生保健服务，摆脱缺医少药的困境。由于社会保障部门既提供医疗保险服务，又提供医疗服务，

因此，费用意识比较强，有利于控制医疗费用膨胀，能有效地利用卫生资源和社会资源，也可在本系统内通过调整医疗资源来满足变化的需求，灵活性较大。

这种模式的缺陷是：社会保障部门所属的医疗机构与卫生部门的职能容易重复，不利于实行行业管理和区域卫生规划；主要依靠社会保险部门的内部人员和设施，不能充分利用社会上已有的卫生资源；医院、急救站等所有物质设施都归医疗保险机构所有并受其支配，行医自主权往往受到限制，医生报酬实行薪金制，积极性不太高；以治疗为主，参保人只能在医疗保险系统内部的医疗机构看病，否则费用得不到报销，因而择医自由受到限制。

实行这种模式的关键是要协调好社会保障部门所属的医疗机构与卫生系统的关系，防止资源配置不当，造成浪费，并要调整好对医疗机构的补助和人员的工薪，调动医疗机构及其人员的积极性。

三、卫生部门主管模式

卫生部门主管模式的特点是国家医疗保险计划和政策通过卫生部门来贯彻实施，卫生部门既负责分配医疗资源，又负责组织提供医疗服务。

由国家财政资助的医疗保险制度一般采用这种模式，如英国、加拿大、瑞典、新西兰、苏联和东欧国家。美国联邦政府资助的老年医疗保险制度也由卫生与人类服务部下的卫生保健财务管理署负责。

这种模式的管理机构主体为中央政府授权的一个部或专门委员会，下设各级分支机构，实行自上而下的统一管理。这种管理体制以英国最为典型。从 16 世纪英国王室设立贫民局并颁布《济贫法》开始，中央政府就直接掌管着社会保险方面的事务。英国 1948 年设立国民保险部，1966 年改组为卫生与社会保障部，下设社会保险局，并在全国设 12 个区，每区设一个委员会，下辖若干地方办事机构，自上而下地实行直线领导。

这种模式将福利与卫生结合起来，在提高医疗保险资源经济效率和加速实现卫生保健目标方面有许多好处，如有利于实行行业管理和区域卫生规划，充分利用有限的卫生资源，避免由社会保障部门统管，直接提供服务所造成的医疗机构重叠；以预算制和工资制为主要的补偿和支付方式，有利于成本控制；有利于预防与治疗相结合；参保人能够平等地享受医疗服务等。

实行这种模式，医疗保障水平和医疗卫生事业的发展受政府财政状况的影响较大，需要有较强的监督机制才能保证参保人获得适当的、满意的医疗服务，还需要有完善的预算分配制度，既调动卫生部门的积极性，又加强费用控制。

1. 如何理解医疗保险范围与基本医疗?
2. 医疗保险医疗服务定点管理的具体内容是什么?
3. 医疗保险医疗服务目录管理的具体内容是什么?
4. 基本医疗保险关系转移接续的类型有哪些?
5. 试述各种医疗保险管理体制模式的特点。

（马蔚姝）

第六章　医疗保险基金筹集

内容提要

基金筹集是医疗保险制度运行的重要环节，是制度发挥保障作用的前提条件。基金筹集、基金运营、基金支付构成基金管理的三个连续环节，基金筹集是前提和基础。本章主要阐述医疗保险基金的内涵和特性，以及基金的筹集对象、渠道、原则、标准、程序与模式等。

第一节　医疗保险基金筹集概述

一、医疗保险基金的概念和特征

（一）资金和基金

资金是国民经济中财产的货币表现形式，按经济性质与用途可分为本金和基金。本金是为生产活动而垫支的资金，在其运转过程中并未被消耗掉，而要从收入中收回，有增值的需求，因而具有周期性、垫支性、增值性等特征。

从会计学角度理解，基金是一个狭义概念，指具有特定目的和用途的资金。尽管人们对基金定义的表述不同，但对基金内在规律性的认识是一致的，即基金是为某种专项目的而积累起来的有着专门用途的资金，在运动过程中要被消耗掉，因而具有支付一次性与无偿性等特征。社会医疗保险基金专门用于参保人战略性购买医药产品和服务。

（二）保险基金

保险基金（funds of insurance）也称“保险准备基金”，是以法定或合同的方式，按损失分摊原则，由被保险人的经济单位、机关团体或个人所缴纳的保险费汇集而成，由保险人组织并管理，用于补偿被保险人因发生约定风险事故导致经济损失的后备基金。

保险基金是由被保险人缴纳的保险费累积而成，但并非所有的保险费都用于构成保险基金。保险人收取的保险费分成两部分：一部分是用于支付保险经营过程中的管理费、佣金及利润，这部分称为非保险保障基金，也称为附加保险费；另一部分是用于赔偿被保险人因保险事故造成的经济损失，称为保险基金，也称为纯保险费或精算保险费。保险人运营管理效率、发展目标、预期利润等决定附加保险费高低，风险预测准确性及产品设计科学性决定精算保险费或精算平衡结果。

（三）医疗保险基金

医疗保险基金（funds of medical insurance）是指由医疗保障经办机构和税务征缴部门，依据国家法律规定，由政府、企业、个人、集体等主体对象，按照筹资标准和筹资程序筹集的，用于购买医药卫生服务产品的专门资金。

在我国，整体而言，医疗保险制度分为政府举办的社会医疗保险制度和商业保险公司开发销售的商业健康保险产品。因此，医疗保险基金可以分为社会医疗保险基金和商业健康保险基金。当前，我国社会医疗保险基金主要解决医药服务、长期护理（试点地区）、生育（合并进基本医保制度）

等补偿需求，商业健康保险基金在解决上述费用上发挥的作用还比较有限，有很大的发展空间。2019年《健康保险管理办法》指出，健康保险是指由保险公司对被保险人因健康原因或者医疗行为的发生给付保险金的保险，主要包括医疗保险、疾病保险、失能收入损失保险、护理保险以及医疗意外保险等。商业健康保险向投保人筹集的基金包括赔付成本、经营成本和公司利润。

（四）医疗保险基金特征

医疗保险基金是医疗保险制度的物质基础。医疗保险基金的特性由医疗保险制度的特性决定，除了具有社会保险基金的一般特性之外，还具备由自身风险及运行机制所带来的独特特征。

1. 基金筹集的强制性

社会医疗保险制度由国家立法实施，强制征收保险费是法律要求。政府以法律来规范和管理社会医疗保险事业，即医疗保险基金的筹集、管理与使用等环节都以法律为准则。各类保障对象应该依法按时、按法定费率或额度缴纳医疗保险费，除发生特殊重大事件或政府临时性规定，任何拒缴、欠缴、拖缴、少缴医疗保险费的行为都属于违法行为。强制筹集基金是保证基本医保发挥保障作用的基础条件。2019年1月1日，我国医疗保险费征收由医疗保险经办机构转交税务机构，形成严格的“收支两条线”。税务部门负责征缴，提高了征缴效率。随着社会医疗保险制度走向成熟定型，制度接续、区域接续办法不断完善，缴费强制性与严肃性得以强化。

2. 基金补偿的互助性

互助共济是保险能够发挥保障作用的基本机制。互助性体现在缴费时根据能力缴费，使用时根据需要补偿，即缴费水平与补偿水平不完全对等，只存在对应关系，即权利义务对应关系。在缴费阶段，根据相同的费率，以收入为缴费基数缴纳医疗保险费，即收入水平高的雇主或雇员会缴纳更多的费用，体现依据能力缴费。当前，城乡居民基本医保筹资主要采取定额筹资方式。在补偿阶段，在一定额度内（通常称为封顶线），依据补偿政策，给予应补尽补，实现按需补偿，体现需要原则和公平原则。所以，从缴费到补偿的运行过程中，在劳动者之间、企业之间、不同年龄群体之间、不同健康状况的群体之间都存在资金再分配，实现互助共济。该特征与商业保险是一致的，体现了“我为人人、人人为我”的社会团结精神，这是保险机制得以运行的理论基础。城镇职工基本医疗保险个人账户制度改革也是从增强基金互助共济能力出发的。

3. 基金支出的复杂性

保险属于一种风险管理工具，风险复杂性和运营管理的复杂性决定了赔付支出的复杂性，复杂性主要来自风险预测和道德风险。医疗风险与其他社会风险存在显著差别。譬如，养老保险基金在退休时开始发放，直至退休者去世为止，主要以年金方式发放，发放额度与生活成本和政策规定直接相关。相对于老龄风险，疾病风险更加难以预测和控制，医疗保险基金支出与被保险人健康水平、患病率、医药物价水平相关，尤其受到医疗机构的诊疗行为、卫生服务供给等复杂的体制机制因素影响，基金支出的道德风险更严重，解决医保基金支出的复杂性需要科学测算和有效管控。

4. 基金管理的社会性

在我国基本医疗保险制度改革之前，医疗保险事业管理的社会化程度低，一般由单位大包大揽，带有强烈的单位福利色彩和职业属性，存在明显的城乡、行业和地区差异。基金管理社会化的主要目的是，通过筹资社会化、风险分散社会化、管理社会化，增强制度稳定性、公平性与可携带性，有利于人口流动和经济发展，有利于更好地发挥医保基金的保障作用。基本医疗保险社会化程度受到统筹层次的影响，统筹层次需要与疾病谱和医疗服务体系相匹配，提高统筹层次有利于提高管理社会化水平、降低制度运行管理成本，有利于提高制度公平性。当前，基本医疗保险实现地市级统筹，少数地区实现省级统筹。医疗保险基金的社会化体现在全民参保缴费，打破职业、身份、区域限制，在更高层面管理风险、分散风险、分摊损失，提高制度抗风险和收支平衡的能力。

5. 基金功能的福利性

社会医疗保险制度有别于商业健康保险的最大特征就是带有一定的福利性，与公费医疗和劳保医疗制度相比，社会医疗保险制度的福利性是在富有效率的基础上实现的。医疗保险制度社会化改革之前，被保障者缺乏费用意识，资源浪费严重，同时存在城乡间、区域间、行业企业间不公平现象。医疗保险制度社会化改革之后，职工适当负担费用，增强费用意识，实现自我控制，集约利用卫生资源。国家或企业为居民和职工缴纳大部分的医疗保险费，实现取之于民、用之于民，体现了注重效率的福利性。城乡居民基本医保福利性体现更为强烈，财政筹资达到 2/3，但应该警惕泛福利化倾向，应根据基本医疗保险制度定位和国情发展阶段，制定基本保障待遇清单，抑制不合理的高水平福利，保证基本医保制度与经济社会协同发展。

6. 基金运行的平衡性

医保基金收支平衡是医保管理与可持续性的根本要求。医疗保险基金是实现医疗保险制度目标的物质基础，统筹账户要满足年度收支平衡、略有结余，既要满足参保人基本医疗需求，又不增加国家的财政负担和参保人的经济负担，有利于实现社会稳定和经济发展。基金收支失衡属于系统性风险，避免发展系统性风险的策略包括基于经济学评价科学扩展目录范围、根据经济发展状况增强筹资能力、同步提高统筹层次、扩大风险分散基金池、按“以收定支”原则合理制定待遇清单制度、做好预算管理、努力实现短期财务平衡。个人账户注重长期平衡，以高出一般利息率水平的回报作为激励，逐步执行浮动缴费率，构建激励个人加大投入的长期积累机制。

二、医疗保险基金筹集的概念和意义

（一）医疗保险基金筹集的概念

医疗保险基金筹集是指政府相关部门依据法律规定，根据筹集标准与法定程序，在规定期限内向制度参与主体筹集资金的活动过程，涉及筹资主体、缴费主体、筹集标准及筹集程序等。医疗保险基金筹集作为医疗保险基金运行的起点，是整个医疗保险工作的核心环节，它对于保证社会医疗保险制度正常运转和提高人民群众健康水平具有重要的意义。世界各国医疗保险的实践证明：筹集足够的医疗保险基金是保证社会医疗保险制度正常运行的重要基础。

（二）医疗保险基金筹集的意义

1. 医疗保险基金筹集是享受待遇的前提条件

城镇职工基本医疗保险采取法律强制参保原则，而城乡居民基本医疗保险采取自愿参加原则，在低水平筹资和财政补贴缴费引导下，基本医保参保率稳定在 95%以上，实现了全民参保。医保的核心内容是权利与义务对应，不参保不享受待遇，缴费只与待遇权利挂钩，不与待遇水平挂钩，这是社会医疗保险的基本原则之一。

2. 医疗保险基金筹集是医疗保险制度运行基础

医疗保险制度保障目标的实现，是通过医疗保险基金收支管理来体现的。医疗保险基金是社会医疗保险制度的物质基础，如果无法筹集到社会医疗保险运行所需要的基金，那么医疗保险的保障作用将无从谈起。事实上，社会医疗保险的强制性主要体现在医保基金的筹集环节上，即通过强制手段规定用人单位或参保人个人履行社会保险缴费义务。医疗保险筹资水平需要平衡缴费能力和保障需求。

3. 医疗保险基金筹集是提高保障水平的必要条件

医疗保险的保障能力表现在三个方面：一是保障对象的覆盖范围，即保障人人享受基础保健服务，不是只保障部分人群；二是保障项目涉及范围，即医疗保险补偿项目范围的宽窄，当前我国强调满足基本医疗服务需求；三是医疗保障水平，即医疗保险补偿报销比例的高低，我国称之为政策范围内补偿比，当前提出适度保障概念。这三点是评价医疗保险制度发展水平的重要指标。随着人们健康需求及风险意识的增强，加之医疗保健价格水平提高、人口老龄化、医疗科技发展等外生因素的影响，保障范围的扩大与保障水平的提高等制度因素的影响，医疗保险制度需要筹集更大规模的资金。

4. 医疗保险基金筹集是分担医药卫生费用的保障

卫生筹资渠道一般包括政府财政拨付、社会医疗保险筹资、个人现金支付。医疗保险基金筹资是指依据国家规定的筹资比例或筹资额度，由筹资对象筹措资金，聚集形成基金用于补偿医药费用。医疗保险基金的筹集过程，实质就是分摊医药卫生费用的过程。如果个人未按时足额缴纳医疗保险费，即未履行缴费义务，那么将失去享有医疗保险保障权利。人们对美好生活的向往将带来更大规模的医药卫生支出，当前我国28%左右的个人卫生费用负担超过国际水平，因病致贫返贫的现象还有发生。这里医疗保险基金有效有力地分担医药费负担，显得非常重要。在筹资增长的同时，还应该提高基金使用效率，提高重特大疾病保障力度，降低个人负担，提高健康公平性。

第二节　医疗保险基金筹集原则和标准

一、医疗保险基金的筹集原则

医疗保险基金是医疗保险制度的物质基础，基金筹集是医疗保险工作的核心内容，它不仅与国家当前的宏观政策、法律法规相关联，而且涉及企业和劳动者的切身利益，关系到医疗保险制度发展水平和保障能力，决定人民群众的健康水平。《中共中央 国务院关于深化医疗保障制度改革的意见》指出，要建立与社会主义初级阶段基本国情相适应、与各方承受能力相匹配、与基本健康需求相协调的筹资机制，切实加强基金运行管理，加强风险预警，坚决守住不发生系统性风险底线。

（一）与经济发展水平相适应原则

任何社会制度都需要与社会文化背景和经济发展水平相适应。基本医疗保险筹资水平应该与我国社会主义初级阶段的基本国情相适应，与制度参与主体的缴费承受能力相适应。医疗保险筹资水平既需要考虑满足需要，又需要考虑参与各方的供款能力，体现尽力而为、量力而行。应警惕待遇水平的福利化倾向，保持理性发展，杜绝地方政绩偏好型医疗保障发展，制定待遇清单，把控基金支出水平。医疗保险筹资水平超越经济承载能力，不利于经济发展，反之，则可以与经济发展相得益彰。

（二）与基本健康需求相协调的原则

《中华人民共和国基本医疗卫生与健康促进法》第十五条规定，基本医疗卫生服务，是指维护人体健康所必需、与经济社会发展水平相适应、公民可公平获得的，采用适宜药物、适宜技术、适宜设备提供的疾病预防、诊断、治疗、护理和康复等服务。第八十二条规定，“基本医疗服务费用主要由基本医疗保险基金和个人支付。国家依法多渠道筹集基本医疗保险基金，逐步完善基本医疗保险可持续筹资和保障水平调整机制。”因此，基本医疗保险筹资水平应能够满足基本健康需求并制定动态调整机制，理性扩展医保目录，加强目录管理科学性。

（三）依法筹集原则

《中华人民共和国社会保险法》阐明了社会医疗保险制度具有强制性特征。其第四条规定，中华人民共和国境内的用人单位和个人依法缴纳社会保险费。医疗保险制度的强制性首先体现在强制参保缴费。参保人应该依法按时、足额缴纳费用，合法获取待遇享受权利。依法参保缴费可以最大限度地规避逆向选择，最大程度地满足大数法则，有效保障医疗卫生需求。同时，医疗保险管理机构需要依法行政，经办机构应该依法开展业务，税务部门做到应收尽收，监督机构严厉打击欺诈骗保等套取骗取医保基金的行为。

（四）社会共同分担原则

医疗保险旨在通过全员参保筹资，实现医疗费用风险分散的社会化。根据国际经验，医疗保险基金通常由政府、雇主和个人共同承担，即三方筹集机制。《中华人民共和国劳动法》第七十二条规定，用人单位和劳动者必须依法参加社会保险，缴纳社会保险费。《中华人民共和国基本医疗卫生与健康促进法》第六十九条规定，公民是自己健康的第一责任人，强调了自我责任。建立三方筹资机制，避免资源的浪费，扩展了筹资渠道，是我国基本医疗保险制度改革的核心内容之一。

（五）适度保障原则

我国社会医疗保险制度改革之初提出“低水平、广覆盖、保基本、多层次”的改革目标。历经20年的改革发展，当前实现了全民保障，保障水平逐步提高。《中共中央 国务院关于深化医疗保障制度改革的意见》提出，加快建成覆盖全民、城乡统筹、权责清晰、保障适度、可持续的多层次医疗保障体系。适度保障是一个新命题，福利刚性理论要求理性调整保障水平，科学扩展“三目录”。适度保障仍然需要坚持我国发展中国家的基本国情，制定待遇清单制度，建立保障水平动态调整机制，在有效保障基本健康需求、制度可持续性发展、不发生系统性风险、防止因病致贫返贫之间做好权衡。

（六）社会公平原则

社会保障制度的根本特征即在于追求公平性。医疗保险的社会公平包括参保资格的公平性和筹资负担的公平性。根据国际劳工组织的要求，社会保障基金筹集应考虑参保人的负担能力，个人负担不宜超过全部费用的一半，政府可以给低收入者提供补贴。譬如，中国政府给予建档立卡贫困户、低保户、重度残疾人等低收入或特殊困难人群全额参保补贴，保证贫困居民获得参保资格，增强参保可及性，体现福利性与公平性。筹资负担的公平性体现在依据筹资能力，首先是水平公平性，即收入水平相同的人缴费相同；其次是垂直公平性，即收入水平高的人，多缴保险费，即筹集贡献与收入水平一致。

（七）相对稳定原则

医疗保险基金筹集的政策和费率一旦确定，在一定时期内应保持相对稳定，使制度发展有良好的预期，有利于把握制度规律，如城镇职工基本医疗保险制度采取比例筹资方式，企业缴费率维持在 6%，职工个人缴费率维持在 2%，20 年保持稳定。城乡居民基本医疗保险采取定额筹资，不直接与居民个人收入挂钩，筹资额与居民平均收入相关，影响低保边缘或低收入户参保稳定性，可能导致脱保，应建立与收入关联的动态缴费机制，优化个人缴费和政府补助结构，让经济发展水平和收入水平成为筹资水平与保障水平之间的联动纽带。

（八）强化预算原则

基本医疗保险基金要求收支平衡。基本医保运行要求做到“以收定支、收支平衡、略有结余”。“以收定支”是指一定时期内的补偿支出必须以筹资规模为限。“略有结余”是指年度结余与累计结余应该适度，通常采用累计结余可以支撑的补偿月数来评判结余水平。统筹地区城镇职工基本医疗保险统筹基金累计结余原则上应控制在6～9个月平均支付水平，结余过高则存在资源利用不足，结余过低则存在系统性风险。因此，应加强基金预算管理和风险预警。应科学编制医疗保障基金收支预算，加强预算执行监督，全面实施预算绩效管理，开展跨区域基金预算试点。加强基金中长期精算，构建收支平衡机制，健全基金运行风险评估、预警机制。

二、医疗保险基金筹集标准和影响因素

医疗保险基金筹集标准主要是指确定筹资水平，即确定缴费费率或缴费额度。《国务院关于建立城镇职工基本医疗保险制度的决定》（国发〔1998〕44号）明确规定：基本医疗保险费由用人单位和职工共同缴纳，用人单位缴费率应控制在职工工资总额的6%左右，职工缴费率一般为本人工资收入的2%。我国城乡居民基本医疗保险采取定额筹资制度，2020年城乡居民基本医疗保险人均财政补助标准为每人每年不低于550元，个人缴费标准达到每人每年280元。

本章不涉及筹资标准的测算，重点关注筹资标准的影响因素。筹资标准受多种因素的影响和制约，包括直接影响因素和间接影响因素。筹资标准不能超出参与各方的缴费能力，也需要实现制度保障目标，有效降低患者的疾病经济负担，提高社会保障水平。

（一）直接影响因素

直接影响因素主要是指医疗保险制度可以作用或至少相互影响的其他关联制度及利益相关者的行为，包括医疗保险制度目标及发展阶段、医疗卫生服务机构、医疗消费行为等。

医疗保险补偿范围及补偿标准决定了基金支出规模，依据“以支定收”原则，支出规模决定筹资标准，不论是补偿范围扩大，还是补偿水平提高，都需要提高筹资标准，以保证基金平衡。譬如，某项新的医疗技术是否纳入补偿，需要开展卫生技术评估，关注基金支付能力。补偿范围不宜盲目扩大，补偿水平也不可提速过快。当前我国社会医疗保险制度坚持“以人民健康为中心，加快建成覆盖全民、城乡统筹、权责清晰、保障适度、可持续的多层次医疗保障体系”的方针。在改革顺序上，要保证基本医疗保障制度覆盖全民，重点关注新业态下从业者的参保公平性，逐步建立多层次制度体系；在制度建设上，基本实现“全民医保”，保证参保资格的公平性；在保障范围上，从保大病为主，逐步向门诊多发病、慢性病扩展，提高全民健康水平。在相当长的时期内，不能盲目攀比福利国家的保障水平，应该立足保障基本医疗卫生服务。

在我国，医疗保险制度建设是我国医药卫生体制改革的重点组成部分，医疗保险基金作为社会筹资，成为重要的卫生资源源泉，医疗保险基金流向将决定未来的卫生资源配置格局。医疗保险在资源配置方面应该发挥基础性作用。譬如，通过医疗保险制度设计将更多的基金分配到社区基层医疗卫生机构，推动基层卫生服务体系建设，重视预防与保健，可以进一步降低患病率，提高医疗保险基金的使用效率，提高资源配置效率和利用效率，为筹资标准的调整创造空间。

医疗卫生服务机构作为服务供方，医疗保险机构作为服务购买方，双方通过谈判签订服务协议，协议规定双方的权利义务并约束双方的行为，严格执行协议可以控制不合理医疗费用，提高基金使用效率。由于医疗服务行业存在专业性强、信息不对称、技术变革快等特征，可能存在道德风险与诱导需求，加之疾病风险的个体差异，导致了医疗成本不易控制，对医疗保险基金安全造成严峻挑战。如果医疗机构能够主动控制成本，提供合理诊疗方案，采用适宜技术设备，那么将有利于控制医疗成本，降低费用，提高基金使用效率，稳定筹资标准。

患者就医行为及对医疗服务的利用率影响医疗保险基金支出水平。医疗保险基金支出监督管理的重要环节除了要控制供方道德风险，还需控制需方的道德风险，通过共付机制、起付线及支付方式改革，抑制不合理需求，抑制小病大治的需方道德风险。目前，卫生体制改革关注建立分级诊疗

体系，规范就医秩序，倒逼卫生投入更多地向基层倾斜，引导优质医疗资源向基层聚集，纠正卫生资源错配。如果参保人养成良好的健康保健意识和就医行为习惯，将有利于节约医保资源，稳定医保筹资标准。

（二）间接影响因素

间接影响因素主要是指医疗保险制度本身不能改变而只能适应的因素，这些影响因素包括但不限于经济状况、人口结构、健康意识等。

一般而言，经济发展总会呈现周期性和规律性，在经济发展周期性荣枯更替之间，筹资标准需要作出适应性修正，以配合各方筹资能力的变化，实现以丰补歉。在经济景气时期，参保各方缴费能力较强，可以适当提高筹资标准，或者构建多层次的保障制度。在经济萧条时期，应适当降低筹资标准和筹资政策，以降低企业负担，为经济复苏提供支撑条件。《2020年医疗保障事业发展统计快报》显示，为减轻企业负担，支持复工复产，阶段性减半征收职工医保单位缴费，2～7月为975万家参保单位累计减征1649亿元，其中为企业减征超1500亿元，为企业减轻负担，体现了社会保障逆经济周期稳定经济社会发展的作用。

医疗卫生需求量与人口结构类型关系密切。我国人口老龄化日趋严重，医疗卫生保健服务需求逐年上升，医疗保险筹资规模应随之提高，以应对老龄化带来的挑战。第七次全国人口普查显示，60岁及以上人口为26402万人，占18.70%（其中，65岁及以上人口为19064万人，占13.50%）。老龄化程度加深导致卫生支出增加，引发医疗保险基金补偿增加。因此，为维持基本医保基金收支平衡，需要为老龄化开发筹资渠道，提高筹资规模，坚持“尽力而为、量力而行”，发展多层次医疗保障制度体系，避免基本医保“一家独大”的不合理格局。

健康意识与社会文化背景相关，健康意识强弱影响医疗保健服务的利用量，筹资规模需要随着健康意识的增强而提高，随着健康卫生服务利用水平而提高。我国进入新时代，社会主要矛盾转变为人民日益增长的美好生活需要和不平衡不充分的发展之间的矛盾。美好生活的基本要求是病有所医、老有所养、劳有所得、幼有所教等，群众对健康的需求呈现多元化、多层次性，医疗保障发展不充分不平衡主要表现为基本医保一家独大，多层次医疗保障体系尚未建立起来，制度不统一，统筹层次低，筹资结构不均衡，个人负担仍然较高，因病致贫返贫的长效机制尚未建立。相对需求而言，我国医疗保障存在缺口，需要加大制度建设力度。

第三节　医疗保险基金筹集对象渠道和程序

一、医疗保险基金的筹集对象

医疗保险基金的筹集对象包括多个主体，主要有政府、企业（或集体组织）和个人。在不同国家或同一国家不同医保制度之间比较，筹资主体存在差异。譬如，在我国，城镇职工基本医疗保险制度的筹资对象主要是企业或单位和职工个人，城乡居民基本医疗保险筹资对象主要是居民、政府和集体，部分发达地区集体可以代替居民供款。社会基本医疗保险与商业健康保险在筹资方面的差异主要表现为政府是否参与筹资，政府提供缴费补贴也是福利性的体现，城市普惠型商业健康保险完全由个人筹资，现代企业为开展人力资源竞争，为员工提供企业福利，如购买员工团体健康保险，企业是筹资主体。

二、医疗保险基金的筹集渠道

医疗保险基金的筹集渠道是多元化的，主要由国家财政补贴、用人单位缴费、个人缴费组成。

由于各国社会经济制度、经济发展水平存在差异，国家、企业、个人三方承担的比例也不同。此外，医疗保险筹资渠道还包括基金的利息增值与投资收益以及社会捐赠等其他来源渠道。随着健康服务需求的增加，还需要拓宽筹资渠道。

（一）国家财政补贴

保障国民健康，政府负有责任。国家作为卫生筹资主体，在采取医疗保险制度的国家，各级政府都是医疗保险供款的主要责任人，政府通过财政拨款发挥兜底责任，或者给予财税鼓励政策。国家提供的资助的数额取决于国家的卫生制度、福利政策、经济状况和医疗保险制度等因素。部分国家在形式上并未直接采取社会医疗保险制度来筹资，而是通过国家财政预算来筹集卫生经费，如英国、瑞典等。有的国家虽然医疗保障基金在财政预算系统之外运行，但也通过财政专户对其进行严密监控，如美国的医疗保障基金主要来源于社会保障税、捐款和联邦基金的拨款，基金独立于国家预算之外，接受公众的监督。在中国，城镇职工基本医疗保险制度规定，企业缴费列入生产成本，享受税收优惠，职工缴费在税前列支；城乡居民基本医疗保险制度规定，中央政府和地方政府给予财政补贴，对中西部地区补贴标准高于东部地区，向贫困落后地区倾斜。

（二）用人单位缴费

企业资助指职工所在企事业单位（或雇主）按照职工工资的一定比例为职工缴纳医疗保险费。从劳动经济学角度看，医疗保险费属于必要劳动，是劳动力再生产费用的一部分，因此企业有责任为职工缴纳保险费，以体现其雇佣责任。譬如，德国、韩国、日本医疗保险费的缴纳是雇主、雇员各占一半。在我国，用人单位是医疗保险基金最重要的筹资主体，城镇职工基本医疗保险制度规定企业缴费占职工工资总额的 6%左右，企业缴费一般列入企业生产成本或营业外支出。城乡居民基本医疗保险制度中，鼓励居民家属所在单位为居民参保缴费，鼓励集体给予缴费补助。

企业缴纳的医疗保险费计入生产成本，医疗保险缴费水平越高，企业人工成本越高，如果不能提高生产效率或者降低其他成本，那么企业产品价格会相应提高，产品市场竞争力降低，将不利于企业经营发展，尤其是劳动密集型企业。近年来，我国的人力成本优势逐渐削弱，需要用技术替代劳动力，提高全要素生产力，提高生产效率，以稳定企业供款能力。

（三）个人缴费

个人缴费是医疗保险基金的重要组成部分。它可以作为个人或家庭的健康投资，可以采取比例缴费制和定额缴费制。实行个人缴费制度有三个优点：首先，个人参与缴费可以提高医疗保险筹资规模；其次，个人缴费可以减轻国家和企业负担；最后，个人缴费可以增强参保人的费用意识，理论上说，有利于遏止卫生资源浪费。个人缴费的比例在不同国家是不同的，日本雇员缴纳的保险费占本人工资的 4%～5%，法国个人缴费占个人工资的 5.5%，新加坡健康储蓄计划中雇员缴纳个人工资的 3%。我国城镇职工参加医疗保险采取比例缴费制，缴费比例为工资收入的 2%，城乡居民基本医疗保险制度中个人缴费采取定额缴费制，逐步向比例筹资过渡，保持筹资水平与经济发展同步。

在医疗保险实务中，对参保人的筹资一般设置最低缴费额度和最高缴费额度。当参保人的收入低于最低缴费线时，一般规定缴费工资低于社会平均工资的 60%，以社会平均工资的 60%作为缴费基数，也有规定减免缴费的政策。譬如，对于低保家庭及成员，可以免于缴纳医疗保险费。根据财富的边际效用规律，相同缴费率情况下，低收入者的缴费压力会更大，生活受到的影响更大。另外，也会设定最高缴费额度，如当个人收入达到社会平均工资的 300%，超出 3 倍的部分不纳入计算缴费基数，旨在保护社会效率。相同缴费率情况下，收入越高缴费越高，超过一定额度会影响劳动者的工作积极性，降低社会效率。

（四）其他收入渠道

1. 医疗保险管理机构罚没的滞纳金

对于没有按时足额缴纳社会医疗保险费的单位和个人，按照社会医疗保险基金征缴规定，医疗保险管理机构有权对其进行处罚，罚没的滞纳金应归入医疗保险基金。

2. 医疗保险基金利息及投资收益

医疗保险基金的收支存在一定的时间差和数量差，统筹账户资金采取现收现付财务模式，投资空间小，个人账户采取完全积累财务模式，有较高的投资价值，需要实现保值增值。由存在银行或投资其他渠道而产生的利息等投资收益，应该归入医疗保险基金。

3. 社会无偿捐赠

随着中国特色社会主义市场经济的不断发展、百姓收入的提高、人们的捐助意识的增强，一些社会团体和个人对医疗保险机构的无偿捐赠也将成为广义医疗保障基金的可能来源之一。当然，社会慈善捐赠更多地集中于慈善机构，由慈善机构组织开展特殊对象医疗帮扶，如罕见病慈善帮扶计划。

（五）其他的可能渠道

医疗保险基金支出规模将不断增大，这是必然的趋势，要实现收支平衡，在经济新常态背景下，提高缴费率不利于企业发展，难度较大，应该拓宽筹资渠道，如划拨国有企业股份来补充社会保障基金，也可以借鉴国际做法，如划拨烟草税进入医保基金，从国际经验看，提高烟草税是遏制烟草流行的较有效方式之一。

三、医疗保险基金筹集程序

目前，大多数国家医疗保险基金的筹集形式主要包括税收形式和缴费形式。从医疗保险基金收缴的角度看，基金筹集程序一般由参保登记和缴费申报两部分构成。我国城镇职工基本医疗保险一般都由用人单位代为缴纳，个人缴纳部分由单位代扣代缴。城乡居民缴纳医疗保险费采取个人缴纳，财政划拨形式。我国 2018 年启动社会保险费征管职责划转改革工作，从 2019 年 1 月 1 日开始由税务部门负责征收医疗保险费，医疗保险经办机构负责参保登记和缴费核定工作。

（一）参保登记

《社会保险费征缴暂行条例》规定：缴费单位应当自成立之日起 30 日内，向当地社会保险经办机构办理社会保险登记。社会保险经办机构审核后，发给社会保险登记证件。

缴费单位在办理缴费登记时，应该填写以下材料：《职工基本医疗保险单位登记表》《职工基本医疗保险花名册》以及本单位的财务报表、职工工资表。

社会保险经办机构对上述材料的审核非常重要，审核人员必须熟悉业务，对申请缴费登记单位的材料要进行全面的审核，要求做到三个统一：一是单位名称的书写与印章一致，禁止填写单位简称；二是单位申报的月工资总额的构成与财务报表、职工工资表所列水平一致；三是办理基本医疗保险的人数与单位的实际人数一致，审核中对有问题的内容要查询清楚，对填写错误的要交还缴费单位，要求其更正，核实无误后加盖审核员印章。

城乡居民基本医疗保险参保登记内容包括参保条件、登记范围、登记地址、登记流程四个步骤。各地政策仍存在差异，如对于参保人户籍的限制性规定。

1. 参保条件

在属地高校、中小学校、中等职业学校（技校）、幼儿园的在册、在园学生和幼儿（含外籍和港澳台学生）；具有属地户籍未满 18 周岁的散居儿童及新生婴儿；父母一方具有属地户籍或有效《居住证》的，未满 18 周岁散居儿童及新生婴儿；具有属地户籍，未参加城镇职工医疗保险的成年居民（不含现役军人）。各地参保条件仍然有差异。

2. 登记范围

初次和中断后再次参加城乡居民基本医疗保险的城乡成年居民、18 岁以下散居儿童及新生婴儿；城乡居民参保身份发生变化的。也就是说正常续期缴费不需要重复参保登记流程。

3. 登记地址

在册在校学生和在园幼儿在学校和幼儿园登记；成年居民和 18 岁以下散居儿童（含新生婴儿），原则上在户籍所在地街道（乡镇）、社区登记；长期人户分离的，可在长期居住地街道（乡镇）、社区登记；扶贫办、医保、退役军人事务部门和残联等资助对象，由资助部门负责登记。上述登记工作完成后需要统一提交到所属医疗保险经办机构。

4. 登记流程

（1）成年居民和 18 周岁以下散居儿童（含新生儿）。城乡居民申请参保登记→登记受理点审核资料→符合参保条件的，录入申请参保人基础信息→打印《参保登记单》或《参保登记（特缴）单》《参保登记告知书》→城乡居民申请人阅读《参保登记告知书》、签字→完成参保登记。

（2）大学生、中小学生和幼儿。学校将当年所有在册在园学生和幼儿的基础信息录入参保登记信息系统→完成参保登记。

（3）资助人员。扶贫办、医保、退役军人事务部门和残联将当年所有资助人员的基础信息录入参保登记信息系统→完成参保登记。资助对象参保登记优先顺序：扶贫办、医保、退役军人事务部门和残联。

（二）缴费申报

缴费申报是有效征缴的基础性工作，可有效维护职工医保权益。缴费单位必须从每月 1 日起，15 日内向当地社会保险经办机构如实申报并以货币形式缴纳社会保险费。由于城镇职工人员变动、工资变动等涉及缴费申报情况变动，医保经办机构需要及时变更核定缴费水平，城乡居民采取定额筹资，涉及特殊身份需要核定个人缴费水平和财政补助额度。由于我国各地情况差异大，各地的医疗保险基金筹集程序也各有不同，但大体上一般都包括以下程序。

1. 建立参保台账和权益记录

参保单位报审的资料及表格审核合格后，社会保险机构将信息录入信息系统，建立参保单位台账，并将资料整理成册备查。医保经办机构开展全民参保计划，完善参保登记计划，标注特殊身份识别，做好权益记录。同时，将参保缴费信息推送至税务机构。

2. 税务部门征缴

医保经办机构完成参保登记和缴费核定后，及时推送信息至属地税务部门，税务部门依据参保单位、参保人、缴费额度等信息征收医疗保险费，出现未及时足额缴纳时，税务机关需要开展催缴工作，缴费完成后，需要推送缴费信息至医保经办机构，经办机构决定待遇享受情况。

（1）第一次缴费。参保单位第一次缴费，在审核签单承保时收讫，参保单位持转账支票或现金，向税务部门缴纳首期医疗保险费。

（2）第二次及以后各次的缴费。第二次及以后各次的医疗保险费，如本季度末无新增人员或减少人员，税务部门根据单位填写的《委托缴纳职工医疗保险费协议书》，按上季度参保人数及金额直接委托银行采取“特种委托收款”结算方法办理；如有人员变动，保险机构则根据参保单位填报的新增人员或减少人员申报表，按新核准的人数和金额，推送至税务部门，委托给银行办理；如迟缴、少缴、不缴，除追收欠缴的医疗保险费外，应加收滞纳金。

（3）打印并送交职工医疗保险缴款单或催款单。确认收到保险费后，要填写或打印“职工医疗保险缴款单”。若逾期未收到保险费，则要填写或打印“职工医疗保险催款单”。缴款单和催款单的内容要完整，字迹要清楚端正，并加盖财务收款印章后交送参保单位。

3. 参保人缴费

参保单位缴费及代缴费一般是通过银行划转方式，职工参保人由单位代扣代缴，并在工资明细中列明缴费情况。个体或居民参保人缴费，可以在税务窗口、在线或第三方缴费平台缴费。财政补贴一般需要医保经办机构、特殊对象主管部门、地方财政、地方税务等部门联合确认办理统一划转事宜。

第四节　医疗保险基金筹集方式的选择

一、医疗保险基金筹集方式

具有不同历史文化背景和经济发展水平的国家往往采用不同的医疗保障制度模式，制度模式的差异表现在多个方面，如基金筹集方式、基金财务模式、基金管理模式等。世界各国采取的制度模式包括四种：英国选择了国家卫生服务体系，基金筹集方式采取了财政预算形式的税收筹集方式；德国采取了社会保险体制，基金筹集方式采取了缴纳医疗保险费（税）的方式；美国则采取了商业健康保险体制，由商业保险公司提供产品，主要由雇主以团体保险的形式购买，由雇员和雇主供款，基金筹集方式主要是缴费方式；新加坡采取了中央公积金制度，通过强制储蓄来积累社会保障基金，基金筹集方式实质上类似储蓄。可见，医疗保险基金的筹集方式主要概括为以下四类：国家税收式、强制缴费式、储蓄账户式和自由投保筹集式。

（一）国家税收式

国家税收式是指国家通过征税的形式筹集医疗保险基金，然后由中央政府和地方政府逐级通过财政预算拨款的方式给医疗服务供方提供资金，为本国居民提供免费或低收费的医疗服务，具有高度集中管理的特点和计划性，多见于经济发达的福利国家，如英国、加拿大等。另外，苏联等社会主义国家，包括我国在改革开放之前针对城市居民，也采取了国家税收模式，为百姓提供带有强烈福利色彩的医疗服务保障，但由于医疗福利水平超出了国家生产力水平，制度运行中存在资源匮乏与资源浪费的双重特征，最终导致制度走向社会化改革。

1. 国家税收筹资方式的优点

（1）能有效筹集大量资金，资金来源稳定。

（2）社会共济性强，在全体国民间分摊疾病经济损失。

（3）社会公平性高，全民享受，人人平等。

（4）计划性强，有利于政府宏观调控。

2. 国家税收筹资方式的缺点

（1）政府参与过多，个人负担低，费用节约意识较差，医疗服务提供者效率较低。

（2）受国民经济波动影响大，税收政策的影响较大，相对独立性差，灵活性不足。

（3）形式单一，若保障水平较高，国家财政不堪重负；若保障水平较低，难以满足国民多层次的医疗需求。

（二）强制缴费式

强制缴费式又叫社会保险税式或工资税式，主要见于实行社会医疗保险的国家，如德国、韩国、法国等。这种方式对社会经济发展水平适应性较强，国家通过法律法规强制性地让收入在一定水平范围内的居民及其雇主，按个人收入的一定比例缴纳保险费。有的国家则以社会保障税的形式征收。这种方式的特点是多方筹资，共同管理。管理方式可以分为两类：一类是福利倾向较强的形式，国家补贴较多，管理权力较多地集中在政府机构；另一类是保险倾向较强的形式，国家补贴较少，政府很少直接参与管理，由各种非营利性社会保险团体自行管理，政府的作用在于制定政策法规并加强监管。

1. 强制缴费式的优点

（1）资金来源稳定，相对独立性较强，可以根据国力和国民收入水平进行调节，灵活性较高。

（2）社会共济性较强，在法定范围人群内，实现风险分散、损失分摊。

（3）社会公平度较高，权利与义务基本一致。

（4）制度统一，运行集中，效率较高，管理成本较低。

（5）有专门的社会保险机构，对费用的增长有一定的控制能力。

2. 强制缴费式的缺点

（1）不同社会保险组织的对象之间，以及参保对象与非参保对象之间，可能存在一定的不公平性。

（2）主要实行“现收现付制”，在人口逐渐老龄化的情况下，基金收支平衡难度加大，代际矛盾日益突出。

（三）储蓄账户式

储蓄账户式主要见于储蓄医疗保险型国家。这种筹资方式要求国民收入水平较高，同时国民具有勤俭节约的社会风气，如新加坡。国家通过法律规定，强制要求每一个有工作的人，包括个体业主，储蓄医疗保险基金，用于建立个人医疗账户。该方式以家庭为单位，纵向分摊疾病风险，由政府强制个人以储蓄形式实现基金筹集。它与其他方式的最大区别在于，它是以一代人或几代人的医疗储蓄来抵御疾病风险，即通过足够长的时间来纵向分担疾病风险，而其他方式是通过大量人群来横向分摊疾病风险。

1. 储蓄账户式的优点

（1）缓解了人口老龄化背景下的医疗保障需求的筹资问题和代际转移矛盾。

（2）有利于提高个人的费用意识和责任感，增强医疗费用的需方制约机制。

（3）赋予被保险人一定的就医选择权，促进了医疗机构间的竞争。

（4）政府负担较轻。

2. 储蓄账户式的缺点

（1）社会公平性较差，医疗保险待遇与个人收入和医疗储蓄直接挂钩，低收入者的保障程度较低。

（2）缺乏风险共济能力，风险仅在个人生命周期和家庭成员间分担。

（四）自由投保筹集式

除上述三种常见的方式外，医疗保险基金还可通过自由投保、发行福利彩票、向服务对象收取服务费用以及社会募捐等方式筹集。

自由投保多见于商业医疗保险比较发达的国家，如美国。这种筹资方式要求国家的社会经济发展水平和个人收入均较高，而且具有高度完备的市场经济体系。社会人群可以自愿参保，所缴保险费与其投保项目和保障水平密切相关，多投多保，少投少保，不投不保。其特点是政府很少干预，由医疗保险机构分散管理，供需双方通过市场竞争进行调节。

1. 自由投保筹集式的优点

（1）灵活、多样化、适应社会多层次需要。

（2）医疗消费者的选择自由度较大，促进了医疗保险组织和医疗服务提供者间的竞争。

（3）管理式医疗服务型的商业保险组织，对医疗费用控制能力较强。

（4）权利与义务对等性强。

（5）国家财政负担较轻。

2. 自由投保筹集式的缺点

（1）资源选择可能导致资金来源不稳定，收入降低导致续费中断的情况。

（2）社会共济性差，风险仅在参保对象这一小范围人群内分担。

（3）社会公平性差，存在严重的逆向选择问题，高危人群和低收入人群缺乏医疗保障。

（4）传统的商业医疗保险组织对医疗费用的控制能力较差。

世界上大多数国家的医疗保险基金都不是按照单一模式进行筹集，一般是以其中一种为主导模式，同时辅以其他模式。任何一种方式都有其优点和不足之处（表 6-1），并且与其所处的体制环境、社会经济条件等因素密切相关。比较而言，强制缴费式和国家税收式为世界上绝大多数国家所采用。

表 6-1　四种筹资方式比较

筹资方式	国家税收式	强制缴费式	自由投保式	储蓄账户式
运营机制	财政二次分配	横向统筹、互保共济	现收现付	横向积累、自保为主
对应模式	国家医疗保险型	社会医疗保险型	商业医疗保险型	储蓄医疗保险型
费用控制	较强	一般	较差	一般
医疗公平	较好	较好	较差	一般
供需协调	较差	一般	较强	较好
医技发展	一般	较好	较好	较好

二、医疗保险基金财务平衡模式

不论医疗保险制度采取何种制度形式和筹资方式，医疗保险基金在财务安排上都必须能够实现收支平衡。收支平衡是医疗保险制度可持续发展的根本保证。财务平衡的模式一般有两种，一种是“短期横向群体平衡”，即在一个短时期之内，一般以年为周期，横向是指人群之间实现互助，群体内实现收支平衡；另一种是“长期纵向个人平衡”，即在长期内，甚至贯穿人的一生，纵向是指被保险人个人从积累期到支付期实现个人的财务收支平衡，不与其他人群产生财务互助。

从医疗保险基金平衡的角度，可以把医疗保险基金财务平衡模式分为以下三种。

（一）现收现付式

代际转移理论指出，在职一代承担年老一代的医疗消费需求，在代际间实现财务平衡。依此理论形成的财务制度是现收现付型财务模式。现收现付（pay-as-you-go）即统筹分摊式，是以横向收付平衡为原则，先测算出年内需支付的医疗保险费，然后以支定收，将这笔支出分摊到参与缴费的单位和个人，当年提取，当年支出，实现年度内收支平衡，不注重储蓄积累的一种基金筹集方式。

1. 现收现付式的优点

（1）操作简单，现收现付操作方法比较简单，由于平衡周期短，筹资调整难度小，不需要积累基金，可以根据支出需要将筹资分摊到参保单位和个人，可以在短期内调整筹资标准，以达成制度保障目标。

（2）基金保值增值的压力小，基金追求短期平衡，通货膨胀率影响较小，基金年度内完成收支，保险基金受物价变动的影响较小。由于平衡期较短，不必维持较大数量的风险储备金，保值增值的压力较小。

2. 现收现付式的缺点

（1）存在代际转移问题。现收现付是依据代际转移理论建立起来的，在职一代支付退休一代的医疗消费而获得未来权益。随着人口年龄结构老化，在职一代支付压力增大，可能出现支付困难，导致代际矛盾。现收现付难以应对人口老龄化危机。

（2）抵御大规模风险的能力弱。由于现收现付只保持略有结余，短期平衡不要求基金积累，可能存在潜在的风险，即不能抵御大规模的疾病风险的暴发。

（二）基金积累式

基金积累式（funded pooling），以远期纵向平衡为原则，即在预测未来一定时期医疗保险支出的基础上，确定应收缴的基金总和，并分摊到若干年中，并对已提取但尚未支付的医疗保险基金进行投资运营以实现保值增值。投保人早年付出的保险费大于保险支出，其差额作为以后年份的储备基金。随着被保险人年龄增长，保险支出逐步超过其缴纳的保险费，这时候用储备基金及其利息弥补收支差额，保证基金长期内收支平衡。这种模式的难点在于确定一个可以保证在相当长时期内收支平衡的平均缴费比率。适用于在商业保险公司开办的健康保险。

1. 基金积累式的优点

（1）积累基金，预防人口老龄化的冲击，使医疗保险制度有一个稳妥的资金保障，并且能够通过储蓄效应、投资效应促进经济发展。

（2）劳动者的权利义务关系清晰，增强参保单位和个人的保险意识，保证及时足额缴费。

2. 基金积累式的缺点

（1）筹资标准预算难度大，由于基金积累式在长期内收支平衡，经历时间跨度几十年，社会经济政治风云变幻，导致预测一个适用于不同时期的缴费标准难度较大。

（2）社会互助能力弱，基金积累式实质上通过强制储蓄为医疗支出做储备，是个人在职时积累退休后的医疗费用，没有人群间的相互共济。

（3）基金投资保值增值难度大，由于制度跨度时间长，经济发展受多种因素影响，长期积累的医疗保险基金需要开展有效管理，参与投资活动，实现保值增值。同时，需要建立庞大的管理机构，支付大量的管理费用。

（三）部分积累式

部分积累式（part funded pooling），是将近期横向收支平衡原则与长期纵向收支平衡原则结合起来，在满足现时一定支出需要的基础上，留有一定的积累以应付未来需要。部分积累式试图克服现收现付式和基金积累式的缺点，实现两者优点的完美结合。部分积累式在测算出当年保险支出需求的基础上，按一个高于满足现时支出需求所需的收费率收缴资金，在满足现时支出的基础上，为将来的支出储备资金。

1. 部分积累式的优点

（1）可以避免基金积累制在制度初期费率过高的弊端，也可以较好地解决现收现付费率不稳定、难以应付人口老龄化危机的缺陷。

（2）积累一定量的基金，贬值风险和投资压力相对完全积累式而言都较小。

2. 部分积累式的缺点

（1）既要考虑短期平衡，又需要考虑长期需求，平衡难度大。

（2）不易实现现收现付式和基金积累式各自的优点，规避两者的缺陷。

我国城镇职工基本医疗保险在现阶段乃至今后一段时间内，都会采用部分积累式筹集医疗基金。社会统筹部分的医疗基金从一定区域的社会群体中筹集，风险“横向”分散，费用共济。个人账户部分的医疗基金体现资金的“纵向”积累，以劳动者年轻健康时积攒的储备金弥补年老体衰时的医疗花费。当前，我国开展职工医保个人账户改革，对于职工医保单位缴费不再划入个人账户，同时执行门诊统筹保障，提高基本医保的整体保障能力，兼顾保大病与保小病。

三、医疗保险基金筹集方式的选择

（一）筹资方式选择的基准

由于医疗保险的目标在于保障国民健康，尤其是弱势群体的基本医疗需求，分散或化解疾病风险。我国长期处于社会主义初级阶段，是世界上最大的发展中国家，经济持续高质量发展对两个一百年奋斗目标的实现至关重要，发展型社会保障仍然是我国社会保障制度建设和发展的主要选择。因此，医疗保险筹资方式的选择应同时兼顾公平和效率两个方面。

1. 公平基准

公平基准应体现四个方面的公平：一是一般社会成员与少数低收入者间的负担公平，应减轻低收入者的筹资压力，增加参保补贴，确保社会弱势群体获得有效保障；二是医疗保险缴费额与所获医疗费用补偿额之间的公平，应建立筹资与待遇联动机制，逐步提高城乡居民的筹资水平，增加财政补贴水平，缩小职工与居民间的待遇差距；三是医疗资源的利用者与非利用者的负担公平；四是年轻一代与老年一代之间在医疗费用的负担与耗用方面的公平，探索退休人员缴费政策，多渠道筹资以应对人口老龄化社会问题。

2. 效率基准

效率基准强调医疗资源的利用效率。具体而言，一是筹资方式不妨碍个人和企业参加生产活动的主观能动性，稳定人力成本；二是筹资方式应有利于医疗保险基金和各类医疗保险服务资源在宏观层面的有效配置；三是筹资方式在微观运行基础方面形成较强的费用约束机制，有效地规避道德风险和逆向选择。

一般而言，公平与效率需要统筹兼顾。有限的医疗资源也不可能无限制地满足所有需求，在选择医疗保险基金的筹资方式时，应考虑以下因素：一是基于不同人群面临的疾病风险的类型与化解疾病风险的需求位序；二是医疗保险制度的覆盖面与可及性，即该制度所覆盖的人口范围及对医疗资源利用的可及性；三是保持相对稳定的保险费率的必要性和可行性；四是缴费方对保险费率的负担能力。

此外，一国医疗保险制度的建立，远不是单靠精算就可以得出标准答案，其取决于历史形成的格局及前后关系、相关基础数据的拥有情况和政治的紧迫性等。因此，医疗保险基金的筹集模式须适应一国人口状况、经济条件与风险类型。其选择的恰当与否直接关系到个人的健康状况和个人的收入保障，也关系到社会经济可持续发展与公平性等一系列问题。

（二）我国医疗保险基金筹资方式选择

目前，我国职工基本医疗保险制度的筹资方式是“社会统筹与个人账户结合”，即通过用人单位和职工按照工资总额的一定比例缴纳基本医疗保险费，形成社会统筹基金和个人医疗账户基金。随着个人账户制度的改革，个人缴纳的基本医疗保险费全部计入个人医疗账户，用人单位缴纳的基本医疗保险费用于建立社会统筹基金，不再划入个人账户，退休人员根据养老金水平定额划入。本质上是德国实行的社会保险强制缴费模式与新加坡实行的储蓄账户模式相结合的一种“T”形结构的平衡筹资方式。一方面，在一定区域内的人群“横向”筹集医疗保险基金，费用共济，风险分担；另一方面，保险费中的个人缴费进入个人账户进行“纵向积累”，以劳动者在职时积累的资金弥补退休后的费用缺口，自我缓解后顾之忧。

“社会统筹与个人账户结合”的基本医疗保险筹资方式只是一个大的原则模式。从宏观层面看，要根据医疗费用分布的一般状况，确立个人医疗账户与社会统筹账户的比例。在实施中还需要解决社会统筹基金与个人医疗账户如何结合的问题，即如何划分社会统筹基金与个人医疗账户各自的支付范围、核算办法以及两者之间的衔接方式；如何选择和设计个人医疗账户与社会统筹基金具体的运作和管理方式。

“个人账户”是职工用于储存个人医疗资金并用于支付一定范围内的医疗费用的社会保障账户。其设计的初衷在于：每个人都应为自己的基本医疗保障出力，只有当个人的经济能力不足以应付伤、病带来的医疗支出时，再获得社会统筹基金提供的社会援助。目前，国际上采用了个人账户筹资的国家有智利、新加坡等。个人医疗账户运行中有三个问题需要引起重视：一是个人医疗账户运行效率和管理成本问题；二是医疗保险属于短期支付项目，过多的资金沉淀是一种浪费，其纵向积累功能在有无必要性方面受到质疑；三是对个人医疗账户支付能力造成压力的不仅仅来自被保险人方面，更重要的因素还包括医院为了自身谋利而多开药、开贵药、滥检查，过度医疗等道德风险多有发生。

“社会统筹基金”用于支付发生频率低但风险高的病种产生的大额医疗费用，在短期内使个人罹患重大疾病带来的经济风险得以“横向平衡”，体现社会医疗保险的互助共济。社会统筹基金的使用范围应以医学上划分的“大病”标准和规定花费的医疗费用为限。当前，在门诊统筹方面仍然以病种为主，存在一定的不公平性，逐渐转到以费用为标准，如城乡居民大病保险制度以费用为标准。

从理论上讲，这种筹资方式具有以下优点：①体现了社会公平与效率，权利与义务的有机结合，参与各方共同筹资体现义务，享受保障待遇体现权利；②体现了社会共济保障与个人自我保障的有机结合，前者主要通过社会统筹账户体现，后者主要通过个人账户体现；③有利于树立被保险人的费用节约意识，自觉约束医疗消费行为，这主要针对个人账户而言，统筹账户基金对费用约束显得不足；④在一定程度上可以缓解人口老龄化对医疗保险筹资的冲击，有一定的长期储备，但规模仍然不足，保值增值不足。

统账结合是中国基本医疗保险制度的特色之一，历史上，在具体的实行过程中出现了以镇江、九江为代表的“三段通道”式，即医疗费用以下列顺序进行支付：个人账户→个人自付→社会统筹基金账户。以海南、深圳为代表的“双轨并行”式，也称之为“板块式”，即个人账户支付门诊费用，统筹基金主要支付住院费用。以青岛等地为代表的“三金模式”，即个人账户支付小额的医疗费用，用人单位管理社会统筹基金中一定数额的调剂金，支付中等数额的医疗费，大额的医疗费则由社会统筹基金来支付。还有一些混合模式和改良模式。无论哪种模式，社会统筹与个人账户结合的形式都要因地制宜，社会统筹与个人账户要各负其责，即社会统筹基金账户主要发挥共济、互助作用，而个人账户主要发挥个人积累和费用制约的作用。

思考题

1. 试述医疗保险基金的概念和特征。
2. 医疗保险基金筹集标准的影响因素有哪些？
3. 医疗保险基金筹集方式有哪些？基金财务平衡模式有哪些？各有什么优缺点？

（彭美华）

第七章　医疗保险基金管理

内容提要

医疗保险基金管理是对医保基金的筹集、支付、使用、运营进行计划、组织、协调、控制和监督等工作的总称，是医疗保险制度运作的物质基础。本章就医疗保险基金管理的内涵、原则、任务、核算、运营管理等进行全面的阐述。

第一节　医疗保险基金管理概述

一、医疗保险基金管理的内涵

医疗保险基金管理（medical insurance fund management）是整个医疗保险管理的一个相对独立且重要的组成部分，是根据国家有关政策和法规，按照医疗保险基金运行的客观规律，对医疗保险基金的筹集、支付、使用、运营进行计划、组织、协调、控制和监督等工作的总称。本章的内容侧重于基金筹集之后医保经办机构对基金本身的管理，属于价值形式的管理，是一项综合性的管理工作。基本医疗保险基金的管理水平将直接影响到医疗保险制度依存与运作的物质基础。

医疗保险基金从筹集到支付，从管理运作到使用的过程，实质上是国民收入的分配与再分配过程。它涉及多方经济利益关系的调整与平衡。对被保险人来说，医疗保险基金是广大患者的“保命钱”，加强管理意义重大。

我国对社会医疗保险基金的监管相当重视，2020 年《中共中央 国务院关于深化医疗保障制度改革的意见》中，要求健全严密有力的基金监管机制，改革完善医保基金监管体制，完善创新基金监管方式。2021 年《医疗保障基金使用监督管理条例》（以下简称《监管条例》）正式出台，表明我国在医疗保险基金监管法治建设方面获得新的突破。

二、医疗保险基金管理的原则

（一）收支平衡的原则

医疗保险基金在一定时期内、一定范围内（国家、地区或城市等）要达到收支上的平衡。在基金的管理和使用上，既要满足参保人的基本医疗需求，又要加强基金的支出管理，量入为出、合理有效地使用，在保证基金收支平衡的基础上充分发挥医疗保险基金的互助共济功能。

（二）医疗保险基金要与其他社会保险基金统一管理、分账核算

1996 年 11 月财政部印发的《职工医疗保险基金财务制度》（以下简称《财务制度》）要求社会保险基金要实行统一管理，按险种分别建账、分账核算，专款专用，自求平衡，不得相互挤占和调剂。基金实行统一管理，要求财务政策、财务报告的编制等方面统一。基本医疗保险基金是政府强制征收的用于职工基本医疗的专项基金，国家必须有较为完善的基金管理和监督体制。

（三）医疗保险基金管理要与行政管理分开

医疗保险行政管理主要是指制定有关的政策、法规和工作程序，并对医疗保险事业进行规划、调控、监督等，而医疗保险业务则由医疗保险经办机构负责，包括基金的筹集、运营、给付等内容。医疗保险经办机构是政府授权的非营利性事业单位，受政府委托，根据政府颁布的有关法规，依法独立行使职能，负责医疗保险工作的正常运转。

（四）严格界定社会统筹和个人账户基金的支付范围和责任

各地要根据本地基本医疗保险基金的筹资水平、当地的经济状况等，科学合理地确定统筹基金的起付标准和最高支付限额。医疗保险统筹基金和个人账户基金各自平衡，不得互相挤占。统筹基金要按照“以收定支，收支平衡，略有结余”的原则，加强支出管理。个人账户的全部资金（本金和利息）归职工及其家属所有，可以结转和继承，但只能专款专用，不得提取现金或挪作他用。

（五）保证基金安全的原则

基本医疗保险基金是群众的保命钱，在基金管理全过程中，必须贯彻保证基金安全的基本理念。首先，筹集的职工基本医疗保险基金纳入财政专户，实行收支两条线管理，能够建立有效的部门间相互制约机制，有利于保证基金的安全；其次，医疗保险基金有保值增值的需要，会进行一些投资，基本医疗保险基金应该回避一些风险较大的项目，将一部分沉淀的基金进行安全有效的投资；最后，建立对基本医疗保险基金完善的监督机制，也是保证基金安全的有效途径。社会保险经办机构内部要建立健全基金预决算制度、财务会计制度、审计制度和各项内部管理制度，加强内部管理监督，还要加强外部机构和人群对基本医疗保险基金的行政监督、审计监督和社会监督。例如，医疗保险部门和财政部门要对职工基本医疗保险基金预算、决算等进行审核，对基金的收支情况进行监督等；审计部门要定期对社会保险的基金收支情况、社会保险经办机构的管理情况进行监督；社会保险基金监督组织、人民代表大会等应定期对基本医疗保险基金的收缴、使用等情况进行监督。

三、医疗保险基金管理的任务

（一）维持基金的平衡

医疗保险基金的平衡是指在一定时期、一定范围内，医疗保险基金“收入”与“支出”之间的大体平衡。

维持医疗保险基金的平衡是促使医疗保险业务正常运转和可持续发展的重要保证。要实现医疗保险基金的平衡，关键在于增收节支，但在一定条件下，不论增收还是节支都是有限度的。如果医疗保险基金的支出额先行确定，就可以根据收支平衡原则确定医疗保险基金的筹资额度，即“以支定收”；反之，根据医疗保险基金的筹资水平确定其相应的支出额，即“以收定支”。一般来说，在医疗保险业务开始和每年度制订医疗保险基金筹集计划时，要“以支定收”；在每年度制订医疗保险基金支出计划时或在利用医疗保险基金实际支付医疗费用时，要“以收定支”。

（二）增强基本医疗保险基金共济和保障能力

增强基本医疗保险基金共济和保障能力是系统工程。除了扩大基本医疗保险的覆盖面和增加基金征缴力度之外，医疗保险基金管理的重点还应该放在提高基本医疗保险保障水平和提高医疗保险统筹层次上。医疗保险的保障水平是体现在对参保人医疗费用的报销水平，减轻参保人的个人负担。虽然本书这部分内容具体体现在支付环节，但仍旧包含在广义医疗保险基金管理的内容里。提高医疗保险统筹层次是逐步过渡的过程。2011 年颁布的《中华人民共和国社会保险法》明确要求基本医保基金逐步实现省级统筹。我国职工医保和居民医保在大多数地方已经实现地市级统筹，京津沪渝四个直辖市和宁夏、青海等省（自治区）已经实现省级统筹。为进一步提高统筹层次，2019 年国家医保局和财政部共同印发的《关于做好 2019 年城乡居民基本医疗保障工作的通知》（医保发〔2019〕30 号）中，明确要求加大城乡统筹工作力度，做实居民医保地市级统筹，在地市级基金统收统支的基础上，实现政策制度统一、医疗服务协议管理统一、经办服务统一和信息系统统一，提高运行效率和抗风险能力。同时，在指导地方做实地市级统筹的基础上，鼓励有条件的地方探索推进省级统筹，研究建立基金区域调剂平衡机制，增强基金共济能力。

四、医疗保险基金管理的模式

（一）政府直接管理的模式

在政府直接管理的体制下，政府不仅要负责制定社会医疗保险的政策和法令，对社会医疗保险实施的范围与对象、享受保险的基本条件、资金来源、待遇支付标准与支付方式、有关方面（主要是国家、单位和个人）的责任、义务、权利等作出具体规定外，还要负责社会医疗保险的具体管理。

（二）政府与社会公共组织共同管理的模式

实行社会医疗保险的国家，其医疗保险基金的管理组织既区别于医疗保障的行政主管部门，也不同于以营利为目的的商业组织，而是由专门的医疗保险基金管理机构进行管理。

这类机构往往是政府所属的事业机构或者由政府委托或批准的民间组织机构，它（们）作为政府授权的非营利性的机构，根据国家关于医疗保障的方针、政策以及政府颁布的有关法律、法规、制度等，独立行使职能，负责医疗保险基金的筹集、运营、给付等管理工作。

例如，德国的法定医疗保险的覆盖面约占德国总人口的 90%，由一百多个私人企业、国家管理的非营利性质的疾病基金会组成。德国公民一旦属于某个强制性健康保险的基金会，就可以在其医师认为必要的情况下，享受预防保健服务和医疗服务。各基金会在政府的授权下，根据自己前一年的收支情况设定费率，同时除了留有一定的“储备金”以外，基金会不能营利。在法律的规定下，任何疾病基金会都是一个财政上自主的实体，其财政收支独立于国家预算，政府不干涉基金会的具体运作。基金会的重大决定都是通过董事会做出，董事会主要由雇主和雇员代表组成，代表投保人利益。每个疾病基金会的董事会都有权确定该基金会下一年向投保者收取的保险费、确定投保者的受益范围、与医院和医师（通过医师协会）谈判等。

世界上各个国家的政治体制和文化传统不同，医疗保险基金的管理方式也有所不同，选择实行政府直接管理的模式和政府与社会公共组织共同管理的模式都与各国的政治体制密切相关。我国城镇职工基本医疗保险中将医疗保险基金的管理与医疗保险行政部门分开，设有专门的医疗保险经办机构，负责基金的经营管理，包括基金的筹集、运营、给付等内容，而医疗保险行政部门则主要对医疗保险事业进行规划、调节、监督，制定有关的政策、法规和工作程序等，同时地方各级政府还设立了医疗保险基金管理监督组织，由劳动、财政、卫生、审计、工会、人事等相关部门的人员以及职工代表参加，对医疗保险基金的使用进行监督与指导，为医疗保险经办机构提供建议。

第二节 医疗保险基金核算

一、医疗保险基金核算的概念和要求

医疗保险基金核算（medical insurance fund accounting）是以货币为表现形式，记录并核实医疗保险基金运作的过程和结果。

为进一步规范社会保险基金财务管理行为，加强基金收支的监督管理，2017 年，财政部会同人力资源和社会保障部、国家卫生和计划生育委员会印发了新的《社会保险基金财务制度》（财社〔2017〕144 号）（以下简称财务制度），《社会保险基金会计制度》（以下简称会计制度）也随之修改。各地区根据修订后的制度要求，结合本地情况落实工作方案。职工基本医疗保险基金、城乡居民基本医疗保险基金（包括城镇居民基本医疗保险基金、新型农村合作医疗基金、合并实施的城乡居民基本医疗保险基金）均适用于以上两个制度。《社会保险基金财务制度》规定了医疗保险基金会计核算的一般性要求，最重要的有以下两点。

（一）基本医疗保险的会计核算采用收付实现制

收付实现制又称现金制，它是以款项收付为标准来确认本期收入和支出的一种方法。采用这种方法，主要考虑社会医疗保险基金纳入国家预算管理，以实际收到或实际支付的款项为确认标准，能如实反映国家财政预算的收入、支出和结存情况，防止财政预算的虚收、虚支。另外，医疗保险机构属于事业机构，不进行盈亏计算，采用收付实现制作为记账基础较为适宜。

在以收付实现制为记账基础的核算要求下，社会医疗保险基金收入的确认时间是以实际收到的现金、银行存款、国库内存款等款项的时间和合法的凭证为依据，一旦收入成立，就可以依据实际收款的时间和收款专用票据登记收入。收入的确认时间是极为重要的，它涉及何时何期计入收入账户的问题，如有差错，可能会影响当期的收入水平。

（二）会计记账采用借贷记账法

借贷记账法是以记账符号为标志命名的。借贷记账法以“借”与“贷”为记账符号，将账户分为左右两方，左方称为“借方”，右方称为“贷方”，用以记录各项业务，其记账规则是：有贷必有借，借贷必相等。

借贷记账法是一种国际流行的复式记账方法。在医疗保险基金会计核算方面与国际惯例接轨，是同时考虑借贷记账方法的科学性、与目前企事业单位记账方法统一的大趋势，以及外部监督检查的实际需要。

二、医疗保险基金科目分类与设置

（一）会计科目分类

设置会计科目是对医疗保险基金进行科目分类的一种方法。会计科目是应计入账户的名称，设置会计科目为账户的开设提供了依据。结合医疗保险基金会计的业务内容将职工医疗保险基金会计科目分为五大类：资产类、负债类、净资产类、收入类和支出类。

（二）会计科目的设置

医疗保险基金五大类共设置 34 个科目，具体如下。

资产类科目 8 个：库存现金、收入户存款、财政专户存款、支出户存款、国库存款、暂付款、债券投资、委托投资（企业职工、城乡居民、机关事业单位基本养老保险基金（省级）专用科目）。

负债类科目 2 个：暂收款、借入款项。

净资产类科目 3 个：一般基金结余、风险基金结余（提取风险基金的新型农村合作医疗基金专用科目）、储备金结余（工伤保险基金专用科目）。

收入类科目 11 个：社会保险费收入、财政补贴收入、集体补助收入（城乡居民基本养老保险基金专用科目）、利息收入、委托投资收益（企业职工、城乡居民、机关事业单位基本养老保险基金专用科目）、转移收入、上级补助收入、下级上解收入、其他收入、待转社会保险费收入（职工基本医疗保险基金专用科目）、待转利息收入（职工基本医疗保险基金专用科目）。

支出类科目 10 个：社会保险待遇支出、大病保险支出（职工、城乡居民基本医疗保险基金专用科目）、劳动能力鉴定支出（工伤保险基金专用科目）、工伤预防费用支出（工伤保险基金专用科目）、稳定岗位补贴支出（失业保险基金专用科目）、技能提升补贴支出（失业保险基金专用科目）、转移支出、上解上级支出、补助下级支出、其他支出。

三、医疗保险基金核算的内容

（一）基本医疗保险基金收入的核算

基本医疗保险基金收入是指基本医疗保险基金在筹集过程中取得的各项收入。基本医疗保险基金收入的核算是保险基金会计核算的一项重要内容。通过基金收入的核算，能够全面完整地反映基金收入的构成及规模，为考核和分析基金预算执行情况、加强基金征收管理提供有用的会计信息。

1. 收入的种类及内容

基本医疗保险基金收入包括基本医疗保险费收入、利息收入、财政补贴收入、转移收入、上级补助收入、下级下解收入和其他收入。这些从不同来源渠道取得的收入，按照医疗保险基金社会统筹与个人账户相结合的管理要求，分别计入社会保险费收入、财政补贴收入、利息收入、转移收入、上级补助收入、下级上解收入、其他收入、待转社会保险费收入、待转利息收入等科目。

2. 收入类会计科目

为了核算在基本医疗保险基金筹集过程中取得的各项收入，社会医疗保险基金会计制度设置的与医疗保险相关的收入类会计科目有九个，即社会保险费收入、财政补贴收入、利息收入、转移收入、上级补助收入、下级上解收入、待转社会保险费收入、待转利息收入科目、其他收入。

“社会保险费收入”科目核算用人单位和个人按规定缴纳的各险种社会保险基金的保险费收入，以及其他资金（含财政资金）代参保对象缴纳的社会保险费收入。“社会保险费收入”科目可以按照当期、预缴、清欠、补缴等不同性质的缴费收入进行明细核算。职工基本医疗保险基金，在“社会保险费收入”科目下设置“统筹基金”“个人账户基金”明细科目，分别核算计入职工基本医疗保险基金统筹基金和个人账户基金的社会保险费收入。

“财政补贴收入”科目核算财政给予社会保险基金的补助、对参保人的缴费补贴、对参保对象的待遇支出补助等。

“利息收入”科目核算社会保险基金的收入户、财政专户、支出户、国库存款和企业职工、城乡居民、机关事业单位基本养老保险基金归集到上级的委托投资资金取得的存款利息收入，以及社会保险基金购买国债取得的利息收入。职工基本医疗保险基金的“利息收入”需要分别核算计入职工基本医疗保险基金统筹基金和个人账户基金的利息收入，并在“统筹基金”“个人账户基金”明细科目下设置“存款利息”“债券利息”明细科目。

“转移收入”科目核算因参保对象跨统筹地区或跨制度流动而划入的基金收入。

“上级补助收入”科目核算下级基金接收上级基金拨付的补助收入。

“下级上解收入”科目核算上级基金接收下级基金上解的基金收入。

“待转社会保险费收入”科目核算职工基本医疗保险基金收到的尚未确定归属于统筹基金或个人账户基金的社会保险费收入。

“待转利息收入”科目核算职工基本医疗保险基金收到的尚未确定归属于统筹基金或个人账户基金的利息收入。

“其他收入”科目核算除社会保险费收入、财政补贴收入、集体补助收入、利息收入、委托投资收益、转移收入、上级补助收入、下级上解收入外的收入，如社会保险基金取得的滞纳金、违约金、跨年度退回或追回的社会保险待遇、公益慈善等社会经济组织和个人的捐助，以及其他经统筹地区财政部门核准的收入等。

3. 收入的账务处理

如前所述，基本医疗保险基金包括六个方面收入。下面就这些收入的账务处理逐一说明。

（1）社会保险费收入的账务处理。应掌握两个要点，即记账依据和具体账务处理。①记账依据。《社会保险费征缴暂行条例》规定，社会保险费实行三项社会保险费集中、统一征收。缴费单位和缴费个人应当以货币形式全额缴纳社会保险费。由税务机关征收医疗保险费，根据各地统一印制的专用缴款凭证作为记账依据，专用缴款凭证一式多联，应将其中一联作为基本医疗保险费收入的记账凭据。②具体账务处理。收到用人单位和个人缴纳的保险费，按照实际收到的金额，借记“收入户存款”“国库存款”“财政专户存款”科目，贷记社会保险费。退回本年社会保险费收入，按照退回的金额，借记社会保险费收入科目，贷记“收入户存款”“支出户存款”等科目。期末，将社会保险费收入科目本期发生额转入“一般基金结余”科目，借记收入保险费收入科目，贷记“一般基金结余”科目。对于职工基本医疗保险基金，应当将社会保险费收入科目“统筹基金”“个人账户基金”明细科目本期发生额分别转入“一般基金结余”科目下“统筹基金”“个人账户基金”明细科目，借记本科目（统筹基金、个人账户基金），贷记“一般基金结余——统筹基金、个人账户基金”科目。期末结账后，“社会保险费收入”科目应无余额。

（2）财政补贴收入的账务处理。①收到财政补贴时，按照实际收到的金额，借记“财政专户存款”科目，贷记“财政补贴收入”科目；②期末，将“财政补贴收入”科目本期发生额转入“一般基金结余”科目，借记“财政补贴收入”科目，贷记“一般基金结余”科目，对于职工基本医疗保险基金，应当将“财政补贴收入”科目本期发生额转入“一般基金结余”科目下“统筹基金”明细科目，借记“财政补贴收入”科目，贷记“一般基金结余——统筹基金”科目；③期末结账后，“财政补贴收入”科目应无余额。

（3）转移收入的账务处理。①因参保对象跨统筹地区或跨制度流动而划入的基金，按照实际转入的金额，借记“收入户存款”等科目，贷记“转移收入”科目；②退回转移收入时，按照实际退回的金额，借记“转移收入”科目，贷记“收入户存款”等科目；③期末，将“转移收入”科目本期发生额转入“一般基金结余”科目，借记“转移收入”科目，贷记“一般基金结余”科目。

［例 7-1］　某医疗保险机构收到银行存款通知，某职工从甲地调入本市某企业工作，其个人账户金额 5000 元随同转入，根据银行收款通知以及医疗保险转移凭证做如下账务处理。

借：银行存款——收入户　　5000

　　贷：个人账户医疗基金收入——转移收入　　5000

（4）利息收入的账务处理。①收到收入户、支出户、财政专户、国库存款利息，按照实际收到的利息金额，借记“收入户存款”“支出户存款”“财政，专户存款”“国库存款”科目，贷记“利息收入”科目；②收到购买的国债的利息，按照实际收到的利息金额，借记“财政专户存款”科目，贷记“利息收入”科目；③到期收回国债本息或按规定转让，按照实际收回或收到的金额，借记“财政专户存款”科目，按照债券账面余额，贷记“债券投资”科目，按照其差额，贷记“利息收入”科目；④期末，将本科目本期发生额转入“一般基金结余”科目，借记“利息收入”科目，贷记“一般基金结余”科目。对于职工基本医疗保险基金，应当将本科目“统筹基金”“个人账户基金”明细科目本期发生额分别转入“一般基金结余”科目下“统筹基金”“个人账户基金”明细科目，借记本科目（统筹基金、个人账户基金），贷记“一般基金结余——统筹基金、个人账户基金”科目。

［例 7-2］ 某医疗保险机构收到银行计息通知，银行存款“收入户”和“支出户”存款利息共计 450 000 元，其中银行存款“收入户”利息 20 000 元，银行存款“支出户”利息 30 000 元，“财政专户存款”利息 400 000 元。该医疗保险机构根据银行转来的计息通知做如下会计分录。

借：银行存款——收入户	20 000
银行——支出户	30 000
银行——财政专户	400 000
贷：待转收入——待转利息收入	450 000

（5）调剂收入的账务处理。调剂收入是指医疗保险基金筹集过程中医疗保险机构收到上级医疗保险机构拨入的医疗保险基金收入或下级医疗保险机构上缴的医疗保险基金收入，包括上级补助收入、下级上解收入。这两种收入均应于收到时确认，借记“收入户存款”科目，贷记“基本医疗保险统筹基金收入——上级补助收入”“基本医疗保险统筹基金收入——下级上解收入”科目。

（6）其他收入的账务处理。①取得滞纳金、违约金、跨年度退回或追回的社会保险待遇、公益慈善等社会经济组织和个人捐助等时，按照实际收到的金额，借记“收入户存款”“财政专户存款”等科目，贷记“其他收入”科目；②因债权人等特殊原因确实无法偿付的暂收款项、借入款项，按照报经批准后确认为其他收入的金额，借记“暂收款”“借入款项”科目，贷记“其他收入”科目；③期末，将“其他收入”科目本期发生额转入“一般基金结余”科目，借记“其他收入”科目，贷记“一般基金结余”科目。对于职工基本医疗保险基金，应当将本科目“统筹基金”“个人账户基金”明细科目本期发生额分别转入“一般基金结余”科目下“统筹基金”“个人账户基金”明细科目，借记“其他收入”科目（统筹基金、个人账户基金），贷记“一般基金结余——统筹基金、个人账户基金”科目。

（二）基本医疗保险基金支出的核算

基本医疗保险基金支出是指基本医疗保险基金在支付过程中开支的各项支出。基本医疗保险基金支出的核算，也是社会保险基金会计核算的一项重要内容。通过基金的核算，能够全面地反映基金的流向及金额，为考核和分析基金预算执行情况、强化基金支出管理、保证基金的安全运作提供有用的会计信息。

1. 支出的种类及内容

基本医疗保险基金支出设置社会保险待遇支出、大病保险支出、转移支出、上解上级支出、补助下级支出、其他支出这些科目。

2. 支出类会计科目的设置

（1）职工基本医疗保险基金的“社会保险待遇支出”科目下，设置“统筹基金”“个人账户基金”明细科目。在“统筹基金”明细科目下设置“住院费用支出”“门诊大病用支出”“门诊统筹费用支出”等明细科目；生育保险与职工基本医疗保险合并实施的统筹地区，在“统筹基金”明细科目下增设“生育医疗费用支出”“生育津贴支出”等明细科目。在“个人账户基金”明细科目下设置“住院费用支出”“门诊费用支出”“药店医药费用支出”等明细科目。

城乡居民基本医疗保险基金的“社会保险待遇支出”科目下，设置“住院费用支出”“门诊费用支出”“其他费用支出”等明细科目。

（2）“大病保险支出”科目核算按规定从城乡居民基本医疗保险基金中划转资金用于城乡居民大病保险的支出。建立职工基本医疗保险大病保险制度的地区，从职工基本医疗保险基金划转资金用于职工大病保险的支出。

（3）“转移支出”科目核算因参保对象跨统筹地区或跨制度流动而划出的基金。

（4）“上解上级支出”科目核算下级基金上解上级基金的基金支出。职工基本医疗保险基金的“上解上级支出”科目下设置“统筹基金”“个人账户基金”明细科目，分别核算计入职工基本医疗保险基金统筹基金、个人账户基金的上解上级支出。

（5）“补助下级支出”科目核算上级基金拨付给下级基金的基金支出。职工基本医疗保险基金的“补助下级支出”科目下设置“统筹基金”“个人账户基金”明细科目，分别核算计入职工基本医疗保险基金统筹基金、个人账户基金的补助下级支出。

（6）“其他支出”科目核算是除以上各支出科目外经国务院批准或国务院授权省级人民政府批准开支的其他非社会保险待遇性质的支出。

3. 支出科目的账务处理

（1）社会保险待遇支出的账务处理。①按规定支付社会保险待遇时，按照实际支付的金额，借记“社会保险待遇支出”科目，贷记“支出户存款”科目。对于职工、城乡居民基本医疗保险基金，经办机构收到归属本级的跨省异地就医清算通知时，按照实际支付的清算金额，借记“社会保险待遇支出”科目，贷记“支出户存款”等科目。②退回或追回本年社会保险待遇支出，按照实际收回的金额，借记“支出户存款”等科目，贷记“社会保险待遇支出”科目。③期末，将本科目本期发生额转入“一般基金结余”科目，借记“一般基金结余”科目，贷记“社会保险待遇支出”科目。对于职工基本医疗保险基金，将“社会保险待遇支出”科目下的“统筹基金”“个人账户基金”明细科目本期发生额分别转入“一般基金结余”科目下的“统筹基金”“个人账户基金”明细科目，借记“一般基金结余——统筹基金、个人账户基金”科目，贷记“社会保险待遇支出”科目（统筹基金、个人账户基金）。④期末结账后，本科目应无余额。

（2）大病保险支出的账务处理。①从城乡居民基本医疗保险基金中划转资金用于大病保险时，按照实际支付的金额，借记“大病保险支出”科目，贷记“支出户存款”“财政专户存款”等科目。②城乡居民基本医疗保险基金根据合同约定，因商业保险机构承办大病保险出现超过合同约定盈余而收到商业保险机构的盈余返还时，按照实际收到的金额，借记“收入户存款”“财政专户存款”等科目，贷记“大病保险支出”科目。城乡居民基本医疗保险基金根据合同约定，因基本医疗保险政策调整等政策性原因商业保险机构承办大病保险发生亏损而向商业保险机构进行补偿时，按照实际支付的金额，借记“大病保险支出”科目，贷记“支出户存款”“财政专户存款”等科目。③期末，将“大病保险支出”科目本期发生额转入“一般基金结余”科目，借记“一般基金结余”科目，贷记“大病保险支出”科目。

（3）转移支出的账务处理。①由于参保对象跨统筹地区或跨制度流动而划出的基金，按照实际转出的金额，借记“转移支出”科目，贷记“支出户存款”等科目；②收到退回的转移支出时，按照实际收到的金额，借记“收入户存款”“财政专户存款”等科目，贷记“转移支出”科目；③期末，将“转移支出”科目本期发生额转入“一般基金结余”科目，借记“一般基金结余”科目，贷记“转移支出”科目。对于职工基本医疗保险基金，“转移支出”科目本期发生额转入“一般基金结余”科目下的“个人账户基金”明细科目，借记“一般基金结余——个人账户基金”科目，贷记“转移支出”科目。

（4）上解上级支出的账务处理。①向上级上解基金的支出，按照实际支付的金额，借记“上解上级支出”科目，贷记“收入户存款”“支出户存款”“财政专户存款”科目；②期末，将本科目本期发生额转入“一般基金结余”科目，借记“一般基金结余”科目，贷记“上解上级支出”科目。

对于职工基本医疗保险基金，应当将“上解上级支出”科目下的“统筹基金”“个人账户基金”明细科目本期发生额分别转入“一般基金结余”科目下的“统筹基金”“个人账户基金”明细科目，借记“一般基金结余——统筹基金、个人账户基金”科目，贷记“上解上级支出”科目（统筹基金、个人账户基金）。

（5）补助下级支出的账务处理。①向下级拨付补助支出，按照实际支付的金额，借记“补助下级支出”科目，贷记“支出户存款”“财政专户存款”科目；②期末，将“补助下级支出”科目本期发生额转入“一般基金结余”科目，借记“一般基金结余”科目，贷记“补助下级支出”科目。对于职工基本医疗保险基金，将“补助下级支出”科目下的“统筹基金”“个人账户基金”明细科目本期发生额分别转入“一般基金结余”科目下的“统筹基金”“个人账户基金”明细科目，借记“一般基金结余——统筹基金、个人账户基金”科目，贷记“补助下级支出”科目（统筹基金、个人账户基金）。

（6）其他支出的账务处理。①发生其他支出，按照报经批准后列作其他支出的金额，借记“其他支出”科目，贷记相关科目；②企业职工基本养老保险基金以其社会保险待遇支出抵扣参保人重复领取的城乡居民基本养老保险基金社会保险待遇支出，企业职工基本养老保险基金按照实际退回的金额，借记“其他支出”科目，贷记“支出户存款”科目；③退回以前年度社会保险费收入，按照实际支出的金额，借记“其他支出”科目，贷记“支出户存款”科目；④期末，将“其他支出”科目本期发生额转入“一般基金结余”科目，借记“一般基金结余”科目，贷记“其他支出”科目。对于职工基本医疗保险基金，“其他支出”科目下的“统筹基金”“个人账户基金”明细科目本期发生额分别转入“一般基金结余”科目下的“统筹基金”“个人账户基金”明细科目，借记“一般基金结余——统筹基金、个人账户基金”科目，贷记本科目（统筹基金、个人账户基金）。

（三）基本医疗保险基金结余的核算

基本医疗保险基金结余是指基金收支相抵后的期末余额，包括职工基本医疗保险基金结余、城乡居民基本医疗保险基金结余。其中，职工基本医疗保险基金结余包括统筹基金结余和个人账户基金结余。职工基本医疗保险基金实行分账核算、统一管理。

1. 基金当年入不敷出时的支付顺序

基金当年入不敷出时，按以下顺序保障基金支付：①动用历年滚存结余中的存款；②建立基金调剂金的地区由上级调剂安排，提取风险基金的新型农村合作医疗统筹地区按程序申请动用风险基金，提取储备金的工伤保险统筹地区按程序申请动用储备金；③转让或提前变现基金投资产品；④同级财政部门给予补贴；⑤在财政给予支持的同时，按照国务院有关规定报批后调整社会保险缴费比例或待遇支付政策。职工基本医疗保险基金在申请调整缴费比例之前可经同级财政部门审核并报同级人民政府批准后，在国家规定的范围内，调整单位缴纳的基本医疗保险费划入职工基本医疗保险统筹基金与职工基本医疗保险个人账户基金之间的比例。

2. 一般基金结余的账务处理

“一般基金结余”科目核算社会保险基金历年累积的基金收支相抵后的除风险基金、储备金等特定用途基金外的基金结余。

（1）期末，将各收入类科目本期发生额转入“一般基金结余”科目。借记各收入类科目，贷记“一般基金结余”科目。对于职工基本医疗保险基金，将“财政补贴收入”科目本期发生额以及“社会保险费收入”“利息收入”“上级补助收入”“下级上解收入”“其他收入”科目所属“统筹基金”明细科目的本期发生额转入“一般基金结余”科目（统筹基金），借记“财政补贴收入”“社会保险费收入——统筹基金”“利息收入——统筹基金”“上级补助收入——统筹基金”“下级上解收入——统筹基金”“其他收入——统筹基金”科目，贷记“一般基金结余”科目（统筹基金）；将“转移收入”科目本期发生额以及“社会保险费收入”“利息收入”“上级补助收入”“下级上解收入”“其他收入”科目所属“个人账户基金”明细科目的本期发生额转入“一般基金结余”科目（个人账户基金），借记“转移收入”“社会保险费收入——个人账户基金”“利息收入——个人账户基金”“上级补助收入——个人账户基金”“下级上解收入——个人账户基金”“其他收入——个人账户基金”科目，贷记本科目（个人账户基金）。

（2）期末，将各支出类科目本期发生额转入“一般基金结余”科目，借记“一般基金结余”科目，贷记各支出类科目。对于职工基本医疗保险基金，将“社会保险待遇支出”“上解上级支出”“补助下级支出”、“其他支出”科目所属“统筹基金”明细科目的本期发生额转入本科目（统筹基金），借记“一般基金结余”科目（统筹基金），贷记“社会保险待遇支出——统筹基金”“上解上级支出—统筹基金”“补助下级支出——统筹基金”“其他支出——统筹基金”科目；将“转移支出”科目本期发生额以及“社会保险待遇支出”“上解上级支出”“补助下级支出”“其他支出”科目所属“个人账户基金”明细科目的本期发生额转入“一般基金结余”科目（个人账户基金），借记本科目（个人账户基金），贷记“转移支出”“社会保险待遇支出——个人账户基金”“上解上级支出——个人账户基金”“补助下级支出——个人账户基金”“其他支出——个人账户基金”科目。

（3）新型农村合作医疗基金统筹地区提取风险基金，按照提取的金额，借记“一般基金结余”科目，贷记“风险基金结余”科目。风险基金转入一般基金结余时，按照实际划转金额，借记“风险基金结余”科目，贷记“一般基金结余”科目。新型农村合作医疗基金累计结余应不超过当年筹集基金总额的 25%（含风险基金）。

第三节 医疗保险基金运营管理

医疗保险基金处于一个不断运行的过程中，其分配和使用体现着医疗保险制度的价值取向。在其运行过程中，其资金本身还具有投资增值的内在要求。

一、医疗保险基金的分配和使用

（一）医疗保险基金的分配

1. 医疗保险基金分配

医疗保险基金是一种由用人单位、职工个人共同筹集起来的，有着特殊用途的社会保险基金，《财务制度》明确提出：职工基本医疗保险基金收入按规定分别计入职工基本医疗保险统筹基金收入和职工基本医疗保险个人账户收入。2021 年 4 月，印发了《国务院办公厅关于建立健全职工基本医疗保险门诊共济保障机制的指导意见》（国办发〔2021〕14 号）文件，改进了原有的个人账户计入办法。

2. 医疗保险基金分配的依据

国务院有关文件规定：统筹基金、个人账户要规定各自的支付范围，分别核算，不能互相挤占。这样既可以避免统筹基金挤占个人账户导致个人账户“空账”运行的局面，也降低了社会保险经办机构的监控难度，简化了工作手续，便于基本医疗保险基金的管理。根据划定支付范围的不同，社会统筹基金与个人账户基金的使用范围主要有三种。①按发生医疗费用的数额划分支付范围。个人账户用于支付小额医疗费用，统筹基金用于支付大额医疗费用。这种使用方式由实际发生的医疗费用大小确定，简单易行，但需要对每个职工所发生的每笔费用进行全程记录和监控，而门诊医疗人次多、业务量大、人均费用低、医疗技术指标复杂，导致监控难度较大、管理成本较高。②按病种划分支付范围。根据不同病种，确定哪些病种发生的医疗费用在个人账户支付，哪些病种在统筹基金中支付。相对而言，这是一种较为科学的支付方式，在经济发达国家较为普遍使用，但这种方法需要健全的疾病档案管理和基本诊疗规范基础，而我国绝大多数地区尚不具备这种条件。③按门诊和住院划分支付范围。个人账户用于支付门诊费用，统筹基金用于支付住院费用，这种使用方法简单明了，便于操作，但也有两个明显的弊端：一是对一些在门诊就医、医疗费用较高的慢性病患者来说，个人负担的医疗费用过大，个人经济难以承受；二是容易造成患者不去或少去看门诊，有病就去住院。

各地应因地制宜，根据各地的实际制定出社会统筹基金、个人账户基金的使用方法。相比而言，我们认为采取按门诊和住院划分统筹基金和个人账户的支付范围较为合适，但需要注意两点：一是个人账户必须实行社会化管理，真正用于个人医疗支出而不能变现或用于其他的非医疗支出；二是统筹基金的支付范围不能绝对限定在住院费用，对少数门诊多发病、慢性病患者个人医疗费用负担过重的，也要适当给予照顾。硬性规定得太死，会导致职工小病大养、门诊挤住院。

（二）医疗保险基金的使用范围

1. 社会医疗保险统筹基金

社会医疗保险统筹基金指由社会医疗保险管理机构统一支配，用于偿付被保险人生病就医费用的基金。目前，我国实行的城镇职工基本医疗保险采取的是社会医疗保险统筹基金和个人医疗账户基金相结合的模式。

社会医疗保险统筹基金主要用于住院费用，也可用于门诊费用，也可以住院与门诊共用，具体支付比例和范围与所采取的医疗保险模式相关。

用人单位缴费中，划入社会统筹基金或个人账户的比例如何确定才能保证社会统筹基金不超支，又能调动个人积累节约的积极性是个难题。划入个人账户的比例过大，个人账户上的资金会沉淀很多，统筹基金互助共济的能力相应削弱。若划入个人账户的比例过小，虽然统筹基金的互助共济能力较强，但个人账户很快就会出现赤字，难以调动个人积累节约的积极性。

2. 个人医疗账户基金

个人医疗账户基金的主要来源是：个人缴纳的医疗保险费、用人单位（雇主）缴纳的社会医疗保险费的一定比例、一些用人单位为个人缴纳的个人账户启动资金、个人账户基金运营的利息收入。

我国城镇职工基本医疗保险基金中，个人缴纳本人工资总额的 2%以及用人单位缴纳本人工资总额的 6%。在统筹基金和个人账户的分配上，在职职工个人账户由个人缴纳的基本医疗保险费计入，计入标准原则上控制在本人参保缴费基数的 2%，单位缴纳的基本医疗保险费全部计入统筹基金；退休人员个人账户原则上由统筹基金按定额划入，划入额度逐步调整到统筹地区根据本意见实施改革当年基本养老金平均水平的 2%左右。个人账户的具体划入比例或标准，由省级医保部门会同财政部门按照以上原则，指导统筹地区结合本地实际研究确定。调整统筹基金和个人账户结构后，结构调整后增加的统筹基金主要用于门诊共济保障，提高参保人门诊待遇。

确定用人单位缴费划入个人账户的比例时，具体到每一个地区，由于各地统筹基金和个人账户的支付范围会有所不同，所以单位缴费划入个人账户的比例允许有所差别。在保证统筹基金收支平衡的前提下，具体的比例需要根据支付范围进行认真细致的测算，不能“一刀切”。具体到每一个人，也要考虑职工年龄不同、支付的医疗费不同来确定不同的划入比例。

3. 管理费

管理费指医疗保险业务所必须开支的范围，是为了保证社会医疗保险事业正常运行的必要费用。管理费包括：①社会医疗保险管理机构人员的薪水、奖金、福利开销等，有的还包括直接提供医疗保险服务的医生的薪水及医疗设备的添置和更新费用等；②医疗卫生服务的监督、管理机构人员的出差、劳务支出；③广告宣传、人员培训、公务、资料报表等公务支出；④考察调研费用；⑤对先进单位和个人的奖励；⑥社会医疗保险机构资产的折旧及维护费用。

管理费的高低主要取决于医疗保险机构所采用的保险模式和管理手段。一般可以根据上年度的实际管理费估算本年度的管理费，公式为管理费=上年实际管理费×估计本年物价上涨指数。由于目前我国的城镇职工基本医疗保险经办机构大多是属于政府全额拨款的管理单位，工作人员的工资、奖金、福利以及保险机构的设备设施安置费、办公业务费均是财政划拨，大部分地区的管理费控制在2%～5%。对于实施差额预算管理或企业化管理的医疗保险机构，管理费所占的比例会更高一些。

4. 风险储备金

风险储备金主要用于偶然突发性的传染病、流行病等超常风险爆发时以及在某一时期内因特定原因出现的社会医疗保险基金入不敷出的情况。风险储备金的提取比例可根据社会医疗保险的参保规模而定，参保规模越大，依据大数法则，保险系统抗风险的能力越强，风险储备金的提取比例可低一些；反之，参保规模较小，则风险储备金的提取的比例较高。具体而言，风险储备金的提取方法是根据历年出现的赤字费用与参保人数总和的比值再加上 5%的安全系数。风险储备金一般占保险费收入的4%～8%，进行专户储存。

二、医疗保险基金的收支平衡

医疗保险基金结余是指基金收支相抵后的期末余额，包括基本医疗保险统筹基金结余、医疗保险个人账户基金结余。当基金收入刚好等于支出时，结余就为零，即基金平衡。

医疗保险基金作为一种社会保险基金，其根本属性决定了它运营的最终目的就是追求自身的平衡。我们不要求每一个时刻或每一个时期基金的结余都为零，但在一定的时期范围内，应达到基金平衡。当基金发生了收支不等，就要对其进行平衡，个人账户基金剩余归己，超支不补，收支平衡均由职工个人管理。这里主要介绍基本医疗保险统筹基金的平衡，根据基金结余的结果，通过管理维持医疗保险基金收支平衡。

（一）基金结余为负数时保障基金支付

基金当年入不敷出时，按以下顺序保障基金支付：①动用历年滚存结余中的存款；②建立基金调剂金的地区由上级调剂安排，提取风险基金的新型农村合作医疗统筹地区按程序申请动用风险基金，提取储备金的工伤保险统筹地区按程序申请动用储备金；③转让或提前变现基金投资产品；④同级财政部门给予补贴；⑤在财政给予支持的同时，按照国务院有关规定报批后调整社会保险缴费比例或待遇支付政策。职工基本医疗保险基金在申请调整缴费比例之前可经同级财政部门审核并报同级人民政府批准后，在国家规定的范围内，调整单位缴纳的基本医疗保险费划入职工基本医疗保险统筹基金与职工基本医疗保险个人账户基金之间的比例。

（二）分析和预警基金运行情况

医疗保险经办机构需要利用医疗保险信息，构建基本医疗保险基金运行分析和风险预警系统。统筹基金累计结余是基本医疗保险基金风险预警监测的关键性指标。《关于进一步加强基本医疗保险基金管理的指导意见》中指出，除一次性预缴基本医疗保险费外，统筹地区城镇职工基本医疗保险统筹基金累计结余原则上应控制在 6～9 个月平均支付水平。城镇职工基本医疗保险统筹基金累计结余超过 15 个月平均支付水平的，为结余过多状态，累计结余低于 3 个月平均支付水平的，为结余不足状态。城镇居民基本医疗保险的基金风险预警指标，各地可根据当地实际具体确定。

（三）基金结余为正数时的平衡

当基金结余为正数时，表明医疗保险基金收大于支，应做如下处理：①结余基金除留足根据医疗保障部门商定的、最高不超过国家预留的支付费用外，全部用来购买国家发行特种定向债券或其他种类国家债券，不能挪作他用和搞其他投资；②基金连续结余过多，应首先考虑扩大覆盖面，发挥共济功能。城镇职工医保统筹因为职工工资水平增长等因素，统筹基金收入增幅明显高于支出增幅，连续 2 年处于结余过多状态的，可阶段性降低基本医疗保险筹资比例或适当提高参保人医疗保险待遇水平。

三、医疗保险基金的保值增值

（一）医疗保险基金保值增值的意义

医疗保险基金作为一种货币形态的后备基金，其总量、存量和支付能力总在不断的变化。它不但具有积累性，更具有支出的刚性增长特点。因此，确保医疗保险基金的实际价值，以及不断使其增值是医疗保险基金管理中的重要任务之一。

我国医疗保险基金个人账户追求长期平衡，有一定的保值增值的需要，但是，由于医疗保险基金支出的经常性和不确定性，我国的医疗保险保值增值的途径比较单一。我国现行的医疗保险制度规定：医疗保险基金只能存入财政专户或购买国家债券。

（二）医疗保险基金保值增值的原则

1. 安全性原则

基本医疗保险基金是一种消费性基金，最终是要支付给个人的，投资的第一要求是必须具有安全性。投资的基金不能回收上来，就不能实现保值增值的目的。

2. 效益性原则

在保证安全的前提下，尽可能投资于能获得较高投资收益率的方面，以实现基金的保值增值。

3. 可流动性原则

医疗保险基金作为一项具有专项用途的基金，主要用于支付医疗待遇有关的费用，要注意其流动性以保证在需要支付时，马上就可以兑换成现金，否则，在某个地方冻住就有可能酿成危机。

（三）国际医疗保险基金的投资方式

从国际经验看，国际上常见的投资方式有公司股票、公司债券、政府债券及不动产四种。

1. 购买国库券等有价证券

这是目前国家规定的、最安全的，但也是收益率较低的一种投资方式。目前，这种形式多为我国社会保险机构所采用。

2. 委托专业银行短期贷款

按照小额、高效、限期偿还的原则，委托专业银行选择经济效益高、产品有前途的企业提供贷款。它最大的好处是能利用专业银行的经济实力和制约机制，确保基金的安全增值。

3. 实行证券投资组合的试点

证券业的特点决定了证券投资虽有高风险，但也有高回报。根据国外的经验，如能采取证券组合投资，即将基金按不同比例投资于股票、国库券、企业债券等，不仅可以减少投资风险，还能取得较高的投资收益。因此，我们可以设想，像社会医疗保险制度的改革一样，先在有条件的地区进行试点，在投资项目和项目的投资比例方面作出探索和研究，积累经验，然后可以将效果良好的模式向全国推广。

4. 建立社会保险银行或专业社会保险基金公司

作为一种设想，可以成立社会保险银行或专业社会保险基金公司。这是为了使目前按行政办法管理基金变为按资本性质经营，同时也是为了使社会保险基金更好地保值增值。它的好处有：①可以为各项社会保险基金的收缴和运营提供有力的组织保证，从而提高社会保险基金管理的专业化程度；②可以利用专业金融机构直接投资于对国民经济发展有长远影响和收益可靠的项目，国家也可将有一定盈利水平的项目优先安排，加快基金增值和积累的速度；③可以利用银行和基金的业务网络，加快实现社会保险服务的社会化，以及通过吸引企业补充保险、个人储蓄性保险、社会性互助保险等消费基金，扩大社会保险基金的总量与规模，以期达到与银行双赢的结果。

第四节　医疗保险基金监督

一、医疗保险基金监督概念

医疗保险基金监督（medical insurance fund supervision）是指国家行政管理部门、专职监督部门以及有利害关系者，以职工医疗保险基金的各种核算资料为依据，以检查分析为手段，对社会保险经办机构管理、使用和支付基本医疗保险基金的业务活动和财务收支状况进行监控、评审、督察、鉴定。

《监管条例》规定医疗保障基金使用监督管理实行政府监管、社会监督、行业自律和个人守信相结合。同时，分别明确了国务院、县级以上地方人民政府医疗保障行政部门在基金监管中的主要责任，并且对医疗保障经办机构、定点医药机构、医保服务医师（药师）、参保人等利益相关方在基金使用、监督管理和法律责任等方面作出了具体规定。《监管条例》的出台改变了我国基本医保基金监管工作缺乏专门性法律法规的局面，有力地推动了医保领域的依法行政，将有助于提升我国医保治理水平。

建立健全的基金管理监督机制的意义在于以下两点。一是保证国家及社会保障方面的各项方针、政策、法规的贯彻执行，避免重大的失误；二是可以严肃财经纪律，维护财经秩序，强化基金收支运行的管理，保证基金的安全完整。

二、医疗保险基金监督形式

基本医疗保险基金的监督包括内部监督和外部监督两个方面。

（一）内部监督

内部监督主要是指社会保险经办机构根据《监管条例》和《财务制度》建立健全内部管理制度，定期或不定期对基本医疗保险基金的筹集、使用等情况进行监督检查。

内部管理是基本医疗保险基金管理监督机制的基础环节。在各级社会保险经办机构内部各部门之间、上下级之间相互协调和制约关系的基础上，根据《监管条例》和《财务制度》的规定，建立一系列相互关联和约束的制度及管理措施。必须加强财务规章制度建设，健全内部财务监督，使内部财务监督成为经办机构内部自我约束机制的组成部分。

内部管理制度要依据统一性、针对性、可操作性、全面性、完整性的原则，建立财务管理机构的设置、财务管理人员的职责分工、财务管理工作的组织和实施要求、内部控制制度等管理制度，做到内部财务、业务、审计三分离，实现加强内部管理、接受社会监督的管理要求。

1. 建立健全经办机构业务流程

医疗保险基金管理机构设计严密的管理流程，如细化医疗保险制度中的保险费征缴流程、医疗费用支付流程等各项医疗保险业务程序。严密的业务流程和制度有利于控制经办机构的业务风险，实行内部管控。

2. 完善内部管理制度

内部管理制度，如医疗保险基金的财务会计制度、审计制度、定点医疗机构监管制度等，要根据统一性、针对性、可操作性的原则进行设置。

3. 明确内部稽核工作的机构和人员

医疗保险经办机构的内部应该建立基金审计部门，对于医疗保险经办机构中的各项工作，如保险费的征收、各项支出都有相应的部门和机构实施内部的稽查核对。

4. 医疗保险经办部门内部财务、业务、审计相互独立

医疗保险经办部门内部机构设置要有独立的财务、业务和审计部门，有些经办机构为省事，将审计职责交由其他的业务部门或财务部门，很难真正履行审计职能。

5. 有明确的内部监督检查方式

在医疗保险经办机构内部建立上对下、交叉检查、抽查等检查方式。

（二）外部监督

为保证基本医疗保险基金安全、有序和高效管理，有必要建立对基本医疗保险基金管理使用情况的监督体系。基本医疗保险基金的外部监督主要有行政监督、审计监督、社会监督等几种形式。

1. 行政监督

行政监督是基金管理监督机制的主导环节，包括劳动保障部门和财政部门对职工基本医疗保险基金预算、决算等进行审核，对基金的收支情况进行监督等。各级经办机构要按照有关规定报送基本医疗保险基金预算、决算及预算执行情况，劳动保障和财政部门要进行认真审核、分析，发现问题要予以纠正，保证基本医疗保险基金运行健康、有序。

2. 审计监督

审计监督是基金管理监督机制的独立环节，它是由专门从事审计业务的部门对医疗保险基金的财务收支、运用效益和违反财经法纪的行为所进行的经济监督。

3. 社会监督

社会监督即直接利害关系者或群众组织借助舆论的作用及影响，对医疗保险基金进行监督。我国已经建立了举报奖励的制度，国家医保局和财政部在 2018 年 11 月印发了《欺诈骗取医疗保障基金行为举报奖励暂行办法》，并开通了各种举报投诉的渠道，设置了举报奖励的具体办法，还在基层建立了“社会监督员”制度，推行“网格化”管理，一些地市还在乡镇社区配备兼职医保管理员，延伸医疗保险基金监管、服务、经办到最基层组织。

三、医疗保险基金监督的内容

（一）对参保单位的监督

对参保单位监督的主要内容有以下几方面。①选择性参保。防止参保单位为降低用人成本，只让年老、体弱、多病的职工参保，不让年轻、健康的职工参保；只让固定员工参保，不让临时工参保。②少报工资总额。社会统筹医疗保险基金是以职工工资总额为基数进行收缴的，职工工资总额的多少直接决定医疗保险基金的稳定与安全，为此，必须对参保单位的工资总额进行审核和监督。③防止突击参保。防止有些单位在职工出现严重疾病时，突击参加医疗保险。

（二）对定点医疗机构的监督

对定点医疗机构监督的主要内容有：①不合理用药；②违规用药；③滥检查；④违规记账；⑤乱收费；⑥不坚持出入院标准；⑦医疗机构职工利用工作之便多开药；⑧虚报医疗保险费金额。

（三）对参保人的监督

对参保人监督的主要内容有以下方面。①过度医疗消费和超前医疗消费。医疗保险机构要建立特殊检查审批制度，目的在于通过审批、监督，控制参保人不合理的医疗消费。②为他人开药和借证给他人就医。参保人为他人开药和借证给他人就医，让非医疗保险对象享受医疗保险待遇，这是一种不正当的行为，对其他参保人是一种侵权行为，应通过监督加以控制。

（四）对医疗保险经办机构的监督

对医疗保险经办机构监督的主要内容有：①执行医疗保险政策有无偏差；②医疗保险工作是否有计划、有步骤地进行；③单位参保率、职工参保率和资金到位率是否达到了预定目标；④对定点医疗机构医疗费用的偿付是否合理、准确、及时；⑤是否做到专款专用；⑥医疗保险基金的投资是否符合国家有关规定，是否具有安全性、流动性和收益性；⑦管理费用的提取和使用是否适当；⑧医疗保险基金的支出是否符合国家财经纪律和财务制度；⑨对用人单位、定点医疗机构、参保人的处罚是否公正、合理；⑩是否切实保障了参保人的基本医疗需求，是否将医疗资源浪费降到了最低限度，是否达到了基金“收支平衡，略有节余”的目的等。

思考题

1. 基本医疗保险基金管理的原则是什么？
2. 基本医疗保险基金核算的一般要求有哪些?会计科目分为哪几类?
3. 试述对基本医疗保险基金进行监督的形式和内容。

（陈曼莉）

第八章　医疗保险基金测算

内容提要

医疗保险基金的科学测算，是医疗保险制度建设中的一个非常关键的环节，也是保证医疗保险基金财务稳定的基础。本章主要介绍社会医疗保险基金的测算，从社会医疗保险基金测算的原理及性质入手，并结合我国城镇职工医疗保险改革和城乡居民基本医疗保险制度的实践，介绍社会医疗保险基金测算的基本原理、基本方法和主要内容。

第一节　医疗保险基金测算概述

一、医疗保险基金测算的原理及性质

（一）医疗保险基金测算的原理

对于任何种类的保险，其基金测算的基本原理是一致的。医疗保险费的计算通常由疾病发生的次数分布与每次发生的费用分布（保险精算称为损失分布）两者结合决定的总索赔 S 分布的某一个函数来确定，不同函数式的选择对应着不同的保险费计算原理。保险费的计算，实质上是寻求某种对应的规则，使得某一实值 P 与随机的总索赔 S 相对应，如果用 H 来表示这一规则，则保险费的计算是基于这样一种关系来确定的：$P=H(S)$。规则的不同形式对应不同的保险费计算方法，常用的有净保险费原理、均值原理、方差原理、标准差原理、零效用原理、指数原理、平均值原理、分位数原理等。

1. 净保险费原理

净保险费原理又称平衡保险费原理或等价保险费原理，采用这种原理测算出的保险费称为风险保险费（risk premium），是一种最简单的计算方法，有 $P=E(S)$。在这种保险费制度下被保险人交付的医疗保险费与他们的实际风险水平是一致的，即在整个保险期限内各类风险人群的总保险费应与整个赔付和核保、核赔等管理费用的支出总额一致，实际上就是医疗保险收支平衡。利用这一原理测算保险费时，要估量各类被保险人真实风险的大小，即根据风险因素的不同水平将被保险人分类后测算保险费。净保险费原理是最简单的保险费计算方法，其他原理大都是基于此原理加以改进而得到的。

2. 均值原理

均值原理即考虑与净保险费成比例的安全附加费，有 $P=(1+\lambda)E(S)$，其中，$\lambda(\lambda>0)$ 是一个常数，称为安全系数。

3. 方差原理

方差原理即安全附加费按与方差成比例的原则思考，有 $P=E(S)+\alpha\mathrm{Var}(S)$，其中，$\alpha(\alpha>0)$ 是一个常数。

4. 标准差原理

标准差原理即安全附加费按与标准差 $\sigma(S)$ 成一定比例来思考保险费计算的原理，有 $P=E(S)+\beta\sigma(S)$，其中，$\beta(\beta>0)$ 是一个系数。

注意到方差原理和标准差原理都反映了损失中的波动，但两者之间还是有差别的。比如，考虑两个危险 S_1 和 S_2，当 S_1 与 S_2 相互依赖时，按标准差原理计算的安全附加费可以相加，而按方差原理计算的安全附加费不能相加。

5. 零效用原理

零效用原理也称效用原理，是选择一个适当的效用函数来衡量危险，并以保险费作为危险的度量。保险机构设置一个相应的效用函数 $u(x)$（$0 \leqslant x \leqslant 1$），它应能反映每个保险单或保险机构的风险抉择。零效用原理是对于某一危险按以下方式计算其保险费 P，即期望效用至少等于零效用，有 $E[u(P-S)]=u(0)$。一般 $u(0)=0$，由此产生一个保险费的下限值，如果保险费低于 P，则不能承保风险 S。

6. 平均值原理

令 $v(x)$ 表示某一函数，并且有 $v'(x)>0$，且 $v''(x) \geqslant 0$，则 $v(P)=E[v(S)]$ 或 $P=v^{-1}(E[v(S)])$。如令 $v(x)=e^{\alpha x}$，$\alpha>0$，则平均值原理成为指数原理；当 $v(x)=x$ 时，则成为净保险费原理。

7. 分位数原理

分位数原理即收取一定水平的保险费使得保险合同带来的损失概率小于某特定值的原理。令 $0<\varepsilon<1$，其中 ε 表示保险合同带来的损失概率，F_S 是风险 S 的分布函数。这说明 P 是相应于随机变量 S 的百分位数。因此，一般情况下，保险费的计算可按下式进行 $P=\min\{pm \mid F_S(p) \geqslant 1-\varepsilon\}$，即 P 是当损失的概率最大为 ε 时的最小的保险费。

（二）医疗保险基金测算应满足的性质

1. 非负性

合理收取的保险费必为非负值，且不应小于损失的平均值，即非负性。

2. 不索取超高价值

保险费不应高于可能的最大索赔量，即不索取超高价值原则。

3. 可加性

可加性即对于相对独立的随机风险 S_1 和 S_2，它们一起投保的风险保险费应该等于各自分别投保时的风险保险费之和。若 $H(S_1+S_2)=H(S_1)+H(S_2)$，则称 H 满足风险保险费的可加性。该性质描述的是将独立的风险变量集中在一起不影响总保险费。

4. 平移不变性

平移不变性又称协调性、一致性、相容性，即如果保险机构面临的风险 S 增加一个固定的损失 C，则相应的风险保险费也应增加一个常数 C。若 $H(S+C)=H(S)+C$，则称 H 满足风险保险费的平移不变性。

5. 累次性

该特性是保险费计算原理中最重要的一个性质，若 $H(S)=H[H(S \mid X)]$，则称 H 满足累次性。它与期望累次性在结构上是相似的，累次性说明保险费的计算分为两步，先计算在 X 给定条件下，总风险 S 的条件风险保险费 $H(S \mid X)$，它是 X 的函数，然后再求以条件风险保险费的值表示的风险的保险费，即为总风险 S 的保险费。

二、医疗保险基金测算的基本原则

（一）基本医疗需求原则

社会医疗保险是世界最普遍实行的一种医疗保险模式，它具有保障范围广泛和保障基本医疗待遇的特点。“基本医疗”是个相对的范畴，具有变动性、地域性和阶段性的特点，在不同时期、不同地区有不同的内涵与范围。综观世界各国社会医疗保险发展的历史，大都经历了随着社会经济发展水平的提高，社会医疗保险的范围由小到大、保障项目由少到多、待遇水平由低到高，发展到一定程度后又开始全面收缩。我国城镇职工基本医疗保险制度将基本医疗定义为绝大部分医疗服务供方有能力提供的，医疗服务需方（患者）必需的，保险方有能力支付的医疗服务，并将基本医疗从基本诊疗技术、基本药物目录、基本服务设施和基本偿付费用四个方面进行了界定。社会医疗保险只能提供基本医疗保障，不能满足人们所有的健康需要，享受基本医疗之外的其他医疗服务可以通过补充医疗保险和附加医疗保险来实现。

（二）社会共同承担责任和风险分担原则

社会医疗保险由国家、用人单位和个人共同缴纳保险费，当参保人患病时，由国家及社会向其提供必需的医疗服务和经济补偿，其实质是社会共担风险。我国目前所实施的社会医疗保险制度，采取的是国家、单位、个人三方共同负担且以国家和单位为主的筹资原则，不仅通过社会统筹的方式实现了社会成员之间横向的费用互助共济和统筹调配，而且通过个人账户的形式实现了纵向的费用共济和风险分担。这既有利于扩大医疗保险基金的来源，减轻国家和企事业单位的负担，符合我国的国情和社会经济发展水平，又有利于明确三方的责任感，增强个人的自我保障意识，避免医疗资源的浪费，体现社会医疗保险的权利和业务的一致性，促进社会医疗保险制度的不断完善与发展。随着医学的进步和疾病谱的改变，人们对医疗服务的需求日益提高，再加上不合理的费用支出，造成医疗费用不断上涨，在这种情况下仅靠单方面力量筹措医疗保险基金是难以承受的。社会医疗保险遵循国家、单位和个人“共同分担风险”的原则，形成稳定、可行的筹资机制，是保障劳动者获得基本医疗服务和维护社会稳定的重要前提条件。

（三）公平与效率相结合原则

公平与效率相结合的原则是指社会医疗保险基金筹集、分配和使用的过程中既要体现公平，又要兼顾效率，且以公平为主的原则。公平是个相对的概念，绝对的公平是不存在的。社会医疗保险的公平性主要表现在：筹资的垂直公平性和服务的水平公平性。筹资的垂直公平性以财富的边际效用递减规律为理论基础，以效用的“平等效用贡献”为原则。由于收入的边际效用随收入的增加而减少，这就要求收入越高的人筹资的比率也越高，收入越低的人筹资的比率也越低，这样才能保证支付者的效用减少处于相同的水平；服务的水平公平性是指具有等量卫生服务需要的人群，无论其收入情况如何，都能得到相同质量和数量的医疗服务。只要参加社会医疗保险，无论患者身份地位高低，无论按规定比例缴纳保险费金额多少，都可以享受社会医疗保险规定的基本医疗保险待遇，享受的服务范围和偿付标准基本上是一样的。社会医疗保险的效率主要表现在管理效率、分配效率和技术效率三个方面。一个有效的社会医疗保险模式应该能够将筹集到的资金更多地使用到医疗服务上，而将更少的资金使用到保险的运作中，这就是管理效率；分配效率是指如何将有限的资金投入到效益最佳的服务项目上，即社会医疗保险资金主要用于提供基本医疗服务和预防保健服务还是非基本医疗服务与特需服务，当用较低的卫生投入获得较高的健康水平的改善时，就称为有较高的分配效率；技术效率是用来评价社会医疗保险运行中如何有效地组合各种要素在限定资源的情况下追求最大的产出，或在限定产出的情况下追求最小成本。

我国城镇职工医疗保险制度改革实行社会统筹与个人账户相结合的原则，实现了公平与效率的有机结合。公平性主要体现在社会统筹基金的使用上，对“大病”的经济补偿比例、受诊和设施利用机会均等。效率主要体现在个人账户上，享受医疗保险待遇与个人对社会的贡献、缴纳医疗保险费金额、参加医疗保险年限以及本人医疗费用实际支出等相联系。此外，政府有为退休职工和低收入人群等弱势群体提供医疗保障的职责。

（四）“以收定支、量入为出、收支平衡、略有结余”原则

首先，社会医疗保险是一种不以营利为目的的强制性社会保险，它与商业性保险不同，在制定费率时，不计入保险机构的利润。但是，医疗保险也不完全是一项社会福利，在市场经济条件下，社会保险是一种经济活动。其次，医疗保险机构虽然不是营利性企业，但负有使医疗保险基金保值和增值的任务，这使其本身具有经营属性，追求经济效益也就成了医疗保险机构的基本行为。最后，名义上国家对社会医疗保险机构的财务状况负有最后的责任，但是政府对于社会保障的宏观管理越来越偏重从法律制度上保证社会保障体制的建立，规范社会保险机构的行为和控制服务提供者的价格，而不是包办社会保险（包括医疗保险）的费用。

基于以上原理，社会医疗保险基金的测算有两种基本方法，一种是“以收定支”，另一种是“以支定收”。前者根据社会承受能力，按照多渠道筹资原则确定各方筹资水平和分担比例，即“可能性原则”。后者根据人群的卫生服务需求，来测算能保证社会医疗保险实现“风险转移和补偿损伤”等基本职能所必需的资金量，即“需要性原则”。根据我国处于社会主义初级阶段的基本国情，现阶段社会医疗保险基金的筹集只能根据可能性原则，而不能根据需要性原则。因此，我国城镇职工基本医疗保险和城乡居民基本医疗保险制度在筹集资金上首先根据各方的实际承受能力确定缴费水平，实行“以收定支”；社会医疗保险基金的使用原则是“量入为出”，即在制定医疗保险待遇和偿付标准时，以能够收到的医疗保险费为依据，根据社会医疗保险基金的多少决定偿付标准的高低；“收支平衡”保证基本运营。对于社会医疗保险，特别是城乡居民基本医疗保险，过多的资金结余将影响居民参保的积极性。因此，必须对不同经济文化、地理环境人群的医疗费用和不同的补偿比方案进行科学的测算，以确定能保持收支平衡的保险费和补偿比，从而保证社会医疗保险系统的正常运转；由于疾病风险具有极大的不确定性，因此在筹措和管理保险基金时，还应略有节余以备不测。

（五）可行性原则

社会医疗保险受多种因素的制约，政策导向、经济水平、组织管理、人们的价值观念等在很大程度上影响社会医疗保险实施范围的大小和保障水平的高低。可行性原则主要强调三个方面：经济可行性、政策可行性和组织可行性。如果不考虑一个国家的社会经济发展水平和承受能力，片面追求保障程度，其后果必然影响社会医疗保险的可持续发展。我国城镇职工基本医疗保险制度坚持“低水平、广覆盖”，就是从处于社会主义初级阶段的国情出发，适应社会主义市场经济体制，根据国家、企业和个人的实际承受能力，确定合理的基本医疗保障水平。

（六）非营利（社会福利性）原则

任何一种医疗保险模式都有自己的经营目标。营利性的商业医疗保险，其目标之一就是获得利润的最大化，经营商业医疗保险的保险公司必须以企业的身份照章纳税。社会医疗保险具有非营利性，属于社会福利性质，是以满足劳动者的基本医疗服务需求为目标。如果社会医疗保险基金运作模式为现收现付制，医疗补偿费可能当年有结余但也不能作为管理机构的盈利收入，而是结转到下年进行有计划的管理和运营。

上述原则与社会医疗保险的基本性质相联系，进行医疗保险基金测算只有遵循这些原则才能实现社会医疗保险的根本目标。

三、医疗保险基金测算的基本方法

和其他保险精算一样，概率论、大数法则和精算原理也是医疗保险精算的数学基础。测算一定时期内健康损失风险发生的频率和损失额，可确定补偿损失所需的风险成本，即保险费。这是医疗

保险精算的主要内容。除了保险费的测算，医疗保险经营、管理中涉及的责任准备金计算、偿付能力评估和盈亏分析，以及政府监管部门进行医疗保险费率审核和经营监督所需的各类精算监管方法和标准也是医疗保险精算的重要内容。但是，费率测算的核心是对未来医疗费用的预测，这种预测一般是建立在以往数据的基础上借鉴与综合相关资料之后做出的。根据预测方法的不同，可把医疗保险基金测算方法分成四大类：粗估法、灰色系统法、分部模型精细法和风险模型精细法。

（一）医疗保险基金测算的数理基础

1. 大数法则

大数法则又称大数定律（law of large number），它是统计学中的重要定律。根据大数法则，随着样本数量的不断增加，实际观察结果与客观存在的结果之间的差异将越来越小，这个差异最终将趋向于零。

大数法则在保险中的运用可用下述公式来表示：当 $N\to\infty$ 时，$(X/N-P)\to 0$。

上式中，N 表示投保人的数量，X 表示实际观测到的医疗费用（损失）发生情况，X/N 表示实际观测到的损失率（人均医疗费），P 表示客观存在的损失率。当投保人的数量趋于无穷大时，根据大数法则，人们可以把握这一群体的总体状况，而不必具体地去估计每一个风险的损失，只要把总体的平均风险损失视为个别风险的预期损失就可以了。因此要估计 P，只需要选择尽可能多的样本 N，然后就可以用 X/N 来估计 P。

大数法则又分为切比雪夫大数法则、伯努利大数法则和泊松大数法则。

（1）切比雪夫大数法则。切比雪夫（Chebyshev）大数法则表明保险集合众多同类风险单位，从大量差异性中寻求规律性，这样个别风险的不确定性必然转化为整体的确定性。保险经营只要尽可能集合众多的同类险位、标的，就一定能找到它们的共同规律，即风险发生及造成损失的确定性。

（2）伯努利大数法则。伯努利（Bernoulli）大数法则也为风险由差异性转化为规律性提供了可行性。这种可行性表明，在实际保险经营中，如果难以达到标的、险位数量在时间与空间方面趋于无数大的要求时，只要求数量足够大，风险发生的频率或损失频率可取代其概率。

（3）泊松大数法则。泊松（Poisson）大数法则说明，当观察频数无限增加时，保险事故平均发生概率与实际观察频率间的差异将小于任何无限小的数量。这表明尽管各个相互独立风险单位的损失概率可能各不相同，但只要有足够多的标的，仍可在平均意义上求得一个共同的损失概率。这是消除各个独立风险单位的损失概率的不同的影响。

虽然这三个法则的数学表述方式不同，但它们的核心内容都在于阐明：个别事件的发生可能是不规则的，但如果集合众多事件来观察，则在整体上又具有相当的规则性，这对保险经营非常重要。

根据 $E(X)=\sum X_iP_i$，可求出每个被保险人应缴纳的纯保险费，前提是必须已知被保险人发生保险事故的概率，即每次保险事故的损失额。但是，在投保时无论是被保险人自己还是保险机构都无法预测某个被保险人能否发生保险事故，何时发生或损失程度如何。因此，保险公司在计算保险费之前只能根据已知数据去估计每个被保险人保险金给付的数学期望值，也就是根据大数法则，用以往统计资料中平均每个被保险人实际获得的保险金给付去估计未来每个被保险人新获保险金给付的数学期望值。而且，保险人考察的对象越多，估计的期望值就越接近未来发生的实际值。

2. 精算原理

社会保险基金的精算理论能够合理地为参与人与发行人的合法权益进行有效衡量，并能够对社会、经济和人口等方面有一定的影响。党的十八届三中全会确定了社会保险制度改革的系列重大理论，其中包括“坚持精算平衡原则”。社会保险精算制度是将社会保险同商业保险一样，在运营过程中引入精算技术和财务分析，并结合人口、经济、社会等相关学科的知识，评估社保基金运营过程中存在的风险状况、损失规律、成本、债务水平、长短期财务状况和偿付能力，以保证整个社会保险制度能够稳定运行的数量分析方法。建立社会保险基金精算系统是以寿险精算原理为理论基础，即以人的身体和寿命为保险标的的保险，在人们的生命周期内，一直面临生、老、病、死等风险，需要通过保险得到经济安全保障。为了在较长时期内平衡缴费水平，寿险通常签订的是长期合同。因此，在寿险精算中，需要考虑资金的投资收益，那么利息理论便成为寿险精算的基础。寿险所承保的年老、死亡和伤残的发生概率，是通过构建生存模型和多减因模型来研究和表述的，因而寿命函数和生命表理论是寿险精算的基础，也是社保基金精算的理论基础。

（1）利息理论：社保基金的有效运用，尤其是在投资领域方面，需要一定的理论基础。利息理论考虑了资金周转使用的时间越长，实现的价值增值就越大。在构建社保基金精算平衡时需要考虑资金的现值结构，那么需要在考虑一定的通货膨胀水平上，设定一定的投资收益率。因此要考虑利息的基本函数，其中包括累积函数、单利和复利、现值和贴现率、利息力；另外需要考虑年金问题，其中包括年金现值和终值、永续年金、变额年金等。

（2）生命表理论：是寿险精算的建模基础，用来衡量某个年龄对应的生存和死亡状况，是研究人口死亡规律的有力工具，它用表格的形式简单清楚地表述了相同年龄的死亡的全过程。保险公司通过构建经验生命表对保险产品定价、准备金评估以及偿付能力评估。生命表的主要函数有生存人数、死亡人数、死亡率、人年数、累积总的剩余寿命、平均余命；另外，寿命函数中有生存分布，包括生存函数、剩余寿命的分布函数、整值平均余命与中值余命等。生命表又包括选择生命表和终极生命表。

（3）多减因模型：在寿险精算分析中，总是以一批固定的人群为研究对象，分析该类人群由于外界因素的影响逐渐递减的过程，并总结这些减少的规律，这是构建社保基金财务可持续性与精算平衡的基础。研究各种因素使一批社保基金参与人陆续减少构成的规律是保险精算的基础；另外，对于寿险的长期合同来说，引起合同中止的原因有死亡和退保等。研究同一批人受两个或两个以上减因影响而陆续减少的数学模型就是多减因模型。与生命表一样，多减因模型通常用多减因表的形式表示。与生命表死亡力类似，在多减因下也有减因力，减因力与减因概率的一个重要差别是各减因力之间相互独立，而各减因概率之间相互依赖。联合单减因表的各个减因都可以依各自独立的死亡力构成单减因表，把由多减因表的各个减因构成的单减因表称为联合单减因表，它是单独考虑各个减因时生成的生命表。

（二）医疗保险基金测算方法

1. 粗估法

即根据历史的数据结合经验估计对医疗保险费率作出预测。粗估法包括下述两种。

（1）时间序列预测法：该方法根据历史数据的变动趋势进行外推，其根据是医疗费用在短期内会有相对稳定的变化趋势，常用的外推方法是二次平均移动法。

（2）平衡收支粗估法：该方法是确定一个具有代表性的样本人群，收集上一年的医药费用，根据医疗价格上涨和保险刺激因素估计增长系数。对增长系数的估算可以是对医疗费总量的计算，也可以进一步细化到费用相关因素的变动估计，如对住院利用率、次均住院费用等分别进行估计，而后进行综合，也就是分解估算。

对粗估法的评价：需要的资料比较简单，操作简便易行，主要是对以后的医疗保险费率做出粗略的估计，预测的精度较低，适用于医疗保险运行的起步阶段或缺乏比较全面的资料的情况。

2. 灰色系统法

灰色系统法即根据灰色系统理论对原始的医疗费用序列数据进行处理，建立灰色系统模型，对医疗费用的时间变化趋势进行预测。其主要步骤是根据原始的序列数据生成累加数列，然后建立微分方程模型。灰色系统预测一般是给出未来的可能范围。

对灰色系统法的评价：需要的资料比较简单，计算相对烦琐，可对以后几年的保险费率做出模糊测算，预测精度较低，适用于医疗保险运行的起步阶段。

3. 分部模型精细法

常用的叫四部模型法。四部模型法的基本思想是将门诊和住院分开，再将利用和费用分开，即第一部分是门诊利用的概率模型；第二部分是门诊利用者的费用模型；第三部分是住院利用的概率模型；第四部分是住院利用者的费用模型。各部分模型的表达式如下。

门诊利用的概率模型：$Pr_{op}=pr$｛利用门诊/门诊补偿比，年龄等｝。

门诊利用者的费用模型：$C_{op}=exp$｛门诊费用/利用门诊，门诊补偿比，年龄等｝。

住院利用的概率模型：$Pr_{ip}=pr$｛利用住院 / 住院补偿比，年龄等｝。

住院利用者的费用模型：$C_{ip}=exp$｛住院费用 / 利用住院，住院补偿比，年龄等｝。

利用的概率模型用逻辑斯谛回归拟合，费用模型用指数多元线性回归拟合。个人的医药费用＝$Pr_{op}\times C_{op}+Pr_{ip}\times C_{ip}$。其主要步骤是利用人群数据得出上述模型，将预测对象年龄、人均收入、保险类型等医疗费用影响因素的预期均数代入模型的医疗费用，推算费率。

对分部模型精细法的评价：可对人群的医疗费用做较全面的研究，把握年龄、收入、性别等因素对医疗费用的影响，有较强的科学性，测算精度较高，但对资料要求较高，适合于医疗保险费用影响因素的详细研究。

4. 风险模型精细法

风险模型精细法是对以往几年或几十年的保险费进行研究以建立个体风险模型或集体风险模型。风险模型的建立是以随机过程的概念为基础，综合风险事故发生的频度和严重程度形成复合分布，结合最大风险、风险的标准差，得出保险费。风险模型精细法属于比较成熟的保险费测算方法，测算精度较高，科学性较强，需要一定数量的几次横断面抽样样本，但调查的变量不多，适用于比较成熟的保险。

综上所述，四类费率测算方法各有利弊，在具体工作中需要根据实际情况进行选用。同时，需要指出的是，在实践工作中上述四类方法往往是混合使用，互相参照，以增加测算的稳定性和准确性。

第二节　医疗保险基金测算内容

一、医疗保险基金测算基本思路

社会医疗保险支出一般包括医药补偿费（医疗保险待遇支出）、管理费和风险准备金三项，即从支出角度看：医疗保险基金=医疗补偿费+管理费+风险储备金。其中，医药补偿费又叫纯保险费，管理费和风险储备金又称附加保险费。

医疗保险基金测算的基本思路如下。

一是“以支定收”。根据人们对卫生服务的需求确定筹资水平，即已知不同经济文化、地理环境人群的医药费用和不同的补偿比方案，科学测算出收支平衡的保险费。其具体步骤是：首先，通过调查或借鉴类似地区等方法获取医药费基数、增长系数和保险因子；其次，将设计的补偿率结合医药费基数、增长系数和保险因子计算出所需的年人均医药补偿费；最后，按总保险费的一定比例确定管理费和风险储备金。根据人群的卫生服务需求，来测算能保证社会医疗保险实现“风险转移和补偿损失”等基本职能所必需的资金量，即“需要性原则”。

二是“以收定支”。根据大多数参保人的承受能力和缴费意愿，并与当地财政、劳动和社会保障等部门讨论确定保险费水平，即已知保险费和其他因素确定收支平衡的补偿比方案。根据社会承受能力，按照多渠道筹资原则确定各方筹资水平和分担比例，即“可能性原则”。在社会医疗保险发展一定时期（一般 5 年为一个周期），医疗保险资金筹资额度是一种在动态调整时经常采用的方法。

二、医药补偿费的测算

医疗保险基金支出的主要部分是医药补偿费（医疗保险待遇支出），它是医疗保险中最基本、最重要的部分，指用于补偿在医疗保险补偿范围内发生的医疗服务的支出。它是维持保险系统正常运转的主要“收入”，也是医疗保险基金的主要来源。纯保险费一般占总保险费的 80%以上，医药补偿费取决于参加保险的人数及该时间人均医药补偿费。

t 年医药补偿费=t 年人均医药补偿费×t 年参保总人数

t 年人均医药补偿费=t 年人均就诊次数×平均每次就诊的医疗补偿费

从而有

t 年医药补偿费=t 年人均就诊次数×平均每次就诊的医疗补偿费×t 年参保总人数

值得注意的是，由于一定时期参加医疗保险的人数相对固定，需要测算的是人均医药补偿费。另外，不同参保人在一年的就诊次数和每次医疗费用存在较大差异，实际上构成了就诊次数和每次医疗费用两个概率分布，在测算中，需要先依据经验数据研究就诊次数和每次医疗费用分布的类型和特征，以及它们随时间的变化趋势，才能作出对医药补偿费的预测。

人均医药补偿费（人均纯保险费）可用下式计算：

人均医药补偿费=人均医药费用基数×增长系数×补偿比×保险因子

上述测算公式中的有关概念说明如下：①人均医药费用基数即测算上一年（或者前三年）的（年）人均医药费用，包含在各类医疗机构的门诊与住院的医药费用；②增长系数反映医药价格的上涨、人们对卫生服务需求的自然增长和由卫生服务条件改善引起的医药费用的增长程度；③补偿比，又称赔付率，即保险机构对投保者发生的保险范围内的医疗费用的补偿比例，大小受保险类型的影响；④保险因子，是用来衡量保险补偿比对医药费用影响程度的指标，反映实施保险以后对医疗服务利用的影响程度，是一个反映医药费用随保险赔付率变化的敏感指标。

（一）人均医药费用基数的测算

理论公式：人均医药费用基数=门诊或（和）住院人均费用×年就诊率或（和）住院率。

数据来源：基线数据即测算年上一年（或者前三年）的（年）人均医药费。对已开展保险的地区，基线数据包括人均医药费和相应的补偿比。若拟在基层和较高级医疗机构的门诊和住院采用不同的补偿比，则基线数据是指各个部分的人均医药费。对于新开展医疗保险的地区，可采用回顾性调查、保险运行前登记、低补偿比运行和同类借用等四种方法进行测算。

1. 回顾性调查

其要求调查对象即卫生服务利用者回忆调查前一段时间的医药费用情况，一般情况下，回忆门诊费用的时间稍短（如 1 个月），回忆住院费用的时间稍长（如 6 个月）。这种方法花费人力、财力较大，且有回忆偏倚，调查结果的可靠性较差。

2. 保险运行前登记

这种方法要求查阅保险运行前某一段时间的医药费登记情况。通常做法是，要求调查对象记录下运行前某一段时间内（如 30 天）所花费的医药费用。调查者每隔一段时间去调查询问一次，最后记录下每个调查对象的就诊次数、就诊的医疗机构、门诊费用、住院费用以及自我医疗费用等。该法易遗漏，造成所收集的费用低于实际水平。

3. 低补偿比运行

低补偿比运行，即采用低补偿比（如 30%～40%）运行一段时间（3～6 个月）后观察医药费用变化情况。为方便比较，在各级门诊和住院采用相同的补偿比。

由于费用有季节波动，需要注意的是，在 1 月、2 月试行，参保人对医疗卫生服务利用偏低，人均费用易于低估；在 7～10 月试行，卫生服务利用一般偏高，易于高估。测算时不用试运行的第一个月数据可避免起始效应。起始效应，是指刚开始时，参保人还未进入正常的保险状态，有可能导致医疗服务利用特低的一种效应。这种方法节约费用，准确性相对较高，还可取得管理经验。

4. 同类借用

同类借用即借用与此地经济水平和医疗、交通条件及各方面条件类似，且已开展医疗保险地区的资料。该法可省去试运行。

（二）增长系数的测算

一般情况下，测算增长系数可参考如下方法。

1. 比值法

此法用连续两年次均医药费用或人均医药费用的比值来测算增长系数。例如，某地连续两年的医院次均门诊费用依次为 274.1 元和 290.8 元，则增长系数为 290.8/274.1=1.060 93。当以连续两年次均医药费用的比值作为增长系数时，优点是通过各级各类医院的报表容易获得有关数据，但缺点是仅仅反映了医药价格的上涨，而没有兼顾到人群卫生服务需求的增长。如果以连续两年人均医药费用的比值计算增长系数，优点是不仅反映了医药价格的增长，而且反映了人们对卫生服务需求的不断增长，较次均医药费用的比值更合理、更准确，而缺点是有关资料没有次均医药费用那么容易获得。

2. 处方重复划价法

这种方法的基本思想是对上年实际发生的处方按当年的价格重新计算其平均价格，两者之间的比值即为增长系数。

例如，在某医疗机构随机抽取 2019 年 9 月处方 100 张，计算每张处方的平均费用，再分别按 2020 年 9 月价格重新划价，计算每张处方的平均费用，2019 年为 55.27 元，2020 年为 57.54 元，则 2020 年比 2019 年的增长系数为 57.54/55.27=1.041 07。

这种方法的优点是简便易行，缺点仍然是只反映医药价格的上涨，且难于选择一个全年有代表性的抽样时间范围，即使有这样的时间范围，也很难兼顾用药品种和数量改变引起的费用变化。因此，若采用这种方法确定增长系数，则在人力、物力可能的情况下，应尽量多取几个时间断面进行抽样。

3. 移动平均法

移动平均法是统计学里常用的消除或减少偶然波动的统计方法。它是对上述比值法的改进，通过对人均月费用或次均月费用做加权移动平均的数学处理，以获得比较稳定的增长系数。该方法比前两种方法的准确性和稳定性都有所提高。

设 X_1、X_2、X_3、…、X_{12} 是测算年 1～12 月医疗费用平均数，Y_t 为三项一次移动平均数，则 $Y_t=(X_t+X_{t+1}+X_{t+2})/3$，式中 $t=1,2,\cdots,10$。进而，可求得三项二次移动平均数：$Y'_t=(Y_t+Y_{t+1}+Y_{t+2})/3$，式中 $t=1,2,\cdots,8$。

然后，根据 $Y'_1,Y'_2,\cdots,Y'_8$，求得环比增长率，继而求得算数平均值，即为医疗费用月增长率γ。最后，由［$(1+\gamma)^{12}-1$］×100%计算医疗费用年增长率，该增长率再加 1 即为增长系数。

4. 数学模型法

从分析影响因素的角度，建立多元数学模型，在控制医药费补偿比、经济收入、文化认知水平、医疗服务可及性等因素的前提下，反映出医疗费用增长的实际情况。数学模型的引入，使得分析不同因素的影响成为可能，从这种意义上来说，它的科学性是明显的。

5. 药价增长指数法

增长系数反映医药价格的上涨、医疗服务需求的增加和医疗技术成本提高导致的费用增加，因此当医药价格上涨较大而医疗服务需求和费用的增加相对不太明显时，就可以用药价增长系数来代替增长系数。

6. 官方指标估算法

根据统计部门公布的医疗物价指数，如医疗保健类居民消费价格指数，来估算增长系数。

（三）补偿比的测算

补偿比，又称赔付率，是医疗保险机构对被保险人发生的保险范围内的医疗费用的补偿比例，即医药补偿费与医疗费用之比。医疗保险必须确定合理的补偿比，如果补偿比太低，无法起到医疗保险的保障作用；如果补偿比太高，则会导致医疗保险费用的过度支出。因此，如何科学测算出合理的补偿比，对保持医疗保险系统正常运转尤为重要。它不仅直接关系到保险基金的收支平衡，又与保险因子的作用大小直接相关，而且也是保险保障程度的最直接体现，因此，除了技术层面的测算因素外，也是管理或险种开发部门最难权衡的决策点。

进行医药费补偿比的测算需要考虑以下几个问题：第一，了解保险覆盖人群的疾病风险分布特征，如分析不同收入水平、不同健康状况和不同年龄的人群之间，人们在不同级别医疗机构就诊的分布状况，提出社会医疗保险应该关注的目标人群及相应的补偿思路；第二，考虑不同补偿水平对供需双方行为和卫生资源配置的长期影响，确定合理的补偿模式，如一般认为补偿比在20%以下时，保险刺激作用基本失效，人们通常将20%作为有效补偿起点，补偿比高于80%会引起严重的“道德损害”，所以医疗保险也不设置过高的补偿比，而是在20%～80%做适当的选择，另外，可以根据实际情况考虑门诊和住院之间、不同级别医疗机构之间设立不同的补偿比；第三，根据年人均缴费能力，为保证资金运转的“收支平衡”，要对补偿模式的可行性进行论证。

其测算方法可分为以下两类。

1. 以数学模型为基础的精算法

两部模型（two-part model）的基本思路是将医疗费用的发生区分为两个过程，即在一段时间内利用医疗服务的概率模型和医疗服务利用者发生的医疗费用模型。在理论上，是否利用医疗服务主要取决于需方因素，包括个人健康状况、基本社会经济情况以及医疗服务可及性等方面的因素，而实际利用医疗服务的强度，即医疗费用的发生额，除需方因素外，更重要的是取决于医疗服务提供者的决策。在我国，由于门诊和住院服务是两类截然不同的医疗服务，因此研究者常将医疗费用区分为门诊医疗费用和住院医疗费用，从而形成“四部模型”。前文已经讲到，此处不再赘述。

2. 粗估法

1）粗估法的基本内容。在医疗保险收支平衡的前提下，补偿比可以依据以下公式进行测算：

$$(\text{医药费用基数}\times\text{增长系数}\times\text{补偿比}\times\text{保险因子})/(\text{年人均保险费}\times\text{参保人数})$$
$$=1-\text{风险储备金率}-\text{管理费率}-\text{平衡系数}$$

具体测算步骤为：①确定医药费用基数、增长系数、保险因子、风险储备金率、管理费率；②根据筹资的可能性确定年人均保险费（可折算成工资总额的一定比例）、参保人数的可能性范围，同时也要考虑欠缴比例；③根据可筹集到的资金范围，综合平衡系数、保险因子，确定补偿比。可筹集资金较少时，要降低补偿比；可筹集资金较多时，则可以适当提高补偿比。另外，不同的保险支付方式，其医药补偿比的算法也不同，如设立起付线、封顶线、分级支付（不同级别的医院设立不同的补偿比）等，这是需要对起付线上下人群费用分布、封顶线上下费用分布、不同级别医院费用分布的情况做出测算，然后对补偿比进行调整。

2）不同赔付方式下的平均补偿比测算

a. 门诊费用和住院费用采取不同补偿标准的补偿比测算。如果医疗保险机构对门诊费用和住院费用以不同的补偿比进行赔付，那么平均补偿比$\overline{C}$为

$$\overline{C}=\frac{（门诊补偿比\times人均门诊医疗费用+住院补偿比\times人均住院医疗费用）\times参保人数}{医疗费用}\times100\%。$$

假如某地2020年医疗参保人数为100万人，医疗费用支出总额为20亿元。其中，人均门诊医疗费用为500元，人均住院医疗费用为1500元；门诊补偿比为40%，住院补偿比为70%，计算该年医疗保险的平均补偿比。

根据题意得：$\overline{C}=\dfrac{(0.4\times500+0.7\times1500)\times1\,000\,000}{2\,000\,000\,000}\times100\%=62.5\%$。

b. 不同年龄组按比例共付保险的平均补偿比测算。如果医疗保险机构采取不同年龄组按比例共付保险的方式，假设全部参保人按年龄分为n组，那么平均补偿比$\overline{C}$为

$$\overline{C}=\frac{\sum_{i=1}^{n}第i年龄组的人均医疗补偿费\times第i年龄组参保人数}{医疗费用}\times100\%$$

某地2020年参保人数为100万人，医疗费用支出总额为20亿元，参保人按年龄分成3组，具体每组的人均医疗补偿费和年龄组参保人口数见表8-1，计算平均补偿比。

根据题意得：$\overline{C}=\dfrac{600\times300\,000+1300\times400\,000+2100\times300\,000}{2\,000\,000\,000}\times100\%=66.5\%$。

表8-1　某地2020年医疗保险统计情况表

年龄组（岁）	参保人口数（万人）	人均医疗补偿费（元）
20～40	30	600
40～60	40	1300
60以上	30	2100

c. 综合赔付方法的补偿比测算。该方法是指区分为门诊费用和住院费用，不同年龄组分别适用于不同的医疗补偿费，此种情况下平均补偿比$\overline{C}$为

$$\overline{C}=\frac{\sum_{i=1}^{n}（第i年龄组的人均门诊医疗补偿费+第i年龄组的人均住院医疗补偿费）\times第i年龄组参保人数}{医疗费用}\times100\%$$

假设某地2020年参保人数为60万人，医疗费用支出总额为10亿元，参保人按照年龄分成3组，每组的人均门诊医疗补偿费、人均住院医疗补偿费、年龄组、参保人数见表8-2，计算平均补偿比。

根据题意得：

$$\overline{C}=\frac{(105+495)\times200\,000+(235+865)\times3000\,000+(300+1400)\times100\,000}{1\,000\,000\,000}\times100\%=62\%。$$

表 8-2 某地 2020 年医疗保险统计情况表

年龄组（岁）	参保人口数（万人）	人均门诊医疗补偿费（元）	人均住院医疗补偿费（元）
20～40	20	105	495
40～60	30	235	865
60 以上	10	300	1400

3）判断补偿比合理与否的方法。补偿比的确定是否合适，可以用平衡系数 R 来进行判断：

$$R=1-\text{风险储备金率}-\text{管理费率}-（\text{医药费基数}\times\text{增长系数}\times\text{补偿比}\times\text{保险因子}）/（\text{年人均保险费}\times\text{参保人数}）$$

$|R|<0.01$ 时，医疗保险收支平衡；$0.01\leqslant|R|<0.05$ 时，医疗保险收支基本平衡；$0.05\leqslant|R|<0.1$ 时，医疗保险收支为盈余（或超支）稍多；$|R|\geqslant0.1$ 时，医疗保险盈余（或超支）较多。

假定某样本人数 2250 人，上年门诊费用为 8260 元，住院费用为 1970 元，估计测算年较上一年的增长系数为 1.18。表 8-3 列出了不同门诊、住院补偿比下的保险因子，测算年每人交保险费 5 元，风险储备金率为 5%，管理费率为 8%，计算平衡系数 R（本例中的数据是模拟的）。

若门诊补偿比为 C_{op}，住院补偿比为 C_{ip}，则有：

$$R=1-0.05-0.08-(8260\times C_{op}\times\text{门诊保险因子}+1970\times C_{ip}\times\text{住院保险因子})\times1.18/(2250\times5)$$

表 8-3 不同门诊、住院补偿比下的保险因子

项目	补偿比								
	0	10%	20%	30%	40%	50%	60%	70%	80%
门诊	1.0	1.07	1.16	1.24	1.55	1.46	1.61	1.72	1.81
住院	1.0	1.16	1.26	1.35	1.47	1.60	1.75	1.88	1.95

给出不同的门诊、住院补偿比 X、Y，代入上式就可得到不同的 R。然后根据判别标准，选择平衡或基本平衡的保险方案。表 8-4 列出 4 种补偿比方案，本例中根据决策者意图，选择门诊补偿比 50%，住院补偿比 60%作为实施方案，此时平衡系数 R 为 0.02，属于基本平衡。

表 8-4 测算者设计的 4 种补偿比方案

指标	方案 1	方案 2	方案 3	方案 4
门诊补偿比 C_{op}	50%	40%	50%	60%
住院补偿比 C_{ip}	60%	80%	70%	20%
平衡系数 R	0.02	0.08	−0.03	−0.02

（四）保险因子的测算

医疗保险的建立，使被保险人的部分或全部医疗费用由承保者支付，这时投保者在消费医疗服务时所面对的实际价格就下降了。就投保者个人而言，支付的医疗服务价格下降相当于他们的支付能力提高，从而会使被保险人对医疗服务的需求增加，导致医疗费用增长。保险因子主要反映保险实施后对于医疗卫生服务利用、需求、费用等因素的影响程度。它主要受补偿比的影响，表示补偿比为 R 时的医药费用是某一对比补偿点 R_0 时的 $F(R)$ 倍，这个 $F(R)$ 就称为保险因子，即 $F(R)=1+B\times(R-R_0)$。式中，R 为补偿比；B 为一个待定的系数；R_0 为对比补偿点。

保险因子的传统定义是将 0 补偿作为对比点，即上述公式中 $R_0=0$，则有 $F(R)=1+B\times R$，但在实践中，作为对比点的补偿因子不为 0，并且补偿比低于 20%时，医疗保险对医疗费用支出基本没有刺激作用。

确定保险因子就是确定上式的待定系数 B 的过程，从而建立补偿比与保险因子之间的换算公式。获得保险因子的途径主要有两种：①借鉴类似地区的经验数据；②通过预试验，变动不同补偿比以获得对保险因子的估测。1985 年我国卫生部与美国兰德（RAND）公司合作在四川省简阳、眉山进行的“中国农村健康保险实验研究”，对门诊和住院两种情况估计了 B 的值，分别为 0.9 和 1.2，并提出了保险因子和补偿比之间的函数关系，即

门诊保险因子=1+0.9×门诊补偿比

住院保险因子=1+1.2×住院补偿比

下面举例说明 B 的计算方法。

首先要获得表 8-5 中各种情况下的补偿比、年人均医药费；将表 8-5 中第 3 行数据分别除以 y_2，就得到第 4 行数据；利用表 8-5 的第 2 行、第 4 行数据，利用最小二乘法的测算思路，可获得过定点（R_0，1）的直线回归方程 $F(R)=1+B\times(R-R_0)$，其中 B 可表示为

$$B=\frac{\sum_{i=2}^{8}(R_i-R_0)(f_i-1)}{\sum_{i=2}^{8}(R_i-R_0)^2}$$

表 8-5 年人均医疗费与补偿比及保险因子的关系

编号 i	2	3	4	5	6	7	8
补偿比 R_i	20%	30%	40%	50%	60%	70%	80%
年人均医药费（元）	y_2	y_3	y_4	y_5	y_6	y_7	y_8
保险因子 F（R）	f_2	f_3	f_4	f_5	f_6	f_7	f_8

实践中，一般通过简单估算法获取年人均医药费。简单估算法是完全随机的设计方法，关键是扣除补偿比以外的其他因素对医疗消费支出的影响。获取保险因子，首先要确定一定变化范围的补偿比，实际中一般以 20%～80%为计算区间。例如，在一个新开展医疗保险的地区，选择具有一定代表性且人口学特征等各种条件都基本相同的 7 个社区，随机地按照补偿比分别为 20%、30%、40%、50%、60%、70%、80%的 7 种情况实施医疗保险。经过一年后，计算出各个社区的人均医药费，就得到表 8-5 的第 3 行数据。其次，利用上述公式计算待定系数 B。最后，求得保险因子 $F(R)$。这时，表 8-5 中的人均医药费与补偿比的关系可以近似地看成已扣除其他因素的影响，即它是下列假定条件下的近似结果：①各个社区的人口学特征、医疗机构的情况及管理方法基本相同；②因时间较短，可以认为人们对卫生服务的需求未变，医药价格相差较小。

一般来讲，应该根据住院和门诊分别计算保险因子，如果不同等级的医院实行不同的补偿比，还应该按医院等级分别计算保险因子。

科学的计算保险因子的方法是模型法，它通过一系列的步骤来完成，如前面介绍的奈华·邓于 1982 年提出的四部模型，而且这种方法还有一个好处，它可以分析影响医疗费用的因素。按照奈华·邓的方法，一般用逻辑回归方法拟合利用医疗机构的概率模型，用对数线性回归拟合利用者的费用模型，在对数线性模型中，用利用者费用的对数形式作为因变量。同样，也可以用实验设计的方法来简易估算保险因子的大小。保险因子的计算方法较繁琐，技术性较强。因此，国内许多新开展医疗保险的地区，在实际操作中常常采用文献法、经验法或借鉴类似地区的系数来估计本地区的保险因子，在其保险运行一段时间之后再进行适当调整。

三、风险储备金的测算

风险储备金类似于商业医疗保险中的风险储备金，是保险机构用于对“超常风险”损失进行赔偿或给付的费用，体现了社会医疗保险基金的“稳健”原则。疾病的大规模暴发或流行、巨大灾害造成的外伤等超常风险，一般要若干年或者许多年才可能发生一次。因此，根据统计资料所计算出的纯保险费，常常只能代表对通常风险赔偿或给付的费用，而难以包括超常风险引起的损失。并且，既然风险的发生是随机事件，每个时期实际发生的损失就不会是那个“平均”数，而可能超过按平均数计算的纯保险费。若这种情况发生，承保者就不能对被保险人完全履行其赔偿或给付责任，这就违背了保险费率制定时的充分保障原则。因此，在实际计算纯保险费时，要把偏离“平均”情况的风险考虑进来。

目前认为，影响风险储备金的因素主要有保险覆盖面、保险对象的风险波动程度和超常风险发生的概率等。保险覆盖面越大，风险分担能力就越强，保险系统的风险波动性就越小，风险储备金的提取比例则越低。保险对象的风险波动程度与人群的人口学状况有关，如人口老龄化等。医疗保险面临的超常风险主要有地区性的疾病大流行、大规模的自然灾害、疾病谱的变化、地区经济的大幅度波动以及其他特殊原因。另外，风险储备金还与保险基金筹集的方式有关，采取个人账户筹集资金会导致部分资金沉淀在个人账户，而使用于社会共济的减少，保险系统的抗风险能力因而降低，因此采取个人账户筹集保险资金必须提取较大比例的风险储备金。

在我国，社会保险各险种没有专设的风险储备金，社会保险各险种的管理费均由公共财政开支，不在社会保险各险种中单独列示。2021 年 6 月国家医保局公布的《医疗保障法（征求意见稿）》中提到，国家建立全国医疗保障风险管控机制，设立全国医疗保障风险调剂金，由中央财政预算拨款以及国务院批准的其他方式筹集的资金构成，用于医疗保障支出的补充和调剂。值得注意的是，我国当前测算风险储备金尚处于经验估算阶段，一般而言，风险储备金的计提为医疗保险基金的 3%～10%。在我国“两江”试点中，镇江市按实征统筹基金的 10%提取风险储备金，而九江市按社会统筹基金的 5%提取风险储备金。日后可根据保险系统历年表现的风险情况进行调整。具体计算方法一般可根据均方差的方法，也可根据各年度保险基金赤字的情况来确定。

（一）根据均方差（假设风险损失服从正态分布）决定风险储备金的大小

纯保险费，即人均医药补偿费，理论上应是一段时间内人均医药补偿金额的平均值，但就某一年而言，其实际人均医药补偿金额并不一定与这一数字相符合。对于保险机构而言，各年度实际人均补偿费与纯保险费的偏离程度具有重要的意义。为此，保险机构要根据实际人均补偿费与纯保险费的偏离程度，在纯保险费的基础上再加上一个附加费，以保证所收取的保险费在任何情况下都能充分满足保险赔偿的需要。实际人均补偿费与纯保险费的偏差程度可以用均方差来表示。

从统计学角度来看，利用前文所述方法计算出的人均医药补偿费为预测值，必然与实际值之间存在一定的差异，而差异的大小反映了医疗保险基金支付风险的大小，因此，通常用均方差来表示人均医药补偿费的实际值与测算值的偏离程度。依据统计学原理，实际人均医药补偿费在［$M-\sigma$，$M+\sigma$］的概率约为 68.27%，实际人均医药补偿费在［$M-2\sigma$，$M+2\sigma$］的概率约为 95.45%，实际人均医药补偿费在［$M-3\sigma$，$M+3\sigma$］的概率约为 99.73%。其中，M 表示预测出的人均医药补偿比，σ表示均方差。

根据用均方差对实际人均补偿费的分布估计，可以看出只要在净保险费上增加三倍的均方差，就能充分保证医疗保险机构的财务稳定性。在实际中，对于风险程度很高且易于遭受巨额损失的保险，风险储备金有必要提高到三个均方差；对于自愿保险，可提高到两个均方差；由于强制性社会医疗保险的广泛性和连续性，风险储备金为一个标准差即可。在实际保险运营中，既要保证保险机构的财务稳定，又要尽量减少参保人的经济负担。因此，应综合考虑确定合理的风险储备金。

（二）根据各年度保险基金赤字情况决定风险储备金的大小

对于已经开展医疗保险的地区，可根据保险系统内历年出现风险的情况进行计算：

$$\text{人均储备金}=\sum_{i=1}^{n}\frac{\text{第}i\text{年的赤字费用}}{\text{第}n\text{年的参保总人数}}\times(1+\Phi)$$

式中，第 i 年的赤字费用等于第 i 年的实际补偿的医药费减去第 i 年预测的医药补偿费，共 n 年；Φ 为安全系数，一般为 5%，可视具体情况而定。

四、管理费的测算

管理费是指保险机构开展保险业务活动所发生的各种费用，主要包括初期的保险计划开发费用（调研、宣传广告、人员培训、会议活动、计算机网络建设、软件开发等）和日常管理费用（人员工资、办公费、资料报表等公务和劳务性费用支出，水、电、煤、气、房租和交通等，资产折旧和设备维护，其他如奖励等）。

影响保险管理费的因素主要有以下几个方面。①保险覆盖面。投保人越多，管理费率越低，从另外一个角度看，保险的覆盖面越广，管理费越高，通常实行门诊和住院医疗保险的管理费率明显高于实行单一住院保险的管理费率。②保险管理体制。统一管理的强制性社会保险的管理费率一般低于分散管理的自愿保险的管理费率，通过医疗机构结算的管理费远低于直接对投保人进行费用赔付的管理费。③保险项目。住院或大病医疗保险的管理费远低于一般门诊医疗保险。④对服务供方监督控制的强度。⑤管理手段，如以宏观控制为主要手段的医疗保险管理费低于以微观控制为主的医疗保险管理费。除了日常经营管理必需之外，管理费用的开支应与管理费用开支所能带来的效益（不合理服务利用或供方诱导需求的减少）相权衡。

与商业医疗保险类似，管理费通常按医药补偿费的一定比例计算。一般认为管理费在医疗保险基金的占比一般不超过 10%，应控制在总费率的 5%～8%，以 5%左右为宜。值得注意的是，目前国内各级社会医疗保险经办机构的业务费用按规定均由同级财政支出，在保险费的测算中不考虑计提管理费。我国城镇职工基本医疗保险的管理费按规定由财政预算解决，不从医疗保险基金中支出。《关于建立新型农村合作医疗制度的意见》（国办发〔2003〕3 号）中明确提出：新型农村合作医疗制度经办机构的人员费用、工作经费列入同级财政预算，不得从农村合作医疗基金中提取。

第三节　城镇职工基本医疗保险基金的测算

一、城镇职工基本医疗保险基金测算的依据

《国务院关于建立城镇职工基本医疗保险制度的决定》（以下简称《决定》）（国发〔1998〕44 号）的出台，标志着我国“统账结合”的城镇职工基本医疗保险制度正式确立。考虑到我国的经济状况和职工的工资水平，职工个人缴费率一般为本人工资收入的 2%左右，用人单位缴费一般控制在职工工资总额的 6%左右。

职工基本医疗保险基金的测算要适合我国国情，要依据地方财政和企业的承受能力以及大多数职工目前在经济上和心理上的承受能力来合理制定缴费率、补偿比等各项指标。缴费率确定得合理有两条具体标准：一是确定了这个缴费率后，绝大多数用人单位都缴得起，这是实现广覆盖的基本条件；二是确定的缴费率控制在 6%左右，以保持全国基本医疗保险筹资水平的大致相当，实现可能性。

从理论上讲，城镇职工基本医疗保险基金的测算，除应参照本地区前3年城镇职工医疗费实际支出外，还应考虑由医疗保险的实施而导致的城镇职工就医行为和医疗机构提供服务行为的改变、医疗服务价格水平的提高以及超常风险等因素引起的医疗费用的增长。因此，测算医疗保险基金时还应考虑保险因子、增长系数等，但目前我国尚未开展这方面的系统研究，可根据以往资料作出估测。

二、城镇职工基本医疗保险基金测算所需的基本数据

测算前需要搜集的资料主要包括：①前3年公费医疗支出数，包括公费医疗经费数、单位负担数、医院负担数；②前3年劳保医疗支出数，资料来源于劳动部门的统计；③前3年职工工资总额，资料来源于国家统计局的统计资料；④前3年享受公费医疗的离休人员、老红军医疗费实际支出；⑤前3年企业离休人员医疗费用支出数。

具体测算是统筹上一年或前3年用人单位实际负担的医疗费支出占职工工资总额的比例，按照“以支定收”的筹资原则，职工医疗费用实际支出数是测算职工医疗保险基金缴费率的重要指标。因此，一定要对搜集来的支出数据进行认真分析，从而确定合理的医疗费实际支出基数。在实际医疗费用支出（医疗费支出基数）中，①不包括个人负担部分的医疗费；②要扣除普通高等院校在校学生、企业职工供养的直系亲属半数医疗费用开支，离休人员、老红军、二等乙级以上革命伤残军人的医疗费仍由原渠道解决，这部分人参加医改的，其医疗基金将单独列账、单独管理；③应剔除一次性特殊因素（如一次性弥补年度超支）、企业工伤和生育医疗费用以及公费劳保机构管理经费等费用。扣除上述医疗费用后的实际支出占工资总额的比例，才能反映出财政和企业实际负担医疗费用的能力。

三、城镇职工基本医疗保险基金测算的方法

用人单位缴费率可按照某地前3年职工医疗费实际支出占在职职工工资总额的比例测算，其公式是

用人单位缴费率=前3年某地职工医疗费用实际支出数÷前3年某地在职职工工资总额×100%

分子中前3年某地职工医疗费用实际支出数应包括退休人员医疗费支出数。如果离休人员、老红军不参加医改，应相应扣除其实际支出数；分母中前3年某地在职职工工资总额应是分子中计算医疗费支出的职工工资总额，不包括退休人员的退休费用。

若离休人员、老红军不参加医改，用人单位缴费率的公式应做如下调整：

用人单位缴费率＝(前3年某地职工医疗费实际支出-前3年某地离休人员等医疗费实际支出)÷前3年某地在职职工工资总额×100%

例如，某市近3年医疗费用支出与工资总额情况如表8-6所示，试计算该地区用人单位的缴费率。

表8-6 某市近3年医疗费用支出与工资总额情况表 （单位：万元）

年份	医疗费用支出金额	超支浪费医疗费用	该保未保医疗费用	离休、老红军医疗费用	职工工资总额
第一年	15 000	2 200	1 200	2 700	130 000
第二年	17 600	2 500	1 400	3 600	170 000
第三年	19 600	3 200	2 000	4 200	200 000

按上面的公式计算，分别求出连续3年医疗费用实际支出金额为

第一年：15 000＋1200－2200－2700＝11 300（万元）

第二年：17 600＋1400－2500－3600＝12 900（万元）

第三年：19 600＋2000－3200－4200＝14 200（万元）

该地区用人单位缴费率的计算公式为

$$单位缴费率 = \frac{11\,300 + 12\,900 + 14\,200}{130\,000 + 170\,000 + 200\,000} \times 100\% = 7.68\%$$

该地区用人单位缴费率为 7.68%，符合《决定》中用人单位缴费率控制在职工工资总额的 6%左右的规定。国家这个数据的确定也是采用上述方法对 1996 年、1997 年两年的统计数据分析得出的。

第四节　城乡居民基本医疗保险基金的测算

一、城乡居民基本医疗保险基金测算所需的基本数据

城乡居民基本医疗保险在试点之初就确立了“以家庭缴费为主、政府给予适当补助”的定额筹资方式，但实际执行变成了政府补贴为主、个人缴费为辅。在低水平起步、现收现付制的管理模式下，筹资可持续是推动居民医保可持续发展的关键因素之一。合理筹资、稳健运行是医疗保障制度可持续的基本保证。2020 年《中共中央 国务院关于深化医疗保障制度改革的意见》提出“非就业人员参加基本医疗保险由个人缴费，政府按规定给予补助，缴费与经济社会发展水平和居民人均可支配收入挂钩”。

制定城乡居民基本医疗保险实施方案的初期，必须进行基线调查来收集基金测算所需的基本数据。基线调查收集的数据主要包括如下方面。

1. 当地政府的财政及社会经济发展状况

调查的主要指标包括国内生产总值、工农业总产值、财政收入、财政支出等，以评价地方财政的经济承受能力。

2. 基层医疗卫生机构的经济状况

社区卫生服务中心、乡镇卫生院的资金来源和提供服务的能力，社区卫生服务站、村卫生室的基本设施及开展卫生服务的情况，以评价两级机构对本地居民医保能否给予适当扶持，这些基层医疗卫生机构有无能力成为居民医保的服务机构。

3. 居民农村家庭的收入来源与水平

生活费用支出情况（如食品、衣着、住房、教育、医疗），是否愿意参加居民医保，能够接受的居民医保的补偿模式，以判断居民医保的家庭覆盖率和人群覆盖率，评价居民的主观意愿支付水平、客观能力支付标准及对居民医保方案的接受程度。

4. 居民的健康状况

主要调查反映疾病频率的指标（如两周患病率、慢性病患病率）和反映疾病严重程度的指标（如患病日数、休工日数、卧床日数），以评价和分析居民的医疗服务需要量及影响需要量的主要因素。

5. 人群的医疗服务利用情况

调查反映城乡居民医疗服务利用频率的指标，两周就诊率、住院率及病人流向，未就诊率、未住院率及未就诊（未住院）的主要原因，以便为设计不同的补偿比、引导病人合理地分流、测算需求释放提供依据。

6. 医疗费用支出

主要调查不同医疗机构的次均门诊费用和次均住院费用，结合城乡居民的门诊服务和住院服务利用指标，以评价居民的疾病经济风险概率和损失额、确定疾病经济风险临界线。

另外，需要特别提出的是上述基于调查城乡居民所获得的医疗服务利用和费用数据，应注意回

忆偏倚、调查季节的影响等问题。

二、城乡居民基本医疗保险基金测算的方法

根据我国处于社会主义初级阶段的国情，现阶段城乡居民基本医疗保险遵循的基本原则仍是“以收定支，收支平衡”的原则。医保基金主要包括三个部分：医药补偿费、管理费以及风险储备金。但目前国内各级社会医疗保险经办机构的业务费用按规定均由同级财政支出，在保险费的测算中不考虑计提管理费。因此，结合居民医保制度的本质——保障被保险人的基本医疗需求，根据权利与义务相统一的原则，居民医保筹资的最低水平应为统筹基金支出加上风险储备金。然而，在实际运行过程中，居民医保的医疗费用报销比例较低，人民群众对大病医疗费用负担过重反应仍较强烈。为切实缓解人民群众大病医疗负担过重的问题，2012 年、2015 年国家相继颁布了《关于开展城乡居民大病保险工作的指导意见》《关于全面实施城乡居民大病保险的意见》。意见中指出，城乡居民基本医保基金有结余的地区，利用结余筹集大病保险资金；结余不足或没有结余的地区，在年度筹集的基金中予以安排。基于上述内容，城乡居民基本医疗保险费＝医药补偿费+风险储备金+大病保险基金。

（一）医药补偿费的测算

医药补偿费可根据下式计算：

人均医药补偿费=人均医药费用基数×增长系数×补偿比×保险因子

我国目前对于医药费用按照分项（分门诊、住院与日间病房）、分级（分医疗机构级别）的方式进行报销，所以人均医药补偿费的公式进一步修正为

人均医药补偿费=门诊人均医药费用基数×门诊增长系数×门诊补偿比×门诊保险因子+住院人均医药费用基数×住院增长系数×住院补偿比×住院保险因子+日间病房人均医药费用基数×日间病房增长系数×日间病房补偿比×日间病房保险因子

1. 医药费用基数计算

人均医药费用基数=门诊或（和）住院人均费用或（和）日间手术人均费用×年就诊率或（和）住院率或（和）日间手术率

1）门诊人均费用、住院人均费用和日间手术人均费用

门诊人均费用＝门诊总费用÷门诊总人数

住院人均费用＝住院总费用÷住院总人数

日间手术人均费用＝日间手术总费用÷日间手术总人数

2）年门诊就诊率、住院率、日间手术率的计算

利用家庭健康询问调查得到的两周门诊就诊资料，可计算两周就诊率。

两周就诊率＝2 周内就诊人次数÷调查人数×100%

如果不考虑季节因素，横断面调查结果对全年有代表性，可将两周就诊率乘以 26，以计算门诊服务利用量。

利用入户调查住院资料，计算目标人群的年住院率：

住院率＝年住院人次数÷调查人数×100%

同样，利用入户调查住院资料，计算目标人群的年日间手术率：

日间手术率＝年利用日间手术人次数÷调查人数×100%

2. 保险因子、增长系数的测算

保险因子是用来衡量不同补偿比引起的医疗费用变化的指标，是保险费率测算的重要参数。科学地计算保险因子的方法是模型法，如前文所讲的奈华·邓提出的四部模型，也可以用实验设计的

方法来简易估算保险因子的大小。增长系数是指下一年比上一年增加的比例，它反映的是医疗服务成本主要为药品价格上涨等原因导致的医疗服务费用的增加效应。前文已讲述，这里不再赘述。

3. 补偿比

补偿比的设计要合理、适宜，以便通过有效的转诊和不同补偿比的设计将常见病和多发病的病人流向主要控制在基层医疗卫生机构，同时将门诊、住院、日间手术分开，根据决策者的意图以及当地的实际情况设计不同级别医疗机构的门诊、住院、日间手术补偿比。现在按不同费用支付水平确定不同的补偿比，通常是在一定范围内医疗费用越高，补偿比越高，测算时先用“应筹资额÷医疗消费总额×100%”算出样本区参考的补偿比，再进行试算平衡。补偿比的测算是保险费测算中的重要部分，其测算方法主要有精算法和粗估法。前文已讲述，这里不再赘述。

下面结合数据可得性，利用粗估法计算门诊、住院补偿比，具体步骤如下。

第一，收集各级医疗机构的消费构成比和相关数据计算出人均年医药费。某地三年医药费消费构成比如表 8-7 所示。

表 8-7 某地三年的医药费消费构成比

费用	村	乡	区县	市	合计
总医药费	14.77%	18.36%	31.73%	35.14%	100%
门诊费用	62.46%	20.75%	16.79%	0	100%
住院费用	0	17.62%	36.36%	46.02%	100%

第二，计算总医药费。由于医疗服务成本的上涨和保险的刺激作用，我们将两者合并为增长系数，进行总医药费的计算。

$$总医药费=人均年医药费\times参保人数\times增长系数 \tag{8-1}$$

第三，计算各级医疗机构的医药消费水平。根据门诊和住院是否采用相同的补偿比，分为两种情况。

门诊和住院实行相同的补偿比，计算公式为

$$某级医疗机构的消费总额=总医药费\times该级医疗机构总的消费构成比 \tag{8-2}$$

如村卫生站室的消费总额=总医药费×14.77%。

门诊和住院实行不同的补偿比，计算公式为

$$某级医疗机构的门诊消费额=总门诊费用\times该级医疗机构的门诊消费构成比 \tag{8-3}$$

$$某级医疗机构的住院消费额=总住院费用\times该级医疗机构的住院消费构成比 \tag{8-4}$$

第四，设计补偿比方案并计算所需要的医药补偿费。如门诊和住院实行相同补偿比，则根据前三步可以得到各级医疗机构的医药消费总额，设村乡区县的消费总额分别为 A_1、A_2、A_3、A_4，补偿比为 $C_1\%$、$C_2\%$、$C_3\%$、$C_4\%$，则所需医药补偿费为

$$医药补偿费（需要的）=A_1\times C_1\%+A_2\times C_2\%+A_3\times C_3\%+A_4\times C_4\% \tag{8-5}$$

第五，计算筹集到的医药补偿费为

$$医药补偿费（筹集到的）=人均保险费\times参保人数\times（1-管理费率-风险储备金率） \tag{8-6}$$

第六，确定补偿比。比较式（8-5）和式（8-6）的计算结果，选取使式（8-5）的结果最接近式（8-6）的补偿比付诸实施。这样就使需求的医药补偿费等于筹集到的医药费用。

（二）风险储备金的测算

风险储备金是医疗保险机构用于预防不确定性风险的费用，主要补偿未知风险带来的损失。根据大数法则，居民医保规模越大（以市级为单位统筹），抗风险能力越强，提取的储备金占居民医

保基金的比例越小。一般来说，风险储备金不应超过居民医保基金的 10%。具体算法前文已讲述，这里不再赘述。

（三）城乡居民大病保险基金的测算

城乡居民大病保险是基本医疗保障制度的拓展和延伸，是对大病患者发生的高额医疗费用给予进一步保障的一项新的制度性安排。它是从城乡居民基本医保基金中划出一定比例或额度作为大病保险资金，主要用于补偿额已经超过居民医保最高封顶线但仍然会造成因病致贫、因病返贫病例的救助。具体算法为

高额医疗费用救助基金＝封顶线以上因病致贫、因病返贫病例数÷补偿额超过封顶线病例数×居民医保基金

思考题

1. 试述医疗保险基金测算应遵循的基本原则。
2. 测算增长系数的方法有几种？各有何优缺点？
3. 试述我国城镇职工基本医保基金与城乡居民基本医疗保险基金测算的区别与联系。

（孙　静）

第九章　医疗保险费用偿付方式

内容提要

医疗保险费用偿付是医疗保险发挥其功能的关键环节。本章主要介绍医疗保险费用及偿付的概念，费用偿付的分类、原则、作用及体制，重点介绍医疗保险被保险人和保险方的费用偿付方式以及各种费用偿付方式的特点，阐述我国目前医疗保险费用偿付方式选择的基本思路。

第一节　医疗保险费用及偿付概述

一、医疗保险费用的概念

医疗保险费用（medical insurance expenses）可以从不同角度来理解。

从内容上看，狭义的医疗保险费用是指参保人因疾病造成的风险补偿之和，即参保人患病后根据医疗保险规定支取的医疗补偿费用。广义的医疗保险费用是参保人患病后发生的医疗费用总和，其中，医疗保险补偿费用是主要部分，另外还包括个人自付费用和部分用人单位补偿的费用。在具体实践中，我们所称的医疗保险费用一般都是从广义的角度来理解的，以利于比较和分析。

从收入角度上看，医疗保险费用是指用人单位与参保人个人按照规定的缴费比例定期缴纳的医疗保险费。

从支出角度来理解，医疗保险费用是指被保险人群按规定在患病时获得的医疗补偿费用的总和。

本章所述的医疗保险费用是从支出的角度来解析的，它是参保对象享受医疗保险待遇的具体体现，必须同时符合三个条件：①必须是参保对象本人患病发生的医疗费用；②必须是在指定的医疗机构和定点零售药店发生的医疗费用；③必须是符合医疗保险支付范围的医疗费用。

二、医疗保险费用的影响因素

既然疾病是一种客观存在，那么由治疗疾病而产生的医疗费用也就成为客观自然。疾病是造成医疗费用发生、影响医疗费用发生额大小的第一因素，疾病越重，患者对医疗服务需求越大，医疗费用也就越高。由于医疗保险费用的实现形式以医疗费用额来体现，而医疗费用的高低又体现在患者对医疗服务的需求程度，所以造成医疗服务需求变化的因素，相对来说就是影响医疗保险费用的因素。除上述疾病因素外，政府干预、文化教育、人口和系统、经济和时间等因素，都不同程度地对医疗保险费用造成一定的影响。

（一）政府干预因素

社会医疗保险是政府举办的强制性的社会保险项目，医疗费用增长速度的合理化控制是确保医疗保险制度建立和运营的关键。因此，作为医疗保险的举办主体，政府总会从宏观上针对医疗保险制度及组织机构，对医疗机构的服务质量和投入等进行具体调控，限制可能出现的各种失灵。例如，在建立医疗保险制度的同时，政府要求医疗卫生管理体制和药品流通体制同步实行改革，以降低费用成本；国家还通过制定基本医疗保险药品目录、控制药品价格、对医院实行分类管理等措施干预医疗服务中的供需关系，以调控医疗服务中的效率和公平；医保改革实践中，政府会采取措施优化医疗保险费用偿付方式，合理规范医疗保险费用支付流程、支付标准等，在一定程度上节约成本，以便医疗卫生服务能够标准化、合理化实施，进而有效控制医疗保险费用支出。

（二）文化教育因素

疾病风险无处不在，但对具有一定文化教育素质的人群，其抵御疾病风险的能力一般要高于文化教育素质较低的人群。对受过良好教育的人及其家庭，可能更容易及早发现疾病症状，因而更愿意及早接受或寻求治疗，由此推断这部分人群因及时采取了治疗措施，大病转化的概率相对较低，一定程度上降低了医疗费用总水平。同时，具有较高文化教育素养的人相对更注重医疗服务的质量和效率，并随个人及家庭支付能力的高低，选择不同的就医趋向，其就医情况对医疗费用的大小产生影响。

（三）人口和系统因素

人口因素主要是指人口的年龄结构因素，一般规律是年龄越高，发病概率越大，医疗费用支出就越高，对医疗保险费的影响也就越大。但年龄与医疗费用支出并非绝对直线型正比关系，它还受制于其他的一些因素，如性别、经济、个人的健康意识、个人对医疗服务的需求等。系统因素是针对系统性规模性的发病情况而言的，如季节性流行病、普遍性传染病、慢性病，以及某些遗传疾病等，系统性疾病因素对医疗保险费用的影响不但呈规模性，而且延续的影响时间较长。

（四）经济和时间因素

经济收入对医疗费用的支付能力起制约作用，一般情况下，经济收入高的人或者家庭对健康需求投入相对也较高，可支付医疗费用的能力与经济收入成正比，但在医疗保险条件下，个人或家庭经济收入的高低只对其个人自付部分的医疗费用产生一定影响，对医疗保险费用的影响程度并不明显。在统筹医疗费用的支付上，个人经济收入的影响很低，在统筹共济的条件下，每个参保人都能平等获得统筹医疗。如果考虑到道德风险以及扭曲的医疗行为，经济收入较低的人群会获得比经济收入高的人群更多的医疗保险费。从经济大概念来理解，一个地区经济发展水平的高低，对该地区医疗保险的水平起决定作用，经济比较发达的地区，其医疗保险筹资水平以及医疗保险待遇相对提高，医疗费用平衡支付能力也同步提高，经济欠发达地区则反之。

时间因素取决于患者对时间价值的认知。在医疗服务过程中，时间是用价格来体现的，相同质量的医疗服务，服务时间越长，医疗费用相应增多；患者住院床日的多少对医疗保险费用产生直接的影响。同时，对于参保对象本人，其时间成本及认知度也对医疗费用产生直接的影响。在相同医疗服务条件下，时间成本高的人会要求医生提高服务效率以缩短治疗时间，降低时间成本，减少因病而致的经济损失；而时间成本低的人，则会要求延长服务时间，以获得更多的医疗保险费补偿。当然，这里可能存在医疗服务选择趋向不同而致的逆向关系。

三、医疗保险费用偿付概念及分类

（一）医疗保险费用偿付概念

医疗保险费用偿付（reimbursement of medical insurance expenses）是医疗保险运行体系中的重要环节，也是医疗保险最重要和最基本的职能之一，它主要是指保险机构和被保险人在获得医疗服务后，向服务供方偿付医疗费用的行为，而医疗保险费用偿付的途径和方法则称为医疗保险费用偿付制度（payment system）。

医疗保险费用偿付作为医疗保险最重要和最基本的职能，一方面，它是一种经济补偿制度，即被保险人向保险机构缴纳医疗保险费，形成医疗保险基金，当被保险人因病获得保险范围规定的医疗服务时，保险机构按照保险合同或法规条款给予被保险人全部或部分经济补偿。另一方面，医疗保险费用偿付又是一种法律契约关系，即保险机构、被保险人、医疗服务供方都必须签订保险费用偿付合同，各方在合同和保险规则的约束下履行自己的权利与义务。同时，医疗保险费用偿付作为一种经济激励手段，对医疗费用控制、资源配置、医患行为规范等具有很强的导向作用，是医疗保险实施过程中涉及各方经济利益最直接、最敏感的环节。

（二）医疗保险费用偿付分类

1. 按偿付时间分类

（1）后付制（post payment system）。是指在医疗服务发生之后，根据服务发生的数量和偿付标准进行偿付的方式。这是一种传统的、使用最广泛的偿付方式，按项目付费即为典型的后付制代表方式。根据各类保险制度特点和社会经济及历史传统等情况，后付制在不同国家或医疗保险制度中又呈现出多种具体形式。

（2）预付制（prospective payment system）。是指在医疗服务发生之前，医疗保险机构按照预先确定的偿付标准，向被保险人的医疗服务提供者偿付医疗费用。按照预付计算的单位不同，预付制可分为总额预付制（包干制）、按服务单元付费（即按预先确定的次均费用或床日费用偿付）、按工资标准偿付（即薪金制）、按疾病诊断相关分组付费（DRGs 付费）、按人头付费等。

世界各国医疗保险的实践表明，在控制医疗费用的效率和效果等方面，预付制比后付制具有更加明显的优势，医疗保险费用偿付方式呈现由后付制向预付制发展的趋势。

2. 按偿付对象分类

（1）向需方偿付。也称为间接偿付，是指被保险人在发生医疗费用后，由被保险人先向医疗服务供方偿付费用，然后按医疗保险相关规定向医疗保险机构报销，由医疗保险机构给予被保险人全部或部分的补偿。

（2）向供方偿付。也称为直接偿付，是指被保险人在发生医疗费用后，由医疗保险机构直接把费用偿付给医疗服务供方。

3. 按偿付内容分类

（1）对医生的偿付方式，如工资制、按人头付费制等。

（2）对医疗服务的偿付方式，包括对门诊医疗服务的偿付、对住院医疗服务的偿付、对药品和护理服务的偿付等。

4. 按偿付水平分类

（1）全额偿付。指医疗费用全部由保险机构偿付，被保险人享受免费医疗。

（2）部分偿付。指保险机构只承担部分医疗费用，由被保险人按保险规定自付一定比例的医疗费用，包括起付线、按比例自付、封顶线、混合偿付等方式。

5. 按偿付主体分类

（1）分离式。指医疗保险机构和医疗服务供方相互独立，前者负责医疗保险费用的筹集与偿付，后者则负责向被保险人提供医疗服务。

（2）一体化方式。指医疗保险机构和医疗服务供方两者合为一体，既负责医疗保险费用的筹集与偿付，又为被保险人提供医疗服务，如美国的健康维护组织（HMO）。

四、医疗保险费用偿付原则

（一）收支平衡原则

医疗保险费用偿付必须坚持以收定支、量入为出、收支平衡，即医疗保险的支出水平必须与筹资水平基本一致，这是医疗保险费用偿付必须依照的基本原则，也是医疗保险制度运作的前提与基本条件。在医疗保险的运作过程中，医疗保险机构支付被保险人实际发生医疗费用的总额，一般只能低于或等于其可支付金额的总额，而不得超过医疗保险的支付能力与筹资水平，这样才能保持医疗保险制度的平稳、安全运行与可持续发展。

（二）权利与义务对应原则

权利与义务对应原则强调参保对象享受医疗保险机构为其偿付医疗保险费用的权利必须与其承担的缴纳医疗保险费的义务相一致。在医疗保险费用偿付对象上，体现为“参保偿付，不投保不予偿付”，只有参加医疗保险的人员才能得到医疗保险费用偿付，未参保人员的医疗费用不得偿付；在医疗保险费用偿付水平上，则体现为“多投多保，少投少保”。尽管社会医疗保险不同于商业医疗保险，更多强调其公平性，但仍然体现出权利与义务的基本一致，如收入较高的参保对象，其个人账户的资金较多，偿付能力相对较高，反之，则较低；又如，参保对象参加基本医疗保险之外，还可以在其能力范围内再参加其他补充医疗保险，以获得更多的医疗保障。

（三）符合医疗保险规范原则

符合医疗保险规范原则的内涵是指医疗保险系统各方必须依照相关规定或合同约定实施医疗保险，超出医疗保险相关规定或合同约定的行为将不能得到费用的补偿。医疗保险费用偿付必须局限于医疗保险规定或合同约定的范围，如药品目录、服务设施、诊疗项目及疾病病种等，超出支付范围以外的医疗费用，保险机构将不予支付。从各国医疗保险的实践来看，尽管医疗保险机构偿付医疗费用的范围存在差异，但一般主要包括被保险人患病就医所发生的直接医疗费用，其他非直接医疗费用，如往返交通费、伙食费、患病后的误工费、失业导致的经济损失，或因医务人员失职造成的医疗差错或医疗事故损失等相关费用，保险机构一般不予支付。

（四）有限偿付原则

为了保证医疗保险的正常运行，维持医疗保险基金的收支平衡，医疗保险费用偿付必须实行有限偿付的原则，即其所偿付医疗费用的金额不得超过被保险人实际发生或支付的医疗费用，且保险所偿付的医疗费用必须在医疗保险范围之内。在医疗保险实施过程中，通过各种偿付方式和具体措施加强对医疗服务提供者和被保险人的管理，控制医疗服务的不合理使用。同时，被保险人也需依照医疗保险规定或合同约定分担一定数额的医疗费用。

五、医疗保险费用偿付作用

（一）维持医疗保险基金收支平衡

医疗保险的基本原则之一是“以支定收，量入为出，收支平衡，略有节余”，表明收支平衡是医疗保险正常运行的基础和客观要求。资源的有限性决定了医疗保险资金的有限性，因此，保持医疗保险的可持续发展，保险资金的筹集固然重要，但更重要的是要通过确定合理的偿付方式、偿付标准和水平，有效地控制保险费用的流出量，把医疗保险基金的支出控制在一个适当的水平，以维持医疗保险基金的收支平衡。世界各国实施医疗保险的实践证明，医疗保险费用偿付制度的改革与完善是控制卫生费用的有效办法。维持医疗保险基金的收支平衡是医疗保险费用偿付的基本职能。

（二）调节医疗服务供需双方行为

医疗保险费用的偿付是重要的经济调节手段，不同的偿付方式对医疗服务供需双方的行为具有不同影响，产生了不同的调节作用。

对于医疗服务的需方来说，尽管他们的需求行为对价格变化相对一般商品而言不够敏感，但对于医疗服务中的某些部分，如对一些慢性的、危害程度较轻的疾病，仍存在较大的需求价格弹性。因此，医疗保险的不同偿付方式和标准对他们的求医行为具有较大影响，一般来讲，随着自付比例的升高，被保险人的医疗需求有逐渐下降的趋势。自付比例过高，会抑制部分被保险人的正常医疗需求，特别是那些收入较低的家庭，过高的自付比例可能会成为他们的经济负担，从而影响医疗服务的公平性，可能达不到医疗保险的根本目的。相反，假如自付比例过低，被保险人可能产生过度利用医疗服务的倾向，造成卫生资源的浪费。由于医疗服务需求行为在很大程度上受医疗服务供方的引导，被保险人对医疗需求行为的控制往往是有限的。因此，人们认识到，偿付方式更主要的是针对医疗服务供方采取措施。

对于医疗服务的供方来说，其服务数量与质量也随着偿付方式和偿付标准的变化而变化，如实行按项目付费，就会诱导医生提供过多的医疗服务；实行按人头付费，有利于促进费用的控制和开展预防服务，但也可能导致服务质量下降；实行按服务人次付费，有利于促进合理用药，合理检查，也可能出现医生分解服务人次，降低服务质量等。

（三）调控卫生资源配置与利用

从微观上说，医疗保险费用偿付是保险机构和被保险人向医疗服务供方偿付服务报酬的形式；从宏观上看，医疗保险费用偿付是一个国家主要卫生费用和资源的分配与使用形式，从某种意义上说，卫生费用的控制和卫生资源的合理分配主要依赖于医疗保险费用偿付。卫生资源的有限性与人类卫生需求的无限性是一个长期存在的矛盾，正是为了解决这一矛盾，人们在不断探索，实施不同模式的医疗保险制度，采取不同的偿付方式，以找到一种既公平合理，又具有较好效率、效益的偿付模式，从而调节与控制全社会的卫生资源。若偿付制度倾向社区卫生服务，卫生资源就会从高层次医疗机构流向社区卫生服务机构；若偿付制度倾向常规诊疗技术，卫生资源就会从高精尖检查流向这些项目。因此，合理的医疗费用偿付方式和水平，有利于提高卫生服务的效率，有利于缓解医疗服务需求无限性与卫生资源有限性的矛盾，促进全社会卫生资源的合理配置与有效利用。

（四）体现医疗保险政策取向

医疗保险费用偿付采用不同方式和标准体现了不同的医疗保险政策取向。

医疗保险政策是福利取向还是保险取向，决定了医疗保险偿付制度的不同特点。福利取向的医疗保险偿付往往是“保大又保小”，在偿付范围上，不论风险大小、费用高低都给予偿付；在偿付水平上，基本实行全额偿付，被保险人很少或基本不分担医疗费用。保险取向的医疗保险偿付则实行“保大放小”，即偿付范围上，只偿付风险大的高额费用，对风险小的低额费用一般不予偿付；在偿付水平上，实行部分偿付，要求被保险人必须自付一部分医疗费用。

医疗保险政策是计划取向还是市场取向，决定了医疗保险的偿付特点也有所不同。计划取向的医疗保险偿付大多采用政策性较强的预付制，如总额预算、按人头付费等，其偿付标准由国家和保险机构统一确定。市场取向的医疗保险偿付则大多采用后付制方式，如按项目付费，其偿付标准由医疗服务供方和费用偿付方根据市场情况自由定价。

六、医疗保险费用偿付体制

（一）集中统一偿付模式

集中统一偿付模式是指在一个国家或地区，医疗保险资金通过统一的医疗保险计划流向医疗服务提供者，即医疗保险基金集中于单个付款人，由该付款人以分配预算资金的办法，将医疗费用统一偿付给医疗服务提供者。对于由政府资助的全民健康保险，国家多采用这种偿付模式，如英国和加拿大。由于全民免费医疗，医疗服务系统的全部收入主要来自国家医疗保险基金，政府成为全国医疗保险费用的唯一偿付人。这种偿付模式的优点是计划性较强，政府掌握配置医疗保险基金的主动权，可以较好控制整个国家的卫生费用支出，管理成本较低。

集中统一偿付模式又可分为三种类型。一是联邦政府作为单一偿付人模式，其特点是医疗保险基金由中央政府直接掌握，中央政府作为单一偿付人，以国家预算形式分配医疗保险基金。该模式的典型国家是英国。二是省政府作为单一偿付人模式，其特点是医疗保险基金可能来源于省政府税收，也可能来源于联邦和省政府两级税收。省政府作为医疗保险费用的唯一偿付人，以省政府预算的方式分配医疗保险基金。该模式的典型国家是加拿大。三是地方政府作为单一偿付人模式，其特点是医疗保险基金主要来自地方政府（多为县政府）的税收，地方政府按照与医疗服务提供者组织协商确定的预算总额，统一偿付给医疗服务提供者。该模式的典型国家是瑞典。

（二）比较集中的准统一偿付模式

比较集中的准统一偿付模式是指医疗保险基金通过多渠道筹集，最终集中到一定的医疗保险机构，由它们根据统一的偿付标准，按照与医疗服务提供者组织协商确定的偿付办法集中偿付。实行该模式的国家主要是实施全民社会医疗保险的国家，如德国、法国、荷兰等。这种模式通过统一的社会医疗保险机构控制医疗保险资金的主渠道，决定医疗服务系统的规模，并可根据区域卫生规划调整卫生资源的投入方向，能够保持卫生费用占国内生产总值的适当比例。同时，由于医疗服务的价格由医疗保险机构与医疗服务提供者组织协商确定，同医疗服务提供者组织自行定价相比，更利于医疗费用的控制，医疗保险管理成本也比较低。

（三）分散独立的偿付模式

分散独立的偿付模式是指在公、私医疗保险并存，或以私人健康保险为主的多元医疗保险体制下，多个偿付人以不同的方式和标准偿付医疗保险费用。由于存在许多分散、独立的保险机构，医疗保险费用则由多个分散、独立的偿付人偿付给医疗服务提供者。实行该模式的国家以美国为代表。这种模式的特点是参保人有较多的选择性，可满足不同层次的医疗保险需求，但由于医疗费用偿付渠道多，控制点分散，难以有效控制医疗费用的过快增长。同时，由于各类医疗保险机构各自为政，竞争激烈，需要耗费大量行政管理费用。

医疗保险费用偿付体制是一个复杂的系统，涉及很多方面，世界各国实行不同的偿付体制，都有其自身独特的经济和文化背景。同时，各国的社会医疗保险偿付体制又处在不断变化和完善中，如分散独立的偿付体制向集中统一偿付体制发展；单一偿付模式向混合偿付模式发展；偿付标准由自由定价向政府控制价格或统一价格发展；各国内部从单一偿付方式和标准向多种偿付方式与标准并存发展；保持基本医疗保险费用偿付方式与标准相对稳定的前提下，不断进行动态调整等。

第二节 医疗保险被保险人偿付方式

医疗保险被保险人的偿付方式主要是指被保险人在医疗保险过程中分担一部分医疗费用的方法。常见的分担方式包括以下几种。

一、起付线

起付线方式又称为扣除保险，它是由保险机构规定医疗保险费用偿付的最低标准，低于起付线以下的医疗费用全部由患者自付或由患者与其单位分担，超过起付线的费用由医疗保险基金偿付。

该方式的特点：一是起付线以下的医疗费用由患者自付或患者与其单位分担，增强了被保险人的费用意识，有利于减少浪费；二是将大量的小额医疗费用剔除在医疗保险偿付范围之外，减少了医疗保险费用结算工作量，有利于降低管理成本；三是小额费用由被保险人自付，有利于集中医疗保险资源来保障高额费用的疾病，即保大病，从而体现医疗保险的作用。

起付线方式的难点在于起付线的合理确定，起付线的高低直接影响医疗服务的利用效率和被保险人的就医行为。起付线过低，可能导致被保险人过度利用卫生服务，不利于有效控制医疗费用；起付线过高，可能超过部分参保人的承受能力，抑制其正常的医疗需求，可能导致少数被保险人小病不及时就医而变成大病，反而增加医疗费用。另外，过高的起付线，可能影响参保人参加医疗保险的积极性，造成保险覆盖面和受益面下降。

实际操作过程中，为了使起付线方式更加完善，可采用各种具体形式，如以服务次数为单位计算起付线，以一段时期内累计数额计算起付线，或以个人或家庭的医疗保险储蓄作为起付线等。同时，为了避免高额医疗费用加重低收入家庭的经济负担，也可考虑规定医疗费用占家庭总收入的一定比例和人均医疗费用不超过一定比例等。

二、按比例分担

按比例分担又称共付保险，即保险机构和被保险人按一定的比例共同偿付医疗费用，这一比例又称共同负担率或共同付费率。按比例分担可以是固定比例，也可以是变动比例。

该方式的特点：一是简单直观，易于操作，被保险人可根据自己的偿付能力适当选择医疗服务，有利于调节医疗消费，控制医疗费用；二是由于价格需求弹性的作用，被保险人往往选择价格相对较低的服务，有利于降低卫生服务的价格。

按比例分担方式的难点在于自付比例的合理确定，自付比例的高低直接影响被保险人的就医行为。自付比例过低，对被保险人的制约作用越小，达不到控制卫生费用不合理增长的目的；自付比例过高，可能超越被保险人的承受能力，抑制正常的医疗需求，造成小病不治酿成大病，加重被保险人的经济负担，达不到保险的目的。另外，不同人群和不同收入状况采用同一自付比例，可能出现卫生服务的不公平性现象。

为了使按比例分担方式更加完善，实际操作过程中，可采用变动比例自付或相应辅助办法，如采用分级共同付费方式，即随着医疗费用的增加，逐级减少被保险人的自付比例，以达到少数患大病的被保险人能够承担得起医疗费用。另外，可采用不同年龄段确定不同的自付比例，中青年自付比例高一些，老年人自付比例低一些。

三、封顶线

封顶线也叫限额保险，是与起付线相反的费用分担方法。该方法先规定一个费用封顶线，医疗保险机构只偿付低于封顶线以下的费用，超出封顶线以上的费用由被保险人或由被保险人与其单位承担。

封顶线方式的作用如下。一是在社会经济发展水平和各方承受能力比较低的情况下，医疗保险只能首先保障享受人群广、费用比较低，各方都可以承受的一般医疗。因而本着保障基本医疗、提高享受面的原则，将高额医疗费用剔除在保险偿付范围之外。二是有利于限制被保险人对高额医疗服务的过度需求，以及医疗服务提供者对高额医疗服务的过度提供。三是有利于鼓励被保险人重视卫生保健，防止小病不治酿成大病，提高被保险人的身体素质。

从保险本质来看，大病、重病的发生概率小，但经济风险高，是所有医疗服务中最符合保险原理、最需要保险的部分，假如是在保险方式单一的情况下，将难以对大病、重病医疗提供有效保障。因此，封顶线的确定需要综合考虑被保险人的收入水平、医疗保险基金的风险分担能力、医疗救助情况等因素，需要通过建立各种形式的补充医疗保险对超出封顶线以上的疾病给予保障。

四、混 合 支 付

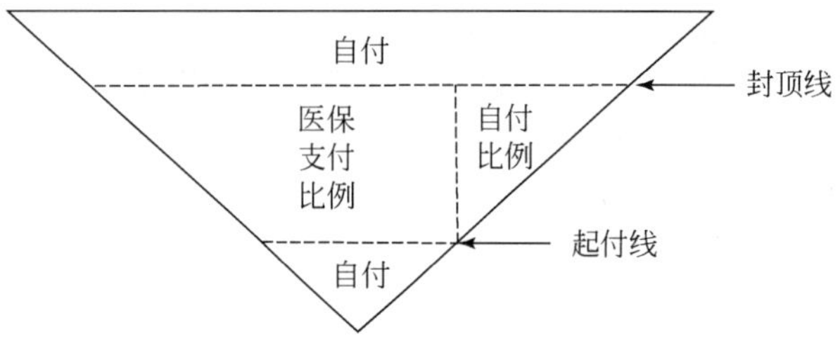

图 9-1　混合支付示意图

由于上述三种费用偿付办法各有其优缺点，因此在医疗保险被保险人偿付方式的设计中，往往将两种以上的偿付办法结合起来应用，形成优势互补，更有效地促使合理需求，控制医疗费用的过快增长。例如，对低额费用部分实行起付线，对高额费用部分实行封顶线，对中间段费用实行按比例分担的办法，如图 9-1 所示。

第三节　医疗保险机构偿付方式

医疗保险机构的偿付方式是指医疗保险机构作为第三者代替被保险人向医疗服务供方偿付医疗服务费用的方法，这是医疗保险主要的偿付方式，它主要包括以下几种。

一、按服务项目付费

按服务项目付费（fee for service，FFS）是所有费用偿付办法中最传统、运用最广泛的一种，即按照实际发生的医疗服务项目的内容和数量向医疗服务提供者偿付医疗费用。医疗服务提供者按照患者实际发生医疗服务项目的价格和数量计算出费用，由医疗服务提供者或患者先垫付，后由医疗保险机构依据规定向医疗服务提供者或患者偿付或报销医疗费用。所偿付的医疗费用额取决于各服务项目的价格和实际服务量。

按服务项目付费具有操作简便、应用范围广泛等优势，成为世界各国医疗保险偿付方式改革前采用的主要偿付方式，是典型的后付制。按服务项目付费，患者的选择余地较大，得到的服务数量多，要求容易得到满足，有利于调动医务人员的工作积极性，所需要的配套条件比较少。这种偿付方式也是导致各国医疗费用持续攀升的重要原因之一。首先，由于医疗服务提供者获得的收入取决于其所提供的医疗服务项目及数量，医疗服务提供者存在通过提供过度医疗获得更多报酬及医疗资源滥用的现象。其次，按服务项目付费缺乏有效的费用控制机制，医疗服务提供者常常通过分解服务、增加诊次等行为获取不合理的医疗保险费用，导致医疗费用不合理增长，不利于医保控费，医保监管难度较大。

二、按人头付费

按人头付费是指医疗保险机构在合同期内根据参保人数和每人固定收费标准，预先向医疗服务提供者支付医疗服务费用的支付方式，在此期间医疗服务提供者向参保对象提供合同规定内的医疗服务均不再另行收费。医疗服务提供者的利润来源于预定的人头费用总额与实际发生的医疗费用总额的差额。

按人头付费在世界上运用广泛，美国、丹麦、荷兰、英国、意大利、印度尼西亚等都不同程度地采用了这种偿付方式。该方式的优点在于，由于医疗服务提供者的收入与参保人数成正比，与提供的服务量成反比，因此形成了内在的成本控制机制。医疗服务提供者具有降低医疗成本的动机，会通过提供体检和健康教育等预防服务，降低疾病发生率，同时合理利用医疗资源，提高医疗服务效率。但这种偿付方式也会刺激医疗服务提供者通过提高人头费标准或降低服务质量和数量获得收益，并可能引发医患矛盾。

三、按服务人次付费

按服务人次付费又称平均定额付费，即制定每一门诊人次或者每一住院人次的费用偿付标准，医疗保险机构根据医院实际提供的服务人次，按照每一人次的费用偿付标准向医疗服务提供者偿付医疗费用。

按服务人次付费能够促使医疗服务提供者降低服务成本，减少过度用药和过度利用高新医疗技术的现象，缩短住院时间，控制医疗费用的效果比按服务项目付费好。

由于按服务人次付费，医疗服务提供者的收入与服务次数直接相关，其可能通过诱导需求和分解服务人次增加收入。同时，医疗服务提供者出于控制医疗成本的需要，可能降低服务水平，从而影响服务的质量。

四、按床日付费

按床日付费又称为按住院床日标准付费，是指医疗保险机构根据测算先确定某一疾病每一住院床日的费用支付标准，在患者接受医疗服务提供者的服务后，由医疗保险机构按照先确定的床日支付标准，根据患者实际住院的总床日数支付医疗服务提供者费用，按床日付费方式主要适用于床日费用比较稳定的病种。

按床日付费方式具有预算的性质，费用结算简单，有利于减少医疗保险机构的工作量，降低医疗保险管理成本。医疗服务提供者要想获得收益，其医疗服务成本就必须低于这一标准，因此，按床日付费有利于医疗服务提供者提高工作效率，控制医疗资源不合理使用，降低医疗服务成本。

由于按床日付费的标准是固定的，医疗服务提供者出于自己的利益，可能会出现让可以出院的患者继续住院，延长住院时间，以增加医疗服务收入；也可能出现选择收治病情较轻的患者而采用建议转院等方法拒收病情较重的患者；医疗服务提供者为了减少服务成本，还可能出现减少对患者的必要服务，从而降低医疗服务质量，损害被保险人的利益。

五、按病种付费

按病种付费又称按疾病诊断分类定额预付制，即医疗保险机构通过协议沟通方式，预先确定各个病种或病组的费用支付标准，对医疗服务提供者进行医疗费用结算的方法。实践过程中，该类偿付方式又可细为三类：单病种付费、按疾病诊断相关分组（DRGs）付费和按病种分值（DIP）付费。

单病种付费是指将诊断明确、无并发症和合并证、治疗方式单一的疾病，按病种预先确定付费标准，向医疗服务提供者付费的方式，而不论治疗该种疾病实际花费多少。现阶段单病种偿付方式以标准定额付费和最高限额付费两种形式为主。此方式属于按病种付费的初级形式，执行过程相对简易方便，一方面，能够有效避免医疗机构分解医疗服务项目，防止小病大治；另一方面，也保证了医疗服务的质量，在实际应用中体现了一定的控费优势。但也存在一些弊端：一是确诊标准存在一定技术障碍，针对细化的病种无法科学定价；二是付费方式相对固定，医疗服务提供者一般会在给付范围内选择最高限额付费方式，增加了患者和医保基金经济压力；三是鉴于同种疾病存在不同的轻重度，患者疾病的严重程度不一，重症患者必然会消耗更多医疗资源，病情轻重不同而偿付标准却相同，医疗服务提供者可能存在降低服务标准现象。

DRGs 付费是医疗保险机构按国际疾病诊断分类标准，根据患者的年龄、性别、住院天数、临床诊断、病症、手术与否、疾病严重程度、合并证与并发症、转归等因素将病例分入不同的诊断相关组，在对各组大量同类病例进行费用数据统计的基础上确立费用标准。费用标准确立后，医疗保险机构针对病例分组结果对医疗服务提供者预付所在组别的标准费用作为该病例的固定医疗费用，不再受实际发生费用的影响。DRGs 付费是较为完善和科学的按病种付费形式。国际上已有许多国家和地区实施了 DRGs 付费制度，如美国、澳大利亚、英国、德国等。这种偿付方式具有其自身优势，在费用偿付过程中，高于费用标准的部分将由医疗服务提供者承担，从而激励其增强成本控制与管理意识，加强对医疗服务成本的计划、控制、核算和考核，降低成本的同时实现经营效益最大化。医疗保险机构对各组病例的诊疗都有准确的预算，能够一定程度上避免医疗质量的下降，因此对于住院和大病医疗费用的支付具有良好效果。其缺陷是可能促使医疗服务提供者将病例诊断为高费用组别以获得更高的收入。此外，DRGs 付费对制度标准和技术要求较高，依据不同的医疗机构类别、服务项目、服务质量等建立精确合理的分组系统操作难度较大，管理成本较高。

DIP 付费是基于中国国情利用大数据优势所建立的完整医保费用偿付与管理体系，通过发掘“疾病诊断+治疗方式”的共性特征对病案数据进行客观分类，在一定区域范围的全样本病例数据中形成每一个疾病与治疗方式组合的标化定位，客观反映疾病严重程度、治疗复杂状态、资源消耗水平与临床行为规范，可应用于医保偿付、基金监管、医院管理等领域。在总额预算机制下，根据年度医保偿付总额、医保偿付比例及各医疗机构提供服务病例的总分值计算分值点值。医疗保险机构基于病种分值和分值点值形成偿付标准，对医疗服务提供者每一病例实现标准化偿付，不再以医疗服务项目费用偿付。DIP 付费主要适用于住院医疗费用结算（包括日间手术、医保门诊慢特病医疗费用结算），精神类、康复类及护理类等住院时间较长的病例不宜纳入 DIP 付费范围。DIP 付费可探索应用于普通门诊、急诊付费标准的建立，也可以应用于医疗机构收费标准的改革。DIP 付费是医保、医疗大数据的挖掘利用，在分组方法、实施路径等方面实现了理论和方法的创新，有待于在实际运用中进一步完善。

六、总 额 预 算

总额预算（global budget）是指医疗保险机构在综合考量当地历年医疗费用、人口增长率及人口年龄分布、医院规模及医疗设备、医疗服务数量及质量等因素后，与医疗服务提供者协商确定年度医疗费用预算总额的偿付方式。医疗服务提供者为患者提供合同规定的服务以获得固定的医疗费用总额。医疗服务提供者自负盈亏，如果实际发生的医疗费用超出预算总额，超支部分将由其承担。预算总额一般每年协商调整一次。

总额预算在实施全民医疗保险或社会医疗保险的国家中普遍采用，如英国、德国、澳大利亚、加拿大等。这种偿付方式的优点是程序简便、实施成本低，对于控制医疗费用上涨成效显著。由于医疗服务提供者的收入不随医疗服务提供量的增加而增加，因此降低了医疗服务提供者过度医疗的动机，能够有效控制费用。其缺陷是确定付费总额有一定的难度，合理支出的概念难以界定，过高的预付额会导致医疗服务供给的不合理增长；过低的预付额会导致医疗服务提供者减少医疗服务供给，降低医疗服务质量，抑制患者的合理医疗需求，还可能阻碍医疗服务技术的更新和发展。

七、按工资标准偿付

按工资标准偿付，也称薪金制（wage system），即医疗保险机构根据医疗服务提供者或其他卫生人员提供服务时间的价值或服务质量向他们定期发放工资，以补偿医疗服务提供者人力资源的消耗。一般是依据医疗服务人员所提供服务的时间、医生的技术职称、服务的数量和质量来确定他们的劳动价值。这是最常见的一种偿付医生报酬的方式，广泛地应用于直接提供医疗服务的医疗保险计划或机构所属的医生中，像医疗保险直属医院的医生就按月领取工资；这样的偿付方式同样也用于医疗保险间接提供模式中，如由几个医生组成的诊所给每个医生发报酬；美国健康维护组织中医生联合诊所即采用薪金制；按工资标准偿付还用于医院，即医生按职务（称）技术级别、工龄、工作时间等条件享受薪金。这种薪金制，包含人力资源消耗（如脑力、体力的支出，专业知识的运用等），同时也包含医生进行医疗活动的时间消耗。

目前这种偿付方式在芬兰、瑞典、西班牙、葡萄牙、希腊、土耳其、印度、印度尼西亚、以色列等国家广泛应用。有的国家不允许拿工资的医生进行私诊或额外收费，有的国家则允许。根据医生每天或每周在有组织的计划中工作的小时数，薪金制可分为全薪和部分薪金两种。按工资标准偿付费用的突出特点是医生的收入与其提供服务的数量和质量无关。

按工资标准偿付，对医疗保险机构来说，最大的好处是能较好地控制总成本和人员开支；对医生的好处是医生收入有保障，工作稳定，有利于医务人员提高专业水平，管理工作方便，便于相互之间合作；对患者来说，其优点是能在一个医疗中心接受多种治疗，就医方便。

该偿付方式的缺陷是：①由于缺乏对医生的经济刺激，医生的工作积极性往往不高，可能会导致服务态度不好和服务质量下降，工作效率低下；②各医疗机构可能通过转诊来转移医院的成本负担；③患者就诊没有相对固定的医生，医疗服务没有连续性，可能会影响对患者的及时诊治。

八、按以资源为基础的相对价值标准偿付

以资源为基础的相对价值标准（resource-based relative value system，RBRVS）是美国哈佛大学经过 10 年研究而确定的一种新型的医生服务酬金偿付系统。该方法的基本思想是，根据医疗服务中投入的各类资源成本，计算出医生服务或医疗技术的相对价值或权数，应用一个转换因子把这些相对价值转为收费价格。

相对价值是以成本为基础来确定的，这是一项相当复杂的工作，大体上要为 7000 多项服务制定相对价值，而且需要对数据不断进行分析和更新。制定相对价值标准所依据的消耗成本包括：医生的服务时间；服务的复杂性；承认所需要的技术及努力程度存在的差异；机会成本，使接受不同培训时间的医生能够得到相应的回报率；开业的管理费用，如办公室人员工资及设备折旧等。RBRVS 的计算公式为

$$RBRVS=(TW)(1+RPC)(1+AST)$$

式中，RBRVS 为特定医疗服务的按资源投入为基础的相对价值；TW 为医生劳动总投入；RPC 为不同专科的相对医疗成本指数；AST 为以普通外科为标准的专科培训机会成本相对分摊指数。

RBRVS 的优势是能全面合理地估计和比较每个医生服务资源的投入，并以此为基础使各种服务得到近似于理想的竞争市场中的补偿标准。对医生服务行为提供一个中性的激励机制，可能会在很大程度上改变医生的医疗模式，促使医生将其活动范围向诊治及管理性服务转移，减少不必要的外科手术、手术性诊断试验。这样既可能使医疗质量得到提高，又可降低医院及医疗设施的使用率，进而增进整体医疗保健效益，减少卫生保健费用支出，降低卫生保健费用增长速度。另外，RBRVS

支付制由于改善了目前各医学专业补偿不公平的现象，能潜在地影响医科院校毕业生的专业选择，改善初级卫生保健专业人员短缺状况，引导卫生人力资源合理流动。

RBRVS 存在的问题：①在制定标准时未考虑医生能力和患者病情的严重程度、复杂程度；②未考虑医疗服务的产出质量，即治疗效果；③由于大学教学医院和医疗中心收治的患者病情相对较重，因而 RBRVS 将对大学教学医院和医疗中心带来不利影响；④此种偿付方式在制定标准时需要搜集大量的资料以及运用复杂的计算公式，成本较高。

美国于 1992 年开始将 RBRVS 正式用于 Medicare 医师费的支付，并采取分阶段执行的办法逐步过渡，直到 1996 年全面实施。RBRVS 是美国抑制医疗费用增长的主要方式之一，1998 年应用 RBRVS 评估体系的医院和诊所占 63%，2001 年为 74%，2006 年达到 77%。美国医师协会组织相关专家，每年对 RBRVS 评估体系中的专业术语进行修订，每三年对相对价值进行核算，力求全方位地反映医师在医疗活动中的劳动价值。

九、按资源利用组Ⅲ偿付

资源利用组Ⅲ（RUGⅢ）是美国近年来用于慢性病患者医疗费用偿付的病例分类模式，主要针对 DRGs 付费中存在的重症患者入院困难或提前出院的情况而设计。RUGⅢ的基本思想是根据医疗机构服务对象的病例构成确定偿付的医疗费用数额，而对医疗机构按其服务对象的医疗需要进行资源分配。

RUGⅢ分类方法分为三个阶段：第一阶段，按临床医疗服务工作量分为七类，如康复、思维障碍、行为问题等；第二阶段，按患者的日常生活功能进行分类；第三阶段，按思维障碍、行为问题等临床表现是否由护理人员实施康复护理等进行分类。

相对于 DRGs 而言，RUGⅢ具有以下优势：①分类方法更具有临床适用性，即考虑了慢性病患者的日常生活功能和心身医学方面的需要；②考虑成本更加全面，增加了人事费用；③管理控制更加全面，根据治疗的工作量分组，结合患者的生活功能来分配资源，可以有效控制过度供给；④消除了重症患者不能从医院转至护理院的待床状况。

RUGⅢ的缺陷是在实际操作中，病例分组难以确定，因为某一患者可能同时属于几个组，所需偿付的费用也需几组合并计算。

总之，医疗保险费用的偿付方式多种多样，这些方式各有其优势与不足之处，对医疗保险机构、医疗服务提供者以及被保险人的影响也各不相同。由于医疗保险费用偿付方式对医疗费用的支出水平、医疗机构的收入与效益以及医疗质量均有直接或间接的影响，因此，在选择医疗保险费用偿付方式的时候一定要慎重，可以根据不同情况选用单一方式或者组合方式。表 9-1 是对几种不同偿付方式的比较。

表 9-1 医疗保险机构偿付方式比较

偿付方式	费用控制	服务质量	管理
按服务项目付费	差	好	难
按人头付费	好	较好	容易
按服务人次付费	较好	一般	较易
按床日付费	较好	较好	较易
按病种付费	好	较好	较难
总额预算	好	较好	容易
按工资标准偿付	较好	差	容易
按相对价值标准偿付	好	好	较易
按资源利用组Ⅲ偿付	好	好	较难

在医疗保险实践中，各国的医疗保险机构往往会根据各国的实际国情，采取混合偿付的方式，如采取两种或多种偿付方式相结合，取其优点，规避其不足。在医疗保险的运行中，偿付方式的选择可以从多角度加以混合，根据混合方式的不同，可有三种不同情况。一是对不同的供方组织采取不同的偿付方式，如在匈牙利，对医院是按病种付费的方式来补偿，而对初级卫生保健医生是按人头付费来补偿的；加拿大对医院则是通过总额预算补偿来控制成本，对初级卫生保健医生则是按服务项目付费方式补偿；美国利用 DRGs 付费方式预先支付给医院，然后根据每年的物价进行具体调整，对初级卫生保健医生则按 RBRVS 方式进行补偿。二是对特定的供方也可以采取混合的偿付方式。例如，医院可以一部分由覆盖固定成本的总额预算来补偿，另一部分由覆盖变动成本的按成本付费或按服务项目付费方式补偿。在德国，对医院和门诊的补偿主要采取总额预算，而实际的偿付则是通过按服务项目付费来补偿，但受预算总额的限制，这样总支出就不会超过综合预算，这种办法可以将按服务项目付费下成本不断升级的副作用降到最低。三是在偿付方法上，可以根据提供服务的不同而采取不同的方式。例如，对于医院的补偿，可以设计两种不同的计划：一些基本医疗服务可采用按人头付费，另外一些服务可以按服务项目付费来补偿。

第四节　我国医疗保险费用偿付方式选择

一、选择医疗保险费用偿付方式的基本依据

（一）符合现阶段国家医疗保障事业与卫生健康事业发展的总体政策

我国卫生事业的性质是政府实行一定福利政策的社会公益事业，发展卫生事业的目的是为人民健康服务、为社会主义现代化建设服务。现阶段医疗保障强调坚持以人民健康为中心，加快建成覆盖全民、城乡统筹、权责清晰、保障适度、可持续的多层次医疗保障体系。卫生事业与医疗保障相辅相成，任何一方的发展都离不开另外一方的支持。医疗保险费用的偿付方式必须有利于医疗卫生事业的健康发展，决不能以牺牲卫生事业来发展医疗保障事业，同样，卫生事业的发展也要适应建立覆盖全民的基本医疗保障制度的需要。因此，偿付方式的选择必须符合国家卫生事业与医疗保障事业的总体政策。

（二）适应现阶段医疗保障管理体制和卫生服务管理体制

目前我国的卫生服务管理体制和医疗保障管理体制是偏向计划型的，但同时又具有市场型的某些特征，因此在选择医疗保险费用偿付方式的时候要兼顾两方面的特性。脱离我国现阶段的卫生服务管理体制和医疗保障管理体制来选择医疗保险费用偿付方式，或者一味照搬其他国家的做法，都将影响我国医疗保障事业的健康发展。

（三）考虑现阶段医疗保障和医疗机构管理水平

偿付方式的选择需要有相应的医疗费用信息系统、医院管理信息系统、医院管理手段和医保管理手段作为支撑。任何偿付方式的设计都不能脱离现实的医院管理和医保管理条件。国外采用的一些偿付方式如 DRGs 付费等具有许多优点，但在我国目前的医院管理和医保管理条件下，要想在全国全面推行这些偿付方式，仍然存在不少困难，还需要在试点总结基础上逐步本土化。与此同时，我们也需要不断创新，研究探索具有中国特色的偿付方式，如基于大数据 DIP 付费。

（四）兼顾控制费用和提高医疗服务质量两方面要求

实施医疗保险制度改革的重要目标之一是要控制卫生费用的过快上涨，与此同时也要促进医疗服务质量的提高，既能保证参保人的基本医疗需求，又能有效地减少浪费，合理利用卫生资源，提供适宜的卫生服务。医疗保险费用偿付方式的选择决不是一味追求控制医疗机构和被保险人的费用支出，而是减少不合理卫生资源的使用，让参保对象获得价格合理、质量较好、适宜的卫生服务。

（五）有利于医疗保障和卫生健康事业的协调发展

偿付方式的确定要有利于促进医院管理的科学化和现代化，有利于促进医疗机构由粗放型经营向结构效益型转变，由单纯注重收入型向注重成本效益型转变。选择任何形式的医疗保险偿付方式都必须有利于促进医疗保险和卫生健康事业的协调发展，牺牲任何一方的发展，另外一方的发展都将无法实现。

二、医疗保险被保险人偿付方式的选择

（一）合理确定与参保对象承受能力相适应的费用分担比例

国内外医疗保险的实践证明，按比例分担是医疗保障制度实施中控制费用的一种有效措施，采用该方式需要考虑的问题包括个人负担比例、负担形式、负担哪部分费用、负担比例是恒定的还是采用累进制或累退制不同层次的医疗服务（如不同医院级别、不同医疗服务项目）是否采取不同的自付比例。在上述问题中，个人的负担程度是关键，从目前我国人民群众的心理承受能力和经济承受能力来看，个人负担的比例不宜过高。随着我国综合国力的增强，社会保障制度的不断完善，保障水平的稳步提高，广大人民群众的心理承受能力和经济承受能力的提高，个人自付比例可逐步提高。国际有关研究表明，自付比例在20%左右，既可以达到制约浪费的目的，又可以避免个人经济负担过重。不同地区可以因地制宜，确定适合本地区不同类型医疗保险的个人负担比例。国内有关研究显示，在现有社会经济发展水平和职工承受能力的情况下，城镇职工门诊费用平均自付比例应是门诊总费用的15%～20%；住院平均自付比例为住院费用的2%～4.5%。其中，在职职工收入高、医疗费用低，因而自付比例应高于退休职工，低年龄段职工自付比例应高于高年龄段职工自付比例。

（二）组合应用多种偿付方式

被保险人的偿付方式主要包括按比例分担、起付线、封顶线三种方式，三种方式各有利弊，在被保险人偿付方式的选择上，可以组合应用多种偿付方式，达到优势互补，如对小额医疗费用可以设置起付线，以提高保险结算工作效率，增加被保险人的费用意识。对起付线以上的医疗费用可以采用按比例分担的方式，并且随着医疗费用额的增加，逐步减少被保险人的负担比例。上述组合方式广泛应用在住院医疗保险中，已经取得了显著的成效。在门诊医疗保险中，应用起付线方式可以有两种情况：一是单次费用设起付线；二是月度或年度累计费用设起付线。由于医疗保险基金的有限性，为了防止出险，对超高费用可以采取封顶线方式。设立封顶线时，既要考虑医保基金的承受能力，也要考虑设立封顶线以后的费用出路问题。通过发展大病医疗保险、医疗救助和多种形式的补充医疗保险，以解决设立封顶线以后的医疗费用问题。

三、医疗保险机构偿付方式的选择

根据各种偿付方式的特点，我国保险方偿付方式选择的基本思路主要有以下三个方面。

（一）以总额预付制为基础，实行预付制与后付制的有机组合

预付制主要包括总额预算、按人头付费和 DRGs 付费等方式。根据我国现阶段卫生事业和医疗保障的特点，对医疗服务供方的偿付实行总额预付制较为适合。其理由如下。

1. 选择总额预付制的依据

（1）总额预付制是计划性较强的偿付方式，与我国医疗卫生事业是社会公益事业的性质相适应，也与医疗机构主要属于国有、医疗卫生工作计划管理性较强的状况相适应。

（2）相对其他偿付方式而言，这一方式控制费用最有效，对医疗服务效果的影响较小。

（3）操作比较简单，我国原有的医疗工作中已有类似的工作基础。

（4）符合卫生发展趋势，与区域卫生规划和初级卫生保健相协调。采取总额预付制有利于从宏观上控制卫生费用的增长规模，而且有一定的弹性，对微观上医疗服务质量的影响较小，如与后付制等的一些偿付方式结合，可以取得较好的效果。

上海市实行的“总量控制和结构调整”实质上是总额预付制与按服务项目付费的组合，其基本内容是：采取总额预付结算、服务项目结算、服务单元结算等方式，与定点医疗机构结算医疗费用；超出结算标准的医疗费用，由医疗保险基金与定点医疗机构按照规定分担。定点医疗机构、定点零售药店造成医疗保险基金损失的，医保局责令其限期改正，追回已经支付的有关医疗费用，并可处以警告、3000 元以上 10 万元以下罚款；情节严重的，可以中止其基本医疗保险结算关系或者取消其定点资格；提高技术劳务收费标准；规定药品收入在总收入中的比重。海南省是采用总额预付制的典型代表，也已经取得了较好的成效。

2. 总额预付制的操作办法

首先，医疗保险机构与定点医院在每年年初签订当年的预算合同。合同根据医疗需要和基金承受能力，综合考虑影响医疗费用变动的各种因素，合理确定共济账户的支付预算指标，下达到各定点医院。

其次，医疗保险机构针对医疗费用预算指标的完成情况，实行“节余奖励，超支分担，总量封顶”的结算办法。共济账户的医疗费用预算每年确定一次，按月结算，年终决算。医疗保险机构按月向定点医院分配额度，定点医院每月定期将上个月参加医疗保险的患者的住院情况报医疗保险机构，医疗保险机构再将上个月分配额度资金拨给定点医院，年终如有节余，节余部分的 90%归医院用于医疗事业的发展。符合医疗保险规定的合理超支，在年度预算定额 10%以下的部分，医院分担 30%，医疗保险机构分担 70%；合理超支 10%～20%的部分，由医院和医疗保险机构各承担 50%；超支 20%以上的部分，完全由医院承担。

最后，医疗保险机构建立医疗服务质量考核办法，规定医院必须完成基本的业务量，对执行医疗费用预算指标过程中的医疗服务质量实行三级百分制评估，直接与医院费用预算资金兑现挂钩。例如，制度规定，医院只能在共济账户支付的收治入院人次达到上年度实际收治人次的 90%以上，并且实际发生支出达到预算指标的 90%以上时，才能兑现节余奖励。这样做的目的是防止医院过度控制费用、减少医疗服务而损害患者的利益。

从国外实践来看，德国实行的门诊项目点数付费法，就是总额预算（预付制）与按服务项目付费（后付制）成功结合的范例，即在总额预算下按项目付费，超过门诊总额预算部分，医疗保险基金不予支付。住院医疗采取总额预算制度下按照平均床日费用支付。这种偿付方式在控制医疗费用过快增长、提高卫生服务质量等方面取得良好效果。

2017 年 6 月，国务院办公厅印发《关于进一步深化基本医疗保险支付方式改革的指导意见》（国办发〔2017〕55 号），强调要按照“以收定支、收支平衡、略有结余”的要求，坚持保障基本、建立机制、因地制宜、统筹推进的原则，勇于探索，大胆改革。改革的主要内容是实行多元复合式医

保支付方式，针对不同医疗服务特点，推进医保支付方式分类改革；重点推行按病种付费，对诊疗方案和出入院标准比较明确、诊疗技术比较成熟的疾病实行按病种付费；开展按疾病诊断相关分组付费试点，探索建立按疾病诊断相关分组付费体系；完善按人头付费、按床日付费等支付方式，推行门诊统筹、特殊慢性病按人头付费，需要长期住院治疗且日均费用较稳定的疾病采取按床日付费的方式；强化医保对医疗行为的监管，完善医保服务协议管理，将监管重点从医疗费用控制转向医疗费用和医疗质量双控制。同时，配套改革措施有加强医保基金预算管理，完善总额控制办法，积极探索将点数法与预算总额管理、按病种付费等相结合，逐步使用区域医保基金总额控制代替具体医疗机构总额控制；完善医保支付政策措施，坚持基本保障和责任分担的原则，按照规定程序调整待遇政策，科学合理确定药品和医疗服务项目的医保支付标准；协同推进医药卫生体制相关改革，建立宏观调控机制、医疗机构效率和费用信息公开机制，完善公立医疗机构内部绩效考核和收入分配机制，推行临床路径管理、同级医疗机构医学检查检验结果互认。

总体来讲，从后付制向预付制发展，是国际上医疗保险费用偿付方式的一般发展趋势，根据经济学分析，在偿付方式中增加预期性成分，将经济风险转移给医疗机构，能较好地控制医疗费用不合理增长。

（二）根据医疗服务的多样性综合应用多种偿付方式

1. 选择多种偿付方式的依据

医疗服务形式多种多样，从服务的种类、人群、地区、要求等角度，可以将医疗服务进行多种划分，如门诊服务、住院服务，手术治疗、非手术治疗，基本医疗、非基本医疗，还有不同的科别，参保对象有退休职工、在职职工、城乡居民，还有不同地区等。根据各种医疗服务的不同特点，对医疗服务供方的偿付可以综合应用多种偿付方式。选择偿付方式的基本原则是有利于保证基本医疗、费用控制和管理简便，如对社区医疗服务可以采用按人头付费的办法；对于诊断明确、治疗方法相对固定的病种可实行按病种付费；而对床日费用变动较小、床位利用率较高，又难以通过延长住院天数来增加费用的疾病可采用按床日费用付费的方法等。

2. 多种偿付方式的实践

作为“两江”试点之一的九江市实行的是“动态管理，均值结算，监控质量，违规扣罚，重奖节余，少补超支”的平均费用标准结算办法。具体内容是：将所有的定点医院按其等级、规模划分为不同类别，对每一类别的医院，每月由计算中心计算出同类医院平均门诊、急诊人次费用，平均住院床日费用和平均住院天数，并以此作为动态定额结算标准。医疗保险机构按下列方法对每一家医院结算医疗费用：

门诊费用=本院门诊人次×同类医院平均门诊人次费用

住院费用=本院住院人次×同类医院平均床日费用×平均住院天数

医疗保险机构对医疗机构的医疗费用采取后付制，医疗费用是每月末计算并统计出来的动态未知数。对各医院发生的实际医疗总费用高出定额标准的部分，由医疗保险机构承担 30%，医院承担 70%；低于定额标准的差额部分，由医疗保险机构奖励其 70%。

深圳市对不同的医疗服务项目、病种和医疗机构，采用不同的费用支付办法。对门诊和住院分别采用门诊人次定额、起付线、住院床日费用和住院天数的付费制，而对一些专科专病试行按病种付费的办法，如对结核病医院的结核病组、心血管专科医院的七种心脏外科手术采取按病种结算的办法；对每个病例实行定额包干，多余留用，超支不补；对单位内部的医务室采用按人头付费，根据职工人数实行定额补偿。

山东省要求全省实行按住院平均定额付费办法的地方，要合理核定住院人次指标和定额标准。对住院时间长、不易治愈的精神疾病可实行按床日付费办法。加强基金预算管理，认真编制基本医疗保险基金收支预算。采取总额预付办法要重点防范医疗机构将总额指标分解下达到科室、医师，产生医疗服务提供不足、推诿重症患者等行为；实行按人头付费，要细化明确基层医疗卫生机构的保障责任，防止减少参保人的医疗服务；实行按病种付费，要科学合理地选择病种，先易后难，优先选择临床路径明确、并发症与合并证少、诊疗技术成熟、质量可控且费用稳定的常见病、多发病起步，逐步延伸扩展。

广州市自 2018 年实施基于大数据 DIP 付费，科学制定病种分值付费的精细化管理指标，建立结余留用、合理超支分担 的激励和风险分担机制，开展支付与监管的一体化管理模式；无锡市于 2020 年 1 月 1 日起在试点医院实行总额控制下 DRGs 付费为主的多元复合医保支付，进行 DRGs 分组器的部署对接和分组测算，配套建立付费办法、经办规程、DRGs 付费专项协议及信息系统等。

（三）依据质量监测评估结果合理调整给付费用

为了激励医院在总额预算内加强管理，降低消耗，提高医疗服务质量与效率，减少医院采取不合理手段增加收入的行为，可以建立一个由患者及其家属、医学专家等多方人士组成的医疗质量评估体系。每月或每季度对医院进行考核，根据考核结果打分，得出一个质量校正系数。医疗保险机构根据这个系数对偿付给医院的费用进行调整，从而建立经济上的激励和奖惩机制。质量校正系数的确定必须考虑患者的反应、服务态度、医疗服务数量和质量、医疗管理等多方面因素。为了操作简便，可以在每次偿付给医院费用时，预留一定比例的费用，年终时根据对医院的总体考核状况给予奖惩。同时，在医院内部，可结合患者选择医生的情况和住院费用清单制度的实行，向患者公布有关信息，提高服务透明度，使价格弹性发挥导医作用，降低患者择医的边际成本，以便患者根据医疗服务价格、费用、效率、效益及质量自主选择医院就医，遏制过度医疗服务。目前我国各地医改中都有这样类似的费用控制方法。

2020 年 3 月，《中共中央 国务院关于深化医疗保障制度改革的意见》发布，为进一步推进医疗保险支付方式的改革与完善指明了方向，指出要建立管用高效的医保支付机制，聚焦临床需要、合理诊治、适宜技术，完善医保目录、协议、结算管理，实施更有效率的医保支付，更好保障参保人权益，增强医保对医药服务领域的激励约束作用。要持续推进医保支付方式改革，完善医保基金总额预算办法，健全医疗保障经办机构与医疗机构之间的协商谈判机制，促进医疗机构集体协商，科学制定总额预算，与医疗质量、协议履行绩效考核结果相挂钩。要大力推进大数据应用，推行以按病种付费为主的多元复合式医保支付方式，推广按疾病诊断相关分组付费，试点推广基于大数据 DIP 付费，医疗康复、慢性精神疾病等长期住院按床日付费，门诊特殊慢性病按人头付费。探索医疗服务与药品分开支付。适应医疗服务模式发展创新，完善医保基金支付方式和结算管理机制。探索对紧密型医疗联合体实行总额付费，加强监督考核，结余留用、合理超支分担，有条件的地区可按协议约定向医疗机构预付部分医保资金，缓解其资金运行压力等。

思考题

1. 试如何理解医疗保险费用偿付方式在医疗保险制度中的重要地位？
2. 医疗保险有哪些偿付方式？各有什么特点？
3. 被保险人分担医疗保险费用的方式有哪些？作用是什么？
4. 比较保险方不同偿付方式的优势和缺陷。
5. 如何通过医疗保险费用偿付方式的选择来改革和完善我国的医疗保险制度？

（李绍华　方桂霞）

第十章　医疗保险费用控制

内容提要

医疗保险基金能否平衡，医疗保险制度能否正常运行，关键要看医疗保险基金的可供能力与被保险人群医疗保险待遇需求之间能否保持平衡。除了政策因素调控外，有效的费用控制机制起着积极的作用。本章着重介绍医疗保险费用控制的基本理论和方法，并具体阐述费用控制的方式。

第一节　医疗保险费用控制概述

一、医疗保险费用控制的含义和特点

（一）医疗保险费用控制的含义

医疗保险费用控制（medical insurance expenditure control）是指医疗保险费用支出管理的一项重要手段，通过科学的载体工具（计算机系统、IC 卡等）对参保人发生的医疗费用实行有效的监督和调控，以最大限度实现医疗保险保障基本医疗的目的。医疗保险费用的水平主要取决于实际发生的医疗费用，控制医疗保险费用也主要是针对医疗费用采取控制措施。

医疗费用包括合理的医疗费用及不合理的医疗费用。不合理的医疗费用是指相对于健康状况或病情过度提供服务和提供不必要的服务（绝对不合理），以及相对于经济承受能力提供人们负担不起的医疗服务（相对不合理），因而这部分医疗费用的支出是没有必要的。控制医疗保险费用应是控制不合理的医疗费用及医疗费用的不合理增长。

（二）医疗保险费用控制的特点

1. 公平性

通过对费用的合理控制，确保在同一统筹地区内所有参保人都能公平地获得整个医疗保障，确保所有定点医疗单位都能在公平的原则下为参保人提供优质的基本医疗服务，获取合理的收益。

2. 平衡性

医疗保险费用控制是围绕医疗保险基金支付的合理性和有效性所采取的一种平衡措施。如果医疗保险基金的收支不能确保平衡，医疗保险制度即使建立起来也是难以维持的，更何况长效发展。

3. 科学性

科学的管理手段是医疗保险费用控制实现的基本保证。医疗保险是社会保险项目中覆盖人群最广、涉及职工利益最敏感、工作量最大的一项险种，如果没有科学的管理手段，要实现有效的费用控制是非常困难的。计算机管理技术的应用等科学管理手段在其中发挥着重要的作用。

二、医疗保险费用控制的意义和原则

（一）医疗保险费用控制的意义

1. 促使医疗保险制度可持续发展

我国社会医疗保险有三个基本特点，强制性、有限福利性和共济性。有限福利性和共济性两个特点是相互衬托、互为基础的，有限福利性主要体现在保障基本医疗，共济性即风险共担，是在福利性特点的基础上，体现国家、单位和个人在保障职工基本医疗的过程中所承担的责任。合理控制医疗保险费用，减少不必要的支出，有利于降低企业、个人缴纳的医疗保险费，减轻个人负担，也有利于提高医疗保险的保障能力和保障水平。因此，我们有必要建立合理的费用控制机制，掌握好福利和共济的“度”，以确保医疗保险制度长效发展。

2. 保证医疗保险基金收支平衡

社会医疗保险的一项重要原则就是“以收定支、收支平衡”，这也是判定一个统筹地区医疗保险运营是否正常的唯一标准。我国的医疗保险作为一项社会医疗保障制度还处于初始阶段，新型的医疗费用风险共担机制尚处于摸索阶段。所以，较多的统筹地区都以一个年度为医疗保险结算年，要求当年度医疗保险基金能够基本平衡，尤其是社会统筹基金。这样逐年积累，稳步发展，以求逐步完善。其中，有效的医疗保险费用控制机制发挥着积极的作用，是确保医疗保险基金收支平衡的重要措施。

3. 处理好医、患、保三方关系，维护参保人权益

医院、患者（参保人）、医疗保险经办机构是三位一体、互为牵连又具有不同利益的矛盾体，在利益的获得上既相互依赖、又互为矛盾。医院为患者提供医疗服务，同时又通过对患者的服务获取最大限度的收益；患者一方面要求得到最好的医疗服务，以求尽快恢复健康，另一方面又希望得到最高的医疗费用补偿，尽量减少本人的负担，这又是一对矛盾；医疗保险经办机构介于二者之间，是矛盾的载体和调节者，既要保障医院的利益，又要切实维护好参保人的基本权益。因此，有效的费用控制对于规范医院的医疗行为，维护好职工的权益显得尤为重要。

4. 推进“三医联动”，深化医药卫生体制改革

医疗保障是减轻群众就医负担、增进民生福祉、维护社会和谐稳定的重大制度安排。党中央、国务院高度重视人民健康，建立了覆盖全民的基本医疗保障制度。党的十八大以来，全民医疗保障制度改革持续推进，在破解看病难、看病贵问题上取得了突破性进展。为深入贯彻党的十九大关于全面建立中国特色医疗保障制度的决策部署，2020 年《中共中央 国务院关于深化医疗保障制度改革的意见》提出了医疗保障制度改革的指导思想、基本原则和改革发展目标。文件中提出，要建立管用高效的医保支付机制，健全严密有力的基金监管机制，据此建立起合理有效的费用控制机制；同时提出，医药服务供给关系人民健康和医疗保障功能的实现，需要协同推进医药服务供给侧改革，要充分发挥药品、医用耗材集中带量采购在深化医药服务供给侧改革中的引领作用；要增强医药服务可及性，强化基层全科医疗服务，促进医疗服务能力提升。以此推进医保、医疗、医药联动改革系统集成，通过“三医联动”改革，加强政策和管理协同，保障群众获得优质实惠的医药服务。

（二）医疗保险费用控制的原则

医疗保险费用控制的原则主要有以下几个方面：

第一，宏观调控与微观调控相结合。宏观调控是政府通过宏观上调整和完善医疗保险政策，对医疗机构的服务质量和服务收入等进行调控；微观调控则是医疗保险经办机构对医疗机构进行费用监督等具体业务管理。

第二，全面控制与重点控制相结合。医疗保险机构既要通过各类规章制度等全面地对各医保定点单位进行医保定点管理，又要针对某些单位进行重点监督，对较严重的问题重点控制。

第三，供方控制与需方控制相结合。一方面要针对医疗服务提供者进行费用控制，另一方面也要对需方即参保患者进行费用控制。

第四，控制中寻求发展。通过医疗费用的有效控制确保医疗保险正常运营，持续发展；通过有效的费用控制手段规范医疗服务行为，促进医院稳步发展；有效的费用控制也有利于维护职工利益，促进企业发展。

第二节　医疗保险费用控制途径

一、对医疗服务需方的费用控制途径

（一）利用费用分担方式

常见的费用分担（cost-sharing）方式有以下几种类型：①扣除法（起付线）；②共付法（参保人和医保机构共同付费）；③限额法（封顶线）；④扣除法与共付法相结合。

目前，在全国范围内实施的社会基本医疗保险制度明确规定了统筹基金和个人账户各自的支付范围，分别核算，不得互相挤占，并规定了统筹基金的起付标准和最高支付限额。起付标准原则上控制在当地职工年平均工资的10%左右，最高支付限额原则上控制在当地职工年平均工资的6倍左右。起付线以下的医疗费用由个人账户支付或由个人支付。对于起付线以上、最高支付限额（封顶线）以下的费用，主要从统筹基金支付，但个人也要负担一定比例。超过封顶线的医疗费用，可以通过商业医疗保险等途径解决。

通过费用分担，提高个人自付能力，增强参保人的费用意识，减少不合理及不必要的医疗服务消费，但在引进费用分担机制的过程中，要正确处理公平与效率之间的矛盾，要兼顾一般人群与特殊人群的差异，要消除收入与风险的“剪刀差”等诸多问题，确保弱势群体的基本医疗。国际上的自付比例一般为20%，当自付比例达到25%或以上时，患者就诊就会明显受到抑制。

（二）确定合理的医疗保险报销范围与比例

1. 确定合理的医疗保险报销范围

由于医疗服务需求的无限性与医疗资源的有限性，任何医疗保险机构不可能也不应该将所有的医疗服务都纳入其承保的内容。因此，医疗保险机构必须对其所承担的医疗服务项目范围进行限定，目的是通过这一举措来约束供需双方的行为，达到控制医疗保险费用的目的。鉴于我国实际情况，首先，应该从保险责任中剔除道德风险较高的服务项目；其次，确定基本医疗保险的保障水平。我国城镇职工基本医疗保险制度实施过程中，社会医疗保险经办机构往往根据可筹集到的基本医疗保险基金水平，确定医疗保险的服务范围（包括基本药品、基本服务设施和基本诊疗项目），并以此作为医药费用补偿的依据。

为了有效控制需方过度需求和超前消费，可增加基本医疗保险非覆盖的服务范围，如制定不予报销的药品目录，减少医疗保险药品费用支出。此外，明确规定医疗保险机构不承担参保对象在非医疗保险定点医院或定点药店中发生的医疗费用，减少医疗保险费用的不合理支出。

2. 确定合理的医疗保险费用补偿比例

医疗保险费用补偿比例或个人自付比例的高低对医疗保险费用控制有较大的影响。研究结果表明：当医疗保险费用补偿比例较高或个人自负比例较低时，被保险人费用意识淡漠，容易出现过度需求和超前消费高新技术设备，导致不合理的医疗保险费用支出较多，医疗保险费用利用效率下降；反之，降低医疗保险费用补偿比例，可增强被保险人的费用意识，不合理的医疗保险费用支出就明显减少。因此，通过确定合理的医疗保险费用补偿比例，调节被保险人的正常、合理的医疗保险需求，可以提高医疗保险资源的利用效率。

（三）加大监管力度

1. 加强医疗保险的信息化管理

医疗保险信息化平台的构建有助于对保险需方、保险供方和医疗服务提供者的行为进行实时监管，提高医疗保险的科学管理水平。要督促医疗保险需方严格执行医疗保险制度的有关规定，限制对基本医疗服务的过度消费，杜绝不合理的医疗消费行为，如冒名就医，伪造、编造、出借医疗保险凭证，滥用社保卡 / 医保卡，过量储备药品的行为以及异常使用麻醉药品、贩卖医保药品等现象。一旦发现就诊时有冒名顶替、费用转嫁等现象，则对违规参保人进行严肃处理，如可通报点名批评或给予经济处罚，情节严重者吊销或取消医疗保险就医卡。

2. 加强对患者的就诊管理

实施门急诊就医记录册制度，即参保人员就医凭“一卡一册”，既有利于医疗服务的连续性，又可防止医保卡借用冒用，以此规范保险需方的消费行为。

此外，实施网上监控，对门诊就诊次数与费用异常人员实行“停网结算、重点审核”制度。门诊就诊次数异常是指在一个月内门诊就诊次数超过15次或连续3个月门诊就诊次数累计30次以上。门诊医疗费用异常是指月门诊医疗费用累计 5000 元以上或年门诊医疗费用超过 2 万元。

二、对医疗服务供方的费用控制途径

鉴于医疗服务市场的特殊性和医疗消费的特殊性，控制医疗保险费用的关键在于对供方的费用控制。供方抑制有多种手段，如支付方式、道德约束、准入控制、技术规范的建立和医疗行为的审查等，其中最有效的手段是通过构建适宜的支付制度建立费用制约机制。目前，各国都在结合本国情况的基础上，积极探索支付制度的改革。

（一）限制供给量

1. 限制资金预算

采用资金预算限制或总额预算制，控制医疗保险费用的上涨幅度。政府可制定相应的卫生政策，控制医疗费用的上涨幅度，采取资金预算限制的国家有西班牙、爱尔兰、意大利、葡萄牙、英国和美国，丹麦也实施卫生资金预算限制，由各郡执行，当医疗费用超出预算范围的 15%时，必须在下一个年度经费预算中扣除。丹麦、西班牙和葡萄牙实施此方案后，医疗费用得到了很好的控制。成都市 2013 年 6 月推行总额控制政策，2013～2015 年，实施总额控制后，次均住院费用下降 6.7%。为控制医疗费用的不合理增长，保障基本医疗保险的可持续发展，2002 年起上海市开始实施医疗保险总额预算管理政策，对全市定点医院的城镇职工基本医疗保险费用进行总额控制。2011 年全国医疗费用增长率为 23%，而上海医疗费用增长率为 9.6%，可见上海市实行总额控制措施有效控制了费用的增长。

2. 实行医疗保险经费预算包干

对公立医院实施年度内医疗保险经费预算包干，结余归医院，超支不补，同时鼓励医院加强医疗质量管理，提高床位周转率，缩短住院天数，降低住院成本，减少“诱导性”或“超前性”医疗消费行为，此外，防止供方的道德危害和价格歧视，全面实行诊疗常规、使用成本低、效果好的诊疗技术，同时，做到合理检查、合理用药、建立医院用药目录。

3. 限制医院的规模和数量

医院规模是指床位、人员、设备、固定资产总额等。医院规模的限制指医院床位数量的限制与床日费用定额的限制。据西方发达国家统计，医疗费用中住院费用占了 50%～60%，而门诊费用仅占 30%左右，因此控制费用的力度应放在住院上。限制医院的数量就是限制医疗设施的增加，缩小医疗服务范围。欧美许多国家的卫生行政管理机构近 20 年来均面临着关闭需求过剩、效率不高的公立医院和小医院，限制大医院的规模使医院规模合理化的问题。同时针对人口老化的特点，将医院转换为慢性病医院或老年保健院。

4. 限制医院贵重仪器设备的配置与使用

限制医院和医疗诊所购置大型贵重医疗设备是有效防止医院过度扩充医疗设备和服务、缓解医疗费用上涨的有效措施之一。1974 年美国国会通过了医院配置贵重设备和开设新服务项目的需求证明书法案，它规定了每一个州与人口分布相应的、每年设备投资的最高限额。丹麦设有评估各医院上报需配置新设备和开展新技术的全国性的专门机构。

（二）限制卫生人力资源

1. 限制医生人数

控制医疗费用增长的另一种方法是限制医生人数。美国卫生资源管理局及有关部门的统计资料表明，每位医生服务 2000 人左右，医生数量每增加 10%，卫生服务费用增加 4%。另外，德国有关部门统计，每增加 1%的医生数量将导致 1.1%卫生服务需求的增加。

2. 调整医务人员结构

合理调整临床医师与预防医师的比例、合理调整专科医师与全科医生的比例，以及合理调整医护及医师与辅助人员的比例均是降低医疗费用的有效措施。此外，只有合理地配置医护与辅助人员的比例才能最大限度地发挥各级人才的优势，使卫生人力资源配置趋于合理化，即有利于积极治疗疾病和控制费用的上涨。

3. 鼓励医务人员流向基层

采取激励措施鼓励医务人员向基层服务地区流动，向初级保健和预防保健流动，以此控制发病率，降低医疗费用。

（三）增加非住院保健项目

可针对服务对象的医疗卫生需求，开办低成本的老年护理院、社区卫生服务中心，设置家庭病床，为老年人提供医疗保健和家庭式照料；为病危病人和临终病人或晚期癌症病人在家庭内或临终关怀所提供医疗护理和善后医疗保健服务。开设长期卫生保健服务站，专门为慢性病患者和生活不能自理的残疾人提供长期或终身的医疗护理服务，或提供以居住式为主的医疗护理服务。开设夜间医院，在夜间提供医疗服务和私人保健服务。

（四）对医疗服务提供者的监督与管理

国家医保局发布的《医疗机构医疗保障定点管理暂行办法》于 2021 年 2 月 1 日起施行。该办法明确了定点医疗机构的确定，包括申请定点的医疗机构范围、条件、材料要求，组织评估、谈判协商，以及不予受理的情形。同时明确了“正式运营至少 3 个月即可申请，评估时间不超过 3 个月”等要求，简化申请办理环节和评估程序，缩短医疗机构等待时间，提高经办机构服务效率。

对定点医疗机构运行管理，严格执行医保协议，执行实名就医和购药管理规定，执行有关支付、集中招标采购、价格等政策。及时报送医疗保障结算清单等信息，报送医疗保障基金使用监督管理及协议管理所需信息。开展医保费用审核、绩效考核、接受监督检查等。

经办管理服务，包括完善经办规程，为定点医疗机构和参保人提供优质高效的经办服务，完善内部控制制度，加强医疗保障基金支出管理，完善信息系统管理，对定点医疗机构开展绩效考核，加强协议管理等。

对定点医疗机构的监督，包括对协议申请、评估、谈判协商、履行和解除等过程的监督，对医疗保障基金使用情况的监督，开展社会监督，对发现的违约行为及时处理等。

（五）采用合理的费用支付方式

对医疗服务提供者的费用支付方式在费用控制上发挥着极其重要的作用，良好的支付方式是控制医疗保险费用、保持医疗保险基金平衡的最重要、最有效的方法。然而，目前在世界范围内找不到一种十全十美的支付方式，任何一种支付方式都存在其固有的优点和缺点，而且单一的支付方式并不能解决医疗保险费用控制中面临的所有问题。目前，国内外学者一致认为对医疗服务提供者的费用支付制度评价是预付制优于后付制、混合支付优于单一支付、部分支付优于全额支付。国内部分地区实行医保费用总额控制下按每一住院人次与每一门急诊人次付费，并进行按病种付费的试点，克服了按服务项目付费的单一支付方式所导致的诱导需求、分解收费的弊端。

三、医疗保险机构费用控制途径

（一）完善医疗保险费用控制相关规章制度

结合本地实际，研究制定具体实施办法，建立各医疗保险费用控制的岗位职责与工作制度，加强各操作环节的监控。各级医保部门要指导医疗保险经办机构切实加强基本医疗保险的基础管理工作，建立健全统计信息、档案资料的管理制度，并按部门的统一规划开发相关的数据库。

（二）完善医疗保险费用结算办法

通过深入研究各种支付方式，完善医疗保险费用结算办法。首先，鉴于各地比较普遍地采用了住院定额付费方式，并逐步探索出了适合当地实际的审核与监控措施，系统总结地方经验，加以归类、总结和推介，并在此基础上完善确定基本医疗保险费用总额预付额度和按服务单元付费支付标准的科学方法。其次，随着医疗保险改革的深入和临床路径的实施，国家在 2019 年开始在 30 个城市进行按病种付费方式试点，要求各地健全 DRGs 付费的信息系统、制定用于医保支付的 DRGs、统一 DRGs 医保信息采集、完善医保支付政策和经办管理流程、加强对医保定点医疗机构的管理。最后，将统筹地区医保总额预算与点数法相结合，实现住院以 DIP 付费为主的多元复合支付方式。建立起现代化的数据治理机制，形成数据采集、存储、使用的规范和标准。逐步建立以病种为基本单元、以结果为导向的医疗服务付费体系，完善医保与医疗机构的沟通谈判机制。

（三）健全医疗保险费用支出监测体系

医疗保险机构要建立健全医疗保险费用支出监测体系以防范医疗保险基金风险，防止医保费用过快上涨。监测体系主要包括基本医疗保险费用支出总体情况监测、基本医疗保险定点医疗机构情况监测、基本医疗保险出院病人情况监测、基本医疗保险定点零售药店情况监测。

定点医疗机构应当配合经办机构开展医保费用审核、稽核检查、绩效考核等工作，接受医疗保障行政部门的监督检查，并按规定提供相关材料。定点医疗机构应当做好与医保有关的信息系统安全保障工作，遵守数据安全有关制度，并按规定及时全面准确地向医保信息系统传送医保结算和审核所需的有关数据。经办机构应当加强医疗保障基金支出管理，通过智能审核、实时监控、现场检查等方式及时审核医疗费用。对定点医疗机构进行定期和不定期稽查审核。

（四）完善医保目录动态调整机制

立足医保基金的承受能力，适应群众基本医疗需求、临床技术进步，动态调整优化基本医疗保险的“三个目录”，即基本医疗保险药品目录、诊疗项目范围和医疗服务设施范围及支付标准，将临床价值高、经济性评价优良的药品、诊疗项目、医用耗材纳入医保支付范围，规范医疗服务设施支付范围。健全医保目录动态调整机制，完善医保准入谈判制度。

第三节 政府在医疗保险费用控制中的作用

一、政府在医疗保险费用控制中的职责

（一）制定医疗保险宏观费用控制及相关配套政策

医疗保险的发展应与医疗卫生体制改革相配套。加快建立与完善以基本医疗保障为主体，其他多种形式的补充医疗保险和商业医疗保险为补充，覆盖城乡居民的多层次医疗保障体系是医疗保险制度改革的核心问题，从而达到保障职工的基本医疗、满足多样化的医疗保险需求、控制医疗费用的不合理增长的目的。这就需要医疗机构提供价廉质优的医疗服务，药品生产流通企业提供安全、高效的医药产品。为了使医疗保险制度改革顺利推进，需要着力解决医疗保险制度、药品流通体制和医疗卫生体制三项改革协调发展问题，促使三改并举、三医联动，保持医疗保险事业和医药卫生事业协调发展。

政府在医疗保险费用控制方面的职责包括制定和完善医疗保险及其相关的医药政策。立足基金承受能力，适应群众基本医疗需求、临床技术进步，调整优化医保目录。持续推进医保支付方式改革，完善医保基金总额预算办法，大力推进大数据应用，推行以按病种付费为主的多元复合式医保支付方式，推广按疾病诊断相关分组付费，探索医疗服务与药品分开支付。建立医疗机构分类管理与补偿政策、药品集中招标采购政策、医药分开政策等。建立与完善分级医疗和双向转诊制度，探索社区首诊制试点，降低医疗服务成本，提高医疗保险费用的利用效率。

（二）调整与完善医疗机构的补偿机制

为控制药品费用的不合理增长，促进医院合理用药，国务院经济体制改革办公室等八部委提出实施医院药品收支两条线管理办法，即实行医药分家。医院只管看病，负责提供合理的医疗服务；药品则由药店统一经销，并进一步规范和完善药品收支结余的核定上缴和合理返还的操作办法。实现药品收益与医院收入脱钩，割断了“以药养医”的经济利益机制，逐步取消药品加成的补偿制度，减少医疗服务的过度消费，提高医务人员的劳务价值收入，理顺医疗服务价格体系，促进医疗资源的合理利用。

（三）建立医院之间的竞争机制

国务院办公厅发布《关于进一步鼓励和引导社会资本举办医疗机构意见的通知》，鼓励和引导社会资本举办医疗机构，这有利于增加医疗卫生资源，扩大服务供给，满足人民群众多层次、多元化的医疗服务需求；有利于建立竞争机制，提高医疗服务效率和质量，完善医疗服务体系。如果国家对民营及其他所有制医院采取大幅度的优惠政策，并将其中向患者提供质优价廉服务的医院纳入医保定点医疗机构，鼓励各种所有制医院之间展开竞争，那么那些医保定点医疗机构就不会有强烈的优越感，而会积极地进一步提高诊疗技术，减少用药开支，节约其他治疗费用。同时，对每家医

院同一种病的处方单所用药进行统计比较，对于开“大处方”的医院，给予相应的处罚甚至取消其医保定点医疗机构资格，从而鼓励医院控制医疗费用，提高资源利用效率。

（四）实行药品和医用耗材带量采购

国家组织药品集中带量采购和使用试点，实现了降低价格、提高质量等多重效应。通过创新药品目录谈判方式，将制度优势转化为实实在在的价格优势。2019 年，国家医保局启动了历史上规模最大的医保药品目录调整，为医保基金腾出 150 亿元空间。在常规准入阶段同步增补了临床效果好、经济价值合理的 148 个药品；在谈判准入阶段新增药品 70 个，价格平均降幅达 60.7%。

发挥集中带量采购在“三医联动”中的引领作用，坚持招采合一、量价挂钩，建立“带量采购为原则、不带量采购是例外”的招采政策体系，做好新一批国家组织药品集采工作，让群众尽快用上大幅降价后的药品。鼓励、规范各地对未通过一致性评价的药品和临床用量较大、采购金额较高、竞争较为充分的高值医用耗材开展带量采购。

二、健康管理在医疗保险费用控制中的作用

（一）健康管理的内涵与特点

健康管理（health management）是指对个体或群体的健康进行全面监测、分析、评估，提供健康咨询和指导以及对健康危险因素进行干预的全过程。健康管理的宗旨是调动个体和群体及整个社会的积极性，有效地利用有限的资源来达到最大的健康效果。健康管理的具体做法就是为个体和群体（包括政府）提供有针对性的科学健康信息并创造条件采取行动来改善健康。健康管理具有以下三个特点。

（1）始终以控制健康危险因素为核心。健康管理与疾病治疗不同，疾病治疗往往注重对疾病症状的治疗，而健康管理则注重对影响人的健康危险因素进行干预与控制。

（2）一、二、三级预防并举。一级预防是无病预防，即在未发病前采取健康教育、健康促进等措施增强个体抵抗力，以降低发病率或者延缓发病时间；二级预防是在疾病发生后，通过疾病发展初期进行有效治疗来阻止疾病进一步发展，减少并发症、后遗症的发生，做到早发现、早诊断、早治疗的“三早”预防措施；三级预防是治病预防，是在疾病发生后通过一系列措施促进身体相应功能的恢复，最终实现提高生存质量，延长寿命，降低死亡率。

（3）预防医学与临床医学相结合，形成一种真正以人为中心、以健康为中心的新的医学模式，即从单纯的生物医学模式向生物、心理、社会医学模式转变，并且从手段与措施上，将群体健康教育与个体指导相结合，不仅需告知影响其健康的危险因素是什么，使其明白应如何采取有效措施，积极予以防治，而且要针对其健康危险因素进行分析，提出有利于控制其健康危险因素、提高其身心健康水平的干预方案。

通过开展健康管理，可以增强居民健康意识，调动自觉性和主动性，促进自我保健，防治疾病，保护和促进人类健康，提高生命质量，降低发病率，利用有限资源来实现最大的健康改善效果，真正实现降低和控制医疗保险费用的目的。

（二）加强健康管理对医疗保险费用的控制

国内外研究资料均证明，健康管理是最具有成本-效益的措施。以较少的资源投入和占用，提供数量多、质量好的医疗保健服务，从而提高整个人群的健康水平。健康管理实践在我国刚刚起步，应充分发挥其对医疗保险费用的控制作用。

1. 做好健康管理的基础性工作

健康管理由三部分组成。第一部分为收集健康信息，进行健康监测。通过收集个人的健康及生

活方式相关的信息，发现健康问题，为评价和干预管理提供基础数据。第二部分为健康危险因素评价。通过对个人的健康现状及发展趋势作出预测，以达到健康警示的作用，提高人们的健康意识，为干预管理和干预效果的评价提供依据。第三部分为健康危险因素干预管理与健康促进。通过个人健康改善的行动计划及指南对不同危险因素实施个性化的健康指导，这是解决健康问题最实质性的、最重要的一个环节。

健康信息收集、监测与危险因素评价有助于对需方的健康状况及其发生疾病的危险性进行较为充分的了解与掌握，有利于实现保前和保中的风险控制。健康危险因素干预管理与健康促进，有助于从源头上控制疾病发生率不断增长的风险，这势必将大幅度减少医疗费用的支出。因此，这是实现保中与出险后的风险控制的有效措施。

2. 强化健康管理的费用控制手段

（1）对医疗服务提供者管理。医疗保险机构通过合同来约束医疗服务提供者的不良行为，如禁止向病人收取保障外费用，同意遵守管理程序，保证医疗质量，信守合同和协议，禁止保险欺诈行为，经常与保险机构保持业务联系等。保险机构使医疗服务提供者得到更多的病人，作为回报，医疗服务提供者以折扣价提供医疗服务。保险机构根据医师在费用控制、服务质量等方面的表现来决定是否与之签约或续约。

（2）对初级保健医生管理。每位参保人选择或被分配一名初级保健医生。初级保健医生除提供医疗服务外还负责病人转诊的审核批准，扮演好医疗守门人的角色。费用控制好的初级保健医师会受到经济奖励。同时，应加强初级保健医师的病案管理，以保证医疗保健的延续性。

（3）对医疗服务需方管理。医疗服务需方即患者有任何症状都要先到初级医生处就诊，再由初级医生视其病情需要将患者转给专科医师诊疗或住院治疗，防止患者对医疗服务过度需求，产生浪费。如果要不经过初级医师的推荐自由选择专科医师，或到医疗网络外部获取服务，一般都要求承担更高的费用，甚至全部自付。

（4）医疗管理机制。医疗保险机构同医疗服务提供者一起确定最佳治疗方案，以保证治疗最有效且花费不高。对长期治疗和综合病症治疗进行同期管理。收集和分析医学数据和信息，帮助医生不断提高医疗水平，并针对一些常见而临床操作方式多变的疾病治疗提供具体的技术指导。

（5）除外服务。将一些医疗服务场所、项目和医疗产品排除在给付范围外，如精神病院、戒毒所、疗养院、高档的医疗中心等还不成熟的、效果不确定的治疗方法，如某些肿瘤的化疗、放疗方法，实验室项目、心血管手术等；还有某些效果不确切、价格昂贵的药物等。

（6）信息系统服务。健康维护组织（HMO）、优选医疗机构（PPO）等机构往往具有强大的数据收集和处理能力，从多个方面发挥着控制费用的作用。一是为医疗服务提供者提供医学的最新进展，分析最佳治疗方案，帮助他们改善医疗水平。二是进行电子信息交换，通过电脑网络进行数据传输、财务往来，从而提高工作效率、降低管理成本。随时进行医疗费用监测，以便当医疗费用发生大的波动时，能及时采取相应行动。三是建立电子档案系统。通过建立和运用电脑医疗档案的记录和查阅系统，避免对病人做不必要的重复检验和诊断过程。通过电脑网络还可以进行远程专家会诊，充分利用医学人才资源，提高疾病的诊断和治疗效率。仅仅两方面就可以节省巨额的医疗费用。

思考题

1. 医疗保险费用控制的内涵和基本原则是什么？
2. 试述医疗保险费用的控制方式。
3. 你认为我国在医疗保险费用控制方面应采取哪些积极措施？
4. 健康管理的医疗保险费用控制方式有哪些？

（张　丽）

第十一章　医疗保险的风险管理

内容提要

本章主要介绍医疗保险风险的内涵与特征、医疗保险风险的分类、医疗保险风险管理及程序和方法、医疗保险的风险因素分析、医疗保险的风险评估与监测、医疗保险风险的防范等内容。

第一节　医疗保险风险管理概述

一、医疗保险风险的内涵与特征

（一）医疗保险风险的内涵

医疗保险在分散被保险人风险的同时，其自身也面临着一定的风险，即医疗保险的风险。医疗保险风险是指医疗保险运行过程中所面临的各种制约和威胁医疗保险可持续发展的风险，既包括医疗保险自身直接相关的制度设计、征缴水平、管理能力、保障水平风险，也包括与医疗保险有关的疾病模式演变、疾病谱变化、人口老龄化、城镇化、人口流动等各种社会风险。

医疗保险风险不是指参保人发生疾病的风险，而是指医疗保险制度本身所面临的可能会影响医疗保险正常运行的风险。医疗保险的风险关键在于疾病的发病率和医疗费用的水平，同时在损失分布、精算、筹资、支付、风险控制等风险管理相关技术上也有其专业特性，这是医疗保险风险管理研究的重点。

（二）医疗保险风险的特征

1. 复合性

医疗保险风险不是某一种单一因素所产生的风险，是各种社会因素交织而形成的，从人们的自身健康状况、社会的疾病模式和疾病谱变化、人口老龄化、高精尖医学技术的应用、城镇化进程、人口流动与异地就医等因素，到医疗保险的筹资水平、医疗保险的支付方式、医疗保险的经办能力、医疗保险的统筹层次、医疗保险的监管能力等因素，其中的多种因素往往共同发挥作用，同时存在着不确定的风险组合。此外，各种风险组合所形成的风险大小及其造成的损失程度在不同环境下往往也不相同，要对医疗保险的风险状况进行评估，就必须全面系统地把握各种风险组合，并深入了解不同的社会环境背景，综合来看，医疗保险的风险评估更加复杂。

2. 渐进性

医疗保险的待遇通常随着社会经济发展相应提升，然而，社会的经济发展往往有一定的周期性，并非始终保持相同的增速。但是医疗保险作为社会保障的核心保障制度之一，其待遇水平有一定的刚性，往往很难在上升之后再下调。随着社会经济的发展和医疗保险待遇水平的上升，医疗保险基金收支平衡面临的风险往往会越来越大。

3. 专业性

医疗保险的核心是疾病发生概率及后续的治疗费用。不论是疾病的发生状况还是疾病的治疗，都是医疗卫生领域所要解决的问题。但是，医疗的专业性和技术性比较强，各种不同的治疗方案更对医疗费用产生了差异化的影响，有可能直接导致医保基金透支的医学诊治风险，加之医学研究的探索性，使得医疗保险的风险往往不容易在前期就识别出来，更不是一般人能够发现和识别的。这一情况显示出医疗保险风险具有较强的专业性。

4. 隐蔽性

由于医疗保险不仅风险因素和相关环节多，而且利益相关者多，涉及政治、经济、社会、人口、环境、科技、疾病、医疗卫生系统以及医保管理能力等各个方面，其风险可能存在于某一利益相关方或者某一个运行环节，当风险即将发生或已经发生时，由于缺乏直接联系或快速传导机制，其他各利益相关者可能仍然没有感觉到，从而使得医疗保险风险具有一定的隐蔽性。

5. 竞争性

由于医疗保险各利益相关方往往都密切关注自己的感受和受益，为了自身利益的最大化，往往和其他利益相关方存在一定的博弈，可能会导致其他利益相关方的利益或医疗保险的整体利益受到损失，从而使医疗保险运行具有一定的竞争性风险。

6. 难控性

相比其他保险的风险，医疗保险的风险不但识别难、评估难，而且预警难，要想从中选择能够满足不同社会经济发展时期和背景的医疗保险风险预警指标非常困难。预警指标太多，往往会影响预警的及时性和风险防范的针对性，预警指标太少，又可能忽略了某些关键风险，对医疗保险制度运行产生不可估量的影响，从而给医疗保险的风险防控带来了困难。此外，由于医疗保险的风险往往是其中某几种或多种风险因素共同作用的结果，医疗保险风险不仅需要多方面的人才进行防控，而且需要从多部门多角度综合进行防控，而目前的部门管理模式下，医疗保险存在较大的难控性。

二、医疗保险的风险分类

医疗保险面临的风险是多种多样的，按不同的分类标准，医疗保险风险可以分为若干类型的风险。为了便于识别、评估和防范相关医疗保险风险，对医疗保险风险有必要按照一定的方法进行分类。

（一）按医疗保险的运行分类

根据医疗保险的运行流程，医疗保险风险可以分为制度设计风险、经办风险和结余基金的贬值与投资风险，其中经办风险又可分为征缴风险、支付风险。

1. 制度设计风险

医疗保险制度在建立之初以及建立之后的调整，都存在着一定的制度性风险。比如，医疗保险制度设计的理念是保大病还是保小病，医疗保险的统筹层次是高还是低，医疗保险的被保险人是谁，医疗保险的支付范围和方式，异地就医如何管理等，相关制度设计都可能会影响医疗保险制度能否建立，建立之后能否正常运行和可持续发展。

2. 经办风险

（1）征缴风险。医疗保险的征缴风险又称筹资风险，是指在医疗保险基金筹集过程中所存在或产生的各种风险。医疗保险的征缴风险通常体现在以下几个方面：筹资水平、筹资方式和方法。筹资水平过低或过高都存在一定的风险，筹资水平过低会影响医疗保险的支付水平和待遇保障，筹资水平过高又会直接影响人们的参保积极性和当前的生活水平。缴费基数的确定也是影响筹资水平的关键环节，在目前居民收支统计不完善的状况下，各单位所报缴费基数通常有少报现象，这直接影响医疗保险基金的筹资总额。此外，医疗保险基金由谁来征缴、通过什么方式和方法来征缴都对医疗保险基金的筹集具有重要影响，一旦处置不当，将直接带来相应的征缴风险。

（2）支付风险。医疗保险的支付风险，是指在医疗保险基金运行过程中，围绕基金支付所产生的各种风险。医疗保险的支付风险主要是基金收支平衡风险，即医疗保险基金支付额度超过医疗保险基金筹资总额，影响医疗保险的可持续发展。此外，医疗保险的支付范围、支付水平、支付方式、支付及时性、支付监管等方面，都能够导致医疗保险基金支付产生一定的风险。

3. 结余基金的贬值与投资风险

虽然医疗保险总体上属于短期平衡保险，但是在客观运行过程中出现了大量结余，截至 2020 年底，我国城镇职工基本医疗保险基金（含生育保险）统筹账户年末累计结存 15 396.56 亿元。如何保障这一个高达万亿元的城镇基本医疗保险基金保值增值是一个难题。一方面，要考虑医疗服务的支付需要，避免紧急状态时没有医疗保险基金支付的情况，这就需要预留一定量的医疗保险基金；另一方面，要考虑医疗保险的投资，通过对不急需支付的医疗保险基金进行投资组合，保障相应基金的保值和增值。这里面涉及两大问题，一是拿出多少钱来进行投资才不会产生影响医疗保险正常运转的风险；二是如何进行投资，投资到哪些领域才能够降低医疗保险基金贬值的风险。

（二）按风险性质分类

根据医疗保险风险的性质，可以分为制度性政策风险、社会性风险、运营风险、道德风险、行为风险和监管风险。

1. 制度性政策风险

制度性政策风险是指在医疗保险政策制定及实施过程中所产生的各种风险。制度性政策风险包括制度设计是否合理、制度衔接是否顺畅、政策是否适当、相关规定是否合理、配套措施和法规是否完善等方面。

2. 社会性风险

医疗保险的社会性风险，是指医疗保险的运行还存在一定的社会环境风险，包括人口老龄化风险、城镇化进程带来的医疗保险制度转变和衔接的风险、环境性疾病风险、医疗费用高速增长的风险等。

3. 运营性风险

运营性风险是指医疗保险运营过程中所产生的影响医疗保险可持续发展的风险，主要是医疗保险基金的筹集和支付两个方面的风险。

4. 道德风险

道德风险指一种无形的人为损害或危险，即从事经济活动的人在最大限度地增进自身效用时，做出不利于他人的行动。我国医疗保险领域的道德风险归结起来主要来自三个方面：一是制度本身不完善和管理办法存在缺陷和漏洞而引发的道德风险；二是参保人方面的道德风险因素；三是医疗卫生服务提供方的道德风险因素。

5. 行为风险

行为风险是一种实质性的违背医疗保险政策相关规定的风险，包括参保单位低报缴费基数、参保个人伪造就医信息或篡改就医信息骗取医保基金、定点医疗机构和定点药店利用各种欺诈手段套取医疗保险基金。

6. 监管风险

监管风险是指医疗保险运行过程中围绕医疗保险监管所产生的各种风险，包括监管机构设置及监管人员配备是否合理、监管政策是否到位、监管方式是否科学、监管方法是否适用等。监管风险是医疗保险各种风险中的重要风险，因为监管是确保医疗保险可持续发展的重要保障，一旦该环节发生风险，对医疗保险收支平衡和未来可持续发展将产生重大影响。

（三）按基金支付状况分类

根据医疗保险基金支付情况，可以分为结余风险和透支风险。

1. 结余风险

结余风险是指医疗保险基金未能为参保居民提供足够的医疗保障，由降低医疗保障待遇水平所导致的医疗保险基金过度沉淀的风险。统计数据显示，2020 年我国城镇职工基本医疗保险基金（含生育保险）年末累计结存 25 323.51 亿元，其中统筹基金累计结存 15 396.56 亿元，个人账户累计结存 9926.95 亿元。而我国当年职工医保基金支出 12 833.99 亿元，远低于基金结余金额。

2. 透支风险

透支风险是指医疗保险基金运行过程中由于收不抵支所产生的风险。透支风险是医疗保险各种风险中最关键的一种风险，直接影响着医疗保险的可持续发展。统计数据显示，2017 年，青海省的城乡居民医保累计结余为-0.5 亿元，西藏累计结余为-1.9 亿元。

（四）按风险的层次分类

根据风险层次，可以分为宏观风险、中观风险、微观风险。

1. 宏观风险

医疗保险的宏观风险是指围绕某个国家（或地区）的医疗保险，由其政府所担当的角色、财政保障力度、政府介入程度、社会经济发展状况、居民健康状况、人口老龄化、卫生总费用增长速度等因素产生的风险。宏观风险需要在制度设计和政策制定时就加以防范和疏解。

2. 中观风险

医疗保险的中观风险是指围绕医疗保险管理和经办部门所产生的各种风险。目前我国的医疗服务存在多头管理问题，医疗保险则由各级、各地的医疗保障局进行管理，管理的方式不同、理念不同，不但影响了医疗保险制度自身的发展，也导致了制度衔接的风险。

3. 微观风险

医疗保险的微观风险是指围绕医疗保险的直接利益相关方经办机构、定点机构和参保个人所产生的危及医疗保险制度正常运行的各种风险，包括经办机构自身的经办风险、定点机构的骗保风险和拒绝提供医疗服务及降低服务质量的风险、参保人的欺诈风险，以及医患合谋套取医保基金的风险。

三、医疗保险风险管理

医疗保险是各种社会保险中风险最复杂的一种。疾病的发生本身就具有不确定性，围绕疾病的治疗也存在很多的可行性方案，疾病的预后又受许多因素影响，不同类型的疾病往往又各具特性，这就是医疗保险非常特殊的重要原因。针对医疗保险的特殊性，人们通常难以确定某参保个体需要采用什么样的治疗方案，需要多少医保费用。由于难以确定某个参保人治疗某种疾病的具体医保费用，为了自身利益最大化，医保的各相关利益者往往存在各种博弈行为。

医疗保险的风险管理就是通过一定的方式方法，及早识别出医疗保险各个阶段的风险因素，从而针对性地进行防范，把风险影响控制在最低范围，保障医疗保险的可持续发展。

四、医疗保险风险管理程序和方法

（一）医疗保险风险管理程序

1. 医疗保险的风险识别

风险识别是风险管理的第一步，医疗保险风险管理首先要了解医疗保险面临哪些风险。影响医疗保险可持续发展的风险因素虽然多，但是可以通过不同的分类对医疗保险风险因素进行识别。为了更好地把握医疗保险的风险，可以根据医疗保险的运行阶段，结合风险性质对风险因素进行判断，明确医疗保险制度不同运行阶段的各种风险。比如，在医疗保险制度设计时，一定要把当前和未来可能存在的风险进行研判，并依据其风险属性进行归类整合。

2. 医疗保险的风险估测

在对医疗保险风险识别的基础上，利用概率论和数理统计方法，对收集来的相关资料进行分析，预测相关风险发生的概率及可能导致的损失程度。风险估测是风险评价的基础，也是决策者进行医疗保险风险管理的科学依据。

3. 医疗保险的风险评价

医疗保险的风险评价是指在风险识别和估测后，通过量化和质性分析，将风险的大小和其他因素综合起来考虑，得到系统发生风险的概率和损失程度，确定系统的风险等级，决定是否需要采取防范措施，以及针对哪些风险因素进行防范。

4. 医疗保险的风险防范

医疗保险的风险防范是指针对能够导致和引发医疗保险可持续发展的风险因素，采取一定的方式方法加以防范。一方面，通过各种方式提高人民的健康素养，倡导健康生活方式，降低疾病的患病率，从宏观上进行风险控制；另一方面，通过支付方式改革、支付范围调整等方式进行风险控制。此外，也可以通过风险转嫁进行医疗保险的风险防范。

（二）医疗保险风险管理方法

1. 加强医疗保险制度顶层设计

加强医疗保险制度顶层设计，是防范医疗保险风险的有效途径。医疗保险的许多风险都和制度设计不完善、不健全有关。通过完善医疗保险制度的顶层设计，不但能够实现不同医疗保险制度之间的统筹安排，解决不同制度之间的衔接问题，而且有利于早期进行风险防范，对相关医疗保险风险进行控制。

2. 注重现有风险及难以避免风险的化解

对医疗保险制度运行中，已经存在的风险和未来难以避免要发生的风险，可以根据风险性质，进行抑制和风险转移。比如，通过采取总额预付支付方式来避免透支风险的发生，通过城乡居民大病保险把一部分风险转嫁给保险公司。

3. 加强医疗保险监管

加强医疗保险监管是预防和降低医疗保险风险的重要手段。由于医疗保险的直接利益相关者都倾向于自身利益最大化，尤其是医疗保险具有信息不对称性，容易出现过度医疗，或者医患合谋等行为，从而导致医疗保险制度存在运行风险。因此，医疗保险风险管理的重点和关键是加强医疗保险监管，把各种风险影响控制在最低范围。

4. 加强医保信息化建设

医保信息化是化解医保风险的重要路径。信息化把利益相关者连接起来，为制度顶层设计者、监管、筹资等部门的风险识别提供重要数据支撑，同时实现医保各部门信息处理的及时性和动态性，实现非现场监管，便于医保经办部门及时把握和统筹考虑本地医保的运行状况，并对各种风险进行精准预测和监管。

5. 加强风险识别与评估

医疗保险的风险具有复合性、隐蔽性和渐进性，随着社会的发展和时间推移，相关风险可能发生变化。为了保障医疗保险制度的可持续发展，必须及时对医疗保险的风险进行识别和评估，这样才能够未雨绸缪，采取适当措施和方法，对医疗保险的风险进行及时防范。

第二节　医疗保险风险因素分析

一、制度性政策风险

医疗保险制度的建立及运行，离不开国家相关政策规定。党的执政理念和治国策略及方式，对医疗保险制度具有极其重要的影响，不但决定着一个国家是否走医疗保险的道路，还直接决定着如何走的问题、建立什么样的医疗保险、如何运行和监管，其是医疗保险运行的法律和法规依据。

相关政策的制定可能存在一定的局限，从而导致医疗保险运行中存在风险。第一，制度的设计理念不清晰，使人们对医疗保险赋予了和政策制定者不一样的期望，关于基本医疗保险到底是保大病还是保小病存在着各自的解读，参保人群通常认为保险就是要解决大病风险，而政策的制定者在制度的设计时则认为应该是保基本，不同的意愿使得医疗保险运行过程中充满了博弈。第二，医疗保险制度的条块分割使不同的制度之间存在着公平性风险，当风险积累到一定程度甚至会演变成突发性的社会风险，给社会的平稳发展带来不利影响。第三，不同制度的统筹层次不同，使其面临的医疗保险风险也各存在差异，较低的统筹层次不利于风险分摊，较高的统筹层次又面临经办能力是否能够与制度匹配的挑战。第四，不同支付方式也会对医疗保险产生不同的风险影响。第五，不同医疗保险支付范围对应的医疗保险风险不同。第六，异地就医的管理政策，不但不同医疗保险制度存在一定的差异，同一医疗保险制度内不同地区也存在一定的差异。相关政策的差异本身就会对医疗保险的健全和发展产生一定的影响，使其面临着一定的政策性风险。第七，其他社会经济政策也会对医疗保险产生风险影响，如中央或地方的财政政策、卫生与健康相关政策等。

此外，决策过程是否科学，相关政策是否与各地的实际社会经济发展状况相符，相关政策的发布部门和发布形式，都会对政策的执行力度和效果产生影响，当某些条件不具备或者发生变化时，往往会形成制度性的政策风险。

二、社会性风险

社会性风险是指医疗保险制度本身之外的各种社会因素，所产生的影响医疗保险制度正常运行的风险。社会性风险不但是一种隐蔽性的医疗保险风险，而且一旦处置不当，可能会是一种危害巨大的风险。目前医疗保险的社会性风险主要包括收入分配、人口老龄化、城镇化加速、交通便利化等。

（一）收入分配

目前，我国医疗保险缴费水平主要是依托人们的收入水平来确定。城乡居民医疗保险、新型农村合作医疗和城镇居民医疗保险主要是根据社会平均可支配收入来衡量，而城镇职工基本医疗保险则是依据职工的工资作为缴费基数。但是，我国的城乡居民收入，尤其是职工收入，存在以下问题：首先，人群收入不均衡，作为衡量收入公平性的基尼系数连续多年维持在较高水平，2019 年虽然有所改善，但仍然达 0.465，没有形成椭圆形收入结构；其次，工资性收入在整个可支配收入中占比不高，2019 年全国居民的工资性收入仅占可支配收入的 55.9%。以此作为缴费基数，所征缴的医疗保险基金收入与社会经济发展水平不吻合，直接降低了筹资水平和筹资总额。同时，对以工资为主要和唯一收入来源的人也存在较大的不公平性，医疗保险缴费后，扩大了以工资为主收入的人群和不以工资为主收入的相关人群的收入差距。

（二）人口老龄化

人口老龄化呈现加速增长趋势，根据第七次全国人口普查数据，2020 年我国 65 岁以上老人占总人口的 13.5%，而 2010 年我国老年人口占总人口的 8.87%，人口老龄化进一步加剧。

老年人口的患病率及就诊率高。2018 年国家卫生服务调查发现，65 岁及以上老年人口两周患病率为 58.4%，远高于 55 岁以下各年龄组。老年人口的慢性病患病率为 62.3%，老年人口两周就诊率为 42.6%，年住院率为 27.2%，都远高于其他各年龄组。2013 年家庭卫生服务调查显示，60 岁以上老年人口次均住院费用为 9506 元，显著高于社会平均住院费用 7442.3 元。

随着人口老龄化的加剧，慢性疾病不断增加，医疗需求不断增长，医疗保险支付压力进一步加大，透支风险上升。

（三）城镇化加速

近年来，我国加大城镇化建设。第七次全国人口普查数据显示，2020 年居住在城镇的人口为 90199 万人，占 63.89%。随着城镇化加速，居民的医疗需求以及医疗利用情况也会随之变化。与此同时，医疗费用也不断增长。《全国第六次卫生服务统计调查报告》显示，2013 年我国的次均住院费用为 7422 元，到了 2018 年我国的次均住院费用达到了 10023 元。因此，医疗保险的基金压力也会增大。此外，我国医疗保险制度的设计与身份有着密切的关系，存在城镇职工基本医疗保险以及城乡居民医疗保险两大基本医疗保险，二者的保障水平存在着明显差距，这就使得城镇化和人们的医疗保险制度转化没有形成有效衔接，从而产生制度性风险。

（四）交通便利化

随着国内高铁项目建设、机场建设、高速公路建设的推进，交通越来越便利，同城化的半径也越来越大。交通的便利化半径已经超越现在的医疗保险统筹层次半径。异地就医已经随着交通便利化越来越普遍。然而，由于医疗保险的属地化管理，如何加强异地就医的监管，防范以异地就医为由套取或者骗取医保基金，已经越来越成为各地医保经办和管理部门的棘手问题。

此外，交通便利化加速了人员的流动性，农民工的就业更加灵活，这也对未来医疗保险的衔接提出了挑战。

三、运营风险

医疗保险的运营风险主要是指医疗保险经办机构在医疗保险基金运作过程中所产生的风险，包括筹资风险、经办管理风险、支付风险和保值增值风险。

（一）筹资风险

医疗保险的筹资风险是指医疗保险基金征缴过程中所面临和产生的风险。俗话说，巧妇难为无米之炊，医疗保险筹资状况是决定医疗保险能否正常运行的第一关。影响医疗保险筹资风险的因素主要有四个方面：覆盖人群、灾难性卫生支出发生率、缴费水平、筹资方式。

1. 覆盖人群

保险遵循大数法则，医疗保险也不例外，人口患病率的估计也和人口数量密不可分。一旦某一医疗保险制度覆盖人口数量较少，面对突发事件或者某些重大疾病的抗风险能力就弱，面临的风险就越大。随着统筹层次的提升，覆盖人口尤其是参保人口数量的扩大，对医疗保险的经办能力和水平又提出了更高的要求，当相关要求超出当前的实际能力和水平后，就会产生新的风险。因此，医疗保险覆盖人群是医疗保险筹资风险的主要着力点，覆盖人口的数量应与当地医疗保险的实际经办能力相一致。

2. 灾难性卫生支出发生率

虽然我国颁布了《中华人民共和国社会保险法》，但是目前城乡居民基本医疗保险仍然是自愿参加的。在自愿参加的前提下，人们是否参保往往与其健康状况尤其是疾病，对其个人及家庭的生活影响高度相关。灾难性卫生支出指家庭的卫生支出超越了某一程度（即灾难性卫生支出界定标准，类似贫困线），并且开始对家庭的正常生活产生不利影响，包括因病致贫、因病返贫。面对灾难性卫生支出，人们通常会选择风险转移，而参加医疗保险就是进行风险转移的主要方式。当某一医疗保险制度覆盖人群的灾难性卫生支出发生率比较高的时候，其参保意愿就越高，参保人口数量越多，越有利于增强医疗保险基金的抗风险能力。

3. 缴费水平

人们是否参加医疗保险的一个重要因素是筹资水平，也就是缴费水平。适宜的缴费水平有利于吸引人们参保，过高的缴费水平会把想参保但经济条件不够的人们逼退，过低的缴费水平又会让医疗保险处于收不抵支的风险之下。筹资水平的高低，必须以人们的经济状况和社会经济发展水平作为主要标杆。一旦打破筹资水平与人们经济状况的平衡关系，将直接把医疗保险制度置于风险之中。

4. 筹资方式

筹资方式即缴费方式，也是影响医疗保险筹资的重要因素之一。在哪里缴费、谁来经办、通过什么方式缴费、什么时候缴费、不按规定缴费会有什么后果、如何进行补缴，这些都会影响到医疗保险的筹资进度，影响医疗保险是否能及时、足额缴纳。目前的缴费方式仍然有待提升和完善，这样才能够有利于确保医疗保险的顺利筹资，降低筹资风险。

医疗保险的筹资风险有时是以上各种风险因素中的某一种风险因素单独发挥作用，有时又会是其中的两种或两种以上发生交互作用，使得筹资风险更难把握，往往需要对各种风险因素进行综合评估以后，才能够选择某一优化方案作为筹资方案。

（二）经办管理风险

医疗保险的经办管理风险是指经办机构在运营医疗保险的过程中所导致或引发的风险。由于医疗保险本身的专业性和技术性，要求医疗保险管理需要有专门的机构和人员。医疗保险的经办和管理人员要具有多方面的能力，包括财务能力、医学技术、医保知识、信息管理能力、稽核能力、统计分析能力、法律法规知识等。同时，医疗保险管理应有独立性，并有相应的监督机制。由于医疗保险管理涉及巨额的医疗保险基金，在经办过程中往往受到各种利益因素影响，不但影响了医疗保险的正常运转，而且使部分经办人员陷入违法境地。

（三）支付风险

国家统计局数据显示，2019 年全国卫生总费用达 65841.39 亿元，人均卫生费用达 4669.34 元。2021 年全国卫生总费用达 76844.99 亿元，人均卫生总费用达 5439.93 元，与 2019 年比，分别又增长了 16.71%和 16.50%，增长速度快且增长额度较高。由于我国的医疗保险包括职工基本医疗保险和城乡居民基本医疗保险，这里我们以我国最早建立的城镇职工基本医疗保险为例，全国医疗保障事业发展统计公报显示，2019 年我国职工医保基金（含生育保险）收入为 15845 亿元，2021 年职工基本医疗保险基金（含生育保险）收入 19003 亿元，与 2019 年相比增长了 19.93%，但值得注意是，职工参保人数增加是医保基金增长的重要原因；同期人均缴费从 4812.45 元上涨到 5363.38 元，仅增长了 11.98%，仍低于医疗费用的增长速度，也低于人均卫生总费用增长速度，不同步的增长速度无形中导致医疗保险基金的透支风险上升。

2021 年城乡居民基本医疗保险基金收入 9724.48 亿元，同比增长 6.68%，而受就医恢复和新冠病毒疫苗及接种费用保障支出影响，支出 9296.37 亿元，同比增长 13.85%。因此，重大公共卫生事件也增加了医保基金透支风险。

（四）保值增值风险

2020年医疗保障事业发展统计快报显示，全年城乡居民基本医疗保险基金收入为9014.01亿元，同比增长5.1%；支出8115.27亿元，同比下降0.9%；年末累计结存6049.88亿元。如何实现这一部分医疗保险基金的保值和增值是当前的一个重点问题。为了保值增值，往往需要对相关基金进行投资来增加收益，避免因通货膨胀所致的基金贬值。然而，投资本身也面临着一定的风险，就是选择什么样的投资组合来实现我国医保基金的保值和增值。作为社会保险基金的重要组成部分，医疗保险基金投资需要在保障基金的安全性和收益性上进行综合平衡。

四、道德风险

道德风险是指医疗服务的利益相关者利用自身掌握的信息优势造成保险费用不合理增长和医疗资源过度消耗的机会主义行为。医疗保险中的道德风险表现有微观和宏观之分：道德风险在微观层面的表现为医疗服务的供方和需方分别过度提供和索取医疗服务，从而导致医疗费用不合理增长；道德风险在宏观层面的表现为医疗卫生资源使用的低效率和医疗费用的不合理增长。下面从参保人、医疗服务提供者、医患合谋等方面进行简要分析。

（一）参保人的道德风险

参保人的道德风险是指医疗保险参保人为了实现自身利益，利用自己的信息优势所采取的导致医疗保险费用不合理增长的机会主义行为。由于医疗费用主要由保险机构支付，参保人无须对医疗服务付款或所付费用远低于医疗服务成本，在预算软约束下，为了自身利益最大化，其医疗需求就会大于实际需求，这种过度消费需求就是参保人的道德风险，主要表现为：一是参保人节约意识不足，谎报病情、小病大养；二是伪造就医信息和材料，套取医保基金。

（二）医疗服务提供者的道德风险

医疗保险中的道德风险较为特殊。原因归结于医疗领域的特殊性和医疗服务提供者的特殊地位。在医疗服务提供者、患者、药商和医疗保险机构以及由此组成的医疗服务市场、药品市场和医疗保险市场之间，各方利益主体地位并不平等，三个市场也非并列关系。其中医疗服务提供者处于主导地位，患者的道德风险只有通过医疗服务提供者才能实现，药商的道德风险也只有通过医药合谋才能实现，可以说医疗服务提供者的道德风险是医疗保险领域中诸多问题的重要根源，而医疗服务提供者的道德风险的目的就是在医疗保险基金支付时的自身利益最大化，控制医疗服务提供者道德风险是医疗保险支付稽核的重中之重。

首先，医生道德风险的主要体现在医生是医疗服务的提供方，并且按照他所提供的服务获得报酬，因此，医生利益最大化的关键就在于用最少的服务获得最大的报酬，这在市场竞争中是有利于提高医疗服务的水平的，但由于医疗服务市场是一个不完全的市场，存在着市场失灵的风险，表现在医疗市场中的竞争是十分不充分的，医生可以利用其对医疗信息的垄断在提供低质量的医疗服务的情况下向患者收取较高的报酬，因此，医疗服务是缺乏价格弹性的。

其次，医生在其提供医疗服务的整个过程中，掌握着主动权，拥有处方权，对医疗技术又拥有足够多的信息，患者在接受治疗时难以讨价还价，难以控制卫生消费的种类与数量，加上疾病具有突发性，治疗过程的不确定性，患者的被动地位非常明显。病人在接受医疗卫生服务时，通常不能像在完全竞争市场上购买一般物品那样可以通过比较的方式来进行选择。医生则可以通过抬高医疗费用，或降低收治标准、分解住院等方式增加医疗机构收入。在医疗卫生市场，病人获得的信息是相当不充分和不透明的，如医疗卫生的服务质量、医生的工作资质与技术水平等，而病人很难找到客观真实的鉴别资料。再加上支付的价格具有不可预测性，病人对医疗服务的需求就更没有选择余地。

最后，较高的专业性使医疗服务常常处于垄断地位，医院具有医疗服务供给的特权。在信息不对称比较严重的情况下，医生要求病人做什么检查，吃什么药，病人只能唯命是从。一方面，医生为了保护自己，减少医疗事故发生的风险，存在着不适当服务现象，医务人员从最大限度减少自身利益损失的角度出发，要求患者做“高、精、尖”医疗设备的检查，甚至在病情已确定的情况下，仍然建议患者做这些检查；另一方面，来自医疗服务提供者的道德风险表现为医疗服务提供者的“过度供给”行为，也就是在传统的按服务项目付费制度的情况下，医疗服务提供者因为其提供服务越多，得到的收益就会越大，医生的收入与其提供服务量的多少是成正比的，这种经济利益上的好处往往鼓励医疗服务提供者提供过多的或昂贵的医疗服务。

（三）医患合谋的道德风险

在医疗保险体系中，由于患者的医疗费用由保险机构支付，因此理论上患者接受医疗服务是无成本或低成本的，这样患者就有过度消费的强烈动机，即存在道德风险；医生是以医疗服务来收取报酬的，因此，医生有提供过度服务的强烈动机，这样，面对无成本约束的医疗服务，患者和医生都有强烈的过度消费的动机。在社会医疗保险机构缺乏有效监管的条件下，第三方支付制度会刺激医患双方进行“合谋”，协同骗保，共同危害第三方——医疗保险机构的利益，实现医患利益共享。

五、监 管 风 险

监管是保障医疗保险可持续发展的关键措施。加强监管不但有利于控制其他各种风险的发生，还能够及时对医疗保险进行风险预警。医疗保险的监管工作实际上就如同足球场上的守门员，是保障医疗保险基金安全的最后一道屏障。

医疗保险基金作为整个医保制度的物质基础和财力支撑，是医疗保险可持续发展的核心。近年来医保发展迅速，基金规模不断扩大，然而有关医疗保险基金的负面消息不时见诸报端。以城乡居民基本医疗保险为例，为保证城乡居民基本医疗保险制度的运行和发展，政府或相关职能部门出台了一系列的政策规定，但城乡居民基本医疗保险制度仅停留在政策层面，尚未纳入强制实施的法律范畴，并且对城乡居民基本医疗保险违规行为的界定和处罚缺少法律依据。城乡居民医保涉及的相关法律规定过于分散，如刑法、审计法、会计法等，缺少系统性和可操作性。此外政府或相关职能部门出台的相关文件，主要是规范性政策，存在强制性不足、权威性不够等问题，容易导致城乡居民医保监管主体不明确、监管过程缺少目的性等问题，降低了监管的效果。

第三节　医疗保险风险评估与监测

一、医疗保险风险评估方法

医疗保险风险评估存在许多种方法，这里我们简要介绍三种方法。

（一）综合评价法

医疗保险的风险受许多因素影响和作用，必须通过多因素综合评价才能够合理估计医疗保险的风险程度。具体步骤如下。

（1）根据评价目标选择恰当的评价指标，考察各指标间的内在联系，选择那些主要的、能够反映医疗保险风险本质的评价指标，这些指标应当明确、具体、可行、可靠。

（2）根据评价目的确定各个评价指标的权重。

（3）合理确定各个单位的评价等级及其界限。

（4）根据评价目的、数据特征选择适当的综合评价方法，并根据已经掌握的历史资料建立综合评价模型，计算综合指标。

（5）确定综合指标的等级数量界限，并不断修改完善，使之具有一定的科学性、实用性和先进性。

（二）模糊综合评价法

1. 医疗保险风险因素识别

根据系统性、科学性、有效性和实用性原则，从内部因素和外部因素两个方面入手，分析可能面临的各种风险及影响风险发生的各种因素。风险识别常用的方法有故障树分析法、SWOT 分析法、头脑风暴法、特尔斐法、情景分析法等。医疗保险的风险因素之间既可以单独发挥作用，也可能存在交互作用。

2. 建立层次结构模型

在医疗保险风险识别、归纳的基础上，利用层次分析法和模糊评价等方法，将反映医疗保险风险情况的各个单一因素评价纳入一个统一的数学模型中，确定评价指标权重，评价等级的百分制区间，利用向量的乘积求出综合评价的总风险。

3. 医疗保险风险的模糊综合评价

（1）建立判断矩阵。

（2）求特征向量和特征根。计算一致性比率，进行一致性检验。

（3）确定评语集与模糊评价矩阵。

（4）确定因素的权数矩阵。

（5）利用模糊矩阵的合成计算综合评价结果。

（三）人工神经网络法

人工神经网络（artificial neural network，ANN）法是一种比较新的综合评价方法，已经广泛应用于模式识别、综合评价、预测分析等领域，具有良好的容错性、大规模非线性并行处理方式以及强大的自组织、自学习和自适应能力。ANN 的预测和优化就是一个综合评价和决策的过程。应用 ANN 进行医疗保险风险综合评价的分析步骤如下。

（1）确定研究问题。将问题转化成 ANN 可以表达的方式，选择神经元，即选择那些影响输出的主要因素作为输入，各输入变量之间不存在密切的相关性，选定的输入变量数必须足够且具有代表性。输入变量数远远超过网络隐层的节点数，网络就能揭示蕴藏期间的任意复杂规律。

（2）确定网络的结构。这里我们可以假定选择 BP 神经网络。

（3）网络的训练和学习，训练就是对输入信息进行处理，产生相应输出结果的过程；学习是在训练过程中随着 ANN 所嵌入的环境的改变而自动调节网络的自由参数。通过训练和学习确定权重。

（4）网络性能的检验、考核。

（5）作出医疗保险风险大小的综合评价。

二、医疗保险风险监测

医疗保险风险种类多而复杂，这里我们重点介绍四种医疗保险的风险监测。

（一）筹资风险监测

医疗保险筹资风险主要包括统筹层次、筹资水平、参保人口比例、筹资总额等方面。筹资风险监测是对影响医疗保险筹资的各个风险因素及其相关因素进行连续性的监测，以了解医疗保险是否应保尽保，基金是否及时足额缴纳。医疗保险筹资风险监测重点是筹资水平是否与人们的收支水平相适应，参保人口占医疗保险覆盖总人口的比例是否接近于 1，医疗保险基金是否及时缴纳，医疗保险基金是否足额缴纳。

（二）支付风险监测

医疗保险支付风险主要包括支付项目范围是否超出规定的支付范围、支出金额占筹资总额的比例、享受待遇人口占参保人口的比例、骗保或套保金额占支付总额的比例、医疗保险基金支出占医疗费用的比例。通过对医疗保险支付范围监测，可以发现医疗保险支付是否符合国家规定的医疗保险项目范围，从而降低因支付范围过大所致的支付风险。通过理解医疗保险支出金额占筹资总额的比例或二者之差额，可以理解医疗保险收支的差额，尽快做好医疗保险支付风险的防范。通过监测享受待遇人口占医疗保险参保人口的比例，避免因待遇覆盖面过窄，影响参保人群的参保积极性。医疗保险基金支出占医疗费用的比例是真实反映医疗保险保障程度的指标，对该指标进行监测有利于准确了解人们的疾病经济负担。

（三）医疗风险监测

医疗保险最具特殊性的风险就是疾病及其相关风险。对疾病风险进行监测，有利于及时把握参保患者的两周患病率、两周就诊率、年住院率等，从而从宏观上把握医疗保险参保人群的相关指标。通过不同时期就诊率、住院率、患病率等指标的变化趋势，可以及早预测医疗保险基金的支付状况。同时，通过对参保患者医疗费用的监测，有利于把握医疗保险的收支平衡，降低参保人群的灾难性卫生支出发生率。

（四）异常值风险监测

异常值风险监测是医疗保险监测的重点和难点。高额医疗保险费用作为异常值存在双面性，一方面可能是合理的医疗费用；另一方面也可能是违规的医疗保险费用。由于异常值数量少，同时又占据的医疗保险金额比较大，因此为了确保费用支出的合规性，应对医疗保险基金支付的异常值进行监测。

第四节　医疗保险风险防范

一、加强医疗保险的制度建设

加强医疗保险的制度建设是防范医疗保险风险的重要基础。当前，医疗保险制度建设应当加强以下几个方面：一是要逐步提高统筹层次，加强医疗保险基金的抗风险能力；二是要健全异地就医管理制度，保障参保居民的就医便利性；三是要做好不同医疗保险制度的转移和接续工作；四是要制定适宜的缴费水平，不过高也不过低；五是要完善医疗保险支付制度，降低医疗保险基金的透支风险；六是做好与其他医疗保障制度的衔接，防止老百姓因病返贫现象发生。

二、建立医疗保险的风险预警机制

建立医疗保险的风险预警机制是防范医疗保险发生风险、危及医疗保险可持续发展的有效措施。风险预警机制是运用特定的数据处理工具，形成具有特定预警功能的理论与方法体系对未来的风险进行评估，并根据风险程度大小进行不同等级的警示。医疗保险基金风险管理领域引入风险预警系统相关理论，建立合理的医疗保险基金风险预警机制，能够实现对医疗保险基金的整体风险进行动态监测，确保医疗保险基金平稳运行。

医疗保险预警机制的建立，关键是寻找到适宜的医疗保险基金风险预警指标；然后，通过医疗保险经办机构及定点医疗机构的信息管理系统，得到预警信息模块所需要的数据；随后，根据建立的风险指标评价体系及风险判别模型对未来的基金风险程度做出警度判别；最后，根据所得警度大小提出相应对策和建议。对策实施效果会通过信息反馈路径在医疗保险基金的运行数据中得以体现，从而使基金运行一直处于实时监测之中，从而保障基金运行安全。

三、强化医疗保险基金的监管

我国医疗保险基金监管要服务于我国社会保障制度建设的大局，服务社会，服务参保人。作为社会保障体系的一个重要组成部分，医疗保险基金监管的目标是提高其服务社会的能力，减轻广大居民的医疗负担，同时维护好自身社会形象，促进社会和谐发展，凸显社会主义制度的优越性。医疗保险基金监督管理体系包括行政监督、审计监督、社会监督。

行政监督是基金管理监督机制中的一个主导环节。在我国对医疗保险基金进行行政监督的主体包括医疗保障部门、卫生与健康部门、财政部门。这三个部门首先在政策上对医保基金的运营进行宏观把握，用制度规范基金的运营。其次，负责审核基金的预决算，对基金的开支情况进行审批。在业务流程上，通常是各经办机构按照两部门的要求定期向其进行汇报，或者两部门开展一些不定期的突击审查。

审计监督是基金监督机制中最为独立、最具公正的环节。它是医疗保险基金不受侵犯、医保事业健康发展的保证。审计监督通常是指国家审计局及各地方审计机关定期或不定期地对医疗保险运营情况和经办机构管理情况进行的监督检查。各经办机构应该建立健全严肃的财经纪律，自觉接受审计部门的检查。

社会监督是基金监督机制中的一个重要环节。在前面两种监督模式下，医疗保险经办机构往往为主管机构下设的事业单位，这就使得两种监督的主体都是国家行政部门，出现了既是运动员又是裁判员的情况。为保证监督的客观性和公正性，有必要引进社会监督，将基金的收缴、管理、支付、结余情况定期向社会公布，同时由专家学者、缴费单位和个人共同组成社会监管力量，加强对基金的监督管理。

医疗保险基金安全监管体系建设是一项任重道远的工作，调动各方力量，协调各部门之间关系，构建符合我国国情实际的医保基金监管体系，提高医保基金服务社会的能力，任重而道远。

四、重视医疗保险的内部风险控制

由于涉及巨额的医疗保险基金，社会保险内部经办工作中的利益风险较高，如何降低医疗保险经办过程中的风险一直是医疗保险风险防范中的重要问题，医疗保险内部风险控制有利于降低医疗保险的相关风险。

医疗保险的内部风险控制主要是指医疗保险经办机构按照政府相关规定和相关财政、会计规则而建立起来的内部管理控制制度。内部管理和稽核，一方面，有利于实现医疗保险信息透明化；另一方面，有利于降低医疗保险经办机构及人员的相关风险，从而实现医疗保险的风险内部控制。医疗保险内部风险控制的重要手段是进行内部考核和内部监督。

思考题

1. 如何理解医疗保险风险的内涵？
2. 试析医疗保险风险的特征。
3. 试述医疗保险风险的评估与防范。

（张　洁）

第十二章　医疗保险法律制度与监督管理

内容提要

医疗保险法律制度是构建医疗保险制度体系的基础和依据，医疗保险监督管理是医疗保险顺利运行的有力手段。本章主要介绍医疗保险法的概念和特征，医疗保险法的制定与实施以及医疗保险中的纠纷与处理；阐述医疗保险监督的内涵、基本原则、体系与机制，以及对医疗服务供方、需方、社会医疗保险机构行为监督的内容等。

第一节　医疗保险法律制度

一、医疗保险法的概念和特征

（一）医疗保险法的概念

医疗保险法（medical insurance law）是指国家为了维持医疗保险制度的有效运行，用以规范医疗保险当事人权利和义务关系，调整医疗保险中所形成的各种社会关系而制定的相关法律规范的总称。医疗保险当事人主要包括参保人、参保单位、定点医疗机构、定点零售药店以及医疗保险管理机构。医疗保险法涉及的社会关系领域较多，如政治、经济、金融等，且范围较为广泛，包括政府、卫生部门、企事业单位、全体公民、家庭等，具体指政府（管理方）、医疗保险机构（保险方）、用人单位（投保方）、医疗服务提供者（服务供方）和被保险人（保险需方）之间形成的各种社会关系。

世界上许多国家和地区都采用了立法手段强制推进医疗保险工作。早在 1883 年德国就制定了世界上第一部《疾病保险法》，随后许多国家都加强了立法工作。

1927 年第 10 届国际劳工大会通过了《工商业工人及家庭佣工疾病保险公约》（第 24 号）和《农业工人疾病保险公约》（第 25 号），规定实行强制性疾病保险，在劳动者患病时，应向其免费提供治疗和供给药品及用具，对中断收入者给予现金补助。1969 年第 53 届国际劳工大会对 24 号公约和 25 号公约进行了修订，通过了《医疗护理与疾病津贴公约》（第 130 号），将医疗保险的受保人扩大到所有经济活动人口和居民，这是当前关于这两项保障的主要国际劳工公约。我国基本医疗保险制度目前遵循的法律是 2010 年 10 月 28 日颁布的，2018 年 12 月 29 日首次修改后施行的《中华人民共和国社会保险法》（以下简称《社会保险法》），其使公民享有基本医疗保险实现了有法可依，并有助于规范和调整医疗保险中的各种利益关系，保证医疗保险系统的有效运转。但是关于基本医保的法律是包含在《社会保险法》中的，法律层级中缺少独立法律文件。因此自 2018 年国家医保局成立后，开始实施医保单独的法治化工作。2021 年 6 月，我国医疗保障法的立法工作取得了突破性进展，《医疗保障法（征求意见稿）》出炉，并已公开向社会征求意见。目前，征求意见已经结束。作为统领医保制度发展全局的一部法律，《医疗保障法》具有基础性的意义，可以为医保事业高质量发展提供法律支持。

（二）医疗保险法的特征

1. 医疗保险法具有强制性

医疗保险法的强制性主要体现在其内容和形式上所具有的强制性。医疗保险法在内容上所具有的强制性主要体现在：第一，只要属于医疗保险覆盖范围内的用人单位和职工都必须要全员参保，同时医疗保险经办机构也要接受其参保，双方都没有选择的权利；第二，医疗保险费率由政府主管部门与有关各方协商确定，医疗保险费率一旦确定，医疗保险的各方参与者都没有权利进行更改，同时，医疗保险费需要由用人单位和职工共同缴纳；第三，所有用人单位和职工都必须按照属地化管理的原则参加其所在统筹地区的医疗保险，医疗保险经办机构按照统一政策，对医疗保险基金实行统一筹集、统一使用以及统一管理；第四，医疗保险基金要纳入财政专户管理，需要做到专款专用，不得被挤占和挪用。医疗保险法形式上的强制性主要体现在医疗保险的覆盖范围、医疗保险基金的筹集和使用、医疗保险法律制度的期限。

2. 以实现公民的物质帮助权为宗旨

《中华人民共和国宪法》第四十五条明文规定："中华人民共和国公民在年老、疾病或者丧失劳动能力的情况下，有从国家和社会获得物质帮助的权利。国家发展为公民享受这些权利所需要的社会保险、社会救济和医疗卫生事业。"2018 年 12 月 29 日修改后的《中华人民共和国社会保险法》总则第二条规定："国家建立基本养老保险、基本医疗保险、工伤保险、失业保险、生育保险等社会保险制度，保障公民在年老、疾病、工伤、失业、生育等情况下依法从国家和社会获得物质帮助的权利。"上述规定赋予了公民一系列获得物质帮助的权利。因此医疗保险法律规范是实现公民在患病时获得物质帮助权利的法律保证。医疗保险法可以保障参保人在患病时能够享受到基本的医疗保障，避免参保人因病致贫、因病返贫的情况，可以维持参保人的基本生存权。

3. 法律关系主体权利与义务的不对等性

法律关系作为法律的核心内容，其实质是关于法律关系各方权利与义务的规定，应以权利与义务对等为原则，即法律关系的主体所享受的权利应与其承担的义务相一致，但是区别于其他法律法规，医疗保险法规定法律关系主体所享受的权利与其所承担的义务是不一致的。具体体现在参保人缴纳的医疗保险费用与医疗保险机构支付的医疗保险费是不一致的。参保人所缴纳的医疗保险费的金额是按照收入的百分比确定的，高收入者需多缴纳费用，低收入者则少缴甚至不缴。但是，医疗保险费偿付金额的多少并不是按照参保人缴费的金额来确定的，而是根据参保人实际使用的医疗费来进行偿付的，这就形成了权利与义务的不对等性。需要注意的是，这种不对等性并不等于不公平。因为医疗保险属于社会保障的一部分，社会保障本质上是一种社会财富的再分配。

4. 高度的科学技术性

医疗保险法的制定要以科学技术和管理知识为根据，体现了高度的科学技术性。第一，医疗保险费率和保险责任准备金是以概率与数理统计理论为基础来计算的；第二，医疗保险承保范围、医疗机构能够提供的医疗服务项目、医疗费用标准的确定都应该以医学为基础，需要以医学理论知识为支撑；第三，医疗保险制度的建立和运营涉及社会的方方面面，是一项系统且复杂的工程。这就需要有专业的科学管理知识为引导，以此保证医疗保险制度的科学性、合理性。因此医疗保险法的很多条款都应该体现科学内涵，体现出医疗保险医学方面的专业性，否则将不能做到医疗保障的公平合理，将影响到医疗保险制度的持续健康发展。

5. 法律规范的可变动性

一般而言，法律的严肃性及权威性均要求法律法规都应具有一定的稳定性，不应该经常性地修改和变动，但是相较于我国其他的法律法规，医疗保险法具有不稳定、可变动的特征，医疗保险的法律条款需要随着社会的发展不断调整和完善。一方面，我国医疗保险起步较晚，各方面的工作都还处于探索阶段，主客观方面的经验还不够成熟，因此医疗保险法在运用过程中如果出现了新情况、新问题，就需要对医疗保险法律、法规进行及时的补充和完善；另一方面，医疗保险不是一个孤立的系统，它与社会的其他方面都有着密切的联系，因此医疗保险法的制定会受到多种因素的影响，如社会经济状况、人口状况、医疗技术发展水平以及疾病谱的改变等。同时，医疗保险法的法律关系也较为复杂，包括医疗保险经办机构与参保人之间的关系、医疗保险经办机构与医疗服务供方之间的关系、参保人与医疗服务供方之间的关系，以及医疗保险经办机构与政府行政部门之间的关系。因此不断变化的社会环境以及复杂的法律关系均需要医疗保险法律法规适时地进行修改，以应对新情况，解决新问题，适应不断变化的客观情况。

6. 风险的特定性

疾病风险是引起医疗保险法律关系产生、变更的重要法律事实。疾病风险本身具有不可预见性、打击性，也就是说疾病风险会发生在谁的身上、什么时候发生、将导致怎样的后果都是很难预测的，这与养老、失业、生育等保险所承保的风险具有一定的可预测性相比，具有显著的区别。

二、医疗保险法的地位和作用

（一）医疗保险法的地位

医疗保险法的地位是指医疗保险法在国家的整个法律体系中所处的位置。一个国家的全部法律是作为统一整体而存在的，是各个部门法围绕宪法的有机结合。

目前我国尚没有独立的医疗保险法，主要遵循的是2010年10月28日颁布的，2018年12月29日首次修改后施行的《中华人民共和国社会保险法》。随着我国医疗保障制度改革的不断深化，需要通过专门立法以有效弥补《中华人民共和国社会保险法》综合立法的空白。2021年国家医保局公布了《医疗保障法（征求意见稿）》，这意味着医疗保障正式步入法制化建设的实质进展阶段。《医疗保障法》是基于宪法赋予公民的医疗保障权而制定的专门法律，该法是医疗保障领域的基本法，有利于维护公民的法定医疗保障权益，确保整个医疗保障制度体系的有序运行与健康持续发展。

（二）医疗保险法的作用

完善的医疗保险法律法规是医疗保险制度正常运行的法律基础，是维护社会稳定、促进社会进步的重要前提条件。此外医疗保险法是保障居民在患病时能够获得国家物质帮助、维护其健康权利等合法权益的重要手段。医疗保险法的作用主要体现在以下几个方面。

1. 保证医疗保险制度的顺利实施

建立医疗保险法律制度是发达国家发展医疗保险制度的成功经验之一。例如，德国在1883年颁布了世界上第一部《疾病保险法》。第二次世界大战之后，很多国家在发展医疗保险的过程中都纷纷颁布了相关的法律，如法国的《社会保障法》、日本的《健康保险法》等。医疗保险法律法规中明确规定了医疗保险当事人的权利、义务。同时在医疗保险法律法规中也明确规定了在医疗保险实施的过程中，如果医疗保险当事人出现违规行为应当承担的法律责任，并设置了严格的监管机制。由于医疗保险制度政策性强、涉及面广、操作难度大，并涉及多方的利益，因此在医疗保险制度实施过程中必须要依靠法律手段，以此来规范医疗保险当事人的行为，确保医疗保险制度的顺利开展。

2. 提高医疗保险的公平性和可及性

由于医疗服务市场的特殊性，如果医疗资源的配置完全由医疗服务市场来进行调节，有可能会使一部分低收入人群因为无力支付费用而无法获得其所需的医疗卫生服务，导致小病拖成大病或因病致贫、因病返贫情况的发生。因此只有通过立法，才能保证全体公民尤其是低收入人群能够享受到基本医疗服务，提高医疗保险的公平性和可及性，维护社会的安定团结。

3. 规范和调整医疗保险中的各种利益关系

理论上来说医疗保险的本质是国民收入的分配与再分配，这将涉及社会多方经济利益的转移，如高收入者向低收入者的转移、企事业单位向雇员的转移、发病率低人群向发病率高人群的转移、经济效益好的企业向经济效益差的企业转移。这种涉及多方经济利益再分配的制度必须要通过法律强制实施。

从实践的角度而言，医疗保险制度的建立使各主体间建立了权利与义务关系。这包括以下方面。一是在医疗保险基金筹集过程中，医疗保险管理机构、用人单位和参保人之间的关系。所要解决的问题是属于医疗保险范围内的用人单位和职工是否都参加了医疗保险。二是在医疗服务过程中，医疗服务提供者与参保人之间的关系。所要解决的问题是医疗服务提供者能否为参保人提供合理诊断、合理检查、合理治疗，能否保证既不降低服务质量，也不提供过度医疗服务。三是在医疗费用偿付过程中，医疗保险经办机构、医疗服务提供者、参保人之间的关系。所要解决的问题是医疗保险经办机构对于医疗费用的偿付是否足额、及时、合理。四是在医疗保险的运行过程中还要牵涉到中央与地方、部门与部门、地方政府与其所属的医疗保险机构之间的关系。如此复杂的经济利益与权利义务关系必须要通过医疗保险法律法规进行调整，并在医疗保险法律法规中明确各方当事人的权利与义务。因此需要进一步建立健全医疗保险法律法规，并在实际工作中严格地贯彻执行，以此才能创造良好的环境，维护我国医疗保险事业健康、稳定的发展。

三、医疗保险法律关系

（一）医疗保险法律关系的构成要素

医疗保险法律关系是指在现存的医疗保险关系和现行有效的医疗保险法律基础上产生的，由医疗保险法确认和保护的，体现了权利和义务内容的具体社会关系，它是医疗保险制度中涉及的社会关系的法律形式。医疗保险法律关系由医疗保险法律关系的主体、客体、内容这三个要素构成，主要包括以下几个方面的内容。

1. 医疗保险法律关系的主体

医疗保险法律关系的主体是指参与医疗保险法律关系的各方当事人，即医疗保险法律关系中依法享受权利、承担相应义务或者责任的参与者。医疗保险法律关系的主体是法律关系得以存在的前提条件，其数量有两个以上。医疗保险法律关系的主体包括行政主管机构、医疗保险经办机构、医疗服务提供机构、雇佣劳动者的单位、参保人。由于医疗保险法律关系主体具有广泛性，因此决定了医疗保险法律关系的复杂性。在医疗保险法律关系中权利主体是享有权利的一方，义务主体则是承担义务的一方。在某些情况下，医疗保险法律关系中的参保人既是权利主体，也是义务主体，即参保人获得医疗服务的权利必须以缴纳医疗保险费为前提。

2. 医疗保险法律关系的客体

医疗保险法律关系的客体是指医疗保险法律关系主体间权利和义务指向的对象，包括物质帮助权、物、行为三类。

（1）物质帮助权。医疗保险法立法的宗旨决定了劳动者及其他国民的物质帮助权是医疗保险法律关系的首要客体。《宪法》规定："中华人民共和国公民在年老、疾病或者丧失劳动能力的情况下，有从国家和社会获得物质帮助的权利。国家发展为公民享受这些权利所需要的社会保障、社会救济和医疗卫生事业。"医疗保险法要贯彻我国发展社会保险事业的国家政策，使劳动者或其他国民享有在需要医疗帮助时能从国家和社会获得物质帮助的权利。医疗保险法中所存在的诸多权利义务均体现了对劳动者或其他国民的物质帮助权的维护。因此物质帮助权是医疗保险法律关系中最高层次的客体。

（2）物。物是指可以被人们控制和利用的一切物质财富，在医疗保险法律关系中，作为客体的物主要有医疗津贴与补助、医疗待遇、药品、医疗器械等。

（3）行为。行为分为作为和不作为两种形式，主要包括定点医疗机构所提供的医疗服务行为、用人单位及被保险人的参保行为及医疗服务消费行为、医疗保险管理机构的管理行为和支付行为等。

3. 医疗保险法律关系的内容

医疗保险法律关系的内容是指医疗保险法律关系的各主体（各方当事人）依法应享有的权利和应承担的义务。任何法律规范都是通过规定法律关系主体的权利和义务来达到规范人们行为的目的，医疗保险法律也不例外。权利是指当事人一方实现某种利益的可能性，义务是指当事人一方为了满足对方利益而必须履行的职责。这些权利与义务既不是主体自由选择的，也不是主体之间相互约定的，而是由医疗保险法所规定的，并由国家强制实施的。对于医疗保险实施过程中，各方当事人有任何违反法律规定的行为都将会被实施一定的制裁。一般情况下权利与义务应是相互依存的，但是在少数情况下也会出现脱节，如用人单位有为职工缴纳医疗保险费的权利，但它并不享受相应的权利。

（二）医疗保险法律关系各主体的权利与义务

1. 医疗保险管理机构的权利与义务

医疗保险管理机构（包括医疗保险行政主管机构和医疗保险经办机构）是作为政府的代办机构，由国家依法指定的，根据有关法律法规履行义务和享有权利。医疗保险行政主管机构的权利是其所固有的法定职权，一旦依法成立，就具备了由宪法和有关组织法所规定的行政职权；医疗保险经办机构作为事业单位，其本身并不具有行政职权，但是只要医疗保险法律规范授予它权利，医疗保险经办机构就能获得一定的行政职权。

医疗保险行政主管机构的义务是承担行政职责，主要包括以下几点：一是依法履行职责，代表政府推行医疗保险制度，经办医疗保险事务；二是做好医疗保险基金的管理工作，确保医疗保险基金的安全，确保医疗保险基金的收支平衡以及基金的保值增值；三是加强对医疗服务提供者的监管，以保证医疗服务提供者能够提供高水平的医疗服务，确保参保人的合法权益。

医疗保险经办机构具体的职权体现在：一是对医疗保险重大决策的建议权以及具体操作的决定权；二是对参保人的审查权；三是对特殊检查治疗、治疗性药品以及转诊等方面的审批权；四是对约定医疗单位的监督权以及对不合理医疗费用的拒付权等。

2. 参保人的权利与义务

参保人包括投保人（用人单位）和被保险人（受益人）。医疗保险制度的运转就是围绕着参保人而展开的。投保人和被保险人都必须通过法律规定履行义务并取得合法权益。如有违规行为发生，就要受到相应的行政处罚。

投保人的权利是让社会分担本单位职工一部分的医疗费用，在减轻本单位医疗费用负担的同时，还可以保护本单位的劳动力，使单位职工能够安心工作。投保人的义务是依法为本单位的职工办理医疗保险，投保人要按时足额地缴纳医疗保险费，不得虚报谎报或者是不缴纳保险费，应自觉遵守医疗保险法律法规的各项规定。

被保险人依法应享有的权利表现在以下几点：一是可以按照规定选择定点医疗机构；二是门诊、住院、特殊检查治疗费用的减免；三是对急诊、转诊、探亲、出差等发生医疗费用的偿付；四是对离、退休等特殊人员的优惠政策；五是对慢性病等特殊参保人的照顾性政策以及医疗保险的除外责任等。

被保险人应履行的义务如下：一是按照医疗保险法的规定参加医疗保险，并按照法律规定的保险金额、交费时间、交费渠道和办法等缴纳医疗保险费；二是办理医疗保险手续时必须按照规定提供所需的文件、资料。

3. 约定医疗单位的权利与义务

约定医疗单位在社会医疗保险系统内指的是由医疗保险机构认可并负责支付服务费用的医疗、护理、药品经营等服务提供者。

约定医疗单位的权利主要有以下四点：一是有要求医疗保险经办机构和参保人支付医疗费用的权利；二是有权获得一定的国家财政补助；三是有权参与医疗费用偿付标准的制定；四是在医疗服务提供过程中有行使适度处置权的权利。

约定医疗单位的义务主要有以下四点：一是要认真贯彻执行国家、省、市有关社会医疗保险的相关规定；二是向参保人提供基本的医疗服务；三是加强内部管理，严格遵守医疗保险法律法规，自觉接受医疗保险管理机构的监督、检查；四是要方便参保人就医，不得拒绝参保人就医和及时转诊的要求。

四、医疗保险法的制定与实施

（一）医疗保险法制定的基本原则

1. 与国家宪法、法律及医疗保障制度改革方向相一致的原则

医疗保险法可以保障劳动者的合法权益，促进社会生产力的发展，维护社会的安定团结，推动社会经济的发展。因此医疗保险法在制定的过程中要始终贯彻我国宪法、法律的基本精神。我国在1995年1月1日起施行的《中华人民共和国劳动法》规定："国家发展社会保险事业，建立社会保险制度，设立社会保险基金，使劳动者在年老、患病、工伤、失业、生育等情况下获得帮助和补偿。"2020年2月《中共中央 国务院关于深化医疗保障制度改革的意见》提出，要加快建成覆盖全民、城乡统筹、权责清晰、保障适度、可持续的多层次医疗保障体系。医疗保险的立法也要和我国医疗保障体制改革的方向相一致，立法工作要遵循并体现这些规定。

2. 权利与义务相结合原则

新中国成立以来，我国在初期所建立的医疗保险制度，无论是公费医疗制度，还是劳保医疗制度，被保障者多是享受权利而未履行其义务，医疗费用主要由国家或企业承担，随着时间的推移，医疗费用快速增长，这对企业的发展以及国家的财政都造成了沉重负担，这种医疗保险制度的弊端日益凸显。因此我国在探索建立以医疗保险为基本内容的新型的医疗保险制度时，必须把权利与义务相结合作为一条基本原则。在筹集医疗保险基金时，必须由国家、用人单位、参保人等各方合理分担费用，即要求医疗保险法律关系中的权利享受者必须承担缴纳保险费的义务。

3. 医疗保障水平与经济发展水平相一致的原则

医疗保障水平是由社会生产力发展水平和一国的经济状况所决定的。医疗保障水平只有与社会生产力水平相一致才能确保医疗保险制度的持续稳定健康发展。

（1）如果医疗保障水平低于社会生产力发展水平，虽短期内可以减轻国家和企业的负担，但着眼于长期发展，将无法满足公民的基本医疗需求，极有可能会出现"因病致贫""因病返贫"的情况。长此以往，一方面，会侵害公民的权利，影响经济的发展；另一方面，劳动者履行了义务却未享受到其应有的权利，会对他们的劳动积极性产生影响，这会对社会安定以及国家经济发展产生不良影响。

（2）如果医疗保障水平高于社会生产力发展水平，短期内可以解决劳动者的后顾之忧，提升了劳动者的满意度，但是长此以往会给政府、企业带来沉重的负担。采取这种医疗保险制度会对国民经济发展所需生产资金的有效运转产生影响，并进一步影响到社会财富的积累以及经济的发展，反过来又会对医疗保障水平的提高产生负面影响。比如，我国在计划经济时期，社会生产力发展水平较低，但是当时我国所采取的公费医疗、劳保制度，在医疗保障方面却采取了“按需分配”制度，使得国家和企业入不敷出，影响了国家和人民的长远利益。

综上，医疗保险在立法时应充分考虑社会经济发展水平。我国目前尚处于社会主义初级阶段，人口众多，且区域经济发展水平仍不均衡。因此医疗保险立法工作要尊重这一基本事实，在医疗保险的提供上仍要把满足最广大人民基本医疗需求作为立法的基本原则，从而更好地发挥医疗保险法律制度的积极作用。

4. 统一性与多样性相结合原则

医疗保险法的制定和实施涉及社会的方方面面，是一项艰巨的社会系统工程，要做到统筹兼顾、统一领导、统一制定，即对医疗保险的性质、范围、目标、管理体制等方面作出原则性的规定，并需要各地区、各部门之间相互配合，贯彻落实。医疗保险法的制定在强调统一性的同时，还应注意到我国是一个幅员辽阔、人口众多的国家，各地的经济发展水平差异很大；我国现在还处于社会主义的初级阶段，还存在着城乡差别，即使在城镇居民之间也存在着行业、收入上的差距；我国不同所有制企业间经济效益方面也存在着差距，这也导致了福利待遇的差异很大。以上的客观事实都决定了短期内全国不可能实行一个模式的医疗保险制度，也不可能做到统一的医疗保险筹资水平。因此在建立我国医疗保险制度的过程中，需要实行分门别类、分阶段进行的策略，允许存在多种形式、多层次的医疗保险。医疗保险立法中应做到基本原则上的统一性与具体方式步骤上的多样性相结合。

5. 坚持正确的社会主义公平观

共同富裕是社会主义的本质要求。目前在我国仍存在着收入的差距，这也是目前比较突出的社会矛盾，容易造成社会的不稳定。通过实施社会保障制度，可以实现收入的再分配，体现社会公平，可以进一步化解社会成员间的利益失衡问题，满足社会大多数人的利益需求，体现了社会主义制度的优越性。因此在制定医疗保险法时，要保障全体公民的基本利益，满足其基本医疗的需求，使其能够公平地享受社会发展的成果，努力实现共同富裕。

（二）医疗保险法的制定

医疗保险的立法同其他法律、法规的制定一样，需要按照宪法的规定进行，经过国家相关部门通过有组织的活动而制定，包括以下程序。

1. 法律议案的提出

在这一阶段医疗保险机构要将医疗保险作为立法项目向相关的部门进行报送，并提交“拟定法律、法规草案建议书”。法制部门对医疗保险机构所申请的立法项目审核后，要编制立法规划（草案）进行报批。医疗保险立法规划获批后，需由法制部门负责组织、督促、指导医疗保险法律、法规的起草工作。

2. 起草

医疗保险法律、法规草案的起草工作由医疗保险机构组织，或由医疗保险机构同法制部门联合开展此项工作。在拟定医疗保险法律、法规草案时需对相关内容进行调查研究，如医疗保险缴费的比例、医疗保险基金筹资的机制、医疗保险费用偿付的方式等。在医疗保险法律、法规草案中应明确规定参加医疗保险当事人的权利与义务，以及违反规定将承担的法律责任。医疗保险法律、法规起草完成后，需由起草单位的主要负责人签署，并上报法制部门。法制部门对草案进行审查修改，同时在报送医疗保险法律、法规草案时还需提交起草法律、法规草案的说明。

3. 审查和讨论

法制部门要对提交的医疗保险法律、法规草案从以下几个方面进行审查：是否符合宪法、法律以及行政法规的规定；与现行的法律、法规是否衔接，与现行的法律、法规是否协调一致；草案中所涉及的部门是否同意草案的内容；草案的结构、条款、文字等是否符合立法技术的要求。同时医疗保险法律、法规草案需广泛征求意见。一是征求政府相关部门的意见；二是公开征询公民、法人和其他组织的意见。被征询意见的部门或者单位在收到征求意见函后需在规定期限内填写意见，并提交至法制部门。对于登报公开征询意见的医疗保险法律、法规草案，在规定期限内，所有的公民、法人和其他组织都可以提出意见，并将书面意见寄送给法制部门。法制部门对于征集到的意见进行整理、归纳，将其作为审查、修改医疗保险法律、法规草案的参考意见。法制部门对于医疗保险法律、法规草案进行审查、修改后，报送政府进行审议。

4. 审议与通过

政府常务会议需对医疗保险法律、法规进行审议。首先由起草单位、法制部门做起草的说明报告以及草案的审查报告，并宣读医疗保险法律、法规草案的全文。然后由与会者对医疗保险法律、法规草案进行审议。审议过程中起草单位以及法制部门的负责人需要对草案审议人员提出的意见和问题进行解答。草案经审议后，需要由政府的全体组成成员进行表决，只有半数以上成员表示赞成通过的，才能由政府行政首长决定给予通过。对于医疗保险法律、法规草案如因条件不成熟或者有重大问题需进一步协调、修改的，可责成相关部门进行协调、修改。经过协调、修改后的医疗保险法律、法规草案经过法制部门再次审查后，提交下一次的政府常务会议进行审查。医疗保险法律、法规草案经政府常务会议审议通过后，以政府的名义提交立法机关进行审议。

5. 公布

法律的公布是指立法机关将表决通过的法律依法定形式公之于社会的一个法定程序。

（三）医疗保险法的实施

医疗保险法的实施是指将医疗保险法律规范中的要求在社会生活中进行贯彻和落实。医疗保险法的实施主要包含两个方面的内容：一是国家行政机关、司法机关和法律授权、委托的组织，依照法定程序，执行医疗保险法律规范的具体行政行为；二是公民、法人及其他组织应自觉遵守医疗保险法律规范。

1. 医疗保险法的执行

医疗保险法律规范的执行机构是医疗保险管理机构。执法机构根据“政事分开”的原则分成医疗保险行政部门和医疗保险经办机构两部分。

（1）医疗保险行政部门的行政职权。医疗保险行政部门能够对具有法律效力的行政行为承担相应的法律责任。其主要职权包括以下方面。①决定和命令的发布权。医疗保险行政部门按照医疗保险有关的法律法规，针对自己所管辖的具体行政事务发布具有法律效力的决定和命令。②行政监督检查权。对于医疗保险经办机构、定点医疗机构、定点零售药店、用人单位及被保险人等各方面的行为，医疗保险行政部门有权对其进行监督检查。对于检查过程中发现的问题，医疗保险行政部门有权进行处理。但是需要注意的是其只能在医疗保险法律法规确定的范围内开展行政监督检查。③行政裁判权。对于医疗保险经办机构、定点医疗机构、定点零售药店、用人单位及被保险人间所产生的纠纷，医疗保险行政部门有权依法进行裁定和处理。除此以外，对于行政复议机关审理的所属医疗保险经办机构与其他医疗保险参与者之间的行政纠纷，也由医疗保险行政部门进行处理。

（2）医疗保险经办机构的行政职权。具体而言，医疗保险经办机构的职权主要体现在以下方面。①行政许可权。医疗保险经办机构有权依法赋予被管理的相对人从事某项活动的资格。比如，医疗保险经办机构依法认定某医疗机构成为该地区定点医疗机构的权利。②行政确认权。对于被管理的相对人的权利和义务，医疗保险经办机构有权依法确认或否认。在具体工作中，如被保险人是否具有资格的确认、医疗费用凭证是否有效的确认、医疗服务质量是否合格的确认等。③行政检察权。对于行政检察权，医疗保险经办机构与医疗保险行政部门在检查的内容上是有区别的。医疗保险行政部门具有全面的监督检察权，主要是对医疗保险重大方针、政策的贯彻和落实情况进行监督检查。医疗保险经办机构则主要是对医疗保险日常的运营情况开展监督和检查。④行政处罚权。对于管理范围内违反医疗保险法律法规的相对人，医疗保险经办机构具有依法对其进行制裁的权力。具体的处罚方式包括申诫罚、财产罚、能力罚等。对于人身罚这一最严厉的处罚方式，不能由医疗保险经办机构行使。⑤行政强制执行权。对于逾期还拒不履行法定义务的被管理相对人，医疗保险经办机构有权依法强制执行相应措施。比如，用人单位逾期还不缴纳医疗保险费时，医疗保险经办机构可以采取扣缴、划拨等强制措施。

（3）医疗保险法执行机构的行政职责。行政职责是指医疗保险行政部门和医疗保险经办机构在行使行政职权的过程中必须要承担相应的法定义务。行政职责的核心在于执法机构必须要依法行政。这就要求医疗保险行政部门和医疗保险经办机构都必须在各自的权限范围内依法履行职务，不得渎职失职，不得滥用职权，不得超权越权，必须严格遵守法律法规，严格按照法定的程序开展工作。在合法合规的前提下，还应遵循合理、适当的原则。

2. 医疗保险法的遵守

医疗保险法体现了人民的意志，可以维护人民的合法权益，因此医疗保险法的贯彻落实需要全社会的共同努力。只有当社会中绝大多数的人自觉遵守医疗保险法，才能真正发挥医疗保险法的作用。医疗保险法的遵守是指医疗保险中的相关主体按照医疗保险法律、法规进行活动。医疗保险法的遵守不仅包括遵守宪法、法律、法规、规章，同时也包括遵守国家的有关政策、人民法院的判决书等具有特定法律效力的文件。首先，需要提高医疗保险当事人（特别是用人单位、被保险人、定点医疗机构、定点零售药店等）自觉遵守医疗保险法的意识，这需要做好医疗保险法律法规的宣传工作，使医疗保险法律法规的相关知识能够深入人心，以此确保医疗保险制度能够顺利开展。其次，医疗保险管理机构及其工作人员应自觉履行其工作职责，严格遵守医疗保险法律法规的规定，如在工作中发现有违反医疗保险法律法规的行为要坚决做到按章办事。

五、医疗保险中的纠纷与处理

（一）医疗保险中的纠纷

在医疗保险的实施过程中，相关主体均具有各自的利益，彼此之间产生冲突、发生纠纷的情况在所难免。医疗保险中的纠纷根据性质的不同，可以分为行政纠纷和民事纠纷两类。

1. 医疗保险中的行政纠纷

医疗保险中的行政纠纷是指医疗保险管理机构在行使职权的过程中，与用人单位、定点医疗机构、定点零售药店或被保险人之间所产生的法律纠纷。在行政纠纷中，双方当事人是一种管理和被管理的关系，医疗保险管理机构往往是其中的一方当事人。医疗保险经办机构与被管理的参保人之间所产生的纠纷是一种比较常见的医疗保险行政纠纷。导致这种纠纷产生的主要原因是被管理的参保人不接受医疗保险管理机构的行政处罚，不接受医疗保险管理机构所采取的行政强制措施。

2. 医疗保险中的民事纠纷

医疗保险中的民事纠纷是指医疗保险法律关系中处于平等地位的各方当事人因财产关系或人身关系而产生的法律纠纷。产生纠纷的双方在法律地位上应当是平等的，各方当事人开展各项医疗保险活动时应当遵循意思自治、等价有偿、诚实守信等基本原则。导致医疗保险中民事纠纷产生的主要原因是当事人的违约行为和侵权行为。

（二）医疗保险纠纷的处理

医疗保险纠纷的处理可以有多种途径，行政裁决、行政复议和司法裁判是其中最主要的三种途径。

1. 行政裁决

行政裁决是行政机构根据法律、法规的授权，对与合同无关，但是与行政管理活动有密切关系的特定民事纠纷进行审查，并对此纠纷做出裁决的行政行为。行政裁决一般有三种类型，包括对权属纠纷的裁决、对侵权纠纷的裁决以及对损害赔偿纠纷的裁决。在医疗保险制度实施过程中，被保险人与定点医疗机构之间常会产生纠纷，这类纠纷主要是由被保险人对医疗服务质量或医疗服务费用有异议而产生的。这类纠纷常与医疗保险管理机构，特别是与医疗保险经办机构的管理内容密切关联。因此，通常可以通过行政裁决的方式解决此类特定的医疗保险民事纠纷。

2. 行政复议

行政复议是公民、法人或者其他组织认为行政主体的具体行政行为存在着违法或者不当的情况，侵犯了其合法权益，由此依法向主管行政机关提出复查该具体行政行为的申请。行政复议机关按照法定程序对被申请的具体行政行为进行合法性、适当性的审查，并对该行政行为作出行政复议决定的一种法律制度。行政复议机关经过审查后，对于不合法的或者不当的具体行政行为将予以撤销和纠正，以此来救济行政相对人。在医疗保险中，当用人单位、定点医疗机构或者被保险人等认为医疗保险管理机构的具体行政行为侵犯了其合法权益时，即可向规定的行政复议机关申请行政复议，寻求行政救济。

3. 司法裁判

司法裁判即诉讼，是国家司法机关在当事人和其他诉讼参与人参加的情况下，按照法定程序，用裁判或者其他方式解决纠纷、处理案件的专门活动。司法裁判是在解决双方争议时最为激烈的一种处理方式。双方当事人在发生纠纷时，有权以自己的名义直接向法院提出通过审判的方式给予法律上保护的请求。需要注意的是当事人需要在法律规定的时效内提起诉讼。对于争议，司法裁判具有最终的法律效力。诉讼根据案件纠纷性质、适用法律、制裁方法等的不同，可以分为民事诉讼、行政诉讼和刑事诉讼三种类型，对于医疗保险中相应的纠纷或者案件均可以采取这三种诉讼程序予以解决。

第二节　医疗保险监督概述

一、医疗保险监督的内涵和必要性

（一）医疗保险监督的内涵

医疗保险监督（supervision of medical insurance）是指享有监督权的监督主体，通过法定的方式，依据法定的程序和方法对医疗保险系统中各方的行为进行规范、控制和管理的过程。医疗保险监督是医疗保险管理过程中不可或缺的重要环节。医疗保险监督对医疗保险的发展发挥了极其重要的作用。一是确保医疗保险各方的行为不会偏离医疗保险所设定的目标，确保医疗保险各方都能够自觉遵守医疗保险的各项要求，一旦出现偏差，医疗保险监督可以发挥其控制的作用。二是医疗保险实施过程中常存在一些不利于其发展的现实因素或潜在因素，特别是影响医疗服务质量以及增加医疗保险基金支出的因素。通过医疗保险监督可以发现这些不利因素，并对这些因素有可能造成的损失进行分析评价，以便采取有效的措施预防损失的发生，很好地发挥了其防患于未然的作用。三是通过医疗保险监督建立了有效的反馈机制，对于医疗保险监督过程中发现的影响医疗保险正常运行的不利因素，要及时反馈到相关部门，并需在第一时间对于所发现的问题进行整改，这将进一步促进医疗保险的良性发展，更好地保障广大人民的利益。

（二）医疗保险监督的必要性

在开展医疗保险的过程中，一些单位和个人没有建立起大局意识，仅仅考虑了自身的利益，做出了不利于医疗保险发展的行为，如用人单位未按规定参保、参保人就医行为的不规范、定点医疗机构过度提供医疗服务、医疗保险机构未按规定运营等。因此为了确保医疗保险制度的有序开展，避免医疗保险各主体违规行为的发生，必须要加强对医疗保险的各个方面的监督。在医疗保险实施过程中要建立健全对医疗保险的监督，其必要性主要体现在以下四个方面。

1. 医疗保险运行机制的自我完善需要医疗保险监督机制

医疗保险制度作为一个有机整体是由法制系统、管理系统、实施系统和监督系统所构成的。在这个系统中，医疗保险监督机制根据法律的规定履行着自己的职能。通过医疗保险监督机制的监管，可以确保医疗保险的具体规定在实际工作中能够得到有效的落实、规范化的实施，确保医疗保险机构开展日常工作时能够符合法律制度的规范，确保医疗保险实施系统能够处于正常运行的状态。因此，医疗保险监督机制对于医疗保险运行机制而言，既是不可或缺的环节，同时也是对运行机制乃至整个医疗保险制度的自我完善。

2. 医疗保险运行中的非正常状态需要医疗保险监督机制纠察

医疗保险在运行中可能会出现一些非正常的状态，如在某些地方出现的私自挪用医疗保险基金导致部分医疗保险基金流失的事件、部分用人单位未按规定及时足额缴纳医疗保险费的现象、相关政府部门擅自越权干预法定医疗保险行为等。这些违规的情况均背离了医疗保险的基本原则，医疗保险的目标是追求公平而不是平均主义、是机会均等而不是待遇差别、是个人权利而不是少数人的施惠行动，上述行为同样也背离了医疗保险的目标。对于医疗保险实施过程中这些非正常的状态，仅仅依靠医疗保险管理系统或实施系统是很难纠正的。这是因为自我纠正需要当事者具有足够的权威，同时自我纠正还需要有高度自觉的负责精神，管理系统与实施系统却恰恰很难做到这两点。因此为了能够真正纠正医疗保险实施中所存在的非正常状态，必须要在管理系统与实施系统以外，再建立起一个健全、权威的医疗保险监督机制，只有这样才能确保医疗保险制度处于正常化、良性化的运行状态。

3. 医疗保险运行中的潜伏危机需要监督机制预警

结合很多工业化国家医疗保险发展的历史与现实我们不难发现，由于医疗保险制度的运行会受到多重因素的影响，即使现阶段医疗保险的运行是正常的，但有可能在未来某一阶段也会出现非正常化运行的现象，这也会损害医疗保险各方的利益。因此为了预防此类情况的发生，医疗保险运行中需要建立专业化的医疗保险预警监督机制，这是我国医疗保险制度持续稳定发展的内在要求，它应该成为具有中国特色的社会保障制度发展进程中的一个重要的标志。

4. 社会成员的医疗保障权益需要医疗保险监督机制维护

医疗保险是法定制度，是社会成员应享有的法定权益。但是，在医疗保险制度的实施过程中，却受到多种因素的影响，可能会使社会成员的权益受到损害。比如，一些企业或用人单位为了少缴医疗保险保险费，以账面上的工资数低于职工的实际工资数的方式虚报职工工资报表；在医疗保险机构中还可能存在官僚主义或工作不负责任的情况，这将导致社会成员可能无法及时地从医疗保险制度中获得帮助等，这些情况无疑都会使社会成员的合法权益受到损害。因此，在医疗保险运行中需要建立起权威的、健全的医疗保险监督机制，并通过其监督、纠察，社会成员的合法权益将得到保障。

由此可见，健全的医疗保险监督机制是保证我国医疗保险事业正常运行的重要手段，也是中国特色医疗保障体系的重要组成部分。

二、医疗保险监督的目标和对象

（一）医疗保险监督的目标

医疗保险监督主要是要达到监督参保人、参保单位、医疗机构的行为，以及监督医疗保险机构履行偿付承诺、实现公平和效率等目标。人们参加医疗保险的主要目的是在发生疾病的时候能够得到经济上的保障，得到及时而有效的治疗。如果参保人、参保单位没有按照国家规定及时足额地缴纳医疗保险费，医疗保险机构就无法获得充足的医疗保险基金，也就无法提供良好的医疗保障，这显然就违背了医疗保险的本意。因此医疗保险监督的公平目标就是要保证医疗保险的需方（被保险人或患者）、医疗服务的供方（医院或其他医疗机构）和第三方（医疗保险机构）都能平等地参与医疗保险活动；医疗保险监督的效率目标就是要求医疗服务的供方和第三方能够满足医疗保险需方的诉求，对医疗保险需方的要求给予快速、准确、及时的答复。

（二）医疗保险监督的对象

1. 对参保单位的监督

医疗保险基金的主要来源之一就是参保单位所缴纳的医疗保险费，因此为了增强医疗保险整体的抵抗风险的能力，也是为了保障职工的合法权益，必须增强对参保单位的监督。

2. 对定点医疗机构的监督

医疗机构是医疗保险费用的直接使用者，它会对医疗保险基金的支出产生影响，医疗保险基金支出的多少又会对医疗基金的偿付能力产生影响。当疾病诊断、诊疗项目价格以及药费在已经确定的情况下，被保险人医疗费用的多少都取决于医生的治疗方案，包括用药的数量和检查项目的多少。因此加强对定点医疗机构和医生的监督是非常重要的，可以对不合理的医疗开支予以监控，以此维持医疗保险基金的收支平衡，满足参保人的基本医疗需求，保障最广大人民的合法权益。

3. 对参保人的监督

定点医疗机构的行为会直接对医疗保险基金的支出产生影响，同时参保人的行为也会对医疗保险基金的支出产生影响。比如，参保人参加医疗保险后有可能会存在过度消费的情况，如在诊疗过程中要求为其做不必要的检查，或故意延长住院时间等。因此，在医疗保险实施过程中也必须加强对参保人的监督。

4. 对医疗保险管理机构的监督

医疗保险管理机构在医疗保险系统中处于主导地位，是在医疗保险活动中具体负责承办医疗保险基金的筹集、管理和支付等医疗保险业务的。在医疗保险实施过程中，也不能忽视对医疗保险管理机构本身的监督管理。

5. 对医疗保险管理机构工作人员的监督

对医疗保险管理机构的工作人员主要是监督其在具体工作开展过程中是否存在违规的行为，如不按规定随意征收医疗保险费，在医疗保险基金支出时有违反财经纪律和财务制度的现象及问题等。

三、医疗保险监督的基本原则

（一）医疗保险监督要与实施医疗保险的目的相一致

我国开展医疗保险的目的是满足最广大人民的基本医疗需求，使参保人能以较少的费用获得较优质的医疗服务。因此医疗保险监督也要围绕这一目的制订各种计划、开展各种活动、实施各种措施。一旦医疗保险监督偏离了这个目的将毫无意义，甚至造成不良后果。

（二）医疗保险监督活动要遵循客观性原则

医疗保险监督活动要遵循客观性原则，在对医疗保险监督计划的制订、实施以及问题的处理过程中都要尊重客观事实，秉承着实事求是的原则，要严格按照相关的法律法规、政策进行落实。医疗保险监督标准的设定也要做到客观、具有可操作性，易于被医疗保险各方接受，同时在医疗保险监督过程中防止有人为因素掺杂其中。

（三）医疗保险监督要遵循多部门协作原则

医疗保险监督是一个十分复杂的系统工程，需要在与其他部门协作的基础上才能完成。医疗保险在开展监督的过程中涉及的有物价、财政、药品监督、卫生、统计、审计等多部门，同时还需要广泛的社会监督。因此只有在与多部门通力协作的基础上，才能确保医疗保险监督的顺利完成，才能做到公平、公正、公开。

四、医疗保险监督的方式

在医疗保险运行中做好监督工作，是维持医疗保险基金收支平衡，实现医疗保险制度长期稳定发展的关键，医疗保险监督的方式主要包括以下几种。

（一）一般监督

一般监督是指在医疗保险运行中按照行政隶属关系所开展的监督。在医疗保险中，一般监督就是各级人民政府对所属的医疗保险管理机构的监督。《中华人民共和国社会保险法》第七十六条对此做出了明确的规定：“各级人民代表大会常务委员会听取和审议本级人民政府对社会保险基金的收支、管理、投资运营以及监督检查情况的专项工作报告，组织对本法实施情况的执法检查等，依法行使监督职权。”

（二）专门监督

专门监督是指政府设立专门的组织或机构对管辖范围内的医疗保险工作开展具体的监督。《中华人民共和国社会保险法》规定：“国务院社会保险行政部门负责全国的社会保险管理工作，国务院其他有关部门在各自的职责范围内负责有关的社会保险工作；社会保险经办机构提供社会保险服务，负责社会保险登记、个人权益记录、社会保险待遇支付等工作；工会依法维护职工的合法权益，有权参与社会保险重大事项的研究，参加社会保险监督委员会，对与职工社会保险权益有关的事项进行监督；社会保险行政部门实施监督检查时，被检查的用人单位和个人应当如实提供与社会保险有关的资料，不得拒绝检查或者谎报、瞒报；社会保险行政部门对社会保险基金的收支、管理和投资运营情况进行监督检查，发现存在问题的，应当提出整改建议，依法作出处理决定或者向有关行政部门提出处理建议。社会保险基金检查结果应当定期向社会公布”。

（三）职能监督

职能监督是指政府各职能部门在其职能范围内对其他部门实行的工作监督。《中华人民共和国社会保险法》第七十八条规定：“财政部门、审计机关按照各自职责，对社会保险基金的收支、管理和投资运营情况实施监督。”

1. 财政监督

财政部门负责有关财务会计制度的制定及监督检查，对社会保障基金财政专户的核算，审核汇总医疗保险经办机构编制的预决算和按时拨付医疗保险经办机构的事业经费。银行负责按照经财政部门审核同意的医疗保险经办机构用款计划及时划款，对存入银行的基本医疗保险基金按照不低于国家规定的利率计息。

2. 审计监督

审计监督是指各级审计机关和审计人员以国家的法律规定、财经纪律、制度、政策为标准，对医疗保险机构的财务收支及经济业务活动进行监督检查、约束控制的管理活动。对医疗保险的审计监督主要是对基本医疗保险基金的财务收支及违反财经法纪的行为进行监督。其主体是国家审计机关和社会保险经办机构的内部审计组织。

3. 物价监督

对医疗保险来说，物价监督的重点是对医疗服务和药品价格的监督。为了维持医疗保险基金的收支平衡，在医疗保险费一定的情况下，要求定点医疗机构不仅要做到合理检查、合理用药、合理治疗，而且还要合理定价，不能违反国家有关规定和物价部门所规定的价格标准。通过物价监督，防止定点医疗机构随意提高医疗保险服务的价格，减少医疗保险基金的流失，保障广大参保人的基本医疗需求。

4. 社会监督

医疗保险的社会监督是指由社会医疗保险的有关利益者代表组成社会医疗保险基金监督委员会，对社会医疗保险经办部门贯彻落实各项医疗保险政策的情况和对基金的具体管理工作进行监督。《中华人民共和国社会保险法》第八十条规定："统筹地区人民政府成立由用人单位代表、参保人代表，以及工会代表、专家等组成的社会保险监督委员会，掌握、分析社会保险基金的收支、管理和投资运营情况，对社会保险工作提出咨询意见和建议，实施社会监督。"在我国，社会监督主要包括人民政协监督、群众团体监督和社会舆论监督。

第三节　对医疗服务供方行为的监督

一、对医疗服务供方行为监督的必要性

医疗服务供方是指经过医疗保险机构认可并支付费用的各类与疾病诊治有关的诊疗、护理、药剂等服务的提供者。各级各类医疗机构及药店都是医疗保险系统中卫生服务的提供者。基本医疗保险服务中的医疗服务供方主要包括定点医疗机构和定点零售药店。医疗服务供方在医疗保险运行中对于保证医疗质量、提高服务水平、降低医疗成本、减少参保人医疗费用方面都发挥了重要的作用。因此，对医疗服务供方的行为进行监督是非常重要的。

（一）保证医疗保险服务质量的需要

我国开展医疗保险的目的是满足最广大人民的基本医疗需求，使参保人能以较少的费用获得较优质的医疗服务。因此医疗服务供方的行为直接关系到医疗保险实施的效果。所以对医疗服务供方进行评价和监控，努力促进其水平的提高是确保医疗保险服务质量的重要内容。

（二）调控医疗保险资金消耗的需要

医疗服务供方使用和消耗了医疗保险的绝大部分资金。如果其过度提供服务，将会造成医疗费用的极大浪费，将难以维持医疗保险基金的收支平衡。因此医疗服务供方就如医疗保险基金开支的闸门，对于闸门开启大小的掌控将会对医疗保险基金的偿付能力产生直接影响。只有对医疗服务供方的行为进行有效的监督与管理，才能对医疗保险基金的使用进行合理的控制。

（三）防止医疗服务供方道德风险的需要

医疗服务市场的特殊性决定了医患双方存在着严重的信息不对称情况，这易引发医疗保险市场上的道德风险，如医生以治疗代替预防保健、不合理检查与用药、分解处方等违规行为。为防止医疗服务供方的道德风险，对其加强监督是十分必要的。

二、对医疗服务供方行为监督的内容

（一）对定点医疗机构的监督

1. 对门诊的监督

对门诊监督的内容主要有处方情况，包括处方合格率（即符合基本医疗保险规定的处方数与总处方之比）与超剂量处方情况，超目录用药情况，超诊疗项目检查情况，急诊留观情况，门诊诊治质量情况，收费违规情况，挂号、报表、记账单相符情况，滥检查情况，违规记账情况，如诊治、记账不验证，将非参保人的医疗费用记入医疗保险基金支付账内，将自费药品、自费项目、生活用品及其他非医疗保险支付的检查治疗等费用记入医疗保险基金的支付账内等。

2. 对住院的监督

对住院监督的主要内容有：出入院情况是否符合住院标准；住院期间的诊治情况，主要监督对住院病人的诊治质量；用药情况，主要监督超目录用药的药品种类和金额；住院病历书写规范情况；住院时不合理收费情况等。

3. 医疗保险管理情况监督

定点医疗机构应当按照医疗服务协议规定的内容，积极主动地参与医疗保险的管理，对此监督的内容主要有：医疗机构是否设置了医疗保险管理机构，并配备了专门的管理人员；对医务人员是否经常性地开展医疗保险知识的培训工作；是否开展了医疗保险知识的宣传工作，在机构内是否设置了医疗保险政策宣传栏和投诉箱；是否存在拒绝刷卡支付的情况等。

（二）对定点零售药店的监督

1. 提供购药服务监督

重点监督的内容主要包括：是否对社会保障卡进行查验，在防止借卡、转卡、假卡购药方面是否发挥了作用；是否存在销售假冒伪劣、过期的药品，是否遵守了医疗保险用药范围管理规定按处方进行配药；是否存在拒绝参保人用社会保障卡计算费用的情况；是否开具了医疗保险认可的配药凭证等。

2. 药品费用监督

重点监督的内容主要包括：是否违反药品物价政策，存在私自提高药品价格的行为；是否存在将自费药品、保健品、医疗器械、化妆品、日用品等此类本不能通过医疗保险予以支付的费用，通过各种方式将其纳入医疗保险支付范畴的行为；是否存在违反规定超剂量买药的行为；是否存在通过夸大宣传诱导参保人大量购药的行为；是否存在药店与参保人合谋将医疗保险基金变现，套取医疗保险基金的行为；是否存在利用假卡购药，虚开或者伪造购药收据、凭证等骗取医疗保险基金的行为。

三、对医疗服务供方行为监督的机制

（一）针对医疗服务供方制定相关监督和管理制度

这些制度包括：医疗质量管理制度，基本医疗保险用药目录，基本医疗保险诊疗项目规范，转诊、转院制度，参保人医疗费用的偿付方式与范围，医疗服务监督标准和奖励制度等、定点零售药店处方外配服务情况的检查和费用的审核。

（二）强化服务协议管理，细化协议内容，明确协议管理重点

要从医疗服务设施范围、诊疗项目管理到用药管理，从服务质量到费用控制，从费用给付到争议处理，都要制定量化控制指标，并对指标体系进行监控、分析总结，使之成为医疗保险管理中最具说服力、影响力、权威性和科技含量的手段，形成质量评估指标体系。同时，加强考核监督，保证协议执行。

（三）建立和完善监督考核机制

定点医疗机构、定点零售药店的资格要进行年度核查；建立社会公众和社会医疗保险经办机构对定点医疗机构、定点零售药店提供服务以及管理情况的不定期评议制度；对违反规定的定点医疗机构、定点零售药店视情节给予通报、批评或取消定点资格等。

（四）建立医疗保险预警预报监控制度

对有关指标进行监控，对各项指标增长较快、问题较多的定点医疗机构、定点零售药店采用发“预警告知书”的形式，促使其发现问题、查找原因，及时规范整改。另外，各级医疗保险机构要定期向监督组织报告基金收支、运营和管理情况。医疗保险经办机构要把医院的人均门诊费用、人均住院费用、平均床日住院费等向社会公布，引导参保人择优治疗，促进定点医疗机构公平竞争。

四、对医疗服务供方行为监督的途径

（一）查处方、查病历

门诊处方检查内容：书写是否规范；是否超出用药目录；用药是否合理；计价是否合理；是否分解处方等。

病历检查内容：病历书写是否符合医疗保险要求，病历上的姓名与患者是否一致；是否符合出入院标准；是否存在有意延长或缩短住院时间的现象；费用与结账单是否一致以及其他违规情况等。

（二）查化验单和检查单、查药房

化验单和检查单检查内容有：阳性率和计价是否合理。

药房检查内容：主要检查药房中每种药的库存量加上处方使用量是否等于进货量。

（三）查账

主要检查内容有：医疗保险门诊记账人次数与医疗保险挂号人次数、定点医疗机构上报到医疗保险机构的门诊人次数是否一致；医疗保险门诊记账费用加个人自付的现金与医疗保险门诊检查、治疗、处方上的金额之和、定点医疗机构上报到医疗保险机构的门诊医疗费用是否一致；医疗保险住院结账人次数与医疗保险出院人次数、上报的住院人数是否一致；住院结账单费用与实际住院的医疗费用、上报的住院医疗费用是否一致；是否有将非医疗保险基金支付的费用记入医疗保险账内；是否有分解收费等。

（四）通过审批报销发现问题

审批报销中不但可以发现定点医疗机构执行医疗保险政策的情况，还可根据参保人反映的情况

发现医疗保险实施中的各种新问题。

（五）加强智慧医保的监管

加强智慧医保在医保管理监督中的运用，应该充分利用信息技术、大数据、智能手段，开展智能监控。应该加快建设国家医保信息平台中医保智能监控子系统并实施应用，完善智能监控体制。要推动医保费用结算从人工抽查审核向全面智能审核转变，从事后监管向事前提示、事中监控转变。

（六）受理投诉

其包括电话、来信、来访等多种形式的投诉。通过投诉可以发现定点医疗机构在执行医疗保险政策过程中的各种问题。

第四节　对医疗服务需方行为的监督

一、对医疗服务需方行为监督的必要性

（一）长期“大锅药”的影响

我国实行多年的公费医疗制度实际上就是吃“大锅药”制度，参保人只享受权利而不履行义务，没有建立起节约使用医疗费用的意识。我国现行的医疗保险制度，对公费医疗制度进行了改革，就是要打破原有的不合理的医疗保障制度，抑制不合理的医疗消费，使医疗保险制度能够覆盖更多的人群，使更多的人都能得到基本医疗保障。

（二）超前消费

人民生活水平提高后，人们的健康意识日益增强，越来越多的人都开始重视自身的健康状况，很多人都产生了更高的医疗需求。但是，大多数人忽视了我国目前的整体经济水平，出现了“小病大养”、过度使用精密检查等超前消费行为，这种超越基本医疗需求而实行与自身社会经济发展水平不相适应的行为，容易造成医疗费用的不合理增长以及卫生资源的浪费，长此以往也将对医疗保险制度整体发展产生不利影响。

（三）缺乏医学知识导致不合理消费

许多人对“对症治疗，合理用药”缺乏正确的认识，以为药开得越多越好、价格越贵越好、药品越新越好，因而出现了参保人就医时点药的现象，要求医生在治疗时使用贵药、进口药、滋补药。这些现象都充分反映了目前部分参保人还缺乏正确的医疗消费意识。

（四）错误的参保意识

许多参保人存在不正确的参保意识，认为自己缴纳医疗保险费就应该自己享用。在某些参保人看来无病开药、借证给他人就诊、换药是合情合理的，他们认为自己既然缴纳了医疗保险费，若个人账户当中的钱不使用就等于浪费了。这种错误的参保意识实际上就是源于参保人不了解医疗保险制度下参保人的权利和义务。

二、对参保单位的监督

（一）选择性参保

许多企业为了减少医疗保险费的支出，多选择给年老、体弱、多病的职工投保，对于年轻、健康的职工则不为其投保。部分劳动密集型企业还存在只给正式员工投保，对于临时工、合同工不为其投保的情况。企业通常会采取在办理医疗保险手续时提供假资料以瞒报参保人数，以此达到选择性参保的目的。

（二）少报工资总额

医疗保险费的收缴是以职工工资总额作为缴费的基数。职工工资总额的高低会对医疗保险收入产生直接的影响。企业为了减少医疗保险费的支出，还会采用的方法有故意少报职工工资总额、上报的职工工资总额往往只是实际工资水平的 1/2 甚至 1/3。因此，必须加强对参保单位职工工资总额的审核和监督检查。

（三）突击参保

某些用人单位常常会逾期才到医疗保险机构办理参保手续，但是一旦单位出现重病患者时，用人单位往往会非常主动地要求参保，此种行为的目的就是将单位应承担的巨额医疗费用转嫁给医疗保险机构。这种投机性的突击参保行为，往往会造成医疗保险基金的大量流失。

（四）帮助多病亲属或他人参保

有些参保单位领导利用手中的权力，将自己多病的亲属或朋友调入或招聘到本单位，为其办理参保手续。还有些参保单位，帮助多病的亲属或他人（非本单位职工）参保。这种假公济私的行为对其他参保人构成了利益损害。

三、对参保人的监督

（一）对选择就医机构的监督

参保人应该按照医疗保险的规定合理选择医疗机构，参保人应该按照所患疾病的严重程度，选择合适的医疗机构，需要考量医院的医疗技术、服务的价格等，更重要的是还要考量自身的经济承受能力。

（二）对医疗保险卡使用的监督

参保人应该按照医疗保险的规定使用社会保障卡，不允许参保人借卡、转卡、伪造卡就医以及购药。医疗保险机构发现参保人存在就医或者购药时，社会保障卡与本人身份不匹配的情况下，由此产生的医疗费用，医疗保险将不予报销，同时按照规定还要追究持卡人的责任，具体处理的措施有一段时间内暂停参保人享受医疗保险的待遇，并视损失情况、损失严重程度给予相应的罚款。

（三）对诊断和治疗的监督

参保人应该根据实际的患病情况进行诊疗。有些参保人无视自身的患病情况，诊疗过程中要求医生为其开具使用大型诊疗设备的特殊检查，或者要求医生为其进行全面的健康体检。导致这些行为发生的原因有可能是参保人对政策不熟悉，也有可能是故意而为之，因此应该进一步加强对参保人的监督，避免此类现象经常性发生。针对此类现象，可以通过多种途径，采取多种方式加强医疗保险知识的宣讲，尤其是对于医疗需求高、年龄比较大的退休人群加强宣传。还应加强对定点医疗机构和定点零售药店人员的培训，加强对参保人过度医疗消费的约束，防止不合理的医疗需求转化为事实上的医疗消费。

第五节　对社会医疗保险机构行为的监督

一、对医疗保险机构行为监督的必要性

（一）保证医疗保险制度高效、规范运行

通过对医疗保险机构行为的监督，可以确保医疗保险的具体规定能够得到高效的、规范化的实施，医疗保险机构的行为可以符合法律制度的规范，医疗保险实施系统能够处于正常运行状态。在医疗保险运行中常常会出现非正常状态，这就需要通过医疗保险监督机制对此进行纠察。因此，只有在管理系统与实施系统之外，再建立起权威的监督机制，才能真正纠正医疗保险运行中的非正常状态，确保整个医疗保险制度运行的正常化、规范化。

（二）医疗保险机构地位的特殊性

由于强制性保险赋予医疗保险机构在整个医疗保险系统中处于垄断性地位，因而医疗保险机构中可能存在官僚主义或不负责任，导致需要社会帮助的社会成员得不到医疗保险制度的帮助等，无疑都会使社会成员的合法权益受到损害。对此，就需要有权威的、健全的医疗保险监督机制，并通过其监督、纠察，社会成员的合法权益将得到维护。

（三）医疗保险机构工作的广泛性

医疗保险系统与卫生系统有着密不可分的联系，医疗保险既需对定点医疗机构进行制约，二者又必须相互依存、相互促进。随着医疗保险覆盖面的不断扩大，医疗保险的参保人数越来越多，并且分散在各行各业，加之疾病的普遍性、老龄化等问题，医疗保险几乎涉及每一个人。因此医疗保险机构及其工作人员能否依法办事、做到公正清廉，越来越受到社会的关注，其形象直接影响到医疗保险的各项政策法规能否顺利实施。

（四）保证医疗保险基金安全

医疗保险基金是广大职工的“保命钱”。医疗保险基金在筹集、分配、使用、投资运营等环节都由医疗保险机构来运作，其中的任何一个环节若是出现差错都有可能使基金的安全性受到威胁。因而，只有加强对医疗保险机构的监督，才能从源头保证基金的安全性。

二、对医疗保险机构行为的监督

（一）对医疗保险行政管理机构的监督

医疗保险行政管理机构是对医疗保险具有行政管理权的机构，医疗保险行政管理机构对于医疗保险参保单位、参保人、医疗保险经办机构等都具有监管的职责，具体包括对医疗保险行政管理机构在人事任免权、组织协调权、财务管理、基金管理等方面的监督。

（二）对医疗保险经办机构的监督

医疗保险经办机构是具体办理医疗保险事务的机构，是负责筹集医疗保险基金、管理医疗保险基金、支付医疗保险基金，对医疗服务需方和供方进行监督的机构。医疗保险机构工作职能决定对其也必须加强监管。医疗保险经办机构在开展工作时必须要严格遵守医疗保险法律、法规，合理行使其行政职权，不得出现玩忽职守、滥用职权、徇私舞弊的情况。要重点对医疗保险机构对医疗保险基金的使用情况进行监督，要保证医疗保险基金能够做到专款专用。

要加强对医疗保险工作人员的监督，要加强工作人员的廉政建设，对违法乱纪者予以严肃处理。同时要加强工作人员的工作作风建设，确保工作人员实事求是、脚踏实地的工作作风。

思考题

1. 医疗保险法的概念和特征是什么？
2. 医疗保险法律关系的构成要素有哪些？
3. 试述医疗保险法律各主体的权利与义务有哪些？
4. 医疗保险监督的必要性体现在哪些方面？

（温琳琳）

第十三章　医疗保险管理信息系统

内容提要

医疗保险管理信息系统是医疗保险运行不可或缺的支持系统。本章主要介绍医疗保险管理信息的概念和功能；从概念结构、功能结构和网络结构等角度阐述医疗保险管理信息系统的架构构成；介绍医疗保险管理信息系统建设的目标、原则、总体架构、地方建设内容以及系统安全等内容。

第一节　医疗保险管理信息系统概述

一、医疗保险管理信息系统的概念

管理信息系统（management information system，MIS）的概念起源较早。早在20世纪50年代，赫伯特·西蒙（Herbert A. Simon）就提出了管理依赖于信息和决策的概念。MIS一词最早出现在1970年，由瓦尔特·肯尼万（Walter T. Kennevan）将其定义为："以书面或口头的形式，在合适的时间向经理、职员以及外界人员提供过去的、现在的、预测未来的有关企业内部及其环境的信息，以帮助他们进行决策"。1985年，MIS的创始人，明尼苏达大学教授高登·戴维斯（Gordon B. Davis）对MIS给出了一个较为完整的定义："它是一个利用计算机硬件和软件，手工作业，分析、计划、控制和决策模型，以及数据库的人机系统。它能提供信息，支持企业或组织的运行、管理和决策"。

医疗保险管理信息系统（medical insurance management information system，MIMIS）实质就是管理信息系统在医疗保险系统中的应用。具体来说，就是一个以人为主导，利用计算机硬件、软件、网络通信设备以及其他办公设备，进行信息的收集、传输、加工、储存、更新和维护，以提高医疗保险管理效率及决策科学性为目的，支持高层决策、中层控制、基层运作的集成化的人机系统。利用医疗保险管理信息系统可以实现医疗保险的高效运行和科学决策管理。

二、医疗保险管理信息系统的功能

（一）数据处理功能

医疗保险管理信息系统的数据处理功能是指对医疗保险管理过程中的原始数据进行收集、传递、加工、贮存和输出，以便查询和使用。

1. 收集数据功能

对原始数据的收集，也就是将不同时间和不同管理层次上分散的原始数据（如报表、单据等）集中起来，并通过一定设备手段（如键盘、扫描仪、磁带机、光盘机等）将原始数据输入计算机。数据收集是整个数据处理的基础，其工作质量是医疗保险管理信息系统能否有效发挥作用的关键。

2. 传递数据功能

把数据或信息从一个子系统向另一个子系统以及在不同管理层之间进行传送。数据传送的速度和准确度是系统的重要功能。

3. 加工数据功能

对进入医疗保险管理信息系统中的各种数据进行分类、合并、汇总、统计计算等，从而产生满足不同管理层次需要的有用信息。对数据进行加工处理是医疗保险管理信息系统的核心功能，系统的加工处理水平越高，越能满足不同管理层次对信息的需求。

4. 存储数据功能

即将原始数据及加工处理后所得到的各种信息储存起来，以备今后使用。在这里不但要注意存储数据或信息的介质（物理存储设备），又要注意存储的组织方式（逻辑关系）等问题，这样才能有效地提高医疗保险管理信息系统的安全性及工作效率。

5. 输出信息功能

根据用户的不同需求，以不同的形式将信息提供给用户。输出信息是否易读易懂、直观醒目、快速准确等，均会影响到医疗保险管理信息系统的使用效果和功能的发挥。

（二）支持管理与决策功能

充分利用加工处理后的数据（信息）以有力支持管理与决策，是医疗保险管理信息系统的主要功能，也是最难实现的任务。

1. 控制功能

对医疗保险业务中每一个过程、环节及具体工作的运行情况进行监控、检查、比较计划与执行的偏差，根据比较分析结果对管理工作进行控制，以达到预期的目的。

2. 决策功能

对医疗保险管理过程中的各种数据进行加工处理后，会得到大量的与决策有关的信息，从而协助医疗保险组织的各层管理人员作出相对满意和正确的决策。

3. 预测功能

根据过去和现在的数据，运用各种数学方法及模型，预测将来参保人健康状况及医疗保险基金的筹集、支付及积累规模等，通过信息系统监控，增强基金风险预测和调剂能力。

三、建立医疗保险管理信息系统的意义

信息化时代，网络信息技术渗透到了经济社会发展的每个角落，数字化、大数据、云计算正成为社会生活的新常态。从医保工作来说，我国已经建立起覆盖全民的多层次医疗保障网，管理好这张全球最大的医保网，离不开信息化的建设。

2020 年 3 月 5 日《中共中央　国务院关于深化医疗保障制度改革的意见》，提出“统一医疗保障业务标准和技术标准，建立全国统一、高效、兼容、便捷、安全的医疗保障信息系统，实现全国医疗保障信息互联互通，加强数据有序共享。”可以看出，建立医疗保险管理信息系统是医改中医保信息化的重点任务。

全国统一的医保信息系统投入使用后，可以通过贯彻实施统一的代码标准，解决当前存在的医保数据不互认，医保系统分割、孤岛现象突出等问题。而且，会在很大程度上改变当前医保筹资、支付制度、药品和耗材招标采购、基金监管等多个重要环节的运行机制，将为医保业务办理、监督管理、公共服务、决策分析提供标准化、智能化、便捷化支撑，大幅提升医保服务能力和服务水平，增进广大参保人的幸福感和获得感。

第二节　医疗保险管理信息系统的结构

医疗保险管理信息系统的结构是指构成医疗保险管理信息系统的各部件（各要素）所构成的框架。由于对部件的不同理解就构成了不同的结构方式，其中最重要的是概念结构、功能结构和网络结构。

一、医疗保险管理信息系统的概念结构

从概念上看，管理信息系统由四大部件组成，即信息源、信息处理器、信息接受者和信息管理者，其实质上是一个信息处理体系，是为不同的管理职能和不同的管理层次提供信息服务的系统。概念结构如图 13-1 所示。

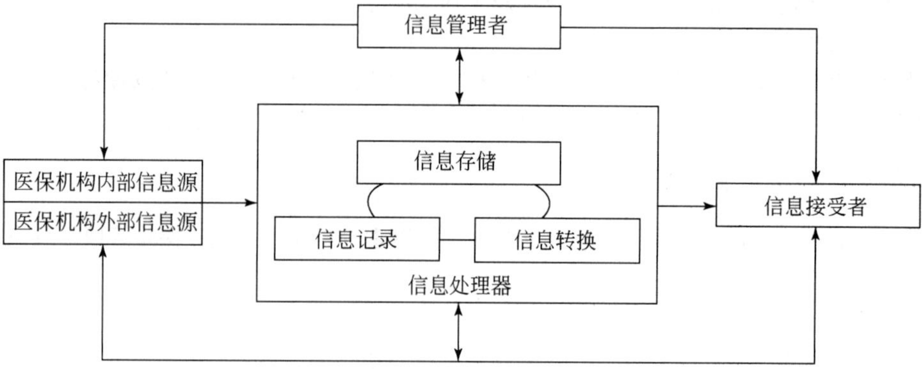

图 13-1 管理信息系统概念结构

1. 信息源

信息源包括内信息源和外信息源两部分。其中，内信息源是指医疗保险机构内部经营管理活动中所产生的数据和信息，外信息源是指来自医疗保险机构外部环境的数据及信息，通常来自定点医疗机构、政府主管理部门以及参保单位、参保居民等的数据及信息。医疗保险系统中，来自信息源的信息主要有以下四类。

（1）政策参数信息。政策参数信息主要包括医疗保险费征缴比例，保险范围，个人账户划拨比例，起付线和封顶线的规定，特殊人群的医疗保险规定，有关政策法规的名称、生效时间及主要内容等。

（2）基本信息。基本信息主要包括社会保险经办机构、定点医疗机构、定点零售药店和参保单位、在职人员、离休人员、退休人员、人员参保的身份等基本情况。

（3）业务信息。业务信息主要包括参保单位登记和申报、缴费核定、费用征集、个人账户管理、费用审核、费用支付，以及与审核相关的必要医疗服务信息。

（4）基金管理信息。基金管理信息主要包括基金的当期收入、当期支出、当期和历年结余、投资营运等信息。

2. 信息处理器

信息处理器是由数据的采集、传输、加工、储存等设备组成，它的主要功能是获取数据并将其变为信息，提供给信息用户。

3. 信息接受者

信息接受者是信息的用户，是医疗保险机构内不同职能、不同层次的管理人员，他们利用信息进行预测、决策，指导日常业务工作等。

4. 信息管理者

信息管理者是指负责管理信息系统开发和运行的人员，他们可以协调系统中各组成部分间的关系，使之成为有机整体。

二、医疗保险管理信息系统的功能结构

从使用者的角度看，一个管理信息系统围绕组织目标，分解成多种功能，各种功能之间又有各

种信息联系，构成一个有机结合的整体，形成一个功能结构。由于医疗保险系统运营的复杂性，医疗保险管理信息系统的功能结构也不尽相同。一般来讲，医疗保险管理信息系统通常由医疗保险管理信息中心系统、定点医疗机构收费系统、社会化服务系统等子系统及相关功能模块构成。下面重点介绍医疗保险管理信息中心系统和定点医疗机构收费系统。

（一）医疗保险管理信息中心系统

医疗保险管理信息中心系统是整个系统的核心子系统，其功能主要包括系统管理、基础信息管理、审核、基金管理、通信管理、IC 卡管理（包括制作、发放、挂失、补发、注销等）、查询检索和统计报表等。为了实现以上功能，结合我国医疗保险的运作模式，医疗保险管理信息中心系统又可分成五个子系统：基金管理信息子系统、被保险人管理信息子系统、服务机构管理信息子系统、财务管理信息子系统和医疗保险机构内部管理子系统，如图 13-2 所示。

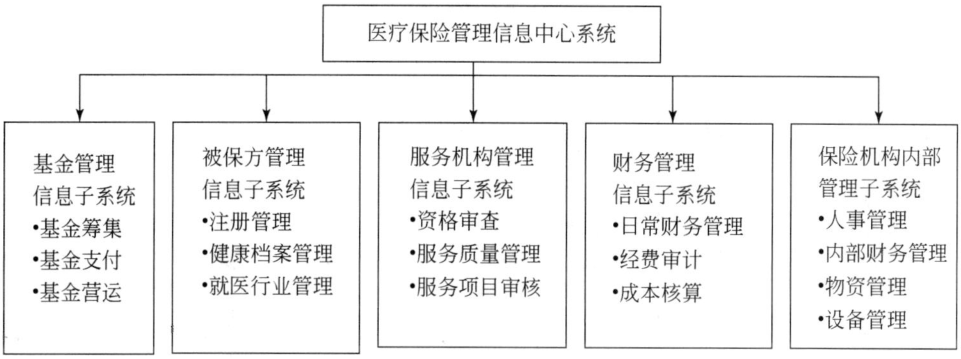

图 13-2　医疗保险管理信息中心系统构成

1. 基金管理信息子系统

基金管理信息子系统的主要功能是为医疗保险基金管理者提供有关医疗保险基金的测算、筹集、分配、支付及投资等环节中的信息，以解决医疗保险基金的缴纳标准、如何筹集和如何运用等问题。这些功能主要是由基金筹集模块、基金支付模块和基金营运模块来完成。

2. 被保方管理信息子系统

被保方管理信息子系统的主要功能是收集及提供参保单位和参保个人的基本信息，通过对人口特征、人群健康状况及环境卫生情况的分析，预测人群健康发展趋势。另外，还对被保险人的就医项目及费用进行监控，从而全面掌握参保人的就医行为。这些功能主要由注册管理模块、健康档案管理模块及就医行业管理模块来实现。

3. 服务机构管理信息子系统

医疗机构管理信息子系统的主要功能是对提供医疗服务的各级医疗机构进行资格审查，对医疗服务提供者提供的服务项目、服务质量及服务收费情况进行综合审核。这些功能主要是由资格审查模块、服务质量管理模块及服务项目审核模块来完成。

4. 财务管理信息子系统

财务管理信息子系统的主要功能是为医疗保险管理机构提供有关财务管理信息，进行医疗保险成本及效益状况分析，对医疗保险管理活动中的各种经费收支情况进行综合监督和审查。这些功能主要由日常财务管理模块、经费审计模块及成本核算模块来完成。

5. 保险机构内部管理子系统

保险机构内部管理子系统的主要功能是为医疗保险管理机构内部提供人、财、物等方面的信息，如医疗保险机构应招收什么人，招收多少人，发挥作用如何，人员工资及管理费的使用情况，物资设备管理等。这些功能主要由人事管理模块、内部财务管理模块、物资管理模块及设备管理模块来实现。

（二）定点医疗机构收费系统

定点医疗机构收费系统是医疗保险管理信息系统的前台，它与后台医疗保险管理信息中心系统相连接，担负采集医疗保险数据的工作。其主要功能包括门诊划价收费、住院结算、科室核算、信息查询、收费报表等，并及时将有关数据发往医疗保险机构集中处理。为实现上述功能，该系统可由门诊收费、住院收费、信息查询、收费报表、数据交换五个子系统构成，如图 13-3 所示。

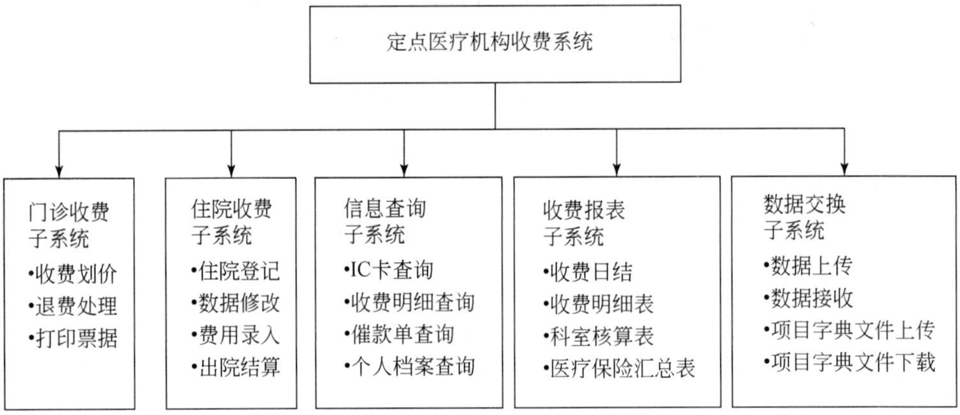

图 13-3　定点医疗机构收费系统构成

1. 门诊收费子系统

门诊收费子系统的主要功能是：核对参保人的身份；选择诊疗科室、主治医生及病种；门诊诊疗服务的划价处理、退费处理及清单打印等。这些功能通常由收费划价模块、退费处理模块及打印票据模块来完成。

2. 住院收费子系统

住院收费子系统的主要功能是：对住院参保人进行身份核实，并产生个人住院号码；录入住院预缴押金；对住院病人基本信息的修改；对病人在住院期间所用的药品或进行的检查、治疗等各项费用的录入，以及对出院或转院病人的费用结算等。这些功能主要由住院登记模块、数据修改模块、费用录入模块和出院结算模块来实现。

3. 信息查询子系统

信息查询子系统的主要功能是：查询 IC 卡中该人的基本信息以及在各定点医疗机构所发生的费用；查询参保人每次费用发生的明细情况及费用汇总金额等。这些功能主要由 IC 卡查询模块、收费明细查询模块、催款单查询模块和个人档案查询模块来完成。

4. 收费报表子系统

收费报表子系统的主要功能是：对当日的门诊和住院收费等基本情况进行总结，并产生日报表；根据定点医疗机构的收费情况，可以产生收费明细表、科室核算表、收费汇总表及医疗保险收费汇总表等。这些功能主要由收费日结（门诊日结、住院日结）模块、收费明细表模块、科室核算表模块及医疗保险汇总表模块来实现。

5. 数据交换子系统

数据交换子系统的主要功能是将定点医疗机构收费系统所产生的与医疗保险业务有关的数据、

报表和文件上传给医疗保险管理信息中心系统。另外，该子系统还可接收由医疗保险管理信息中心系统下载的文件和信息。这些功能主要由数据上传模块、数据接收模块、项目字典文件上传模块及项目字典文件下载模块来完成。

三、医疗保险管理信息系统的网络结构

这里所讲的网络结构是指管理信息系统在构建网络时各种设备和通信线路所采用的物理布局，也就是通常所指的网络拓扑结构（network topology）。其基本结构有星形、环形、总线形等类型，如图 13-4 所示。

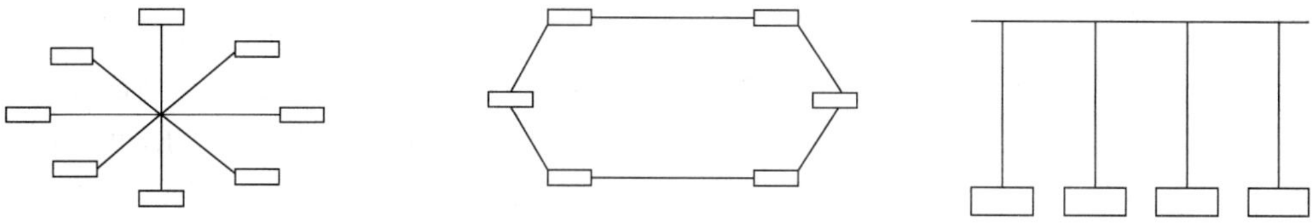

(a)星形　(b)环形　(c)总线形

图 13-4　网络拓扑结构

1. 星形

星形拓扑结构中有一个位于中心点的网络集线器或计算机系统，其他计算机或计算机设备通过通信介质连在其上。星形网络中心点的计算机控制和指示信息的传送方向。优点是易在网络中增加新站点，数据安全性和优先级容易控制。缺点是中心节点故障可能会引起整个网络的瘫痪。

2. 环形

环形拓扑结构中各站点通过通信介质连接成一个封闭的环形。环形网络中，不存在位于中心点起协调作用的计算机。优点是易安装、易对数据安全进行监控。缺点是容量有限，难在网络中增加新站点。

3. 总线形

总线形结构是在一根电缆总线或远程通信线上连接各种计算机或计算机设备。总线形网络是个人计算机网络中最流行的一种。优点是易安装、成本低。缺点是数据安全性差，监控难。

至于树形、层次形、网状形等其他类型的网络都是以上述三种类型为基础的，可由这三种拓扑结构中的任意一些组合而成。实际的医疗保险管理信息系统网络结构，无论是局域网还是广域网结构都比较复杂。

第三节　医疗保险管理信息系统的建设

经过 20 多年的建设发展，我国的医疗保险信息化系统建设已经有了一定基础，积累了不少经验，各地都建立起各级医保信息系统，但随着经济社会的发展进步，国家对医保治理提出了更高要求，群众对医保服务也有着更高期待，原有的医保信息系统总体上难以适应新的形势任务，需要建设全国统一的医保信息系统。2019 年国家医保局先后印发了《关于医疗保障信息化工作的指导意见》（医保发〔2019〕1 号）和《关于开展医疗保障信息化建设试点工作的通知》（医保发〔2019〕22 号），指导和规范各地医疗保障信息化建设，高标准建成全国统一、互联互通的医疗保障信息平台。

一、医疗保险管理信息系统建设的总体目标和原则

（一）总体目标

按照标准全国统一、数据两级集中、平台分级部署、网络全面覆盖的医疗保障信息化建设要求，依托省级平台与国家平台之间的协作联通，初步实现便捷可及“大服务”、规范高效“大经办”、智能精准“大治理”、融合共享“大协作”、在线可用“大数据”、安全可靠“大支撑”的医疗保障信息化建设目标。

（二）总体原则

2019 年 6 月，国家医保局发布《医疗保障信息平台建设指南》，国家建设计划要求 2020 年底完成项目验收工作，地方建设计划要求 2021 年底完成项目验收工作，过渡期要求加强与有关单位的沟通协调，做好现有信息系统运行维护工作，确保现有信息系统平稳运行，按照全国统一要求做好系统切换方案，保障历史数据完整、准确、安全地迁移至新平台中。总体原则如下。

1. 标准全国统一

采用统一设计原则，各地在建设过程中贯彻使用全国统一的标准规范体系和中台服务，依托全国统一的技术体系和架构建设本地全新的医疗保障信息平台。

2. 数据两级集中

各地医疗保障信息化建设根据国家数据标准要求，遵循全省数据集中原则，实现国家和省级数据两级集中。

3. 平台分级部署

采用分级部署，省级医疗保障部门根据实际情况自主选择省级集中部署模式或省市两级部署模式，并须按照国家要求部署中台服务。县级不再建设相关业务系统，各地医疗保障部门严格按照国家要求开展本地医疗保障信息平台的设计、建设、实施、验收等工作。

4. 网络全面覆盖

核心业务区网络统一规划、分级管理，纵向实现国家、省、市、县、乡互联互通，横向与人社、卫健、民政、财政、税务、公安等部门以及医院、药店、商业银行、保险公司等单位互联互通，最终建成数据共享、交互协同的全国一体化医疗保障体系。

5. 项目建设规范

省级开展可行性研究、初步设计等工作应建立内部评审机制，可行性研究报告、初步设计方案在报至相关部门评审之前须提交国家医保局备案同意。

6. 安全保障有力

严格按照国家法律法规要求，落实网络安全保护等级制度要求，加强医疗保障信息化基础设施和安全保障体系建设，确保医疗保障信息平台安全稳定运行。

二、医疗保险管理信息系统建设的总体建设架构

医疗保险管理信息系统的总体建设架构包括总体应用架构、总体技术架构、总体数据架构和标准规范体系。

（一）总体应用架构

采用统一规划原则，各地选择省级集中部署模式或省市两级部署模式，划分为公共服务区、核心业务区，核心业务区分为生产区、交换区、大数据区。具体做法如下。

第一，总体应用架构采用中台设计模式，在核心业务区构建核心业务区业务中台，在公共服务区构建公共服务区业务中台。业务中台统一支撑上层各应用子系统，提供共享的业务服务。业务中台包括核心业务区业务中台和公共服务区业务中台，国家将下发业务中台基础版本，地方不做调整，确需调整时由国家统一发布版本，各地根据相关要求和规范使用。

第二，业务中台是业务中心的集合。业务中心具有高内聚、低耦合的特点，将信息平台各子系统间可共享的业务能力抽取出来，形成不同的“业务中心”。业务中心拥有独立的数据资源，对外提供业务服务，有独立运营能力，能独立部署，可通过沉淀支撑上层应用系统快速迭代和形成创新能力，不断进行自我完善，实现业务的高效共享和复用，从而解决系统扩展能力差、业务功能重复建设、系统稳定性差、无法支撑高并发等问题。

第三，主要业务建设内容包含公共服务、经办管理、宏观决策 3 大类 14 个子系统。其中公共服务子系统、药品和医用耗材招采管理子系统部署在公共服务区；剩余包含核心经办、交易结算在内的 12 个核心业务子系统部署在核心业务区，如图 13-5 所示。

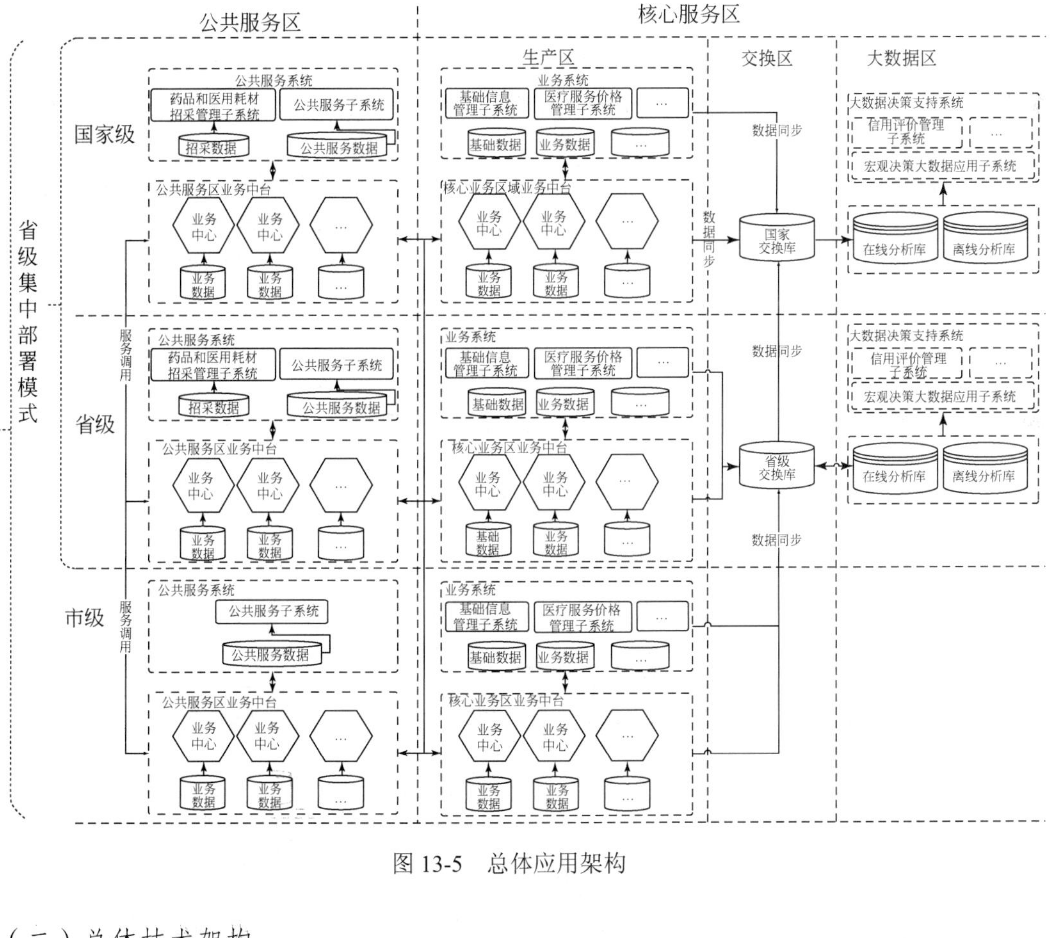

图 13-5　总体应用架构

（二）总体技术架构

总体技术架构采用分布式云架构，在基础设施层上，结合云平台，提供分布式服务支撑。通过业务中台构建业务中心，开展交易型应用；通过数据中台实现数据汇聚、数据治理等，开展大数据应用。基于统一的技术框架建设经办管理类、公共服务类、智能监管类、宏观决策类应用。见图 13-6。

应用系统：所有业务应用系统都必须基于医疗保障应用框架（healthcare security application

framework，HSAF）开发。

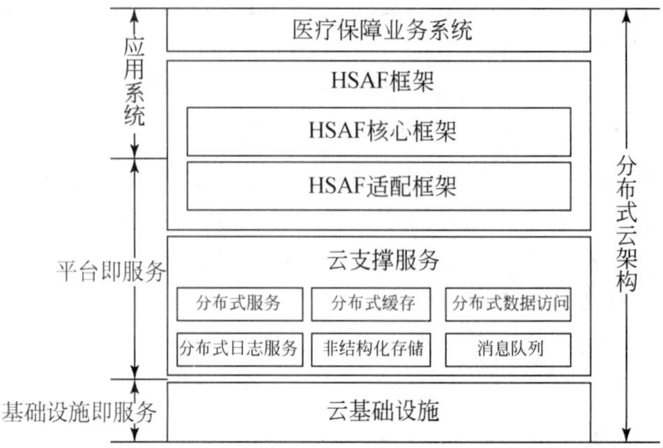

图 13-6 总体技术架构

HSAF 框架：采用分布式云架构，封装核心云支撑服务适配接口，用于实现云产品解耦设计。

适配层：基于 HSAF 的适配技术，将应用层依赖的分布式技术与具体厂商的分布式技术进行适配，实现应用层可适配多家厂商的分布式技术。

云支撑服务层：基于云基础设施，为应用层提供通用的技术支撑服务，包括分布式服务、分布式缓存、分布式数据访问、分布式日志服务、非结构化存储和消息队列等。

云基础设施层：采用云架构，在物理设备基础上，实现计算资源、存储资源、网络资源的动态管理和资源调配。

（三）总体数据架构

总体数据架构采用国家、省两级数据集中模式，总体数据架构见图 13-7。

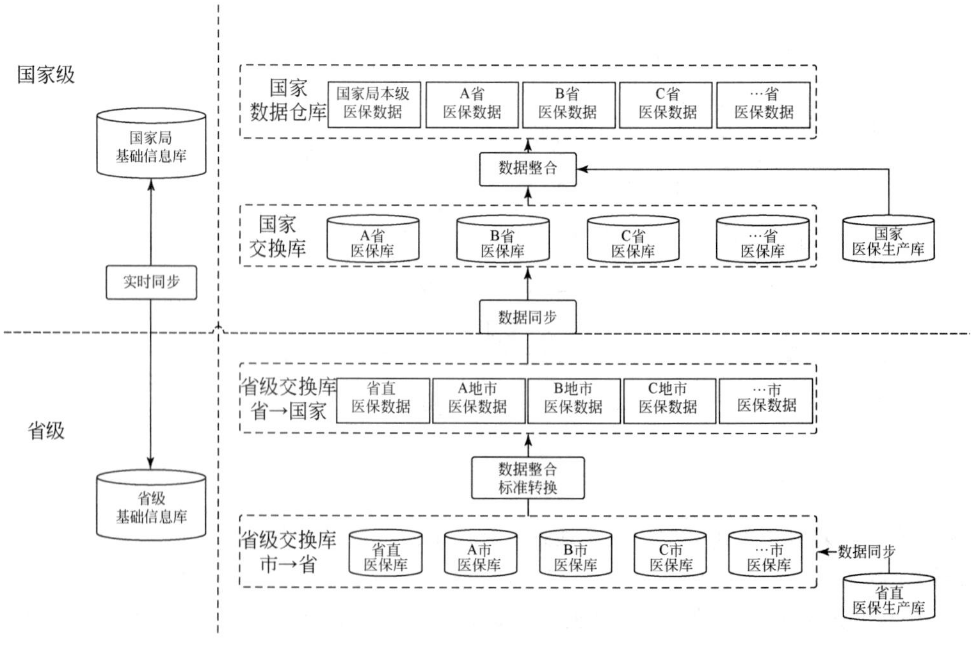

图 13-7 总体数据架构

1. 基础信息数据

国家医保局下发基础信息管理子系统（含基础信息库），各级业务生产系统与同级基础信息管理系统进行基础信息的实时交互，基础信息管理子系统完成国家级—省级—地市级间的基础信息数据的实时交互。

2. 医保业务数据

国家级业务数据由国家医保生产库、国家交换库、国家数据仓库的业务数据构成。国家医保生产库用于支撑国家局本级业务生产；国家交换库用于接收各省同步数据；国家数据仓库由国家交换库和国家医保生产库的数据整合汇集形成，为报表、统计、决策分析提供数据支撑。省级业务数据由省直医保生产库、省级交换库（省—国家）、省级交换库（市—省）的业务数据构成。省直医保生产库用于支撑省直本级业务生产；省级交换库（市—省）由省直和各地市子库构成，用于接收省直和本省各地市同步数据；省级交换库（省—国家）按照国家医保局下发的标准结构建立，与国家交换库中省子库结构相同，用于向国家数据库同步数据。省级交换库（省—国家）由省级交换库（市—省）的各子库数据进行转换、整合汇集形成全省数据的整体视图。

（四）标准规范体系

标准规范由国家医保局统一发布，各地贯彻执行，主要包括总体标准、技术标准、业务标准三大类，如图 13-8 所示。

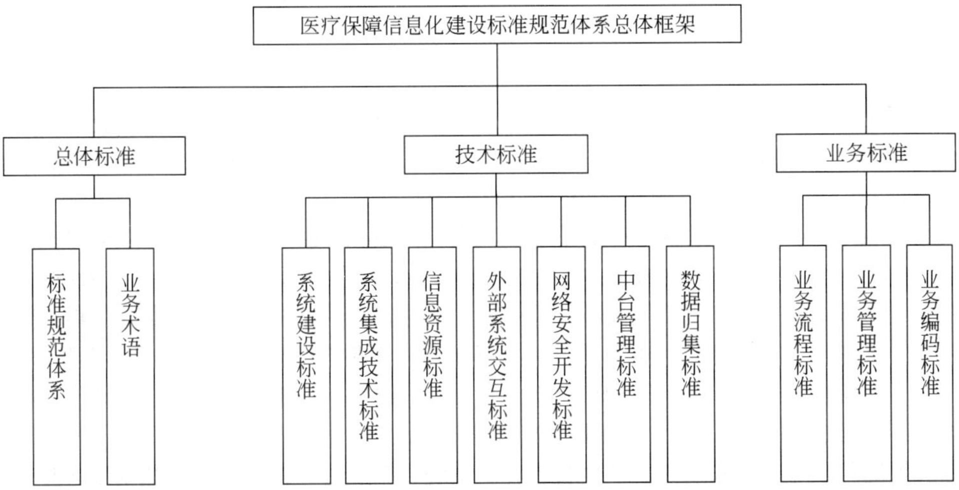

图 13-8　信息化标准规范体系

总体标准是医疗保障信息化建设所需的总体性、通用性的标准和规范，应满足医疗保障信息化建设的总体设计、总体规划的要求，包括标准规范体系和业务术语。

技术标准包括系统建设标准、系统集成技术标准、网络安全开发标准、信息资源标准、外部系统交互规范、中台管理规范和数据归集标准等。

业务标准包括业务流程规范、业务管理标准和业务编码标准。

三、医疗保险管理信息系统建设的地方建设内容

地方业务中台由公共服务区业务中台和核心业务区业务中台构成。地方建设应用在国家医保局下发的基础版本上，进行使用或扩建。如与国家统一要求偏差较大时，要上报国家局审核，同意后方可实施。地方应用系统由经办管理类、公共服务类、智能监管类、宏观决策类四大类应用构成，见图 13-9。

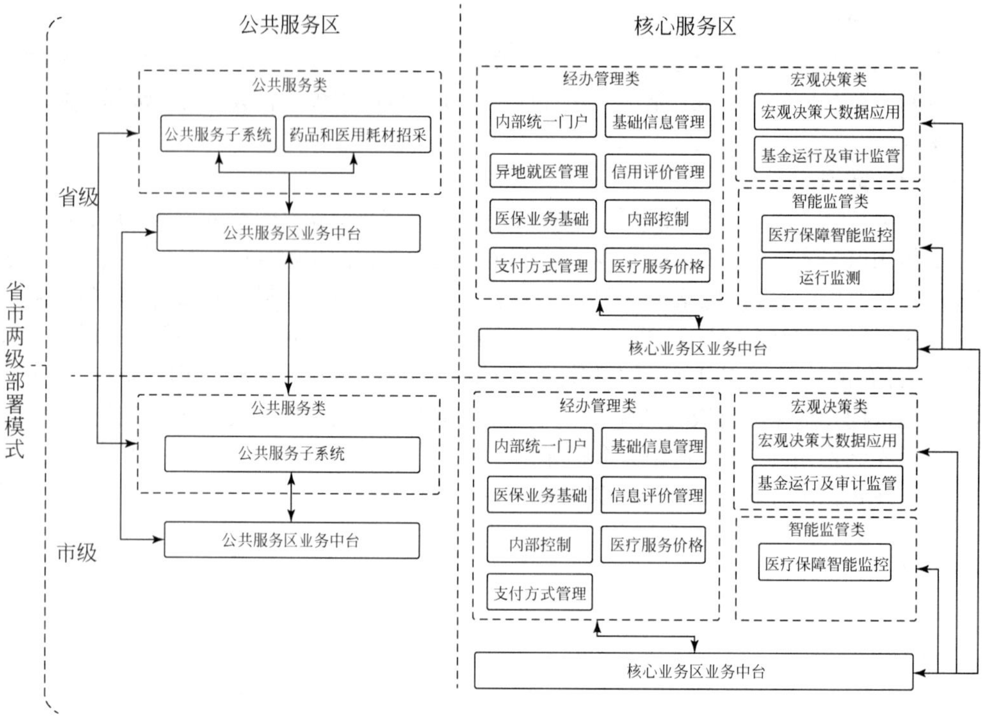

图 13-9 地方应用系统及业务中台架构图

地方应用系统及中台建设模式有省级集中部署和省市两级部署两种模式。其中省市两级部署模式中，药品和医用耗材招采管理子系统、运行监测子系统、异地就医子系统只在省级建设，市级及以下不再建设。

地方需按照统一标准规范构建云平台的平台服务（platform as a service，PAAS）能力，PAAS能力应包括分布式服务、消息队列服务、分布式缓存服务、分布式日志服务、分布式数据访问服务、关系型数据库、非结构化存储服务、离线计算引擎、实时计算引擎、流计算引擎等。地方建设时可采购第三方云平台 PAAS 层产品，也可通过其他开源产品组装自建云服务 PAAS 层能力。

本地生产系统按国家医保局下发的信息资源标准、数据模型及相应的适用性和地方重构权限规定，结合本地业务和基础设施进行本地化数据模型设计。

数据转换迁移包含：旧系统数据字典整理、旧系统数据质量分析、新系统数据字典整理、新旧系统数据差异分析、建立新旧系统数据之间的映射关系、开发部署数据转换与迁移工具/程序/脚本、制定数据转换与迁移的实施方案和应急方案、按方案实施旧系统数据到新系统的转换与迁移工作、检查转换与迁移后数据的完整性与正确性。

各省须逐步建立省级双数据中心，并行运行，互为容灾，进行生产维护、日常操作等工作。两个数据中心网络系统的总体设计保持一致。根据国家网络安全等级保护三级要求，结合医保业务实际情况，对数据中心进行网络区域划分。总体安全域分为基于双链路的核心业务区、基于互联网应用的公共服务区以及核心业务区与公共服务区之间的安全隔离区。

计算和存储资源由各省根据本地医疗保障信息平台设计规划和实际业务进行配置建设，可向各个云资源提供商（包括政务云、大数据平台、私有云等）租用或申请资源使用，也可自建数据中心。对计算和存储资源性能指标的估算，必须满足未来 3～5 年的业务发展和管理需求，实现高可靠性、高扩展性、高兼容性、易管理维护性等需求。

2020 年 10 月，国家医保局医保信息平台项目主体建设完成，为建成纵向贯通、横向联通、内外互通、生态融通的全国统一医保信息平台奠定了坚实基础。2020 年 11 月，全国统一的医保信息平台在广东省率先落地使用，标志着全国平台建设工作进入落地实施阶段。此后，各地积极推进医保信息平台建设，于 2022 年 5 月全国统一医保信息平台全面建成并投入使用。

第四节　医疗保险管理信息系统的安全

医疗保险管理信息系统一旦投入运行，系统安全问题就成为系统能否持续正常运行的关键。作为一个联机事务系统，要求能够及时、高效、准确地处理数据和信息，防止系统网络本身及其采集、加工、存储、传输的信息数据被故意或偶然地非授权泄露、更改或破坏，从而有效保障信息的可用性、机密性和完整性。

一、引起系统不安全的因素

引起系统不安全，即引起系统网络本身和系统的数据信息不安全的因素主要包括两个方面。

（一）系统信息网络自身的脆弱性

系统信息网络自身的脆弱性主要包括：①在信息输入、处理、传输、存储、输出过程中存在信息易被篡改、伪造、破坏、窃取、泄漏等不安全因素；②信息网络自身在操作系统、数据库以及通信协议等存在安全漏洞和隐蔽信道等不安全因素；③Web 服务器软件自身存在安全问题，Web 应用程序安全性差；④在其他方面，如磁盘高密度存储受到损坏造成大量信息的丢失，存储介质中的残留信息泄密，计算机设备工作时产生的辐射电磁波造成的信息泄密等。

（二）系统信息网络安全面临的外部威胁

系统信息网络安全面临的外部威胁主要来自：①电磁泄漏、雷击等环境安全构成的威胁；②软硬件故障和工作人员误操作等人为或偶然事故构成的威胁；③利用计算机实施盗窃、诈骗、非法访问或篡改、伪造、破坏数据等目的的违法犯罪活动的威胁；④网络黑客攻击和计算机病毒构成的威胁，以及信息战的威胁等。

二、医疗保险管理系统安全措施

要保证医疗保险管理信息系统的运行安全，需要采取一系列的安全管理和保护措施，建立一个完备的安全管理保护体系。该体系主要包括安全组织机构、安全管理制度和安全技术体系三个方面。

（一）安全组织机构

通过组建完整的信息网络安全管理组织机构，设置专职或兼职的安全管理人员，坚持“谁主管谁负责，谁运行谁负责”的原则，从而确保系统的安全性。信息安全管理组织机构的主要职责是：制定工作人员守则、安全操作规范和管理制度，经主管领导批准后监督执行；组织进行信息网络建设和运行安全检测检查，掌握详细的安全资料，研究制定安全对策和措施；负责信息网络的日常安全管理工作；定期总结安全工作，并接受公安机关公共信息网络安全监察部门的工作指导。

（二）安全管理制度

通过建立并执行一系列安全管理保护制度，以确保系统的安全。安全管理保护制度主要包括以下几个方面：①计算机机房安全管理制度；②安全管理责任人、信息审查员的任免和安全责任制度；③网络安全漏洞检测和系统升级管理制度；④操作权限管理制度；⑤用户登记制度；⑥信息发布的审查、登记、保存、清除和备份制度等。

（三）安全技术体系

通过采取一系列安全保护技术措施，以确保医疗保险管理信息系统的物理安全性、信息安全性和网络安全性。具体的安全保护技术措施主要包括以下几个方面。

第一，针对互联网中的攻击等风险，在网络架构中，采用防火墙、网络入侵检测系统、病毒防治等安全技术保护安全域的边界。同时，在标准的负载均衡功能之外，增强应用服务器的防护能力。

第二，尽快全面组织落实国家医疗保障信息平台安全体系方案，对国家医疗保障信息平台各应用系统、对重要数据，强制要求遵循安全设计方案的要求，加强安全记录和审计。在应用系统运行维护过程中，建立国家医疗保障信息平台自上而下有效的安全管理制度，并严格执行。

第三，国家医保局将全面组织落实安全体系方案，落实各应用系统安全设计方案要求，对重要数据进行加密、签名，加强安全记录和审计。在业务系统运行维护过程中，建立自上而下有效的安全管理制度，并严格执行。

第四，在法规上，制定数据管理办法，在数据共享的情况下，保证数据的安全管理和合法使用。在系统软件开发商的选择上，选择国内权威安全认证的厂商。

三、医疗保险管理信息系统的安全建设

2021 年 4 月 6 日，国家医保局印发了《关于加强网络安全和数据保护工作的指导意见》，文件中明确了指导思想和主要目标。

指导思想是坚持以习近平新时代中国特色社会主义思想为指导，坚持总体国家安全观，深入实施网络强国和大数据战略，以医保系统网络安全为基础，以智慧医保和安全医保建设为目标，以医保信息安全技术为支撑，以制度建设和人才队伍建设为保障，筑牢安全防线，促进数据安全应用，更好助力医保治理体系和治理能力现代化，推动医保事业高质量发展。

主要目标是到 2022 年，基本建成基础强、技术优、制度全、责任明、管理严的医疗保障网络安全和数据安全保护工作体制机制。到“十四五”期末，医疗保障系统网络安全和数据安全保护制度体系更加健全，智慧医保和安全医保建设达到新水平。

加强医疗保险关系信息系统的安全建设，需要从组织领导、人才队伍建设、资金投入、法律法规宣传、督导检查几方面加强保障。具体做法如下。建立和完善医保智能监控系统，加强大数据应用。加强对定点医疗机构临床诊疗行为的引导和审核，强化全过程监管。针对欺诈骗保行为特点，不断完善药品、诊疗项目和医疗服务设施等基础信息标准库和临床指南等医学知识库，完善智能监控规则，提升智能监控功能。开展药品、医用耗材进销存实时管理。推广视频监控、生物特征识别等技术应用。推进异地就医、购药直接结算，实现结算数据全部上线。加快建立省级乃至全国集中统一的智能监控系统，实现基金监管从人工抽单审核向大数据全方位、全流程、全环节智能监控转变。

思考题

1. 建立医疗保险管理信息系统的意义是什么？
2. 医疗保险管理信息系统的结构分几种？各自特点是什么？
3. 如何建设医疗保险管理信息系统？
4. 如何保证医疗保险管理信息系统的安全？

（王　昕　詹长春）

第十四章　国外医疗保险制度改革与发展

内容提要

本章主要介绍国外医疗保险制度的改革与发展情况；分析国外医疗保险制度面临的主要问题、阐述国外医疗保险制度的改革措施以及发展趋势；介绍典型国家的医疗保险制度改革与发展情况。

第一节　国外医疗保险制度的改革与发展趋势

一、国外医疗保险制度面临的问题

（一）医疗费用支出急剧上涨

随着各国医疗保障事业的积极发展，不同收入水平组国家的医疗支出都保持增加态势。在全球范围内，公共卫生支出中的医疗费用急剧上涨是医疗保险制度面临的主要问题之一。全球整体医疗卫生支出的增长率快于 GDP 的增长率，中低收入国家比高收入国家的增长更为迅速（年平均增速 6%）。根据经济合作与发展组织（OECD）2019 年发布的报告，2016 年全球卫生支出 7.5 万亿美元，占全球 GDP 的 10%。卫生支出占 GDP 的份额在高收入国家最高，平均为 GDP 的 8.2%；中低国家的卫生支出则占 GDP 的 6.3%。OECD 与欧盟 2022 年发布报告称，2020 年 OECD 成员国总体的卫生支出占 GDP 的比例更是史无前例地达到了 10.9%，其中德国和法国更是高达 12%，最低的是土耳其 4.6%。OECD2018 年发布的报告称，2000～2016 年，全球医疗卫生支出每年都呈增长状态，实际增长率大约为 4.0%，而全球经济增长率平均为 2.8%。就算剔除新冠疫情三年的影响，虽然近年来医疗支出增长有所放缓，但医疗卫生支出一直超过了经济增长的速度。

根据 OECD 的报告，2019 年，OECD 成员国家庭直接支付（自付）占平均医疗支出的 1/5、人均卫生支出约为 4000 美元（按购买力平价）。新的预测表明，OECD 国家平均医疗支出到 2030 年占 GDP 的 10.2%，超过 2018 年的 8.8%。这一预测引起了各国对医疗支出可持续性的关注，特别是政府卫生支出占总体卫生支出的大部分份额的国家。

（二）卫生资源分布不均衡

从公共卫生经费功能性支出分布情况来看，卫生资源分布存在不均衡的问题。卫生资源分配投入偏重医疗。卫生经费的三大功能性支出项目包括住院、门诊治疗（包括日间治疗和家庭治疗）、药品和医疗用品。从总卫生经费在卫生关键功能领域的分配情况来看，2016 年，这三大功能性支出占总卫生经费的 72%，其中住院和门诊治疗经费占 53%，药品和医疗用品经费占 19%。另外，以上三大功能性支出占公共医疗卫生支出的比例也高达 65%，其中，住院和日间治疗为 35%，门诊和家庭治疗占 26%，药品和医疗用品支出占 4%。三大功能性支出占如此高的份额，使得其他医疗服务类型（如长期护理和康复治疗）、预防性服务、医疗服务提供者外的诊疗服务以及医疗系统的管理费用非常有限。功能性项目上的支出份额在各国的差距很大，如门诊治疗的经费占卫生经费的 12%～50%不等。

（三）卫生资源利用效率不高

近几十年来，医疗卫生服务需求一直面临着人口老龄化趋势加剧、人均期望寿命不断增长、慢性病发病率和死亡率逐年提高等挑战，而作为供给侧的医疗机构则面临医疗技术革新导致成本持续增加、医院数量和规模日益庞大等问题。与其他公立机构一样，各个国家和地区公立医院系统普遍存在资源利用效率低下、对患者需求缺乏反应、对成本缺乏有效控制等一系列问题。例如，有关调查结果表明，德国住院治疗患者中约有 17%的人是不需要住院治疗的。有人认为全德国有 10 万余张病床是多余的，这占全国病床总数的 15%。美国兰德公司也曾有调查表明，美国有 23%的患者住院治疗是不必要的，另有 17%的住院患者可以在院外治疗。近年来，美国医疗床位利用率一直徘徊在 63%～65%，如改进偿付办法，床位利用率可提高 20%以上。在世界范围内，卫生经费的浪费比例为 20%～40%。因此，从 20 世纪七八十年代起，提高卫生资源利用效率成了世界各国医疗服务体系改革所必须面对的重要问题之一。

（四）医疗服务覆盖不足

关于医疗服务覆盖，世界卫生组织基于 1948 年世界卫生组织宪章中的“健康是人的基本权利”和 1978 年阿拉木图宣言的“人人享有健康”而提出了“全方位覆盖”，这是贯穿所有与健康相关的可持续发展目标方向。根据世界卫生组织对全方位覆盖的定义，医疗服务覆盖包括了医疗服务的机会公平、医疗服务的质量足够好和医疗服务的可持续性三个方面。参照这三个方面的标准，各个国家和地区的医疗服务体系虽然各有特色，在卫生投入、人均卫生服务费、每千人拥有的医生数量、人口平均预期寿命、医院的利用率、药品费用占医疗卫生总支出的比例、保险的覆盖率和经费上均有不同，但是在医疗服务的覆盖层面上都面临着不同程度不足的挑战。

二、医疗保险制度的改革措施

（一）控制医疗费用攀升

1. 加强对医疗服务的管理和监督

传统的医疗服务价格由服务提供者制定，这种由供方主导的、可自由变动的价格是造成医疗费用上涨的主要原因之一。许多国家对此都相应采取了加强对医疗服务的管理和监督措施。

（1）政府统一规定或限制药品使用范围和医疗价格。例如，德国从 2000 年开始，在法定医疗保险范围内建立了一个医药处方管理机构，制定了一份可在保险机构报销的药物清单，凡是没有列在清单上的药物必须由患者本人支付费用。自 1993 年以来，新西兰药品管理局就开始对社区使用的药品进行药品目录管理。通过各种手段，主要是通过对供方的管理，药品管理局成功控制了社区药品的支出。根据中国医疗保险研究会 2017 年的数据与其他发达国家相比，1998～2002 年，新西兰的社区药品支出年均增长率缓慢，为 1.46%，而同时期美国为 14.54%，英国为 9.7%，澳大利亚为 12.1%。

（2）通过制定预付标准和总量来约束医疗供方的行为，使其共同承担经济风险，自觉规范自身的医疗行为。规定医院每年总支出的最高限额，即实行总量控制。例如，为了更好地控制医疗费用的增长，1983 年，美国将付费方式改为按人的预付制，预付制促使医院主动降低成本，医院的服务效率明显提升。美国的“管理型医疗保健组织”将传统的按服务项目收费改变为包干给医疗服务供方的定额付费，使医务人员参与到了医疗保险的管理中来，使得医疗服务提供者在经济刺激下，既会自觉消除不必要的服务，又会尽量提供经济有效的服务，还会提供各种预防保健服务以保持投保者的健康。

（3）由专门的监督委员会对医院采取的医疗方案或医生开具的处方单进行审查。例如，日本建立了严格的“第三方审查制度”，医疗机构定期把医疗结算单送交医疗保险部门，医疗保险部门委托医疗费用支付基金会和国民健康保险团体联合会（第三方机构）进行审查，如果发现医院开大处方等违规行为，立即取消该医院为被保险人提供医疗服务的资格。

（4）加强医疗服务提供者之间的竞争。在医疗服务的递送体系中，引入或者强化市场机制以推动不同服务提供者之间的竞争。医疗保险机构不再同医院长期挂钩，而是签订一般为一年期的合同。例如，英国国家医疗服务体系通过改革，在医院与其他服务提供者之间引入“内部市场”机制，将医疗服务的筹资者、购买者和提供者分开。英国初级医疗卫生服务高度市场化，采用“守门人”制度，以按人头收费作为其激励核心，全科医生管理着许多公共卫生范畴的事务，国家依据合同向他们支付服务费。如果全科医生服务不佳使得注册民众流失，其获得的人头付费也相应地减少。在美国，1992 年克林顿总统提出全民健康保险计划，倡导在医疗服务的筹资和提供两个方面都实行政府干预和市场调节相结合，大力发展 HMO、PPO 这类金融保险和服务提供为一体的新型组织，同传统医院和保险组织进行竞争。

2. 改革和完善医疗保险付费制度

各国着手对医疗保险付费制度进行了改革，以控制医疗费用的不断上涨。医疗费用的支付制度架构不断变化，医疗保险付费制度的改革内容也表现出多种形式。

（1）医疗保险的支付主体改革。支付主体决定了医疗保险资源的配置方式。例如，福利国家英国的全民医疗保险制度以政府为支付主体，但是 20 世纪 70 年代的石油危机等导致的经济衰退动摇了福利国家的筹资基础，全民医疗保险制度逐渐改革为要求患者个人承担一部分的健康责任，要自付药品处方手续费和一些牙科、眼科的手续费用。日本从 1999 年开始，政府管理的健康保健制度中被保险者自己负担的医疗费用部分已从 10%提高到 20%。德国自 2004 年起，病人每个季度首次门诊需交 10 欧元。住院病人每天需交 6～18 欧元，每年需付 28 天的费用。

（2）医疗保险支付的内容和范围改革。在社会、经济发展和健康观念不断普及的背景下，人群对医疗保险支付内容的要求越来越多，这使得医疗保险支付的内容和范围面临着利益选择。例如，20 世纪 90 年代，英国的梅杰政府调整了全民健康的保障方向，将大众健康置于医疗之上，在 1992 年，制定了包含对心血管疾病、癌症、精神疾病、艾滋病等疾病的预防和控制的内容，并把一些预防保健项目纳入支付范围内。根据中国医疗保险研究会 2019 年的报告，2018 年，英国政府医疗卫生支出中，治疗和康复性医疗服务占 64.1%，与医疗相关的长期护理服务占 15.1%，医疗产品占 9.4%。预防性保健包括旨在避免疾病和危险因素（一级预防）和早期发现疾病（二级预防）的活动，占政府医疗卫生支出的 4.8%。

（3）医疗保险支付方式改革。医疗保险支付方式是医疗保险制度补偿医疗卫生服务的付费环节，直接影响着医疗保险基金的流出量，是影响医疗服务供方和需方双方行为的关键因素，不同的支付方式带来不同的激励机制并产生不同的结果。在费用快速增长和基金普遍持续的支出压力下，各国都在与时俱进地积极探索改革对服务提供方的费用支付方式。其中，总额预算控制、DRGs、RBRVS（以资源为基础的相对价值比率）等为主的综合支付方式改革得到不断完善和逐步采用推广，一定程度上，对快速上升的费用起到了一定的控制作用。例如，德国 21 世纪初，引入了 DRGs 付费系统，以激励医疗服务提供者控制医疗成本，进而控制医疗费用。

（4）医疗保险支付水平改革。医疗保险支付方式的改革，换个角度也可以说是医疗保险支付水平的改革。加拿大医疗保障的支付制度以按服务项目支付和总额预算制为主，但近年来许多省份进行了改革探索。2012 年，安大略省实施了“为所有人提供卓越保健”，开始实施卫生系统融资改革，包括基于健康的资金分配模式和基于质量的诊疗流程的支付模式。以色列综合医院的收入有 80%来自向医疗计划提供医疗服务的收入，1995 年实施国家医疗保险法之后，公立医院住院费用报销主要通过按日收费与按病例收费、按流程付费相结合的方式。2010 年改革的力度加大，2015 年已经建立起 280 多个标准付费流程。

（二）整合医疗卫生服务体系

各个国家和地区都希望建立一个优质、持续、有效的医疗卫生服务体系。很多国家都在通过整合医疗卫生服务体系，来加强医疗保险制度改革的引领作用，发挥医疗保险的基础性作用。

1. 整合医疗管理机构资源

世界经合组织中有 83.3%的成员国以及七国集团全部成员国都实行医疗保障与医疗服务统筹管理体制。美国 20 世纪 90 年代以来，开始用整合服务提供系统的概念应对变化的医疗服务环境。例如，美国出现了“管理服务组织”，其为医生群体提供行政服务和职业辅助服务的机构。近年来，美国的医疗服务系统展现出不同程度、不同维度的整合，既包括地区层面医院系统的水平整合，也包括不同功能医疗机构的垂直整合（如医院收购诊所）。日本于 2001 年将厚生省和劳动省合并成立厚生劳动省，承担国民健康、医疗保障等责任。德国于 2002 年，将劳动和社会政策部的社会保障职能与卫生部合并，组建了新的卫生和社会保障部。

2. 建立医疗保健整合网络

英国国家卫生服务（national health service，NHS）系统建立了医疗保健整合网络。2010 年卡梅伦政府对 NHS 系统进行最大规模的改革，绝大多数 NHS 服务由全科医生联盟购买，全科医生联盟能够使 NHS 专业人士为了患者和社区的利益改善卫生服务。服务体系没有变化，全科医生接诊患者后，可以决定将患者转至更多医疗机构，如 NHS 医院、私立医院或第三方机构。英国整合 NHS 的管理机构，将社区服务与初级保健结合成立了社区卫生中心。

3. 整合医疗服务提供体系

德国通过整合卫生保健机构、医院和医疗保险公司，对糖尿病、乳腺癌和冠心病患者实施疾病管理计划。为促进公立医疗效率提升和公立医院改革，德国政府给予公立医院和私立医院同等地位和待遇，并用医疗保险的签约、支付方式的变革等促进医疗服务提供体系的私有化进程。

（三）提高医疗卫生资源利用效率

1. 改革医院管理模式

2010 年，法国出台了“大科室”的医院管理模式。根据病情的相关性，将一系列相互联系的科室整合，形成一个综合治疗区。实施“医疗网计划”，合理配置医疗服务资源。法国的现代卫生体系尤其与其医疗保障制度密不可分，这两者之间的强力协同作用现在几乎可以让全体法国人享受高质量的就近医疗服务。

美国的医疗服务及医疗保障体系是世界上最为昂贵的，2011 年医疗卫生支出约占 GDP 的 18%。为了改善这一局面，美国开始推动集团化医院数量的增加，主要采取连锁化模式、一体化模式两种，通过整合医院资源，降低成本、提高效率，也提高了医疗保险机构的谈判筹码。

2. 改革医疗管理模式

1984 年以前，新加坡依然效仿英国的国家医疗保障模式，由政府直接管理，然而随着社会的发展，这种管理模式弊端渐显，公民对医疗服务供给的意见日益增多。因此，政府对医疗管理模式进行改革，分别对医院、医生、病床等进行精细化管理，引入市场竞争机制，通过实行“双层双向转诊”制度，医疗资源的配置将得到全面整合和优化，从而提高医疗卫生资源的整体效益。

3. 转变医疗机构的经营模式

20 世纪 90 年代，日本医疗机构的经营模式也发生转变，由单一的基础医疗服务向提供保健、医疗、福祉一体化的综合服务模式转变。为保证农村偏远地区的医疗服务并抑制医疗资源的过度需求，日本各级卫生管理部门制订医疗计划。将医疗圈划分为三级，规定各医疗圈内医疗床位的总量，形成区域医疗支援医院制度，从而提高了整体医疗资源的利用效率。

（四）完善医疗服务模式

1. 社会保险机构自己办医院

由于长期形成的历史和社会等方面的原因，在实行市场经济的国家，私人医院、私人诊所、私人开业医生、私人药商数量众多，医疗保险机构对其不能弃之不用，但是其高昂的收费又使医疗保险机构难以承受。据阿根廷的一位经济学家的调查，全国年医疗费用开支了 55 亿美元，其中 15 亿落入私人医生之手，12 亿落入医院之手，16 亿落入私人药商之手。全部开支的 8%没有发挥应有的效益，医疗服务提供者实际承担的医疗服务量只相当于全国医疗量的 30%。1992 年美国 1320 亿医疗费用中有 30.3%付给了医生。为此，南美一些国家的社会保险机构自己设立医疗单位，为被保险人服务。这种保险机构与医疗服务提供者合二为一的方式，强化了医疗服务供方的自我控制机制，能够有效控制医疗费用的快速上涨。

2. 实现服务种类多样化

随着疾病谱逐渐发生变化和人口老龄化加剧，人们的健康意识不断提高，居民对卫生服务的需求增加，并呈现多样化。在世界范围内，医疗服务模式逐步发生转变，由过去单一的生物医学模式转变为生物-心理-社会新型医学模式。医生在诊疗过程中由以疾病为中心转变为以健康为中心，由此应运而生的是全科医学理念和运用全科医学理念的全科医生。在此模式下，也规范了一些相关制度，如重视建立社区首诊制、实行严格转诊制度和基本药物制度。英国、澳大利亚、瑞典、挪威等欧共体国家已经全面普及了全科医生制度。全科医生通过综合运用生物医学、行为科学和社会科学等专业知识和技能，为居民个人和家庭提供健康教育、健康咨询、疾病预防及一般疾病初级诊疗等服务。

3. 加强预防和健康促进

主要采取以下措施。①改革偿付形式。为促进预防工作，1990 年英国把原来按服务种类对全科医生免疫接种服务的偿付办法，改为按工作业绩发给红包的形式。②加强健康促进。各国普遍制定了国家级的健康促进法。1989 年，德国根据《医疗改革法》规定，要求所有的疾病基金会对一年内没有就医的参保人返还相当于一个月保险费的“健康奖励”。同年德国法律对疾病基金必须承担健康促进的责任做出规定，所有疾病基金会必须向国民（特别针对低收入者）进行健康知识教育。联邦卫生部要求所有基金会用于健康教育宣传的经费，每人每年不少于 5 马克。

（五）其他改革

1. 增加医疗保险费收入

增加医疗保险费收入一方面靠扩大税收征收范围，另一方面靠提高税率。例如，法国 1991 年起开征的“社会共同救济税”，扩大了医疗保险的缴费范围。具体来说就是将许多替代性收入，如养老金、失业保险津贴和遗产性收入及财产性收入（股票所得、房屋租赁收入、银行利息）等都纳入缴费（税）基数。另外，法国政府除强行把药品批发价砍掉 10.7%外，还强制药商将营业收入的 4%交给政府。日本从 1999 年 9 月起，将政府管理的健康保险费率从月工资的 8.2%提高到 8.5%。

2. 扩大医疗保险覆盖面和医疗服务可及性

国外很多国家还就继续扩大医疗保险的覆盖面和医疗服务的可及性、解决医疗从业人员短缺问题、尝试扩大护理服务覆盖面进行了改革。2016 年，新西兰为 13 岁以下儿童的家庭提供免费家庭医生就诊服务与免费处方药物；得益于 2016 年财政预算对药品管理局的 1.24 亿额外拨款，新西兰为全体民众免费提供针对晚期黑色素瘤和丙型肝炎的新疗法，这意味着约 5 万名丙肝患者可以服用两种治愈率高达 90%的新药了。2012 年墨西哥政府提出了《国家发展计划（2013～2018 年）》和卫生部门的国家发展计划项目，旨在建立一个覆盖全民的真正的统一的医疗保障体系，落实质量健康，推进疾病预防和健康的生活方式，提高医疗卫生资源的配置与管理效率。此外，在该计划下还建立了一项流动医疗服务，专门解决贫困落后地区的医疗服务需求。

三、医疗保险制度的发展趋势

1. 医疗费用控制机制的发展趋势

（1）从侧重需方控制向侧重供方控制发展。医药高新技术的发展，促进了医学进步，有利于提高健康水平，创造更大社会价值，但同时引发了医疗费用高速上涨，大大加重了社会负担。因此，从侧重需方控制向侧重供方控制成了医疗费用控制机制的发展趋势之一。各国普遍对大型、昂贵的医疗设备等资源的配置实施区域卫生规划，加强管理和控制。例如，美国在 1976 年就通过了食品、药品、化妆品修正案，赋予了食品药品管理局对进入市场的设备进行审查和批准的权利。核磁共振就是第一个通过认证批准后进入美国市场的影像学产品。日本以前没有对医院设备加以限制的政策，结果人均接受 CT 检查次数最多，后来日本也开始规划各区医院病床位的最高限额，并提出昂贵设备共同利用和开放国立医院等办法。

（2）从数量性控制向结构性控制发展。一是从卫生资源结构上加强对人力资源投入的控制。二是从医生专业结构上调整通科医生与专科医生人数的比例。例如，各国将 4∶6 的比例调整为了 6∶4，同时适当提高通科医生的收入。三是从医疗服务结构上逐步增加初级保健、预防和非住院治疗服务的投入比重。四是从价格结构上逐步调整了不同服务项目的相对价格。

（3）从限制性控制向诱导性控制发展。1986 年，德国实行“弹性预算”，使超预算的医院受到经济惩罚，节余的医院得到经济实惠。1989 年，德国根据卫生改革法，对没有就诊的参保人返还相当于一个月保险费的“红利”，把奖励机制引进了费用控制系统。

（4）从司控与被控的关系向共同控制的协同关系发展。通过改革，各国普遍采用费用分担制、总额预算制等一系列措施。例如，1984 年英国引进了总经理制，1984 年新加坡实行了保健储蓄制，1991 年美国实行了按病种定额标准预付制。这些措施把费用控制机制与各相关方面的经济利益成功地结合起来，使被控客体变成了自我控制的司控主体。

（5）从三角关系向双边关系发展。20 世纪七八十年代以来，在美国迅速发展的健康维护组织（HMO），打破了传统的三角关系。该组织有自己的医院、诊所和医生，可直接向参保人提供医疗服务。保险机构与医疗服务提供者合二为一，与参保人构成了新的双边利益关系。

（6）控制药品经费。近年来，世界经济的发展、人口总量的增长和社会老龄化程度的加剧都促使药品需求持续上涨，医疗费用中的药品费用急剧上涨。发达国家药品费用占卫生费用的比例大致在 10%～20%。例如，2014 年，加拿大人均药品支出占人均卫生支出的 16%，为人均 972 加元。一些国家已逐步修订了各自的药品管理政策与措施，特别是药品经济政策。例如，限制适用药品的种类、由政府直接控制药品价格、采取药品总额预算控制、鼓励仿制药发展等。

2. 偿付机制的发展趋势

（1）支付方式从后付制向预付制发展。预付制有各种形式，如 DRGs 付费、按日费用定额支付、按人头定额支付、总预算制等。预付制的实行对各国控制医疗费用起了重要作用。

（2）支付标准从自由定价向政府控制价格或统一价格发展。

（3）支付模式从全部支付向部分自付制发展。例如，法国、德国增加药费中的自付定额，美国、澳大利亚和英国逐步实行自付 10%的费用，对控制急剧增长的卫生费用起到了重要作用。

（4）支付体制由分散独立向集中统一发展。医疗保险支付体制主要分为几种模式：①集中的单一支付人模式；②比较集中的准单一支付人模式；③分散独立的支付人模式。

3. 医疗保险模式的发展趋势

（1）将“规划导向型”医疗保险引入竞争机制。商业型医疗保险被称为“市场导向型”医疗保险，而社会医疗保险和国家卫生服务被称为“规划导向型”医疗保险。“规划导向型”医疗保险的优势主要在于它作为二次分配方式的公平性。但是，它的不足是投入产出即医疗服务利用效益不高。英国政府1991年实行的三条改革措施，把市场竞争机制引进了国家卫生保健服务。德国1993年通过“卫生机构改革法”，也把加强保险组织之间的竞争作为提高效益的一项重要改革措施。

（2）“市场导向型”医疗保险向“管理下的竞争”模式发展。1992年，克林顿总统提出的全民健康保险计划，倡导在医疗服务的筹资和提供两方面都实行政府干预和市场调节相结合，大力发展HMO、PPO这类金融保险和服务提供为一体的新型组织，同传统的医院和保险组织进行有管理的竞争，最终为每个美国人提供医疗保险，这既提高公平性，又保证质量和控制费用。

（3）重视初级医疗服务。国外不少国家“全民皆保”已成为现实，即使尚未达到把全民作为对象，也在尽量扩大医疗保险的覆盖范围，大规模发展初级医疗服务，以使更多的国民享受到医疗服务。例如，瑞典还通过相关改革以促进初级保健服务。2010年，20万人签名支持将“发挥家庭医疗卫生的作用”作为新的条款写入联邦宪法。

（4）将老年护理、预防保健等内容纳入医疗保障范围。很多国家都认识到，将预防保健纳入医疗保障范围中，有利于早期发现疾病和降低疾病发生率，从而达到既有利于控制医疗费用，又有利于从根本上提高健康水平的目的。美国在其制定的《2000年人群健康》规划中，把临床预防作为其三项总目标之一。以色列自2010年在国家医疗保险领域进行了重大改革后，2015年将精神疾病纳入国家医疗保险待遇。

第二节　典型国家的医疗保险制度

一、英国的医疗保险制度

（一）国家卫生服务制度

1. 国家卫生服务制度的确立

英国是世界福利的发源地，是最早实行国家保障医疗保险制度（国民健康保障、免费医疗）的国家，也是实施国家卫生服务制度最具代表性的国家。英国在1946年以前，除对贫民实施医疗救助外，也对部分就业人口办理医疗保险。第二次世界大战期间，为对抗德国轰炸造成的大量伤患，将全国医疗机构与人力集中起来，对伤患进行一体救治，费用由政府支付，埋下日后实施国家健康照护制度的前因。1942年贝弗里奇报告倡议实施由政府提供全民照护，1944年完成国家卫生服务白皮书。二战结束后，大选结果工党获胜，更促使国家卫生服务法案的通过。英国政府于1946年正式通过和颁布了《国家卫生服务法》，并于1948年在全国实施全民医疗保险制度。英国的全民医疗保险制度又称国家卫生服务（NHS）制度。英国的医疗保障体系以NHS制度为主体，以社会医疗救助和商业健康保险为补充。

2. 国家卫生服务制度的保障范围

在英国，所有的英国公民及与英国签订医疗照顾互惠协议国家的居民都可以享受NHS制度。对非医疗照顾互惠协议国家的居民，只有在英国居住6个月以上，才能享受NHS制度。对居住不满6个月的，则需要自费就医或购买私人医疗保险，但在紧急情况下看急诊时，可以享受NHS制度，免费就医。NHS制度规定，所有符合条件的保障对象，首先，从当地保健局、社区保健委员会、市民咨询局、药店、邮局及公立图书馆等地获得全科医生（家庭医生）的名单，有了适当的选择后，携带相应的文件前往诊所注册。其次，接受体检，完成上述手续后，约两周内可收到医疗卡，卡上会有注册居民点的医疗号码、当地全科医生卫生服务局的名称与地址，卡的背后有一些重要的资讯可供参考。

3. 国家卫生服务制度的服务提供

英国的医疗服务体系呈现金字塔形结构，分为中央医疗服务、地区医疗服务和地段初级医疗服务三级组织。中央医疗服务机构主要负责疑难病症的诊治和进行医疗科技研究，地区医疗服务提供综合和专科医疗服务，地段初级医疗服务提供初级医疗。

英国国家卫生服务制度是政府主导下的全国福利性医疗保障，承担了绝大部分的医疗保健服务，覆盖全体国民。其支付的医疗服务项目主要包括全科医生的诊疗费、住院医疗费（部分住院费用需自费）、产前检查与生产医护费用等。

初级卫生服务是 NHS 制度的主体和基础部分，提供初级医疗服务的医生称为全科医生或家庭医生（general practitioner，GP）。全科医生和诊所属于私人性质，不属于政府哪个部门，但接受政府的管理和监督。政府从全科医生处为居民购买初级保健服务，包括一般门诊、预防保健等。全科医生通过协会与地区卫生局签订医疗服务合同，为居民提供初级卫生保健服务。政府规定居民一律在所在地段的全科医生诊所登记注册，患病时首先到全科医生诊所去就医。如果病人需要转院的话，全科医生根据病情需要把病人转到相应的上一级医院（地区综合医院或专科医院）治疗，在转诊的时候如果认定病情复杂，可以直接转给三级医疗机构。全科医生通过加强预防保健，减少住院等措施，充当住院服务的“守门人”角色，有效地控制了医疗费用不合理增长，节约了医疗资源。全科医生独立开业，其收入主要由政府根据登记注册的居民数和所提供的医疗服务量支付津贴。同时，私营医疗体系对 NHS 制度进行补充，私营医疗机构的服务对象主要是高收入、高要求的人群，与国家卫生服务并行运行。

二级医疗服务由医院（主要是综合医院）负责提供。医院的专科医生根据全科医生的转诊单了解患者的病史和病情，对症治疗。患者出院时，医院医生会将患者的康复事宜转交给全科医生，即实行从社区诊所到医院，再从医院到诊所的“双向转诊”制度。如果患者的病情严重，超出了医院诊治能力，医院的专科医生会请本专科领域的专家帮助，进入三级医疗系统。

三级医疗服务主要由专科医院提供，是指在临床某专业内用于解决特殊疑难杂症的专家服务。专科医院通常不负责一般治疗，有些规模较大的医院既提供二级医疗服务，也提供三级医疗服务。

4. 国家卫生服务制度的特点

一是国民健康卫生服务是通过国家计划安排的形式予以落实与保障。国家卫生服务经费主要通过国家税收形式予以筹资，占国家卫生服务经费的绝大部分，健康保险筹资和个人以共付的形式分担的费用比例很小。

二是医疗卫生服务供给体系以公立机构为主。公共卫生和预防服务根据内容不同分别由各级政府负责提供。住院医疗服务由公立医院提供，政府对医院按计划给予预算补偿，医院医生是国家工作人员，领取工资。门诊服务和初级卫生保健由全科医生提供，全科医生在性质上属私人开业者，而在形式上是 NHS 雇员，要与政府签订合同，根据其注册服务的居民人数获得政府的补偿，是一种典型的按服务人头支付形式。

三是全民普遍免费享受的综合医疗卫生保健服务。居民首先需要选择一名全科医生注册，并接受全科医疗服务，但居民可以随时重新选择和更换全科医生；一般情况下，居民需要经过全科医生转诊才能获得医院服务。

5. 国家卫生服务制度的资金来源与支付方式

英国医疗卫生的筹资机制分为公共筹资来源和其他筹资来源。公共筹资来源包括 NHS、地方政府和其他公共机构；其他筹资来源主要包括患者自付、自愿健康保险、企业筹资和慈善筹资。根据中国医疗保险研究会 2019 年的报告，2018 年，政府医疗卫生支出为 1667 亿英镑，其中包括 NHS、地方政府和其他公共机构为医疗卫生服务提供的资金，占 2018 年英国医疗卫生支出总额的不到 4/5（78%）。2018 年，非政府融资安排中规模最大的是患者自付，占总支出的 17%，即 358 亿英镑；自愿健康保险占医疗保健总开支的 3%，即 63 亿英镑；企业筹资和慈善筹资是最小的融资计划，分别占 2%和不到 1%。

从政府筹资的来源来看，主要是一般性税收和国民保险费，其中一般性税收又占了绝大多数（从历年数据来看约占 80%）。一般性税收和国民保险费具体多大规模用于 NHS，要由财政部和卫生部进行经费评估、协商后确定，但财政部给卫生部的拨款数额不受国民保险缴费规模的影响。国家卫生服务体系的资金主要来源于一般性税收，包括直接税（所得税）、增值税及工资税。其中，来源于一般性税收的公共部分占 80%，个人国民保险缴费接近 20%。自 2003 年起为应对日益增加的医疗费用，政府将所得税收加 1%为 NHS 指定用途税。医疗保障总支出主要来自政府支出，政府医疗卫生支出占医疗卫生总支出的比例自 2013 年以来保持稳定。

在支付方式上，英国的医院和全科医生分属于两个独立系统，政府对医院和全科医生的资金支付方式有所不同。费用的配置由卫生部按照人口及地区健康情形分配给区域卫生局，再分配给地区卫生局及合约的基层全科医生等。其中，对公立医院主要采取总额预算的支付方式，即政府按一定的规则（区域内的人口数、年龄结构、历年费用等因素）向公立医院拨付预算。对全科医生通常实行按人头付费。按人头付费的具体方式有两种，一是政府直接按照全科医生的服务人数支付费用；二是政府把经费委托给初级保健基金（相当于全科医生联合会），然后由初级保健基金向全科医生按人头付费。按人头付费的支付方式使得全科医生的收入与其服务人数紧密相关，可促进全科医生的积极性。另外，政府委托初级保健基金向全科医生进行支付，可以提高医疗保险对全科医生医疗服务的监管能力。

6. 国家卫生服务制度的管理体制

英国的国家卫生服务制度实行政府统一管理体制，由国家卫生和社会保障部门实行垂直管理。卫生部是英国医疗制度的最高权力机构，下设地区和社区（地段）卫生局，共三级行政管理部门。此外，还有全科医生委员会和社区卫生委员会等其他管理机构。其中，卫生部控制资源分配；地区卫生局的职能主要是制订计划；社区卫生局是医疗卫生服务的执行机构，它由董事会领导，对卫生部负责并独立于当地政府。全科医生管理委员会负责对全科医生进行管理，包括医疗服务行为管理、资质颁发等。社区卫生委员会则代表当地居民的利益，虽没有参与管理的职能，但可向地区卫生局提出社区卫生工作建议和进行社会调查，并对地区卫生局和医疗服务提供者的工作进行评价和监督。

近年来，为了实现规范医疗服务行为、确保医疗费用合理性的目的，英国卫生主管部门建立了由 50 项监控指标构成的医疗管理系统，运用该系统来检测国民能否获得公平、快捷、高效和优质的医疗服务。同时，组建“医疗卫生发展署”来负责公共医疗机构资格认证，分配医疗科研经费，评估由公众提出的医疗卫生改革建议。另外，组建“健康改善委员会”来负责每三年对医护质量指标进行一次测评，并监测政府医疗主管部门政策的落实状况。卫生主管部门还通过对医疗服务提供者的资金分配、人力资源投入方向和人员结构的控制，来提高资金利用率。例如，调整全科医生与专科医生数比例，对医院多余的医务人员进行适当减员，在一定程度上提高全科医生的收入等。

（二）医疗保险制度的改革与发展

英国 NHS 制度是英国人引以为傲的一项制度，自 1948 年建立以来，基本理念从未发生变化，但具体的制度安排处于不断变革过程中。正是由于不断革新，英国 NHS 制度总体上取得较好成效。这些改革从时间上来说，大致可以分为 2010 年前的改革、2010 年的改革和 2010 年后的改革三大阶段。

1. 2010 年前的改革

自 1948 年英国卫生服务制度建立以来至 2010 年前，重大的改革有 3 次。1974 年威尔逊政府的改革、1991 年梅杰政府的改革和 1997 年布莱尔政府的改革。这些改革主要都是围绕 NHS 制度的三个核心问题进行。

一是制度效率低。由于医生拿固定工资且与工作好坏关系不大，积极性不高，不愿主动多提供医疗服务，出现看病难、住院难、手术难的问题。

二是私人医疗冲击国家医疗。从 20 世纪 60 年代中期开始，英国政府允许私人开办医院，让私人医院承担部分 NHS 医院的医疗任务。另外，私人也开办了一些诸如“老年之家”或“小型老年人疗养所”的医疗机构。私人医疗所占比例虽然很少，但对国家卫生服务造成较大冲击，表现为国家卫生费用通过多种渠道流入私人医疗机构，使医疗费用上涨较快，医务人员盲目流向私人医疗机构，削弱了国家医疗机构技术力量。国立医院力量削弱，将对整个国民健康水平产生一定影响。

三是国家卫生经费投入不足，医院设施设备相对比较陈旧。

2. 2010 年的改革

2010 年，英国卡梅伦联合政府上台后于 5 月发布了《公平和优秀：解放 NHS》白皮书，开始了新的卫生保健制度改革。卡梅伦联合政府提出了一个由两部分内容组成的国家健康服务体系改革计划。第一部分是通过让私人部门和自愿部门（即非营利组织）的医疗服务提供者可以接受更多的 NHS 病人，引入更多的选择与竞争。第二部分涉及 NHS 内部二级服务（secondary care）谁来管理的问题。政府想把这一责任在 2013 年下放给全科医生小组，取消供应过程中的官僚管理层。白皮书在很多地方都保留了原来的政策主张，如承诺 NHS 向所有人免费提供，以需要为基础而不是以支付能力为基础；承诺促进 NHS 制度公平；承诺每年增加卫生支出；保证支持《NHS 宪章》等。但是，新制度认为卫生事务大臣过多参与 NHS 的微观管理，提出建立更多的自治组织。白皮书就从“将改善卫生保健的结果奉为 NHS 的中心目的”等 13 个方面提出了改革建议。

3. 2010 年后的改革

近年来，英国 NHS 体系朝着强化初级诊疗、不断融合的方向发展，内部市场竞争的提法有所淡化，服务提供的理念与时俱进。尤其是在 2018 年英国 NHS 体系庆祝建立 70 周年后，新举措和长期规划逐步出台，为 NHS 体系发展指明了方向。

（1）NHS 体系五年发展规划。2014 年 10 月，英国 NHS 体系相关部门，包括服务提供者和监督机构在内，如英格兰 NHS、公共卫生局、监督局、卫生教育局、质量监督委员会（CQC）、NHS 信托发展局等共同发布了英国《NHS 未来五年发展规划》（NHS Five Year Forward View）。这是多部门首次共同发布 NHS 五年发展规划。该规划描绘了 NHS 体系未来发展蓝图和重要目标，主要包括关注公共健康、进一步增强医疗服务可及性、打破服务壁垒等三大方面的内容。

（2）可持续发展和转型计划。2012 年英国推出《健康和社会保健法案》，将 NHS 体系的中间层去除，实行扁平化管理，医疗服务购买的职责主要由临床执业联盟来完成。英国在 2015 年发布的 NHS 体系五年规划中提出用区域级的规划替代中间层，推出了可持续发展和转型计划（sustainability and transformation plans，STPs）。从 2017 年 4 月起，可持续发展和转型计划成为申请和批准 NHS 转型资金的唯一渠道。可持续发展和转型计划代表了 NHS 规划服务方式的转变，从强调竞争转向协作。这种转变反映了 NHS 需要用更综合的保健模式来满足人口不断变化的需求。这需要加强 NHS 和社会护理系统之间的共同协作，为患者提供更多协调的服务。

（3）NHS 体系十年长期计划。2019 年 1 月，英国 NHS 在实施了五年规划之后发布了最新的十年长期计划，进一步延伸五年规划的政策目标。该计划具有双重作用。首先，十年长期计划向政府部门、议会和公众承诺，未来对 NHS 投入大笔资金的目的在于改进医疗卫生服务。英国计划到 2024 年对 NHS 体系投入增加 204 亿英镑（实际增长 3.4%），是近十年来英国对 NHS 体系拨款的最大幅度增长。其次，该计划也代表了英国 NHS 系统未来的发展方向和着力点。十年长期计划制定了“21 世纪的新服务模式”。一是对数字化全科医生咨询进行重大更改，并进一步整合初级诊疗、二级诊疗和社会护理。二是紧急治疗中心的标准服务模式。NHS 进一步发展门诊急救和更广泛的急救系统，包括整合非工作时间的全科医生服务、“111”非紧急医疗求助电话和救护车。三是扩展 NHS 个性化护理综合模式。NHS 计划将扩展拥有个人健康预算的人数和社会处方（social prescribing）计划覆盖人口。四是数字优先的初级保健将成为每个患者的新选择，以快速获得便利的初级保健的机会。另外，该计划还更加强调 NHS 范围的预防领域，认为做好健康保健和预防是节省医疗卫生支出的重要途径。该计划还提出了有关改善英国相对于其他高收入国家而言表现较差的领域的建议，以及加强医疗卫生人力资源建设和推进 NHS 体系的数字化转型等方面的具体建议。

（4）新的全科医生合同框架。2019 年 1 月初英国发布了 NHS 长期计划，为未来十年指明了方向。同时，NHS 还与英国医学协会的全科医师委员会（General Practitioners Committee）协商了一项为期五年的全科医生合同框架，以将计划的承诺变为现实。新的全科医生合同框架将在未来五年及以后的时间内提高全科服务和社区服务的可持续性。合同框架主要包括四个方面的关键内容：提供更多的资金以创建新的初级保健网络；扩大员工队伍并应对工作压力；创建新的质量改进方法；通过初级保健服务的数字化并在 2021 年之前开通患者在线和视频咨询。

二、德国的医疗保险制度

（一）德国的社会医疗保险制度

1. 社会医疗保险制度的确立

1883 年，德国颁布了《疾病保险法》，要求在国家层面引入强制性健康保险计划。这标志着德国社会保障制度的形成，也标志着首个现代意义上的社会医疗保险制度的建立。1884 年和 1889 年，德国又先后颁布了《意外伤害保险法》《伤残老年保险法》。在随后的一个世纪里，德国强制医疗保险制度逐渐扩展到老年和残疾（1889 年）、失业（1927 年）和长期护理（1994 年）等多个领域，现代意义上的社会保险体系初步形成。

1990 年民主德国、联邦德国统一后，德国总人口达 8043 余万人（2012 年），居西欧各国人口之首，原分立的医疗卫生体系也实现了统一。德国法定医疗保险制度被公认为现代医疗保险制度的原型之一，互助互济和自我治理是该制度建立的基本原则，并在 130 多年的发展历史中坚持至今。

2. 社会医疗保险制度的保障范围

德国有两种不同的医疗保险体系——法定医疗保险（强制）为主和私人医疗保险（自愿）为辅。其中，法定医疗保险是德国医疗卫生事业的主要资金来源，覆盖 7000 万人，占德国总人口的 85%。

根据德国法律，所有收入低于可选择退出门槛的就业人员和其他群体必须参加法定医疗保险；对于工资总额超过这一门槛的个人和个体经营者，则可以自愿选择继续加入或退出法定医疗保险，而购买替代性的私人医疗保险，或者是在参加法定医疗保险的基础上购买私人医疗保险。此外，学生、失业人员和养老金领取者必须参加法定医疗保险。个体户可以选择法定医疗保险，也可以购买私人医疗保险。在法定医疗保险和私人医疗保险之间进行选择所依据的个人收入门槛标准，由政府根据实际情况予以规定并适时加以调整。

在 2007 年之前，如果超过两个月未缴纳医疗保险基金会费，医疗保险基金的自愿成员资格将被终止。2007 年以后，法定医疗保险基金的自愿会员资格只是被暂停，但是有关个人不再获得报销医疗服务的权益。

在德国，大多数被保险人不能在医疗保险基金中自由选择，而是根据地理和职业标准被分配到适当的医疗保险基金。然而，不同医疗保险基金收入和风险组合的变化较大，因此，这种自动分配成员的做法将导致法定医疗保险缴费率的巨大变化。

自2009年1月以来，几乎所有德国居民都被法律要求购买医疗保险。截至2017年，法定医疗保险覆盖了全德国88%左右的人口，私人医疗保险覆盖了全国10%左右的人口，剩余的主要是军人、警察、公务员以及战争受害者等特定人群，有国家免费提供的相应的特殊医疗保障制度。

3. 社会医疗保险制度的服务提供

德国医疗保险的服务提供体系最明显的特征就是初级和二级门诊、医院服务以及药事服务严格分开，相对独立。①初级和二级门急诊：一般门诊服务主要由营利性的执业人员（包括医师、牙医、药剂师、理疗师、足疗师等）或诊所提供，而急性病诊疗及长期护理服务则由非营利性和营利性的机构共同提供。②医院服务：医疗机构趋于私营化，公立医院机构的床位数不断减少，私营机构在医疗保险服务领域中起的作用逐渐增强。③药事服务：医药严格分离，所有药品费用都由保险机构与药店直接结算。药品主要通过公共零售药房、药店、超市等渠道对外销售。

德国的门诊与住院服务严格分开。所有门急诊服务都由个人开业的全科或专科医生提供，医院主要提供住院和日间手术服务，只有教学医院由于研究和教学的目的才有门诊，但主要集中在化疗等特殊服务上，并需要与疾病基金会签订特定的合同。在德国医院中，约有40%为政府办的公立医院，40%为社会办的（教会、红十字会等组织）非营利性医院，20%为私立医院，其床位分别占55%、38%和7%。

在德国，公民不管参加哪一个医疗保险基金组织，都能享受以下法定医疗保险服务：①各种预防保健服务，如体检、牙科保健、某些疾病的早期预防检查；②各种医疗服务，包括门诊、急诊和住院服务及牙科治疗等；③各种药品、绷带、辅助治疗物品和助听器、用于矫正等的器具以及假牙、假发补贴；④患病（包括怀孕）期间的服务或津贴，如能减少住院治疗或确保药物治疗的家庭护理、怀孕分娩补贴；⑤各种恢复健康服务，如病后劳动能力的测试和恢复治疗等；⑥免费或部分免费的各种因就诊或疗养治疗的交通费。

4. 社会医疗保险制度的特点

德国医疗保险制度的特点体现为三大理念和四大原则。德国历届政府在医疗保险制度方面主要遵从三大理念：一是普遍性，确保所有不能承受私人医疗保险的居民有平等的机会享受到医疗卫生服务；二是公平性，减少健康的不公平性被认为是政府的重要目标之一；三是社会责任，健康事务问题主要由医师团体、医院团体和医疗保险团体负责。

德国的法定医疗保险制度有四大原则，这也是一般社会医疗保险需遵从的原则。一是团结一致原则。在不同经济条件人群之间建立一个互相帮助的平台，以达到减少社会摩擦的目的。所有参保人按照工资收入的固定比例缴费，与健康状况和风险无关。所有参保人享受相同的医疗保险待遇水平。二是实物待遇原则。疾病基金直接偿付给医疗服务提供者，病人不向医院或医生支付费用。三是辅助原则。政府承担管制、调控的职能，政府直接投资用于医疗卫生保健的很少。医疗卫生保健部门在联邦法律框架内自我管理，疾病基金会、医师协会、医疗管理委员会等自治组织通过选举成员代表参与管理的方式自主管理。四是自由选择原则。病人有选择医生、医院的自由，“资金跟着病人走”。同时，对医疗服务提供者制订统一的支付制度和相同的协议医疗价格，以保证同等程度的医疗服务质量。

5. 社会医疗保险制度的资金来源与支付方式

德国社会医疗保险资金主要来源于劳资双方所缴纳的保险费和国家财政承担的部分经费。德国法定医疗保险筹资主体主要是雇主、个人和政府部门。政府在医疗保险中的缴费责任主要是兜底和对特殊群体的缴费补贴。在制度建立初期，德国法定医疗保险由雇主和雇员按照2∶1的比例缴纳医疗保险费。两德统一以后到2005年6月，被保险人和雇主平均分摊缴费，但是自2005年7月以来，缴费责任的重心开始向雇员转移。雇员除了要和雇主按1∶1的比例分摊法定医疗保险的一般缴费外，还要额外缴纳其总收入 0.9%以上的额外保险费。2015 年，德国法定医疗保险的平均一般缴费率达到 14.6%。

随着法定医疗保险覆盖范围向未成年人子女、被抚养人等特殊群体的扩展，德国法律对于这部分群体的缴费也做了规定。被扶养配偶和自愿或强制参保人的子女，只要没有收入或收入微薄，就不必支付额外的保险费。公务员不需要缴费，但是需要支付 50%～70%的医疗费用。

德国医疗保险支付体系是根据门急诊（包括初级卫生保健服务）和住院服务严格区分的特点，被分为两个独立的支付体系。同时，在制定医疗保险支付政策时，始终坚持医疗保险给付不应以量取胜，而应从经济和医疗必需的角度出发和考虑的原则。德国对住院服务和门诊服务的提供者进行了严格的区分，由区域医师协会和牙医协会提供门诊服务，由医院提供住院服务。医疗保险基金分别与区域医师协会和牙医协会、医院进行谈判，商议所提供服务的价格、数量与质量保障措施，并签订合约。医院和州医疗保险基金协会主要通过 DRGs 付费就运行费用进行谈判。因此，德国的初级医疗服务实施按人的总额预付制和按服务计点制相结合的支付方式，由医疗保险基金会与地区医师协会合作完成支付。次级医疗服务则按 DRGs 付费实行统一的定额付费。

6. 社会医疗保险制度的管理体制

德国全国没有统一的医疗保险经办机构，德国的医疗保险制度以“基金会”方式管理，核心是医院和医生，政府不直接参与医疗保险的管理，对医疗保险的行政管理主要是宏观政策制定和监督。法定医疗保险的承保机构为医疗保险基金会，主要有 8 大类基金（地区保险基金、公司医疗保险基金、农业医疗保险基金、矿工医疗保险基金等）以及其他约 630 个自主的医疗保险基金。这些基金在财政上都是独立的，并有专门的管理委员会（由被保险人和雇主代表组成）和专职的理事会负责管理运作。

首先依照法律，由受雇者与雇主各自推选一半代表组成疾病基金会，根据需要收取保险费。各邦的诸多基金会组合成邦的联合会，然后各邦的基金会联合会再组成全国的基金会联合会，形成“购买健康照护者联合会”。

各个与疾病基金会特约的开业医师则分别组成保险医师公会。在州和联邦层级，组成州及全国联合会，成为“服务提供者”的买方，两者都是非政府组织，但均是依法“必需”设立的组织，因此，常被称为“组合主义”或“社团主义”（corporatism）。医院则依法组成类似的组织。

这些由基金会掌握的基金，经由基金会联合会与保险医师公会联合会的裁判，制定支付价格，而个别医师则在提供医疗服务后，向保险医师工会申请费用，也由保险医师工会审查及核对支付，从而形成四角关系（图 14-1）及进一步强化组合与自主管理，基金会与保险医师工会之间定期谈判费用，进一步形成“总额预算”制度，即由保险医师工会依据一定金额总包全体被保险人的某种医疗服务（如门诊服务等）。

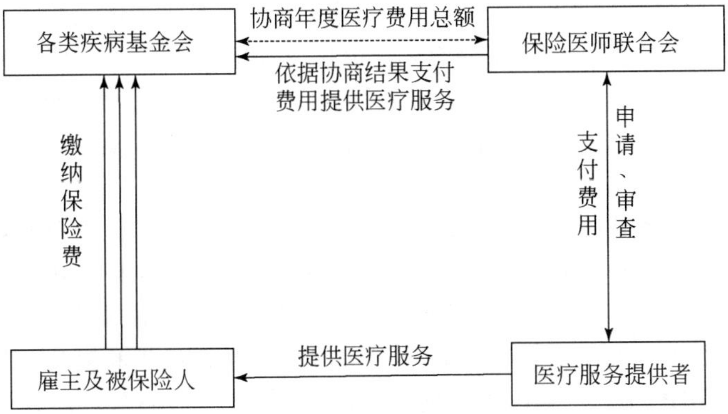

图 14-1　德国健康保险架构示意图

医疗保险行政管理在联邦层次的机构是联邦卫生部和联邦保险局。联邦卫生部主要负责有关医疗保险立法、答复法律咨询和制定实施改革措施，并对全国医疗保险运行进行监督。联邦保险局主要负责按照国家法律制订有关行政规章制度，监督管理隶属联邦的医疗保险疾病基金会和所有私人健康保险公司，并在调查各基金会的参保人数、基金收入和医疗费支出等情况的基础上，进行保险费收入的转移和补偿，调节和均衡各疾病保险基金会的支出风险。

（二）医疗保险制度的改革与发展

德国社会医疗保险制度自 1883 年建立以来坚持至今，已有 140 年的发展历史。德国法定医疗保险制度改革大致经历了四个阶段。

1. 帝国主义时期

德国法定医疗保险的起源可以追溯到中世纪晚期行会中出现的互助会。一直到 19 世纪，新兴的工业工人阶级仍然保持着这一社会传统，并建立了针对不同职业工人的自愿互助组织。1849 年，普鲁士规定矿工必须参加医疗保险，并允许当地社区要求雇主及其雇员缴纳医疗保险费。

1883 年，俾斯麦签署了《疾病保险法》，要求在国家层面引入强制性健康保险计划。1884 年，德国引入了职业事故和疾病法定保险计划，为遭受职业事故的雇员提供治疗和康复护理，以及在其残疾或死亡时提供现金福利，是世界上第一个国家级的工人补偿计划。在随后的一个世纪里，德国强制医疗保险制度逐渐扩展到老年和残疾（1889 年）、失业（1927 年）和长期护理（1994 年）等多个领域，初步形成现代意义上的社会保险体系。

2. 国家社会主义时期（1933～1945 年）

在国家社会主义时期，德国医疗保险筹资和待遇给付的基本结构保持不变，改革的主要内容是扩大覆盖范围。1936 年，德国法定医疗保险基金开始为其成员家属提供医院护理保险；1941 年，法定医疗保险的覆盖范围扩大到养老金领取者。

3. 第二次世界大战结束后至两德统一前

（1）战后初期民主德国医疗保险体系

战后初期，德国的医疗保健的主要措施是预防流行病和分配稀缺的医疗资源。其中，民主德国主要通过中央集权的方式控制传染病，并逐步引入了一个中央政府运作的医疗保健系统。虽然民主德国在法律上维持了由雇主和雇员分担保险费的社会保险原则，但法定医疗保险基金只集中在两项大额法定医疗保险基金上：一项用于工人（占比 89%），另一项用于其他职业群体，即农业合作社成员、艺术家和个体经营者（占比 11%）。法定医疗保险制度的社会互济性和实际保障作用大大减弱。

（2）战后初期联邦德国医疗保险体系改革

战后初期，联邦德国医疗保险体系改革的主要目标是恢复原有制度、降低成本、优化资源配置、提高制度运行效率等。1955 年，为了提高对各地区流动医生垄断地位的谈判能力，联邦德国政府在雇主的支持下恢复了魏玛共和国末期的医疗保障制度，法定医疗保险的缴费由雇主和雇员平分，法定医疗保险基金管理委员会的席位数目也由雇主和雇员平分。1955～1965 年，联邦德国医疗保险改革的重点是降低成本，但由于医生、法定医疗保险基金、媒体和医疗器械行业联盟遭到严重破坏，历次改革均以失败告终。

1972 年，为了克服战争破坏和战后初期医院投资资金不足造成的医疗基础设施缺乏，联邦德国重新明确了联邦政府、各州和法定医疗保险基金在资助医院方面的责任。其中，法定医疗保险基金主要负责支付运营成本，包括与工资、提供服务与建筑维护和维修相关的成本。

随着保障范围的不断扩大、保障内容的不断增加和保障标准的不断提高，德国法定医疗保险支出急剧增加，支出占 GDP 的比重从 1965 年的 3.5%上升至 1975 年的 5.9%。医疗卫生费用的爆炸性增长、石油危机以及德国经济繁荣的结束，严重危及法定医疗保险一揽子计划的财务可持续性。1977

年，为了应对医疗支出的快速增长，联邦德国政府出台了《医疗保险成本控制法》，遏制住了德国医疗支出的快速增长。

4. 两德统一后的改革

1990 年，民主德国过渡政府和联邦德国签署了一项统一条约，民主德国被纳入了联邦德国的社会保障和医疗卫生体系。统一条约给予联邦德国综合诊所五年宽限期。在宽限期内，各地区的法定医疗保险医师协会和法定医疗保险基金会共同决定综合诊所的最终命运。同时，联邦德国的法定医疗保险基金迅速扩展到民主德国，由联邦政府支持重建德国东部的基础设施，并立即向医院和疗养院提供了数十亿欧元的援助。但是，两德统一给医疗体系带来了巨大挑战，医疗保险财务压力迅速增加，同时也加速了 20 世纪 90 年代德国医疗保险改革。两德的医疗卫生体系统一以后，德国法定医疗保险改革的目标主要是将医疗保险支出和保险费率控制在合理范围内（表 14-1）。

表 14-1　1993 年以来德国医疗卫生系统的改革及主要内容

年份	改革立法	主要内容和措施
		科尔政府
1993	《医疗结构法》	•法定健康保险的大多数成员可自由选择法定医疗保险基金，并辅以实行风险调整补偿计划，在法定医疗保险基金之间公平地重新分配缴款（截至 1996 年） •基于需求的门诊医护人员队伍规划和法定健康保险医生资格认证要求 •取消医院的全额费用保障原则 •为医疗保健的主要部门引入法律规定的预算或支出上限 •根据价格和（1993 年）和包装尺寸（1994 年）增加医药产品和差异的共同支付额 •引入药品正面清单
1996	《医疗保险缴费率免责法》	•所有缴费率降低 0.4 个百分点
1997	《社会医疗保险重组和再定位法案一》和《社会医疗保险重组和再定位法案二》	•缩减福利（例如，将义齿安装从医疗保险的诊疗目录中剔除） •增加共担费用（例如，医院护理、药品、医疗辅助设备、救护车运输和假牙） •引入临终关怀福利 •增加法定医疗保险基金和提供者之间签订非集体合同的可能性
		施罗德政府
1998	《加强法定医疗保险互助共济性法案》	•为 1978 年后出生的人提供义齿服务 •降低药品和假牙的共同支付率
2000	《法定健康保险改革法》	•从法定健康保险福利包中删除无效或有争议的技术和药品 •选择性签约 •对全科医生和门诊护理专家实行单独预算 •强制收集医院的质量指标
2003	《特殊情况费用法》	•引入德国式住院服务诊断相关分组系统
		默克尔政府
2007	《加强法定医疗保险竞争法》	•强制性全民保险（通过法定健康保险或私人健康保险） •根据基于发病率的风险结构补偿计划，采用统一的缴费率、中央再分配资金池和医疗保险基金的资源分配方式 •引入专科姑息治疗 •法定医疗保险中选择费用标准（例如，无索赔奖金） •门诊医疗费用支付改革
2011	《法定医疗保险结构法》	•对医疗筹资中的补充保险费与社会调节进行重新规定 •缩短法定医疗保险选择费率的最低约束期 •进行以需求为基础的门诊人力资源规划改革

续表

年份	改革立法	主要内容和措施
2014	《进一步发展法定健康保险的财务结构和质量的法案》	•缴费率的新规定（法定医疗保险基金在统一费率的基础上收取额外费率，仅由投保人支付） •成立医疗卫生保健质量和透明度研究所
2015	《法定医疗保险提供加强法案》	•提高门诊服务的几点措施
2016	《医院结构改革法》 《药品市场改革法》	•卫生保健质量保证和透明度研究所负责制定以下政策：以质量为基础的医院规划；法定医疗保险基金和医院之间的四个选择性合同领域；支付医院的绩效 •为医院雇用更多护士提供财政支持 •通过在医院内或医院附近建立新的非工作时间的常规性紧急情况演习，改进应急服务 •新药品报销条例 •引入效益评估和基于价值的定价

进入 21 世纪以后，德国医疗保险改革主要是通过促进竞争来控制医疗保险费用支出、控制保险成本、稳定保险收入和提高技术效率，同时还要避免竞争和成本控制对公平、质量的不利影响（表 14-1）。因此，这一阶段医疗保险改革中合理化优先于限定支出，很少有保障项目退出法定医疗保险计划，甚至还增加了大量的新药物和新技术，服务范围也转向循序性护理以及预防。

5. 发展趋势

（1）覆盖范围不断扩大。由特定工人群体向全民覆盖。2017 年，德国实现了医疗保险的全民覆盖和慷慨的一揽子福利计划。目前德国的医疗保险体系几乎实现了全民覆盖（99.9%的人口），其中，法定医疗保险几乎覆盖了 89%的德国人口，另外 11%的人参加私人医疗保险。

（2）保障水平不断提高。目前，德国医疗保险涵盖了广泛的医疗服务，从医生咨询到昂贵的诊断和治疗程序，且所有处方药都包括在内（除非法律明确排除或联邦联合委员会进行福利评估为消极目录里面的药品），患者信息和自助小组的支持甚至也包括在内。

（3）平衡互助共济性与竞争性。自 20 世纪 90 年代末以来，德国卫生系统开始朝着综合保健和循证保健的方向发展，为法定医疗保险基金和医疗服务提供者制定了新的财政激励计划，以提高保健的质量和效率。为了满足会员在医疗保险基金之间转换的自由和日益增长的投保意愿，医疗保险基金也开始合并。2000～2015 年，德国医疗保险基金数量减少了 70%。

（4）从成本控制到质量控制。20 世纪 90 年代开始德国通过采取多项措施进行卫生成本控制，但是从长远来看，粗暴的预算限制既不明智也不切实际。自 20 世纪 90 年代以来，医院的质量保证从志愿活动转变为强制性任务。自 2007 年以来，德国法律要求所有医院公布咨询委员会收集的 27 项选定指标的结果，2012 年起要求医院公开报告的质量指标增加到 182 项。为了解决医疗卫生系统的成本效益问题，德国政府从 2000 年开始陆续采取提高基金会自主权、引入疾病管理方案、预先支付制度、药品成本控制与激励补偿等措施。

三、美国的医疗保险制度

美国是医疗保险制度较成熟的国家，在医疗保险方面独具特色。美国的医疗保险制度大体可以分为政府举办的社会医疗保险和私营保险机构举办的商业医疗保险两大类。美国医疗保险经过多年发展，形成了以商业医疗保险为主体、社会医疗保险为补充的混合式医疗保险体系。

（一）美国的商业医疗保险

1. 美国商业医疗保险的确立

商业医疗保险起源于欧洲，但在美国得到迅速发展，占据了美国医疗保障体系的主体地位。美国是一个移民国家，那些来自世界各地，特别是早期欧洲的移民，带来了自由、独立、平等的思想和价值观念。因此，崇尚自由、独立的人文特点是美国商业医疗保险制度产生的文化基础。

从 1850 年富兰克林健康保险公司推出一种非致死性损伤保险，1860 年旅行者保险公司开发推出一种与今天的健康保险相似的医疗保险，到 1866 年美国已有 66 家保险公司提供健康保险产品；1911 年，蒙哥马利公司推出了美国第一个团体健康保险计划，这是一种按周给付的雇员疾病和伤害保险。经过几十年的发展，在 1929 年，终于出现了真正具有现代意义的商业健康保险计划——蓝十字计划。现在，美国的一般在职劳动者都加入了为雇员提供的商业医疗保险，而不在政府实施的医疗保障项目之内。2018 年，美国商业医疗保险的覆盖率为 64.6%。

2. 美国商业医疗保险的组织机构

商业医疗保险经常作为一种非工资福利，有大工商企业、机关团体作为雇主以就业为基础而为职工支付保险金的健康保险，也有个人自行投保购买的健康保险。2000～2018 年，以就业为基础而购买的医疗保险覆盖率一直呈下降趋势，而个人直接购买的医疗保险一直呈增长趋势。

美国主要的健康保险计划由商业保险人提供，雇主和个人向其购买。商业医疗保险公司主要分为三类：一是非营利性健康保险公司，如蓝盾（Blue Shield）和蓝十字（Blue Cross）；二是管理性健康保险公司，如健康维护组织（HMO）、优先提供者组织（Preferred Provider Organization ，PPO）、服务点计划（Point of Service Plans，简写为 POS）、健康储蓄账户（Health Savings Account，HSA）等；三是营利性健康保险公司。美国的商业医疗保险的承保范围几乎涵盖公立医疗保险制度未覆盖的各个领域。

（1）“蓝盾”和“蓝十字”。这是美国最大的两家民间非营利医疗保险公司，是两个相互独立的医疗保险机构，属于非营利性的会员性组织。这类保险公司主要为投保者提供门诊和住院医疗服务。这两个组织占了私人医疗保险的较大份额，覆盖人口达 1.7 亿人，目前每 3 个美国人中就有 1 人参加了“蓝盾”或“蓝十字”医疗保险组织。“蓝盾”和“蓝十字”两者在作用上是相同的，服务项目没有太大的区别，只是在服务提供上有所区别。“蓝盾”主要为门诊医疗提供服务，通常采用为患者支付一定医疗费用的方式提供保障，当被保险者的收入低于一定水平时，医生可按协会规定提供一定量的免费医疗。“蓝十字”主要为住院患者提供保险，但是一般不提供长期的高额住院费。

（2）健康维护组织。“健康维持组织”的概念可以追溯到 1933 年为加州沙漠高架桥的洛杉矶建设者提供暂时医疗服务的劳合社，是指在收取固定年费后给被保险人提供医疗服务的体系。有多种多样的形式，由联邦政府和州政府管理规范。该体系强调疾病预防，给每个受益人指派一位主治医生，作为民众接受医疗服务的“看门人”。除非紧急情况，患者需要主治医生的转诊介绍才能看专科门诊或其他医生。主治医生必须根据健康维持组织的规定才能转诊病人。健康维护组织通常覆盖了各医疗补偿计划没有的预防性服务，如疫苗、胎儿健康监测等，主要侧重于防止重大疾病发生。

（3）优先提供者组织。这一组织的出现是为了满足被保险人到 HMO 组织以外就医的需要而建立起来的。一般是医疗保险公司同一些医生或医院签订合同，形成医疗服务计划网络，向被保险人提供有折扣的医疗服务，鼓励被保险人到签约的医院就医。使用计划网络内的医生和医院时价格便宜，使用网络外的医院、医生、药品供应商不需要转诊介绍并且会得到相应的补偿。这种保险形式不收取保险费，允许加入了 HMO 的被保险人到与保险公司无合约关系的医生处或医院接受治疗，但是病人需负担自付额和部分费用。

（4）服务点计划。这种管理性医疗保障结合了健康维护组织和优先提供者组织的特点。使用计划网络内的医生、医院的价格较为便宜。同样需要主治医生的转诊介绍才能看其他医生门诊，所得到的补偿较少，并且需要自己负责填写表格、记账单、保留收据。

另外，营利性保险公司主要是为个人或团体提供住院医疗保险，重点承担费用较高的医疗项目，而费用过高的项目还要进行单项投保。

（二）美国的社会医疗保险

美国的社会医疗保险由联邦政府和州、地方政府举办，主要是针对弱势人群（老年人、残障人、穷人等）和特殊人群（现役军人、退役军人、军人家属、遗属、原住民及其他指定受益人等）而采取的强制性医疗保险计划。其构成内容可以细分为以下六大方面。

（1）联邦医疗照顾计划（Medicare）。这是根据 1965 年美国国会制定的《老年医疗保险法》于 1966 年正式实施的，是强制性老年和残障医疗保健计划。该制度的服务对象为 65 岁以上（含 65 岁）的老年人和 65 岁以下的残障人士或终末期肾病患者、肌萎缩侧索硬化症患者。由美国卫生与公众服务部卫生服务经费管理局（HCFA）直接管理，是全国性的社会保险项目，是美国公共医疗保险制度中最重要的组成部分。医疗照顾制度平均报销承保病人 48%的治疗费用，剩余费用病人可通过补充保险或其他方式支付。该制度的资金一部分来自薪资税，为收入的 2.9%，年薪超过 20 万美元的需支付 3.8%；一部分来自投保人所交的保险费和基金收益，收入高的老年人需额外支付附加税。

最初的医疗照顾制度包括 A 部分住院医疗保险和 B 部分门诊医疗保险，2003 年国会立法通过的《医疗保险现代法案》（medicare modernization act，MMA）增加了 C 部分医保优势计划和 D 部分处方药计划。①A 部分住院医疗保险，主要包括住院医疗服务、专业护理服务、临终关怀服务及部分家庭医疗服务。参保人不需要为该项目付费，因为费用已经涵盖在其工作期间的缴税里。②B 部分门诊医疗保险，主要包括门诊医生服务、门诊手术服务及部分家庭医疗服务。参保人需要为该项目付费。截至 2015 年，病人花销小于 147 美元时全部自理，超过 147 美元后保险承担全部费用的 80%。③C 部分医保优势计划，可覆盖前 A、B 两部分未覆盖的医疗服务和其他不包括的福利，减少自付额和 20%的共付额，主要由商业健康保险机构提供。④D 部分处方药计划为药品方案，任何参加 A、B 部分医疗保险的参保人都可以申请参加 D 部分来降低处方药品开销。

（2）医疗补助制度（Medicaid）。这是针对低收入群体的医疗健康保障项目。法律规定，收入在贫困线 133%以上的美国公民以及合法居住者有资格参与医疗补助制度，具体享受资格标准和待遇水平由各州自己制定。该制度的服务对象是低收入人群、失业人群、残障人群、孕妇和长期护理对应人群。医疗补助制度是最大、最具代表性的一个项目。由联邦政府和各州政府共同出资，联邦政府会按照一定比例（平均 57%）给予州政府资助，对低收入居民实行部分免费医疗。2015 年的覆盖人数达 6850 万人，支出达 5523 亿美金。

（3）儿童健康保险计划（children's health insurance program，CHIP）。该项目于 1997 年由联邦政府设立，是各州普遍实行基本的社会保险计划。由联邦和州政府联合出资，向收入高于贫困线而又买不起商业保险的中低收入家庭的儿童提供健康保险。儿童健康保险项目为家庭收入未能满足医疗补助制度资格要求的家庭中 19 岁以下的儿童提供的医疗保险服务，各州设定相关的收入标准。各州可以收取一定的注册费用、保险费、起付线，共同付费等，但总的自付费用不能超过家庭收入的 5%。2016 年，儿童健康保险计划覆盖了 890 万儿童。

（4）原住民医疗服务（minority health）。这是美国政府于 1935 年专门为原住民建立的医疗服务项目，由美国卫生和公共服务部管理。享受对象为美洲土著印第安人和阿拉斯加原住少数民族，旨在提高其健康状况。该项目为大约 220 万名美国印第安人和阿拉斯加土著居民提供了医疗保健。全国有 26 家医院、50 个保健中心和 32 个保健站为这些原住民提供医疗服务。

（5）军人医疗保障体系（military and veterans'health care）。这是由联邦政府出资、经办的医疗保障计划，属于免费的医疗保险。军人医疗保障体系由军队卫生系统和退伍军人医疗系统两部分构成。其中，军队卫生系统由国防部医疗管理中心统一管理，为现役军人、退伍军人、预备役军人及其家属、遗属和其他指定受益人提供医疗保障服务（TRICARE）；退伍军人医疗系统由退伍军人事务部下属的退伍军人医疗事务管理局统一管理，为战争中伤残的退伍军人和低收入退伍军人及部分退伍军人家属提供医疗保障服务（CHAMPMA）。军队卫生系统共有 59 所医院、363 所医疗诊所、281 所牙科诊所。退伍军人医疗系统是美国唯一由政府直接提供服务的医疗系统，医疗机构设施归国家所有，工作人员为政府雇员，拥有 1243 家医疗机构，包括 170 家医疗中心、1063 家门诊诊所。2015 年，美国军队卫生系统的支出为 418 亿美元，而退伍军人医疗系统的支出为 647 亿美元。

（6）联邦雇员健康福利计划。此项目是基于 1959 年的《美国联邦雇员健康福利法》而设立的，是为政府雇员提供的健康福利。该计划允许公务员在保险市场选择私有医疗保险，由政府平均承担 72%～75%的保险费用，授权人事管理局与若干私人保险公司签订合同，由私人保险公司为联邦雇员及其家属提供保险计划。

除以上六大方面之外，美国社会医疗保险中还有州医疗保险计划（indivdual state health plan）及一些急诊免费服务。这主要是由州、市和县医院等卫生机构提供给低收入、无业、无保险者的医疗服务保障系统。对应的受益者在需要时，可以通过去公共、公营、公助医疗机构的急诊室来寻求免费的服务。另外还有为超过 55 岁但不满足医疗保健计划“家庭看护”条件的老人提供医疗服务的“老年医疗保障全包项目”。

（三）美国医疗保险的筹资与支付

1. 筹资机制

美国医疗保障筹资机制以市场为基础，主要筹资来源由雇主和参保人的缴费、医疗服务收费与药品自费部分构成。联邦政府与州和地方政府也承担了部分筹资责任，通过医疗照顾和医疗救助制度为弱势群体的基本医疗提供拨款。

自 1960 年以来，美国医疗卫生经费总筹资规模一直保持增长态势。其中，公共筹资医疗卫生经费中，医疗照顾计划和医疗救助计划的增长幅度和支出规模都比较大。根据中国医疗保险研究会 2019 年的报告，2018 年，医疗照顾计划支出规模达 7501.82 亿美元，是 1970 年的 97.8 倍，是 2000 年的 3.3 倍，比 2010 年增加了 44.3%。2018 年，医疗救助计划支出规模达 5973.87 亿美元，是 1970 年的 113 倍，是 2000 年的 3 倍，比 2010 年增加了约 50.3%。另外，非公共筹资来源的最大主体是商业医疗保险。商业医疗保险的卫生经费支出规模在 1960 年为 58.12 亿美元，在 2010 年达 8584. 81 亿美元，2018 年更是达到了 12 430.5 亿美元。

2. 支付管理

美国的医疗保险支付管理采取政府定价。美国社会医疗保险的管理机构是卫生及公共服务部下属的“医疗保险与医疗补助服务中心”（CMS）。Medicare 的支付标准由 CMS 确定，医生和医疗机构只能选择接受或不接受，若不接受，就不能接诊 Medicare 的参保患者。十分重要的是，美国私营医疗保险机构也是以 Medicare 支付标准为基准，与医生和医疗机构协商议价。

美国的商业医疗保险中，医疗保险组织对病人、医生、医院采取了以下不同的待遇支付方式。

（1）保险组织对病人（被保险人）的支付方式。①单一补偿制。保险有效期内，被保险人患病就诊、住院时，先由被保险人直接支付医疗费用给医生和医院，然后将支付后的账单交至保险公司，再由保险公司以补偿的形式偿还给被保险人。②有限支付制。被保险人就诊全过程产生的医疗费用，由保险公司进行有限支付，可分为折扣法、最高限额法和共同支付法三类支付方法。③预付费用制。被保险人按保险公司要求缴纳固定的保险金后，即可享受由保险公司提供的全部医疗服务，而不必再支付额外的任何费用。不过保险公司实施这种预付费用制对被保险人有许多条件限制，采用这种制度之前，保险公司要对被保险人的经济状况、生活水平、健康状况、年龄等情况进行调查和确认。

（2）保险组织对医生的支付方式。①直接补偿制。依据医生与保险公司签订的协议，在医生为该保险公司的被保险人提供医疗服务时，从该保险公司得到劳务补偿，补偿的金额依据医生负责的被保险人的数量和服务项目而定。这是美国支付医生劳务费用最传统的方式。②人均付费制。按照医生与保险公司签订的协议，由医生负责为其所管辖的被保险人提供医疗服务，最终的医疗服务劳务费用，不按服务量而是按医生本人所管辖的被保险人数来计算。保险公司将每位医生负责的被保险人的平均费用计算出来，然后按人数乘以该平均费用数支付给医生；③医生工资制。保险公司依照合同按医生实际工作日计算，以“工资”的形式支付医生的劳务费用。各保险公司的工资标准有不同，同一医生在同一保险公司的工资每年也会因实际工作日不同而不同。

（3）保险组织对医院的支付方式。①费用相加制。这是一种后付制，即只有被保险人就诊，保险公司才会支付给医院相关费用。保险公司按照医院实际的治疗费再加上利润余额的一定比例来作为付给医院承担被保险人就诊的医疗费用。利润余额的比例由保险公司和医院双方商定。②比例预算制。这是一种预付制，即保险公司根据被保险人的数量和服务项目与医院经营者事先作出预算，先按预算总额的一定比例在被保险人就诊前预付给医院，剩下部分在年中或年底再付给医院。③按日补偿制。保险公司按照被保险人住院天数来补偿医院，即保险公司将被保险人在医院就诊住院的各项费用相加，计算出每一年的总支出，然后再除以总服务量（在此医院的就诊次数和住院总天数），来确定每日每位被保险人的补偿基数，再按此补偿基数来补偿医院。④按人头付费制。保险公司按被保险人的总数来确定医院负责的保险费用，按每人每年多少钱总额承包给医院，对医院采取超支不补、结余归院的办法。这种支付方式，无论被保险人是否产生到院就诊和住院需求，都由保险公司按协议支付。

另外，在社会医疗保险方面，美国的医疗照顾制度中也引入了预付制系统，如美国的《社会保障法》规定医疗照顾制度中急诊住院医疗的支付方式为按病种预付制。美国在 1997 年颁布的《平衡预算法案》和 1999 年颁布的《综合性补充拨款法案》中提出了对 Medicare 的家庭医疗实施预付制。

（四）医疗保险制度的改革与发展

美国是当今发达国家中唯一没有建立一个统一的全民健康保险制度体系来实行全民医保的国家，其人均医疗费用支出远高于其他任何一个国家，2018 年美国被私人保险或政府保险覆盖的人口为 29 620.6 万人，覆盖率为 91.5%，没有医疗保障的人由 2017 年的 7.9%增加到 8.5%。有研究表明，美国的医疗保障在宏观上资源配置不当，缺乏效率与品质，而在微观上却创造了高效率和高质量的技术与管理，如 DRGs、RBRVS（依资源耗用相对价格表）、EBM（循证医学）、CG（临床指南）等，却未能把“对的事情做好”。

美国虽然经济发达、医疗技术先进，但是医疗资源的分配不合理，大量没有医疗保险的人难以负担昂贵的医疗费用。因此，美国在医疗保险制度建设方面属于后来者，医疗保险改革也一直是历届政府的核心议题和棘手大事。从 1912 年西奥多·罗斯福提出“全民医保”的竞选主张到奥巴马医疗法案的通过再到特朗普的医疗保险商品化改革，已历经 100 多年。

1. 21 世纪初以来的历届总统医改措施

针对美国医疗保障制度费用高、保险覆盖不全、医疗公平性问题严重、市场不规范，及医疗质量不均衡等问题，进入 21 世纪以后的历届总统也继续进行了改革。

（1）小布什医改。2001 年小布什就任后，面对医疗费用支出失控和缺乏医疗保障成员的增多，美国医疗保障面临的改革压力越来越大，改革也势在必行。美国国会参议院于 2003 年 11 月 25 日通过《医疗照顾计划处方药改革法案》，主要措施有：①通过处方药优惠制度为老年人提供优惠供药；②通过引入竞争机制，将医疗照顾计划放到商业医疗保险中去竞争，提高其活力；③引进养老储蓄账户，通过税收优惠等举措，帮助患者有能力支付健康计划没有涵盖的项目和起付标准以下的医疗费用。

（2）奥巴马医改。2009 年 1 月奥巴马入主白宫之时，美国的医疗难题依然没有解决，甚至更加严重。一是医疗费用高昂，2009 年医疗卫生支出已经占到 GDP 的 17.6%，人均医疗费用为 8160 美元。若不有效控制，还将继续增长。二是缺乏医疗保险的人数有增无减，2009 年约有 5070 万人没有医疗保险。还有很多人保险不足或面临失去保险的风险。2009 年 4 月，奥巴马在白宫设立医疗改革办公室，负责推动医疗改革。2010 年 3 月，奥巴马签署了《患者保护与可负担医疗法案》（The atient Protection and Affordable Care Act），又称为“奥巴马医改”（Obamacare），被誉为继 1965 年 Medicare 法案后美国医疗系统最重要的改革法案。法案的主要目的在于降低医疗费用、扩大医保覆盖面、提高医疗质量。奥巴马医改的主要内容有三部分，分别是对投保人实行强制投保、对保险人要求不得拒保、对医疗机构要求重视医疗质量。“奥巴马医改”法案自 2014 年 1 月 1 日开始实施，在实施过程中面临了不少挑战。直至 2017 年 1 月，特朗普上任后签署的第一条行政令即限制“奥巴马医改”法案的运行。2017 年 5 月 5 日，美国众议院以 217∶213 的微弱优势通过了取代奥巴马医改的相关议案，正式进入“特朗普医改”（Trump Care）时代。

（3）特朗普医改。“特朗普医改”的核心法案是《美国医疗法案》（American Health Care Act），其主要旨在取代奥巴马医改内容。特朗普医改的主要内容包括废除强制参保、改变补助机制和改革 Medicaid 三个方面。废除强制参保是将行政手段改为价格杠杆，不再对未参保的个人和企业雇主征收额外的惩罚性税款；改变补助机制是将以人均收入为依据的补助模式改为以年龄为依据的保险费补助，同时不再规定补助之后保险费占收入的比例及不再补助高收入者，以减少政府在医疗保险方面的财政投入；改革 Medicaid 是将其财政补贴从个人发放改为集中拨款，设定每一财年的救助上限，收紧其救助覆盖范围。但是，特朗普医改法案最终也失败，奥巴马的《患者保护与可负担医疗法案》又得以延续。

2. 美国医疗保险的改革发展趋势

自 20 世纪七八十年代以来，美国政府部门和私营保险保健机构通过引进“管理性健康组织”为核心的费用控制举措不断改革和完善整个体系，并在医疗提供者的费用补偿制度、支付方式、筹资模式、保险和保健机构的组建与协调、医疗卫生信息化建设、医保反欺诈等方面也进行了创新性的改革，同时也试图引入全民医保体系以实现社会公平。其中不少举措已成为其他国家效仿的榜样和全球医保改革的趋势。

（1）控制医疗费用飞涨。主要是通过改革医疗费用支付方式、控制费用补偿、改变医疗服务提供方式及控制医疗设备的费用等措施来实现医疗费用控制。在费用支付方式上，用预付制（prospective payment system，PPS）代替按服务项目收费的后付制（FFS）；在控制费用补偿上，采用 DRGs 付费方式约束医疗供方；在医疗服务提供方式上，将医疗保险组织和医疗服务提供者连为一体，实行管理式医疗（managed care）；在控制医疗设备的费用上，政府通过医疗设备需求证制度、专业标准审核制度，设立技术评估办公室及通过《医疗设备修正案》等。

（2）扩大医疗保险覆盖面。扩大社会医疗保险的覆盖面，为全美公民提供一个基本的医疗保险，成为医疗改革的主流，获得广泛支持，因为这不仅关系到没有医疗保险、低收入贫困群体，更主要还涉及美国医疗保险的主要出资者——雇主，高昂的保险费和医疗费用使雇主已不堪重负。

（3）推动医疗卫生信息化建设。一是建立联邦层面主导卫生信息技术建设的组织架构，包括推进美国国家卫生信息化战略的国家卫生信息技术协调官办公室（ONCHIT）等；二是通过有序规划推进信息化建设，实现患者医疗记录数据化和信息协同共享、提高服务效率；三是推动大数据的开发应用，将医疗信息数据库向社会公众开放，建立信息化平台加以整合利用。

（4）加强医保反欺诈。美国政府除了加强完善医保反欺诈的立法外，还从各个层面加强医保反欺诈的力量匹配。联邦调查局是负责医疗保险欺诈的主要调查机构。医疗保险与医疗补助服务中心

（CMS）基于各类医疗信息数据库和电子健康档案提供的海量数据，开发出了预付预防（prepayment prevention）、预付调查（prepayment investigation）和追溯追回（retrospective recovery）三个阶段的反欺诈软件，以识别医疗服务提供者、受益人的可疑赔付及欺诈行为。

四、新加坡的医疗保险制度

（一）新加坡的储蓄医疗保险

新加坡医疗保险制度分为三个层次：一是作为基本医疗保险，在全国范围内强制性地推行以帮助个人储蓄和支付医疗保险费用的保健储蓄计划（Medisave）；二是作为基本医疗的补充，针对拥有保健储蓄账户的参保对象，非强制性地对大病进行保险的健保双全计划（Medishield）；三是作为医疗救助，由政府拨款建立保健信托基金，帮助贫困民众支付医疗费用的保健基金计划（Medifund）。这三个层次又被称为 3Ms 医疗保险制度，此外，还有专门针对老年人的乐龄健保计划（Eldershield）。

1. 保健储蓄计划（Medisave）

（1）保健储蓄计划的确立。新加坡在独立之初继承了其宗主国——英国的卫生服务模式，即以税收的方式筹资，主要由公立卫生部门提供医疗服务，所有社会成员享受免费医疗。从 20 世纪 80 年代开始，新加坡政府对医疗制度进行了反思和一系列改革，逐步形成了一个具有本国特点的、较能体现公平和效率双重目的、以保健储蓄计划为核心的储蓄医疗保险模式。1984 年，在原有公积金制度的基础上，新加坡又制订了保健储蓄计划，并于同年 4 月开始实施该计划。

（2）保健储蓄计划的参保对象。保健储蓄计划是一项全民保障计划，其参保对象为全部有收入的公民。该计划要求从公民有收入起，就按规定缴纳公积金，将个人收入的一部分存入中央公积金账户，并将其中一部分划入保健储蓄账户中，为以后可能出现的各种医疗需求提前储蓄基金，以应对个人或直系亲属的住院治疗费用、日常手术费用和门诊费用。保健储蓄计划刚开始时只包括雇员，不包括自雇人员，自 1992 年起，自雇人员也被保健储蓄计划覆盖。

（3）保健储蓄计划的筹资机制。保健储蓄计划的筹资是根据投保人年龄不同而设定不同缴费比例，由雇主和雇员分摊，存入个人的保健储蓄账户。保健储蓄计划的做法可概括为差别费率、总额封顶、保值增值、最低限额、余额继承。在差别费率方面，截至 2016 年 1 月，保健储蓄计划规定只有月收入超过 1500 新加坡元的公民才需按规定费率缴纳保健储蓄基金。缴纳的保健储蓄基金可以免缴个人所得税。保健储蓄设有缴费上限，以避免高收入者的保健储蓄账户余额过多而带来过度医疗并造成医疗资源的浪费。保健储蓄基金可以获得平均利息率，最低利率为 2.5%；为了更快积累医疗储蓄账户基金，2001 年 10 月，医疗储蓄账户的记账利率又被提高到了 4%。2016 年以前，保健储蓄计划为保证所有公民可以享受到基本医疗服务，为 55 岁及以上的公民设置了保健储蓄账户最低限额，且最低限额逐年增加，以确保投保人在退休后患病时有足够的储蓄金支付住院费。2016 年以后，政府规定无须在公民 55 岁的时候达到最低限额。当保健储蓄账户的所有者去世后，继承人可以领取保健储蓄账户余额，且免缴遗产税。

（4）保健储蓄计划的偿付机制。新加坡保健储蓄计划基金用于支付本人及家庭成员住院治疗的基本费用及部分门诊费用。对于这些治疗费用偿付均规定了不同的偿付比例。新加坡政府设定了在各种情况下的可使用限额。这些限额一般够支付医院 C 级病房 80%、B2 级病房 66%、B1 级病房 20%的住院费用；对于 A 级病房，政府不承担任何住院费用。保健储蓄计划之外的金额由病人以现金支付。当保健储蓄计划基金不够支付住院费用时，可使用家庭成员保健储蓄计划基金互助或使用现金；住院费用超过一定限额可启用健保双全计划；无力支付者可申请领取福利基金。不过，政府只对住院时间超过 8 小时的病人提供补贴（除非病人被确定为日间手术）。不同等级病房住院环境有所不同，但是由同样的医生和护理人员提供质量无差别的医疗服务。

（5）特殊补偿计划。2006 年新加坡政府提出慢性病管理计划（the chronic disease management programme，CDMP），针对患有糖尿病、高血压等慢性病的群体，提供一定的政府补贴，患者需承担医疗总费用的 15%。截至 2015 年 1 月，慢性病管理计划包括了 19 种慢性病。另外，50 岁及以上的女性每年最多可以使用自己或其直系亲属保健储蓄账户的 400 新加坡元，在获得批准的乳房 X 射线照相中心进行筛查乳房疾病的 X 线检查；50 岁及以上的人可以使用自己或其直系亲属的保健储蓄在结肠镜检查中心进行结肠镜检查。此外，当新加坡不提供治疗，在获得新加坡保健储蓄认证机构或转诊中心的批准，并且海外医院与新加坡的保健储蓄认证机构或转诊中心达成一致的工作安排的前提下，保健储蓄账户基金可以用于海外治疗，包括海外住院、医院紧急情况的日间手术、海外选择性住院和日间手术。

2. 健保双全计划（Medishield）

（1）健保双全计划的确立。为了弥补保健储蓄计划的不足，1990 年，新加坡政府制订了健保双全计划。这是一种非强制性的低价医疗保险计划，带有社会统筹性质，其设立的目的是帮助参加者支付大病或慢性病的医疗费用，是保健储蓄计划的补充。由于该计划的参保居民同时已是保健储蓄计划的储户，因此，这一计划称为健保双全计划。该计划的全面实施在一定程度上标志着新加坡大病保险制度的正式建立。

（2）健保双全计划的参保对象。健保双全计划的参保对象限定为拥有保健储蓄账户的新加坡公民或永久居民。参保人的最高投保年龄为 75 岁，最高受保年龄为 85 岁。该计划只提供给健康状况良好的参保人，在健保双全计划生效前，参保人必须提交其健康状况证明。该计划具有选择退出性，除非个人主动选择退出，否则每一个满足条件的保健储蓄计划会员都会自动投保到该计划中。

（3）健保双全计划的筹资机制。健保双全计划由中央公积金局进行管理，保险费从参加这项保险计划的参保人或其直系亲属的保健储蓄账户中直接扣除，实行社会统筹，调剂使用。为鼓励更多的人参保，其保险费相对较低，不同的年龄段保险费不同，从 30 新加坡元到 705 新加坡元不等，为了规避逆向选择，保险费随年龄增长而增加。为鼓励老年人尽早投保，健保双全计划还规定，60 岁之前投保的人，从 70 岁开始可以享有保险费折扣优惠。新加坡中央公积金局还会根据健保双全计划的整体补偿情况不定期地调整保险费，以确保该计划可持续。

（4）健保双全计划的偿付机制。健保双全计划的保障范围包括住院费、指定外科手术疗程的费用、医疗植入体的费用及指定门诊治疗费用（如肾透析、癌症化疗和放疗等）。从 2013 年 3 月起，在医院急诊部的短期住院、住院接受精神病治疗，以及新确诊的先天性和初生儿疾病也已被纳入保障范围。这些医疗费用，先按保健储蓄计划规定支付一定数额后，剩余部分再按健保双全计划，从统筹基金中支付。为了避免医疗资源滥用，健保双全计划设置了自付额、共同保险和补偿限额。参保人只有在支付医疗费用自付部分和共付部分之后，才能获得健保双全计划的补偿。该补偿主要帮助投保人支付在 B2 级或 C 级医院中部分大额医疗费用（5000 新加坡元以上），对其他等级医院则没有完全覆盖，报销取决于是否符合补偿条件。新加坡中央公积金局对于各类具体医疗项目还设定了补偿限额，规定每个保单年度最高补偿不超过 7 万新加坡元，终身保险金额不超过 30 万新加坡元。

（5）健保双全计划的补充项目：综合健保双全计划。为了满足部分收入较高的国民的医疗需求，新加坡政府于 1994 年 7 月推出了增值健保双全计划（Medishield P1us），并于 2010 年改革为综合健保双全计划（Integrated Shield Plans），交由商业保险公司进行管理。综合健保双全计划主要对重组医院 A 级、B1 级病房或私人医院住院提供保障，设置多款计划供投保人选择。该计划最初由职总英康保险合作社管理，后来逐渐扩展到美国友邦人寿、大东方人寿、英杰华保险和英国保诚人寿等四家保险公司。

3. 保健基金计划（Medifund）

（1）保健基金计划的确立与救助对象。尽管保健储蓄计划和健保双全计划覆盖了新加坡绝大部分人口，但是仍有小部分贫困人口需要得到政府的帮助。1993 年，新加坡政府专门为贫困民众设立了保健储蓄基金，其性质是医疗救济基金，专为那些无钱支付医疗费用的穷人提供一张“安全网”。需要此项援助的患者可通过所在医院的医务社会工作者向有关部门提出申请，医院的保健基金委员会根据援助准则以及申请人的经济状况，审批提供援助的额度，对住在一定级别病房的病人不被批准享受该计划援助。

（2）保健基金计划的资金来源。保健储蓄基金是政府设立的一项信托基金，目的是协助贫困公民支付医药费。政府在第一年投入初始资金 2 亿新加坡元建立保健储蓄基金，以后每年国家根据经济增长情况，在预算有盈余时，拨款 1 亿新加坡元，直到保健储蓄基金有足够的款额。政府利用这些基金的收益来资助病人，通过将这些基金收益分配给公立医院，每个公立医院中都有由政府指定的医保基金委员会。满足条件的穷人可以向公立医院中政府指定的保健基金委员会提出申请，经福利部门审批后，方可按规定领取保健基金。

（3）保健基金计划的偿付机制。保健基金计划利用本金的利息收入为在 C 和 B2 等级病房接受治疗的申请人提供帮助，由专门的医疗机构提供医疗服务，只有在指定的医疗机构就医才能够获得保健基金计划的救助。另外，要想获得救助的资格，还需要满足其他三个条件：一是申请者必须为新加坡公民；二是申请者必须为被补贴病人；三是在得到保健储蓄和健保双全计划偿付，以及政府补贴之后仍然难以支付医疗费用的病人。只有在同时全部满足以上四个资格条件时，才能获得保健储蓄基金的补偿。

4. 乐龄健保计划（Eldershield）

（1）乐龄健保计划的确立。2002 年 6 月，为应对人口老龄化，保障老年人的基本医疗需求，新加坡政府推出了乐龄健保计划。这是为有严重伤残的公民提供的一项保障计划。根据该政策规定，当有严重伤残的公民年老后，国家会在规定的一段内为年老的严重伤残者提供现金补偿，为他们提供基本的医疗保障。

（2）乐龄健保计划的参保对象。该计划覆盖全部新加坡公民及永久居民。在公积金会员 40 岁的时候会自动参加乐龄保健计划，并不需要公积金会员额外进行体检或填写相应的计划申请表格，同时具有一定的“选择退出性”。在 40 岁时主动选择退出乐龄健保计划的新加坡公民和永久居民，若其到 66 岁及以上依然不受保，便可向保险公司投保，此时投保需要接受规定的身体健康检查。

（3）乐龄健保计划的筹资机制。乐龄健保计划的缴费标准与疾病风险一致，风险高的人群缴费标准就高。按年缴纳保险费，保险费标准由中央公积金会员参加该计划时的年龄决定，并且不随年龄增长而增长，一经确定就不再变动。加入该计划时年龄越大，缴纳保险费标准就越高，女性缴费高于男性。总体上，越早参加计划的参保人所缴纳的总保险费就越少，最早 40 岁加入该计划的参保人要比最晚 64 岁加入的参保人少缴几百新加坡元的总保险费。中央公积金会员可以用保健储蓄基金支付自己和直系亲属的乐龄健保计划保险费，如果保健储蓄基金不够，也可以现金支付。会员参加该计划后，需要缴纳保险费至 65 岁，65 岁以后就不必再缴纳保险费，参保人在余生的任何时候都能受益。

（4）乐龄健保计划的偿付机制。新加坡政府在规定的时间内为年老的严重伤残者提供现金补偿，让其享有基本的医疗保障。在受保期间，若受保人发生重度残疾，则残疾期间就停止缴纳乐龄健保基金，乐龄健保计划自动启动，对受保人进行赔偿。当受保人已获得乐龄健保计划下的足额足期最高赔偿时，该受保人的保单就会终止，受保人此后便不必参加乐龄健保计划，无须再缴纳乐龄健保基金。

（5）乐龄健保计划的补充项目：乐龄健保额外保障计划。如果新加坡公民想要拥有更高的乐龄健保基金补偿额或者享受更长的补偿期限，无论其是否为乐龄健保计划的参保人，都可自行从卫生部门委派的私人保险公司购买乐龄健保额外保障计划。由于乐龄健保计划和乐龄健保额外保障计划是相互独立的，因此，若满足补偿资格标准，参保人也可以要求这两者分别进行补偿。该计划根据不同的缴费金额提供不同的额外福利。购买乐龄健保额外保障计划的公民可以选择现金支付保险费，也可以选择从保健储蓄账户中划转，按规定每人每年最多只可划转600新加坡元。政府通过引入市场竞争机制，为不同人群提供不同层级的服务，通过市场供需调节医疗服务的平衡，提高医疗资源的配置效率。乐龄健保额外保障计划的涵盖范围和福利不同，新加坡公民都会先与保险公司联系，以了解更多信息。

5. 储蓄医疗保险制度的管理与运行机制

新加坡政府在储蓄医疗保险制度中担负重要职责，其职责表现在三个方面：一是对公立医院进行财政补贴；二是制订并实施医院重组计划，以达到高效率、低成本、优质服务的目的；三是对医疗费用进行调控。

在医疗服务提供方面，新加坡的医疗卫生机构分为综合诊所和医院两级。综合诊所负责辖区内的医疗和预防保健，并负责向医院转诊病人。综合诊所只有简单的医疗设备，如小型X射线、B超等，不设病床。其经费主要来自政府补贴，也向服务对象收取少量费用。政府对医院的补贴方法是先将医院分为A、B1、B2、C四等，政府对A等不补贴、B1等补贴20%、B2等补贴65%、C等补贴80%。医院对综合诊所转诊来的病人提供医疗，医院的工作人员作为政府雇员，拿固定的薪金。医生也可以到私人医院看门诊，但不能超过公立医院门诊业务量的11%。病人可以自由选择医院，使公立医院与私人医院之间形成竞争。

在医疗费用控制管理方面，新加坡的储蓄医疗保险实施以来，医疗费用也迅速上升，因此采取这些手段对医疗费用进行调控。一是防止医疗服务的过量供应，采取措施控制医生数量、医院病床数量、抑制高科技在公立医院的普遍使用；二是严格控制医院收费标准；三是强化医院服务成本核算；四是对医院收入进行总量控制，医院收入的年增长率由卫生部下达给医院，规定医院收入超过限额部分收归国库；五是对药物进行严格管制，将药品分为基本药物和非处方药物，由卫生部药剂处集中大量采购，对于疗效相近的药物，取价低者。

新加坡政府通过对基本医疗服务范围，医院、病床、医生的数量，以及先进技术的管理，引导医疗资源的合理流向，实现一定程度的宏观调控。

6. 储蓄医疗保险模式的特点

新加坡的储蓄医疗保险模式是一种将个人储蓄保险计划与社会保险相结合的模式，具有资金纵向积累的特点，其筹资机制呈“T”形结构，个人纵向积累与横向的社会共济统筹相结合，它强调政府责任分担，注重个人基本责任，重视发挥市场在医疗保障中的作用。这有利于抑制对医疗服务的过度利用和超前消费。保健储蓄、健保双全、保健基金形成“三道防线”，再加上政府补贴共同构成新加坡的医疗保险网，保证每一个国民都能获得基本医疗服务，各个阶层之间在医疗待遇上基本没有区别。这一模式能解决好人口老龄化带来的医疗保健筹资费用问题，解决了“代际转移”问题，较好地兼顾了医疗的公平与效率。

（二）新加坡医疗保险制度的改革与发展

在发达国家中，新加坡的医疗保险制度是独特的，取得的医疗卫生成果较好，全社会医疗总费用在发达国家中属于比较少的。在联合国191个成员国关于医疗卫生筹资和分配公平性的排序中，新加坡名列第6位，其相对合理的社会支出较好地兼顾了医疗的公平与效率。

新加坡储蓄医疗保险制度也存在一定的问题，主要表现为过分强调效率，而忽视了公平性。对于低收入者、年轻的雇员或者没有收入的人来说，得到的医疗保障水平很低。还有一些人群没有被覆盖，贫困人口或有长期慢性病的人依然会面临医疗费用的压力等。由于在受保人之间不存在基金的横向流动和收入的再分配，家庭之间不能互助共济、共同承担风险，且随着医疗市场的发展，医疗费用也在不断上涨。为此，新加坡政府在不断改革和完善这一体系。

1. 改革医疗储蓄账户

（1）调整医疗储蓄账户中雇员的缴费率，根据资金变化情况调整雇主和雇员的缴费率。

（2）提高划入医疗储蓄账户的比例，从账户建立之初的6%～8%，逐步调整为7%～9.5%。

（3）调整保健储蓄账户存款限额。例如，将保健储蓄最低存款额从2003年的30 000新加坡元调整为2011年的41 000新加坡元，2004～2011年提高了36%。

2. 增加保险金额和保险费

2005年7月1日起，通过增加健保双全计划的月保险费等方式来减少病人承担的医疗费用比例。一是增加保险金额，将重病患者每年可要求偿付的上限从原来的3万新加坡元增加到5万新加坡元，终生可要求偿付的上限也从原来的12万新加坡元增至20万新加坡元；二是增加保险费，随着可要求偿付上限的提高，保险费和自付额也增加；三是增加自付额，经调整后，自付额将在原有的基础上增加500新加坡元；四是减少共同保险费。

3. 加强保障力度

2008年2月，新加坡政府继续加强健保双全保障，将病人承担的医药费比例进一步降低到20%，而在2005年的健保双全改革中，各个索偿最高限已经显著提高，病人索偿后所需承担的医药费从60%减少到40%。为使健保双全赔偿比例从60%增加到80%，每日索偿最高限额和手术植入器最高限额可提高，但保险费涨幅每个月最多10新加坡元。在风险共担模式下，保险费小幅增加，能使保障大幅增加。

4. 调控医疗费用

新加坡政府通过改革医疗管理模式，分别对医院、医生、病床等进行细致化管理，引入市场竞争机制，提高医疗资源利用率。同时，政府也认识到医疗市场的局限性，在提供高度专业化的医疗服务方面，以公立医院作为住院服务的主要提供者，通过控制医院的床位数和利用率，从而控制医疗费用增长。

5. 改革健保双全计划

健保双全计划虽然在一定程度上分散了新加坡人的大病医疗费用风险，但面临覆盖对象有限、保障程度不足以及逆向选择等问题。2015年11月，新加坡政府对健保双全计划进行了重大政策调整，开始推行终身健保计划，以提高保障水平，实施终身保障，实现全民保障。

终身健保计划是一项具有强制性、全民终身参保的个人医疗保险计划。该计划取消了健保双全计划的保障年龄上限，规定刚出生的新加坡公民在完成出生登记后，从出生日期起受保于终身健保计划；永久居民在获得永久居留权的当天便开始受保于终身健保计划。这意味着在该计划下，所有新加坡公民和永久居民，无论其年龄大小和健康状况如何，均可终身获得在需要支付大额医疗保险费用时向保险公司索赔的权利。

在终身健保计划下，参保人所需支付的保险费将自动扣除所有适用的津贴，可以使用本人或直系亲属的保健储蓄全额缴付。与健保双全计划一样，终身健保计划的保险费随年龄增长而增加，且增长幅度更大。为了确保民众能够负担终身健保保险费，新加坡政府提供了多种津贴及援助措施。

6. 探索建立区域性整合型医疗系统

新加坡的医疗服务主要分为初级卫生保健以及二、三级医疗服务两部分。初级卫生保健由社区内的全科医生和护士等专业人员提供。这些专业人员是病人生病后最先接触的医生，由社区内的全科医生或护士接诊并向专科医院推荐后，病人才可以去专科医院接受进一步的检查与治疗。初级卫生保健主要由独立的多科联合诊所和私人诊所提供。

长期以来，新加坡政府非常重视社区医疗中心的建设，但由于公立社区医疗中心数量有限，在社区看病的人多，候诊时间较长，再加上人口老龄化速度加快，现有社区医疗资源和医疗保健体系也面临严峻的挑战。因此，目前新加坡也在探索建立区域性整合型医疗系统，以满足当地民众日益增长的医疗服务需求。

7. 致力于提供更加完善的医疗保健

为了保持未来医疗的可负担性和可持续性，新加坡政府致力于提供更加完善的医疗保健，鼓励公民更加注重健康。2017 年卫生部加大投入，鼓励人们形成良好的卫生意识，对导致疾病的原因进行早期预防，降低慢性病的患病率，提出要从预防、检查和控制三个方面来提高卫生意识，促进民众能积极监测和管理自身的健康状况，以减少由不良生活方式引起的各种慢性病。通过各种政策计划的实施，减少医疗费用的暴涨，保持未医疗的可负担性和可持续性。

思考题

1. 如何比较分析国际上的四种医疗保险模式的运行效率？
2. 美国为何难以建立政府主导的全民医保制度？
3. 医疗保险制度改革与发展的趋势是什么？

（罗小娟）

第十五章　中国城镇职工基本医疗保险制度

内容提要

本章介绍了中华人民共和国成立后逐步建立的城市医疗保险制度，分析了原有城市医疗保险制度存在的问题，全面介绍了城镇职工基本医疗保险制度建立的过程、原则和任务、内容和特征，分析了城镇职工基本医疗保险制度面临的挑战，提出了完善的思路和策略。

第一节　我国原有城市医疗保障制度

由于我国特有的“二元化”户籍制度，医疗保障制度也分为覆盖非农业人口和农业人口两大部分。针对非农业人口的医疗保障制度，在新中国成立初期主要以公费医疗制度和劳保医疗制度为主。

一、中华人民共和国成立后逐步建立的城市医疗保障制度

（一）公费医疗制度

1. 公费医疗制度的概念

公费医疗（public health service）制度是指为保障国家工作人员健康而建立的，通过国家财政预算支出，由医疗卫生部门按规定向特定享受对象提供免费或部分免费医疗服务的一项社会保障制度。

公费医疗制度是根据1952年6月27日政务院颁布的《关于全国各级人民政府、党派、团体及所属事业单位的国家工作人员实行公费医疗预防的指示》建立起来的，此后，这一制度不断得到修订和发展。

2. 公费医疗制度的基本内容

（1）享受范围。主要是国家机关、全民所有制事业单位（包括民主党派、工会、共青团、妇联等人民团体，文化教育、卫生、科研等事业单位）的工作人员和离退休人员。此外，还包括二等乙级以上革命残疾军人、国家正式核准设置的高等院校学生、派驻享受公费医疗单位的人武干部、在华工作的外籍专家及随往家属等。至1996年，享受人数约3040万人。

（2）经费的来源和使用。医疗经费由国家财政预算拨付给各级卫生行政部门，属于国民收入再分配的范畴。国家根据职工在医药方面的实际需要和国家的财力，以及医疗卫生事业所能提供的资源，确定每人每年享受公费医疗待遇的预算定额。将经费拨付地方财政，超支部分由地方财政补贴。1979年以前，公费医疗款项属于卫生事业费的一项，由于实际开支超出预算定额，挤占地方卫生事业费，1980年国家将公费医疗经费从卫生事业费中分出，规定专款专用，单位统一使用。

（3）就诊办法及待遇。享受公费医疗的病人一般在指定医院就诊，转诊需经批准。具体待遇是，除挂号费、营养滋补药品以及美容、矫形等少数项目由个人自付以外，其他医药费全部或大部分由公费医疗经费开支。费用支付方式是按服务项目支付门诊、住院的费用。

（4）管理机构和职责。各级政府设立公费医疗管理机构，贯彻落实有关公费医疗的政策和规定，审核本级享受公费医疗的人数和医药费报销金额，负责经费预算的编制和经费的管理。

（二）劳保医疗制度

1. 劳保医疗制度的概念

劳保医疗（labor health service）制度又称企业医疗保险制度，是我国劳动保险制度的一部分，是指为保障职工的健康，通过企业提取的职工福利基金，对企业职工实行免费医疗，职工家属实行减半收费的一项制度。

劳保医疗制度是根据 1951 年政务院颁布的《中华人民共和国劳动保险条例》及 1953 年劳动部门试行的《中华人民共和国劳动保险条例实施细则修正草案》等相关法规政策建立起来的。

2. 劳保医疗制度的基本内容

（1）享受范围。全民所有制企业的职工及其供养的直系亲属。此外，区、县以上的城镇集体所有制企业以及一部分乡镇企业，也可参照劳保条例，给职工及其供养的直系亲属提供劳保医疗待遇。企业职工本人患病时享受免费医疗，其直系亲属在指定的医疗单位就诊时，实行减半收费。至 1995 年，享受人数约 1.14 亿人。

（2）经费的来源和使用。劳保医疗经费来源于本企业，按职工工资总额的一定比例提取，在企业生产成本项目中列支，其中在职职工从福利基金中开支，离、退休人员从劳动保险费中开支，劳保医疗经费属于国民收入的初次分配。国家规定劳保医疗经费必须专款专用，单位统一使用，不得把劳保医疗经费分发给个人，也不能由个人自行购药。

（3）就诊办法及待遇。职工患病在本企业自办医疗机构或指定的社会医疗机构就医。除享受劳保医疗的职工供养的直系亲属可享受减半收费医疗外，劳保医疗的保险项目和待遇标准与公费医疗基本相同。职工所花费的医疗费用，除挂号费、出诊费、营养滋补药品以及整容、矫形等少数项目自付费用外，绝大部分医疗费用都由企业负担。

（4）管理体制。企业根据国家制定的劳保医疗政策，自行组织实施、自行管理。

二、原有城市医疗保障制度存在的问题

20 世纪 50 年代初期建立起来的公费和劳保医疗制度，对于保障职工身体健康、促进经济发展、维护社会稳定发挥了重要作用，但是随着改革开放的深入和经济发展，两项制度无法跟上时代的步伐，存在的缺陷更显突出，主要集中在以下几个方面。

（一）医疗费用上涨过快

从图 15-1 可以看出，1978～1998 年，我国的医疗费用呈快速上涨趋势。20 年间医疗费用增加了 30 多倍，尤其是在 1989～1998 年的 10 年间，医疗费用的上涨速度较前十年快了很多。

据统计，我国公费医疗费用支出 1953～1995 年由 1.05 亿元增长到 112.6 亿元，增长 106 倍，而同期财政收入仅增长 27 倍；劳保医疗费用支出 1978～1996 年由 28 亿元增长到 615 亿元，增长 21 倍，而同期职工工资收入仅增长 8.6 倍。由于费用增长过快，财政和企业均难以承受，尤其是经济条件差的地区和企业，职工生病长期不能报销，有的甚至将医疗费按每人每月十几元甚至几元包干给职工个人，职工患病全由患者个人掏钱，这种医疗保障在经济条件差的地区和企业实际已名存实亡。

（二）缺乏控费机制

在传统的公费医疗和劳保医疗制度下，医疗费用由国家和企业包揽，个人不需要支付或仅需支付少量的费用，同时，对医院采取按服务项目付费的支付方式，对供需双方缺乏约束机制，在一定程度上刺激了不合理的医疗消费，造成医疗资源的浪费。

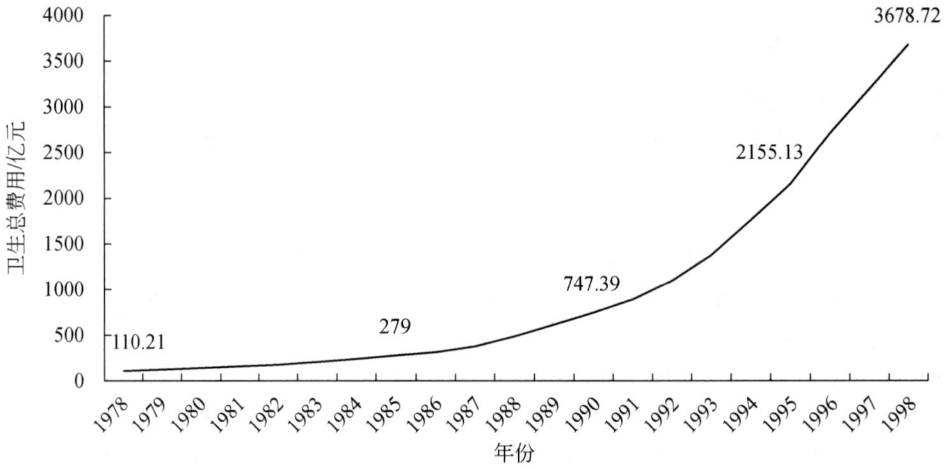

图 15-1 1978～1998 年卫生费用的变化

资料来源：《中国卫生统计年鉴》

（三）缺乏合理的资金筹措和积累机制

公费医疗经费随各地财政收入的变化而“浮动”，而劳保医疗经费按企业职工工资总额的一定比例提取，从而受企业经营状况的影响。部分经营状况不好或亏损的企业难以负担职工的医疗费用，便采取了拖欠医院的医疗费用、提高职工自付比例、限额报销等手段，甚至停止报销医药费，职工的基本医疗得不到保障。

（四）医疗保障覆盖面窄、社会化程度低

传统城市医疗保障制度覆盖范围过窄，1997 年底全国公费医疗、劳保医疗享受者仅 1.78 亿人，仅占全国人口 14.12%。

社会化程度较低的主要表现为以下方面。一是传统的公费医疗和劳保医疗仅能覆盖国家行政机关、事业单位、国有企业和部分集体企业的职工，大量的非国有经济的劳动者（城镇小集体、民营企业职工、三资企业职工和个体工商劳动者等）没有纳入其中。二是劳保医疗未能体现出企业之间的风险分担。劳保医疗经费由企业自筹，实际是“企业自我保险”，未能统筹共济，企业抗御大病风险能力有限。企业负担畸轻畸重，在市场经济条件下，不利于企业之间的公平竞争和建立现代企业制度。三是公费和劳保医疗制度不统一。公费和劳保医疗的经费分别管理，管理的社会化程度低，在管理政策上不一致，二者各自为政，职工医疗待遇存在差别。

第二节 城镇职工基本医疗保险制度的建立

一、城镇职工基本医疗保险制度建立的过程

为了解决原有职工医疗保障制度面临的问题，更好地应对我国经济制度转型所带来的社会变革，从 20 世纪 80 年代中期开始，公费、劳保医疗开始进行局部性的改革探索，主要内容是在职职工就医时负担适当的医疗费用以及改革公费医疗的经费管理办法和管理制度，部分地区开展了离退休人员劳保医疗经费社会统筹的试点和在职职工劳保医疗的大病统筹。

1993 年党的十四届三中全会通过《关于建立社会主义市场经济体制若干问题的决定》，指出了

要在我国建立社会统筹医疗基金和个人医疗账户相结合的社会医疗保险制度。1994 年国务院正式确定江苏省镇江市和江西省九江市作为改革的试点城市（俗称“两江”医改试点），并于 1994 年 12 月底开始实施试点方案。经过一年多的试点，1996 年国务院办公厅转发了四部委的《关于职工医疗保障制度改革扩大试点的意见》，开始在新增的 57 个城市中推广。在总结广泛试点经验的基础上，1998 年 12 月国务院召开了“全国医疗保险制度改革会议”，颁发了《关于建立城镇职工基本医疗保险制度的决定》（以下简称《决定》），提出了在全国范围内进行城镇职工医疗保险制度改革。2019 年 3 月，《国务院办公厅关于全面推进生育保险和职工基本医疗保险合并实施的意见》印发，通过整合两险基金及管理资源，强化基金共济能力，提升管理综合效能，实现两项保险长期稳定可持续发展。经过 20 多年的探索特别是“十三五”期间的改革与发展，我国已建起了世界上规模最大的医疗保障体系，截至 2020 年底，全国基本医保参保人数为 13.6 亿人，其中参加职工基本医疗保险人数为 3.4 亿人，参保率稳定在 95%以上（图 15-2）。

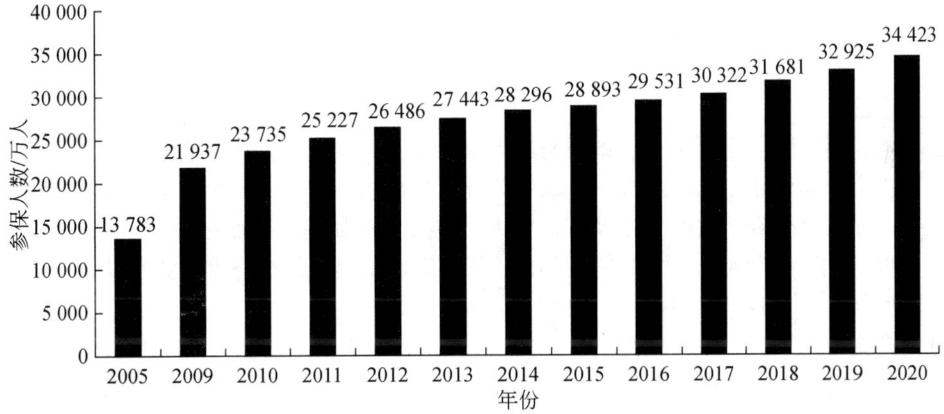

图 15-2　城镇职工基本医疗保险 2005 年、2009～2020 年参保人数

资料来源：2009～2020 年《人力资源和社会保障事业发展统计公告》，2005 年《劳动和社会保障事业发展统计公报》

二、建立城镇职工基本医疗保险制度的原则和主要内容

（一）建立城镇职工基本医疗保险制度的原则

1. “广覆盖、保基本、可持续”原则

“广覆盖”，就是要求城镇所有用人单位及其职工，都要参加基本医疗保险。扩大城镇职工基本医疗保险覆盖面是这次改革的一个重要原则。如果没有“广覆盖”，社会保险所遵循的大数法则就无从体现，就不能有效地分散风险、均衡负担，也实现不了社会互助共济的作用，新的医疗保险制度就建立不起来。

“保基本”，就是基本医疗保险的水平要与经济发展水平相适应，建立城镇职工基本医疗保险制度，只能从我国的国情出发，根据国家、企业和个人的实际承受能力，确定合理的基本医疗保险水平。

“可持续”，就是基本医疗保险制度运行包括资金筹集、基金管理、待遇支付三个环节，要实现可持续发展，首先要实现筹资适度，在此基础上，基金管理和待遇支付也需实现适度保障。保基本规定了基本医疗保险制度的保障程度，成为基本医疗保险制度实现可持续发展的重要手段。

2. 基本医疗保险费由用人单位和职工双方共同负担原则

实行基本医疗保险费由用人单位和职工双方共同缴纳，是建立新型的城镇职工基本医疗保险制度的重要内容。基本医疗保险费由用人单位和职工双方共同负担，不仅使基本医疗保险费用合理负担、资金来源更为稳定、职工医疗更加有保障，而且通过建立用人单位和职工个人共同缴纳基本医疗保险费的机制，可以增强职工的自我保障责任和节约医疗费用意识。

3. 基本医疗保险基金实行社会统筹和个人账户相结合原则

基本医疗保险基金实行社会统筹与个人账户相结合的原则，也就是用人单位和职工个人缴纳的基本医疗保险费要分别建立统筹基金和个人账户。建立基本医疗保险个人账户，就是要建立职工自我约束和储蓄积累机制。

4. 实行属地管理原则

基本医疗保险原则上以地级以上行政区（包括地、市、州、盟）为统筹单位，也可以县（市）为统筹单位，北京、天津、上海三个直辖市原则上在全市范围内实行统筹。所有用人单位及其职工都要按照属地管理原则参加所在统筹地区的基本医疗保险，执行统一政策，实行基本医疗保险基金的统一筹集、使用和管理。铁路、电力、远洋运输等跨地区、生产流动性较大的企业及其职工，可以相对集中的方式异地参加统筹地区的基本医疗保险。

（二）城镇职工基本医疗保险制度的主要内容

1. 覆盖范围

职工基本医疗保险制度要覆盖城镇所有用人单位及其职工，包括国有企业、集体企业、外商投资企业、私营企业和其职工，以及机关、事业单位、社会团体、民办非企业单位及其职工；乡镇企业及其职工、城镇个体经济组织业主及其从业人员也可以参加基本医疗保险。

根据 1998 年颁布的《决定》，乡镇企业及其职工、城镇个体经济组织业主及其从业人员是否参加基本医疗保险，由各省（自治区、直辖市）人民政府决定。

2. 缴费方式

在制度建立之初，国家规定基本医疗保险费由用人单位和职工共同缴纳。用人单位缴费率应控制在职工工资总额的6%左右，职工缴费率一般为本人工资收入的2%。随着经济发展，用人单位和职工缴费率可做相应调整。

1998～2020 年，我国职工医疗保险费率稳定在个人工资的 8%左右，其中东莞市最低为 2.1%，北京市最高为 12%+3 元。

3. 建立统筹基金和个人账户

基本医疗保险实行社会统筹和个人账户相结合模式，基本医疗保险基金由统筹基金和个人账户构成。职工个人缴纳的基本医疗保险费，全部计入个人账户；用人单位缴纳的基本医疗保险费分为两部分，一部分用于建立统筹基金，一部分划入个人账户。用人单位缴费按 30%左右划入个人账户，具体比例由统筹地区根据个人账户的支付范围和职工年龄等因素确定（表 15-1）。

表 15-1　部分地区个人账户的划入比例

统筹地区	不同年龄段记账比例（含个人缴费比例）
镇江	<45 岁，3.0%；45 岁～退休前，4.0%；退休 5.0%
深圳	<45 岁，5.0%；45 岁～退休前，5.6%；退休 8.05%
海南	<40 岁，4.0%；41～50 岁，5.0%；51 岁～退休前 6.0%；退休 8.0%
青岛	<35 岁，2.0%；35～45 岁，2.2%；46 岁～退休前，3.0%；退休 4.5%
杭州	<35 岁，2.4%；35～44 岁，2.7%；46 岁～退休前，3.0%；退休～70 岁，5.8%；70 岁以上 6.8%
北京	<35 岁，2.8%；35～45 岁，3.0%；46 岁～退休前，4.0%；退休～70 岁，4.3%；70 岁以上 4.8%
上海	<35 岁，2.5%；35～44 岁，3.0%；45 岁～退休前，3.5%；退休～74 岁，4.0%；74 岁以后 4.5%

资料来源：各地人力资源和社会保障局网站，2018 年

为进一步健全职工医保互助共济、责任共担功能，更好解决职工医保参保人门诊保障问题，2021年4月，国务院办公厅印发了《关于建立健全职工基本医疗保险门诊共济保障机制的指导意见》（以下简称《指导意见》），预计用三年的时间完成对个人账户使用的改进，未来用人单位缴费的30%将不再划入个人账户，而是全部进入统筹基金，仅个人缴费部分继续放入个人账户。

4. 支付范围

统筹基金和个人账户要划定各自的支付范围，分别核算，不能互相挤占。统筹基金在使用过程中，设置医疗费用报销的起付标准和最高支付限额。对于住院医疗费用，起付标准原则上控制在当地职工年平均工资的10%左右，目前最高支持限额原则上控制在当地职工年平均工资的6倍左右。起付标准到最高支付限额以下的医疗费用，主要从统筹基金中支付，个人也要负担一定比例。超过最高支付限额的医疗费用，可以通过商业医疗保险、医疗救助等途径解决。统筹基金的具体起付标准、最高支付限额以及在起付标准以上和最高支付限额以下的医疗费用的个人负担比例，由统筹地区根据以收定支、收支平衡的原则确定。

根据指导意见，普通门诊统筹将逐步建立完善，2021年底，各地将出台门诊统筹细化方案，普通门诊费用政策范围内支付比例从50%起步，并随基金承受能力增强而逐步提高保障水平。

5. 建立、健全基本医疗保险基金的管理和监督机制

基本医疗保险基金纳入财政专户管理，专款专用，不得挤占挪用。财政专户管理是国家对预算外资金的一种管理办法。具体办法是基本医疗保险费用由社会保险经办机构征缴后，直接存入在国有商业银行开设的社会保障资金账户。

基本医疗保险基金纳入财政专户管理有其必要性：一是作为政府推行的基本医疗保险，其基金必须有较为完善的国家财政监督和管理；二是基本医疗保险纳入财政专户管理，实行“收支两条线”，有利于保证基金安全。

为了确保医疗保险基金使用的安全，基本医疗保险基金还建立了监督机制。除了各级医疗保障部门和财政部门要加强对基本医疗保险基金的监督管理，审计部门还会定期对医疗保险经办机构的基金收支情况和管理情况进行审计。不仅如此，统筹地区还设立由政府有关部门代表、用人单位代表、医疗机构代表、工会代表和有关专家参加的医疗保险基金监督组织，加强对基本医疗保险基金的社会监督。

6. 加强医疗服务管理

基本医疗保险制度的建立，需要确定基本医疗保险的服务范围和标准。国家医保局会同国家卫健委、财政部等有关部门制定基本医疗服务的范围、标准和医药费用结算办法，制定国家基本医疗保险药品目录、诊疗项目、医疗服务设施标准及相应的管理办法。各省、自治区、直辖市医疗保障行政管理部门根据国家规定，会同有关部门制定本地区相应的实施标准和办法。

7. 妥善解决有关人员的医疗待遇

离休人员、老红军的医疗待遇不变，医疗费用按原资金渠道解决，支付确有困难，由同级人民政府帮助解决；二等乙级以上革命伤残军人医疗待遇不变，费用按原资金渠道解决，支付不足部分，由当地人民政府帮助解决；退休人员参加基本医疗保险，个人无须缴费，对退休人员个人账户计入金额和个人负担比例给予适当照顾，门诊统筹建立后，退休人员个人账户原则上由统筹基金按定额划入，划入额度逐步调整到统筹地区根据统筹地区实施改革当年基本养老金平均水平的2%左右；国家公务员在参加基本医疗保险的基础上，享受医疗补助政策；国有企业下岗职工的基本医疗保险费，均由再就业服务中心按当地上年度职工平均工资的60%为基数缴费。

8. 加强组织领导

医疗保险制度改革具有很强的政策性，涉及广大职工的切身利益。各级人民政府要加强领导，做好宣传和指导工作。各地要按照建立城镇职工基本医疗保险制度的任务、原则和要求，制定医疗保险制度改革的总体规划，结合本地实际，精心组织实施，保证制度改革工作的顺利进行。

第三节 城镇职工基本医疗保险制度面临的挑战与应对

经过20多年的探索与发展，我国城镇职工基本医疗保险制度取得了显著的成绩。2020年，面对新冠疫情和国际大环境的不利影响，我国各级医疗保障部门仍统筹规划，坚持不懈推进重大改革，推动城镇职工医疗保险管理提质增效，医疗保险制度平稳运行，职工医疗保险基金有效支出持续增长，医疗保险待遇稳步提升，医疗保险制度在破解“看病难”“看病贵”等问题上取得了突破性进展，人民群众医疗保险的获得感不断提升。

尽管城镇职工基本医疗保险制度在不断完善，但与人民日益增长的美好生活需要相比，其发展不平衡不充分的问题依然突出，人口老龄化、高流动性、就业形态多样化尤其是“健康中国”战略实施的现实需要对城镇职工基本医疗保险制度的建立和运行带来了新的挑战，需要我们积极应对。

一、城镇职工基本医疗保险制度面临的挑战

（一）老龄化带来的挑战

根据《第七次全国人口普查公报》，我国0～14岁人口占全人口比例为17.95%，15～59岁人口占全人口比例为63.35%，60岁及以上人口占全人口的比例为18.7%（其中，65岁及以上人口占比为13.5%）。与2010年相比，0～14岁、15～59岁、60岁及以上人口的比重分别上升1.35个百分点、下降6.79个百分点、上升5.44个百分点。我国少儿人口比重回升，生育政策调整取得了积极成效。同时，人口老龄化程度进一步加深，未来一段时期将持续面临人口长期均衡发展的压力。《中国统计年鉴2022》数据显示，截至2021年底，全国60周岁及以上人口占总人口之比已达到18.9%，65周岁及以上人口占总人口之比提高至14.2%，人口老龄化程度持续加深。据测算，在“十四五”期间，60岁及以上老年人口总量将突破3亿，占比将超过20%，我国将进入中度老龄化社会，到21世纪中叶，我国的人口老龄化将达到最高峰，当“老龄化”遇上“少子化”，这将给现有的医疗保险体系带来严峻的挑战。

无论是城镇职工基本医疗保险，还是城镇居民基本医疗保险，都采用的是现收现付制的基金筹集模式，即当年征收保险费用于当年支出。这种模式的好处在于可以规避通货膨胀的风险，但是缺点也是非常明显的，即无法克服代际转移风险，尤其是在老龄化问题加剧的时候，其弊端就变得极其突出。在现有的城镇职工医疗保险中，由于个人账户的存在，企业征缴保险费的30%左右会划入个人账户，值得注意的是，退休后的人群不再缴纳保险费，但是仍然会向其个人账户划拨经费，而且年龄越大，对应的划拨比例就越高。在老龄化程度越来越严重的情况下，退休人群占的比例在上升，劳动力人口的比例在下降，这对医疗保险基金筹资和待遇支付造成的压力也就越大。鉴于此，中国将在2021年底启动个人账户改革，减少个人账户资金，同时建立门诊统筹，加大社会互助共济力度，应对疾病经济风险。

除了个人账户的问题，老年人口的增多本身对统筹基金形成的压力也是非常明显的。老年人群的发病率本身就高于其他年龄段，而且所患疾病的严重程度较劳动力人口要高出很多，其产生的卫生费用远远多于劳动力人口，相应地对医疗保险基金的需求也就多出很多。退休人员虽不缴费但花费的医疗费用较高，大约占到全部参保人医疗费用的60%，随着老年人群的增多，医保负担自然就随之加重。有学者以吉林省为例分析发现，2010～2020年，在人口老龄化背景下，吉林省城镇职工医保基金收入年增长约0.92%，基金支出年增长约3.55%，在2021年左右将面临收不抵支的风险。

目前，我国已全面放开“生育二孩”的政策，但人口结构改善并不是短期之内就能见效的，因此在未来的 20 年间，我国城市医疗保险要着重考虑老龄化对医疗保险基金的影响。

（二）疾病谱变化带来的压力

随着工业化、城镇化进程的加快，以及影响人们健康的因素的日益复杂化，我国的疾病谱也发生了很大的变化，由过去以传染病为主向当前以多种慢性病为主转变，恶性肿瘤、糖尿病、脑血管病、呼吸系统疾病、心脏病等慢性非传染性疾病成为人们患病或死亡的主要疾病类型。根据《中国居民营养与慢性病状况报告（2020 年）》报告，我国的慢性病患者已超过 3 亿人，2019 年我国因慢性病导致死亡人数占总死亡人数的 88.5%，其中因心脑血管病、癌症、慢性呼吸系统疾病造成死亡的比例为 80.7%。慢性病已成为医疗费用支出的主要构成部分，但我国当前慢性病医疗保障还不够完善，这给城镇职工医疗保险制度带来了相应的挑战。

（三）就业形态变化引发难题

当前，我国的就业形势呈现多元化发展趋势，用工方式不断增多。党的十八届五中全会公报指出，“实施更加积极的就业政策，加大对灵活就业、新就业形态的支持力度”。“十四五”规划和 2035 年远景目标纲要草案提出，明确支持和规范发展新就业形态。2021 年两会前夕，民建中央公布了《关于完善“新就业形态”劳动者法律和社会保障制度的提案》，确保劳动者纳入社保体系。灵活就业以其“灵活”的优势引起了广大企业及劳动者的广泛关注，与传统的正规就业相比，灵活就业渐渐成为众多劳动者的选择。近年来，随着数字经济的繁荣发展，依托互联网平台的新就业形态不断成长壮大，其就业容量大、灵活性强及兼职便利，充分发挥了吸纳就业的重要作用。《中国共享经济发展报告（2020）》显示，2019 年新形式就业人数已超过 7800 万人，并保持增长态势，但同时新就业形态也存在“无主用工”“共享员工”“一仆多主”等多种劳动就业方式，这给以传统的标准就业或正规就业劳动关系为基本依据的城镇职工医疗保险制度带来了新难题，需要不断调整、不断适应。

（四）健康保障需求提出新要求

在物质生活水平较低的时候，人们对健康的理解只是期望“不受伤不生病”，随着我国人均 GDP 水平的不断提高，人们对医疗保障的需求也日益释放，对健康水平和医疗服务能力的期望在不断提升。世界卫生组织曾对健康给出定义，健康不仅是没有疾病，还包括身体、心理以及社会适应性方面的良好状态，这既是经济社会不断发展、医疗技术不断提高的结果，同时也反映了人们对医疗服务需求的持续升级。因此，人们不再局限于过去医疗保险的保基本，而是要求能获得多样化、多层次、高水平、高质量的医疗保障与医疗卫生服务，这将对城镇职工医疗保障制度建设与发展提出新的要求。

（五）医疗保险供给侧改革势在必行

启动于 2009 年的医药卫生体制改革（俗称“新医改”）提出了五个大的改革方向，加快推进基本医疗保险制度建设是其中之一。经过多年的发展，目前功能完备的社会保障体系基本建成，基本医疗保险覆盖 95%以上人口。管理人口的增多，对医保服务供给侧提出了新的要求。在我国第十四个五年计划中，实现医疗保障工作的精细化管理、满足多元化社会需求将成为“医改”新的方向。

目前，国家已经取消了定点医疗机构和定点药店资质的行政审批，这就意味着对定点医疗机构和定点药店的监督管理方式要发生变化，更多的药店、医院会成为参保人的选择，这对医疗机构用药、用医行为的监督以及对药店销售的监督提出了更高的要求。如何对医院、药店的考核引入更加精细化的质量评价体系，如何加强监管，都将是医保管理方面临的问题。

为了适应方便、快捷的医保结算需求，需要加快医保信息化管理平台的建设。我国的城市基本医疗保险目前以市级统筹为主，根据国家的部署，要在全国推进医保信息联网，实现异地就医住院费用直接结算。2021 年 3 月，李克强总理在答中外记者提问时表示，“今年要扩大门诊费用跨省直接报销范围，到明年年底前每个县都要确定一个定点医疗机构，直接报销包括门诊在内的医疗费用”，对信息平台的建设提出了新要求。在我国，医院没有统一的医院信息系统（HIS）系统，各地的医保政策也有所不同，医疗保险信息平台需要与各种各样 HIS 系统相连接，难度非常之大；另外，更多的医疗机构和更多药店的加入，从监督管理的层面也对信息平台提出了新的要求，对信息平台的开发和利用将是医疗保险供给侧管理的核心问题之一。

结合信息平台的建设，推动经办管理的流程更进一步优化。通过整合信息资源、创建数据仓库、打造数字医保，使医保经办管理从传统医保经办管理模式向智能医保服务体系转变。依托信息化技术手段，深度利用数据资源，从而实现医保业务远程经办、远程监督、远程服务、远程存储，为参保单位和群众提供数字化、标准化、人性化的智能医保服务，实现医保经办管理“互联网化”。

二、城镇职工基本医疗保险制度的完善

经过 20 多年的探索与实践，我国城镇职工基本医疗保险已经逐步建立完成，为减轻广大职工的疾病经济负担发挥了巨大作用。随着我国经济和社会的发展，城镇职工基本医疗保险也应做相应的调整，进一步完善相关政策，以满足广大人民群众对基本医疗保险提出的新需求。

（一）扩大覆盖范围

在原有的覆盖人群基础上，2003 年国家将灵活就业人员纳入了城镇职工基本医疗保险的覆盖范围，对非全日制、临时性和弹性工作等方式就业的人群，制定了相应的参加城镇职工基本医疗保险的方案，以解决这些人群的医疗保障问题。农村进城务工人员、城市灵活就业人员可以参加城镇职工基本医疗保险。

随着我国城市化进程的发展，越来越多的农业人口落户城市，其原有的生产、生活方式发生了变化。为了更好地推进城乡统筹，2015 年印发了《关于做好进城落户农民参加基本医疗保险和关系转移接续工作的办法》（人社部发〔2015〕80 号），安排进城落户农民根据自身实际参加相应的城镇基本医疗保险。在城镇单位就业并有稳定劳动关系的，按规定随所在单位参加职工医保；以非全日制、临时性工作等灵活形式就业的，可以灵活就业人员身份按规定参加就业地职工医保，或者选择参加户籍所在地城镇（城乡）居民基本医疗保险。已参加城乡居民基本医疗保险的进城落户农民，实现就业并参加职工医保的，不再享受原参保地城居保待遇。要进一步完善相关政策衔接措施，引导进城落户农民及时参保，同时避免重复参保。

2021 年两会期间，全国政协总工会界别全体委员提交了《关于加强对新就业形态劳动者权益保障的提案》，提案指出：“目前我国新就业形态劳动者权益保障十分薄弱，建议尽快完善适应新就业形态劳动者就业特征的参保缴费政策，有条件放宽非户籍地从业人员以灵活就业人员身份参加就业地城镇职工养老保险和医疗保险的限制”。2021 年 3 月 25 日，国家发展和改革委员会等 28 部门印发《加快培育新型消费实施方案》，推动出台维持新就业形态劳动者劳动保障权益政策，合理确定劳动安全、社会保障等权益底线。

（二）合理筹集和使用统筹基金和个人账户

1. 理清基本医疗保险筹资责任，增加医保基金可持续性

我国现行的医疗保险制度单位缴费率不低于 6%，个人缴费率为 2%，但实际一些地区的单位缴

费率会更高，如上海单位缴费率为 9.5%，单位缴费的 30%又划入个人账户，实际上进一步强化了医疗保险的单位或者雇主责任，而且在城镇职工基本医疗保险制度中，一直延续着退休人员不缴费的政策，但退休人员从医保基金中支出的医疗费用是在职职工的 3 倍甚至更高，导致责任失衡。这种责任错位的医疗保险筹资结构不利于医疗保险制度的健康持续发展。因此，在“十四五”期间，需要进一步理清基本医疗保险单位与个人责任，合理分担比例；同时，逐步推行退休人员适当参保的政策。

在明确责任的基础上，要建立动态的费率调整机制，根据收入的变化、人口老龄化程度、疾病谱变化等作出调整，做到筹资有保障，同时也要考虑企业和职工个人的负担，处理好“基本保障”和“合理负担”的关系。

2. 优化基本医疗保险个人账户，增强医保基金互助共济性

对于统筹基金和个人账户的使用范围，国家规定不得互相挤占，但没有对具体的范围作出规定。从实践中看，大部分地区个人账户可以支付门诊费用、住院起付线下的部分或统筹基金中个人自付的部分及在定点零售药店购买药品和康复、保健品。在 2021 年 4 月印发的《国务院办公厅关于建立健全职工基本医疗保险门诊共济保障机制的指导意见》中，明确个人账户可以用于支付参保人本人及其配偶、父母、子女在定点医疗机构就医发生的由个人负担的医疗费用，以及在定点零售药店购买药品、医疗器械、医用耗材发生的由个人负担的费用，但不得用于公共卫生费用、体育健身或养生保健消费等不属于基本医疗保险保障范围的支出。统筹基金和个人账户主要有两种结合方式：板块式和通道式。在“板块式”模式中，个人账户分担门诊费用，统筹基金承担住院费用，两种服务的支付方式“分道”而行；一些地区将大额门诊费用划入统筹基金，以减轻个人负担。个人在门诊就诊时，使用个人账户支付，个人账户不足时，由个人自付；发生住院费用时，统筹基金按补偿方案对患者本人进行支付，剩余部分由个人自付。在“通道式”模式中，个人账户和统筹基金使用相通，无论是哪种医疗服务，首先由个人账户支付，然后个人自付一定比例的费用，再由统筹基金支付。相比之下，“板块式”模式能更好地约束个人就医的行为，“通道式”更容易刺激医疗服务的产生，但“板块式”的补偿水平没有“通道式”高，而且对于年轻或相对健康的人群而言，“板块式”更容易造成个人账户资金的沉淀，降低医疗保险基金的使用效率。

在城镇职工基本医疗保险基金的管理和使用方面，我国一直执行的是住院和门诊相分离的“板块式”模式，将企业缴纳费用的 30%和职工自己缴纳的全部医疗保险费均计入职工医疗保险个人账户，用来支付职工门诊费用、住院自付费用和外配药费用等。2020 年底，我国医疗保险基金（含生育保险）累计结存达 31 373 亿元，但较多的医保基金并不能切实解决患者的大病医疗费用问题，主要原因是高达 9000 亿元的基金放在个人账户无法统筹使用，就不能发挥医疗保障的互助共济功能。为了弥补城镇职工医疗保障制度缺陷，“十四五”期间，城镇职工基本医疗保险将逐步改革职工医疗保障个人账户的记账和支付方式，建立以“大医保、大健康”为导向的“通道式”统筹基金，提高职工医疗保险基金的社会共济性，真正化解人们疾病医疗的后顾之忧。

3. 落实医疗保障待遇清单，实现医保水平公平适度性

城镇职工基本医疗保险实行属地化管理，大多数地区处于市、县级统筹层次，由于各地经济水平发展不均衡，各个统筹地区在缴费金额、保障范围等方面存在一定差异。2020 年 2 月公布的《中共中央 国务院关于深化医疗保障制度改革的意见》明确提出，建立健全医疗保障待遇清单制度，各地区要确保政令畅通，未经批准不得出台超出清单授权范围的政策。“十四五”期间，应切实落实法定医保待遇清单制度，实施公平适度保障。

（三）改革医保支付方式

城镇职工医保在启动初期实行按项目付费的支付方式。这是所有支付方式中最传统、运用最广泛的一种医疗费用支付方式。其优点在于操作方便、易于理解，能够充分调动医疗服务提供者的积极性。同时它的缺点也很明显，即会刺激医疗机构提供过多的医疗服务，使医疗费用难以控制。

从图 15-3 可以看出，我国卫生总费用一直呈快速上升趋势，按项目付费作为一种传统的支付方式，很难控制卫生费用中不合理增长的部分，这不仅是我国的问题，也是全球卫生共同面临的问题。为此，城镇职工基本医疗保险对支付方式做了相应的调整。

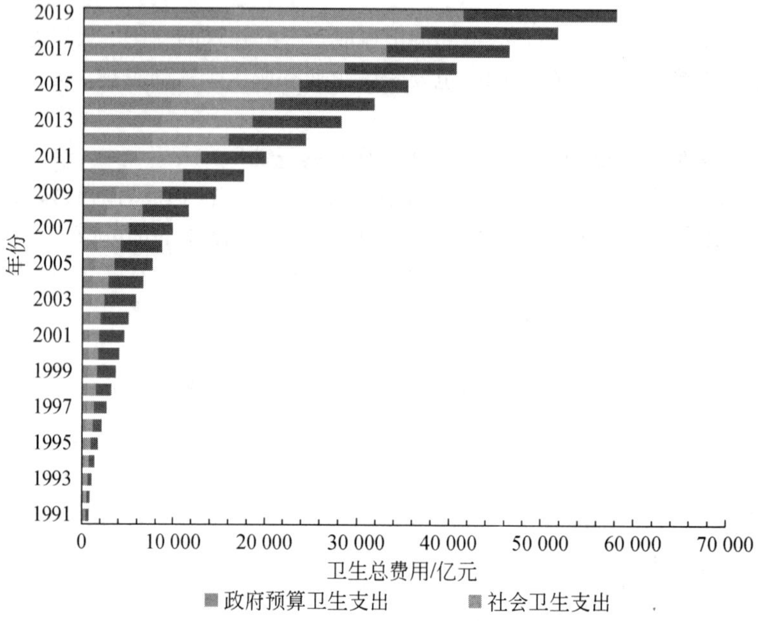

图 15-3　1990～2019 年中国卫生总费用变化图

2011 年，国家提出结合基金收支预算管理加强总额控制，探索总额预付。在此基础上，结合门诊统筹的开展探索按人头付费，结合住院门诊大病的保障探索按病种付费。建立和完善医疗保险经办机构与医疗机构的谈判协商机制与风险分担机制，逐步形成与基本医疗保险制度发展相适应、激励与约束并重的支付制度。

2012 年，人力资源和社会保障部、财政部、卫生部印发了《关于开展基本医疗保险付费总额控制的意见》，提出了按照“结合基金收支预算管理加强总额控制，并以此为基础，结合门诊统筹的开展探索按人头付费，结合住院、门诊大病的保障探索按病种付费”的改革方向，用两年左右的时间，在所有统筹地区范围内开展总额控制工作。结合医疗保险基金收支预算管理，合理确定统筹地区总额控制目标，并根据分级医疗服务体系功能划分及基层医疗卫生机构与医院双向转诊要求，将总额控制目标细化分解到各级各类定点医疗机构。逐步建立以保证质量、控制成本、规范诊疗为核心的医疗服务评价与监管体系，控制医疗费用过快增长，提升基本医疗保险保障绩效，更好地保障人民群众基本医疗权益，充分发挥基本医疗保险对公立医院改革等工作的支持和促进作用。

从支付方式发展的趋势看，城镇职工医保的支付方式正从原有的单一的、事后支付方式向混合的、事前预付的支付方式转换，按人头付费、按病种付费、按住院床日付费等方式都属于事前预付。实践证明，通过事前对医疗保险基金的预算分配，能够比较有效地控制不合理医疗费用的快速上涨，有效控制医保基金的支出。

很多地区城镇职工医保已经陆续开展了多种支付方式，从 2001 年起，江苏镇江、北京、上海就开始试点在部分病种中实行按病种付费，厦门市从 2005 年起在部分病种中开展按病种付费试点，四川省城镇职工医保对精神病住院采用了按住院床日付费的方式。2017 年，国务院办公厅印发《关于进一步深化基本医疗保险支付方式改革的指导意见》，要求全面推行以按病种付费为主的多元复合式医保支付方式。2020 年，中共中央、国务院印发《关于深化医疗保险制度改革的意见》，要求建立管用高效的医疗支付机制。根据文件精神，国家医保局于 2019 年 5 月在 30 个统筹地区开展 DRGs 付费试点，2020 年 10 月在 71 个统筹地区开展区域点数法总额预算和 DIP 付费，通过针对不同医疗服务方式、不同病种开展多元复合式支付方式，有效发挥医保支付的补偿和激励作用，逐步完善我国医保基金的支付体系。

（四）健全医保管理制度

城镇职工医保实行属地管理，即被保险人在工作单位所在地参加医疗保险，在城镇职工医保运行之初，由于被保险人主要来自国有企业、机关、事业单位等部门，工作地点和居住地点与户籍均一致，被保险人具有较高稳定性；参保人在当地定点的各级医疗机构发生了医疗服务费用，由当地的医疗保险管理部门按照当地医疗保险的规定进行报销。

近年来随着人口流动的加快，“异地就医”问题开始出现，被保险人到外地就医，外来务工人群可以选择参加当地的城镇职工医保，一些退休人员退休后到异地安置等，由此产生的“异地就医”问题为城镇职工医保的管理提出了新的挑战。

针对异地就医问题，国家提出了“三步统筹”计划，首先完善市（地）级统筹，其次规范省（自治区、直辖市）内异地就医结算，最后推进跨省异地就医结算，着眼城乡统筹，以异地安置退休人员和异地住院费用为重点，依托社会保险信息系统，分层次推进异地就医结算服务。通过对各级医疗保险制度的完善和信息平台的建设，加快解决“异地就医”给群众带来的“报账难”“衔接难”等问题。

2017 年 12 月，人社部、财政部发文，要求在全国范围内推进基本医保跨省异地就医住院费用直接结算。2020 年 9 月，国家医保局、财政部印发《关于推进门诊费用跨省直接结算试点工作的通知》，异地就医的便利性再次迎来升级。2021 年 2 月 1 日开始，我国 27 个省、自治区、直辖市开通了普通门诊费用（不含门诊慢性疾病费用）跨省结算的试运营。2021 年 1 月，全国住院费用跨省直接结算 29.60 万人次，京津冀、长三角和西南 5 省（区、市）等 12 个先行试点省份普通门诊费用跨省直接结算 34.78 万人次，西南 5 省（区、市）率先启动高血压、糖尿病门诊慢特病费用跨省直接结算试点工作结算 33 万人次。截至 2021 年 1 月底，全国 21 个省（自治区、直辖市）的 184 个统筹地区依托国家医保服务平台 APP 和备案小程序提供线上备案服务，天津、重庆、云南和陕西 4 个省市 20 个统筹地区启动自助开通异地就医直接结算服务，国家医保服务平台累计成功办理备案 6.36 万人次。

（五）加强对定点医疗机构和定点药店的管理

对定点医疗机构和定点药店的管理是医疗保险的一项重要工作，对定点医疗机构的医疗行为进行监督、抽查，审核发生的医疗费用，剔除违规费用，保证参保人的利益，是医疗保险管理定点医疗机构的目的。对定点药店要规范其服务行为，提高医疗资源的使用效率，使群众得到更实惠的医疗保障服务。

2015 年 10 月 14 日，国务院宣布取消 62 项中央指定地方实施的行政审批事项，其中包括基本医疗保险定点零售药店资格审查和基本医疗保险定点医疗机构资格审查，原则上在 2015 年底全部取消。这就意味着，医疗机构和药店进入基本医保变得更加容易，一方面，群众有更多的医院和药店可以进行选择；另一方面，加大了控制医保基金使用的难度，促使医疗保险管理机构需要制定更加明确的医疗服务质量管理评价体系来指导基金的使用和支付。

在对定点医药机构进行医保协议管理方面，上海、成都等一些地区已经建立了医保协议管理机制，加强大数据管理，做到中止协议、解除协议等重要信息披露，建立定点医药机构考核机制，完善定点医药机构和医保医师的退出机制，强调费用监控稽核责任，对医疗服务的提供方进行监管从而达到医保基金有效控费。上海还建立了医保协议管理办公室和台账系统并利用“互联网+”模式健全管理机构，同时对定点医药机构的服务质量进行定期考核评价。

（六）完善医药定价机制

药品支付是医保基金支付的一个重要项目，由于药费在卫生费用中的比例很高，因此药品的报销水平直接关系到被保险人的受益程度。从 1997 年开始，我国药品价格一直处于政府管制时期，由国家发展和改革委员会对药品规定最高限价，医保建立基本药物报销目录，规定报销药品的种类。

从 2015 年开始，国家取消对药品实行最高限价，由医保部门确定药品支付标准，由于医保基金在卫生费用中占有重要的位置，因此其制定的药品支付标准对药品的市场价格会产生不可忽视的影响。这对于引导药品价格趋于理性、控制药品费用的快速攀升具有重要意义。

当前，我国的医药资源总量较为充足，但结构失衡较为严重。“十四五”时期，需要在政府主导下，发挥市场调节机制，依法建立医药器材上游生产和下游使用的信息采集、分析和评价系统，合理引入第三方定价议价服务，完善医药服务的价格形成机制，建立集中带量采购、医保结算和医药器材配送供应链，优化结构、降低成本，提高职工医疗保障基金的使用效率，为民谋福祉。

（七）加强基本医疗保险法治化建设

中共中央、国务院在 2020 年 2 月印发的《关于深化医疗保障制度改革的意见》中提出：“推进医疗保障经办机构法人治理，积极引入社会力量参与经办服务，探索建立共建共治共享的医保治理格局。”“十四五”期间，在《医疗保障基金使用监督管理条例》的基础上，积极推进制定《中华人民共和国医疗保障法》，将其作为整个医疗保障制度的法律依据；修改《中华人民共和国社会保险法》，出台《基本医疗保险条例》《医疗救助条例》《慈善医疗条例》《商业健康保险条例》等行政法规，构建医疗保障法治化的基本法律框架，依法完善城镇职工医疗保险制度的实施。

（八）积极推进多层次医疗体系构建

作为基本医疗保险制度，职工医疗保险只能为参保人提供最基本的医疗费用分担；考虑到不能参加城镇职工医保的人群、即使参保但费用负担依然很重的人群以及其他特殊困难人群，2005 年国家推出了城市医疗救助制度，主要救助对象为城市居民最低生活保障对象中未参加城镇职工基本医疗保险的人员、已参加城镇职工基本医疗保险但个人负担仍然较重的人员和其他特殊困难群众。

通过财政预算拨款、专项彩票公益金、社会捐助等渠道建立基金。地方财政每年安排城市医疗救助资金并列入同级财政预算，中央和省级财政对困难地区给予适当补助。城市医疗救助基金纳入社会保障基金财政专户，专项管理、专款专用，不得提取管理费或列支其他任何费用。民政、财政、监察、审计等部门要加强对基金使用情况的监督检查，发现问题及时纠正，并及时向当地政府和有关部门报告，并定期向社会公布医疗救助基金的筹集和使用情况，接受有关部门和社会监督。对虚报冒领、挤占挪用、贪污浪费等违法违纪行为，按照有关法律法规严肃处理。

对救助对象在扣除各项医疗保险可支付部分、单位应报销部分及社会互助帮困等后，个人负担超过一定金额的医疗费用或特殊病种医疗费用给予一定比例或一定数量的补助。对于特别困难的人员，可适当提高补助标准。

根据社会发展的需要，2015 年底城市医疗救助制度和农村医疗救助制度将合并为城乡医疗救助制度，全面开展重特大疾病医疗救助工作。合并原来在社会保障基金财政专户中分设的“城市医疗救助基金专账”和“农村医疗救助基金专账”，在政策目标、资金筹集、对象范围、救助标准、救助程序等方面加快推进城乡统筹，确保城乡困难群众获取医疗救助的权利公平、机会公平、规则公平、待遇公平。

党中央、国务院在2020年2月印发的《关于深化医疗保障制度改革的意见》中提出，到2030年，全面建成以基本医疗保险为主体，医疗救助为托底，补充医疗保险、商业健康保险、慈善捐赠、医疗互助共同发展的医疗保险制度体系。建立多层次医保体系是我国医保改革的既定目标，社会医疗保险是我国医保体系的主体，商业健康保险是社会医疗保险的重要补充。随着人均GDP的不断提高、健康期望的不断提高，人们对医疗保障的需求也日益释放，多样化、多层次、高水平、高质量的医疗保障与医疗卫生服务需求越来越旺，商业健康保险的出现及与社会医疗保险商品对接，可以满足不同收入人群的需求。在既定的基本医保待遇清单之外，根据中高收入人群的健康需求，研发具有补充作用和能够满足更高保障需求的商业健康产品和服务计划，稳步推进多层次医保体系建设。

思考题

1. 建立城镇职工基本医疗保险制度的原则和任务是什么？
2. 试述城镇职工基本医疗保险制度的主要内容和基本特征。
3. 试述城镇职工基本医疗保险制度面临的挑战和应对策略。

（周晓媛　胡期丽）

第十六章　中国城乡居民基本医疗保险制度

内容提要

本章介绍了新中国成立前后逐步建立的农村合作医疗制度、新型农村合作医疗制度的改革发展与基本特征，梳理了城镇居民基本医疗保险制度的建立发展与制度特征，全面介绍了城乡居民基本医疗保险制度从单独建制到走向融合统一的发展过程、制度内容与特征，分析了城乡居民基本医疗保险制度取得的成效和面临的挑战，提出了完善的思路和建议。

第一节　农村合作医疗制度

一、农村合作医疗制度发展历程

农村合作医疗制度（RCMS）是一种以互助共济为基础，依靠集体经济和群众集资举办的，以解决农民基本医疗保健问题为目的的医疗保健制度。它是我国人民在长期实践中探索出来的、适合我国国情的农民健康保障制度的一种有效形式，对解决农村居民的医疗保障问题起到了重要的作用。我国的农村合作医疗制度从萌芽到建立，直至在全国快速发展、普及，而后到逐渐衰落、解体、恢复重建，经历了曲折的过程。

（一）我国农村合作医疗制度的发展过程

1. 新中国成立前——农村合作医疗制度萌芽

中国共产党领导下的合作医疗制度的源头，最早可以追溯到 20 世纪 30 年代抗日战争时期在陕甘宁边区创立的保健药社和卫生合作社。保健药社筹建于 1938 年，是陕甘宁边区政府领导下的医药并举机构，由政府民政厅领导，西北局保健委员会和民政厅共同投资，该社实行看病、制药、卖药三位一体的运行模式，对灾民实行免费治疗、免费吃药，对抗日军人家属实行九折优惠。卫生合作社创办于 1939 年，卫生合作社资金主要由大众合作社与保健药社筹集，并吸收民众团体及私人股金，卫生合作社病人随到随诊，看病免费，药价只收低廉的成本费。

2. 新中国成立初期——农村合作医疗制度形成

农村合作医疗制度是伴随着农业互助合作化运动的兴起而逐步发展起来的。1949～1955 年，中国农村进行了土地改革，废除了封建地主土地所有制，农民无偿获得了土地，建立了土地私有制基础上的农户家庭经营体制，但由于生产工具缺乏、资金不足而无法有效地进行生产经营活动。于是，政府号召农民组织起来走共同富裕的道路，从 1953 年开始推行互助合作运动，组织农户进行劳动互助合作经营。在这样的背景下，一些农村地区的群众开始自发筹资，创办具有集体公益性质的保健站和医疗站。

1950 年前后，东北各省采用合作制和群众集资的办法，举办了带有合作性质的基层卫生组织，建立了一批医药合作社。随着 1955 年农村合作化高潮的到来，这种互助合作建立的基层卫生机构发展迅速。其后短短两三年的时间里，全国五万多个乡镇都设立了联合诊所或区卫生所。多数农业合作社也都设有卫生室（站）。当互助合作涉及医疗服务的筹资方面时，农村合作医疗制度也就正式诞生了。

早在 1953 年，山西省高平县米山乡的 3 家私人药铺和 10 位民间医生自愿组合，创办了高平县第一家联合诊所。在合作化高潮中，1955 年 5 月，米山乡联合诊所以“医社结合”的方式，演变为联合保健站。由于其制度设计涉及医疗费用的互助共济，被认为是传统农村合作医疗的第一个样本，即由社员群众出“保健费”和生产合作社出“公益补助”相结合，建立集体医疗制度。随后，米山乡的经验在全国得到推广，山西、河南、河北、湖南、贵州、山东、上海等地的农村出现一批由农业合作社举办的保健站和医疗站。全国各地建立起一批以集体经济为基础，以集体与个人相结合、互助经济的集体保健医疗站、合作医疗站或统筹医疗站。在 1955～1958 年农业合作化高潮期，全国农村合作医疗覆盖率达到 10%。

3. 20 世纪 60 年代前后公社化时期——农村合作医疗快速发展

随着 1958 年人民公社的兴起，全国掀起了举办合作医疗的第一次热浪。在人民公社化高潮中，山西省稷山县太阳村保健室从 1959 年 1 月起，正式开始实行由社员每人每年交 2 元保健费、不足部分从公益金中补助的“大家集资，治病免费”的合作医疗制度。此后，稷山县大力推广太阳村实行的集体合作医疗制度，初步形成了一个遍及全县的医疗保健网。

1959 年 11 月中旬，卫生部在山西省稷山县召开全国农村卫生工作现场会议，肯定了农村合作医疗制度。1960 年 2 月，中共中央转发《关于全国农村卫生工作山西稷山现场会议情况的报告》及附件《关于人民公社卫生工作几个问题的意见》，要求各省（自治区、直辖市）党委参照执行，这使得合作医疗在全国范围内推广具有了相应的政策依据。1965 年 6 月，毛泽东发表著名的“六二六”指示，提出“把医疗卫生工作的重点放到农村去”，强调加强农村基层卫生保健工作，为农村合作医疗的继续发展创造了有利条件，极大推动了合作医疗的发展。到 1965 年底，全国已有山西、湖北、江西、江苏、福建、广东、新疆等 10 多个省区的一部分农村实行了合作医疗制度，合作医疗的覆盖率达 50%以上。

4. 文革时期——农村合作医疗普及与鼎盛

1966 年 8 月 10 日，我国历史上第一个合作医疗试点“湖北长阳乐园公社杜家村大队卫生室”挂牌。1968 年，毛泽东称赞它“合作医疗好”，批示推广乐园公社的合作医疗经验。1979 年，卫生部、农业部和财政部联合下发了《农村合作医疗章程试行草案》。从此，全国掀起了举办合作医疗的高潮，并成为我国农村医疗保障的主流形式。

20 世纪六七十年代，这种合作医疗组织模式用较少的卫生经费投入解决了 8 亿农民的基本卫生问题，是一种独特的、具有中国特色的农村卫生模式。基层群众的首创和毛泽东亲自推动带来的政策效应是我国农村合作医疗得以成功的关键。而“农村合作医疗”“合作社保健站”和“赤脚医生”也成为解决我国农村医疗卫生问题的三大法宝。颇有中国特色的合作医疗制度在农村全面展开，到 20 世纪 70 年代末，农村合作医疗在全国覆盖率达到了 90%以上。1978 年在阿拉木图召开的国际初级卫生保健会议上，中国的卫生发展模式被世界卫生组织作为典范向全世界推荐。

5. 20 世纪 70 年代后期至 80 年代中后期——农村合作医疗衰落和瓦解

1978 年以后，随着我国经济体制的变革，家庭联产承包制在农村地区逐步推行，合作医疗赖以生存的集体经济解体，对合作医疗制度的发展产生了很大影响。1980 年 6 月 18 日，四川省广汉县（今四川省广汉市）向阳公社在全国第一个摘掉了人民公社的牌子。1985 年 6 月，人民公社作为一级政权组织的历史画上了句号，人民公社解体。农村合作医疗因丧失了原有的集体经济支撑和组织依托而迅速衰落。20 世纪 80 年代中期以来，在经济、社会等种种复杂因素的影响下，加上制度本身在控制道德风险和医疗需求以及资金筹集等方面存在的缺陷，农村合作医疗开始下滑并逐步瓦解，虽然几经补救，但仍无力回天，农村合作医疗的覆盖面急剧缩减。1985 年，全国农村合作医疗覆盖率只有 5.4%，而到 1989 年，其覆盖率下降到 4.8%，全国仅存的合作医疗制度主要分布在上海和苏南地区，绝大部分农民又重新回到了自费医疗的状态，农民的就医保障基本上不存在了。

6. 20 世纪 80 年代中后期至 90 年代末——合作医疗恢复性改革

随着合作医疗的瓦解和医疗卫生领域的市场化改革，农民的健康保障问题越来越突出，因病致贫或因病返贫的现象在农村地区，尤其是在落后的农村地区甚为普遍，疾病医疗成为农村居民日益沉重的负担。因此，为了恢复和重建农村合作医疗制度，自 20 世纪 80 年代中后期后，地方自发恢复和重建合作医疗的努力一直没有中断过，国家也相继发布一系列文件。1993 年，中共中央在《关于建立社会主义市场经济体制若干问题的决定》中提出，“发展和完善农村合作医疗制度”。1994 年在全国 7 个省 14 个县市开展“中国农村合作医疗制度改革”试点及跟踪研究。1997 年 1 月，中共中央、国务院在《关于卫生改革与发展的决定》中，提出“积极稳妥地发展和完善合作医疗制度”，确定了合作医疗的原则，“力争到 2000 年在农村多数地区建立起各种形式的合作医疗制度，并逐步提高社会化程度；有条件的地方可以逐步向社会医疗保险过渡”。

农村合作医疗制度恢复和重建的效果并不理想，在全国的村覆盖率仍然很低，1993 年仅为 10%，即使在重建高峰的 1997 年也仅有 17%。恢复和重建农村合作医疗制度困难的原因主要在于筹资方面，根据“以个人投入为主、集体扶持、政府适当支持”的筹资原则，难以筹集到足够的资金。

（二）我国农村合作医疗制度的基本特征

虽然从严格意义上讲，我国的农村合作医疗制度还不能算是一种医疗保险制度，但其解决了农民的基本医疗保健问题，具有以下基本特征。

1. 以群众自愿为原则

与劳保医疗制度不同，农村合作医疗制度不是国家强制性的制度安排，而是源于自愿性的非正式制度安排。合作医疗以广大农村地区群众为保障对象，政府引导农民自愿参加。

2. 经费以农民自筹为主

农村合作医疗的资金主要来自两个方面，一是农民个人出资，二是按一定比例提取的集体经济公益金。其中，个人交纳的医疗保健费用是合作医疗资金的主要来源，乡村集体经济是合作医疗资金的重要组成部分，起一定的扶持作用。

3. 以全方位服务为内容

在多数农村地区，农村合作医疗不仅为农村社会成员提供一般的门诊和住院服务与待遇保障，而且承担着儿童计划免疫、妇女孕产期保健、计划生育、地方病疫情监测等任务，并按照预防为主、防治结合的方针开展各种预防工作和饮食及饮水卫生、爱国卫生工作等，虽然农村合作医疗的层次低，设施简陋，但“麻雀虽小，五脏俱全”，对保障农村社会成员的健康发挥着多方面的积极作用。

二、新型农村合作医疗制度的建立

新型农村合作医疗制度（new rural cooperative medical system，NCMS），简称“新农合”，是由政府组织、引导、支持，农民自愿参加，个人、集体和政府多方筹资，以大病统筹为主的农民医疗互助共济制度。其目的是解决农民的就医问题，减轻农民因疾病带来的经济负担，提高农民健康水平。新型农村合作医疗制度的试点、建立和不断发展、完善，对实现全面建成小康社会目标、统筹城乡经济社会全面协调发展、提高农民健康水平的作用重大。

（一）新型农村合作医疗制度的建立与发展

1. 试点阶段（2002～2006 年）

2002 年 10 月，中共中央、国务院下发《关于进一步加强农村卫生工作的决定》，要求“各级政府要积极组织引导农民建立以大病统筹为主的新型农村合作医疗制度，重点解决农民因患传染病、地方病等大病而出现的因病致贫、返贫问题”，提出逐步建立新型农村合作医疗制度、医疗救助制度。2003 年 1 月，国务院办公厅转发卫生部等部门《关于建立新型农村合作医疗制度的意见》，提出建立新型农村合作医疗制度，人们期盼已久的新型农村合作医疗制度最终浮出水面。新型农村合作医疗试点工作启动，标志着数亿农民无医保的历史从制度上宣告结束。同年首先确定了浙江、湖北、吉林和云南四个试点省份，要求各省、自治区、直辖市至少要选择 2～3 个县（市）先行试点，取得经验后逐步推开。在经济发展水平还比较低的 2003 年，我国农村家庭人均可支配收入仅为每年 2622 元，在这样的背景下，中央政府和地方政府各出资 1/3 补贴新农合，为占总人口 70%多的农民建立基本医疗保险十分不易。

2004 年 1 月，国务院办公厅转发卫生部等部门《关于进一步做好新型农村合作医疗试点工作的指导意见》，对新型农村合作医疗试点的原则、组织管理、筹资标准、资金管理、医疗服务管理、组织实施等问题作出了原则性的规定。2005 年以后新型农村合作医疗制度覆盖面迅速扩大。2006 年 1 月，财政部会同卫生部等七部委联合下发《关于加快推进新型农村合作医疗试点工作的通知》，在总结和肯定试点经验的基础上，要求各部门加大力度，加快进度，积极推进新型农村合作医疗试点工作。

2. 推进阶段（2007～2008 年）

2007 年 9 月，卫生部、财政部、国家中医药管理局联合印发《关于完善新型农村合作医疗统筹补偿方案的指导意见》，专门完善了新型农村合作医疗统筹补偿方案，全面推进新农合工作。基本实施政策包括以下方面。①农民以家庭为单位自愿参加。重新启动的合作医疗没有采取强制原则，既体现了农民互助共济的合作意识，也体现了政府对农民意愿的尊重。②采取个人缴费、集体扶持和政府资助相结合的筹资机制，且以政府财政筹资为主。新农合建立之初，就明确规定中央和地方财政对参合农民给予一定补助，体现了国家对该项制度的大力支持，且规定经办机构的人员和工作经费列入同级财政预算，不得从新农合基金中提取。稳定的财政支持是新农合制度发展的基础。③保障范围以大病为主，兼顾门诊。重点减轻农民因患大病造成的经济负担，对于部分门诊大额和规定费用，给予一定报销。④以县（市）为单位进行统筹和组织实施。条件不具备的地方，在起步阶段以乡（镇）为单位进行统筹，逐步向县（市）统筹过渡；具备条件的地方可实施市级统筹，逐步向省级统筹过渡。

3. 巩固提高与完善阶段（2009 年以后）

2009 年国务院启动“新医改”，将巩固和发展新型农村合作医疗作为一个重点，同年 7 月卫生部、民政部、财政部、农业部、国家中医药管理局联合印发《关于巩固和发展新型农村合作医疗制度的意见》，要求大力加强制度建设，提高新农合筹资标准和待遇水平，不断调整和完善统筹补偿方案，加大基金监管力度，加强新农合与相关制度的衔接，巩固和发展与农村经济社会发展水平和农民基本医疗需求相适应的、具有基本医疗保障性质的新农合制度，逐步缩小城乡居民之间的基本医疗保障差距。2011 年 5 月，卫生部、财政部《关于进一步加强新型农村合作医疗基金管理的意见》（卫农卫发〔2011〕52 号）出台，对加强参合管理、规范合理使用新农合基金、推进支付方式改革、加强信息化建设等方面提出了要求。在保障新农合基金安全和基金使用绩效提升的同时，2015 年 1 月，国家卫生计生委、财政部《关于做好新型农村合作医疗跨省就医费用核查和结报工作的指导意见》（国卫基层发［2015］46 号）发布，对做好新农合跨省就医费用核查和结报工作，优化参合农民跨省就医费用结报流程进行指导，新农合管理服务水平逐步提高，新农合制度吸引力不断增强，高水平参合率持续保持。

（二）新型农村合作医疗制度的基本特征

相对传统农村合作医疗而言，新型农村合作医疗制度的最大特点在于：在医疗经费的筹集上，政府承担了大部分责任。新型农村合作医疗制度在资金筹集渠道和筹集标准上，突出了各级财政的资金支持和引导作用。

1. 政府引导，自愿参加

在新农合的建立过程中，政府充分发挥组织引导作用，做好宣传、组织工作的基础上，引导农民根据自己意愿参加合作医疗。

2. 以收定支，保障适度

立足基本国情，新型农村合作医疗制度实行个人缴费、集体扶持和政府资助相结合的筹资机制，既坚持以收定支、保障适度，又保证制度可持续，使农民能够享有最基本的医疗服务。

3. 以大病统筹为主

新型农村合作医疗的资金支付，以大病统筹为主要形式，重点解决县（市、区）统筹范围内农民的大病、重病医药费用，充分发挥合作医疗的风险保障功能，尽量减少农民因病致贫和因病返贫。

第二节　城镇居民基本医疗保险制度

1998 年我国开始建立城镇职工基本医疗保险制度，之后又启动了新型农村合作医疗制度试点，建立了城乡医疗救助制度，但广大城镇非从业居民没有医疗保障制度安排。为实现基本建立覆盖城乡全体居民的医疗保障体系的目标，针对城镇居民的基本医疗保险试点及相关工作逐步开展。

一、城镇居民基本医疗保险制度的改革探索

随着城镇职工基本医疗保险制度的推行和新型农村合作医疗制度的试行与发展，城镇居民的社会医疗保障问题成为社会关注的热点问题，部分地区着手对广大城镇居民的医疗保险制度进行探索。2005 年 5 月，吉林省劳动保障厅、吉林省财政厅、吉林省发展改革委员会等部门联合印发《关于进一步完善我省城镇职工基本医疗保险制度的意见》，要求“在城镇职工基本医疗保险制度基础上，进一步完善城镇居民基本医疗保险办法，解决城镇居民低收入群体的医疗困难和困难企业职工参保问题”，这标志着地方自发的城镇居民基本医疗保险试点启动。随后，江苏、浙江、河南等地在其部分县市也开始进行尝试建立城镇居民基本医疗保险。

二、城镇居民基本医疗保险制度的建立

城镇居民基本医疗保险制度（basic medical insurance system for urban residents），简称城镇居民医保，是我国在建立城镇职工基本医疗保险制度和新型农村合作医疗制度之后的又一重大举措。

（一）城镇居民基本医疗保险制度的建立与发展

1. 建制与试点推进阶段（2007～2008 年）

2007 年 7 月 10 日，国务院印发了《关于开展城镇居民基本医疗保险试点的指导意见》，提出开展城镇居民基本医疗保险改革试点，城镇居民基本医疗保险制度正式由此展开，开始在全国范围建立，填补了我国全民医保制度的最后一块制度空白。根据指导意见，2007 年先在有条件的省份选择 2～3 个城市启动试点。2008 年扩大试点，国务院办公厅 10 月 25 日印发《关于将大学生纳入城镇居民基本医疗保险试点范围的指导意见》，提出将大学生纳入城镇居民基本医疗保险试点范围。经过一年左右的试点，本着由财政给予一定补助、居民自愿参加的原则，在全国建立城镇居民基本医疗保险制度，重点解决城镇居民中非就业人群（俗称“一老一小”）的基本医疗保障。

2. 改革与发展完善阶段（2009 年以后）

2009 年 3 月，中共中央、国务院发布《关于深化医药卫生体制改革的意见》，提出加快建设医

疗保障体系，全面推开城镇居民基本医疗保险、全面实施新型农村合作医疗制度。这标志着我国医疗保障制度改革进入了新阶段。其中明确全面推开城镇居民基本医疗保险过程中，重视解决老人、残疾人和儿童的基本医疗保险问题。根据国务院《关于印发医药卫生体制改革近期重点实施方案（2009～2011 年）的通知》，3 年内使城镇居民基本医疗保险的参保率提高到 90%以上，在扩大覆盖面的同时，城镇居民基本医疗保险的制度优化与管理改善工作进展很快。2010 年 10 月 28 日《中华人民共和国社会保险法》通过，将职工基本医疗保险、新型农村合作医疗和城镇居民基本医疗保险上升为法律制度，标志着包括医疗保障在内的社会保险制度走向定型、稳定、可持续发展阶段。2010 年城镇居民基本医疗保险得以快速发展，在全国全面推开，逐步覆盖全体城镇非从业居民，城镇居民缴纳的基本医疗保险费全部归于统筹基金，不设立个人账户，不累计计算缴费年限，缴费当期享受相关待遇。

制度实施以来，城镇居民基本医疗保险坚持低水平起步、自愿参保、属地管理和统筹协调原则，其基本实施政策包括以下方面。①参保范围：不属于城镇职工基本医疗保险制度覆盖范围的中小学阶段学生（包括职业高中、中专、技校学生）、少年儿童和其他非从业城镇居民都可自愿参加城镇居民基本医疗保险。②筹资水平：根据当地的经济发展水平以及成年人和未成年人等不同人群的基本医疗消费需求，并考虑当地居民家庭和财政的负担能力，恰当确定筹资水平，探索建立筹资水平、缴费年限和待遇水平相挂钩的机制。③缴费和补助：城镇居民基本医疗保险以家庭缴费为主，政府给予适当补助，参保居民按规定缴纳基本医疗保险费，享受相应的医疗保险待遇。④费用支付：城镇居民基本医疗保险基金重点用于参保居民的住院和门诊大病医疗支出，有条件的地区可以逐步试行门诊医疗费用统筹。城镇居民基本医疗保险基金的使用，坚持以收定支、收支平衡、略有结余的原则，合理制定起付标准、支付比例和最高支付限额，完善支付办法，合理控制医疗费用。

（二）城镇居民基本医疗保险制度的基本特征

1. 自愿参加

与城镇职工医保不同，与新农合参合居民相似，城镇居民医保是以居民自愿参加为原则，居民可以选择是否参加城镇居民医疗保险。各地区多设有不同缴费档次，城镇居民可自愿选择缴费标准，政府部门通过宣传引导，鼓励和吸引居民参保。

2. 以大病统筹为主

城镇居民基本医疗保险筹集的资金主要进入统筹基金，支付住院报销费用和统筹门诊病种报销费用，主要是分担城镇居民的大病医疗风险。

3. 与社区卫生发展密切相关

城镇居民基本医疗保险主要为城市居民服务，考虑到城市居民服务的可及性和便利性，一方面，通过增加社区卫生服务机构数量和提升社区卫生服务质量，推动社区卫生发展，助力城镇居民基本医疗保险的开展；另一方面，很多地区将社区卫生服务中心的医疗服务纳入城镇居民基本医保报销范围，并在报销比例上高于其他级别医疗机构，鼓励居民到社区卫生服务中心就诊，既推动社区卫生的发展，又引导患者到基层医疗机构就医。城镇居民基本医保减轻了居民看病负担，缓解了“看病难、看病贵”问题，政府补助金和社区组织也发挥了重要作用。

这一制度由于建立时间短，制度自身和许多措施还不够健全和完善，暴露出统筹层次较低、基金监管较弱等问题。同时随着我国各项医疗保障制度建设的发展，新型农村合作医疗和城镇居民基本医疗保险这两种城乡分割的制度和管理体制，也显现出越来越多的弊端：管理成本提升、效率降低、资源分散、二元结构固化限制了自由流动等。这对于实现社会公平、促进和谐发展都造成一定障碍和带来负面影响。为解决这些问题，居民基本医疗保险走向城乡统筹成为我国医保制度的发展趋势和必然。

第三节　城乡居民基本医疗保险制度

城乡居民基本医疗保险制度（basic medical insurance system for urban and rural residents），简称城乡居民医保，是整合城镇居民基本医疗保险和新型农村合作医疗两项制度建立的统一的城乡居民基本医疗保险制度，在维护城乡居民健康权益和促进城乡经济社会发展等方面发挥了重要作用。

一、城乡居民基本医疗保险制度的建立

从制度发展上看，我国的城乡居民基本医疗保险制度经历了从单独建制到城乡制度融合的发展历程。

（一）单独建制阶段（2003～2012 年）

针对农村居民医疗费用负担较重的问题，2003 年国家开始试点新农合制度，主要由卫生部门主管的新农合制度经历了试点、推进、巩固提高与完善阶段，实现了农业人口全覆盖。截至 2012 年，新农合参合人数达 8.05 亿人。

为解决城镇中未参加职工医保的非正式就业居民、无业居民、老人、儿童的医疗保障问题，2007 年国家开始试点城镇居民基本医疗保险制度，由人力资源和社会保障部主管，2009 年在全国所有省份开展实施，截至 2012 年底，城镇居民医保参保人数达 2.72 亿人。

（二）制度融合阶段（2012 年至今）

为解决新型农村合作医疗和城镇居民基本医疗保险统筹层次低、风险分散、规模有限、区域间和城乡间待遇差距不公等问题，整合城乡居民基本医疗保险制度成为现实选择。2012 年 11 月 8 日，党的十八大报告提出整合城乡居民基本医疗保险制度，健全全民医保体系。山东等地启动实施城乡居民基本医疗保险制度整合工作。

2013 年 11 月，党的十八届三中全会明确提出对城乡居民基本医疗保险制度进行整合。因新型农村合作医疗和城镇居民基本医疗保险两项居民医保制度在参保对象、筹资来源、筹资水平、保障水平等方面相似度较高，各地结合实际，纷纷进行整合试点，出现了“一制一档”“一制两档”“一制三档”等多种整合模式。

2016 年 1 月，国务院印发《关于整合城乡居民基本医疗保险制度的意见》（以下简称《意见》），自此城乡分割的居民医疗保险逐渐走向统一。《意见》中就整合城乡居民基本医疗保险制度政策明确提出了“六统一”的要求，即统一覆盖范围、统一筹资政策、统一保障待遇、统一医保目录、统一定点管理、统一基金管理，使保障更加公平。随后各省份以及绝大部分地级市相继印发制度整合文件并启动城乡居民医保制度整合，但因《意见》未明确统一后的城乡居民基本医疗保险是由社会保险行政部门还是卫生行政部门管理，未能如期完成整合任务。

2018 年伴随国家医保局的组建，我国医疗保障改革与制度建设由部门分割、经办分割、资源分割、信息分割的旧格局，进入统筹规划、集权管理、资源整合、信息一体、统一实施的新格局，国家医保局的成立终结了我国医保制度整合后的二元政策、经办体系格局和管理权限之争，城乡居民基本医疗保险均由国家医保局规划和管理，快速有力地推动了城乡居民基本医疗保险制度整合工作的进展。

2019 年 4 月，国家医保局、财政部印发《关于做好 2019 年城乡居民基本医疗保障工作的通知》，要求提高城乡居民医保和大病保险筹资标准，稳步提升待遇保障水平，全面建立统一的城乡居民医保制度。具体实践中，各地按照“筹资就低不就高、待遇就高不就低、目录就宽不就窄”的原则推

进整合，实现“六统一”，同步整合经办服务和信息系统。在此基础上，各地建立起统一的城乡居民大病保险。根据全国医疗保障事业发展统计公报，截至 2019 年底，我国城乡分割的居民医疗保险制度最终走向了统一，全国各省份均实现了统一的城乡居民医疗保险和大病保险制度。2022 年医疗保障事业发展统计快报显示，截至 2022 年底，我国参加城乡居民基本医疗保险人数已达 98328 万人。

二、城乡居民基本医疗保险制度的内容与特征

（一）城乡居民基本医疗保险制度的主要内容

1. 参保对象

城乡居民基本医疗保险以非正规部门就业人群为主要参保对象，包括城镇居民医保和新农合所有应参保（合）人员，即包含城镇职工基本医疗保险应参保人以外的其他所有城乡居民。

2. 筹资政策

城乡居民医保基金来源于政府补助和个人缴费。2016 年城乡制度统筹前，各级财政对城镇居民医保和新农合的补助分别占当年筹资总额的 75.2%和 79.8%，2016 年以后城乡居民的筹资标准逐年提升，且以政府补助为主，个人缴费部分实施定额缴费，部分地区城乡居民医保个人缴费设置不同档次。

3. 基金结构

城乡居民医保基金以统筹基金为主，一般不设个人账户；因历史原因，一些地区的新农合制度在探索实施之初曾设立门诊家庭账户，用于支付家庭成员的门诊费用，之后逐渐取消。城乡居民医保实施现收现付制度，通常以 1 年为期，上一年度缴费，获得下一年度城乡居民医保待遇给付资格。

4. 保障范围

城乡居民医保对参保人的门诊和住院医疗费用有不同的补偿规定，以住院补偿为主。通过制定支付范围（基本医保药品目录、诊疗项目目录、医疗服务设施标准目录）和费用分担机制（起付线、最高支付限额和共付比）来规范参保人以及医疗机构的行为，提高医保基金使用效益。

5. 支付方式

初期普遍采取按项目付费方式，近年来随着医疗保险支付方式改革的推进，城乡居民医保支付方式逐步转变为基于医保基金预算管理的，适应不同人群、不同疾病和服务特点的多元复合式支付。

（二）城乡居民基本医疗保险制度的基本特征

1. 城乡居民自愿参保

城乡居民医保在建立之初即以自愿参保为原则，这既是在试点阶段提高参保率的现实选择，也体现了政府以人为本的执政理念。在实际工作中，通过广泛宣传发动、提高保障水平和管理经办水平等措施，提高居民对制度的认可度和提升参保率。

2. 筹资机制和组织管理政府主导

由于大多数城乡居民收入较低，且没有稳定的收入来源，难以承担较高的医疗保险费用，为实现人人享有基本医保的目标，城乡居民医保实行以政府投入为主、个人适当缴费的筹资机制。政府在制度整合、建立和发展过程中承担着组织者、管理者、出资者和推动者的责任。

3. 保障待遇拓展叠加

城乡居民医保以住院等大额医疗费用补助为主起步，逐步扩展到门诊统筹。同时，大病保险制度的设计，成为城乡居民医保的拓展和延伸。实践中城乡居民医保还通过多种设计探索，发挥多层次保障的叠加效应。

4. 经办管理科学化、精细化

城乡居民医保通过支付方式改革、信息化建设等措施，不断强化精细化管理、提高管理经办水平，如各地积极进行支付方式改革，探索实行总额预付、按床日付费、按疾病诊断相关分组等付费方式，逐步由后付制向预付制转变，由单一支付方式向混合支付方式、支付制度综合改革转变。实践中通过建立覆盖国家、省、市、县的医保信息系统，对制度运行管理、基金管理发挥作用。

三、城乡居民基本医疗保险制度的成效与困难

（一）城乡居民基本医疗保险制度的主要成效

1. 筹资水平不断提高

从人均每年的筹资水平看，新农合人均筹资水平由试点年的30元/人/年上升为2018年的657元/人/年；城镇居民医保则从2009年的251元/人/年上升为2018年的776元/人/年；根据国家医保局、财政部、国家税务总局《关于做好城乡居民基本医疗保障工作的通知（2019～2022年）》要求，2019～2022三年来，我国城乡居民医保人均筹资额分别为830元/人/年、900元/人/年和960元/人/年，其中政府的年人均财政补助标准分别为550元/人/年、580元/人/年和610元/人/年，个人缴费标准为280元/人/年、320元/人/年和350元/人/年，筹资水平逐年提高。

2. 保障范围不断扩大

从保障范围看，从新农合和城镇居民医保发展到城乡居民医保，保障范围从"保住院、保大病"，逐步扩展到"保门诊、保小病"，报销目录和保障范围根据人民健康需要和经济社会发展状况不断调整、扩展，如把部分抗癌药纳入医保目录，通过药品的集中谈判采购实现大幅降价，2019年开始对城乡居民的高血压和糖尿病实施"两病"门诊用药保障机制和健康管理专项行动，实施慢性病"互联网+医保制度"和"长处方"报销政策。

3. 保障水平不断上升

从报销水平看，新农合和城镇居民医保的住院政策内报销水平由2008年的54%上升为2021年的69.3%，根据全国医疗保障事业发展统计公报显示，2020年以来我国城乡居民医保政策范围内住院费用支付比例稳定在70%左右，大病保险起付线降低并统一至居民人均可支配收入的一半，政策范围内支付比例提高到60%。总体而言，城乡居民医保的住院报销水平稳步提升。

同时，面对2020年以来突发的新冠疫情，我国第一时间提出"两个确保"，确保患者不因费用问题影响就医、确保收治医疗机构不因支付政策影响救治，及时调整医保支付政策，优化疫情期间经办服务，对新冠病毒疫苗实行免费接种，居民个人不需负担疫苗和接种费用，包含城乡居民医保制度在内的我国医保制度为战胜新冠疫情发挥了基础性制度的"定心丸"作用。在当前我国新冠疫情防控进入"乙类乙管"常态化防控阶段，居民基本医疗保险制度也切实保障了城乡居民的看病就医需求，守护了人民的生命安全和身体健康。

（二）城乡居民基本医疗保险制度面临的困难与挑战

1. 参保稳定性有待提升

目前我国全民基本医疗保险已经覆盖城乡13.6亿多人，参保率95%以上，基本实现人员全覆盖。根据最新2022年医疗保障事业发展统计快报，2022年我国城乡居民基本医疗保险参保人数98328万人，比2021年底减少2538万人，同比下降2.5%。在95%以上覆盖率的背景下，仍有一些人群未被稳定地纳入城乡居民基本医保中，这是制度设计本身的漏洞，也是社会经济发展带来的挑战。一方面，随着以互联网为载体的新经济、平台经济快速发展，共享经济平台用工越来越普遍，各类新业态从业人员越来越多，这为城乡居民医保的参保覆盖带来了挑战。另一方面，部分地区存

在参保扩面难的情况，集中体现在受身体健康、外出务工或家庭经济能力不足等影响，一些参保人选择从原有制度中退出，这对参保的稳定性带来影响。

2. 制度公平性不强

虽然我国的医保制度结构从之前的三维制度类型、城乡二元分割走向了城乡统一，但由于城乡居民医疗保险和城镇职工医保依旧分立运行，以及不同区域之间、城乡之间固有的差异，现行医保制度在制度之间、区域之间、城乡之间仍存在公平性方面的差异。

第一，相较于城镇职工医疗保险，城乡居民医保的目录虽然整体得到扩充，“就宽不就窄”，但在起付线、封顶线和支付比例的基金支付规则下，城乡居民医保的支付水平总体低于职工医保支付水平。以 2019 年为例，三级医院实际住院费用基金支付比例，城镇职工医保为 73.7%，居民医保为 53.5%，相差 20 多个百分点。第二，不同区域之间的城乡居民医保制度差异较大。以城乡居民医保的财政补贴为例，上海对居民医保的财政补贴最高可到 6000 元/人/年，北京也在 4000 元以上，而大多数西部地区采取的仍旧是每人每年几百元的国家最低标准。第三，城乡之间、区域之间因医疗资源、经济发展水平、居民收入等影响，个人获得医疗服务也存在较大差异，进而导致医疗保障的公平性不足。

3. 筹资与待遇调整机制有待合理化

目前，我国并没有真正建立起城乡居民医保筹资、待遇相挂钩的科学调整机制，只是提出“以收定支，收支平衡”。城乡居民医保筹资多与地方财政实力挂钩，采用同一标准的固定数额，未考虑缴费责任与居民个人能力、医疗服务可及性、待遇享受公平性等问题。伴随医疗保障待遇范围不断扩充、待遇水平不断提升，居民医保基金支出自然呈刚性增长。此外，在人口老龄化现实以及降费政策的影响下，医疗保障的筹资来源也受到多重挤压，对基金平衡和制度可持续发展均带来影响。

4. 与相关制度间界限不清、衔接机制不完善

我国已建立起基本医疗保险、医疗救助、商业健康保险等多层次的医疗保障制度，但这些制度之间存在定位不清、衔接不畅、重复参保的问题。结合城乡居民基本医疗保险的运行实际看，既存在居民医保制度的保障内容、待遇水平与医疗救助互相挤占的情形，如健康扶贫政策强调对建档立卡贫困人口的托底保障，实践中一些地区用城乡居民医保基金来提高建档立卡人员就医时的报销和救助水平，实际是模糊了基本医保基金与救助基金的使用范围；同时又存在居民基本医保与商业健康保险间科学合理的协作机制缺乏问题，商业健康保险与城乡居民基本医保在保障对象、范围、水平，以及结算对接、补充作用的发挥等方面还有待进一步挖掘。

5. 管理与服务机制尚未理顺

2018 年我国国家医保局的成立，终结了管理部门多元情况，整合了医疗服务、药品耗材的目录确定、谈判采购等职能，医保管理体制得到了创新性发展，但是在城乡居民医保实施过程中，其管理体制和基层的业务经办之间还存在一些错位和效率不高的环节，如一些地方按照新的管理体制，对原有全民参保系统、信息网络、基层经办机构和经办人员进行大调整时，出现了城乡居民医保管理系统重复建设和经办资源浪费，短期内给基层的经办管理带来一定困难。特别是开展打击欺诈骗取医保基金专项治理过程中，也发现较多居民医保基金监管不力案件，各级医保部门的管理效率与经办服务水平和能力亟须改进和提升。

四、城乡居民基本医疗保险制度的完善

（一）优化筹资与待遇调整机制

筹资与待遇是医疗保障制度的两个关键环节。优化筹资与待遇的调整机制，是实现城乡居民医保高质量、可持续发展的基础。需要先行确定科学适度的医保待遇水平，在经济、财政、居民收入

各方承受能力的约束条件下，确定支付范围和支付水平，从住院重大疾病到慢病，再到常见病、门诊小病，小步渐进扩大支付范围，按要求建立全国统一的待遇清单制度，按照十九届五中全会提出的“不断增强人民群众获得感、幸福感、安全感”和2020年2月中共中央、国务院印发的《关于深化医疗保障制度改革的意见》中提到的“尽力而为、量力而行”要求与原则，设定责任共担、相对均衡、动态长效的城乡居民医保筹资机制。

（二）明确制度定位与加强衔接

居民收入差距的客观存在，决定了不同层次的人群对医疗保障的需求必然存在差异。构建多层次医疗保障体系，是深化我国医改的目标，也是满足人民群众多层次、多样化疾病医疗与健康保障需要的必由之路。要真正建立起畅通衔接的多层次的医疗保障体系，一方面，就居民医保与医疗救助而言，在资金来源上，居民医保来源于多方缴费，医疗救助资金则来源于政府财政补助；在性质上，居民医保是常态化保障，反映了权利与义务、缴费与待遇的对应性，而医疗救助是对因病致贫者的帮助，是兜底性保障，因此不能用医保资金做救助的事情，导致重复保障；也不能以救助的低标准进行保险保障，导致基本保障不足。二者可在目录内外、起付线、封顶线、个人自付比例上做好衔接、补充，如对困难的城乡居民医保参保人，其基本医保待遇可突破目录和比例等相应规定限制。另一方面，在城乡居民医保与商业健康保险之间的衔接方面，政府可通过政策引导、税收补贴等方式，鼓励开发设计以居民医保没有覆盖的医疗项目和费用为目标的商业健康保险险种，以高效率的市场机制和积极参与的社会力量补充政府承办的社会医疗保险的不足，引导城乡居民特别是中高收入群体，通过商业性健康保险来获得更好的医疗保障与健康服务。

（三）提升医保管理和经办效率

医疗保障经办管理部门的管理能力和服务水平，是医疗保障各项功能有效发挥的基础。国家医保局成立以来，明晰了职责权限，整合了政策设计、医疗服务、药品价格谈判、医保标准化建设等职能。因此，城乡居民医保管理也应从政策规定、人员培养、经费投入、标准化、信息化、一体化等方面，按照《关于深化医疗保障制度改革的意见》中的要求，探索推进市级以下医疗保障部门垂直管理的任务要求，并不断完善现有国家、省、市级医保局的制度设计职能，综合提升各级医保局的管理能力、医疗服务购买能力和业务经办能力。面对新形势和新需求，对各级医保经办机构而言，不仅应依法规范提供业务内容与服务，利用互联网、信息化、智能化手段方便城乡居民参保缴费以及医保基金支付与结算，履行医保待遇报销职责，更应对医疗服务体系、药品供应体系和公共卫生体系发挥监督调节和激励作用。同时创新经办模式，通过将城乡居民医保的非核心业务外包给第三方的方式，提高居民医保的经办专业化水平与效率。

思考题

1. 新型农村合作医疗制度的基本特征有哪些？
2. 城镇居民基本医疗保险制度的基本特征有哪些？
3. 试述城乡居民基本医疗保险制度的内容与特征。
4. 试析城乡居民基本医疗保险制度面临的困难与挑战，以及如何应对。

（邢　洁）

第十七章　中国多层次医疗保障制度

内容提要

建立健全多层次医疗保障体系是新时期深化医药卫生体制改革的重要内容，是满足广大参保人多样化医疗保障需求的重要措施。本章主要介绍医疗保障相关概念，阐释我国多层次医疗保障制度的结构和发展趋势，并分别对医疗保障体系中的补充医疗保险、医疗救助和商业健康保险等主要保障项目进行介绍。

第一节　多层次医疗保障制度框架

一、医疗保障基本概念和特征

（一）医疗保障的概念

医疗保障（medical security）概念界定较为复杂。在不同社会发展阶段，不同国度、不同学者基于不同学科领域，从不同视角出发所给出的医疗保障定义不尽相同。这主要是因为：一方面，医疗保障制度是一个动态的、历史范畴的概念，作为一项社会公共政策，更作为社会经济制度重要构成内容，一个国家医疗保障制度取决于该国政治体制和社会经济制度；另一方面，医疗保障制度涉及社会诸多领域，除了经济与政治因素之外，还受到文化、风俗、价值观、伦理与道德等诸多因素影响。因此，学科不同、社会发展阶段不同、研究视角及关注重点不同，医疗保障定义自然不同。

考虑到医疗保障为社会保障体系子系统之一的属性，结合中国社会保障制度产生与发展历程和客观现实，本书将其定义为：以国家和政府为主体，依法多渠道筹集保障基金，通过不同具体形式的保障项目，向全体社会成员提供因遭受疾病、意外伤害、年老失能等健康风险所导致的医疗费用损失补偿，以减轻社会成员医疗费用负担，维护社会稳定和保证社会公平正义，并逐步提高公民健康福利水平，增进国民健康素养的一系列制度和事业的总称。

该定义的内涵主要包括：第一，医疗保障事业的最终责任主体为国家和政府；第二，保障对象为全体社会成员；第三，主要保障责任是疾病、意外伤害、年老等健康风险所导致的医疗费用损失；第四，主要保障形式具有多层次、多样化特征。

（二）医疗保障的特征

1. 社会性

医疗保障是社会化的产物，是现代社会政治和经济生活的重要制度安排。其社会性主要体现在以下方面。第一，保障对象的社会性。理论上，包含医疗保障项目在内的社会保障制度的覆盖对象是全体社会成员。第二，管理机构的社会性。这是由于保障公民的健康权利理应建立独立统一的专门机构，进行科学、合理、规范管理，这样才能发挥其互助共济、抵御疾病风险的保障功能。第三，基金来源的社会性。每个社会成员既有享受医疗保障的权利，又有发展医疗保障的义务。医疗保障基金的建立，既仰仗于政府财政，又依赖社会各界尤其是单位、企业、职工、居民等参保人及社会组织的缴费和爱心捐赠。

2. 公平性

医疗保障作为公民收入分配与再分配的重要制度安排之一，其公平性应居首要地位。这是因为，第一，社会成员获得医疗保障的机会和利益是公平的。医疗保障待遇的分配虽然不能做到绝对的公平，但是，医疗保障待遇享受的机会和权利应当达到机会均等与利益均享。也就是说，参保人健康受损时，其接受医疗服务都是依据病情而定的，不会受到参保人的社会地位、经济收入、职业岗位等因素的影响或限制。对于所有符合条件的保障对象而言，享受医疗保障的机会和待遇一律平等。第二，能促进社会保障甚至整个社会分配趋于公平。社会保障分配包含两个阶段，即第一阶段参与社会产品和国民收入的分配，取得一部分物质资料；第二阶段再根据规定向有困难的社会成员提供所需的物质资料。所以，从宏观角度上，前者限制了高收入群体的收入水平，后者提高了低收入群体的收入水平，从而起到缩小收入差距、逐步实现公平的作用。

3. 共济性

医疗保障是通过从政府财政、社会捐赠、慈善基金，尤其是医疗保险的参保对象的缴费，广泛筹资形成保障基金，用于补偿特定时期内遭受健康风险的少数个体的医疗费用损失，从而体现了该制度的风险分摊、互助共济的重要特性。共济性特征有利于充分发挥医疗保障制度健康风险集合与分散的作用，及时抑制保障对象的健康风险损失和恢复健康，维护社会稳定和促进社会经济发展。

二、中国医疗保障制度框架

2020 年 3 月，中共中央、国务院下发《关于深化医疗保障制度改革的意见》（本节简称《改革意见》），提出“到 2030 年，全面建成以基本医疗保险为主体，医疗救助为托底，补充医疗保险、商业健康保险、慈善捐赠、医疗互助共同发展的医疗保障制度体系，待遇保障公平适度，基金运行稳健持续，管理服务优化便捷，医保治理现代化水平显著提升，实现更好保障病有所医的目标。”根据《改革意见》结合我国医疗保障制度建设和发展的现状，可以将我国医疗保障制度框架分为托底层、基本层和补充层三个层次，如图 17-1 所示。

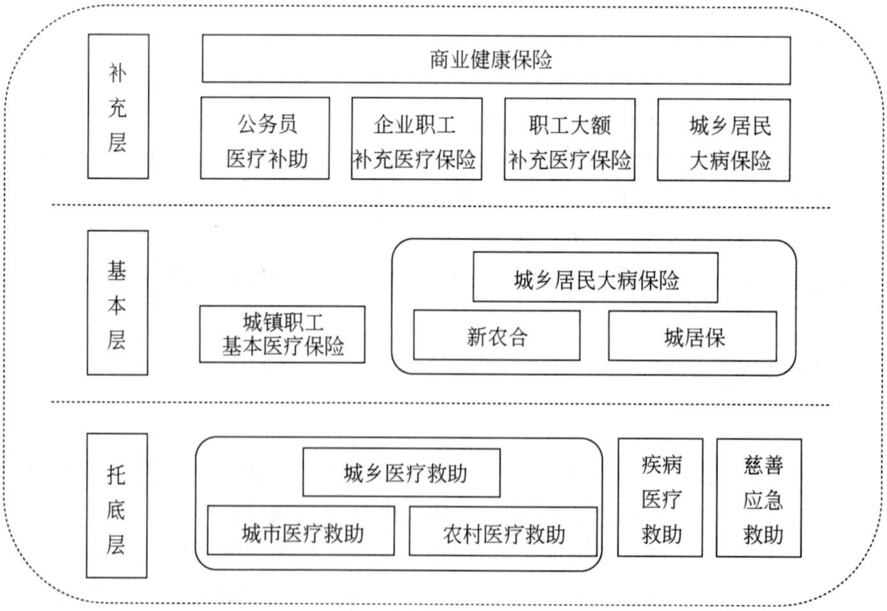

图 17-1 中国多层次医疗保障体系结构

（一）基本层

基本层是医疗保障制度最为核心和最为重要的层次，主要由城镇职工基本医疗保险和城乡居民大病保险构成。之所以基本层最为核心与重要，是因为：第一，该层次的两项制度覆盖人口数最多，国家医保局统计数据显示，2022 年底我国基本医疗保险制度覆盖人口数为 13.46 亿人，占同期总人口的 95.32%。第二，该层次的保障内容是基本的。两项基本医疗保险制度主要承担全体社会成员最常见的、最主要的医疗费用补偿责任，缓解参保患者的医疗负担和经济压力，解决了社会成员最为重要的基本医疗问题。基本医疗保障部分详见第 15 章、第 16 章。

（二）补充层

补充层是在基本层的基础上建立的，对基本层起到补充保障作用的一系列制度，主要包括公务员医疗补助、企业职工补充医疗保险、职工大额补充医疗保险、城乡居民大病保险和商业健康保险等项目。补充层主要针对高额医疗费用发挥补充保障作用，因此保障水平相对基本层较高。同时，补充层是针对不同群体建立不同制度，因此项目形式丰富多样，保障内容和保障水平也不尽相同。

（三）托底层

托底层又称作兜底层，是针对低收入群体、困难群体提供最基本医疗保障的层次，主要由城乡医疗救助、疾病医疗救助和慈善应急救助等制度构成。医疗救助既是医疗保障体系的组成部分，也是社会救助体系的组成部分。医疗救助与其他社会救助项目一样，都具有消除和缓解贫困的共性，但也存在其特殊性。第一，覆盖人群范围的特殊性。医疗救助对象不仅包含低收入的贫困人群，还包括因发生高额医疗费用导致支出性贫困的因病致贫人群，因此，界定救助对象时不能仅基于收入因素，还要考虑疾病和医疗费用因素。第二，功能的辅助性。医疗救助不是一项单独发挥保障功能的制度，而是以基本医疗保险为主体的多层次医疗保障体系的一个组成部分，是在基本医疗保险之上针对困难群体发挥补充保障作用的辅助制度，需要与基本医疗保险紧密组合和协同。第三，支出的不确定性。一般性社会救助项目通常基于收入补偿提供救助保障，救助支出以将救助对象的收入补贴到可以维持基本生活的程度为上限，救助支出相对比较确定、可控可预测；而医疗救助主要是为治疗疾病发生的医疗费用买单，医疗费用救助的支出受医疗服务供方医疗服务行为、医疗资源配置、医疗救助对象的就医行为选择等多种因素影响，具有很大的不确定性。

三、构建多层次医疗保障制度的必要性

（一）满足人民群众多样化、差异化医疗保障需求的需要

自 1998 年城镇职工基本医疗保险制度改革开始，经过 20 多年的建设与发展，我国已经建立起世界上覆盖人口数最多的基本医疗保险网络，基本实现“全民覆盖”目标。但是，基本医疗保险制度作为多层次医疗保障体系的核心，由于受到我国社会经济发展水平的客观限制，只能提供基本医疗服务费用保障，难以满足广大人民群众多样化、差异化的医疗保障需求。因此，建立健全多层次医疗保障制度，采取项目多元、保障互补的保障模式，在不同水平上分解保障对象灾难性医疗卫生支出风险，从根本上保障不同收入水平、不同年龄阶段、不同健康状况人群的不同层次医疗服务需求，满足群众多样化、差异化医疗保障需求。

（二）深化中国特色社会主义市场经济体制改革的需要

2019 年 10 月，党的十九届四中全会审议通过《中共中央关于坚持和完善中国特色社会主义制

度 推进国家治理体系和治理能力现代化若干重大问题的决定》，对社会主义基本经济制度作出新的概括，社会主义市场经济体制上升为基本经济制度。中国特色社会主义市场经济的建立与发展，是党和人民历经千辛万苦、经过努力探索和大胆实践取得的根本成就。我国社会主义市场经济体制基本经济制度的确立，对多层次社会保障制度的健全与完善提出更高的要求。建立健全多层次医疗保障制度，能够更好地保障以公有制为主体、多种所有制经济并存状态下不同领域、不同职业类型和不同从业状态（尤其是新兴业态）的社会成员的不同医疗保障需求，是深化中国特色社会主义市场经济体制改革的需要。

（三）实现健康中国目标和中华民族伟大复兴的需要

健康是促进人的全面发展的必然要求，是经济社会发展的基础条件和根本保证。实现国民健康长寿，是国家富强、民族振兴的重要标志。2016 年 10 月 25 日，中共中央、国务院印发《“健康中国 2030”规划纲要》，提出未来 15 年内推进健康中国建设的行动纲领。建立健全多层次医疗保障制度，为全体社会成员提供全方位、全生命周期健康保障，显著改善健康公平，提高群众健康水平，是实现“健康中国”目标和中华民族伟大复兴中国梦的需要。

第二节 补充医疗保险概述

一、补充医疗保险的概念和特征

（一）补充医疗保险的概念

补充医疗保险（supplementary medical insurance）是相对于基本医疗保险的一个概念。从所包含的内容来看，补充医疗保险有狭义和广义之分。狭义的补充医疗保险是指对现有基本医疗保险制度支付水平的补充，一般补偿超过基本医疗保险支付限额或基本医疗保险不予补偿部分的医疗费用，主要包括城乡居民大病保险、职工大额医疗费用补助、公务员医疗补助及企业补充医疗保险等形式；广义的补充医疗保险是指除基本医疗保险以外的所有医疗保险形式，除上述几种形式之外，还包括商业健康保险。本书主要阐述广义的补充医疗保险。

2009 年 3 月，中共中央、国务院发布的《关于深化医药卫生体制改革的意见》（中发〔2009〕6 号）中要求：加快建立和完善以基本医疗保障为主体，其他多种形式补充医疗保险和商业健康保险为补充，覆盖城乡居民的多层次医疗保障体系。2020 年 3 月，中共中央、国务院印发的《改革意见》中再次提出：到 2030 年，全面建成以基本医疗保险为主体，医疗救助为托底，补充医疗保险、商业健康保险、慈善捐赠、医疗互助共同发展的医疗保障制度体系，待遇保障公平适度，基金运行稳健持续，管理服务优化便捷，医保治理现代化水平显著提升，实现更好保障病有所医的目标。

由此可见，补充医疗保险制度是我国基本医疗保险制度有益的和必要的补充，不可或缺。我国基本医疗保险制度是按照“广覆盖、保基本、可持续”的原则建立和实施，以国家或政府为最终责任主体，强调并体现公平原则，保障水平受到较大限制，一般只提供基本水平保障，但随着社会经济的发展和医疗消费水平的提高，医疗服务需求明显增加，基本医疗保险难以有效满足社会成员多层次、多样化的医疗保障需求。补充医疗保险的建立正是从对基本医疗保险进行补充的角度出发，通过各种不同形式来满足不同群体的医疗需求，更加有利于促进社会稳定和经济发展。但相对于基本医疗保险而言，补充医疗保险更大程度上依赖市场机制，体现效率原则。

（二）补充医疗保险的特征

1. 实施形式多样化

为了满足不同保障对象、不同层次的医疗消费需求，补充医疗保险采取多种不同的实施形式。例如，从保障对象来看，有针对公务员的国家公务员医疗补助，有针对企业职工的企业补充医疗保险和针对职工及其家属的大病医疗互助保险，还有针对更广泛群体的商业健康保险等。从开办主体来看，有政府主办的补充医疗保险，有在政府引导下企业自办的补充医疗保险，有企业主办、职工自愿参加的补充医疗保险，还有工会等社会团体开办的医疗互助保险等。

2. 保障层次更高

补充医疗保险是在基本医疗保险基础上建立起来的，主要补偿保障对象基本医疗保险封顶线之上以及保障范围之外的医疗费用，以弥补基本医疗保险保障能力的不足，而现阶段，基本医疗保险保障水平受到国家政策目标、资金筹集渠道、保障对象范围、费用支付方式等方面的影响和限制，总体保障能力和水平有限。所以，从补偿水平来看，补充医疗保险保障层次一般要高于基本医疗保险才能真正起到有效的补充保障作用。

3. 自筹自办

在不同补充医疗保险形式中，除国家公务员医疗补助由政府出资主办外，其他补充医疗保险制度基本采取自筹自办的形式，即资金筹集、管理、运营和支付等都由主办补充医疗保险的非政府部门负责，相对而言较为独立。采取自筹自办，一方面，有利于多渠道筹集医疗保障资金，减轻政府财政负担；另一方面，有利于根据不同的保障对象，有针对性地制定不同的筹资标准和保障水平。

4. 一定程度上的福利性

为了鼓励企业或其他主体建立补充医疗保险，政府一般会给予一定的政策优惠或是直接给予财政补助。例如，国家规定有条件的企业可以建立企业补充医疗保险，对于建立企业补充医疗保险所需资金在工资总额 4%以内的部分，允许税前列支，即企业可直接从成本中列支，不再经同级财政部门审批，这在一定程度上体现了补充医疗保险的福利性特征。

二、补充医疗保险建立的必要性和作用

（一）补充医疗保险建立的必要性

1. 社会主义市场经济发展的需要

第一，经过多年不懈努力和发展，我国已基本形成具有中国特色社会主义的市场经济体制，在这一体制下，多种经济成分、多种劳动用工制度并存，使得劳动者经济收入水平差异较大，带来不同成员对医疗保障需求的认识和要求也不尽相同，基本医疗保险制度“保基本”显然难以同时满足所有成员医疗保障需求，需要通过补充医疗保险来予以满足；第二，虽然基本医保参保率持续稳定在 95%以上，已经实现“全民覆盖”的主要目标，但是由于基本医保属地化管理和我国流动人口规模大、频次高、范围广等原因，“漏保”现象仍将在一段时间内存在，因此需要管理更为灵活的商业健康保险等补充医疗保险制度予以弥补；第三，我国经济的快速发展在带来医疗服务需求增加的同时，也为发展更高层次的补充医疗保险奠定了坚实的物质基础。因此，各地区、各部门可以根据自身具体情况，因地制宜，建立以基本医疗保险制度为主体的多种形式、多种层次的补充医疗保险制度，切实保障不同群体医疗保障需求，尤其是保障广大劳动者的医疗需求，从而有力地促进社会主义市场经济快速发展。

2. 推进基本医疗保险改革的需要

建立和发展以基本医疗保障为主体、其他多种形式的补充医疗保险制度，是我国深化医疗卫生体制改革的重要内容。如果没有补充医疗保险制度的同步发展，基本医疗保险制度改革会受到较大的阻力，尤其是在改革初期。这是因为，我国基本医疗保险改革是从传统的公费医疗和劳保医疗开始的。由于受到计划经济体制的影响，对享受公费医疗和劳保医疗的职工所提供的医疗服务几乎全部免费，导致公费医疗和劳保医疗保障水平超越了当时社会经济发展水平，刺激了不合理医疗需求的增加，医疗费用失控，而基本医疗保险改革，正是对这种畸形、高福利水平的医疗保险制度进行改革，这势必会削弱公费医疗和劳保医疗的福利性，从而影响原有保障对象的利益，从而引起该群体不满。另外，基本医疗保险改革对医疗服务费用进行严格控制，客观上会影响到医疗机构收入，增加了医疗机构参与改革的阻力。所以，按照福利削减的要求，在推进基本医疗保险改革的同时，建立起补充医疗保险制度，能够有效避免部分群体医疗保障水平的大起大落，从而激励该群体参与和支持改革。当然，在推行基本医疗保险改革过程中所遇到的阻力，同时也是补充医疗保险建立的现实需要与发展动力。

3. 提供多样化医疗保障的需要

我国城镇职工医疗保险改革初期，在整体上存在着社会保险覆盖范围过窄、个人医疗保险资金投入不足的问题。从覆盖范围看，传统的公费、劳保医疗制度仅覆盖城镇职工中的机关、事业和国有及集体企业的职工，并没有全面的家庭保障计划，即使是当前“全民覆盖”的基本医疗保险制度，也只能逐步覆盖全体成员。因此，发展补充性医疗保险是更大范围满足不同人群医疗保险需求的重要途径。从保险资金投入看，由于我国仍处于社会主义初级阶段，社会生产力水平不高，个人收入较低，加之原有福利型医疗保险制度的惯性作用，个人自我保障意识不强，个人医疗保险资金的投入比较低。因此，随着基本医疗保险制度的建立，及其对劳动者自我保障意识的强化作用，补充医疗保险将成为更高层次上提高职工健康保障水平的主要形式。

4. 有效控制医疗费用增加的需要

医疗服务消费具有即时性、不确定性和被动性，因此医疗费用的支出具有明显的医疗服务供方决定特征。因而，医疗保险并不单纯是经济意义上的筹资与给付，突出的难点是医疗费用的控制。无论是抑制不良医疗消费、规范医疗服务，还是合理控制医疗费用支出，有效的途径是通过增加个人自我医疗保障的责任，直接形成医疗消费对医疗服务的约束，即直接的医患制约。同时运用利益机制发挥医疗保险机构对医疗服务的外部约束，合理控制医疗费用支出。由于基本医疗保险本身带有一定的福利性，因此缺乏直接的投保人利益约束，但补充医疗保险，特别是商业健康保险，不仅具有直接的投保人利益约束，更具有内在的机构利益约束，因而更有利于控制不良医疗消费和不合理的医疗费用支出。

（二）补充医疗保险的作用

1. 有利于提高医疗保障水平

伴随中国特色社会主义市场经济发展进程的加快，医疗服务技术快速发展，群众医疗服务需求进一步提升。与此同时，不同人群既存在着不同的医疗消费需求，又存在着不同的医疗消费承受能力，而基本医疗保险制度的基本保障原则决定其只能根据基金的承受能力提供普遍的、平衡享受的、有限责任的医疗保障。补充医疗保险是对基本医疗保险的重要补充，可以在更大范围、更高水平上满足不同人群差异化的医疗保险需求。

2. 有利于增进职工对企业的凝聚力、向心力

企业根据自身情况在满足基本保险的基础上，为职工建立补充医疗保险，不仅进一步提升职工医疗保障水平，同时企业的补充医疗保险与个人的劳动贡献和经济利益挂钩，有利于鼓励企业单位搞好生产，激励职工劳动的积极性和创造性，增进职工对企业的凝聚力、向心力，也有利于企业吸引优秀人才。

3. 有利于引导医疗服务合理消费

市场竞争的必然结果是优胜劣汰。建立补充医疗保险，使一些企业在效益好时，注重健康投资、健康储蓄，做到防患于未然；同时也有利于控制消费基金的膨胀，使部分消费基金推迟消费，转化为医疗基金积累下来。

4. 有利于促进劳动力自由流动

补充医疗保险制度较高的保障水平和较为灵活的管理方式，有利于解决广大劳动者医疗保障不足及基本医保的“属地化管理”限制就诊自由度等问题，一定程度上解除保障需求高、流动性强的劳动者的后顾之忧，显著改变劳动者传统就业观念，从而促进劳动力更加自由、合理地流动。

三、补充医疗保险建立和运行的原则

（一）补充医疗保险建立的原则

1. 补充性原则

补充医疗保险是相对基本医疗保险的一个概念，也是在基本医疗保险基础上建立起来的。虽然补充医疗保险与基本医疗保险的性质不同，但二者目标一致、范围互补，对职工的医疗保障效用是累加的。补充医疗保险只能是基本医疗保险的补充，在建立过程中要强调其补充地位和作用，不能完全替代基本医疗保险。

2. 衔接性原则

补充医疗保险的建立要根据当地的经济发展水平、人民群众可支配收入水平、人口的年龄结构特点、疾病谱、人民群众对医疗保险的需求层次、基本医疗保险的开展情况等因素来综合制订实施方案，在保障范围、保障水平、保障项目上与基本医疗保险制度完美衔接，而不能脱离当地的实际情况，想当然地建立补充医疗保险制度。

3. 适度性原则

补充医疗保险的建立有一个“度”的问题，低于这个“度”则起不到补充保障作用，超出这个“度”又会造成浪费。正确定位补充医疗保险的“补充”尺度，对整个医疗保障体系有至关重要的作用，将直接影响医疗保险制度的改革。因此，在构建补充医疗保险体系的过程中，既要防止“保障不足”，也要避免“过度保障”情况的出现。

4. 针对性原则

补充医疗保险的建立不是根据社会的“可能”，而是根据社会的“需要”；不是凭空捏造出来的，而是完善基本医疗保险制度、建立健全医疗保障体系的需要，是针对基本医疗保险的空白点提出来的，具有很强的针对性。例如，针对重症慢性病人的门诊费用过高，建立起重症慢性疾病医疗补助；针对超过封顶线而产生的高额医疗费用，建立大病医疗补助；针对特殊人群如公务员，建立国家公务员医疗补助；针对职工及其家属，建立职工医疗互助保险等。

（二）补充医疗保险运行的原则

1. 相对自愿性原则

补充医疗保险不宜采用强制性的原则，这是由经济收入的差距而导致的有支付能力的医疗需求的多样性所决定的。参加补充医疗保险的单位或个人自愿选择补充医疗保险的形式和产品，与医疗保险机构签订保险合同而产生保险关系。但是，这种自愿性也是相对的，如在补充医疗保险建立过程中，社会保险基金无纵向积累的情况下，为了更好体现社会互助共济，一些地方政府或医疗保险经办机构也采取一定的强制措施，要求有条件企业或单位要建立或参加补充医疗保险。

2. 动态性原则

随着经济的快速发展，人们生活水平和生活质量逐步提高，基本医疗保险“保基本”的界定也会随之发生改变。因此，与基本医疗保险制度相衔接的补充医疗保险的保障范围和内容也要随着相应调整，这样才能更好地为社会成员提供保障，有效满足群众合理需求。

3. 多样性原则

从某种意义上说，基本医疗保险提供的是基本的、单一层次的医疗服务，难以满足社会成员实际需求，因为疾病的多样性和人体的个体差异性，人们医疗服务需求呈现多样化的特征。为了满足不同层次的医疗需求，需要建立功能不同、相互衔接的补充医疗保险项目。因此，无论公办、私营，无论现在、将来，无论社会性、商业性，只要补充医疗保险制度能按自身发展规律操作，能够提高层次的、特殊的医疗需求保障，就是有意义和有价值的。遵循多样性原则，有利于补充医疗保险的发展和完善。

4. 成本效益原则

补充医疗保险运行不同于基本医疗保险，后者更强调国家政府的责任和社会的公平，即更加注重社会效益，而补充医疗保险更多依靠市场机制的作用，更加强调效率。因此，补充医疗保险同时强调社会效益和经济效益，在满足群众更高医疗保障需求、维护社会稳定和促进经济发展的同时，还强调更高的医疗保险基金运营效率、减少劳动力损失，并通过提高劳动者的健康水平获得更大的经济回报。所以，建立补充医疗保险，既要提高其社会效益，也要注重经济效益，努力做到二者协调统一。

四、补充医疗保险与基本医疗保险的区别

（一）性质不同

基本医疗保险是由国家或政府强制执行的一种医疗保障制度，所以具有强制性，同时具有一定的社会福利性和非营利性；补充医疗保险可以由商业保险公司和社会医疗保险机构举办，是自愿或相对自愿参加的。由商业保险公司举办的补充医疗保险具有营利性，而社会保险经办机构办理的补充医疗保险属非营利性。

（二）作用不同

基本医疗保险是为了保障劳动者的基本医疗需求，在保险面前人人平等，用来调节收入差别和社会关系，维护社会公平；补充医疗保险则是在保障劳动者基本医疗需求的同时，根据自己的经济收入情况或所在单位经济状况，为满足劳动者的较高层次的医疗需求或者是其他方面的特殊医疗需求，多交保险费多受益，体现了效率原则。

（三）权利与义务关系不同

基本医疗保险的权利与义务对应关系建立在劳动关系上面，只要劳动者履行了为社会劳动的义务，就相应获得享受基本医疗保障的权利。在某种程度上，他们所缴纳的医疗保险费与医疗保险待遇并不成正比，即基本医疗保险的权利与义务不完全对等。补充医疗保险的权利与义务则是建立在协议关系上面，只要参保人有经济承受能力，自愿参加补充医疗保险，并按规定缴纳了保险费，就能获得相应的权利。享受补充医疗保险待遇的多少取决于所缴保险费的多少，即社会保险经办机构或商业保险公司与参保人之间的权利与义务关系是一种等价交换的对等关系，其表现为“多投多保、少投少保、不投不保”。

（四）待遇水平不同

基本医疗保险从保障职工的基本医疗需求和社会安定出发，其保险费与医疗保险待遇要随国家或用人单位的财政承受能力、物价上涨幅度、社会生产力水平的提高做适当调整。补充医疗保险给付水平的确定，一般只考虑参保人缴费的多少，而不考虑其他因素。但是，补充医疗保险保障程度的高低取决于缴费水平高低，权利与义务严格对等。所以，相对基本医疗保险而言，补充医疗保险又具有一定的社会不公平性。

（五）立法范畴不同

基本医疗保险属于国家立法范畴，反映的是国家、用人单位和劳动者三者之间的利益关系，是受法律保护的，也是国家对劳动者应尽的义务。对于补充医疗保险，保险关系的双方当事人享受的权利和义务以协议为依据，而保险关系的建立是以平等、自愿、互利、等价为前提的，补充医疗保险中的权利义务关系由民事法律调整。

五、补充医疗保险与基本医疗保险的衔接形式

（一）保障程度的衔接

保障程度的衔接，是指对已经享受各种形式的基本医疗保险的社会成员提供保障项目上、医疗费用上的补充。目前，我国社会主义初级阶段的基本国情及基本医疗保险“保基本”的实施原则，决定了基本医疗保险基金只能用于支付规定范围内的医疗费用，使基本医疗保险保障能力有限、保障程度不足。例如，对于基本药品目录、基本诊疗项目目录和基本服务设施目录外的费用，起付线以下部分、按比例个人自付部分和封顶之上部分的费用，以及门诊诊疗自费部分费用等一般不予补偿，这些都可以由补充医疗保险发挥补充作用（图 17-2）。

（二）保障范围的衔接

保障范围的衔接，是指由补充医疗保险向对应因各种原因还没有享受基本医疗保险的社会成员提供包括基本医疗保险保障内容在内的医疗保障。目前，我国已经建立起世界上覆盖人口数最多的基本医疗保险网络，覆盖人口数占我国总人口比例持续稳定在95%以上。但是，由于人口流动性和我国社会医疗保险属地化管理的关系，仍然存在极少数人没有纳入基本医保体系中。因此，补充医疗保险具有可以充分发挥其保障形式灵活、受属地管理影响较小的优势，给这少部分流动性强、流动频次高、流动范围广的群体提供医疗保障。

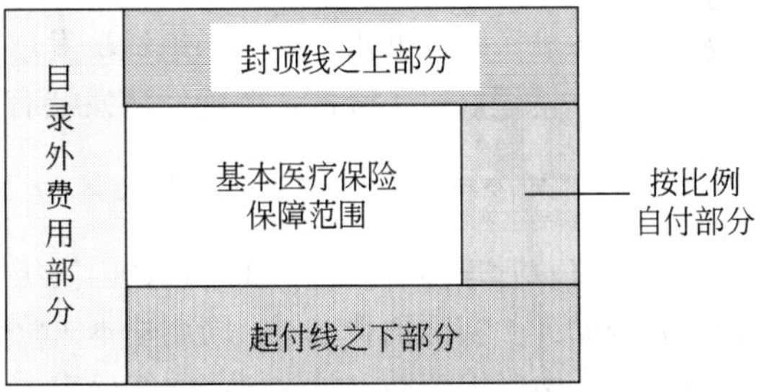

图 17-2 补充医疗保险与基本医疗保险保障程度的衔接

要进一步完善我国医疗保障体系、切实有效保证群众多层次多样化的医疗保障需求，就要充分发挥补充医疗保险的补充作用，做好补充医疗保险与基本医疗保险的衔接工作，把基本医疗保险不能补偿的药品、检查、检验、治疗等相关费用，以及基本医疗保险目前尚未覆盖的人群包含进去，实现二者的全面衔接。

第三节　补充医疗保险主要形式

一、国家公务员医疗补助

（一）国家公务员医疗补助定义

国家公务员医疗补助，是指国家为了保障公务员的医疗待遇水平不降低而建立的一种补充医疗保险形式。

《国务院关于建立城镇职工基本医疗保险制度的决定》（国发〔1998〕44号）中提出，“国家公务员在参加基本医疗保险的基础上，享受医疗补助政策”。2000年4月，劳动和社会保障部联合财政部出台《关于实行国家公务员医疗补助的意见》，对公务员医疗补助政策的原则、补助范围、资金来源、经费使用、经办管理等问题作出了相应的规定。我国现行的国家公务员医疗补助是在实施城镇职工基本医疗保险的基础上建立起来的，由国家主办和经办。

（二）国家公务员医疗补助对象

国家公务员医疗补助对象主要为，符合《国家公务员暂行条例》和《国家公务员制度实施方案》规定的国家行政机关工作人员和退休人员，经人事部或省、自治区、直辖市人民政府批准列入依照国家公务员制度管理的事业单位的工作人员和退休人员；经中共中央组织部或省、自治区、直辖市党委批准列入参照国家公务员制度管理的党群机关，人大、政协机关，各民主党派和工商联机关以及列入参照国家公务员管理的其他单位机关工作人员和退休人员；审判机关、检察机关的工作人员和退休人员。

（三）国家公务员医疗补助实施原则

国家公务员医疗补助水平要与当地经济发展水平和财政负担能力相适应，其目的是保证国家公务员原有医疗待遇水平不降低，并随经济发展有所提高。

（四）国家公务员医疗补助资金来源

按现行财政管理体制，医疗补助资金由同级财政列入当年财政预算，具体筹资标准一般是参照享受医疗补助人员实际消费水平、同期基本医疗保障水平和工资收入水平，以及财政承受能力等情况合理确定，由当地劳动、财政部门逐年核定。不管国家公务员医疗补助的具体筹资标注如何，都要考虑与基本医疗保险的筹资水平相衔接。

（五）国家公务员医疗补助资金使用

国家公务员医疗补助资金主要用于基本医疗保险统筹基金最高支付限额以上，符合基本医疗保险用药、诊疗范围和医疗服务设施标准的医疗费用补助；在基本医疗保险支付范围内，个人自付超过一定数额的医疗费用补助；中央和省级人民政府规定享受医疗照顾的人员，在就诊、住院时按规定补助的医疗费用。

（六）国家公务员医疗补助经办与管理

国家公务员医疗补助工作由社会保险经办机构负责，严格执行有关规章制度并建立健全各项内部管理制度和审计制度。劳动保障部门负责对社会保险经办机构进行考核与监督管理；财政部门负责制定医疗补助经费的财务和会计管理制度，并加强财政专户管理，监督检查补助经费的分配和使用；审计部门负责医疗补助经费的审计。

二、企业补充医疗保险

（一）企业补充医疗保险定义

企业补充医疗保险（enterprise supplementary medical insurance），是指企业在参加城镇职工基本医疗保险的基础上，国家给予政策鼓励，由企业自主举办或参加的一种补充性医疗保险形式。企业补充医疗保险主要补偿基本医疗保险制度支付范围以外由职工个人负担的医疗费用，其目的在于提高参保职工的医疗保障水平，减轻其医疗费用负担。

1998 年 12 月《国务院关于建立城镇职工基本医疗保险制度的决定》中提出，“为了不降低一些特定行业职工现有的医疗消费水平，在参加基本医疗保险的基础上，作为过渡措施，允许建立企业补充医疗保险。企业补充医疗保险费在工资总额 4%以内的部分，从职工福利费中列支，福利费不足列支的部分，经同级财政部门核准后列入成本”。根据文件的精神和要求，我国开始建立企业补充医疗保险。

（二）企业补充医疗保险建立和实施的原则

企业补充医疗保险建立和实施应遵照以下几项基本原则。

1. 自愿性原则

企业或单位根据自身实际情况，决定是否实行补充医疗保险计划，国家给予政策上的鼓励和扶持，一般不强制要求建立或参加。

2. 以参加基本医疗保险为前提

一般情况下，只有参加了基本医疗保险的企业才能办理企业补充医疗保险。一方面，保障更多参保职工的基本医疗需求；另一方面，控制某些企业的逆向选择行为。

3. 补充性原则

企业补充医疗保险是对基本医疗保险的补充，它不能替代基本医疗保险。

4. 对接性原则

企业补充医疗保险要与城镇职工基本医疗保险有机地对接，互为补充，为广大劳动建立较全面的医疗保障体系。

（三）企业补充医疗保险资金来源及管理

企业补充医疗保险资金，经国家社会保障部门批准后由企业和职工按规定共同缴纳。企业或行业集中使用和管理，单独建账，单独管理，用于本企业个人负担较重的职工和退休人员的医疗费补助，不得划入基本医疗保险个人账户，也不得另行建立个人账户或变相用于职工其他方面的开支。财政部门和劳动保障部门要加强对企业补充医疗保险资金管理的监督和财务监管，防止挪用资金等违规行为。

（四）企业补充医疗保险的形式

经过多年的建设和发展，企业补充医疗保险已经逐渐完善和成熟，其举办形式也越来越多样化，具体说来，主要有以下几种。

1. 企业和单位自办

一般规模比较大、有一定管理能力的企业，相对而言人数也比较多，从而抗风险能力相对比较强，可以采取自办补充保险的形式。这种形式的补充医疗保险基金由企业医疗保险经办机构管理，经办机构根据有关政策、法律法规，结合本单位实际情况来确定实施方案，医疗保险改革初期主要以这种形式为主，但这种形式成本高、风险大，不同企业之间资金调剂能力差，互济作用十分有限。为了降低成本和风险，在参加基本医疗保险的基础上，企业自办的补充医疗保险可以设立封顶线，封顶线的确定最好是在测算参保人前三年医疗费用的基础上，按照“适当偏紧”的原则进行。保险费在工资总额 5%以内的部分，按照规定，可以从职工福利费中列支，福利费不足列支的部分，经同级财政部门核准列入成本。对于超过补充医疗保险的医疗费用部分，职工可在自愿的基础上参加由单位集体组织的商业大病团体保险。

2. 社会保险机构主办、商业保险公司经办

采取这种形式举办企业补充医疗保险，企业可以通过购买商业保险公司的产品与商业保险机构合作，也可以保险公司的某一相关产品为基础，根据实际情况设计补充医疗保险方案，由商业保险机构根据制订的方案确定费用，但需要考虑到商业保险公司的规模、业务范围、医疗保障程度、经营管理水平、保险价格及服务质量等，以确保举办补充医疗保险的风险最低。

厦门市是全国首个实行补充医疗保险的城市，同时也是由社会保险机构主办、商业保险公司经办的企业补充医疗保险运行非常成功的城市。

3. 企业主办、社会医疗保险机构经办

由企业主办、社会医疗保险机构经办的企业补充医疗保险，实质上就是社会医疗保险机构在举办基本医疗保险的基础上，根据企业或其他单位的实际需要，经办该企业或单位基本医疗保险业务之外的补充医疗保险业务。采取这种形式来举办企业补充医疗保险，优点在于：社会医疗保险机构在办理同一企业的补充医疗保险时，可以同时征缴基本医疗保险费和补充医疗保险费，并且可以参考企业和职工参加基本医疗保险时的资料，不用再重复去收集、整理和录入，这样可以节省人力、物力，降低医疗保险经营管理成本。但是，这种举办形式增加了社会医疗保险机构经营风险，加大了社会医疗保险机构管理运营医疗保险基金的难度。

三、职工医疗互助保险

（一）职工医疗互助保险定义

职工医疗互助保险（employee medical mutual insurance），是指由工会组织等独立机构承办、职工群众自愿参加的，职工个人缴费为主、行政资助为辅、职工群众内部互助共济的一种补充医疗保险。我国在城镇职工基本医疗保险改革之初，就开始探索和发展职工医疗互助保险。由中华全国总工会主办的“中国职工保险（保障）互助会”就是以职工互助的形式从事保险业务的组织。该组织主办和经营管理的职工互助保险由工会组织主办，职工个人自愿参加，资金以个人筹集为主，具有“群众性、民主性、互助性与补充性”等特点。

《关于深化医药卫生体制改革的意见》（中发〔2009〕6 号）中再次明确提出“鼓励工会等社会团体开展多种形式的医疗互助活动”。目前，全国各地许多地方的企业或行业在基本医疗保险改革中都自发建立了内部的职工互助保障基金，实施职工互助医疗保险，作为当地基本医疗保险的补充保险形式。事实上，职工互助医疗保险不仅是基本医疗保险的有益补充，更提高了职工互助共济层次与抗风险能力，保障了不同行业职工医疗保障待遇的公平性。

（二）职工互助医疗保险的范围

职工互助医疗保险的范围主要为中小企业职工及新的基本医疗保险制度取消了原享受半费医疗待遇的职工家属。在保障对象上一般要求以单位团体的形式参加保险，部分地区还要求参加者的数量要占到单位职工总数的 80%。参加互助医疗保险的职工及家属在患大病、重病、享受国家基本医疗保险待遇后，个人负担医疗费较高的情况时，可按规定享受相应的互助医疗保险待遇。

（三）职工医疗互助保险资金的来源

职工互助医疗保险的资金主要来源于职工自愿为本人和家属缴纳的互助医疗保险费、各级行政部门给予的补助、工会的资助，以及资金的利息等。企业为职工所缴纳的费用按国家有关规定渠道列支。例如，企业未参加企业补充医疗保险，其为职工缴纳互助医疗保险的费用，可经主管财政部门审核同意，允许将工资总额 4%以内部分列入成本。

（四）职工医疗互助保险基金的管理和使用

职工医疗互助保险经办机构应加强医疗互助保险基金管理，并建立健全各项规章制度，接受政府、社会和投保企业、职工的监督，保证基金安全和发放。职工医疗互助保险经办机构原则上不以营利为目的。经批准运行一定时期后，确有基金投资营运能力的，必须经当地社会保障行政管理部门和金融保险行政管理部门审核，报经国家金融保险行政管理部门审批，并严格规定投资运营范围，才能进行基金的投资营运。

为了保证互助医疗基金的共济能力，降低保险基金营运风险，在职工医疗互助保险的建立、管理和经营过程中应做好以下几点。

第一，申请并经办职工医疗互助保险机构必须是地级市以上城市工会等独立法人团体。

第二，职工医疗互助保险经办机构必须经同级社会保障行政管理部门和金融保险管理部门严格审核，并报上级社会保障行政管理部门和金融保险管理部门审批。

第三，要严格规定职工医疗互助保险经办机构的投资运营范围，以保证基金投资运作的顺利进行，确保互助保险资金保值增值。

四、城乡居民大病保险

（一）城乡居民大病保险的简述

1. 城乡居民大病保险定义

城乡居民大病保险（critical disease insurance for urban and rural residents），常简称为大病保险，是指在城乡居民基本医疗保险的基础上，对大病患者发生的高额合规自付医疗费用给予进一步补偿的医疗保障制度。大病保险是居民基本医疗保险的拓展和延伸，旨在解决城乡居民因罹患大病而产生的高额医疗费用负担问题。

2. 城乡居民大病保险主要政策演进

2012 年 8 月，经国务院同意，国家发展和改革委员会、卫生部、财政部、人力资源和社会保障部、民政部和中国银行保险监督管理委员会等六部委联合印发《关于开展城乡居民大病保险工作的指导意见》（发改社会〔2012〕2605 号，本节简称《指导意见》），以进一步完善城乡居民医疗保障制度，健全多层次医疗保障体系，有效提高重特大疾病保障水平。

2015 年 7 月，国务院办公厅印发《关于全面实施城乡居民大病保险的意见》（国办发〔2015〕57 号），在 2012 年启动的试点工作取得的相关经验的基础上，对大病保险基本原则目标、筹资机制、保障水平、承办服务和监督管理等工作内容做了进一步要求，其中重点强调 2015 年底前实现大病保险制度对城乡居民基本医保参保对象的“全覆盖”，以及到 2017 年大病保险与医疗救助等制度的有效衔接等目标要求。

2019 年 3 月，李克强总理在《政府工作报告》中明确要求降低并统一大病保险的起付线和提高报销比例。同年 5 月，贯彻落实 2019 年《政府工作报告》任务要求，全面推进完善统一的城乡居民基本医疗保险和大病保险制度，国家医保局会同财政部印发《关于做好 2019 年城乡居民基本医疗保障工作的通知》（医保发〔2019〕30 号），降低并统一大病保险起付线，原则上按上一年度居民人均可支配收入的 50%确定，低于该比例的，可不做调整；政策范围内报销比例由 50%提高至 60%；加大大病保险对贫困人口的支付倾斜力度，贫困人口起付线降低 50%，支付比例提高 5 个百分点，全面取消建档立卡贫困人口大病保险封顶线。

（二）城乡居民大病保险的实施原则

1. 坚持以人为本，统筹安排

大病保险的保障对象为城乡居民基本医疗保险的全体参保人，该项制度的建立是基于保障居民身体健康角度考虑的，充分体现党和政府把维护人民群众健康权益放在首位，切实解决人民群众因病致贫、因病返贫问题的民生工作要点。建立健全居民多层次医疗保障体系，充分发挥基本医疗保险、大病保险与重特大疾病医疗救助等的协同互补作用，加强制度之间的衔接，形成合力，切实减轻群众罹患大病后的医疗支出压力，维护城乡居民生命健康权益。

2. 坚持政府主导，专业运作

政府和商业保险机构共同参与大病保险制度的建立和完善，其中，政府负责基本政策制定、组织协调、筹资管理，并加强监管指导，在制度建设过程中占有主导地位，是最终责任主体。同时，政府支持商业保险机构承办大病保险，积极调动和发挥商业保险机构的专业优势，发挥市场机制作用，提高大病保险的运行效率、服务水平和质量。

3. 坚持责任共担，持续发展

建立起大病保险保障能力动态调整机制，确保大病保险保障水平与经济社会发展、医疗消费水平及健康风险承受能力相适应。同时，强化社会互助共济的意识和作用，形成政府、个人和保险机构三方共同分担大病风险的机制。此外，强化保险保障基金当年收支平衡的原则，科学合理测算、稳妥起步和平稳推进，规范制度运行，保障资金安全，实现可持续发展。

4．坚持因地制宜，机制创新

中国地大物博、幅员辽阔，地区之间社会经济发展水平差距较大、不平衡。大病保险建设过程中，各地要在国家确定的原则下，结合当地实际，因地制宜制订开展大病保险制度建设的具体方案。鼓励地方不断探索创新，完善大病保险承办准入、退出和监管制度，完善支付制度，引导合理诊疗，建立大病保险长期稳健运行的长效机制。

（三）城乡居民大病保险的资金筹集

资金筹集是城乡居民大病保险政策运行的重要基础。根据《指导意见》，城乡居民大病保险从对应的城乡居民基本医疗保险基金中按一定比例或额度划拨，参保居民不另行缴纳费用。《指导意见》中还明确规定，对于城乡居民基本医保基金有结余的地区，利用结余筹集大病保险资金；结余不足或没有结余的地区，在年度筹集的基金中予以安排。完善城乡居民基本医保的多渠道筹资机制，保证制度的可持续发展。由此可见，城乡居民大病保险基金来自城乡居民基本医疗保险基金，不需要居民额外缴费。

另外，在筹资标准方面，各地区可结合当地实际，综合考虑当地经济发展水平、大病医疗费用情况、基本医保筹资能力和支付水平等因素自行进行测算和规定。自大病保险制度建立以来，随着经济发展人民生活收入水平的提高，居民医疗保险筹资水平相应提升，财政补贴数额也一直不断增长。

（四）城乡居民大病保险的保障水平

首先，从保障范围来看，作为一项补充性医疗保险制度，大病保险主要针对城乡居民罹患重大疾病发生的高额医疗费用进行补偿，通常是在城乡居民基本医保按照规定补偿之后，再由大病保险制度对“合规费用”进行补偿。合规费用，是指符合统筹地区大病保险制度规定范围内的医疗费用。各统筹地区对于合规费用的规定不尽相同，从各地的实践来看，多数地区在基本医疗保险“三大目录”基础之上有一定程度的突破，如将基本医保不予承担某些特殊药品费用纳入大病保险补偿范围。其次，从起付线来看，部分地区规定在基本医疗给付之后，个人需承担一定额度即超过大病保险制度的起付线后，再由大病保险制度予以给付，起付线原则上按上一年度居民人均可支配收入的50%确定，低于该比例的，可不做调整。再次，从补偿比例来看，设定的补偿比例为60%，一般情况下，采取分段累进制，即合规医疗费用越高报销比例越高。最后，从封顶线来看，绝大多数地区不设置大病保险制度的封顶线，更加充分地起到制度的保障作用。

第四节　医疗救助制度

一、医疗救助制度发展历程

20 世纪 80 年代，医疗救助主要用于我国农村扶贫或加强农村初级卫生保健的工作中。在 20 世纪 90 年代初期，随着贫困人口的剧增，一些地方开始通过政府下发专门文件甚至通过地方立法开展医疗救助，医疗救助成为政府的一项职责。到了 20 世纪 90 年代中后期，在国际组织的推动和资金支持下，我国部分农村地区开始了较大范围的贫困医疗救助活动。

为了缓解农村贫困患者的医疗负担，有效解决农民因疾病而导致的贫困问题，我国从 2002 年开始探索建立农村医疗救助制度。2002 年 10 月出台了《中共中央 国务院关于进一步加强农村卫生工作的决定》，其中的一项内容就是“建立和完善农村合作医疗制度和医疗救助制度”，对农村贫困家庭实行医疗救助，救助对象主要是农村五保户和贫困农民家庭，医疗救助形式包括对患大病的救助对象给予一定的医疗费用补助和资助其参加当地的合作医疗。

2003 年 11 月，民政部、卫生部、财政部三部委联合印发的《关于实施农村医疗救助的意见》中提出：各省、自治区、直辖市在全面推行农村医疗救助制度的同时，可选择 2～3 个县（市）作为示范点。自此全国各地普遍开展了农村医疗救助的试点，拉开了针对农村贫困人口实施医疗保障工作的序幕。

在总结一年多试点经验的基础上，民政部、卫生部和财政部于 2005 年再次印发《关于加快推进农村医疗救助工作的通知》，提出当年力争基本建立规范和完善农村医疗救助制度的目标。经过随后三年多的实践和发展，我国基本形成较为系统的农村医疗救助制度框架和一系列规章办法，农村医疗救助制度初步融入农村社会保障制度当中，与新型农村合作医疗、农村低保、军人优抚和“五保户”制度在不同层面发挥维护农民健康权益、抵抗和摆脱疾病风险的作用。

2005 年国务院办公厅印发《关于建立城市医疗救助制度试点工作的意见》（国办发〔2005〕10 号），要求从 2005 年开始，用 2 年时间在各省、自治区、直辖市部分县（市、区）进行试点，之后再用 2～3 年时间在全国建立起管理制度化、操作规范化的城市医疗救助制度。2009 年《关于进一步完善城乡医疗救助制度的意见》（民发〔2009〕81 号）要求保障困难群众基本医疗需求；搞好医疗救助制度与相关社会保障制度的衔接，探索建立城乡一体化的医疗救助制度；坚持突出重点，分类施救，公开便捷，发挥医疗救助的救急救难作用；坚持政府主导，社会参与，大力发展医疗慈善事业。

2014 年国务院出台的《社会救助暂行办法》将事关困难群众基本生活的各项托底制度统一到一部行政法规之中，对社会救助进行了全面规范，其中在第五章对医疗救助的对象、方式、申请程序、应急救助给予了规定。2015 年《关于进一步完善医疗救助制度全面开展重特大疾病医疗救助工作的意见》（国办发〔2015〕30 号）就进一步完善医疗救助制度、全面开展重特大疾病医疗救助工作提出具体意见和要求。

2018 年国家医保局成立以后，医疗救助相关职责由民政部划归到国家医保局。2019 年第十三届全国人民代表大会常务委员会第十五次会议通过《中华人民共和国基本医疗卫生与健康促进法》，第八十三条规定："国家建立以基本医疗保险为主体，商业健康保险、医疗救助、职工互助医疗和医疗慈善服务等为补充的、多层次的医疗保障体系。""国家完善医疗救助制度，保障符合条件的困难群众获得基本医疗服务。"这在法律上明确了医疗救助是政府的责任和义务，并在资金上予以保证，使得救助更加规范及时，为弱势群体能够得到及时有效救助提供了法律依据。

二、医疗救助制度内容与特征

（一）医疗救助制度的对象和覆盖范围

医疗救助是对因疾病陷入生活困境的人在无法支付医疗需求时所提供的一种医疗保障措施。在我国，医疗救助特指针对贫困人口的基本医疗救助。按照《社会救助暂行办法》第五章第二十八条规定，医疗救助的对象包括：①最低生活保障家庭成员；②特困供养人员；③县级以上人民政府规定的其他特殊困难人员。

具体救助对象的界定，由各地的医疗保障部门会同财政等有关部门，根据本地社会经济发展的条件、医疗救助基金的筹资情况、当地困难群众的情况以及基本医疗需求等因素进行综合考虑，由同级人民政府审批后执行。因而，各地具体的救助对象略有区别，但大体包括以下类型的困难人员：①农村五保对象及孤儿；②城市"三无"人员；③城乡低保对象；④城乡重点优抚对象；⑤城乡低收入家庭重病患者，60 岁以上老人；⑥经城镇职工基本医疗保险、城镇居民基本医疗保险、新型农村合作医疗及各种商业保险支付后，个人仍然难以负担医疗费用的城乡医疗救助对象；⑦政府部门规定的其他特殊困难家庭成员。

（二）医疗救助制度的主要内容

1. 合理划定医疗救助对象

最低生活保障家庭成员和特困供养人员是医疗救助的重点救助对象。要逐步将低收入家庭的老年人、未成年人、重度残疾人和重病患者等困难群众（以下统称低收入救助对象），以及县级以上人民政府规定的其他特殊困难人员纳入救助范围。适当拓展重特大疾病医疗救助对象范围，主动探索对发生高额医疗费用、超过家庭担当能力、基本生活出现严重困难家庭中的重病患者（以下统称因病致贫家庭重病患者）实施救助。在各类医疗救助对象中，要重点加大对重病、重残儿童的救助力度。

2. 资助参保参合

对重点救助对象参加城镇居民基本医疗保险或新型农村合作医疗的个人缴费部分进行补贴，对特困供养人员给予全额资助，对最低生活保障家庭成员给予定额资助，保障其获得基本医疗保险服务。具体资助办法由县级以上地方人民政府根据本地经济社会发展水平和医疗救助资金筹集情况等因素研究制定。

3. 规范门诊救助

门诊救助的重点是因患慢性病需要长期服药或者患重特大疾病需要长期门诊治疗，导致自付费用较高的医疗救助对象。卫生部门已经明确诊疗路径、能够通过门诊治疗的病种，可采取单病种付费等方法开展门诊救助。门诊救助的最高救助限额由县级以上地方人民政府根据当地救助对象需求和医疗救助资金筹集等情况研究确定。

4. 完善住院救助

重点救助对象在定点医疗机构发生的政策范围内的住院费用中，对经基本医疗保险、城乡居民大病保险及各类补充医疗保险、商业保险报销后的个人负担费用，在年度救助限额内按不低于70%的比例给予救助。住院救助的年度最高救助限额由县级以上地方人民政府根据当地救助对象需求和医疗救助资金筹集等情况确定。定点医疗机构应当减免救助对象住院押金，及时给予救治；医疗救助经办机构要及时确认救助对象，并可向定点医疗机构提供一定额度的预付资金，方便救助对象看病就医。

（三）医疗救助制度的主要特征

我国的医疗救助制度是一个从无到有，不断发展完善的过程。从历史的发展进程来看，医疗救助制度呈现贫困托底、制度互补、城乡统筹、分类实施四大鲜明的制度特征。

1. 贫困托底

医疗救助制度具有明显的社会政策托底属性。医疗救助制度是反贫困重要的政策托底。医疗救助以困难群众，尤其是五保户和最低生活保障对象等贫困家庭为重点，保障其享有基本医疗服务，防止这些困难家庭因病致贫、因病返贫现象的发生。从这个角度来看，医疗救助制度具有反贫困政策托底的重要作用。

2. 制度互补

我国的医疗保障制度是以城乡居民基本医疗保险、职工医疗保险制度为基础，以城乡居民大病医疗保险制度为支持，以医疗救助制度为补充的医疗保障体系。医疗救助制度保障那些在城乡居民基本医疗保险、城乡居民大病医疗保险制度报销后，医疗费用负担仍然较重的困难群众，发挥着我国医疗保障体系“最后的防线”的功能。

3. 城乡统筹

近年来，医疗救助制度的整合趋势明显，城乡一体化的要求意味着医疗救助制度的救助内容、救助标准、监督管理等相关内容不再按照城市和农村进行区分，只按照救助对象的类型进行划分，即从五保户、低保户、其他困难群众等划分类别进行相关医疗救助。

4. 分类实施

分类实施是医疗救助制度的重要原则。该原则有利于减轻地方政府的财政负担，节约相应的医疗救助经费的支出，有利于保障医疗救助制度在实践中的良性运行。分类保障的办法主要是按照困难群体进行分类。救助标准上根据五保户、最低生活保障对象和重点优抚对象、其他困难群体实行分类保障，给付待遇主要体现在起付线、救助比例、救助区间、封顶线上的区别。

三、医疗救助与基本医疗保险的联系和区别

（一）医疗救助与基本医疗保险的联系

1. 保障目标的一致性

医疗救助与医疗保险是目标一致的不同制度安排与政策设计，都是防止群众“因病致贫，因病返贫”的社会福利和社会安全制度。现代医疗保障制度是确保为国民提供医疗保障的制度设计，主要包括三个层次保障的政策设计：一是自助性的保障政策，二是互助性的保障政策，三是他助性的保障政策。医疗救助与基本医疗保险体现了后两种保障政策，本质上属于非自助性保障政策。

2. 公平性的体现

公平正义是建立一项社会制度的首要价值追求。公平正义是为了社会成员和谐生存和发展、为了满足社会成员基本生存需要、为了社会安全运行和健康发展而必须坚持的一个共同理念与行为准则。我国已初步建成了由基本医疗保险、补充医疗保险和医疗救助构成的医疗保障体系。让有基本医疗卫生服务需求的人，在制度框架内都能平等地享受到足够且合理的基本医疗卫生服务，是医疗保障制度设计的应有之义。

（二）医疗救助与基本医疗保险的区别

1. 保障功能的差异

由于经济方面的原因，贫困人群通常不能与普通居民享受平等的医疗卫生服务，这使得贫困人口的健康状况往往不尽如人意，患病率也明显高于正常人群。国家需要为没有足够经济支付能力的人提供必要的医疗卫生资源。医疗救助作为一种支持和帮助弱势群体获得基本医疗卫生服务的制度，既是社会救助体系中的重要组成部分，也是多层次医疗保障体系的最后一道保护网。医疗救助的保障功能是托底，是助力社会贫困人员能够获得个体无力支付的基本医疗保障，其责任主体一般为政府。

2. 保障对象的差异

基本医疗保险属于社会医疗保险，其以保障居民平等的健康权利为目的，通过政府立法、强制全部和部分居民参与，国家、单位和个人共同筹资，由专门的社会保险机构组织和管理的一种社会保险。社会医疗保险是一种保障制度安排，体现权利与义务对等，并进行社会化管理。而医疗救助是保障困难群众的基本医疗权益的制度安排，重点是对重特大疾病的有效保障，特别是对低保对象、特困人员、建档立卡的贫困人员，在助力脱贫、防止因病致贫、因病返贫等方面发挥积极的作用。

3. 筹资机制的差异

医疗救助是一种国家税收二次分配调节的单渠道或单方向筹资机制，它不能独立支撑为贫困者提供医疗保障的责任。基本医疗保险的筹资机制是多向的，既包括群体之间的互济（从健康人群向不健康人群转移），也包括个人的积累（从健康年代向易患疾病年代的转移），因此能够提供比较稳定和充足的资金渠道保障。

四、医疗救助与基本医疗保险的衔接形式

（一）医疗救助与基本医疗保险的行政管理一体化

长期以来，受管理体制制约，医疗救助未与基本医保、大病保险有机衔接，尤其在结算环节与基本医保分开经办，导致患者治疗费用信息阻隔，申报手续相对繁杂，审办过程相对冗长，患者不能得到及时和充分救助，损害了医疗救助制度应有的兜底保障功能。国家医保局组建后，将民政部门负责的医疗救助职能与人社、卫生、发改委等医疗保障相关职能进行归并，由新组建的医保局统一负责，在体制上保障了医疗救助与基本医疗保险实现统筹管理。

（二）医疗救助与基本医疗保险的经办一体化

城乡医疗救助实行“一站式”服务模式。具体是指符合医疗救助条件的城乡社会救助对象在定点医疗机构看病就医，在得到城镇居民基本医疗保险报销或新型农村合作医疗报销的同时，剩下个人自付部分得到医疗保障部门的医疗救助。定点医疗机构作为结算单位，医疗救助费用由定点医疗机构先行垫付，医疗保障部门与财政部门定期结算。新型农村合作医疗制度、城镇基本医疗保险制度和城乡医疗救助制度实现资源共享、无缝对接、统一监管。医疗救助的操作程序如下。

1. 本人申请，身份确认

城乡低保对象、农村五保对象患病需住院的，在定点医院办理住院手续时，提供身份证或户口簿、低保证、五保供养证、城镇基本医疗保险证（卡）或新型农村合作医疗证等相关证件，向定点医院提出医疗救助申请。定点医院在接到医疗救助申请后，登录各省、自治区、直辖市医疗救助系统，输入申请人相关信息，并通过医疗救助系统向县民政局提出申请人身份确认，经县民政局比对核实后，及时给予入院治疗。定点医院在认真做好政策宣传工作的同时，及时收集救助对象身份证或户口簿、低保证、五保供养证、新型农村合作医疗证或城镇基本医疗保险证（卡）复印件，保存建档。

2. 实施救助

救助对象经过治疗出院结算时，医疗费用支出总额扣除新型农村合作医疗或城镇居民医疗保险报销费用后，定点医疗机构按照医疗保障部门核定的救助比例金额，先行垫付医疗救助补助金额，救助对象只需支付经新型农村合作医疗或城镇居民医疗保险报销、医疗保障部门医疗救助后个人自付部分的金额，便可出院。

3. 定期结算

定点医院先行垫付医疗救助资金，由县医疗保障部门会同县财政局按季度与定点医院进行结算。定点医院需设立医疗救助“一站式”服务资金管理专户，专账管理，封闭运行。

第五节 商业健康保险

一、商业健康保险的发展历程

商业健康保险在我国的起步较晚。随着 1982 年国内恢复保险业务，商业健康保险迎来发展机遇。1983 年“上海市合作社职工医疗保险”成为国内恢复保险业务后的第一笔健康保险业务。

此时，商业健康保险产品简单、保障有限、业务量小，是局部地区的团体产品。1994 年以前，健康险产品主要为团体服务，受当时基本医疗制度和保险公司经营特点影响，健康险市场供需不足，处于萌芽阶段。

进入 20 世纪 90 年代，随着职工医保制度的推行，公费医疗和劳保医疗制度被打破，为商业健康保险发展腾出空间。此时商业健康险进入快速发展阶段，这一阶段突破了团体业务的局限，产品更加丰富，业务增长迅速，但是经营主体限于寿险公司。直到 2003 年这一局面才有所改善，产险公司允许经营短期健康险。

随着 2003 年财产保险公司允许经营短期健康险、2006 年《健康保险管理办法》的颁布，商业健康险进入专业化经营阶段，专业化程度不断提高，健康保险逐渐形成了以寿险公司为主导、财产险公司以及专业化健康保险公司等多个主体共同参与的市场格局。

2009 年以后，我国进入全民医保新阶段，《中共中央 国务院关于深化医药卫生体制改革的意见》鼓励企业和个人通过参加商业保险及多种形式的补充保险解决基本医疗保障之外的需求。这一阶段商业健康保险开始探索健康管理服务，参与到多层次医保体系建设，并取得了突出成果，更加契合居民对于健康的需求，商业健康保险的发展将更上一个台阶。

2014 年《国务院关于加快发展现代保险服务业的若干意见》指出，商业保险要逐步成为个人和家庭商业保障计划的主要承担者、企业发起的养老健康保障计划的重要提供者、社会保险市场化运作的积极参与者。

2018 年《“健康中国 2030”规划纲要》等多个政策提出明确要把商业健康保险建成社会保障体系的重要支柱。健全以基本医疗保障为主体、其他多种形式补充保险和商业健康保险为补充的多层次医疗保障体系。加强基本医保、城乡居民大病保险、商业健康保险与医疗救助等的有效衔接。

2020年中共中央、国务院在《关于深化医疗保障制度改革的意见》（以下简称《意见》）中明确提出，到2030年，全面建成以基本医疗保险为主体，医疗救助为托底，补充医疗保险、商业健康保险、慈善捐赠、医疗互助共同发展的医疗保障制度体系。《意见》还提出，加快发展商业健康保险，丰富健康保险产品供给，用足用好商业健康保险个人所得税政策，研究扩大保险产品范围。党的十九届五中全会通过的《中共中央关于制定国民经济和社会发展第十四个五年规划和二〇三五年远景目标的建议》，明确提出要积极发展商业医疗保险。

2022年，党的二十大报告提出健全社会保障体系，“促进多层次医疗保障有序衔接，完善大病保险和医疗救助制度，落实异地就医结算，建立长期护理保险制度，积极发展商业医疗保险。”

二、商业健康保险的内容与特征

（一）商业健康保险定义

商业健康保险（commercial medical insurance），一般是指由商业保险公司开办的，以人的身体为保险标的，保障被保险人在合同约定期限内，因疾病或意外伤害导致医疗费用增加或收入减少所造成的损失承担保险金给付责任的人身保险。随着社会经济的快速发展、人们保险意识的提高，商业健康保险已经成为基本医疗保险的重要补充形式之一。商业健康保险有狭义和广义之分，狭义商业健康保险仅指医疗费用保险，广义商业健康保险包括医疗费用保险、疾病保险、失能收入损失保险及长期护理保险。

（二）商业健康保险保障对象

商业健康保险与基本医疗保险不同，一般不存在强制性特征。另外，商业健康保险经营主体主要为以营利为目的、自负盈亏的商业保险公司，所以商业健康保险中逆向选择现象相对比较严重，即身体健康状况越差的个体越倾向于投保。为了防止逆向选择，商业健康保险一般要求体检，保险公司根据体检结果和被保险人健康情况，作出拒保、加费承保或按标准体承保等不同的核保决定。所以，商业健康保险保障对象主要为自愿投保并符合承保条件的所有个体。

（三）商业健康保险资金来源及运营管理

商业健康保险资金主要来自自愿参保的单位或个人缴纳的保险费，其缴费金额根据参保对象的年龄、身体健康状况、当地经济发展水平、医疗服务消费水平，以及购买险种的保障内容和保险金额等不同而有所不同。因为商业健康保险是负债经营，绝大部分资金来自投保人所缴纳的保险费，而其中纯保险费部分是要返还给遭受风险的被保险人的，所以商业健康保险资金运营管理受到《中华人民共和国保险法》和《保险资金运用管理暂行办法》（中国银行保险监督管理委员会令2010年第9号）等相关法律法规的严格限制和约束，以确保资金投资运营安全，切实保护被保险人根本利益。

（四）商业健康保险金给付

商业健康保险在进行保险金给付时，要经过非常严格的理赔核查。例如，除保险单、缴费凭证、身份证明外，还要求保险金申领人提供就诊证明、诊断报告、医疗费用明细、消费凭证等，必要时，还需要进行现场查勘和对被保险人进行体检等，以减少和防止道德风险的发生，确保商业健康保险稳定运行。

（五）商业健康保险主要产品

1. 医疗保险

医疗保险（medical insurance），又称医疗费用保险，是指以保险合同约定的医疗行为的发生为给付保险金条件，为被保险人接受诊疗期间的医疗费用支出提供保障的保险。医疗费用保险补偿的费用一般包括门诊费用、药费、住院费用、住院护理费用、医院杂费、手术费用和各种检查检验费用等。各种不同的医疗保险所保障的费用一般是其中一项或若干项医疗费用的组合。

医疗费用保险一般又有普通医疗保险、门诊医疗保险、住院医疗保险、手术医疗保险和综合医疗保险等主要产品形式。

（1）普通医疗保险。其是医疗保险中保险责任最广泛的一种，普通医疗保险的保险费成本较低，但由于医药费用和检查费用等支出控制有一定难度，因此，合同条款中一般都有免赔额和比例给付的规定，保险费则每年规定一次。

（2）门诊医疗保险。主要为被保险人的门诊治疗费用提供保障的医疗保险，门诊费用主要包括检查费、化验费、医药费等。但是对于被保险人门诊处方的合理性难以监督检查，再加上患者和医院工作人员的道德危险，因此保险人开办门诊医疗费用保险的风险较大，即使推出，它对被保险人的限制规定也很严格。

（3）住院医疗保险。为特定的住院费用提供保障的医疗保险。一般来说，由于住院所发生的费用比较可观，因此住院医疗保险可作为一项单独的保险承保。其中，住院医疗费用包括住院期间的床位费用、医生费用、手术费、医院杂费、各种检查费等。此类产品合同一般会约定每日的给付金额、免赔天数和最长给付天数，保险人只负责承担超过免赔天数而未超过最长给付天数的住院费用。

（4）手术医疗保险。为被保险人在患病治疗过程中进行必要的各种大小外科手术而消耗的医疗费用提供保障的医疗保险。该险种既可作为独立的险种，也可作为住院费用保险的一项附加险。

（5）综合医疗保险。为被保险人提供较全面的医疗保障的一种医疗保险，其保障项目包括医疗和住院、手术等的一切费用，实际上是上述险种的组合。一般情况下，综合医疗保险的保险费率较高，同时还会确定一个较低的免赔额及适当的分摊比例。

2. 疾病保险

疾病保险（disease insurance），是指以保险合同约定的疾病的发生为给付保险金条件的保险。在我国商业健康保险实务中，疾病保险一般分为重大疾病保险和特种疾病保险。

（1）重大疾病保险。其是当被保险人在保险期间发生保险合同约定的疾病、达到约定的疾病状态或实施了约定的手术时，给付保险金的健康保险产品。重大疾病保险可以由个人直接投保，也可以由团体投保；既可以单独购买，也可以附加在寿险产品之上。另外，该险种不限被保险人的性别，只要年龄符合规定，均可投保，但男女缴费的数额有所差异，一般男性高于女性。为了保护被保险人利益，防止保险人凭借专业优势对投保人进行诱导，2007 年中国保险行业协会发布《重大疾病保险的疾病定义使用规范》，对重大疾病保险合同中的疾病的定义作出了明确的限定。

（2）特种疾病保险。特种疾病保险是专门为被保险人因患上特种疾病而发生的医疗费用提供的保险，这些疾病所产生的费用一般在基本医疗保险和其他形式的补充医疗保险中不予补偿，如牙科费用保险、眼科保健保险、生育保险等。

3. 失能收入损失保险

失能收入损失保险（disability income insurance），是指以因保险合同约定的疾病或者意外伤害导致工作能力丧失为给付保险金条件，为被保险人在一定时期内收入减少或者中断提供保障的保险。失能收入损失保险主要目的为保障被保险人因丧失工作能力导致收入减少或中断时提供保障，一般不承担被保险人因疾病或意外伤害所发生的医疗费用。

失能收入损失保险一般根据被保险人伤残程度和收入损失程度来给付保险，有全残给付和部分残疾给付，对于全残定义会因为产品不同而有所不同，一般采用列举式全残定义，即在保险单中列举被保险人可被认定为“全残”的情况，并规定应在治疗结束后由保险人指定或认可的医疗机构作出鉴定。

失能收入损失保险金给付还可以分为定额给付和比例给付两种。定额给付是指保险双方当事人在订立保险合同时根据被保险人的收入状况协商约定一个固定的保险金额，被保险人在保险期间发生保险事故而丧失工作能力时，保险人按合同约定的金额定期给付保险金。比例给付是指保险人根据被保险人的残疾程度，给付相当于被保险人原收入的一定比例的保险金。

4. 长期护理保险

长期护理保险（long term care insurance），是指以因保险合同约定的日常生活能力障碍引发护理需要为给付保险金条件，为被保险人的护理支出提供保障的保险。长期护理保险负责提供被保险人在符合条件的情况下接受各种个人护理服务而发生的护理费用。这些护理服务包括具有治疗性质的护理服务，如诊断、预防、康复，以及其他不具有治疗性质的家庭护理、成人日常护理等。通常保险人承担给付责任时，会通过日常活动失败、医学上的必要性以及认知能力障碍等标准加以判定，以控制和减少被保险人的道德风险。

长期护理保险一般按被保险人投保时的年龄采用年均费率收取保险费。具体的收取金额除取决于被保险人年龄之外，还要考虑被保险人选择的给付期、等待期和保险责任范围等因素，并且对夫妇双方都投保的，可给予折扣优惠。

5. 医疗意外保险

医疗意外保险（medical accident insurance），是指按照保险合同约定在发生不能归责于医疗机构、医护人员责任的医疗损害时为被保险人提供保障的保险。医疗意外保险是在 2019 年 12 月 1 日开始实施的《健康保险管理办法》中被正式纳入健康保险范畴。医疗意外指医疗机构在对患者诊疗护理过程中，不是出于故意或过失，而是由于受医学科学水平所限，病人在诊疗护理过程中因病情特殊或体质特殊等不能抗拒或不能预见的原因导致病人出现难以预料和防范的不良后果的情况。不能抗拒，是指医务人员遇到某种不可抗拒的力量，即医务人员自身能力、环境和条件，不能排斥和阻止损害后果的发生。不能预见，是指医务人员没有预见，而且根据当时的条件、情况以及医务人员的技术能力也不能预见。

医疗意外保险产品责任主要包含意外身故保险责任和意外残疾保险责任两项。意外身故保险责任，一般是指被保险人在保险人指定或认可的医院接受住院治疗期间，因遭受意外伤害事故并在合同约定时间内身故的，保险人按其意外伤害身故保险金额给付意外伤害身故保险金，保险责任终止。意外残疾保险责任，一般是指被保险人在保险人指定或认可的医院接受住院治疗期间，遭受意外伤害事故并在约定时间内导致被保险人身体残疾，保险人按合同约定给付意外残疾保险金，如果单次或累计给付的意外残疾保险金达到保险金额时，保险责任终止。

三、商业健康保险与基本医疗保险的联系和区别

（一）商业健康保险与基本医疗保险的联系

1. 准公共物品属性

保险产品既有私人物品的特征，又有公共物品的特征，是一种准公共物品。商业健康保险产品虽然是不同投保人购买和消费的，但保险产品在发挥其使用价值的过程中客观上维护了社会的稳定。同时，无论是基本医疗保险还是商业健康保险，保险消费者数量越多，保险经济补偿和社会稳定器的作用发挥得越好，对社会经济的推动作用也就越大。所以保险产品同时具有私有性和公共性。

2. 运行机制的一致性

基本医疗保险和商业健康保险都是遵循大数法则的保险产品，作用都是降低患者的医疗费用负担。人们在基本医保之外购买商业健康保险，一方面，是由于基本医保保障水平有限。例如，2020年城乡居民基本医保住院费用实际报销比例只有60%左右。一旦罹患重大疾病极易发生灾难性医疗支出从而致贫，家庭应对大病风险的财务脆弱性显现，从而需要商业健康保险来补充医疗保障缺口。另一方面，随着国民收入水平的提高，对健康服务需求也在提高，对健康风险的规避意识、人们健康行为的投入意愿更强，从而促进商业健康保险的购买。

3. 责任主体相似性

个人、单位和政府是基本医疗保险制度和商业健康保险制度的三大责任主体。在两种制度中，个人和单位是主要的筹资主体，政府需要承担一定的责任，只不过责任大小略有不同。在商业健康保险制度中，政府主要承担制定相关政策、法规条文，及时立法、严格监管的主要职责，而在基本医疗保险制度中，政府除以上责任外还承担着社会医疗保险经办以及财政兜底的职责。

（二）商业健康保险与基本医疗保险的区别

1. 制度性质的差异

基本医疗保险本质是社会医疗保险，是国家根据宪法制定，强制实施的社会保障基本项目之一，不取决于参保人是否具有参保意愿。商业健康保险由商业保险机构设立、以个人或自愿投保为前提。社会医疗保险和商业健康保险在多层次医疗保障体系中所承担的功能有着显著差异，社会医疗保险是核心组成部分，更注重健康保障的公平性，而商业健康保险是必要补充和有效辅助，更注重效率原则。

2. 权利与义务关系的差异

社会医疗保险的目的在于实现医疗风险的社会统筹社会共济，带有明显的福利特性、互济性和公平性，在缴费水平与享受待遇上不直接体现权利和义务对等的原则。商业健康保险具有非福利性、有偿性的特点，体现的是商业保险公司与投保人之间的利益关系，充分遵循权利与义务对等原则。

3. 待遇水平不同

社会医疗保险提供的是面向社会大部分群体的基本保险，参保人享受的医疗保险待遇水平要随国家和地区经济发展情况、生产力水平、财政状况、物价水平等因素的变化而调整。商业健康保险的产生与发展源于更高层次的医疗保险与医疗消费需求，其保险待遇的保障水平一般只与投保人缴费水平相关。

四、商业健康保险与基本医疗保险的衔接形式

（一）发挥对社会医疗保险的补充作用

商业健康保险在满足消费者多样化和个性化的保障需求方面有更多优势和空间，对社会医疗保险是有益的补充。为了实现我国医疗保障制度改革“保证人人享有基本医疗保障，同时满足民众的差异化保障需求，以提高全体国民的健康水平”的目标，医疗保障制度必然同时包含基本保障和补充保障两个层面。社会医疗保险承担基本保障责任，而商业健康保险承担补充保障责任。商业健康保险的补充作用主要表现在：一是社会医疗保险中规定的个人自付比例部分和超封顶线部分的医疗费用；二是社会医疗保险不保的特殊药品、诊疗项目、医疗服务设施和非指定医疗机构而支付的医疗费用；三是收入补贴型和护理津贴型费用；四是社会医疗保险的未覆盖人群等。

（二）参与社会医疗保险服务

一般而言，商业保险机构具有风险测算、费率厘定、风险控制和理赔服务等专业优势。在社会

医疗保险服务市场中，也可以由商业保险机构参与社会基本医疗保险服务，充当基本医疗保险的生产者，提高基本医疗保险的运行效率、服务水平和质量。在社会医疗保险制度模式下，政府主要承担融资职责，由政府向保险机构购买医疗卫生服务，保险机构提供保障服务是一种可行的合作模式。在我国，商业健康保险积极参与了经办新型农村合作医疗制度、城镇居民基本医疗保险、城镇职工基本医疗保险等社会基本医疗保险服务，如从 2012 年开始，商业保险机构开始在全国范围内承办城乡居民大病保险业务，其参与社会医疗保险的程度进一步加深。

（三）提供多样化的健康保险服务产品

商业健康保险是为有更高保障需求且有购买能力的社会成员提供基本医疗保险责任范围之外、保障水平之上的那部分风险的保障服务。在多层次的服务体系中，商业保险机构应着力开发设计不同的健康保险产品，提供充分的健康保障服务。一方面，针对大众客户，提供标准化的优质服务；另一方面，针对细分的高端客户，提供个性化、差异化的高品质服务产品。此外，特别是加强医疗、疾病、护理、失能等业务服务内容创新，满足客户多元化健康保障需求。

（四）完善多层次医疗保障体系

商业健康保险是医疗保障体系的重要组成部分。商业健康保险的充分发展有利于改善医疗融资结构，提升医疗保障供给的可持续性。商业健康保险通过参与公立医院改制、投资医疗机构以及参与经办、承办社会医疗保险业务和提供商业健康保险服务等活动，有利于促进医疗资源的合理配置和医疗服务行为的规范化，有利于弥补社会医疗保险在保障范围和保障水平上的不足。在商业健康保险中引入健康管理机制，将健康保险的风险控制由单纯的事后风险管控延伸到事前、事中和事后全过程的健康管理，有利于改善被保险人的健康状况，从而减少医疗费用的支出，降低健康保险的赔付率。

1. 我国医疗保障制度框架由哪几个层次构成？具体每一层级又有哪些项目？
2. 我国补充医疗保险包含哪些不同形式？
3. 如何做好基本医疗保险与医疗救助的互动衔接？
4. 商业健康保险在多层次医疗保障体系中具有怎样的地位和作用？

（郑先平　常　路）

第十八章　医疗保险政策分析

内容提要

医疗保险政策分析，是检验医疗保险政策效果的“试金石”，也对医疗保险的政策走向起着决定性作用。本章基于对政策、医疗保险政策和医疗保险政策分析等概念的梳理和解释，重点阐述医疗保险政策分析的基本范畴、基本因素和目标，介绍医疗保险政策分析的技术和一般步骤。最后，从宏观层面分析我国医疗保险政策的演变过程、特点、成效与不足及未来政策走向。

第一节　医疗保险政策分析概述

一、政策与医疗保险政策

（一）政策的含义

从语义学上分析，“政策”一词的“政”通常指“政权”“政事”“政治”，“策”通常指“计策”“计划”“策略”。英文当中的“政策”（policy）一词是从“政治”（politic）中逐渐演变而来，后来经由日本传入我国，意译为“政策”。需要注意的是，英文中“policy”还有“计划”的意思，该计划既可以来源于政府，也可以来源于企业，因此，英文中一般用“public policy”（公共政策）来专指政府制定的计划和策略，国内学者常常不加区别地使用“政策”或“公共政策”来专指政府的计划和策略。为了化繁为简，本书用“政策”一词代指“公共政策”。

目前，国内外学者尚未就“政策”一词达成统一的定义，学术界一般从行为主体、行为情景、行为目标和表达形式四个方面去界定政策。比如，《辞海》对“政策”的定义是“国家政党为实现一定历史时期的路线和任务而规定的行动准则”。该定义至少包含四个核心内容：①政策制定的主体是国家与政党等权威机构；②特定历史时期是政策制定的情景；③政策目标是实现路线与任务；④政策的表现形式是行动准则。

政策具有五个方面的特征。①政治性。在阶级社会中，任何政策都是政府和政党维护其阶级统治的工具。②公共性。政策是掌握公共权力的机关，为了解决公共问题、实现公共利益、维护公共秩序或提供公共产品，履行其公共职能的过程。③权威性。政策是由掌握公共权力的机构经过合法化的程序所制定的，它对所有社会成员有约束作用，通常也意味着强制性。④阶段性。从动态的角度看，任何公共问题、公共利益的产生和发展变化，都从时间上表现出阶段性的特征，因此，政策的目标和内容要与时代背景相匹配。⑤多样性与层次性。政策在结构上表现为多样性与层次性。多样性通常是指政策领域的多样性，按照领域分类，政策可以划分为政治政策、经济政策、文化政策、社会政策。层次性通常用来区别中央政策和地方政策。

要深入理解政策，就必须剥离抽象的概念，分析政策在现实中的表现形式。在我国，政策是指各种法律、条例、规定、规划、办法、国家领导人指示的总称，它具体表现为中国共产党的决定和中央领导人的指示、人民代表大会的立法、国家行政机关的行政决策、国家司法机关的司法解释。

“政策”不完全等同于“制度”。广义的“制度”是指在一定历史阶段形成的规则体系，因此，它是客观的、既定的。从这个意义上讲，政策通常是公共组织在既定的制度环境下制定与实施的。

狭义的“制度”是指要求社会或组织成员遵守的规程或准则。从这个意义上讲，制度与政策有一定的重合性，都可以是行为规则的指称。此外，制度可以分为正式制度与非正式制度，正式制度与政策相同，都是由公共组织有目的地制定并实施的；非正式制度则通常是不成文的，自发或自然形成的，如习俗、惯例等。因此，国家和政党为实现特定目标而制定并实施的正式制度也可以称为政策，“医疗保险制度”就是指“医疗保险政策”。

（二）医疗保险政策的概念

医疗保险政策是政策中的一个专门领域，它是指政府通过国民收入的分配和再分配，对社会成员因疾病接受医疗服务时给予一定的医疗保险费用补偿而制定的一套强制性的规则体系。它是关于医疗保险覆盖范围、筹资标准、待遇支付和组织管理等方面的法律、法规和文件规定等的统称。它与国家政治制度、社会文化和经济发展水平密切相关，是国家为全体公民提供的一项基本福祉，规定了人民享有医疗服务的福利水平，对增进和保障人民健康具有重要影响。

（三）医疗保险政策的特征

医疗保险政策体现了政府对社会公众医疗保健事务的干预，它不只是为了解决眼前和局部的医疗保健问题，而且是着眼于整个社会的长期发展，通过长期性的、带有明确目的性和计划性的行动体系去调节医疗保险的运行，以引导其长期健康地发展。

除了具备政策的一般性特征之外，医疗保险政策还有不同于其他政策的独特之处，我国基本医疗保险具有广泛性、共济性、强制性、价值性的特点。①广泛性。广泛性是指医疗保险覆盖所有人口，不论是国家机关、事业单位，还是私营企业、个体劳动者，都在基本医疗保险的范围之内。②共济性。共济性即医疗保险实行互助共济原则，按照大数法则，在整个社会的范围内统一筹集和调剂使用资金，依靠全社会的力量均衡负担和分散风险。对于按规定参保的个人，一旦生病住院或患长期慢性病，医疗费用由统筹基金按比例报销。医疗费用不与单位经济效益挂钩，由疾病所产生的经济风险由参保单位和人员共同分担。③强制性。强制性是指医疗保险是由国家权力机关按照法律规定，要求全部用人单位和个人都必须参加的保险制度。因此，它不同于任何参加商业健康保险的自愿行为。我国城乡居民医疗保险虽然暂未强制要求参保，但是，按照世界各国的发展趋势来看，强制参保是未来的政策方向。④价值性。价值性是指医疗保险政策的决定反映了决策者的价值偏好，政策安排是为了实现政府的价值目标。换句话说，某项医疗保险政策的重要性不是纯粹由客观事实来决定的，而是由社会中的组织、利益群体或个人按其利益及价值观为基础作出的主观判断。比如，在我国医疗保险政策体系的构建过程中，在工业化背景下优先建立了城镇职工基本医疗保险政策，随后反哺农村建立了新型农村合作医疗政策，在这个先后顺序中就涉及价值判断。

二、医疗保险政策分析的含义和作用

（一）医疗保险政策分析的含义

分析（analysis）是指基于观察和调查研究，运用定性或定量的方法，把一种事物、一种现象、一个概念分解成若干比较简单的组成部分，找出这些部分的本质属性和联系。

从广义上看，政策分析是指政策分析人员运用科学的方法对政策执行情况、政策效果和未来政策走向进行局部或系统分析的过程和专门的学问。一般情况下，可以从职业、过程和知识三个方面来理解政策分析。首先，政策分析是由专门的分析人员来完成的，这些人员通常分布于政府体系之内和社会学术团队间。其次，政策分析贯穿于整个政策周期之中，政策问题的确定、政策决策选择、影响执行效果的因素、政策评价等政策阶段都需要进行分析。最后，政策分析是一门专门的技术，通常需要运用多个学科的知识来完成。总之，它要求在某一政策系统中全面地考虑问题，包含尽可能多的知识。

政策分析可以从不同的视角开展，从政策系统的角度看，政策分析主要由三个互相关联的维度进行（图 18-1）。第一个维度主要解决"是什么""为什么""怎么做"等政策问题，这个方面的政策分析通常包含行为研究、价值取向研究和规范研究。第二个维度主要解决某一政策战略的框架模式运行，政策研究的基本内容包括政策战略、政策模型、政策实施，及经济因素、技术因素、政策因素、文化因素等 11 个方面的问题。第三个维度主要解决政策分析的工具，它包括定性与定量研究的选择，每一个政策内容的分析都要应用到定性和定量两大工具。

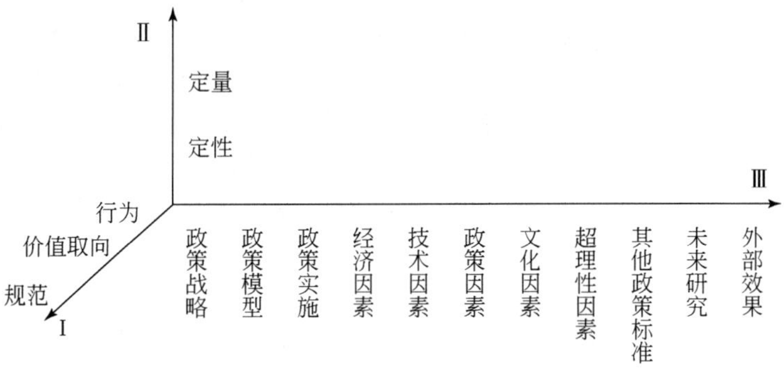

图 18-1　政策分析的三维分析框架

依据这种三维政策分析框架，医疗保险政策分析是指为实现既定的医疗保险政策目标，运用定性或定量分析方法，通过对行为、规范和价值取向进行评估分析，不断在备选方案中挑选出最优政策方案的过程。医疗保险政策分析以系统理论或经济理论为基础，通过对医疗保险政策的理论分析与实施效果评价，从而制定、调整、修改和完善医疗保险政策服务。需要说明的是，最优政策方案的选择往往是一个曲折的过程，最后所选择的方案往往只是"相对最优"，这往往是由备选方案本身的不完善及政策的限制所导致。

医疗保险政策分析包括宏观和微观两个层面。宏观医疗保险政策分析包括医疗保险政策的指导思想、医疗保险的战略重点、医疗保险工作指导方针和制度法规等；微观医疗保险政策分析包括医疗保险基金筹集、支付、运营和效果评价等。无论是宏观分析还是微观分析，都是一种跨学科的综合研究，医疗保险与社会经济政策的良性运行和成长、生产因素中劳动力的生存发展、社会政策中的公共援助与社会稳定、应用科学政策中的医疗保障服务与费用补偿、法律政策中的公民权利保障及医疗保险系统各行为主体行为适当与否等有着必然的联系。

（二）医疗保险政策分析的意义和作用

医疗保险政策分析是提高医疗保险政策科学性、合法性和可行性，促进医疗保险事业长期、持续、稳定、协调发展的必要条件。通过医疗保险政策分析，可以协调宏观和微观的医疗保险目标之间的一致性，加强两者的协同，对我国建立宏观管理有力、微观运行有效的医疗保险管理体制有重要的指导意义。同时，进行医疗保险政策分析对提高医疗保险基金利用效率、提高居民的健康保障水平、提高卫生资源的配置和利用效率也有重要的作用。

三、医疗保险政策分析的基本范畴

医疗保险政策分析由行为研究、价值取向研究和规范研究三个互相关联的基本范畴构成（图 18-1）。

（一）行为研究

医疗保险政策分析的行为研究（behavior research）主要回答“是什么”“在什么时候”到什么程度”“有多少”等问题，通常是针对医疗保险领域存在的现象进行分析与研究的过程，分析内容包括对医疗保险系统的事物、事件、关系和相互作用的描述、度量和推理。行为研究实际上是认识过程的第一次飞跃，即通过对实践的检验来重新认识事物的本质属性。行为研究最主要的原则是尊重客观事实，因此要在分析中排除主观因素和价值观念的干扰，主要采用定量和定性两类研究方法。

（二）价值取向研究

医疗保险政策分析的价值取向研究（valuation tendency research）主要回答“为什么”“为了谁”“为何目的”“优先考虑什么”等问题，确定医疗保险系统的某个目标是否值得争取，采取的方法及取得的效果能否被接受。研究的焦点包括通过对不同价值观支配下的行为进行研究，对支配这些价值观的意识形态进行研究，通过不同决策行为中价值系数的灵敏度分析、预算分配结构比率分析以及德尔菲法对决策者的价值观进行调查研究等途径或方法来表达与理解价值观。

（三）规范研究

医疗保险政策分析的规范研究（criterion research）主要回答“应该是什么”“应该怎样做”等问题，其主要目的是确定实现某项医疗保险政策目标的行为或手段，并确定采取某种行为或手段后政策目标实现的概率。通过规范研究，既可以确定政策目标，又可以选择可行、可用、有效的政策手段，还可以考察人们对政策的接受情况，以上这些都是基于价值目标而进行的。

综合来看，行为研究涉及的是过去和现在发生了什么问题，即政策系统的运行问题；价值取向研究既涉及过去和现在，也涉及将来，既有对现实的判断，也有对未来政策结果的预期；规范研究涉及对未来政策效果的预期，解决如何使政策系统的行为规范化以消除偏差的问题。在整个研究过程中，这三个范畴的研究不能也不应该孤立地进行。

四、医疗保险政策分析的目标

政策分析的用意在于维护和实现政策目标，医疗保险政策分析的目标是确保政策的公平、效率和稳定。

（一）公平

公平（equity），即公正、平等，它是政府追求的重要目标之一，也是政府要维护的重要原则。医疗保险政策的公平目标（equity target）通过征收社会保险费（税）、进行医疗保险费用偿付和提供医疗卫生服务等一系列行为来实现。

公平目标的实现要求医疗保险在政策制定上要做到三点：一是医疗保险的参保机会公平，即无论社会成员的收入状况、身体健康状况、社会地位、就业状况如何，都有权利参加医疗保险，享受医疗保险待遇；二是医疗保险的筹资公平（负担公平），即法定条件相同的社会成员应该承担相同的医疗保险基金的缴纳责任；三是待遇享受的公平，即被保险人遭遇健康损失时在享受医疗服务上的可及性和医疗资源利用、医疗费用偿付的可得性方面是平等的。简而言之，医疗保险政策的公平目标体现在使全体社会成员都有同等机会参加医疗保险，并按法定要求履行缴费义务，在因疾病而招致健康和经济损失时能公平地获得医疗卫生服务和经济补偿。

当前我国的医疗保险制度还不够健全、医疗卫生体系不够完善，因此，制定医疗保险政策时的一个指导思想是通过建立合理的保障水平，选择科学的保障模式，在减少社会成员因疾病引起的经济损失和有效利用医疗卫生资源之间寻找一个能被广大社会成员接受的平衡点。在这个过程中，需要同时构建低成本、高效率的药品及医疗卫生服务体系来保障“公平”目标的实现。

（二）效率

医疗保险政策的效率主要是指资源配置的有效程度。经济学家帕累托认为，在经济福利最优效率状态下，最佳效率标准是资源的重新配置已不可能使任何人过得更好，又不使其他人过得更坏，此时的资源配置状态即为最优。

效率目标（efficiency target）是指医疗保险政策要有利于医疗保险资源乃至社会资源的优化配置。其中既包括所选择的医疗保险模式的效率，又包括医疗保险行政管理的效率；既有经济效率，又有社会效率，因为包含医疗保险在内的社会保障属于社会内分配的范畴，医疗保险政策的制定和实施不但影响社会成员的生活质量，还会对医疗保险资源乃至社会资源配置产生影响。因此，医疗保险政策的制定一定要有利于提高医疗保险制度的有效性、提高全民医疗保险的福利水平。

医疗保险政策的效率目标在不同的层面有不同的表现形式。医疗保险作为一种行政行为，其政策效率在基金筹集上表现为筹资所花费的费用与筹资数额的比例关系，要求以尽可能少的成本筹集到尽可能多的资金；在基金支付上表现为待遇支付所花费的费用与基金支出数额的比例管理，要求尽可能地减少兑现待遇环节的行政管理成本。医疗保险作为一种社会行为，其政策效率表现为尽可能地补偿参保人的疾病风险损失，尽可能地提高医疗保险基金的使用效率。医疗保险作为一种经济行为，其政策效率表现为待遇水平必须与社会经济发展水平相匹配，为劳动力的修复和再生产提供合理和必要的保障，进而促进社会经济运行效率的提高。医疗保险作为一种医疗服务行为，其政策效率表现为有效控制医疗保险基金支出，同时又提高医疗卫生服务的可及性和医疗卫生资源的利用率。

（三）稳定

医疗保险作为一种政策和制度机制，自诞生以来一直发挥着社会“稳定器”的功能。疾病威胁着社会成员的健康，其治疗将耗费大量的经济资源，甚至导致患者因病致贫、因病返贫，给社会和谐和经济发展带来不稳定因素，而医疗保险正是通过对国民收入进行分配和再分配，形成专门的消费基金，对社会成员因疾病造成的经济损失给予一定补偿，从而消除疾病风险给社会带来的不稳定因素。这是医疗保险政策的稳定性目标（stabilization target）的核心和要义。

总之，医疗保险政策目标是多样性的统一，它是医疗服务的可及性、医疗服务质量、医疗服务效率与费用控制等多维目标的综合权衡，多个子目标之间相互作用、相互影响。因此，医疗保险政策的制定过程中必须发挥政府的主导作用，从制度设计、模式选择、基金征管和运营及提高医疗服务的可及性和质量等方方面面来确保和提高医疗保险制度的有效性，确保多个政策目标的实现。

五、医疗保险政策分析的影响因素

医疗保险政策通常受到政治、社会、经济、科技等多种环境因素的影响，因此，进行政策分析时必须考虑这些因素。

（一）政治因素

医疗保险政策分析所考察的政治因素（political factor）包含政治文化。政治文化是政治体系活动中的主观成分，是社会文化中与政府目的和经济活动有关的成分，如社会成员对现行医疗保险政策的了解与认知、态度与评价等。医疗保险政策若能与当时的社会在政治文化上相适应，就容易获得社会成员的认同与支持，达到预期的政策结果。

（二）社会因素

社会因素（social factor）是社会体系中诸多事物的统称，包括社会制度、社会群体、社会交往、道德规范、国家法律、社会舆论、风俗习惯等，它们的存在和作用是强有力的，影响着社会成员对医疗保险政策的态度形成和改变。因此，医疗保险政策的制定必须考虑社会因素。比如，医疗保险中封顶线的设置就与社会因素相关。医疗卫生资源总是有限的，但人们在遇到疾病风险时对医疗卫生服务的消费愿望是无限的，为此，医疗保险政策在治疗费用的支付上必须设置封顶线，以控制医疗保险基金的不合理支出，提高医疗保险基金和医疗资源的利用效率。

（三）经济因素

按照保险经济和马克思社会保障理论，剩余劳动是建立社会保障的物质基础。也就是说，剩余劳动是医疗保险制度的物质基础，医疗保险基金来源于社会新创造价值的一部分，而社会新创造价值的多少取决于国民经济发展水平的高低。在医疗保险供需关系中，医疗保险的供给在很大程度上取决于国家或政府聚集的基金总量，它决定了制度的覆盖面和保障水平。纵观世界各国社会保障的发展进程，社会保障制度建立的宏观基础条件都是经济发展水平，任何一项社会保障制度的出台都是以国家良好的经济状况为支撑。因此，医疗保险政策制定必须考虑经济因素（economic factor），覆盖人群和保障水平必须与经济发展相适应。

（四）其他因素

除了以上因素外，在制定医疗保险政策过程中还应综合考虑人口结构、疾病谱变化和医疗科技进步等其他因素。人口结构与医疗保险基金的筹资和支出直接相关，随着我国人口老龄化的不断加深，基金的支出压力也逐渐增加。疾病谱变化直接影响人群的患病概率和疾病种类，与医疗费用支出关系密切。2020年新冠疫情的发生和蔓延，对医疗保险基金的支出结构产生了深远影响。科技进步对医疗和医疗保险的影响广泛而深远，远程医疗对传统医疗保险支付方式形成了挑战，大数据的运用促进了医疗保险机构对医疗机构监管的智能化。

第二节 医疗保险政策分析的步骤与方法

一、医疗保险政策分析的步骤

政策分析是一个运用各种科学技术分析问题情境、解决政策问题的过程。从理论上说，一个完整的政策分析过程包括六个步骤：第一，通过对问题情境的分析，初步界定政策问题；第二，明晰政策问题，确立政策目标；第三，针对政策目标，搜寻备选方案，并对其进行设计和筛选；第四，对各备选方案的前景和后果进行预测；第五，根据预测结果，评估各备选方案的优劣；第六，对政策实施后所产生的效果进行评估。政策分析并没有单一的、普遍统一的程序或框架，医疗保险政策分析也是如此。这里介绍的步骤只是提供一种思路，在具体实践过程中，还需要灵活运用。

（一）问题界定

政策问题界定及建构是政策分析过程中的第一步，可以说如果政策分析伊始没有正确地构建政策问题，随后的为问题寻求正确的解决方法根本无从谈起。政策问题有三个特性：一是政策问题的动态性，随着医疗保险政策问题情景的“时过境迁”，问题界定不断出现于政策分析各个阶段；二是政策问题的关联性，按照系统论的观点，世界上的一切事物都处于相互联系的系统之中，医疗保险政策问题也总是与医疗卫生服务、药品流通等其他领域的问题交错影响；三是政策问题的主观性，政策问题是客观环境和人们主观意识相结合的产物，带有鲜明的主观色彩。医疗保险政策问题客观存在于社会环境之中，需要人们凭借经验，依靠相关的政策分析手段和技术从问题情境中抽象概括出来。

（二）目标确立

政策目标和政策问题直接相关。医疗保险的政策目标是指政策制定者希望通过政策实施达到的预期效果。这不仅是政策设计的基础，也是政策执行的指导方针和政策评估的标准，决策者规划其目标的过程也是其酝酿行动的过程。在分析和确定政策目标时，应着重考虑四个方面：一是目标的明确性，要求政策目标的指标必须具体、清晰、无歧义，外延界定要清楚，而且一般应包括实现目标的时间期限和明确的约束条件；二是目标的可行性，政策目标必须是当前所具备的资源可以完全实现的，否则目标就是空中楼阁；三是目标的规范性，要求政策目标符合国家法律法规和社会道德规范，并能体现经济发展、社会进步对医疗保险的要求；四是目标的协调性，要求政策的多个目标之间和谐一致，不能相互矛盾。

（三）方案搜寻

方案搜寻是指通过科学的方法确定若干个解决问题、实现目标的备选方案的过程。备选方案是指作为决策者用来解决政策问题、达成政策目标的可供利用的手段、措施或办法。如果说问题界定是为了发现问题“是什么”，目标确立是为了确定“做什么”，那么备选方案就是解决“怎么做”的问题。设计方案必须紧紧围绕政策目标，以最大限度地实现政策目标为出发点。在产生备选方案的过程中应当按照先发散后收敛的思维步骤，先从不同方向上列举和设想出各种方案，然后在此基础之上对各种方案进行精心设计、严格论证和反复推敲，产生出满意的备选方案。备选方案的筛选，需要有统一的正确的选择标准。一般情况下，标准有以下几项：①符合客观实际——按客观规律办事；②符合全面利益——有利于医疗保险政策总目标的实现；③经济效益和社会效益的最大化——能够促进医疗卫生事业发展，满足人民基本医疗需求；④切实可行——能最快、最有把握地实现目标。备选方案的初步筛选所要考虑的因素包括成本效益、实施条件、方案的敏感性等。

（四）方案结果的预测

方案结果的预测（也称为“前评估”）是政策分析过程的另一个关键环节，是政策方案评估、比较与抉择的基础。对医疗保险政策方案的实施后果进行预测，其准确性受许多因素的制约，如问题的性质、相关资料或数据的充分性和可靠性、预测的时限、体制因素、预测的方法与技术及包含的假定等，这使得预测的准确性较难保证。虽然如此，但对各种备选方案后果进行预测依然是政策科学化的前提。因此，为提高准确性，政策方案的结果预测应有科学的理论依据，应以可靠的资料为基础，应尽可能采用科学的方法。在预测过程中，预测者还需要根据主观判断提出假设，要选择预测方法，要对获取的资料情报进行综合处理，而这些工作的完成均依赖于预测者在医疗保险政策分析方面的经验与学识。

（五）方案评价

方案评价是通过系统分析与评价，从多种政策方案中选择最佳方案的过程。由于医疗保险政策涉及多方利益主体，各种方案往往各有利弊，因此选择合理的评价标准十分重要。评价标准较多，常用的政策标准有效益、效率、充分性、公正性、回应性和适当性等。对医疗保险备选方案的选择可从技术可行性、政治可行性、经济与财政可能性和行政可操作性四个角度来综合评价。政策分析人员可以从每一个角度为每一个医疗保险政策问题确定相关标准，从而抉择出一个令人满意的方案。采用的标准不同，选择的最优方案也会不同。

（六）效果评估

政策效果评估（也称为“后评估”）是通过科学的评估活动，对医疗保险政策执行之后的效果进行判断。政策效果应该包含以下内容：政策预定目标的完成程度、政策的非预期影响、与政府行为相关的各种环境的变化、投入政策的直接成本和间接成本。通过效果评估可以确定某项政策的价值，从而决定一项医疗保障政策的调整、继续或终止。同时，通过对政策的执行结果所带来的价值进行判断，还可以对政策过程的诸个阶段进行考察研究，总结经验，吸取教训，为以后的政策制定提供良好的实践基础。

以上介绍了医疗保险政策分析的六个阶段，需要注意的是，实际政策研究过程并不是一个单项直行系统，而是一个双向多重的反馈系统（图 18-2）。

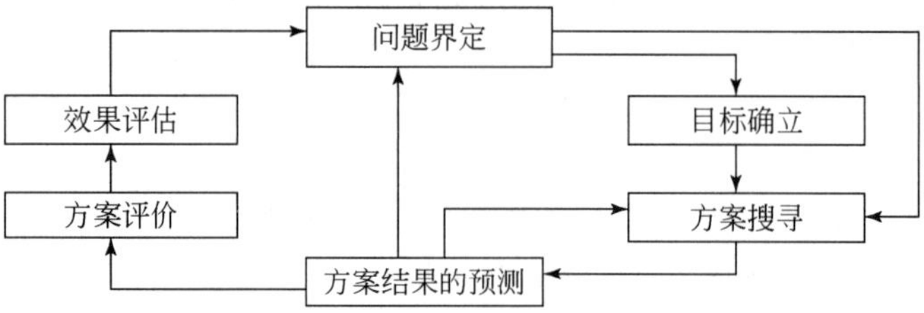

图 18-2　医疗保险政策分析的步骤与流程

二、医疗保险政策分析的方法

政策分析是一门“技术活”，这里的“技术”是指政策分析中信息的研判、方案的评估、决策的选择等各个环节都必须运用科学的方法，政策分析技术通常有定量分析与定性分析两大类。

（一）定量分析

1. 定量分析的方法

定量分析方法就是用数理统计学技术对医疗保险政策中的各类现象进行研究，运用相关性分析或因果推断来描述和反映变量之间客观规律的方法。医疗保险政策的定量分析主要包括政策预测分析、政策规划分析、政策决策分析、政策效果分析四种量化分析方法。政策预测分析方法包括多元回归分析、时间序列分析、趋势外推法、模糊数学法、系统分析预测法等；政策规划分析方法包括线性规划、动态分析、排队论证等；政策决策分析方法包括决策树分析、层次分析、效用分析、概率分析等；政策效果分析方法包括成本-效益分析、成本-效果分析、成本-效用分析、投入-产出分析等。

2. 定量分析的步骤

定量分析的步骤如下。首先，要对医疗保险政策在制定和实施中存在的问题进行恰当的界定，通过对问题产生和发展过程的分析，提出研究假设，按一定的依据判断医疗保险政策效果或成效，然后在分析中对该假设进行验证，以决定是否接受假设。提出研究假设的同时需要确定相关指标，包括结构指标、过程指标和结果指标。通常以医疗保险政策效果为因变量，以可能影响医疗保险的因素作为自变量，建立函数关系式。其次，进行资料收集，主要包括确定资料类型、抽样方法及调查对象等，并根据调查资料和设计的理论模型，求解数理统计模型。最后，评估数理统计模型。对模型拟合的结果加以解释、评价、验证和可行性分析，对照实际问题提出对解的修正结果，寻求满意的医疗保险政策实施的现实可能性，并提出对策及建议。

数理统计模型分析是定量分析的主要形式，由于计算步骤较为复杂，一般要用计算机及相应软件来进行。目前较为常用的分析软件包有统计分析系统（SAS）和社会科学统计软件包（SPSS）等。

（二）定性分析

1. 定性分析的方法

在医疗保险政策分析中，并非所有的方面都能用定量分析来处理的，因此就需要使用定性分析来解决。定性分析就是运用直觉和判断来分析医疗保险政策的方法。常用的定性分析方法包括系统分析、属性分析、层次分析、结构分析、功能分析和比较分析等。这些方法并不是孤立存在的，而是密切联系的。因此，在进行定性分析的过程中，应注意各种方法的相互渗透和相互联系，根据实践的要求，把多种方法结合起来进行运用。

2. 定性分析的步骤

定性分析大多是采用参与观测和深度访谈获得第一手资料，然后通过对观察和访谈所获得的资料，采用归纳法，使其逐步由具体向抽象转化，以致形成理论。

随着分析方法的不断科学化、规范化，定性分析也有了相应的软件可以利用。常用的定性分析软件主要有 NVivo、MaxQDA 和 Atlas.ti。目前比较主流的定性分析软件是 NVivo。用于定性分析的软件可以处理文本数据（访谈录音稿、田野工作笔记、会议记录等）和非文本数据（照片、图表、可视化影像等），能够有效处理数据以及创建和探索新的创意和理论，可以帮助研究人员处理包括可视化数据和文本数据在内的多样化数据的输入，建立并验证数据之间的关系，创建并验证理论，根据统计摘要撰写数据报告，为数据间的关系创建可视化展示。

（三）定量分析与定性分析的结合

定量分析与定性分析不是对立的研究方法，而是互相补充、互相支持的。医疗保险政策是最为复杂的一个社会保险险种，对政策的科学研究需要收集量化的数据信息进行定量研究，但由于政策涉及的主体较多，且受医疗领域的信息不对称影响，造成医疗保险相关领域的部分信息难以量化，或者难以获取量化数据。单独使用定量分析或定性分析都难以解释和回答医疗保险领域所产生的问题。因此，医疗保险政策的分析往往需要将定量分析与定性分析相结合。

第三节　我国医疗保险政策分析

一、我国医疗保险政策的演变历程

（一）“劳保医疗”和“公费医疗”政策的诞生

解放战争时期，东北是最早被纳入中国共产党领导版图的区域。1948 年，依据在哈尔滨等地方的试验，根据第六次全国劳动大会发布的《东北公营企业战时暂行劳动保险条例》，从铁路、邮电、矿山、军工、纺织等七大行业开始，逐步在解放区推行劳动保险政策。

中华人民共和国成立后，国家领导人高度重视职工的医疗保障工作，1949 年《中国人民政治协商会议共同纲领》提出了“逐步实行劳动保险制度”的决定。1951 年政务院颁布《中华人民共和国劳动保险条例》，建立了面向国有企业职工的劳保医疗政策。据史料记载，《劳动保险条例（草案）》公布的当天，刊载草案的报纸被抢购一空，职工群众的反应异常热烈。当时人民日报报道说，草案公布的消息传到各地后，工人都争阅报纸，互相恭喜，有的还组织了腰鼓队到各车间报喜。1952年，政务院颁布《中央人民政府政务院关于全国各级人民政府、党派、团体及所属单位的国家工作人员实行公费医疗预防的指示》，建立了面向国家工作人员的公费医疗政策。从那时起，红色公费医疗本、医院的三联单就成了“公家人”最为温暖的记忆。

“劳保医疗”和“公费医疗”被认为体现了社会主义的优越性。在有的学术文献中，劳保医疗和公费医疗被统称为“国家医疗保险”制度。

（二）医疗保险政策的社会化转型与全民医疗保险政策体系的建立

改革开放之后，我国进行了一系列医疗保险制度的改革尝试和探索。1993年《中共中央关于建立社会主义市场经济体制若干问题的决定》提出了建立多层次医疗保障体系和“统账结合”的医疗保险改革模式，并于1994年开展“两江试点”，1996年扩大试点，最终通过1998年的44号文件（《关于建立城镇职工医疗保险制度的决定》）予以定型。2002年《中共中央 国务院关于进一步加强农村卫生工作的决定》和2003年国务院办公厅转发的《建立新型农村合作医疗制度的意见》决定在全国范围内开展新型农村合作医疗政策试点。2007年，国务院印发《关于开展城镇居民基本医疗保险试点工作的指导意见》，全面部署城镇居民基本医疗保险制度的试点工作。职工医疗保险、新型农村合作医疗和城镇居民医疗保险的诞生，标志着我国基本医疗保险实现了制度上的全覆盖。2016年国务院印发《关于整合城乡居民基本医疗保险制度的意见》，建立了城乡统一的居民医疗保险政策。

（三）多层次医疗保障政策体系的完善与整合

我国的医疗保障政策体系包含三个层次：以基本医疗保险为主、补充医疗和大病保险为辅、医疗救助托底。全民基本医疗保险建立后，完善与整合医疗保障政策体系就成了医疗保障工作的主要任务。

2003年民政部、卫生部和财政部联合印发《关于实施农村医疗救助的意见》，标志着农村医疗救助的诞生；2005年民政部、卫生部、劳动保障部和财政部联合印发《关于建立城市医疗救助制度试点工作意见》，决定逐步在城市推行医疗救助政策。2009年民政部等部门联合发布《关于进一步完善城乡医疗救助制度的意见》，建立城乡统一的医疗救助政策。

此后，国家发展和改革委员会等6部门于2012年联合启动了城乡居民大病医疗保险工作，2015年《国务院办公厅关于全面实施城乡居民大病保险的意见》提出按照“坚持以人为本、保障大病，坚持统筹协调、政策联动，坚持政府主导、专业承办，坚持稳步推进、持续实施”的原则加快推进大病保险制度建设，要求在2015年底前大病保险覆盖所有城镇居民基本医疗保险、新型农村合作医疗被保险人，到2017年建立起比较完善的大病保险制度。

二、我国医疗保险政策制定的经验

（一）秉承“以人民为中心”的决策理念

“以人民为中心”既是中国共产党的长期执政理念，也是贯穿我国医疗保险政策构建的基本价值逻辑。医疗保险政策诞生70年来，中国社会保险政策虽然历经多次改革，但是始终秉承“以人民为中心”的价值理念来制定政策并实施改革，实现了从部分覆盖走向全民福祉的宏伟目标，在中华人民共和国史上谱写了浓墨重彩的篇章。从其历史经验来看，“以人民为中心”的医疗保险发展理念主要体现在以下三个方面。一是以人民的健康为中心发展医疗保险政策。中华人民共和国成立后，历代党和国家领导人高度重视人民的健康，习近平更是提出了“健康中国”战略，把人民健康放在优先发展战略地位，提出了全方位和全周期保障人民健康、健康融入所有政策的理念。二是积极回应人民的医疗保障需求。近年来，我国集中力量抓好医疗保障方面的精准扶贫，推进抗癌药降税降价，启动打击欺诈骗保专项行动，启动实施国家组织药品集中采购试点，继续推进跨省异地就医直接结算，推进全国统一的医疗保险信息化和标准化建设，医疗保障工作扎实推进，人民群众的医疗保障获得感不断提升。三是不断提升医疗保障治理能力，为人民提供更高品质的服务。主要表现在不断优化医疗保险的目标属性、稳步提升医疗保障在全局工作中的地位、成立了国家医保局、城乡居民医疗保险中的财政投入逐年提升。

（二）政策试点与顶层设计相结合的决策方式

我国重大医疗保险政策文件中经常冠有“试点”“暂行”等字样，如 2007 年《关于开展城镇居民基本医疗保险试点工作的指导意见》、2017 年《生育保险和职工基本医疗保险合并实施试点方案》等文件将“试点”作为一项重要内容。即使没有在标题和内容中明确“试点”的重要文件，也都是经过了试点—扩大试点—全面推广的政策推广步骤，职工医疗保险、新农合、居民大病保险等重大政策的出台都经历了自发试点—顶层试点—全面推广的推进阶段。政策试点，也称为政策试验（policy experiment），被认为是我国治理实践中所特有的一种政策测试与创新机制。政策实验的运用，有利于减少决策失误，确保医疗保障政策的科学性和合理性。

（三）渐进主义的政策调整模式

在 20 世纪 60 年代末，公共政策学家林德布洛姆（C. E. Lindblom）提出了渐进主义模型来解释世界上多数国家出现的决策调整现象。这种理论在分析和解释我国医疗保险政策变迁中非常恰当，我国医疗保险政策体系在横向和纵向结构上都经历了边际性的、渐进的调整过程。第一，保障人群的渐进覆盖。1998 年建立的城镇职工医疗保险制度，其保障对象为国有企业职工，然后进一步扩展到民营企业员工、个体工商户等人群。2003 年建立新型农村合作医疗保险制度，覆盖全体农村民居。2007 年建立城镇居民基本医疗保险制度，覆盖了最后一部分人口，从而最终实现了全覆盖。第二，保障水平渐进提升。一方面，财政对城乡居民医疗保险的投入逐年增加，基金的支出能力和抗风险能力进一步增强；另一方面，待遇水平不断提升，各地在逐步提高住院报销比例的同时，多数地方先后建立了门诊特殊病政策用于保障居民门诊医疗需求。第三，政策体系渐次完善。从单一的基本医疗保险，到基本医疗保险、补充医疗保险和医疗救助的完整政策体系的建立，我国经历了一个渐次推进的过程。政策的渐进调整，有助于保持政策的连贯性和一致性，缓和因政策调整而产生的利益冲突，消除系统性政策风险。

三、我国医疗保险政策执行能力的发展

（一）政策执行的组织能力提升显著

医疗保险机构的整合有利于医疗保障事业的统一管理。2018 年第十三届全国人大一次会议通过了《国务院机构改革方案》，决定组建国家医保局。国家医保局的职能涵盖了原人力资源和社会保障部的城镇职工医疗保险、城镇居民医疗保险、生育保险管理职责，原国家卫生和计划生育委员会的新型农村合作医疗管理职责，原国家发展和改革委员会的药品和医疗服务价格管理职责、原民政部的医疗救助管理职责。国家医保局的组建，解决了“多头治水”的问题。组建国家医保局，是新时代赋予医疗保障的新内涵、新使命的客观需要，是巩固我国医保改革成果，进一步理顺、整合、优化、提升医疗保障管理体制，使职责与职能更加匹配，借以做大做强医疗保障事业，全面建成中国特色医疗保障体系的必然要求和明智选择。

（二）政策资源越来越充足

基金总量和经办人员规模是政策执行的最主要力量，执行能力的提升主要依靠这两种资源。第一，医保基金总量逐年增长。基金规模是确保基金运行的稳定性、提升保障水平的关键资源。《2021年全国医疗保障事业发展统计公报》显示，2021 年全国基本医疗保险（含生育保险）基金总收入 28 727.58 亿元，比上年增长 15.6%；全国基本医疗保险（含生育保险）基金总支出 24 043.10 亿元，比上年增长 14.3%；全国基本医疗保险（含生育保险）基金当期结存 4 684.48 亿元，累计结存 36 156.30 亿元，其中，职工基本医疗保险（以下简称职工医保）个人账户累计结存 11 753.98 亿元；第二，经办机构和从业人员规模不断壮大。经办人员是医疗保险政策执行的主要力量。据人社部门统计，截至 2006 年底，社会保险经办机构（五险）总数达到 7 455 个，工作人员达到 12.5 万人。全国目前已有 6 700 多个街道和 2.7 万个乡镇建立了劳动保障事务所（站），分别占全国街道和乡镇总数的 98%和 77%，共配备专、兼职工作人员 9 万多人；有 5.9 万多个社区建立了劳动保障事务所（站），占全国社区总数的 89%。至 2016 年底，我国有医保经办机构数 2 043 个（五险合一经办医保的和卫计委辖下新农合经办机构除外），实有工作人员数 49 833 人。其中，省级 16 个，1 013 人；地市级 259 个，12 189 人；县区级 1 768 个，36 631 人。以上数据虽然统计口径不同，但是通过粗略测算可以发现，我国医保经办从业人员数量在十年间大幅增加。基金总量和经办人员规模等政策资源的壮大，是政策能力提升的明显标志。

四、我国医疗保险政策实施效果分析

（一）建立了完善的医疗保险政策体系框架

“增加覆盖面、实现全民覆盖”一直是我国医疗保险政策的最重要目标，从城镇职工到农村居民再到城镇居民的覆盖过程，最终建成了覆盖全体公民的基本医疗保险政策体系，织起世界上最大的医疗保障网。在基本医疗保险层面，城镇职工医疗保险覆盖了所有用人单位的职工，城乡居民医疗保险覆盖了学生、儿童、老人、非从业人员等社会弱势群体。《2019 年全国医疗保障事业发展统计公报》显示，2019 年参加全国基本医疗保险 135 407 万人，参保率稳定在 95%以上；在医疗救助层面，2019 年全国医疗救助基金支出 502.2 亿元，资助参加基本医疗保险 8 751 万人，实施门诊和住院救助 7 050 万人次，全国平均次均住院救助、门诊救助分别为 1 123 元、93 元。

与此同时，政策类型也从分割到整合。第一次整合是建立了职工医疗保险政策，实现了公职人员与企业人员的统一参保。改革开放后，职工医疗保险的探索与建立打破了国家工作人员与企业劳动者在医疗保障方面的政策隔离，建立了面向全体劳动者的统一的医疗保险政策。第二次整合是建立了统一的城乡居民医疗保险政策。居民医疗保险在建立之初仍旧是基于我国城乡二元分割的特点，农村一个政策类型，城市一个政策类型。2016 年城乡居民医疗保险的整合，解决了农村和城市居民医疗保险政策分割的局面。

（二）保障能力大幅提升

医疗保险政策的保障能力既体现在保障范围和保障水平上，同时也体现在不同层次保障政策的衔接上。

（1）各地逐渐开展了从住院保障到门诊统筹的尝试。无论是少数病种的门诊大病（特殊病）统筹，还是普通门诊统筹，都扩充了医疗保险的保障范围，待遇水平不断提高。主要表现在以下方面。第一，享受待遇人次逐年增加。《2019 年全国医疗保障事业发展统计公报》显示，2019 年参加职工医疗保险人员享受待遇 21.2 亿人次，比上年增长 7.3%，增幅下降 1.7 个百分点。其中，普通门急诊 18.1 亿人次，比上年增长 5.8%；门诊慢特病 2.6 亿人次，比上年增长 19.4%；住院 0.6 亿人次，比上年增长 6.8%。2019 年参加职工医疗保险人员享受待遇 21.2 亿人次，比上年增长 7.3%，增幅下降 1.7 个百分点。其中，普通门急诊 18.1 亿人次，比上年增长 5.8%；门诊慢特病 2.6 亿人次，比上年增长 19.4%；住院 0.6 亿人次，比上年增长 6.8%。第二，报销水平稳中有升。职工医疗保险政策范围内住院费用基金支付 85.8%，实际住院费用基金支付 75.6%，个人负担 24.4%。二级、一级以下医疗机构政策范围内住院费用基金支付分别为 87.2%、89.3%，分别高于三级医疗机构 2.2 个百分点、4.3 个百分点。职工医疗保险政策范围内住院费用基金支付 85.8%，实际住院费用基金支付 75.6%，个人负担 24.4%。二级、一级以下医疗机构政策范围内住院费用基金支付分别为 87.2%、89.3%，分别高于三级医疗机构 2.2 个百分点、4.3 个百分点。第三，保障的疾病范围不断扩大。2019 年版国家医疗保险药品目录中，西药和中成药共计 2709 个，其中西药 1370 个、中成药 1339 个。此外，还列入了有国家标准的中药饮片 892 个。

（2）建立完善的医疗保障政策体系。我国已建立起包括基本医疗保险、大病保险、职工补充医疗保险和公务员医疗补助、医疗救助、商业健康保险等多层次的医疗保障体系，涵盖了托底保障、基本保障和补充保障的多元化保障措施，实现了全方位、多层次的人民健康保障方略。

（三）公共财政在医疗保险中的作用不断加强

改革开放以来，随着我国社会主义市场经济体制不断完善，医疗保险制度中的政府、单位（雇主）和个人（家庭）等的责任逐步清晰，公共财政对医疗保险的投入不断加大。例如，在职工医疗保险改革的初期，为了解决一些国有企业中退休人员、下岗人员的医疗待遇等历史遗留问题，中央和地方陆续出台相关政策，通过加大政府投入、企业尽责等办法，逐步将他们纳入医疗保险体系统一管理，解决了他们的基本医疗保障问题；为解决农村居民和城镇未就业居民的医疗保险问题，政府对城乡居民给予参保补助，大大提高了城乡居民参保积极性，保证了制度的稳定性和可持续性。此外，政府对于医药卫生的投入，特别是对于社区卫生服务的投入不断增加，方便了参保患者，降低了医疗服务成本。2019 年中央财政投入医疗救助补助资金 245 亿元，安排 40 亿元补助资金专项用于支持深度贫困地区提高贫困人口医疗保障水平。2020 年城乡居民医疗保险人均财政补助标准新增 30 元，每人每年不低于 550 元。

（四）医疗保险的管理越来越精细

第一，医疗保险管理的政策体系基本形成。在完善制度的同时，医疗保险管理服务不断加强，形成以“三个目录，两个定点，一个结算办法”为核心的管理体系，基本形成了对定点医药服务机构的监管和调控机制。第二，深入推进支付方式改革。截至 2019 年底，全国 97.5%的统筹区实行了医疗保险付费总额控制，86.3%的统筹区开展了按病种付费。30 个城市纳入了国家医疗保障疾病诊断相关分组（CHS-DRGs）付费试点范围。60%以上的统筹区开展对长期、慢性病住院医疗服务按床日付费方式，并探索对基层医疗服务按人头付费与慢性病管理相结合，目前正在探索 DIP 付费试点。第三，加强了对定点医药机构的协议管理和监管力度。国家医保局《2021 年全国医疗保障事业发展统计公报》显示，2021 年，继续加强医保行政部门专项检查和医保经办机构日常核查，共检查定点医药机构 70.8 万家，处理违法违规机构 41.4 万家，其中解除医保服务协议 4181 家，行政处罚 7088 家，移交司法机关 404 家；处理参保人 45704 人，其中，暂停医疗费用联网结算 6472 人，移交司法机关 1789 人。全年共追回医保资金 234.18 亿元。组织开展飞行检查 30 组次，检查定点医疗机构 68 家、医保经办机构 30 家，查出涉嫌违法违规资金 5.58 亿元。

（五）医疗保险社会化管理服务体系日臻完善

第一，缴费和结算服务体系基本形成。随着基层医疗保险平台建设的不断加强，借助发达的银行服务网点系统，实现了“参保在社区，缴费在银行，就医结算在医院”的管理服务体系，大大方便了参保群众。第二，经办服务体系与服务能力日益提升。随着基本医疗保险制度的全面建立与完善，各地均已建立了医疗保险经办机构与经办人员队伍，借助完善的医疗保险管理信息系统，实现了医疗费用的直接结算。第三，加快了住院和门诊异地就医直接结算的改革力度。近年来，为了方便人民群众，国家加大了异地就医直接结算的改革步伐。国家医保局《2021 年全国医疗保障事业发展统计公报》显示，2021 年，职工医保参保人异地就医 6434 万人次，异地就医费用 1663 亿元，其中，住院异地就医 786 万人次，就医费用 1457 亿元。居民医保参保人异地就医 4318 万人次，异地就医费用 2985 亿元，其中，住院异地就医 1627 万人次，就医费用 2845 亿元。住院费用跨省直接结算 440.59 万人次，涉及医疗费用 1070.20 亿元，医保基金支付 624.63 亿元。门诊费用跨省直接结算试点工作稳妥推进，开通联网定点医疗机构 4.56 万家，联网定点零售药店 8.27 万家，门诊费用跨省直接结算 949.60 万人次，涉及医疗总费用 23.82 亿元，医保基金支付 13.21 亿元。

（六）促进了医药卫生体制改革

第一，为医疗机构提供了稳定的资金来源。医疗保险覆盖面不断扩大，筹资和保障水平逐步提高，为医疗机构的发展提供了稳定的资金来源。特别是近年来城乡居民医疗保险的快速发展，带动了乡镇卫生院等农村医疗卫生机构的发展。医疗保险机构通过优化内部管理流程，不断缩短与医疗机构结算周期，对参保人在医疗机构发生的合理费用及时足额支付，改变了传统的公费医疗、劳保医疗长期拖欠医疗机构费用的情况，促进了医疗机构的健康发展。医疗保险通过建立定点管理制度，规范了医疗服务行为，提高了服务质量，控制了医疗费用的不合理上涨，促进了医药卫生体制改革。第二，实行药品集中招采制度，有效控制了药品价格的不合理上涨。2021 年，全国通过省级药品集中采购平台网采订单总金额 10340 亿元，比 2020 年增加 1028 亿元。其中，西药（化学药及生物制品）8315 亿元，中成药 2025 亿元，分别比 2020 年增加 794 亿元和 234 亿元。医保目录内药品 8259 亿元，占网采订单总金额的 79.9%。2021 年，开展三批国家组织药品集中带量采购，涉及 122 个品种，平均降价 52%。开展国家组织人工关节集采，髋关节平均价格从 3.5 万元降到 7000 元左右，膝关节平均价格从 3.2 万元降至 5000 元左右，平均降价 82%。

此外，为了防止“因病返贫”，医疗保险在精准扶贫中发挥了有效保障作用；在 2003 年 SAS 危机和 2019 年新冠肺炎疫情防控中，医疗保险也为病人救治提供了充足的资金保障。

实践证明，中华人民共和国成立以来，特别是近年来我国医疗保险政策的发展，对建立和完善社会主义市场经济体制、保障城乡居民基本医疗权益、维护社会稳定、促进国有企业改革和经济结构调整发挥了重要作用。事实证明，我国医疗保险政策的方向是正确的，符合中国国情，得到了人民群众的广泛拥护。

五、我国医疗保险政策当前面临的主要问题与提升路径

（一）我国医疗保险政策当前面临的主要问题

从我国当前“健康中国”战略和医疗保障事业发展总体布局来看，未来十年内我国医疗保险政策面临如下挑战。

1. 职工医疗保险与居民医疗保险的政策整合

当前，我国的全民医疗保险政策实际上由职工医疗保险和居民医疗保险两个政策项目（policy

program）构成，呈现碎片化的局面。一方面，政策碎片化问题依然存在。受制于城乡二元经济、城市与农村医疗保障双轨并行的政策惯性，我国医疗保险体系中长期多种政策项目并行。虽然当前已经对城乡居民医疗保险进行了整合，但是有一些地方出现了“一制多档”现象，由此形成了另一种形式的制度分割。另一方面，统筹层次较低。较低的统筹层次不仅降低了基金的抗风险能力，也带来了地区之间医疗保险政策碎片化的问题。在医疗保险统筹层次有待提高、风险分摊范围有待扩大的情形下，政策的多元分割与碎片化既不利于实现人员的社会流动、促进社会融合，还有悖于大数法则，不利于通过社会互济来分散风险、保持医疗保险基金财务的稳健性和可持续性，从而直接损害政策运行的效率。不仅如此，医疗保险的多元分割和碎片化现象，还削弱了政策的强制性，不利于市场中劳动力的合理流动。因此，在新时代背景下，职工医疗保险和居民医疗保险的政策整合（policy integration）是我国医疗保险政策面临的第一个难题，只有解决这个挑战，才能维护城乡之间、不同地区之间公民的医疗公平。

2. 不同层次医疗保障政策之间的衔接

如前所述，我国的医疗保障政策体系由基本医疗保险、补充保险和医疗救助三个层次构成，不同层次的政策针对不同的对象，具有不同的准入资格、权利和义务。因此，为了确保参保对象在不同层次政策之间的顺利衔接，需要合理调整不同层次政策中冲突或遗漏的政策内容。

当前的主要任务是提高政策衔接的效率。我国多层次医疗保障政策体系在多重叠加的过程中出现了彼此定位不清、衔接不畅、重复保障等问题，既不利于满足患者的充分医疗需求，也不利于医疗保障制度的可持续发展，甚至造成不同制度功能的重叠和缺位并存。主要表现在医疗救助与医疗保险保障两个政策层面之间的保障内容与待遇水平的互相挤占，基本医疗保险与商业健康保险缺乏合理的协作机制等。

3. 医疗保险与医药相关政策之间的协调

医疗保险与医疗卫生政策、药物政策之间的政策协调（policy coordination）是我们俗称的“三医联动”问题。

随着我国逐渐步入深度人口老龄化阶段，慢性非传染性疾病的发生率将上升，由此造成医疗服务需求增多。尤其是慢性病发病率上升意味着医疗支出的负担加重，因为慢性病患者的患病周期长，单纯的医疗诊治费用高，且疗效并不理想，这将会给医疗保险系统造成较大的财务压力。因此，要想减轻医疗保险基金的财务压力，就需要在健康维护和减少患病率上做文章。但是，健康涵盖了健康促进、预防、治疗等多个环节，是多个部门、多项政策共同作用的结果，需要加强部门间的政策协调。

当前的政策协调任务主要有两个方面。一是要加强医保与医药政策的协调。医保的政策调整要与医药相关政策的调整在时间上、内容上、机制上同步进行。二是医保应该而且也有能力在预防和治疗上发挥重要作用。与传染性疾病不同，降低慢性病和伤害的发生率和死亡率在很大程度上需要依赖人们改变自己的不健康行为，加强对自身健康的管理，这就需要将医疗保险的重点放在预防性服务方面，而不是疾病的治疗方面。因此，疾病谱的改变需要改变我国当前医疗保险政策的着力点，将预防和治疗统筹考虑到政策调控范围之内。习近平同志在 2020 年 2 月 14 日中央全面深化改革委员会第十二次会议上强调“要统筹基本医疗保险基金和公共卫生服务资金使用，提高对基层医疗机构的支付比例，实现公共卫生服务和医疗服务有效衔接”。这项中央文件为医疗保险政策发挥干预作用提供了重要的政策依据。

4. 政策能力需要进一步加强

政策能力通常包括政策管理能力、政策资源、政策调控能力三个方面。面对新的形势，这三个方面的能力都需要进一步加强。第一，需要进一步明晰医保经办机构和医保行政机构之间的关系。当前，国家医保局的成立虽然消除了多头管理的不利局面，但是医保行政机构与医保经办机构之间的关系还需要进一步明晰，特别是医保经办机构的性质、功能和定位还比较模糊。虽然国家文件规定，我国医保经办机构是参公事业单位，或者说提供公共服务的非营利组织。在实际中，医保经办机构和行政机构的职能经常交叉重复，容易引起各种纠纷和冲突。第二，政策资源要进行结构化和专业化改进。在政策资源方面，虽然我国医疗保险基金总量和经办队伍规模都在不断壮大，显示了较强的执行能力，但是，这些政策资源依然在未来面临挑战。一是基金总量虽然庞大，但统筹层次较低，抵抗风险的能力较弱；二是经办队伍规模虽大，但专业化程度较低。第三，加强政策调控能力是我国医疗保险政策面临的重要挑战。不仅政策管理能力和政策资源会影响政策调控能力，政策对象的特点和行为同样影响调控能力，当前我国医疗保险政策虽然在不断改进支付手段和监督力度，但是随着政策对象的博弈行为的变化，今后还需要进一步提升。

（二）未来我国医疗保险政策的提升路径

审视我国医疗保险政策 70 年以来的成绩与不足，结合当前的经济发展方式转型与“健康中国”战略方向，未来一段时间内，我国医疗保险政策应当重点从以下几个方面着力完善。

1. 加速政策整合与提高统筹层次

在当前全面建成小康社会、加快推进社会主义现代化建设的时期，医疗保险政策的发展具有决定性意义。当前全球经济增速放缓，国与国之间的贸易冲突不断，工业发展从过去的劳动密集型为主的产业结构向技术密集型的产业结构转变，从严重依赖外贸经济转化为外贸和扩大内需并重的经济发展方式已成为必然趋势。医疗保险保障能力的提升，对劳动力再生产及提高和改善人力资本有极大的促进作用。今后我国医保政策应该在巩固覆盖面的同时，尽快将多元化、碎片化的医疗保险政策加以统一，最终建立全国统一的全民健康保险制度，这是提高医疗保险公平性的内在要求，也是符合经济发展方式转型的客观需要。同时，要尽快建立医疗保险基金的省级统筹，提升医保政策的抗风险能力。

2. 进一步提升医疗保险政策对医疗机构的调控能力

未来，医疗服务的成本控制和质量管理依然是医保的一个重要任务，因此需要进一步提升医保对医疗机构的调控能力。医疗保险与医疗服务供者关系密切，既互相独立，又相互融合与交叉。一是从目标上看，两者具有一致性。在医保政策全民覆盖的形势下，医疗服务与医疗保险同时服务于全国人民。我国公共医疗卫生的公益性，决定了医疗服务目标应与医疗保险的目标相一致，而不能着眼于医疗机构自身的生存和发展。二是医疗保险是医疗服务市场的主要资金提供者，对医疗服务市场发挥重要调节作用。医疗保险机构作为医疗服务市场的主要资金提供者，为实现供给与保障的均衡，应当介入医疗成本的控制和质量管理。当前，医疗保障部门虽然通过支付方式改革和加强监管等手段促进了医疗服务的改进，但是效果并不理想，医疗服务价格并未得到较好控制，定点医疗机构中的不合规行为时有发生。未来应该以《医疗保障基金使用监督管理条例》的颁布和支付方式试点改革为契机，进一步加强对医疗行为的约束。

3. 加强医疗保险政策的管理和服务能力建设

在医疗保险制度快速推进的过程中，医保的公共服务应当全面跟进。一是要树立以人为本的服务理念，为人民群众提供全方位的医疗保险服务，要充分认识服务对象不断流动、身份转换的特点，适时提供各险种之间、不同层次医疗保障之间自由转换的服务。与此同时，要深入推进异地就医直接结算服务，力争异地就医的门诊医疗和住院医疗的直接结算在全国普及。二是在服务能力方面，在积极争取医疗保险管理和经办机构人员编制与经费预算的同时，完善内部运行机制和外部保障机制。三是调整不同层次医疗保障政策中相互冲突或衔接不畅的政策内容，加强对流动人员的政策流程管理，确保参保人在不同政策层次之间无缝衔接。四是在医疗保险服务中实行政府主导与社会组织协同、公民参与相结合的治理模式，建立社会参与机制，把适合或者可以通过市场和社会提供的医疗保险服务，以适当方式交给社会中介机构、社区组织承担，降低服务成本，提高服务效率。

4. 通过适度加大政府投入提升政策效能

政策的总体效果要通过最后的政策效能（policy effectiveness）来检验。前文提到的加速政策整合与提升统筹层次、加强政策调控能力等措施固然可以提升政策效能，让患者感受到医保的保障力度和公平感，但是，职工医保和居民医保之间的保障水平还存在一定差距，政府还需要适度增加居民医保的财政投入。

过去和当前盛行的劳动密集型产业竞相约束劳动力价格的上升，约束了包括医疗保险政策在内的社会福利政策的发展，导致我国的医疗保险政策逐渐放弃了普惠型模式而转向弱化政府责任的选择型模式，更多地强调个人责任和市场机制，最终导致整体医疗福利水平相对下降。健康是人全面发展的基础，医疗保险政策实施的目的就是促进人的健康。随着经济社会的发展，要逐步提高医疗保险待遇水平，减轻个人自付费用，减少看病的后顾之忧，真正使全体社会成员共享发展成果。因此，中央和地方财政都需要在提升保障水平、维护保障公平方面进一步发挥作用。

思考题

1. 政策、医疗保险政策和医疗保险政策分析的含义是什么？
2. 医疗保险政策分析的基本范畴和基本目标是什么？
3. 进行医疗保险政策分析需要考虑的基本因素有哪些？
4. 试述进行医疗保险政策分析的一般步骤和技术方法。
5. 试析我国医疗保险政策实施的成效与不足。

（余军华　张　勇）

第十九章　医疗保险评价

内容提要

医疗保险评价是医疗保险管理的重要内容，对医疗保险的总体运行情况、效果、效率及效益进行全面、综合的评价，能够发现医疗保险存在的问题，揭示医疗保险的发展趋势，为完善医疗保险制度提供科学依据。本章阐述了医疗保险评价的基本内容、基本程序和方法，医疗保险效果评价、效率与效益评价，并对医疗保险评价的指标体系进行了介绍。

第一节　医疗保险评价概述

一、医疗保险评价的概念

评价（estimate）是控制行动偏离目标、总结经验、吸取教训和改进工作，并对目标实现程度进行测量的系统化措施，对实现目标的价值进行衡量。

医疗保险评价是指根据国家的医疗保险发展目标，对医疗保险资金的筹集、分配和使用，医疗保险实施的社会效益和经济效益进行综合分析和评判，从而为医疗保险的运作与管理提供决策依据。医疗保险评价是对目标实现程度的评判，也是对医疗保险目标价值的衡量。医疗保险评价作为医疗保险管理的重要内容，应该贯穿于医疗保险实施的全过程，以便总结经验、不断改革和完善医疗保险制度，造福于社会和人民。

二、医疗保险评价的原则

（一）全局性原则

医疗保险涉及面广，进行评价时不能只注重某方面而忽略其他方面所发挥的作用。由于医疗保险是一个复杂的社会系统工程，因此评价应确立全局观点，把反映各个子系统工作全貌的数量、质量、条件、效益等方面的指标罗列出来，运用综合评价方法，找出有代表性和规律性的指标，才能够揭示医疗保险的全貌。

（二）客观性原则

医疗保险是一个实践性很强的工作，指标体系应能反映医疗保险运行的真实情况。由于经济发展水平的地域差异较大，各地所实施的医疗保险制度也存在差异，因此，应针对各地区情况制定具有较高特异度的指标。为了保证评价指标体系的客观性，需要建立和不断完善医疗保险管理信息系统，以提供客观、真实的信息。

（三）可操作性原则

评价指标和标准是评价工作的依据，因此指标体系应从实际工作中建立起来，尽量使用现有报表，使评价易于操作。同时，指标应该以定量指标为主，避免由大量定性指标导致评价结果受主观意愿的影响过大。

（四）动态性原则

医疗保险作为社会系统中的一个组成要素，会因受到社会、政策、经济和管理等各种因素的影响而经常发生变动。因此，对医疗保险的评价也应该是动态的，评价指标体系必须随着社会的发展和各种影响因素的变化而做适当调整。

（五）公平性原则

互助共济、风险共担是医疗保险的基本原理，每一个被保险人在遭遇疾病风险时都有同等的就医机会，得到医疗保险制度规定的经济补偿，满足其对于医疗服务的需要，而与其收入水平和支付能力没有关系。公平性是医疗保险评价的目标之一，在医疗保险评价中公平性涉及筹资、分配和使用三个层面，公平性还可以从水平公平和垂直公平两个角度来分析。

1. 水平公平

水平公平（horizontal equity）是指具有同等支付能力的人，其实际缴纳的医疗保险费水平应相等，即筹资的水平公平性；或者具有同等医疗服务需要的人，无论其收入水平如何，应能得到同等质量和数量的医疗服务，即分配和使用的水平公平。

2. 垂直公平

垂直公平（vertical equity）是指不同支付能力的人，其缴纳的医疗保险费不同，高收入者缴纳的费用较高，低收入者则较低，即筹资的垂直公平；或者医疗服务需要水平不同的人所得到的医疗保险的保障程度和范围也不相同，需要水平高者得到较多的保障待遇，反之则得到较少的保障，即分配和使用的垂直公平。

（六）效率性原则

由于卫生资源相对于人们的健康需求是有限的，医疗保险作为卫生服务的一个重要的筹资手段，其所能提供的资源也是有限的。因此，要提高医疗保险资源的利用效率，促进卫生资源的合理利用。效率性通常用卫生资源的管理效率、分配效率和技术效率来表示。

三、医疗保险评价的分类

（一）按医疗保险评价的时机分类

1. 事前评价

事前评价是指医疗保险制度和方案在实施运作前对其进行科学性、合理性和可行性的评价。根据拟开展医疗保险地区的实际情况，通过采用模拟或其他预测方法预先评价该医疗保险方案，并对方案进行适当的调整。如果是政府部门进行的事前评价，还要考虑其他有关政策法规的合理性以及相互影响因素等，如果有必要还需对有关政策进行调整。

2. 中间评价

中间评价是指在医疗保险规划和方案实施过程中进行的评价。通过中间评价，可以明确方案是否按计划进行，是否向着预定的目标前进，并分析与计划和目标不符的原因，提出解决问题的对策，以便进一步完善医疗保险制度和方案。

3. 事后评价

事后评价是指医疗保险方案全面实施后，评价其是否达到预期的目标，是否取得阶段性成果。事后评价主要利用医疗保险实施后所获取的有关信息资料，包括医疗保险管理信息系统和调查研究所获得的资料来进行分析和评价。由于评价是建立在方案实施之后，因此评价较容易进行，结论也比较准确。通过事后评价，可以总结实施过程的经验和教训，为不断完善医疗保险制度提供主要决策依据。

4. 跟踪评价

跟踪评价是指医疗保险制度正常运行以后，对其发展趋势、产生的长远影响或滞后效应作出的评价。医疗保险实施后的长远影响或滞后效应包括对居民期望寿命、生活质量的影响，对社会发展产生的外部效应等，这些影响或效应在短期内难以表现出来，必须进行长期、连续的跟踪评价，才能得出正确的结果。

（二）按医疗保险实施的程序分类

1. 结构评价

结构评价是指对医疗保险制度有关结构进行的评价，包括评价医疗保险项目结构，医疗保险费用结构，被保险人的年龄、性别、健康状况的结构，保险支付费用结构，保险组织结构，管理运作结构以及给付方式结构等。结构是医疗保险的稳定特征之一，对医疗保险制度的结构评价，有利于医疗保险政策和方案的调整，有利于加强监督和管理、提高医疗机构的效率、合理配置医疗资源。

2. 过程评价

过程评价是指对医疗保险实施过程进行的评价，包括评价医疗保险费用的支付程序是否简便，医疗保险的监督是否有效，被保险人就医行为，对医疗卫生服务的利用、就诊时间、患病住院时间等的影响，医疗服务提供者提供的服务是否合理（有无诱导需求及其严重程度）、服务质量和数量以及医疗服务提供的适宜性评价等。

3. 结果评价

结果评价是指对医疗保险所产生的社会、经济和健康的影响做出的评价。医疗保险实施的结果分为长期影响的结果和短期影响的结果，如被保险人对医疗保险的认识是一种短期影响的结果，而医疗保险促进卫生资源合理使用、提高人们的健康水平则是长期影响的结果。

（三）按评价的范围分类

1. 宏观评价

宏观评价是指从全局角度、整体利益出发，对医疗保险的社会、经济效益进行的评价。宏观评价主要为政府相关部门制定医疗保险政策提供依据，为决策服务。

2. 微观评价

微观评价是指从医疗保险的保险人、被保险人、医疗服务提供者出发，评价三方的关系及各方内部的组织结构、运行机制等。例如，对医疗保险机构、医疗服务提供者的评价就属于微观评价。微观评价主要是为了找出医疗保险方案在实施中的效益及存在的问题。

（四）按评价的主体分类

1. 自我评价

自我评价是由医疗保险管理机构和运行机构对医疗保险的实施情况进行的评价。自我评价的形式主要包括季度小结、年度总结报告等。

2. 他人评价

他人评价是由医疗保险管理机构和运行机构之外的其他单位和个人对医疗保险制度进行的评价。医疗保险实施过程中涉及各方主体的利益，与很多社会组织以及个人都发生复杂的联系，如有关政府部门、参保单位、参保个人或社会其他成员对医疗保险制度的看法、意见或态度等均属他人评价。

（五）按评价的形式分类

1. 正式评价

正式评价是指事先制订完整的医疗保险评价方案，由专门的机构与人员按严格的程序和规范所进行的政策评价。这种评价机构与人员具有专门的知识与素养，评价的资料详尽真实，评价的方法手段先进，因而评价的结果比较客观、可信。

2. 非正式评价

非正式评价是指对评价者、评价程序、评价方法、评价资料都未做严格要求所进行的局部的、分散的医疗保险政策评价。其结论不一定非常可靠、完整，但形式灵活、实施简单易行，可以作为医疗保险正式评价实施前的预评价。

四、医疗保险评价的基本内容

医疗保险评价的内容涉及面较广，从不同的角度可以有不同的评价内容。评价的内容包括对医疗保险三方的评价，即医疗保险机构、被保险人和医疗服务提供者的评价，对医疗保险政策的评价以及医疗保险社会效益和经济效益的评价等。无论哪方面的评价，都涉及公平和效率、效果和效益的评价，除了评价医疗保险方案运行的各环节之外，还需评价医疗保险方案实施所带来的其他影响，如人们就医行为的改变、人群健康状况的改善、生命质量和期望寿命的提高、卫生总费用的变化等方面。

（一）医疗保险的目标

（1）该医疗保险的性质是什么?是基本医疗保险、补充医疗保险，还是社会医疗保险、商业医疗保险？

（2）该医疗保险要达到什么目的？

（3）该医疗保险方案是否符合实施区域内的社会经济政策和卫生发展目标？需要哪些配套政策?是否涉及卫生服务管理体制的变革？

（二）医疗保险方案的有效性

（1）医疗保险方案是否有效，可能产生的结果如何？

（2）医疗保险方案的可行性如何，方案的可操作性如何？

（3）医疗保险方案的技术是否成熟，技术上是否有保证，机构的运行成本是否合理？

（4）该医疗保险运行机制、管理制度和监管机制如何？

（三）医疗保险对被保险人的影响

（1）被保险人是否愿意参加该医疗保险，不愿参加的原因是什么？

（2）被保险人对医疗服务的利用如何？

（3）被保险人是否减轻了疾病经济负担，公平性和保障水平如何？

（4）被保险人对医疗保险是否满意？

（四）医疗保险对医疗服务供者的作用

（1）医疗服务供者体系对医疗保险的适应性如何？

（2）医疗服务提供者是否按合同和医疗保险有关的制度提供医疗服务，医院和医生的供给行为如何？

（3）医疗服务的质量、数量、费用、方便程度如何？
（4）被保险人对医疗服务的满意度如何？

（五）医疗保险对社会的影响

（1）被保险人的健康水平和生命质量是否提高？
（2）在医疗保障体系中的地位和作用及其对社会保障体系的影响如何？
（3）该医疗保险对国民经济和卫生事业的发展有何影响？

五、医疗保险评价的基本程序

（一）评价的计划

1. 收集资料

收集被评价主体，通常包括医疗保险管理和经营机构、参保单位和参保个人、定点医疗机构以及定点药店的基本数据资料，为评价提供依据。

2. 确定目标

确定医疗保险评价要达到的目标。政府实施的社会基本医疗保险通过对人们疾病的费用进行补偿，满足人们的基本医疗服务需求，最终实现人群健康状况的改善，降低卫生费用的不合理快速增长等。

3. 拟订方案

设计医疗保险评价的方案，包括实施评价的方法、评价指标及评价内容等。

4. 组织管理

医疗保险评价的组织管理涉及评价的组织构成、人员组成、管理方式、工作方式、经费来源与使用以及与其他有关部门的沟通等管理工作。

（二）进行预评价

为了防止由评价计划设计的不合理导致评价目标无法实现，可以先进行预评价。进行预评价可以检查所选择的评价方法、评价指标是否合适，确认评价在经济、技术上是否可行，时间程序的安排是否合理，证实医疗保险三方是否认识到各自的责任。在预评价中，需要解决以下问题。
（1）评价的方法是否科学、适宜、合理。
（2）评价的指标是否全面、准确、合理以及是否需要调整和如何调整。
（3）现场调查员是否经过充分的培训。
（4）评价的组织机构是否能够有效运转。
（5）被评价者对评价是否愿意配合以及配合的程度。
（6）评价资料是否能够按照设计的要求进行分析。

（三）实施评价

通过预评价发现存在的问题并对方案进行修改之后，就可以正式实施评价。评价过程中质量控制工作非常重要，否则难以保证数据资料的真实可靠。所有参加评价工作的人员对调查内容、评价方法、评价指标必须统一认识、准确理解。

（四）资料的整理与分析

对于实施评价后所获得的资料应该按照医疗保险计划所确定的步骤和方法进行整理与分析。同时，应注意以下几个问题。

（1）尽可能使用简单的方法来核查数据资料。
（2）寻找重要的差异或变化。
（3）在数据资料中寻求一致的东西。
（4）正确判断统计的显著性，理性思考实际情况与统计结果，结果的一致性和真实性同样重要。
（5）要认真考虑外部因素的变化对评价结果的影响。

（五）评价结果

评价结果以报告的形式给出，评价报告中应该包括评价过程、评价的主要发现和结论、对结论的解释、现行方案存在的问题以及针对问题提出的改进对策与建议。

综上，医疗保险评价的基本程序可用图 19-1 来描述。

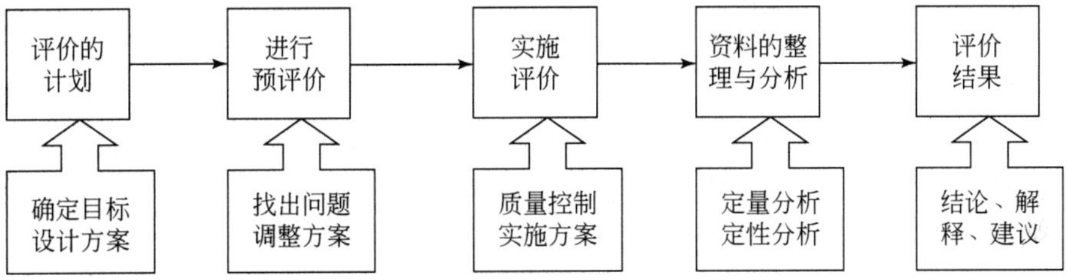

图 19-1 医疗保险评价的基本程序

第二节 医疗保险评价的方法

一、比较分析法

比较分析法是指将现行医疗保险方案与医疗保险的评价指标进行对比，以揭示一定时期医疗保险的运行状况。比较分析通常包括以下三个方面。

（一）完成情况的对比

将医疗保险实施后的实际指标与计划达到的预期指标进行对比，分析医疗保险的完成情况，以及是否实现预期目标和结果。

（二）纵向对比

将现行医疗保险实施后的实际指标与上一时期的指标进行对比，以分析、了解现行医疗保险的变化情况。

（三）横向比较

将本地区某类指标测量的结果与其他地区、国外地区的同期同类指标的测量结果进行对比，以便在更大范围内寻找差距，从而改进和完善医疗保险方案。

二、专家评价法

专家评价法是根据专家的学识和丰富经验，以专家的主观判断为基础，并通常以分数、指数、序数等作为评价的标值来进行分类和汇总的评价。它包括专家预测法、头脑风暴法、德尔菲法（Delphi method）、主观概率法及同行评议法等，其中，德尔菲法是最典型的专家评价法。

德尔菲法是美国兰德（RAND）公司于 1946 年首创的用于技术预测的方法，是专家会议的一种发展。它通过信函以匿名方式将所需预测的问题征询专家的意见，每一轮信函调查的结果均反馈给专家，依据系统的程序，采用匿名发表意见的方式，即专家之间不得互相讨论，不发生横向联系，只能与调查人员发生联系。通过多轮次调查专家对问卷所提问题的看法，反复征询、归纳、修改，最后汇总成专家基本一致的看法，作为预测的结果。这种方法具有广泛的代表性，较为可靠。实施德尔菲法进行评价的具体步骤如下。

（一）确定调查题目、拟订调查表

在此阶段主要是确定需要预测的课题，并据此设计调查表，准备可供专家进行判断的背景资料。调查表设计的合理性，关系到研究结果的准确度。因此在设计表格时应尽量做到设计精简、问题集中、表述清晰、用词准确，避免因表格设计不合理而影响专家作出正确评断。

（二）选择专家

选择与预测课题有关的，在年龄、地区、专业知识、工作经验、分析能力及学术观点上具有代表性的专家参与评价工作。参加评价工作的专家数量可适当多些，需依据评价内容的特点而定，具体的专家人数一般 10～50 人为宜。

（三）提出预测和决策

将调查表和背景资料寄给选定的专家，向专家提出所要预测的问题及要求，并附背景资料，同时请专家提出是否需要补充资料。

（四）修改决策

组织者将第一轮的意见和判断进行整理归纳，分析出不同的预测意见，列成图表，再反馈给各位专家，请专家依此修改和完善自己的意见，或请其他专家加以评论。如此反复几轮信函调查，直至各位专家取得基本一致的预测结果。

（五）预测结果的处理

在信函调查过程的每一阶段，对收集到的专家意见都要利用科学的方法进行整理、辨误、归纳和分类，以便对下一轮的预测提供有用的参考资料，获取准确的最终预测结果。

三、因素分析法

因素分析法是用来计算几个相互联系的因素对综合指标影响程度的一种分析方法。其基本思想包括两部分内容：第一，在相关理论和实际工作经验的指导下找出某一指标的主要影响因素；第二，具体计算各影响因素对评价指标的影响程度。

下面以医疗保险费收入总额变动为例说明因素分析法。

首先分析影响医疗保险费收入总额变动的主要因素为承保金额和保险费率，它们之间存在如下关系：

保险费收入总额=承保金额×保险费率

若承保金额增加了 200 万元，保险费率为 2%，则承保金额变动对保险费收入变动的影响是使保险费收入总额增加 4 万元。若保险费率提高 1%，实际承保金额为 1000 万元，则保险费率变动对保险费收入总额的影响是使保险费收入总额提高 10 万元。若保险费率提高 1%，承保金额增加 200 万，对保险费收入总额的影响是使其增加了 14 万元，见表 19-1。

表 19-1 保险费收入总额变动情况

项目	计划数	实际数	变动额
承保金额（万元）	800	1000	200
保险费率	2%	3%	1%
保险费收入总额（万元）	16	30	14

再以医疗保险参保率、退保率为例说明因素分析法。假定以经济水平、健康状况、医学知识为主要的影响因素，然后对各影响因素量化打分分析其对指标的具体影响程度，见表 19-2。

表 19-2 医疗保险参保率、退保率影响因素分析

项目	影响因素分值		
	经济水平	健康状况	医学知识
医疗保险参保率	3	2	1
医疗保险退保率	1	4	1
合计	4	6	2

量化打分时每项内容不得超过 6 分，可以使用专家评价法根据因素重要程度进行合理打分。从表 19-2 可以看出，健康状况是医疗保险参保率和退保率的主要影响因素，其次是经济水平，医学知识的影响程度最低。

四、经济分析法

以事先评定的综合经济指标来评价不同对象，经济效益、社会效益作为测量评价的依据。它包括投入产出法、成本效益分析法和指标公式法。例如，数据包络分析（data envelopment analysis，DEA），作为一种具有多个输入输出单元的参数效率模型，在数据统计的基础上运用线性规划的原理求解出生产前沿面，通过对每个决策单元（decision making units，DMU）进行效率测算，比较各决策单元与有效生产前沿的偏离情况来判断决策单元的相对有效性，常应用于保险绩效评估、运行效率评价等投入产出效率方面的研究。

五、综合评价法

综合评价法是对医疗保险进行综合的评价。在有多个评价指标的情况下，当被比较的对象之间各指标不尽相同，难以取舍时，可以采用此法。综合评价法具体步骤是：选择评价指标体系、确定评价指标权重、确定评价标准、比较方案优劣。如图 19-2 所示。

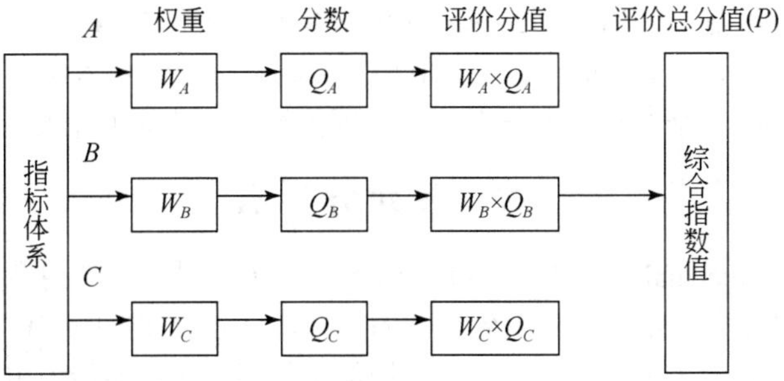

图 19-2 综合评价法示意图

综合评价法的数学公式为

$$P=\sum_{i=1}^{n}W_iQ_i$$

式中，P 为评价总分值；W_i 为各评价指标的权重；Q_i 为各评价指标的分值。

［例 19-1］ 使用综合评价法来评价三个医疗保险方案的优劣，见表 19-3、表 19-4、表 19-5。

表 19-3 医疗保险评价指标、标准、权重

分数	卫生服务的可及性（人均诊次）W_1=0.25	卫生人力资源（医生工时/人口）W_2=0.25	患病率（控制程度%）W_3=0.10	死亡率（控制程度%）W_4=0.20	医疗保险费用（元/人）W_5=0.20
1	≤1	≥2.0	≤0.7	≤0.9	≥90
2	≤2	≥1.8	≤0.5	≤0.7	≥70
3	≤3	≥1.6	≤0.3	≤0.5	≥50
4	≤4	≥1.4	≤0.2	≤0.3	≥30
5	≤5	≥1.2	≤0.1	≤0.1	≥10

表 19-4 三个医疗保险方案的评价指标值

方案	人均诊次	医生工时/人口	患病率（%）	死亡率（%）	医疗保险费用（元/人）
I	3	1.8	≤0.3	≤0.5	70
II	4	1.6	≤0.5	≤0.3	50
III	5	1.8	≤0.3	≤0.5	50

表 19-5 三个医疗保险方案的评价结果

方案	人均诊次 W_1=0.25	医生工时/人口 W_2=0.25	患病率 W_3=0.10	死亡率 W_4=0.20	医疗保险费用（元/人）W_5=0.20	综合评价分值
I	3	2	3	3	2	2.55
II	4	3	2	4	3	3.35
III	2	2	3	3	3	2.50

步骤一：选择评价的指标体系。例如，选择卫生服务的可及性、卫生人力资源、患病率、死亡率及医疗保险费用作为评价的五项指标。

步骤二：采用专家评价法确定评价指标的权重。

步骤三：确定评价标准，计算每个方案的最终得分，并判断各方案的优劣。本次评价的标准采用五级分法，具体见表 19-3。

三个医疗保险方案实施后，所达到的相应评价指标值，如表 19-4 所示。

按照规定的评价标准，将表 19-4 内的数值换算成相应分数，代入综合评价的数学公式，求得方案的综合评价值，根据三个医疗保险方案的综合评价结果，认为方案 II 为最优（表 19-5）。

六、多元分析法

多元分析（multivariate analysis，也称多元变量统计分析）法，是使用多元统计和数量化理论从众多的评价指标中筛选出重要的、实际发生影响的指标，是分析评价医疗保险运行影响因素和寻找相应的改进对策的一个重要工具。此种方法对数据信息的损失小，能最大限度地利用数据，但不同的多元统计方法对数据的分布要求不同，且一般都要求数据多，因此在使用时的限制条件也较多。

常用的方法包括因子分析法、聚类分析法和判别分析法。

目前使用数理化理论的计量经济学模型也在医疗保险方案评价中得到了十分广泛的使用。例如，有序 Logit 模型就在基于 13 省 916 个农户调查的分析中应用，分析新型农村合作医疗满意度的影响因素并进行了有关影响因素的预测。

七、其他方法

（一）灰色关联度评价法

灰色关联度评价法是灰色理论的一个组成部分。灰色关联分析的目的就是对信息不完全和“少数据、不确定”的系统做因子间的量化、序化，是一种从信息的非完备性出发，研究和处理复杂系统的理论。它通过分析参考序列和比较序列的曲线几何形状的接近程度，来判断因子间的排列顺序。有研究者利用灰色关联模型对全国 8 个省（直辖市）新型农村合作医疗推广绩效进行了评价，找出指标体系中影响新型农村合作医疗推广绩效的主要因素，包括地方财政缴纳基金总额、上报新型农村合作医疗推广工作信息次数、农民自己缴纳基金总额和新型农村合作医疗培训次数以及新型农村合作医疗基金使用情况公开发布次数等，并有针对性地提出完善现有新型农村合作医疗制度的思路。

（二）平衡计分卡评价法

平衡计分卡（balanced score card，BSC），源于 1990 年美国诺兰诺顿研究所进行的一项研究。平衡计分卡作为一种战略绩效管理及评价工具，最初应用于企业管理，目前在政府、公共部门和非营利性组织中也得到了越来越广泛的应用，在医疗保险制度的绩效评价中也利用了平衡计分卡的管理理念开展了相关评价。平衡计分卡作为一种战略绩效管理及评价工具，主要从财务、客户、内部流程、学习与成长四个重要方面来衡量。由于平衡计分卡具有多维度绩效评价的优点，对于医疗保险评价这样一个涉及多个社会系统的综合评价的工作，有广阔的应用前景。有研究者运用平衡计分卡的理念与方法，采用德尔菲法和层次分析法建立指标体系并确定各指标权重，确定了包括医疗费用、医保患者、医保管理和学习与发展四个维度的指标体系用于医院医保管理的绩效评价。

（三）倍差法

倍差法（difference-in-difference），也称双重差分法，由阿申费尔特（Ashenfelter）和卡德（Card）于 1985 年对一项干预研究进行评价时提出，之后该方法在计量经济学领域被广泛应用。该模型提出的背景是，由于无法保证一项公共政策实施后干预组和对照的随机化，故无法确定反应变量在基线水平的可比性。因此若只通过政策实施前后的单一对比或横断面对比难以得到政策实施效果的无偏估计。近年来倍差法在卫生政策评估领域被广泛应用，成为评价卫生政策最有效的方法。已有学者将其引入对医疗保险的评价。

倍差法的基本思路是，非随机分配的两个调查样本，一组是政策干预组，一组是非政策干预的对照组，计算干预组和对照组在政策实施前后某个指标的变化量，这两个变化量的差值即反映了政策干预组的净影响，比较政策对干预组和对照组的作用效果随时间变化的结果。有研究应用倍差法评价医疗保险总额预付试点的效果，通过比较试点医院和对照医院主要医疗保险指标随时间的变化的情况来分析总额预付制度的效果及存在的问题。

（四）Boosting 算法

与传统的统计方法相比，机器学习算法能够更好地解决分类问题，尤其是数据量大且为非正态分布的情况下。Boosting 算法作为机器学习算法的一种，通过构造一个预测函数系列，然后以一定的方式将它们组合成一个预测函数，从而把弱学习算法提升为强学习算法，然后进一步不断地调用这个基础算法就可以获得一个拟合和预测误差都相当好的组合预测模型。有研究利用 Boosting 算法对医疗保险中的记账费用划分等级，同时运用基尼系数、广义熵指数、阿特金森指数，从水平公平与垂直公平两个方面对城镇职工基本医疗保险及城镇居民基本医疗保险进行了评价。

（五）第三方评估

近年来，在医疗、教育等公共事业发展的评估中广泛引进了“第三方评估”，并逐渐发挥重要的作用。第三方评估源于 20 世纪 20 年代的西方国家，与政府绩效管理和政府绩效评价相关联。“第三方”的“独立性”“专业性”和“权威性”是评价结果公正的保证。目前，第三方评估主要有四种模式，分别是高校专家评估模式、专业公司评估模式、社会代表评估模式和民众参与评估模式。

第三节　医疗保险评价指标体系

医疗保险评价指标体系是衡量医疗保险运行方案优劣及相关方面变化的重要参数，是评价医疗保险工作的重要工具。通过对医疗保险评价指标的测量，能够评价医疗保险取得的成绩、存在的问题与不足，从而调整和完善医疗保险方案。

一、医疗保险评价指标体系建立的原则

（一）有效性

指标的有效性是指指标确实能够反映医疗保险的目标、内容、质量、效率、效果以及发展变化等。为确保指标的有效性，在建立指标体系时需要进行详细的调查，使指标符合医疗保险的实际工作。

（二）客观性

指标的客观性是指指标必须有明确的内容和定义，其测量结果的获得能够避免主观影响，客观反映被测量对象的实际情况。定性指标易受到主观影响，应尽量少用或不用。

（三）灵敏性

指标的灵敏性是指指标对环境的变化反应要敏感。医疗保险方案易受社会政策、经济环境等的影响而变化，当外部环境发生变化时，指标也应随之变化。

（四）特异性

指标的特异性是指指标有专一性、针对性，对环境的变化能够作出真实、特有的反映。

（五）可操作性

指标的可操作性是指医疗保险评价指标体系应从实际工作中建立起来，充分使用现有的资料，指标体系的数据收集与分析在技术上是可操作的，所花费的成本是可支付的。

二、医疗保险评价指标

目前我国的医疗保险工作还处于初始阶段，全国还没有统一的评价指标体系。这里的评价指标体系及其内容主要是根据医疗保险日常运行情况而建立的，主要涉及以下七个方面指标。

（一）反映参保情况的指标

1. 参保总人数

该指标可以反映统筹地区（或全国）参加各类医疗保险的总人数，城镇职工基本医疗保险、城乡居民基本医疗保险参加人数之和即为参保的总人数。

2. 参保率

参保率是实际参保人数占应该参保人数的百分比。参保率指标有总参保率、各类保险的参保率（包括城镇职工基本医疗保险参保率、城乡居民基本医疗保险参保率）。

3. 参保人群结构

该指标反映参保人群的职业、单位、年龄或不同收入水平的结构。

城镇职工基本医疗保险参保人群的构成测算需要衡量参保人中在职人员、退休人员和其他人员的构成，包括“在职人员占参保总人数的比例”“退休人员占参保总人数的比例”和“其他人员占参保总人数的比例”三项分指标。

参保人单位构成是指不同性质单位的职工参加城镇职工基本医疗保险的构成，包括“行政单位职工占参保总人数的比例”“事业单位职工占参保总人数的比例”“企业单位职工占参保总人数的比例”“国有企业单位职工占参保总人数的比例”“集体企业单位职工占参保总人数的比例”“股份制企业单位职工占参保总人数的比例”“个体企业职工占参保总人数的比例”以及“三资企业单位职工占参保总人数的比例”等指标。

参保人群年龄构成是指各年龄段参保人的构成情况，包括未成年人、青壮年、老年人等的参保情况。

参保人群不同收入水平构成是指根据各地区经济发展和人民收入水平的不同划分收入水平，测量不同收入的参保人群占参保总人数的比例。

4. 参保单位数

该指标指参加基本医疗保险单位的总数。医疗保险参保单位是医疗保险的基层组织，承担着组织参保、缴纳医疗保险费等基本工作。国务院《关于建立城镇职工基本医疗保险制定的决定》（国发［1998］44 号）中规定城镇所有用人单位及其职工都应参加基本医疗保险，包括企业（国有企业、集体企业、外商投资企业、私营企业等）、机关事业单位、社会团体和民办非企业单位。参保单位的保险意识直接影响医疗保险的建立和发展，影响医疗保险的投保率、医疗保险费的征缴率和医疗费用的控制。

（二）反映医疗保险基金征缴情况的指标

通过此类指标的测量可以评价医疗保险基金的征缴和筹集的情况，也是考核医疗保险经办机构基金征集任务完成情况的评价依据。

1. 应筹医疗保险基金

该指标反映统筹地区当年参保人按规定应筹集的医疗保险资金，反映统筹地区基金筹集的规模。由于城乡居民基本医疗保险采取自愿的原则，所以应筹资金与该地区计划的覆盖率有关。该指标对城镇职工基本医疗保险基金的筹集程度评价实际意义更大，根据经核定的各参保单位、参保人的年度工资总额和筹资比例计算得出。

2. 实筹医疗保险基金

该指标反映统筹地区当年实际筹集到的医疗保险基金，包括“实筹当年医疗保险基金”和“清欠往年医疗保险基金”两部分。该指标通过医疗保险经办机构的计划财务部门提供。

3. 欠缴医疗保险基金

该指标反映参保单位欠缴医疗保险基金的情况，包括“欠缴当年医疗保险基金”和“欠缴往年医疗保险基金”两项内容。

欠缴当年医疗保险基金=当年应筹医疗保险基金-当年实筹医疗保险基金

欠缴往年医疗保险基金=欠缴往年医疗保险基金累计数-清欠往年医疗保险基金数

4. 筹资率

该指标反映统筹地区医疗保险基金的筹资水平，它计算的是当年实筹医疗保险基金占应筹医疗保险基金的比率，评价的是医疗保险基金筹资任务的完成情况，筹资率越高，说明筹资任务完成得越好。目前，对社会保障基金筹资的考核指标通常为95%。

（三）反映医疗保险基金运行情况的指标

通过此类指标，可以反映医疗保险基金的收支以及所筹医疗保险基金的分配结构和支出结构，评价医疗保险基金的运行效果。

1. 个人账户运行情况指标

（1）个人账户收入及其占医疗保险基金的比例。该指标反映统筹地区医疗保险基金划入个人账户金额及其占当年实筹医疗保险基金的比例，“个人账户收入”指标由计划财务部门提供。

（2）个人账户支出及其占医疗保险基金支出的比例。该指标反映医疗费用中由个人账户资金支出的金额及其占医疗保险基金支出的比例，其中“个人账户支出”由计划财务部门提供。由于个人账户支付的是起付线以下及起付线以上需要个人自付的费用，该指标还能够评价医疗保险实施后医疗保险的偿付程度。

（3）个人账户结余及其占个人账户收入的比例。该指标反映个人账户的结余金额和个人账户结余率，评价统账结构的合理性和个人账户资金的管理情况。“个人账户结余”由计划财务部门提供。其中：

当年个人账户结余=当年个人账户收入-当年个人账户支出

累计个人账户结余=个人账户往年结余+当年个人账户收入-当年个人账户支出

$$\text{个人账户结余占个人账户收入的比例}=\frac{\text{当年个人账户结余}}{\text{个人账户收入}}\times 100\%$$

2. 统筹基金运行情况指标

（1）统筹基金收入及其占医疗保险基金的比例。该指标反映统筹地区实筹医疗保险基金划入统筹基金的金额和统筹基金金额占当年实筹医疗保险基金的比例。“统筹基金收入”指标由计划财务部门提供。

（2）统筹基金支出及其占医疗保险基金支出的比例。该指标反映医疗费用中由统筹基金支出的金额和统筹基金支出占医疗保险基金支出的比例。其中“统筹基金支出”指标由计划财务部门提供。

（3）统筹基金结余及其占统筹基金收入的比例。该指标反映统筹基金结余的金额和统筹基金结余率。“统筹基金结余”指标由计划财务部门提供，其计算公式为

统筹基金结余=统筹基金收入-统筹基金支出

$$\text{统筹基金结余占统筹基金收入的比例}=\frac{\text{统筹基金结余}}{\text{统筹基金收入}}\times 100\%$$

3. 风险调节基金运行情况指标

（1）风险调节基金收入及其占医疗保险基金的比例

$$风险调节基金收入=实筹医疗保险金\times提取比例$$

$$风险调节基金收入占医疗保险基金的比例=\frac{风险调节基金收入}{实筹医疗保险基金}\times100\%$$

（2）风险调节基金支出及其占医疗保险基金支出的比例

该指标反映经有关部门批准，按规定动用风险调节基金的金额和风险调节基金支出占医疗保险基金支出的比例。其中“风险调节基金支出”指标由计划财务部门提供。

$$风险调节基金支出占医疗保险基金支出的比例=\frac{风险调节基金支出}{医疗保险基金支出}\times100\%$$

（3）风险调节基金结余及其占风险调节基金收入的比例

该指标反映风险调节基金结余金额及其占风险调节基金收入的比例。其中“风险调节基金结余”指标由计划财务部门提供。

$$风险调节基金结余占医疗保险基金收入的比例=\frac{风险调节基金结余}{风险调节基金收入}\times100\%$$

4. 医疗保险基金总的运行情况指标

（1）医疗保险基金当年结余额

该指标是当年的个人账户结余、统筹基金结余和风险调节基金结余三项指标之和，可以综合反映出统筹地区当年医疗保险基金运营的情况。该指标也可按当年医疗保险的全部收入减去全部支出后的余额来计算。

$$医疗保险基金当年结余额=当年全部收入-当年全部支出$$

（2）医疗保险基金累计结余总额

该指标是指统筹地区自实施医疗保险以来的累计结余医疗保险基金总额，可以反映该统筹地区在一段时期内运营的情况。累计结余总额包括每年的结余额和该时期内医疗保险基金的利息收入及其他投资营运收益。

（四）反映参保人医疗费用的指标

通过此类指标，可以反映统筹地区参保人医疗总费用及其增长速度，反映医疗费用的支付结构，反映医疗总费用的结构，反映各类参保人的医疗费用分布，也可以反映各类参保人的人均医疗费用和人均医疗保险基金支出。另外，该指标也可间接地反映医疗保险方案对参保人保障水平的高低。

1. 参保人医疗总费用及增长幅度

该指标反映参保人医疗总费用及增长速度，评价医疗费用增长的合理性。“参保人医疗总费用”可以进一步分为“个人账户支付”“统筹基金支付”“风险调节基金支付”“单位支付”“个人支付”五个分指标。

2. 门诊医疗费用及其占总费用的比例

该指标反映参保人在门诊就诊发生的医疗费用和门诊医疗费用占医疗总费用的比例。

3. 住院医疗费用及其占总费用的比例

该指标反映参保人住院所发生的住院医疗费用和住院医疗费用占医疗总费用的比例。

4. 参保人人均医疗费用及增长幅度

该指标反映参保人每人每年平均发生的医疗费用和增长幅度，用以分析评价同一统筹地区不同年度人均医疗费用水平和不同统筹地区同一年度人均医疗费用水平，是用来反映医疗费用水平的一项重要指标。“参保人人均医疗费用”指标还可进一步分为“在职人员人均医疗费用”“退休人员人均医疗费用”和“其他人员人均医疗费用”三项分指标。

5. 参保人人均门诊医疗费用及增长幅度

该指标反映参保人每人每年平均在门诊发生的医疗费用和增长幅度，“人均门诊医疗费用”指标可进一步分为“在职人员”“退休人员”和“其他人员”三类分别统计。

6. 参保人人均住院医疗费用及增长幅度

该指标反映参保人每人每年平均发生的住院医疗费用和增长幅度，“人均住院医疗费用”指标可进一步分为“在职人员”“退休人员”和“其他人员”三类分别统计。

7. 人均医疗保险基金支出

该指标反映参保人每人每年平均支出的医疗保险基金数，该指标可进一步分为“在职人员”“退休人员”和“其他人员”三类分别统计。其中，医疗保险基金支出数由计划财务部门提供。

8. 人均个人账户支出

该指标反映参保人每人每年平均支出的个人账户资金。该指标可以分为“在职人员”和“退休人员”两类。

9. 人均统筹基金支出

该指标反映参保人平均每人每年支出的统筹基金。该指标可以进一步分为“在职人员”“退休人员”和“其他人员”三类分别统计。其计算公式为

$$\text{人均统筹基金支出}=\frac{\text{统筹基金支出}+\text{风险调节基金支出}}{\text{参保总人数}}$$

10. 人均个人支付医疗费用及其占人均医疗费用的百分比

该指标反映参保人平均每人每年由个人负担的医疗费用和人均个人支付医疗费用占人均医疗费用的百分比，用以评价同一统筹地区不同年度和不同统筹地区同一年度之间的个人负担水平。该指标也可间接地反映出医疗保险方案对参保人保障水平的高低。“人均个人支付医疗费用”指标有两种计算方法，一种是按全部参保人计算的人均个人支付医疗费用；另一种是按实际发生医疗费用的参保人计算的人均个人支付医疗费用。“人均个人支付医疗费用及其占人均医疗费用的百分比”指标可以进一步分为“在职人员”和“退休人员”。

（五）反映参保人知晓度的指标

参保人知晓度是指参保人对医疗保险缴费政策和报销政策的掌握程度，知晓度的高低往往会影响一项制度或措施的实施效果。该指标主要包括医疗保险缴费数额和缴费率的知晓度、医疗保险报销程序知晓度、医疗保险费用报销标准知晓度和医疗保险报销范围知晓度。

（六）反映参保人满意度的指标

该类指标反映参保人群对医疗保险的效用和价值的判断，对所提供医疗服务质量的认可，以及定点医疗机构对医疗保险方案的认可、理解和支持的程度。

该指标通常包括参保人赞成医疗保险的比例、参保人不赞成医疗保险的比例、参保人对医疗保险持中立态度的比例、参保人退保的比例、定点医疗机构赞成医疗保险的比例、定点医疗机构不赞成医疗保险的比例、定点医疗机构遵守医疗保险规定的比例等分项指标。

（七）反映参保人健康状况的指标

实施社会医疗保险的目的就是通过提高人们对基本医疗卫生服务的利用水平促进人群健康状况的提高。通过此类指标，可以反映统筹地区医疗保险的效果的高低和社会效益的大小。这些指标包括参保人两周患病率、参保人两周患病就诊率、参保人人均门急诊就诊次数、参保人人均

住院次数等。

第四节　医疗保险制度评价

一、医疗保险政策方案评价

（一）科学性评价

医疗保险政策方案的科学性是指所制定的政策方案有科学依据，是建立在科学基础上的。

1. 目标与措施是否明确

医疗保险政策方案是为一定时期对医疗费用按某种特定方式进行经济补偿，促进人群健康的目的服务的，因此医疗保险政策方案的目标和实现目标的措施一定要明确。医疗保险政策方案作为指导医疗保险的规范和行动指南，目标与措施的规定必须清晰，否则政策的执行者会误解或曲解其目标，造成政策方案执行错误，也会因为政策方案存在漏洞，使政策的某些目标群体钻空子。

2. 医疗保险政策方案是否具有稳定性

政策方案的稳定是有效执行的重要前提条件，如果政策方案朝令夕改，就会造成普遍的短期行为和投机心理，政策方案对象、执行主体失去对制定者与政策方案本身的信任。应该注意保持医疗保险政策方案的稳定性，并在短期内不做重大调整，可以通过明确医疗保险政策执行的时间范围来保持其稳定性。例如，“新医改”方案中提出，到2020年覆盖城乡居民的基本医疗卫生制度基本建立，其中建立覆盖城乡居民的基本医疗保障体系是基本医疗卫生制度的一个重要支撑体系。该文件中规定了城镇职工基本医疗保险、城镇居民基本医疗保险、新型农村合作医疗和城乡医疗救助共同组成基本医疗保障体系，这样一个与医疗保险有关的政策方案就是一个在一段时间内具有较强稳定性的政策方案。

3. 医疗保险政策方案的目标和手段是否做到统筹兼顾

选择与确定某项医疗保险政策方案时必须考虑到该项政策诸手段的配合与统一。在医疗保险政策方案的选择上，应该包括经济手段和行政手段。“新医改”方案中提出，加快建立和完善以基本医疗保障为主体，以其他多种形式补充医疗保险和商业健康保险为补充，覆盖城乡居民的多层次医疗保障体系。为了实现这个目标就需要统筹运用政府行政干预的手段加强基本医疗保险体系和城乡医疗救助体系的建立和完善，通过市场手段鼓励企业及个人通过商业医疗保险和其他补充医疗保险解决基本医疗保障之外的需求。

4. 医疗保险政策方案是否协调

协调是指医疗保险政策方案内部各要素之间的协调及与其他政策方案的协调，如果政策方案之间相互抵触、矛盾，整个政策方案系统就可能崩溃和瓦解。医疗保险政策方案调节了被保险人、医疗保险机构、医疗服务提供者三方的利益，这三方作为互相联系但利益又相互独立的主体，如果在医疗保险政策方案制定方面的协调机制不健全，就不可避免形成相互矛盾、冲突的情况。同时，医疗保险政策方案又和其他方面的政策存在密切的关系，也必须协调好与其他政策的关系，如医疗保险政策方案与我国基本药物制度改革方案、基层医疗卫生服务体系建设的政策方案等有关政策方案之间是否协调，如果相互间的目标与手段存在冲突，医疗保险政策方案将无法实施。

（二）可行性评价

1. 医疗保险政策方案是否合理、可行

医疗保险政策方案的可行性是评价政策方案的执行是否具有现实的可能性，也即是否具有能够切实解决这一政策问题的条件。任何一项医疗保险政策方案都是要付诸实施的，而要实施就必须具备实施的现实条件，否则，制定的政策方案只是基于某种设想而没有考虑现实，因为脱离实际、严重超前、缺乏实施的条件而导致完全失败。判断医疗保险政策方案是否可行主要是看手段或工具是否合理、可行。

2. 医疗保险政策方案是否公平

公平，主要体现在收入与支出相符，贡献与报酬相一致，权利与义务相对称，人人都有平等的生存、发展的权利和机会。医疗保险政策方案的公平是指人人都有平等的权利和机会获得针对其卫生服务需要的医疗费用的经济补偿。如果一项医疗保险政策方案能使目标群体感到公平合理，则它就容易被接受；反之，则接受这项政策方案就比较难。尽管可以通过公共权力来强制执行，但人们还会以各种方式进行抵制。例如，城乡居民基本医疗保险这项制度规定城乡居民可自愿参保，该政策就更要重视公平性问题，否则将会导致因为公平性问题而无法持续性地开展。

3. 医疗保险政策方案是否考虑到各方的承受能力

制定医疗保险政策方案如果超过各方的经济和心理承受能力将会影响医疗保险基金的筹集数量及医疗保险资源的使用效率。例如，社会医疗保险筹资的主要渠道包括国家、集体和个人三个方面，在筹集资金时，政策方案的选择必须充分考虑社会各方面的承受能力，否则，即使是从长远来看确实有利的医疗保险政策方案，一旦超越了各方承受能力，非但不能取得好的效果，甚至会导致医疗保险无法实施。

4. 医疗保险政策方案是否考虑到实施成本

医疗保险政策方案的制定要考虑实施的成本。进行可行性评价时，要充分分析和考虑医疗保险政策方案可能导致的经济成本与经济收益。这样才能保证其在经济上是可行的，并能及时对政策方案进行必要的调整。

（三）合理性评价

医疗保险政策方案是否合理，主要看其是否符合客观规律的要求，同时要从客观的政策环境出发，符合一定的国情。

1. 医疗保险政策方案的制定是否符合医疗保险发展客观规律的要求

科学、合理的医疗保险政策方案的出发点必须符合其发展客观规律。具体评价时，要考虑政策的制定是否围绕医疗保险的基本属性和基本特征，是否遵循了社会化原则、强制性原则、全员参保的原则、保障性原则、费用分担原则以及公平和效率原则等。

2. 医疗保险政策方案对形势的判断和时机的把握是否准确

医疗保险政策方案是在一定的社会经济环境下，一定的政策背景和政策基础上发挥作用的。离开了这样的背景或基础，医疗保险政策方案本身的存在价值及其功能的发挥就会成为空中楼阁。因此，新的医疗保险政策方案的出台、原有政策方案改善或终止的时机是否合适，就取决于是否进行了认真的形势分析和利弊得失判断。例如，随着城乡差异进一步缩小，城乡居民对卫生与健康需求的不断提高，2016 年国家提出了整合城镇居民基本医疗保险和新型农村合作医疗两项制度，建立统一的城乡居民基本医疗保险制度，各地深入推进城乡居民整合医保工作，深入推进并逐渐实现城乡居民医保的筹资、补偿及管理等的市级统筹。

二、医疗保险政策执行过程评价

医疗保险政策执行过程是将目标转化为现实的唯一途径。医疗保险政策执行过程评价的就是评价执行过程是否与规定的目标保持一致，是否有助于实现既定的目标。医疗保险效果受到许多因素的影响，其中政策方案执行的情况就是一个重要的因素。

（一）医疗保险政策是否存在执行偏差

在执行过程中，可能会存在医疗保险政策执行的目标与政策预定目标不一致、执行结果与政策内容不相符的现象，即执行过程存在着偏差。医疗保险政策执行偏差的具体表现形式多种多样，可以概括为以下几种。一是政策被架空，即存在着“上有政策，下有对策”的情况。二是政策附加，即各自为政，自行制定“土政策”。三是政策敷衍，即医疗保险政策在执行过程中只做表面文章，没有转化为可操作性的具体措施，在组织、人员、资金上都没有到位的执行活动。四是政策缺损。政策执行者在执行某项政策时，从本位主义和地区利益出发没有全部执行，而有所保留。医疗保险政策是以一个整体来发挥作用的，对政策内容有选择地执行，就会影响其目标的实现和效能的发挥。

（二）医疗保险政策资源投入是否符合方案的要求

医疗保险政策执行必须依托必要的资源。医疗保险政策执行过程中资源投入的力度体现着政策贯彻执行的程度，到底是全面执行该政策，还是部分执行，或者是根本就不执行，这取决于医疗保险政策本身对其各部分利益主体的利益激励程度和有关主体的配合程度。医疗保险政策资源的投入包括以下三个方面。

1. 医疗保险政策执行人员的投入

医疗保险政策执行人员的投入包括执行人员的数量和质量。执行医疗保险政策的人员包括医疗保险经办机构的工作人员、医疗机构从事医疗保险管理的人员以及其他组织机构包括其他企事业机构参与医疗保险政策执行的人员。为了保证政策的执行，除了保证一定的数量外还必须具有较高的业务素质。

2. 医疗保险政策财力的投入

财力投入直接影响到医疗保险政策的执行过程和效果，财力投入应该评价其投入和产出的结果，在执行各个过程中进行要素的最佳组合，力求达到最优效果，避免财力的浪费。为了提高政府在医疗保险政策财力投入的效率，财政预算的投入应以农村和贫困地区为重点。

3. 管理资源的投入

医疗保险政策的执行过程是一个系统工程，需要科学的管理为载体。只有人力、财力而没有严格而科学的管理，政策执行也很难达到政策目标的要求。在医疗保险政策执行过程中建立和实施严格的管理制度可以提高其效率和效果。

（三）医疗保险政策的执行是否具有灵活性

执行医疗保险政策并不是简单地照章办事。政策一般具有全局性的特点，医疗保险政策在制定时也是从整体出发的，然而不同的地区、不同的时区有不同的情况，执行医疗保险政策就不能生搬硬套，只求“原则”而忘了“灵活”。我国关于城镇职工基本医疗保险筹资水平的规定为工资收入的 8%，但各地在执行时又有调整，经济发达地区的筹资水平均超过了 8%，这就是灵活执行医疗保险政策，提高筹资水平，满足人们对于医疗服务的需求。医疗保险政策的实施应当具有充分的灵活性，能够及时地根据政策执行过程的特殊情况及时地进行微调。否则，机械地、呆板地执行政策不但不能解决问题，还会带来较大的负面影响。

三、医疗保险效果评价

对医疗保险政策方案执行的结果进行评价就是医疗保险效果评价，通过判断医疗保险目标的实现程度来评价效果的高低。

（一）对医疗保险机构的影响

评价的内容包括保险费率评价、保险内涵评价、医疗费用报销程序评价、医疗保险的选择性评价以及保险方信誉评价。

1. 保险费率评价

通过评价保险费率的高低，分析费率的制定是否合理。需要测算被保险人月均或年均工资额、参保人月均或年均应缴保险费、月均或年均实缴保险费、月均或年均拖欠保险费，将这些内容进行比较后判断费率的合理性。

2. 保险内涵评价

（1）承保的卫生服务项目。承保的卫生服务项目是指保险人为被保险人报销某种或某几种疾病的医疗费用，保险人为被保险人免费（或部分免费）提供一定数量、一定类型的医疗服务项目。具体评价内容包括保险的项目，保障的基本医疗的内涵和表现形式，保险覆盖的药品、诊疗项目和卫生服务设施，保险覆盖的针对某些特种疾病的治疗项目。

（2）医疗保险费用负担比例。医疗保险费用负担是指保险人为被保险人支付一定比例的医疗费用或者从某个费用水平开始支付，不予支付某一数额以上的医疗费用。可以通过反映被保险人医疗费用的指标来衡量，也间接反映医疗保险方案对被保险人保障水平的高低。具体测量的内容为被保险人医疗费用、被保险人报销的费用、医疗保险负担的费用占医疗费用的比例。

3. 医疗费用报销程序评价

用来评价医疗保险费用报销手续是否简便、科学，报销时间是否适宜，报销费用是否及时得到。

4. 医疗保险的选择性评价

用来评价被保险人就诊项目的选择性、就诊医院的选择性和转诊的选择性。关于转诊的选择性评价可以通过测算转诊费用占总费用的比例、合理转诊的比例、被保险人转诊后的就诊率等指标来进行评价。

5. 保险方信誉评价

保险方信誉评价的内容包括保险方的服务水平、管理水平和监督机制的评价。

（二）对被保险人的影响

从保险方的角度，分析被保险人的构成、行为是否合理规范。

1. 被保险人人员构成

可以建立反映参保情况的指标体系来进行评价。评价不同年龄阶段、不同工作状况、不同收入水平、不同户籍人员的参保情况。具体测量的内容为 18 岁以下居民参保比例、18～65 岁（每 5 岁一档）参保比例、65 岁以上老年人参保比例、离退休人员参保比例、行政单位职工参保比例、企业单位职工参保比例、国有企业职工参保比例、私营企业职工参保比例、合资或外资企业职工参保比例、不同收入水平的人群参保比例、不同职业的人群参保比例、城市居民参保比例、农村居民参保比例、不同疾病患者参保比例。

2. 被保险人医疗服务利用

被保险人医疗服务利用反映医疗保险政策方案实施后对被保险人医疗服务利用的影响。具体内容包括被保险人月均门诊次数、被保险人年均住院次数、被保险人次均住院日、被保险人两周就诊率、被保险人年均住院率等。

3. 被保险人医疗费用

被保险人医疗费用反映医疗保险政策方案实施后对被保险人医疗费用的影响。具体内容包括门诊费用，住院费用，不同共付率下的门诊、住院费用，不同年龄、职业、单位、户籍、收入水平和疾病人群的医疗费用。

（三）对医疗服务提供者的影响

1. 实施医疗保险前后以及不同年度的医疗机构服务状况

评价医疗保险对医疗服务机构服务的内容和数量的影响。具体内容包括年门诊人次、年住院人次、次均住院天数、次均门诊费用和次均住院费用在不同年度的变化情况。

2. 参保人、参加不同保险的人员与非参保人的医疗服务利用情况

具体内容包括参保人、参加不同保险的人员与非参保人两周就诊率比较，门诊、住院次数比较，次均门诊费用、住院费用比较，同病种门诊、住院费用比较，特殊检查次数、费用比较。

3. 执行医疗保险规章情况

评价医疗机构在门诊与住院服务提供过程中遵守医疗保险规章的情况。具体内容包括门诊处方超范围、超剂量比例，门诊处方分解比例，住院病历结账额与记账单相符与不相符之比，住院病历自费药记账与不记账之比，住院特殊检查记账与不计账之比，住院超标准收费与遵守标准收费之比，住院病历自费药经审批与不经审批之比等。

4. 医疗服务收入及其构成

分析医疗保险对医疗机构医疗收入及其构成的影响。具体内容包括门诊收入及其所占比例、住院收入及其所占比例、药品收入及其所占比例、制剂收入及其所占比例、医疗保险的门诊收入及其所占比例、医疗保险的住院收入及其所占比例、医疗保险的药品收入及其所占比例、医疗保险的制剂收入及其所占比例、不同病种的各种收入及其所占比例。

四、医疗保险效率与效益评价

（一）医疗保险的效率评价

医疗保险的效率评价是指对现行医疗保险的管理与服务效率，医疗保险基金的筹集、分配与使用效率等内容进行评价。

1. 医疗保险管理与服务效率的评价

对医疗保险的管理机构及其经办机构在履行管理职能和提供服务时的效率进行的评价就是医疗保险管理与服务效率的评价，如医疗保险管理机构对定点医疗机构和定点零售药店进行资格审查、审批、签约、颁发证书以及处理违规行为是否及时的评价，医疗保险机构对参保人提供的信息查询、IC卡的发放、挂失及补发的评价，个人医疗费用的零星报销的评价以及个人或单位参保申请的批复等服务是否方便的评价均为医疗保险管理与服务效率的评价内容。

2. 医疗保险基金的筹集效率评价

医疗保险基金的筹集效率是评价统筹地区医疗保险基金筹资任务的完成情况，通常用“反映医疗保险基金征缴情况的指标”来衡量，如“实筹医疗保险基金”“应筹医疗保险基金”“欠缴医疗保险基金”等指标。此外，还可以通过测量医疗保险筹资总额占国内生产总值的比率，政府、单位、个人所占的比例，各地区筹资总额的差别来评价医疗保险资源在宏观层面的配置效率。

3. 医疗保险基金的分配与使用效率评价

医疗保险基金的分配与使用效率是评价统筹地区统账结构的合理性和医疗保险基金的分配使用情况，通常用“反映医疗保险基金运行情况”的指标来进行衡量，如个人账户收入和统筹基金收入占医疗保险基金收入的比例、个人账户支出和社会统筹支出占医疗保险基金支出的比例、个人账户结余额及其占个人账户总额的比例、统筹账户结余额及其占统筹账户总额的比例等。

（二）医疗保险的效益评价

医疗保险在分担风险、发挥保险作用的同时，必然会带来其经济效益和社会效益。

1. 医疗保险经济效益评价

（1）保险费收入。其包括：①保险费总收入，指参加医疗保险缴纳的参保费总额；②人均保险费收入，指参加医疗保险人均缴纳参保费总额；③保险深度，指保险费收入与国内生产总值之比，它反映国民经济发展水平和医疗保险的发展速度；④保险密度，指按一定地域范围计算的人均参保费。

（2）医疗保险费用偿付情况。其包括：①偿付率，指偿付支出与保险费收入的比值；②偿付频率，指支付的人次数与参保人数的比值。

（3）结余额。其包括：①医疗保险基金的当年结余额；②医疗保险基金累计结余总额。

（4）卫生总费用及增长幅度。该指标反映统筹地区卫生总费用的大小和年增长速度的状况，通过对统筹地区医疗保险方案实施前后的卫生总费用总额及增长幅度的对比，进而评价医疗费用增长的合理性以及医疗保险方案的实施对卫生总费用的积极影响作用。此指标也可间接反映医疗保险的经济效益。

2. 医疗保险社会效益评价

（1）参保人两周患病率。该指标用来反映参保人的健康状况，评价医疗保险制度的社会效益。参保人两周患病率指标可以通过抽样调查取得。两周患病率越高，说明该地区参保人身体状况越差，医疗保险社会效益越差；反之，则说明该地区参保人身体状况越好，医疗保险制度实施的社会效益越好。但是，在抽样调查时，一定要注意样本在年龄、性别、单位等口径上的同比性。

（2）参保人两周患病就诊率。该指标反映参保人患病的就诊状况，用以评价医疗保险制度的保障程度。“参保人两周患病就诊率”指标由抽样调查时所取得的样本计算所得。其计算公式为

$$\text{参保人两周患病就诊率} = \frac{\text{样本范围两周就诊人次}}{\text{两周患病人次}}$$

（3）参保人人均门诊就诊次数。该指标反映参保人平均每人每年门诊就诊次数。其计算公式为

$$\text{参保人人均门诊就诊次数} = \frac{\text{参保人全年门诊就诊总人次}}{\text{参保人数}}$$

（4）参保人人均住院次数。该指标反映参保人平均每人每年住院次数。其计算公式为

$$\text{参保人人均住院次数} = \frac{\text{参保人全年住院人次}}{\text{参保人数}}$$

“参保人人均住院次数”可以分为“在职人员”“退休人员”和“其他人员”三项分指标，该指标还可以进一步分为按同口径计算的“社会医疗保险人均住院次数”和“基本医疗保险人均住院人次”两项分指标。

（5）参保人满意率。该指标可综合判断参保人对医疗保险制度的满意程度，是反映医疗保险所取得社会效益的重要指标。

五、医疗保险制度评价的作用

（一）发展作用

医疗保险制度评价包括医疗保险的政策方案评价、医疗保险政策执行过程评价、医疗保险效果评价和医疗保险效率与效益评价四个方面。通过对政策方案和执行过程评价可以了解当前医疗保险制度是否合理。通过医疗保险的效果评价可以了解是否降低了公众就医的费用负担、促进医疗服务

的利用。通过效率效益评价，了解参保人的满意度和医疗服务质量、医疗费用的偿付是否合理。准确掌握医疗保险改革的进展、成效和困难，不断发展和完善医疗保险制度。

（二）控制作用

医疗保险的运行是一个动态的过程。按照既定的目标、原则和方法对医疗保险实施过程中的情况进行科学的评价，及时发现医疗保险制度实施过程中的偏差，并采取针对性措施，降低负面影响，发挥控制作用。

（三）反馈作用

通过对医疗保险制度的全方位综合评价，反映医疗保险的总体运行情况、效果及问题。将医疗保险实施过程中的不利影响和潜在风险及时反馈给医疗保险政策的制定者、执行者和监管者以及相应部门，总结经验、修正偏离，及时对政策进行调整和改善。

思考题

1. 医疗保险评价的目的和原则是什么?
2. 医疗保险评价的内容有哪些?
3. 医疗保险评价的程序和方法有哪些?
4. 医疗保险的制度评价一般包括哪些内容?
5. 医疗保险的效率与效益评价一般包括哪些内容?

（覃朝晖）

参考文献

艾米·芬克尔斯坦，2018. 医疗保险中的道德风险. 北京：中信出版社.

艾维瓦·罗恩，2004. 医疗保障政策创新. 北京：中国劳动社会保障出版社.

陈曼莉，2021. 社会医疗保险门诊统筹制度研究. 北京：经济日报出版社.

陈迎春，孙菊，2020. 从医疗保险迈向健康保险. 武汉：华中科技大学出版社.

胡晓义，2012. 医疗保险和生育保险. 北京：中国劳动社会保障出版社.

贾洪波，2013. 中国基本医疗保险制度改革关键问题研究. 北京：北京大学出版社.

李莲花，2021. 日本医疗保障. 北京：中国劳动社会保障出版社.

李绍华，柴云，2016. 医疗保险支付方式. 北京：科学出版社.

林闽钢，2019. 社会保障国际比较（第二版）. 北京：科学出版社.

刘京生，2011. 中国健康保险发展研究. 北京：中国社会科学出版社.

罗布·巴戈特编，赵万里译，2012. 解析医疗卫生政策. 上海：格致出版社、上海人民出版社.

毛瑛，吴涛，2015. 医疗保险基金管理. 北京：科学出版社.

仇雨临，2008. 医疗保险. 北京：中国劳动社会保障出版社.

盛昕，2015. 流动人口医疗保障的社会学研究. 北京：中国社会科学出版社.

王东进，2011. 中国医疗保障制度建设历史跨越. 北京：化学工业出版社.

乌日图，2003. 医疗保障制度国际比较. 北京：化学工业出版社.

熊先军，2008. 社区医疗保险管理. 北京：中国劳动社会保障出版社.

俞卫，2013. 国际社会保障动态——全民医疗保障体系建设. 上海：上海人民出版社.

约斯特编，汤晓莉，何铁强译，2011. 医疗保障支付范围决策——国际比较研究. 北京：中国劳动社会保障出版社.

郑功成，2011. 中国社会保障改革与发展战略：医疗保障卷. 北京：人民出版社.

郑功成，2018. 社会保障概论. 上海：复旦大学出版社.

中国医疗保险研究会，2015. 完善中国特色医疗保障体系研究报告. 北京：中国劳动社会保障出版社.

周绿林，李绍华，2016. 医疗保险学. 北京：科学出版社.

Ministry of Health，Welfare and Sports，2002. Health insurance in the Netherlands. Netherlands：Ministry of Health，Welfare and Sports.

WHO Regional Office for Europe，1996. European Health Care Reform: Analysis of Current strategies.

William A Glasser，1991. Health Insurance in Practice—International Variations in Financing，Benefits and Problems. Sanfrancisco：Jossey-Bass Publishers.

医疗保险专业术语中英文对照

A

actuarial science	保险精算学
actuary	精算师、保险统计员
additional premium	附加保险费
administration cost	管理费
adverse selection	逆向选择
amount insured	保险金额
annual premium	年保险费
applicant	参保人
applicant unit	参保单位
arbitration	仲裁

B

basic medical care	基本医疗
basic medical expense insurance	基本医疗费用保险
beneficiary	受益人
Blue Cross	蓝十字
Blue Shield	蓝盾
board of directors	董事会

C

ceiling	最高限额
civil right	民事权利
claim	索赔
claim rejected	拒赔
co-insurance	共同保险
commercial medical insurance	商业医疗保险/商业健康保险
compound poisson	复合泊松
compulsory insurance	强制保险（义务保险）
community health service	社区卫生服务
conditional variance	条件方差
contract	合同
cooperative health service	合作医疗
cooperative medical system	合作医疗制度
co-payment	共同分摊费用
cost consciousness	费用意识
cost-sharing	费用分担

coverage 保险总额
credibility factor 信度因子
criterion research 规范研究

D

deductible 起付线（免赔额）
deposit premium 预付保险费
diagnostic related groups（DRGs） 疾病诊断相关分组
diagnosis-intervention packet（DIP） 病种分值
discrete distribution 离散型分布
distribution function 分布函数
duration of insurance 保险期

E

efficiency 效率
employee 雇员
employer 雇主
employment（work）injury insurance 工伤保险
equilibrium 均衡
essence of insurance 保险要素
estimate 评价
estimation 估计
excess of loss coverage 超额赔款保险
expected value principle 期望值原理
exponential claim amounts 指数索赔量
exponential principle 指数原理
exponential 指数

F

factor of insurance 保险因子
feasibility research 可行性研究
fine for delaying payment 滞纳金
fitting of distribution 分布拟合
fixed premium 固定保险费
form of periodical payments 定期支付形式
full credibility for claim numbers 索赔的完全信度
fund in individual medical insurance account 个人医疗账户基金
funding system 基金体系
funds of basic medical insurance 基本医疗保险基金
funds of insurance 保险基金
funds of medical insurance 医疗保险基金
funds raised by oneself 自筹资金

G

general physician	家庭（通科）医生
global budget	总额预算
gross premium	总保险费
group life insurance	团体人寿保险
guarantee fund	保证金

H

health care provider	医疗服务提供者
health insurance	健康保险
health maintenance organization（HMO）	健康维护组织
home health service	家庭健康服务
hospitalization insurance policy analysis	医疗保险政策分析
hospitalization insurance policy	医疗保险政策

I

impartiality	公平
incidence of disease	发病率
indemnity	补偿费
index of average wage	平均工资指数
individual income tax	个人所得税
individual medical insurance account	个人医疗账户
insurable interest	保险利益
insurance	保险
insurance broker	保险经纪人
insurance claim	保险理赔
insurance evaluation	保险评估
insurance liability	保险责任
insurance market	保险市场
insurance mechanism	保险机制
insurance obligation	保险义务
insurance relations	保险关系
insurance statistics	保险统计
insured	被保险人
insurer	保险人

L

labor health service	劳保医疗
law of diminishing marginal utility	边际效用递减规律
law of downward-sloping demand	需求向下倾斜规律
law of large number	大数法则
law supervision	法律监督
least squares	最小二乘

life insurance 人寿保险
limitation of payments 赔偿限额
loss ratio 赔付率

M

managed care 管理式医疗
marginal cost 边际成本
marginal revenue 边际收益
marginal utility 边际效用
maximal aggregate loss 最大损失总额
maximal loss principle 最大损失原理
maximum liability limit 最高责任限额
maximum likelihood 极大似然法
mean value principle 均值原理
Medicaid 医疗补助制度
medical expense 医疗费
medical insurance institution 医疗保险机构
medical insurance law 医疗保险法
medical insurance management information system（MIMIS） 医疗保险管理信息系统
medical insurance overage card 医疗保险卡
medical insurance science 医疗保险学
medical insurance system 医疗保险系统
Medicare 联邦医疗照顾计划
moral hazard 道德风险

N

national compulsory insurance 国民义务保险
national health service（NHS） 国家卫生服务
net premium 纯保险费
net premium principle 净保险费原理
non-profit organization 非营利组织
normal 正态

O

object of insurance 保险标的物
objective risk 客观风险
ordinary life insurance 普通人寿保险
overall medical fund in all society 社会统筹医疗基金
overall social joint relief 社会统筹
overdraft 透支

P

package of medical insurance 医疗保险范围
pay as you go 现收现付

payment system	偿付制度
pension	养老金
per capita	按人头支付
period of insurance	保险期限
personal account	个人账户
personal insurance	人身保险
personal savings insurance	个人储蓄保险
policy	保险单
policy holder 或 policy proposer	投保人
post payment system	后付制
preferred provider organization（PPO）	优先者提供组织
price elasticity of demand	需求的价格弹性
price elasticity of supply，E_s	供给的价格弹性
probability	概率
probability of risk	危险率
proposal of insurance	参保
prospective payment system，PPS	预付制
public health service	公费医疗

R

random variable	随机变量
recheck	复核
reimbursement	按服务项目支付
reinsurance company	再保险公司
reliability	信度
renew	续保
renewal of contract	续约
reserve fund	准备金
resource-based relative value system（RBRVS）	以资源为基础的相对价值标准
risk transfer	风险转嫁

S

savings-type social insurance	储蓄型社会保险
sickness insurance	疾病保险
social insurance	社会保险
social joint relief	社会共济
social medical insurance	社会医疗保险
social security	社会保障
social stabilizer	社会稳定器
social unified raising and personal account system	社会统筹与个人账户结合的模式
society supervision	社会监督
standard deviation	标准差
state basic medical insurance	国家基本医疗保险

state-type social insurance 国家型社会保险
substitutes 替代品
supervision of medical insurance 医疗保险监督
supplementary major expense insurance 补充大额医疗费用保险
supplementary medical insurance 补充医疗保险
surplus 结余

T

termination of insurance relations 保险关系终止
termination of risk 保险责任终止
test of goodness 拟合优度检验
total utility 总效用

U

underwriter 保险公司
underwriting agent 承保代理人
utility 效用

V

validity 效度
value maintaining 保值
variance principle 方差原理

W

wage system 工资制
wage base 工资基数
wage bill 工资总额
wage criterion 工资标准
welfare-type social insurance 福利型社会保险
whole life insurance 终身保险